國家圖書館藏敦煌遺書

中國國家圖書館編

第六十二册　北敦〇四六〇一號——北敦〇四六九七號

北京圖書館出版社

圖書在版編目(CIP)數據

國家圖書館藏敦煌遺書・第六十二册/中國國家圖書館編;任繼愈主編.—北京:北京圖書館出版社,2007.9

ISBN 978-7-5013-3214-4

Ⅰ.國… Ⅱ.①中…②任… Ⅲ.敦煌學-文獻 Ⅳ.K870.6

中國版本圖書館 CIP 數據核字(2007)第 117627 號

書　　名　國家圖書館藏敦煌遺書・第六十二册
著　　者　中國國家圖書館編　任繼愈主編
責任編輯　徐　蜀　孫　彦
封面設計　李　璀

出　　版　北京圖書館出版社　(100034　北京西城區文津街 7 號)
發　　行　010-66139745　66151313　66175620　66126153
　　　　　66174391(傳真)　66126156(門市部)
E-mail　cbs@nlc.gov.cn(投稿)　btsfxb@nlc.gov.cn(郵購)
Website　www.nlcpress.com
經　　銷　新華書店
印　　刷　北京文津閣印務有限責任公司

開　　本　八開
印　　張　54
版　　次　2007 年 9 月第 1 版第 1 次印刷
印　　數　1-250 册(套)

書　　號　ISBN 978-7-5013-3214-4/K・1441
定　　價　990.00 圓

目錄

一切法如實了知略廣之相世尊云何眼處
真如相云何耳鼻舌身意處真如相諸菩薩
摩訶薩如實了知而於中學於一切法如實
了知略廣之相善現眼處真如無生無滅亦
無住異而可施設是名眼處真如相耳鼻舌
身意處真如無生無滅亦無住異而可施設
是名耳鼻舌身意處真如相諸菩薩摩訶薩
如實了知當於中學於一切法如實了知略
廣之相世尊云何色處真如相云何聲香味
觸法處真如相諸菩薩摩訶薩如實了知而
於中學於一切法如實了知略廣之相善現
色處真如無生無滅亦無住異而可施設是
名色處真如相聲香味觸法處真如無生無
滅亦無住異而可施設是名聲香味觸法處
真如相諸菩薩摩訶薩如實了知當於中學
於一切法如實了知略廣之相世尊云何眼界
真如相云何耳鼻舌身意界真如相諸菩薩
摩訶薩如實了知而於中學於一切法如實
了知略廣之相善現眼界真如無生無滅亦
無住異而可施設是名眼界真如相耳鼻舌

滅亦無住異而可施設是名聲香味觸法處
真如相諸菩薩摩訶薩如實了知當於中學
於一切法如實了知略廣之相世尊云何眼界
真如相云何耳鼻舌身意界真如相諸菩薩
摩訶薩如實了知而於中學於一切法如實
了知略廣之相善現眼界真如無生無滅亦
無住異而可施設是名眼界真如相耳鼻舌
身意界真如無生無滅亦無住異而可施設
是名耳鼻舌身意界真如相諸菩薩摩訶
薩如實了知當於中學於一切法如實了知
略廣之相世尊云何色界真如相云何聲香
味觸法界真如相諸菩薩摩訶薩如實了知
而於中學於一切法如實了知略廣之相善
現色界真如無生無滅亦無住異而可施設
是名色界真如相聲香味觸法界真如無生
無滅亦無住異而可施設是名聲香味觸法
界真如相諸菩薩摩訶薩如實了知當於中
學於一切法如實了知略廣之相世尊云何眼
識界真如相云何耳鼻舌身意識界真如
相諸菩薩摩訶薩如實了知而於中學於一
切法如實了知略廣之相善現眼識界真如
無生無滅亦無住異而可施設是名眼識界
真如相耳鼻舌身意識界真如無生無滅亦
無住異而可施設是名耳鼻舌身意識界真
如相諸菩薩摩訶薩如實了知當於中學於
一切法如實了知略廣之相世尊云何眼觸真
如相云何耳鼻舌身意觸真如相諸菩薩
摩訶薩如[illegible]

真如相耳鼻舌身意識界真如無生無滅亦
無住異而可施設是名耳鼻舌身意識界真
如相諸菩薩摩訶薩如實了知當於中學於
一切法如實了知略廣之相世尊云何眼觸真
如相云何耳鼻舌身意觸真如相諸菩薩
摩訶薩如實了知而於中學於一切法如實
了知略廣之相善現眼觸真如無生無滅亦
無住異而可施設是名眼觸真如相耳鼻舌
身意觸真如無生無滅亦無住異而可施設
是名耳鼻舌身意觸真如相諸菩薩摩訶薩
如實了知當於中學於一切法如實了知略
廣之相世尊云何眼觸為緣所生諸受真如
相云何耳鼻舌身意觸為緣所生諸受真如
相諸菩薩摩訶薩如實了知而於中學於一
切法如實了知略廣之相善現眼觸為緣所
生諸受真如無生無滅亦無住異而可施設
是名眼觸為緣所生諸受真如相耳鼻舌身
意觸為緣所生諸受真如無生無滅亦無住
異而可施設是名耳鼻舌身意觸為緣所生
諸受真如相諸菩薩摩訶薩如實了知當於
中學於一切法如實了知略廣之相世尊云
何地界真如相云何水火風空識界真如相
諸菩薩摩訶薩如實了知而於中學於一切
法如實了知略廣之相善現地界真如無生
無滅亦無住異而可施設是名地界真如相
水火風空識界真如無生無滅亦無住異而
可施設是名水火風空識界真如相諸菩薩

BD04601 號　大般若波羅蜜多經卷三五七　（5–3）

何地界真如相云何水火風空識界真如相
諸菩薩摩訶薩如實了知而於中學於一切
法如實了知略廣之相善現地界真如無生
無滅亦無住異而可施設是名地界真如相
水火風空識界真如無生無滅亦無住異而
可施設是名水火風空識界真如相諸菩薩
摩訶薩如實了知當於中學於一切法如實
了知略廣之相世尊云何無明真如相云何行
識名色六處觸受愛取有生老死愁歎苦憂
惱真如相諸菩薩摩訶薩如實了知而於中
學於一切法如實了知略廣之相善現無明
真如無生無滅亦無住異而可施設是名無
明真如相行乃至老死愁歎苦憂惱真如無
生無滅亦無住異而可施設是名行乃至老
死愁歎苦憂惱真如相諸菩薩摩訶薩如實
了知當於中學於一切法如實了知略廣之
相
世尊云何布施波羅蜜多真如相云何淨戒
安忍精進靜慮般若波羅蜜多真如相諸菩
薩摩訶薩如實了知而於中學於一切法如
實了知略廣之相善現布施波羅蜜多真如
無生無滅亦無住異而可施設是名布施波
羅蜜多真如相淨戒乃至般若波羅蜜多真
如無生無滅亦無住異而可施設是名淨戒
乃至般若波羅蜜多真如相諸菩薩摩訶薩
如實了知當於中學於一切法如實了知略
廣之相世尊云何內空真如相云何外空內

BD04601 號　大般若波羅蜜多經卷三五七　（5–4）

學於一切法如實了知略廣之相善現無
明真如無生無滅亦無住異而可施設是名無
明真如相行乃至老死愁歎苦憂惱真如無
生無滅亦無住異而可施設是名行乃至老
死愁歎苦憂惱真如相諸菩薩摩訶薩如實
了知當於中學於一切法如實了知略廣之
相
世尊云何布施波羅蜜多真如相云何淨戒
安忍精進靜慮般若波羅蜜多真如相諸菩
薩摩訶薩如實了知而於中學於一切法如
實了知略廣之相善現布施波羅蜜多真如
無生無滅亦無住異而可施設是名布施波
羅蜜多真如相淨戒乃至般若波羅蜜多真
如無生無滅亦無住異而可施設是名淨戒
乃至般若波羅蜜多真如相諸菩薩摩訶薩
如實了知當於中學於一切法如實了知略
廣之相世尊云何內空真如相云何外空內
外空空空大空勝義空有為空無為空畢竟

BD04601 號　大般若波羅蜜多經卷三五七　（5–5）

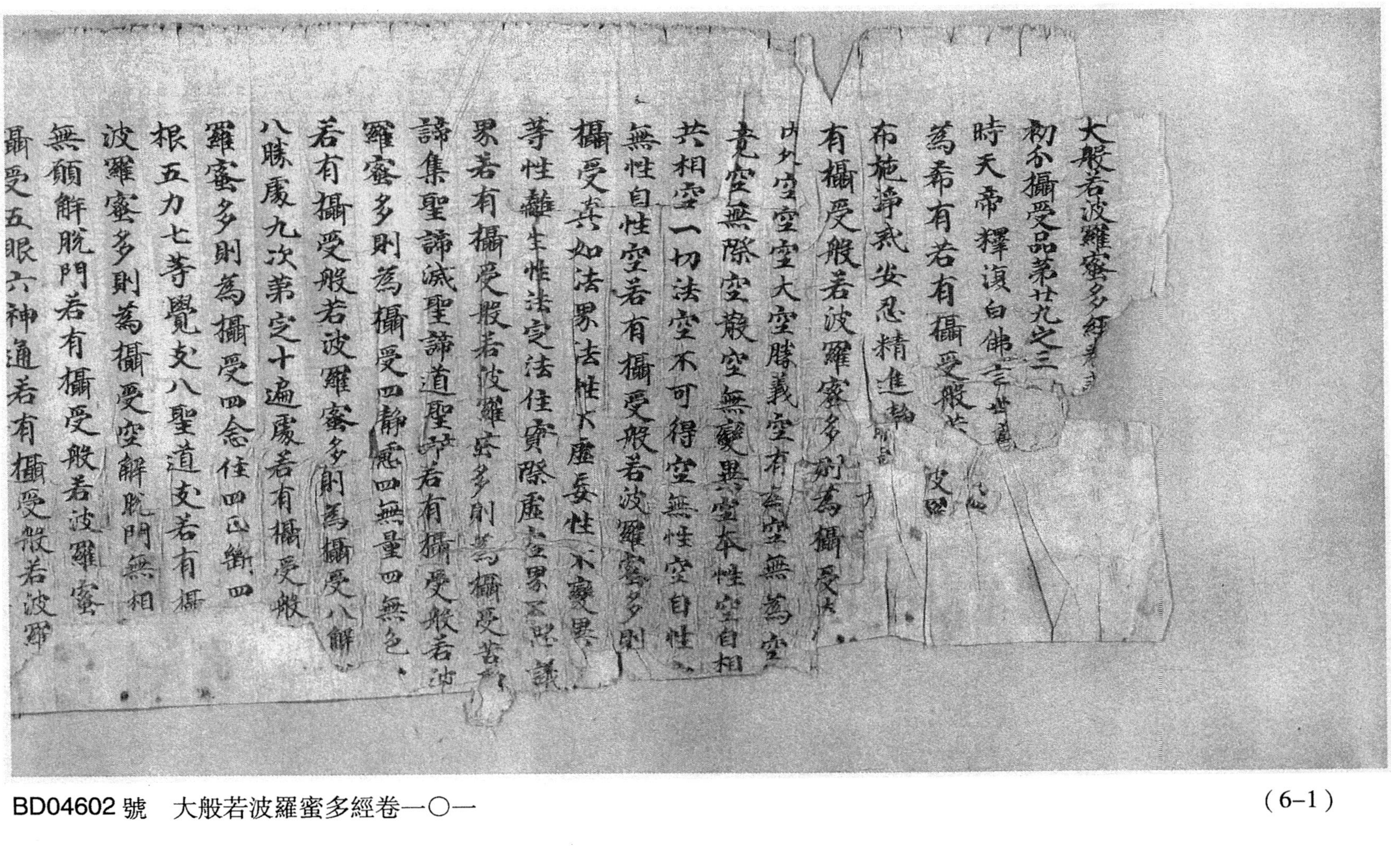

大般若波羅蜜多經卷
初分攝受品第廿九之三
時天帝釋復白佛言世尊
為希有若有攝受般若
布施淨戒安忍精進靜
有攝受般若波羅蜜多則為攝受內
內外空空空大空勝義空有為空無為空畢
竟空無際空散空無變異空本性空自相
共相空一切法空不可得空無性空自性
無性自性空若有攝受般若波羅蜜多則
攝受真如法界法性不虛妄性不變異
等性離生性法定法住實際虛空界不思議
界若有攝受般若波羅蜜多則為攝受苦聖
諦集聖諦滅聖諦道聖諦若有攝受般若波
羅蜜多則為攝受四靜慮四無量四無色定
若有攝受般若波羅蜜多則為攝受八解
八勝處九次第定十遍處若有攝受般
羅蜜多則為攝受四念住四正斷四
根五力七等覺支八聖道支若有攝
波羅蜜多則為攝受空解脫門無相
無願解脫門若有攝受般若波羅蜜
攝受五眼六神通若有攝受般若波羅

BD04602 號　大般若波羅蜜多經卷一〇一　（6–1）

根五力七等覺支八聖道支若有攝
波羅蜜多則爲攝受空解脫門無相
無願解脫門若有攝受般若波羅蜜
攝受五眼六神通若有攝受般若波羅
則爲攝受佛十力四無所畏四無礙解大慈
大悲大喜大捨十八佛不共法若有攝受般
若波羅蜜多則爲攝受無忘失法恒住捨性
若有攝受般若波羅蜜多則爲攝受一切智
道相智一切相智若有攝受般若波羅蜜多
則爲攝受一切陀羅尼門一切三摩地門若
有攝受般若波羅蜜多則爲攝受預流果一
來果不還果阿羅漢果若有攝受般若波羅
蜜多則爲攝受獨覺菩提若有攝受般若波
羅蜜多則爲攝受菩薩十地若有攝受般若
波羅蜜多則爲攝受無上正等菩提若有攝
受般若波羅蜜多則爲攝受世間出世間一
切善法
尒時佛告天帝釋言如是如是如汝所說般
若波羅蜜多甚爲希有若於般若波羅蜜多
能攝受者則能攝受布施淨戒安忍精進靜
慮般若波羅蜜多若於般若波羅蜜多能攝
受者則能攝受內空外空內外空空空大空
勝義空有爲空無爲空畢竟空無際空散空
無變異空本性空自相空共相空一切法空
不可得空無性空自性空無性自性空若於
般若波羅蜜多能攝受者則能攝受真如法

BD04602號　大般若波羅蜜多經卷一〇一　（6–2）

能攝受者則能攝受布施淨戒安忍精進靜
慮般若波羅蜜多若於般若波羅蜜多能攝
受者則能攝受內空外空內外空空空大空
勝義空有爲空無爲空畢竟空無際空散空
無變異空本性空自相空共相空一切法空
不可得空無性空自性空無性自性空若於
般若波羅蜜多能攝受者則能攝受真如法
界法性不虛妄性不變異性平等性離生性
法定法住實際虛空界不思議界若於般若
波羅蜜多能攝受者則能攝受苦聖諦集聖
諦滅聖諦道聖諦若於般若波羅蜜多能攝
受者則能攝受四靜慮四無量四無色定若
於般若波羅蜜多能攝受者則能攝受八解
脫八勝處九次第定十遍處若於般若波羅
蜜多能攝受者則能攝受四念住四正斷四
神足五根五力七等覺支八聖道支若於般若
波羅蜜多能攝受者則能攝受空解脫門無
相解脫門無願解脫門若於般若波羅蜜多
能攝受者則能攝受五眼六神通若於般若
波羅蜜多能攝受者則能攝受佛十力四無
所畏四無礙解大慈大悲大喜大捨十八佛
不共法若於般若波羅蜜多能攝受者則能
攝受無忘失法恒住捨性若於般若波羅蜜
多能攝受者則能攝受一切智道相智一切
相智若於般若波羅蜜多能攝受者則能攝
受一切陀羅尼門一切三摩地門若於般若
波羅蜜多能攝受者則能攝受預流果一來

BD04602號　大般若波羅蜜多經卷一〇一　（6–3）

所畏四無礙解大慈大悲大喜大捨十八佛
不共法若於般若波羅蜜多能攝受者則能
攝受無忘失法恒住捨性若於般若波羅蜜
多能攝受者則能攝受一切智道相智一切
相智若於般若波羅蜜多能攝受者則能攝
受一切陀羅尼門一切三摩地門若於般若
波羅蜜多能攝受者則能攝受預流果一來
果不還果阿羅漢果若於般若波羅蜜多能
攝受者則能攝受獨覺菩提若於般若波羅
蜜多能攝受者則能攝受菩薩十地若於般
若波羅蜜多能攝受者則能攝受無上正等
菩提若於般若波羅蜜多能攝受者則能攝
受世間出世間一切善法
復次憍尸迦若善男子善女人等於此般若
波羅蜜多受持讀誦精勤脩學如理思惟書
寫解說廣令流布是善男子善女人等現法
後法功德勝利汝應諦聽極善作意吾當為
汝分別解說天帝釋言唯然大聖願時為說
我等樂聞佛言憍尸迦若有種種外道梵志
若諸惡魔及魔眷屬若餘暴惡增上慢者於
此菩薩摩訶薩所欲為障礙陵辱違害彼適
興心速遭殃禍自當殄滅不果所願何以故
憍尸迦是菩薩摩訶薩以應一切智智心用
無所得為方便長夜脩行布施淨戒安忍精
進靜慮般若波羅蜜多以大悲願而為上首
若諸有情為慳貪故長夜鬪諍是菩薩摩訶

BD04602號　大般若波羅蜜多經卷一〇一　（6–4）

此菩薩摩訶薩所欲為障礙陵辱違害彼適
興心速遭殃禍自當殄滅不果所願何以故
憍尸迦是菩薩摩訶薩以應一切智智心用
無所得為方便長夜脩行布施淨戒安忍精
進靜慮般若波羅蜜多以大悲願而為上首
若諸有情為慳貪故長夜鬪諍是菩薩摩訶
薩於內外法一切悉捨方便令彼安住布施
波羅蜜多若諸有情長夜破戒是菩薩摩訶
薩於內外法一切悉捨方便令彼安住淨戒波
羅蜜多若諸有情長夜忿恚是菩薩摩訶
薩於內外法一切悉捨方便令彼安住安忍
波羅蜜多若諸有情長夜懈怠是菩薩摩訶
薩於內外法一切悉捨方便令彼安住精進
波羅蜜多若諸有情長夜心亂是菩薩摩訶
薩於內外法一切悉捨方便令彼安住靜慮
波羅蜜多若諸有情長夜愚癡是菩薩摩訶
薩於內外法一切悉捨方便令彼安住般若
波羅蜜多若諸有情流轉生死長夜恒為貪
瞋癡等隨眠纏垢之所擾亂是菩薩摩訶薩
能以種種善巧方便令彼斷滅永離生死或
安立彼令住內空外空內外空空空大空勝
義空有為空無為空畢竟空無際空散空無
變異空本性空自相空共相空一切法空不
可得空無性空自性空無性自性空或安立
彼令住真如法界法性不虛妄性不變異性
平等性離生性法定法住實際虛空界不思
議界或安立彼令住苦聖諦集聖諦滅聖諦

BD04602號　大般若波羅蜜多經卷一〇一　（6–5）

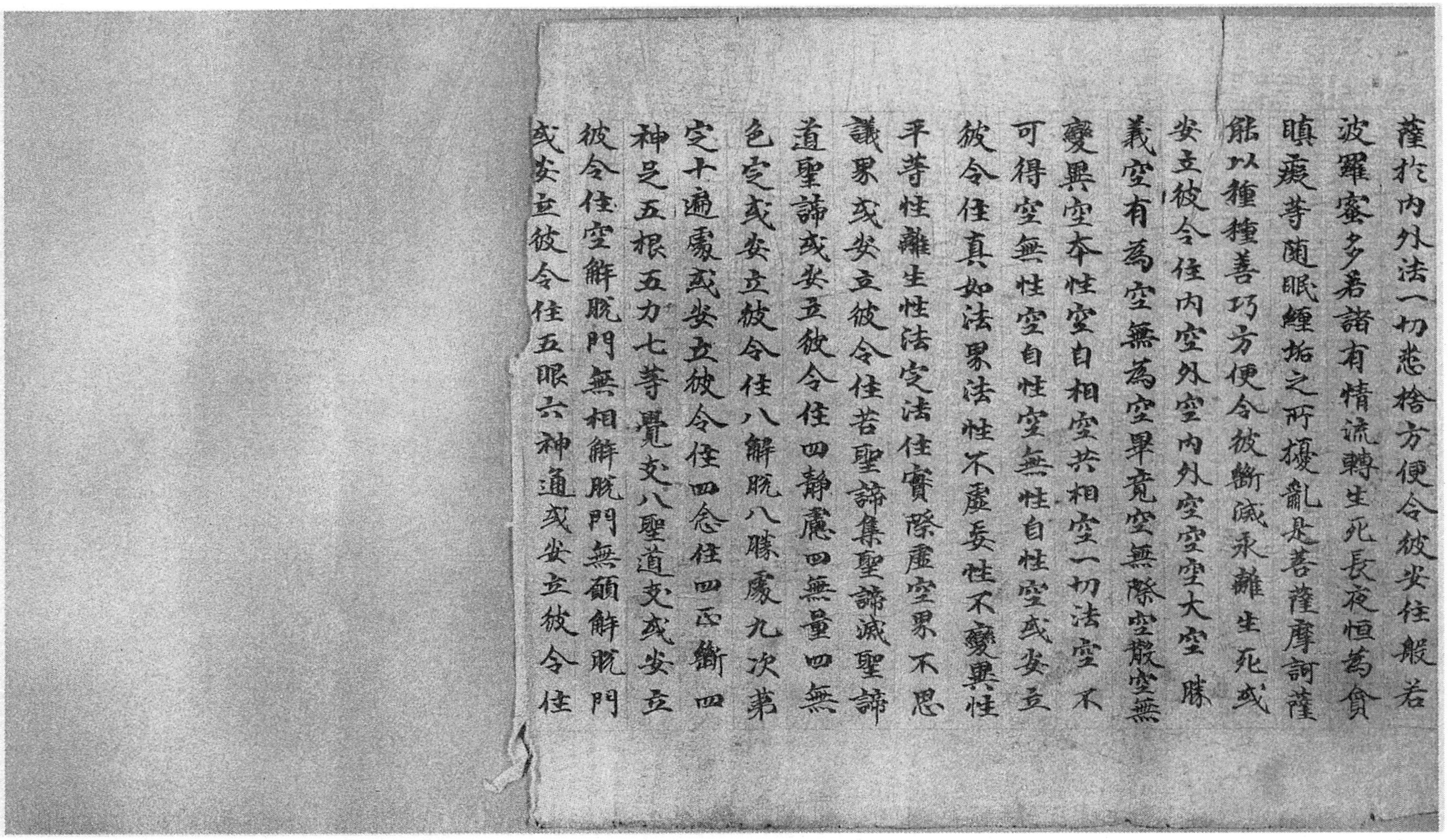

薩於内外法一切悉捨方便令彼安住般若
波羅蜜多著諸有情流轉生死長夜恒爲貪
瞋癡等隨眠纏垢之所擾亂是菩薩摩訶薩
能以種種善巧方便令彼斷滅永離生死或
安立彼令住内空外空内外空空空大空 勝
義空有爲空無爲空畢竟空無際空散空無
變異空本性空自相空共相空一切法空不
可得空無性空自性空無性自性空或安立
彼令住真如法界法性不虚妄性不變異性
平等性離生性法定法住實際虚空界不思
議界或安立彼令住苦聖諦集聖諦滅聖諦
道聖諦或安立彼令住四靜慮四無量四無
色定或安立彼令住八解脫八勝處九次第
定十遍處或安立彼令住四念住四正斷四
神足五根五力七等覺支八聖道支或安立
彼令住空解脫門無相解脫門無願解脫門
或安立彼令住五眼六神通或安立彼令住

BD04602 號　大般若波羅蜜多經卷一〇一　　（6–6）

BD04602 號背　勘記　　（1–1）

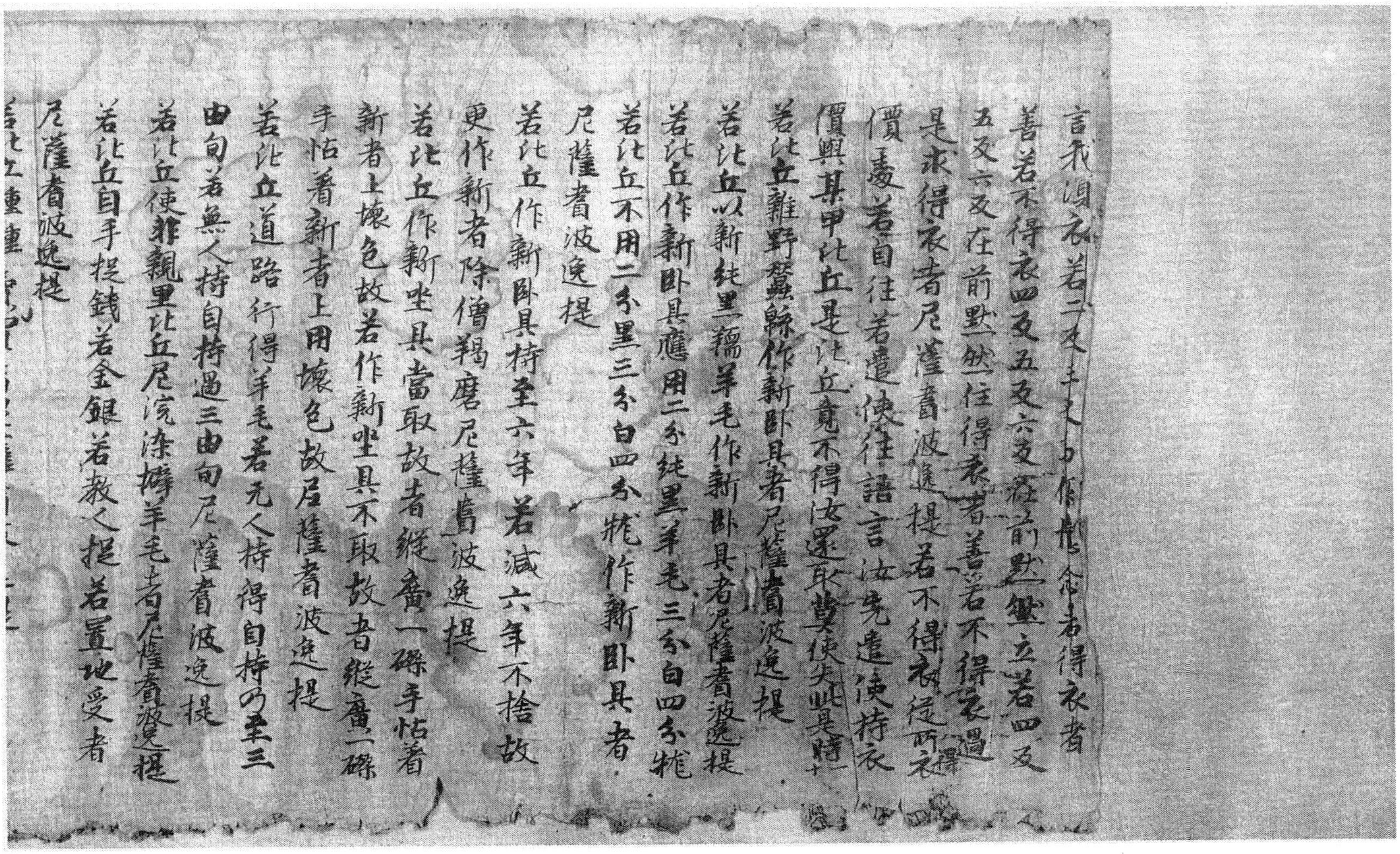

言我須衣若二反三反為作憶念若得衣者
善若不得衣四反五反六反在前默然住若四反
五反六反在前默然住得衣者善若不得衣過
是求得衣者尼薩耆波逸提若不得衣從所得衣
價處若自往若遣使往語言汝先遣使持衣
價與某甲比丘是比丘竟不得汝還取莫使失此是時
若比丘雜野蠶綿作新臥具者尼薩耆波逸提
若比丘以新純黑羺羊毛作新臥具者尼薩耆波逸提
若比丘作新臥具應用二分純黑羊毛三分白四分尨
若比丘不用二分黑三分白四分尨作新臥具者
尼薩耆波逸提
若比丘作新臥具持至六年若減六年不捨故
更作新者除僧羯磨尼薩耆波逸提
若比丘作新坐具當取故者縱廣一磔手帖著
新者上壞色故若作新坐具不取故者縱廣一磔
手帖著新者上用壞色故尼薩耆波逸提
若比丘道路行得羊毛若無人持得自持乃至三
由旬若無人持自持過三由旬尼薩耆波逸提
若比丘使非親里比丘尼浣染擘羊毛者尼薩耆波逸提
若比丘自手捉錢若金銀若教人捉若置地受者
尼薩耆波逸提

BD04603 號　四分僧戒本　（11–1）

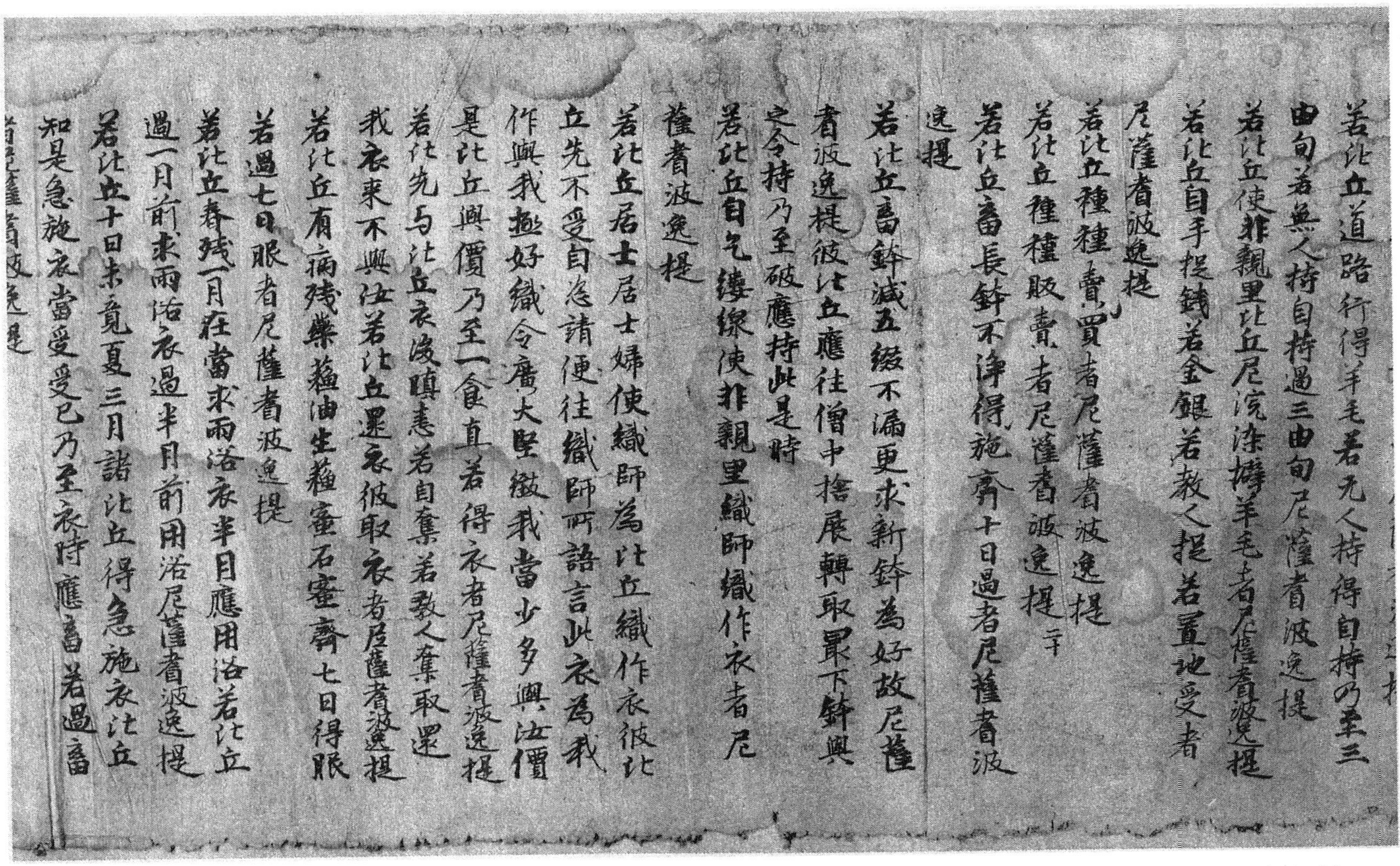

若比丘道路行得羊毛若無人持得自持乃至三
由旬若無人持自持過三由旬尼薩耆波逸提
若比丘使非親里比丘尼浣染擘羊毛者尼薩耆波逸提
若比丘自手捉錢若金銀若教人捉若置地受者
尼薩耆波逸提
若比丘種種賣買者尼薩耆波逸提
若比丘種種販賣者尼薩耆波逸提 二十
若比丘畜長鉢不淨施得齋十日過者尼薩耆波
逸提
若比丘畜鉢減五綴不漏更求新鉢為好故尼薩
耆波逸提彼比丘應往僧中捨展轉取眾下鉢與
之令持乃至破應持此是時
若比丘自乞縷綫使非親里織師織作衣者尼
薩耆波逸提
若比丘居士居士婦使織師為比丘織作衣彼比
丘先不受自恣請便往織師所語言此衣為我
作與我極好織令廣大堅緻我當少多與汝價
是比丘與價乃至一食直若得衣者尼薩耆波逸提
若比丘先與比丘衣後瞋恚若自奪若教人奪取還
我衣來不與汝若比丘還衣彼取衣者尼薩耆波逸提
若比丘有病殘藥蘇油生蘇蜜石蜜齋七日得服
若過七日服者尼薩耆波逸提
若比丘春殘一月在當求雨浴衣半月應用浴若比丘
過一月前求雨浴衣過半月前用浴尼薩耆波逸提
若比丘十日未竟夏三月諸比丘得急施衣比丘
知是急施衣當受受已乃至衣時應畜若過畜
尼薩耆波逸提

BD04603 號　四分僧戒本　（11–2）

若比丘有病殘藥蘇油生蘇蜜石蜜齊七日得服
若過七日服者尼薩耆波逸提
若比丘春殘一月在當求雨浴衣半月應用浴若比丘
過一月前求雨浴衣過半月前用浴尼薩耆波逸提
若比丘十日未竟夏三月諸比丘得急施衣比丘
知是急施衣當受受已乃至衣時應畜若過畜
者尼薩耆波逸提
若比丘夏三月竟後迦提一月滿在阿蘭若有
疑恐懼處住比丘在如是處住三衣中欲留一
一衣置舍內諸比丘有因緣離衣宿乃至六夜
若過者尼薩耆波逸提
若比丘知是僧物自求入己者尼耆波逸提 三十竟
諸大德我已說三十尼薩耆波逸提法今問諸大
德是中清淨不 三說 諸大德是中清淨默然故是事
如是持
諸大德是九十波逸提法半月半月說戒經中來
若比丘知而妄語者波逸提
若比丘種類毀呰語者波逸提
若比丘兩舌語者波逸提
若比丘與婦女同室宿者波逸提
若比丘與未受大戒人共宿過二宿至三宿波逸提
若比丘與未受大戒人共誦者波逸提
若比丘知他有麁惡罪向未受大戒人說除僧羯磨
波逸提
若比丘向未受大戒人說過人法言我見是我知
是實者波逸提

BD04603號　四分僧戒本　（11–3）

若比丘與未受大戒人共宿過二宿至三宿波逸提
若比丘與未受大戒人共誦者波逸提
若比丘知他有麁惡罪向未受大戒人說除僧羯磨
波逸提
若比丘向未受大戒人說過人法言我見是我知
是實者波逸提
若比丘與女人說法過五六語除有知男子波逸提
若比丘自手掘地若教人掘者波逸提 十
若比丘壞鬼神村者波逸提
若比丘妄作異語惱他者波逸提
若比丘嫌罵者波逸提
若比丘取僧繩牀木牀若臥具坐蓐露地敷若
教人敷捨去不自舉不教人舉波逸提
若比丘於僧房舍中敷僧臥具若自敷若教人
敷若坐若臥去時不自舉不教人舉波逸提
若比丘知先比丘住處後來强於中間敷臥具
止宿念言彼若嫌迮者自當避我去作如是因
緣非餘非威儀波逸提
若比丘瞋他比丘不喜僧房中若自牽出教他牽
出波逸提
若比丘若房若重閣上脫脚繩牀若木牀若坐若
臥波逸提
若比丘知水有蟲若澆泥若草若教人澆者波逸提
若比丘作大房舍戶扉窻牖及餘莊飾具指授
覆苫齊二三節若過者波逸提 二十
若比丘僧不差教誡比丘尼者波逸提

BD04603號　四分僧戒本　（11–4）

卧波逸提
若比丘知水有蟲若澆泥若草若教人澆者波逸提
若比丘作大房舍戶扉窓牖及餘莊飾具指授
覆苫齊二三節若過者波逸提 二十
若比丘僧不差教誡比丘尼者波逸提
若比丘為僧差教授比丘尼乃至日暮者波逸提
若比丘語諸比丘作如是語比丘為飲食故教授
比丘尼者波逸提
若比丘與非親里比丘尼衣除貿易波逸提
若比丘與非親里比丘尼作衣者波逸提
若比丘與比丘尼在屏覆處坐者波逸提
若比丘與比丘尼共期同一道行從一村乃至一村
除異時波逸提異時者與估客行若疑畏怖時
是謂異時
若比丘與比丘尼共期同乘一船上水下水除直
渡者波逸提
若比丘知比丘尼讚歎教化因緣得食食除檀
越先意者波逸提
若比丘與婦女共期同一道行乃至村間波逸提 三十
若施一食處无病比丘應一食若過受者波逸提
若比丘展轉食除餘時波逸提餘時者病時施衣
時是謂餘時
若比丘別衆食除餘時波逸提餘時者病時作
衣時施衣時道行時乘船時大衆集時沙門施食
時此是時
若比丘至白衣家請比丘與餅麨飯若比丘欲

若施一食處无病比丘應一食若過受者波逸提
若比丘展轉食除餘時波逸提餘時者病時施衣
時是謂餘時
若比丘別衆食除餘時波逸提餘時者病時作
衣時施衣時道行時乘船時大衆集時沙門施食
時此是時
若比丘至白衣家請比丘與餅麨飯若比丘欲
須者當二三鉢受還至僧伽藍中應分與餘比丘
食若比丘无病過兩三鉢受持還至僧伽藍中
不分與比丘食者波逸提
若比丘足食竟或時受請不作餘食法而食者
波逸提
若比丘知他比丘足食已若受請不作餘食法殷勤
請與食長者取是食以是因緣非餘欲使他犯者
波逸提
若比丘非時受食食者波逸提
若比丘殘宿食而食者波逸提
若比丘不食受若藥著口中除水及楊枝波逸提
若得好美飲食乳酪魚及肉若比丘如此美飲食
无病自為己索者波逸提 四十
若比丘外道男外道女自手與食者波逸提
若比丘先受請已前食後食詣餘家不囑授餘
比丘除餘時波逸提時者病時作衣時施衣時
是謂餘時
若比丘在食家中有寶强安坐者波逸提
若比丘食家中有寶在屏處坐者波逸提
若比丘獨與女人露地坐者波逸提

比丘除餘時波逸提時者病時作衣時施衣時
是謂餘時
若比丘在食家中有寶纏安坐者波逸提
若比丘食家中有寶在屏處坐者波逸提
若比丘獨與女人露地坐者波逸提
若比丘語餘比丘如是語大德共至聚落當與汝食
彼比丘竟不教與是比丘食語言汝去我與汝一處若
坐若語不樂我獨語樂以此因緣非餘方便遣去
波逸提
若比丘請四月與藥无病比丘應受若過受除常
請更請分請盡形壽請波逸提
若比丘往觀軍陣除餘因時緣波逸提
若比丘有因緣聽至軍中二宿三宿過者波逸提
若比丘二宿三宿軍中住或時觀軍陣鬪戰若觀遊
軍象馬力勢者波逸提 五十
若比丘飲酒者波逸提
若比丘水中嬉戲者波逸提
若比丘以指相擊攊者波逸提
若比丘不受諫者波逸提
若比丘恐怖他比丘者波逸提
若比丘半月洗浴无病比丘應受不得過除餘時波
逸提餘時者熱時病時作時風時雨時道行時此
是餘時
若比丘无病自為炙身故在露地然火若教人然除
時因緣波逸提
若比丘藏他比丘衣鉢坐具鍼筒若自藏教人

BD04603號　四分僧戒本　（11–7）

若比丘半月洗浴无病比丘應受不得過除餘時波
逸提餘時者熱時病時作時風時雨時道行時此
是餘時
若比丘无病自為炙身故在露地然火若教人然除
時因緣波逸提
若比丘藏他比丘衣鉢坐具鍼筒若自藏教人
藏下至戲笑者波逸提
若比丘與比丘比丘尼式叉摩那沙彌沙彌尼
衣後不語主還取着波逸提
若比丘得新衣應作三種壞色一一色中隨意
壞若青若黑若木蘭若比丘不以三種壞色
若青若黑若木蘭着餘新衣波逸提
若比丘故斷畜生命者波逸提 六十
若比丘知水有虫飲用者波逸提
若比丘故惱他比丘令須臾間不樂者波逸提
若比丘知他比丘犯麁惡罪覆藏者波逸提若比丘年
滿二十應受大戒若比丘知年不滿二十與受大
戒此人不得戒彼比丘可呵癡故波逸提
若比丘知諍事如法懺悔已後更發起波
逸提
若比丘知賊伴結要共同道行乃至一村間波逸提
若比丘作如是語我知佛所說法行婬欲非障
道法彼比丘諫此比丘言大德莫作是說莫
謗世尊謗世尊者不善世尊不作是語世尊
无數方便說婬欲是障道法彼比丘諫此比丘時堅
持不捨彼比丘乃至三諫捨此事故若再三諫

BD04603號　四分僧戒本　（11–8）

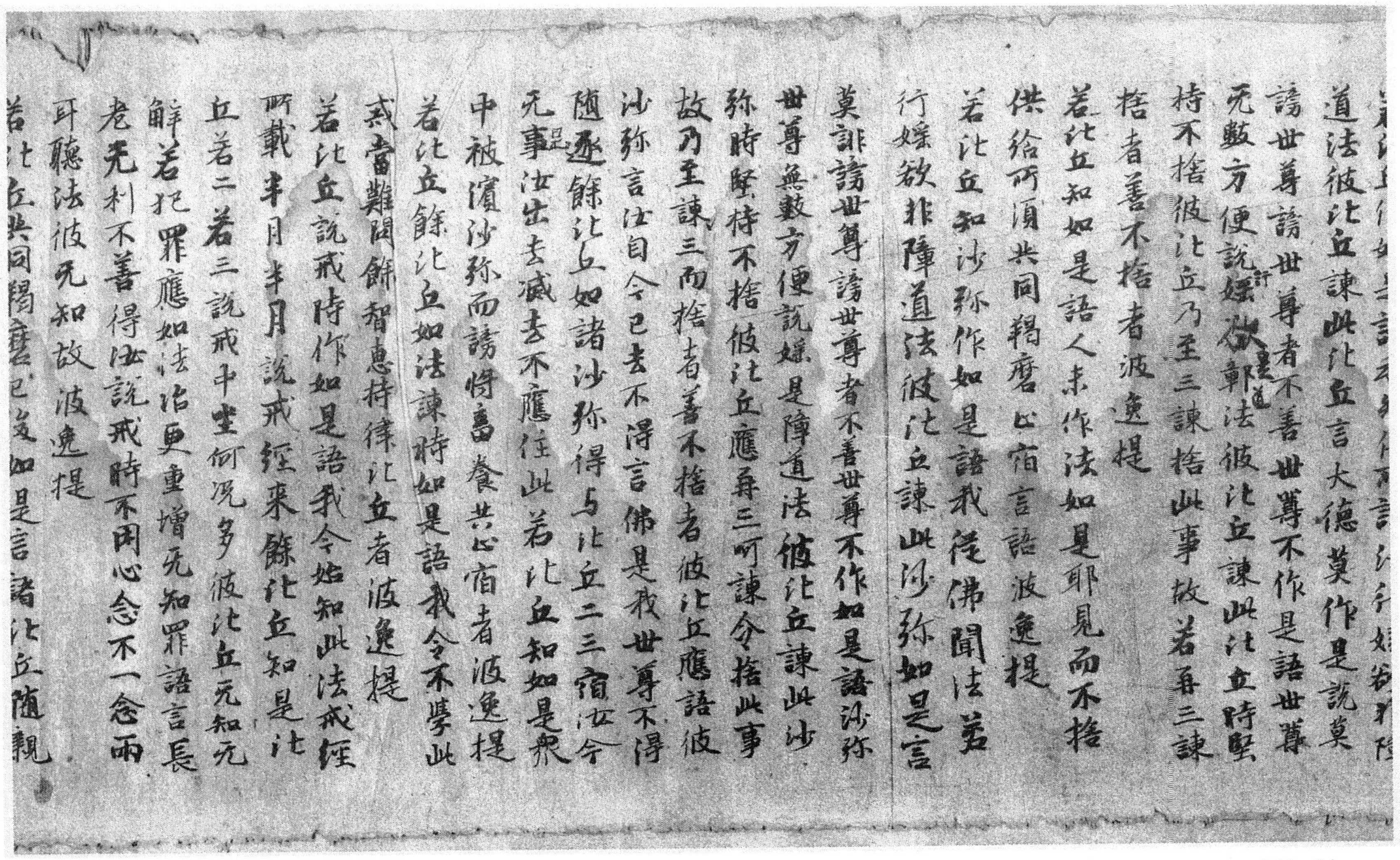
道法彼比丘言大德莫作是說莫
謗世尊謗世尊者不善世尊不作是語世尊
无數方便說婬欲是障道法彼比丘諫此比丘時堅
持不捨彼比丘乃至三諫捨此事故若再三諫
捨者善不捨者波逸提
若比丘知如是語人未作法如是耶見而不捨
供給所須共同羯磨止宿言語波逸提
若比丘知沙弥作如是語我從佛聞法若
行婬欲非障道法彼比丘諫此沙弥如是言
莫誹謗世尊謗世尊者不善世尊不作如是語沙弥
世尊無數方便說婬是障道法彼比丘諫此沙
弥時堅持不捨彼比丘應再三呵諫令捨此事
故乃至三諫而捨者善不捨者彼比丘應語彼
沙弥言汝自今已去不得言佛是我世尊不得
隨逐餘比丘如諸沙弥得与比丘二三宿汝今
无事是汝出去滅去不應住此若比丘知如是衆
中被擯沙弥而誘將畜養共止宿者波逸提
若比丘餘比丘如法諫時如是語我今不學此
戒當難問餘智惠持律比丘者波逸提
若比丘說戒時作如是語我今始知此法戒經
所載半月半月說戒經來餘比丘知是比
丘若二若三說戒中坐何況多彼比丘无知无
觧若犯罪應如法治更重增无知罪語言長
老无利不善得汝說戒時不用心念不一念兩
耳聽法彼无知故波逸提
若比丘共同羯磨已後如是言諸比丘隨親

BD04603 號　四分僧戒本　　（11–9）

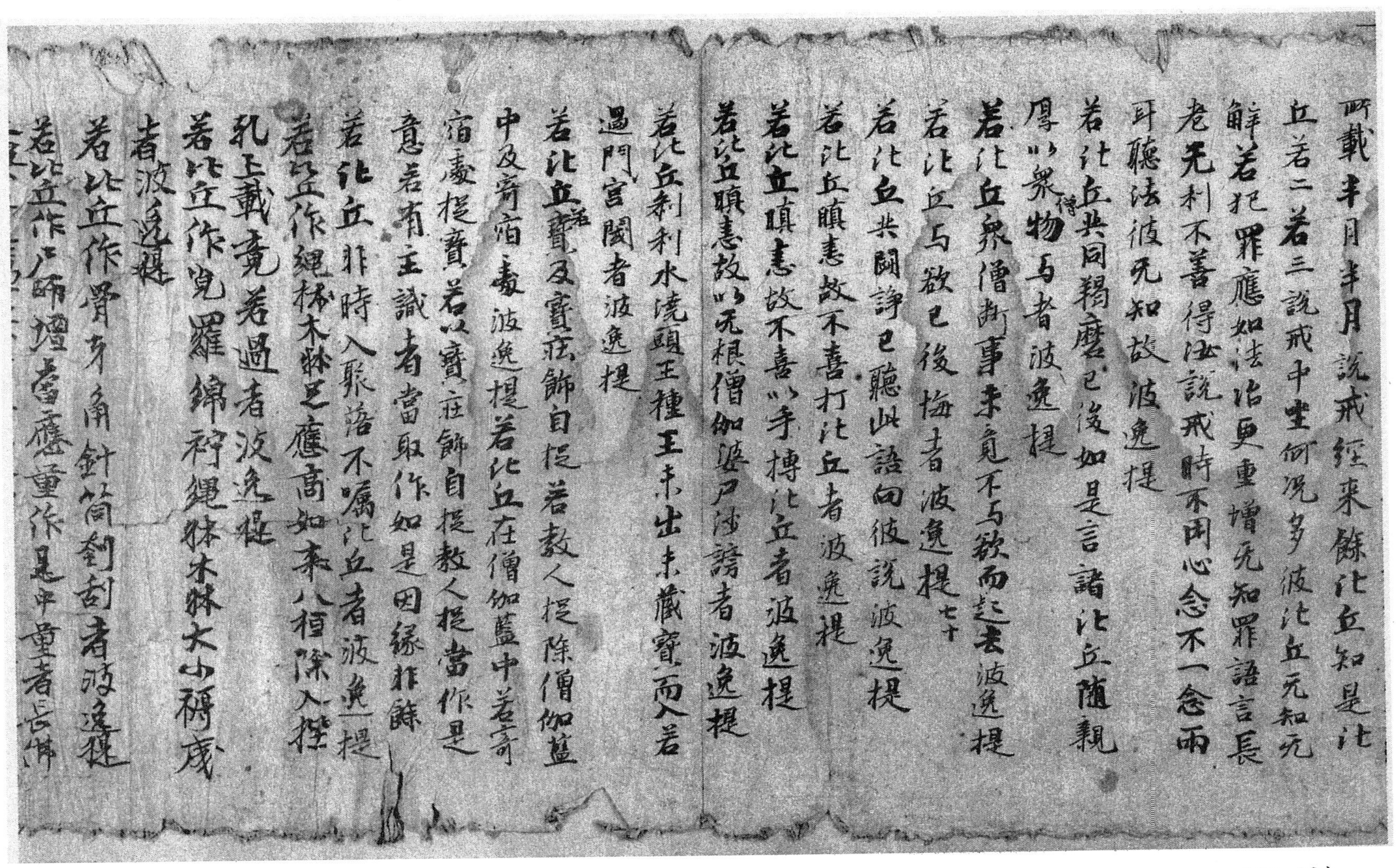
所載半月半月說戒經來餘比丘知是比
丘若二若三說戒中坐何況多彼比丘无知无
觧若犯罪應如法治更重增无知罪語言長
老无利不善得汝說戒時不用心念不一念兩
耳聽法彼无知故波逸提
若比丘共同羯磨已後如是言諸比丘隨親
厚以衆僧物与者波逸提
若比丘衆僧斷事未竟不与欲而起去波逸提
若比丘与欲已後悔者波逸提七十
若比丘共鬪諍已聽此語向彼說波逸提
若比丘瞋恚故不喜打比丘者波逸提
若比丘瞋恚故以手搏比丘者波逸提
若比丘瞋恚故以无根僧伽婆尸沙謗者波逸提
若比丘刹利水澆頭王種王未出未藏寶而入若
過門宮閾者波逸提
若比丘寶若及寶莊飾自捉若教人捉除僧伽藍
中及寄宿處波逸提若比丘在僧伽藍中若寄
宿處捉寶若以寶莊飾自捉教人捉當作是
意若有主識者當取作如是因緣非餘
若比丘非時入聚落不囑比丘者波逸提
若比丘作繩牀木牀足應高如來八指除入梐
孔上截竟若過者波逸提
若比丘作兜羅綿貯繩牀木牀大小褥成
者波逸提
若比丘作骨牙角針筒刳刮者波逸提
若比丘作尼師壇當應量作是中量者長佛

BD04603 號　四分僧戒本　　（11–10）

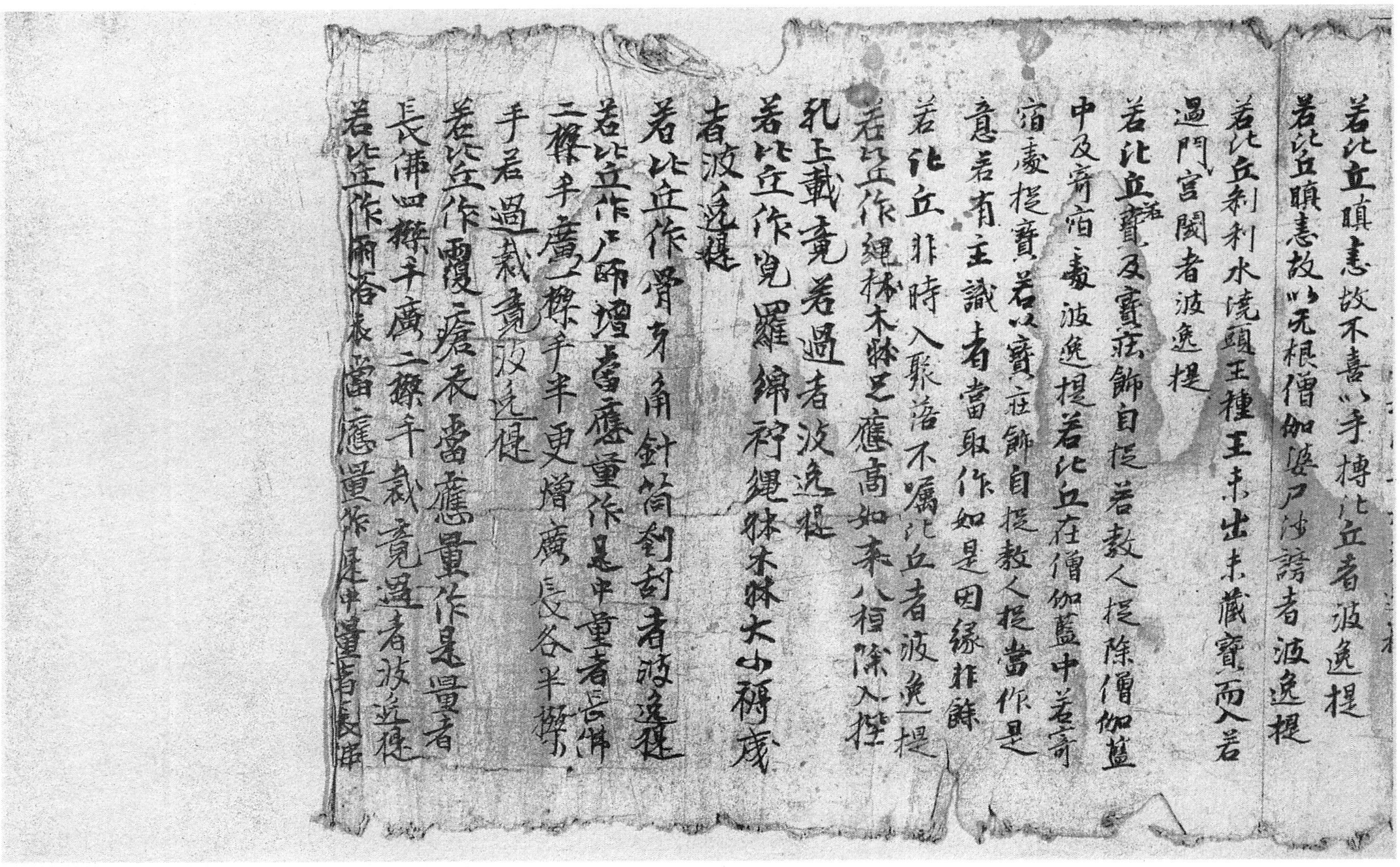

若比丘瞋恚故不喜以手搏比丘者波逸提
若比丘瞋恚故以无根僧伽婆尸沙謗者波逸提
若比丘刹利水澆頭王種王未出未藏寶而入若
過門宮閾者波逸提
若比丘寶及寶莊飾自捉若教人捉除僧伽藍
中及寄宿處波逸提若比丘在僧伽藍中若寄
宿處捉寶若以寶莊飾自捉教人捉當作是
意若有主識者當取作如是因緣非餘
若比丘非時入聚落不囑比丘者波逸提
若比丘作繩牀木牀足應高如來八指除入梐
孔上截竟若過者波逸提
若比丘作兜羅綿貯繩牀木牀大小褥成
者波逸提
若比丘作骨牙角針筒刳刮者波逸提
若比丘作尼師壇當應量作是中量者長佛
二搩手廣一搩手半更增廣長各半搩
手若過裁竟波逸提
若比丘作覆瘡衣當應量作是量者
長佛四搩手廣二搩手裁竟過者波逸提
若比丘作雨浴衣當應量作是中量長佛

BD04603 號　四分僧戒本　（11–11）

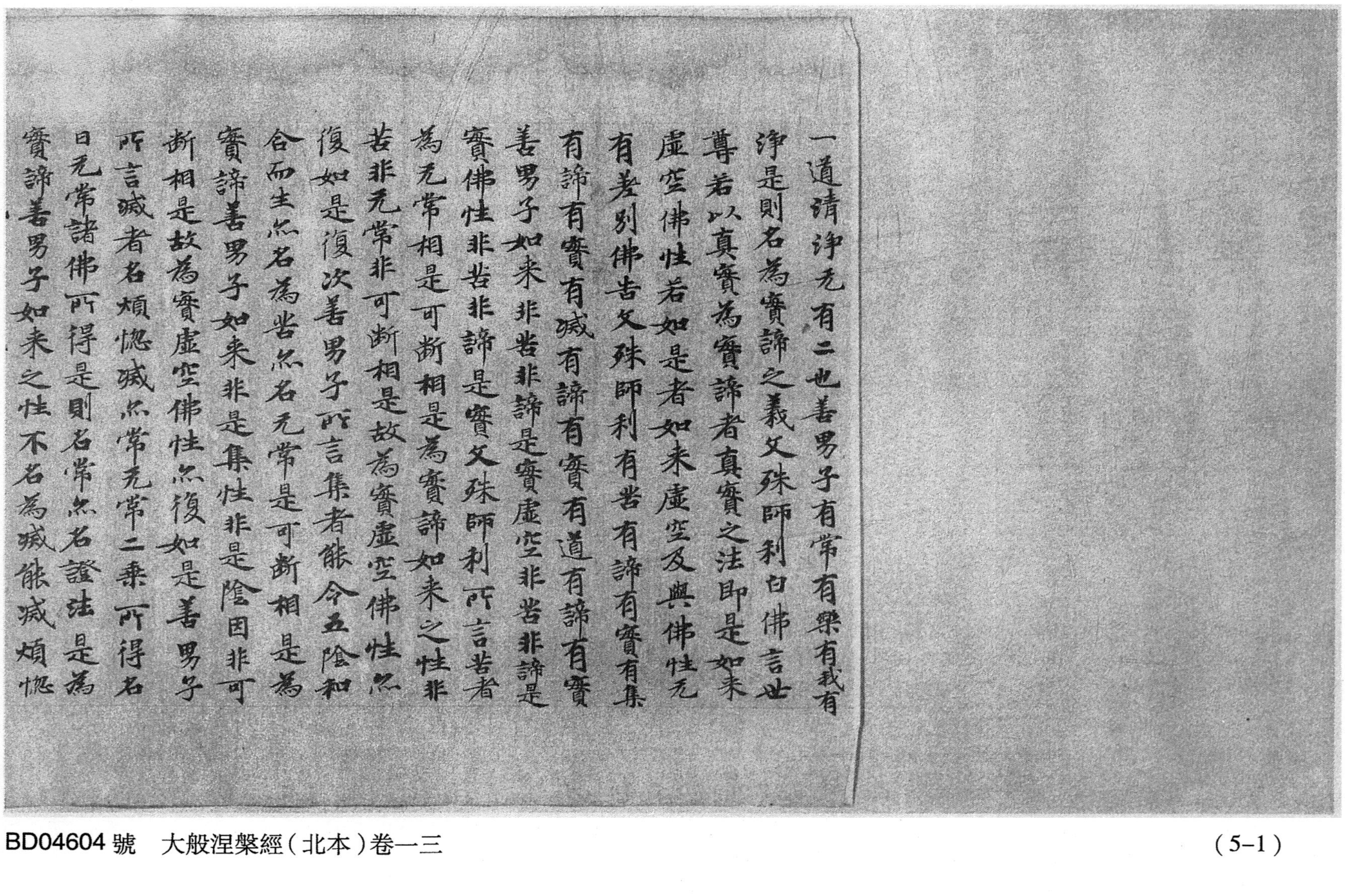

一道清淨无有二也善男子有常有樂有我有
淨是則名為實諦之義文殊師利白佛言世
尊若以真實為實諦者真實之法即是如來
虛空佛性若如是者如來虛空及與佛性无
有差別佛告文殊師利有苦有諦有實有集
有諦有實有滅有諦有實有道有諦有實
善男子如來非苦非諦是實虛空非苦非諦是
實佛性非苦非諦是實文殊師利所言苦者
為无常相是可斷相是為實諦如來之性非
苦非无常非可斷相是故為實虛空佛性亦
復如是復次善男子所言集者能令五陰和
合而生亦名為苦亦名无常是可斷相是為
實諦善男子如來非是集性非是陰因非可
斷相是故為實虛空佛性亦復如是善男子
所言滅者名煩惱滅亦常无常二乘所得名
曰无常諸佛所得是則名常亦名證法是為
實諦善男子如來之性不名為滅能滅煩惱

BD04604 號　大般涅槃經（北本）卷一三　（5–1）

實諦善男子如来非是集性非是陰因非可
斷相是故爲實虛空佛性亦復如是善男子
所言滅者名煩惱滅亦常无常二乘所得名
曰无常諸佛所得是則名常亦名證法是爲
實諦善男子如来之性不名爲滅能滅煩惱
非常无常不名證法常住无變是故爲實虛
空佛性亦復如是善男子道者能斷煩惱亦
常无常是可脩法是爲實諦如来非道能斷
煩惱非常无常非可脩法常住不變是故爲
實虛空佛性亦復如是復次善男子言真實
者即是如来如来者即是真實真實者即是
虛空虛空者即是真實真實者即是佛性佛
性者即是真實文殊師利有苦有因有苦
盡有苦對如来非苦乃至非對是故爲實不
名爲諦虛空佛性亦復如是苦者有爲有漏
无樂如来非有爲非有漏湛然安樂是實非
諦文殊師利白佛言世尊如佛所說不顛倒
者名爲實諦若尒者四諦之中有四倒不如
其有者云何說言无有顛倒名爲實諦一切
顛倒不名爲實佛告文殊師利一切顛倒皆
入苦諦如諸衆生有顛倒心名爲顛倒善男
子辟如有人不受父母尊長教勅雖受不能
隨順脩行如是人等名爲顛倒如是顛倒非
不是苦即是苦也文殊師利言如佛所說不
虛妄者即是實諦若尒者當知虛妄則非實
諦佛言善男子一切虛妄皆入苦諦如有衆

BD04604號　大般涅槃經（北本）卷一三

（5–2）

隨順脩行如是人等名爲顛倒如是顛倒非
不是苦即是苦也文殊師利言如佛所說不
虛妄者即是實諦若尒者當知虛妄則非實
諦佛言善男子一切虛妄皆入苦諦如有衆
生欺誑於他以是因緣墮於地獄畜生餓鬼
如是等法名爲虛妄如是虛妄非不是苦即
是苦也聲聞緣覺諸佛世尊遠離不行故名
虛妄如是虛妄諸佛二乘所斷除故故名實
諦文殊師利言如佛所說大乘是實諦者當
知聲聞辟支佛乘則爲不實佛言文殊師利
彼二乘者亦實不實聲聞緣覺斷諸煩惱則
名爲實无常不住是變易法名爲不實文殊
師利言如佛所說若佛所說名爲實者當知
魔說則爲不實世尊如魔所說是諦攝不佛
言文殊師利魔所說者二諦所攝所謂苦集
凡是一切非法非律不能令人而得利益終
日宣說亦无有人見苦斷集證滅脩道是名
虛妄如是虛妄名爲魔說文殊師利言如佛
所說一道清淨无有二者諸外道等亦復說
言我有一道清淨无二若言一道是實諦者
與彼外道有何差別若无差別不應說言
一道清淨佛言善男子諸外道等有苦集諦无
滅道諦於非滅中而生滅想於非道中而生
道想於非果中生於果想於非因中生於因
想以是義故彼无一道清淨无二文殊師利
言如佛所說有常有我有樂有淨是實義者
諸外道等應有實諦佛法中无何以故諸外

BD04604號　大般涅槃經（北本）卷一三

（5–3）

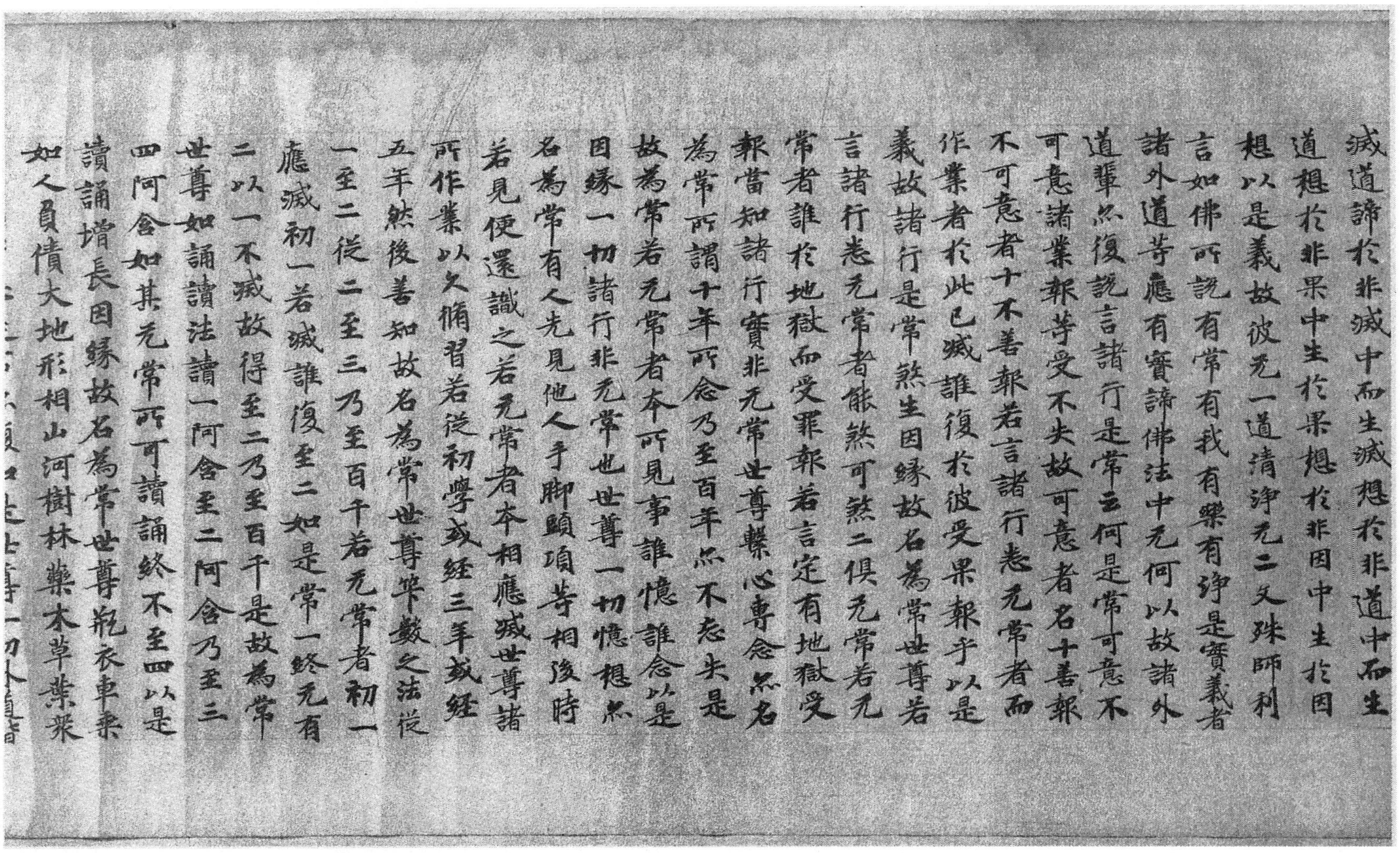

滅道諦於非滅中而生滅想於非道中而生
道想於非果中生於果想於非因中生於因
想以是義故彼无一道清淨无二文殊師利
言如佛所說有常有我有樂有淨是實義者
諸外道等應有實諦佛法中无何以故諸外
道輩亦復說言諸行是常云何是常可意不
可意諸業報等受不失故可意者名十善報
不可意者十不善報若言諸行悉无常者而
作業者於此已滅誰復於彼受果報乎以是
義故諸行是常煞生因緣故名為常世尊若
言諸行悉无常者能煞可煞二俱无常若无
常者誰於地獄而受罪報若言定有地獄受
報當知諸行實非无常世尊繫心專念亦名
為常所謂十年所念乃至百年亦不忘失是
故為常若无常者本所見事誰憶誰念以是
因緣一切諸行非无常也世尊一切憶想亦
名為常有人先見他人手脚頭項等相後時
若見便還識之若无常者本相應滅世尊諸
所作業以久脩習若從初學或經三年或經
五年然後善知故名為常世尊筭數之法從
一至二從二至三乃至百千若无常者初一
應滅初一若滅誰復至二如是常一終无有
二以一不滅故得至二乃至百千是故為常
世尊如誦讀法讀一阿含至二阿含乃至三
四阿含如其无常所可讀誦終不至四以是
讀誦增長因緣故名為常世尊瓶衣車乘
如人負債大地形相山河樹林藥木草葉衆

BD04604號　大般涅槃經（北本）卷一三　（5–4）

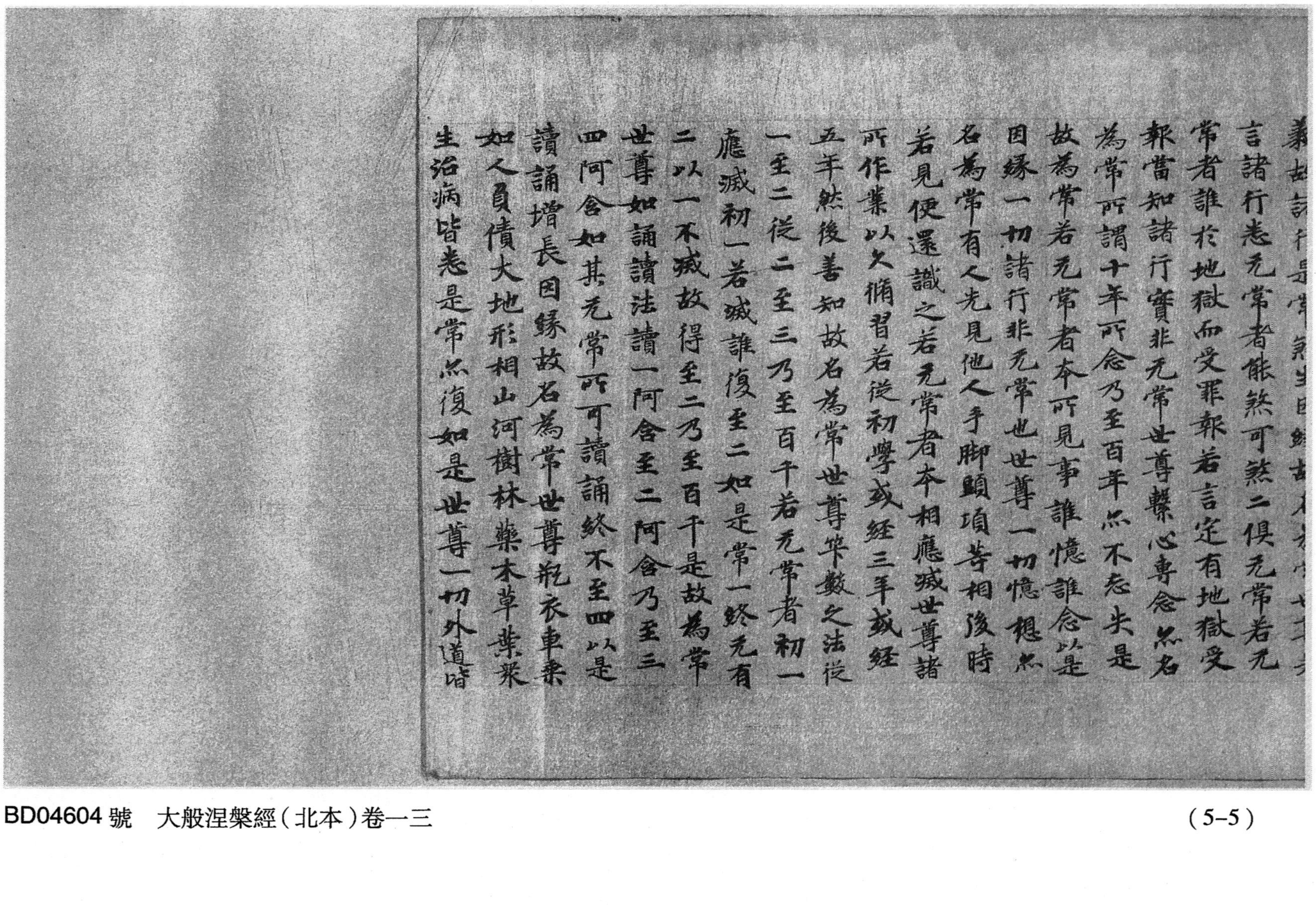

言諸行悉无常者能煞可煞二俱无常若无
常者誰於地獄而受罪報若言定有地獄受
報當知諸行實非无常世尊繫心專念亦名
為常所謂十年所念乃至百年亦不忘失是
故為常若无常者本所見事誰憶誰念以是
因緣一切諸行非无常也世尊一切憶想亦
名為常有人先見他人手脚頭項等相後時
若見便還識之若无常者本相應滅世尊諸
所作業以久脩習若從初學或經三年或經
五年然後善知故名為常世尊筭數之法從
一至二從二至三乃至百千若无常者初一
應滅初一若滅誰復至二如是常一終无有
二以一不滅故得至二乃至百千是故為常
世尊如誦讀法讀一阿含至二阿含乃至三
四阿含如其无常所可讀誦終不至四以是
讀誦增長因緣故名為常世尊瓶衣車乘
如人負債大地形相山河樹林藥木草葉衆
生治病皆悉是常亦復如是世尊一切外道皆

BD04604號　大般涅槃經（北本）卷一三　（5–5）

然我實成佛已來久遠若斯但以方便教化
衆生令入佛道作如是說諸善男子如來所
演經典皆為度脫衆生或說己身或說他身
或示己身或示他身或示己事或示他事諸
所言說皆實不虛所以者何如來如實知見
三界之相无有生死若退若出亦无在世及
滅度者非實非虛非如非異不如三界見於
三界如斯之事如來明見无有錯謬以諸衆
生有種種性種種欲種種行種種憶想分別
故欲令生諸善根以若干因緣譬喻言辭種
種說法所作佛事未曾暫廢如是我成佛已
來甚大久遠壽命无量阿僧祇劫常住不滅
諸善男子我本行菩薩道所成壽命今猶未
盡復倍上數然今非實滅度而便唱言當取
滅度如來以是方便教化衆生所以者何若
佛久住於世薄德之人不種善根貧窮下賤
貪著五欲入於憶想妄見網中若見如來常
在不滅便起憍恣而懷猒怠不能生難遭之
想恭敬之心是故如來以方便說比丘當知

BD04605號　妙法蓮華經卷五　（12–1）

滅度如來以是方便教化衆生所以者何若
佛久住於世薄德之人不種善根貧窮下賤
貪著五欲入於憶想妄見網中若見如來常
在不滅便起憍恣而懷猒怠不能生難遭之
想恭敬之心是故如來以方便說比丘當知
諸佛出世難可值遇所以者何諸薄德人過
无量百千万億劫或有見佛或不見者以此
事故我作是言諸比丘如來難可得見斯衆
生等聞如是語必當生於難遭之想心懷戀
慕渴仰於佛便種善根是故如來雖不實滅
而言滅度又善男子諸佛如來法皆如是為
度衆生皆實不虛譬如良醫智慧聡達明練
方藥善治衆病其人多諸子息若十二十乃
至百數以有事緣遠至餘國諸子於後飲他
毒藥藥發悶亂宛轉于地是時其父還來歸
家諸子飲毒或失本心或不失者遙見其父
皆大歡喜拜跪問訊善安隱歸我等愚癡誤
服毒藥願見救療更賜壽命父見子等苦惱
如是依諸經方求好藥草色香美味皆悉具
足擣篩和合與子令服而作是言此大良藥
色香美味皆悉具足汝等可服速除苦惱无
復衆患其諸子中不失心者見此良藥色香
俱好即便服之病盡除愈餘失心者見其父
來雖亦歡喜問訊求索治病然與其藥而不

BD04605號　妙法蓮華經卷五　（12–2）

如是依諸經方求好藥草色香美味皆悉具
足擣篩和合與子令服而作是言此大良藥
色香美味皆悉具足汝等可服速除苦惱无
復衆患其諸子中不失心者見此良藥色香
俱好即便服之病盡除愈餘失心者見其父
來雖亦歡喜問訊求索治病然與其藥而不
肯服所以者何毒氣深入失本心故於此好
色香藥而謂不美父作是念此子可愍為毒
所中心皆顛倒雖見我喜求索救療如是好
藥而不肯服我今當設方便令服此藥即作
是言汝等當知我今衰老死時已至是好良
藥今留在此汝可取服勿憂不差作是教已
復至他國遣使還告汝父已死是時諸子聞
父背喪心大憂惱而作是念若父在者慈愍
我等能見救護今者捨我遠喪他國自惟孤
露无復恃怙常懷悲感心遂醒悟乃知此藥
色味香美即取服之毒病皆愈其父聞子悉
已得差尋便來歸咸使見之諸善男子於意
云何頗有人能說此良醫虛妄罪不不也世
尊佛言我亦如是成佛已來无量无邊百千
万億那由他阿僧祇劫為衆生故以方便力
言當滅度亦无有能如法說我虛妄過者尒
時世尊欲重宣此義而說偈言
自我得佛來　所經諸劫數　无量百千万　億載阿僧祇
常說法教化　无數億衆生　令入於佛道　尒來无量劫

BD04605號　妙法蓮華經卷五　（12–3）

言當滅度亦无有能如法說我虛妄過者尒
時世尊欲重宣此義而說偈言
自我得佛來　所經諸劫數　无量百千万　億載阿僧祇
常說法教化　无數億衆生　令入於佛道　尒來无量劫
為度衆生故　方便現涅槃　而實不滅度　常住此說法
我常住於此　以諸神通力　令顛倒衆生　雖近而不見
衆見我滅度　廣供養舍利　咸皆懷戀慕　而生渴仰心
衆生既信伏　質直意柔軟　一心欲見佛　不自惜身命
時我及衆僧　俱出靈鷲山　我時語衆生　常在此不滅
以方便力故　現有滅不滅　餘國有衆生　恭敬信樂者
我復於彼中　為說无上法　汝等不聞此　但謂我滅度
我見諸衆生　沒在於苦惱　故不為現身　令其生渴仰
因其心戀慕　乃出為說法　神通力如是　於阿僧祇劫
常在靈鷲山　及餘諸住處　衆生見劫盡　大火所燒時
我此土安隱　天人常充滿　園林諸堂閣　種種寶莊嚴
寶樹多華菓　衆生所遊樂　諸天擊天鼓　常作衆伎樂
雨曼陀羅華　散佛及大衆　我淨土不毀　而衆見燒盡
憂怖諸苦惱　如是悉充滿　是諸罪衆生　以惡業因緣
過阿僧祇劫　不聞三寶名　諸有修功德　柔和質直者
則皆見我身　在此而說法　或時為此衆　說佛壽无量
久乃見佛者　為說佛難值　我智力如是　慧光照无量
壽命无數劫　久脩業所得　汝等有智者　勿於此生疑
當斷令永盡　佛語實不虛　如醫善方便　為治狂子故
實在而言死　无能說虛妄　我亦為世父　救諸苦患者
為凡夫顛倒　實在而言滅　以常見我故　而生憍恣心
放逸著五欲　墮於惡道中　我常知衆生　行道不行道
隨應所可度　為說種種法　每自作是意　以何令衆生

BD04605號　妙法蓮華經卷五　（12–4）

實在而言死　无能說虛妄　我亦為世父　救諸苦患者
為凡夫顛倒　實在而言滅　以常見我故　而生憍恣心
放逸著五欲　墮於惡道中　我常知眾生　行道不行道
隨應所可度　為說種種法　每自作是意　以何令眾生
得入无上道　速成就佛身
妙法蓮華經分別功德品第十七
尒時大會聞佛說壽命劫數長遠如是无量
无邊阿僧祇眾生得大饒益於時世尊告弥
勒菩薩摩訶薩阿逸多我說是如來壽命長
遠時六百八十万億那由他恒河沙眾生得
无生法忍復千倍菩薩摩訶薩得聞持陀羅
尼門復有一世界微塵數菩薩摩訶薩得樂
說无礙辯才復有一世界微塵數菩薩摩訶
薩得百千万億无量旋陀羅尼復有三千大
千世界微塵數菩薩摩訶薩能轉不退法輪
復有二千中國土微塵數菩薩摩訶薩能轉
清淨法輪復有小千國土微塵數菩薩摩訶
薩八生當得阿耨多羅三藐三菩提復有四
四天下微塵數菩薩摩訶薩四生當得阿耨
多羅三藐三菩提復有三四天下微塵數菩
薩摩訶薩三生當得阿耨多羅三藐三菩提
復有二四天下微塵數菩薩摩訶薩二生當
得阿耨多羅三藐三菩提復有一四天下微
塵數菩薩摩訶薩一生當得阿耨多羅三藐
三菩提復有八世界微塵數眾生皆發阿耨
多羅三藐三菩提心佛說是諸菩薩摩訶薩
得大法利時於虛空中雨曼陀羅華摩訶曼

BD04605號　妙法蓮華經卷五

（12–5）

得阿耨多羅三藐三菩提復有一四天下微
塵數菩薩摩訶薩一生當得阿耨多羅三藐
三菩提復有八世界微塵數眾生皆發阿耨
多羅三藐三菩提心佛說是諸菩薩摩訶薩
得大法利時於虛空中雨曼陀羅華摩訶曼
陀羅華以散无量百千万億寶樹下師子座
上諸佛并散七寶塔中師子座上釋迦牟尼
佛及久滅度多寶如來亦散一切諸大菩薩
及四部眾又雨細末栴檀沉水香等於虛空
中天鼓自鳴妙聲深遠又雨千種天衣垂諸
瓔珞真珠瓔珞摩尼珠瓔珞如意珠瓔珞遍
於九方眾寶香爐燒无價香自然周至供養
大會一一佛上有諸菩薩執持幡蓋次第而
上至于梵天是諸菩薩以妙音聲歌无量頌
讚歎諸佛尒時弥勒菩薩從座而起偏袒右
肩合掌向佛而說偈言
佛說希有法　昔所未曾聞　世尊有大力　壽命不可量
无數諸佛子　聞世尊分別　說得法利者　歡喜充遍身
或住不退地　或得陀羅尼　或无礙樂說　万億旋總持
或有大千界　微塵數菩薩　各各皆能轉　不退之法輪
或有中千界　微塵數菩薩　各各皆能轉　清淨之法輪
復有小千界　微塵數菩薩　餘各八生在　當得成佛道
復有四三二　如是四天下　微塵諸菩薩　隨數生成佛
或一四天下　微塵數菩薩　餘有一生在　當成一切智
如是等眾生　聞佛壽長遠　得无量无漏　清淨之果報
復有八世界　微塵數眾生　聞佛說壽命　皆發无上心
世尊說无量　不可思議法　多有所饒益　如虛空无邊

BD04605號　妙法蓮華經卷五

（12–6）

復有四三二 如是四天下 微塵諸菩薩 隨數生成佛
或一四天下 微塵數菩薩 餘有一生在 當成一切智
如是等衆生 聞佛壽長遠 得无量无漏 清淨之果報
復有八世界 微塵數衆生 聞佛說壽命 皆發无上心
世尊說无量 不可思議法 多有所饒益 如虛空无邊
雨天曼陁羅 摩訶曼陁羅 釋梵如恒沙 无數佛土來
雨栴檀沉水 繽紛而亂墜 如鳥飛空下 供散於諸佛
天鼓虛空中 自然出妙聲 天衣千万種 旋轉而來下
衆寶妙香爐 燒无價之香 自然悉周遍 供養諸世尊
其大菩薩衆 執七寶幡蓋 高妙万億種 次第至梵天
一一諸佛前 寶幢懸勝幡 亦以千万偈 歌詠諸如來
如是種種事 昔所未曾有 聞佛壽无量 一切皆歡喜
佛名聞十方 廣饒益衆生 一切具善根 以助无上心
尒時佛告弥勒菩薩摩訶薩阿逸多其有衆
生聞佛壽命長遠如是乃至能生一念信解
所得功德无有限量若有善男子善女人爲
阿耨多羅三藐三菩提於八十万億那由他
劫行五波羅蜜檀波羅蜜尸羅波羅蜜羼提
波羅蜜毗梨耶波羅蜜禪波羅蜜除般若波
羅蜜以是功德比前功德百分千分百千万
億分不及其一乃至筭數譬喻所不能知若
善男子有如是功德於阿耨多羅三藐三菩
提退者无有是處尒時世尊欲重宣此義而
說偈言
若人求佛慧 於八十万億 那由他劫數 行五波羅蜜
於是諸劫中 布施供養佛 及緣覺弟子 并諸菩薩衆
珍異之飲食 上服與卧具 栴檀立精舍 以園林莊嚴

BD04605號　妙法蓮華經卷五　（12–7）

提退者无有是處尒時世尊欲重宣此義而
說偈言
若人求佛慧 於八十万億 那由他劫數 行五波羅蜜
於是諸劫中 布施供養佛 及緣覺弟子 并諸菩薩衆
珍異之飲食 上服與卧具 栴檀立精舍 以園林莊嚴
如是等布施 種種皆微妙 盡此諸劫數 以迴向佛道
若復持禁戒 清淨无缺漏 求於无上道 諸佛之所歎
若復行忍辱 住於調柔地 設衆惡來加 其心不傾動
諸有得法者 懷於增上慢 爲此所輕惱 如是亦能忍
若復勤精進 志念常堅固 於无量億劫 一心不懈息
又於无數劫 住於空閑處 若坐若經行 除睡常攝心
以是因緣故 能生諸禪定 八十億万劫 安住心不亂
持此一心福 願求无上道 我得一切智 盡諸禪定際
是人於百千 万億劫數中 行此諸功德 如上之所說
有善男女等 聞我說壽命 乃至一念信 其福過於彼
若人悉无有 一切諸疑悔 深心須臾信 其福爲如此
其有諸菩薩 无量劫行道 聞我說壽命 是則能信受
如是諸人等 頂受此經典 願我於未來 長壽度衆生
如今日世尊 諸釋中之王 道場師子吼 說法无所畏
我等未來世 一切所尊敬 坐於道場時 說壽亦如是
若有深心者 清淨而質直 多聞能總持 隨義解佛語
如是諸人等 於此无有疑
又阿逸多若有聞佛壽命長遠解其言趣是
人所得功德无有限量能起如來无上之慧
何況廣聞是經若教人聞若自持若教人持
若自書若教人書若以華香瓔珞幢幡繒蓋
香油蘇燈供養經卷是人功德无量无邊能

BD04605號　妙法蓮華經卷五　（12–8）

又阿逸多若有聞佛壽命長遠解其言趣是
人所得功德无有限量能起如來无上之慧
何況廣聞是經若教人聞若自持若教人持
若自書若教人書若以華香瓔珞幢幡繒蓋
香油酥燈供養經卷是人功德无量无邊能
生一切種智阿逸多若善男子善女人聞我
說壽命長遠深心信解則為見佛常在耆闍
崛山共大菩薩諸聲聞眾圍繞說法又見此
娑婆世界其地琉璃坦然平正閻浮檀金以
界八道寶樹行列諸臺樓觀皆悉寶成其菩
薩眾咸處其中若能如是觀者當知是為深
信解相又復如來滅後若聞是經而不毀呰
起隨喜心當知已為深信解相何況讀誦受
持之者斯人則為頂戴如來阿逸多是善男
子善女人不須為我復起塔寺及作僧坊以
四事供養眾僧所以者何是善男子善女人
受持讀誦是經典者為已起塔造立僧坊
供養眾僧則為以佛舍利起七寶塔高廣漸
小至于梵天懸諸幡蓋及眾寶鈴華香瓔珞
末香塗香燒香眾鼓伎樂簫笛箜篌種種儛
戲以妙音聲歌唄讚頌則為於无量千万億
劫作是供養已阿逸多若我滅後聞是經典
有能受持若自書若教人書則為起立僧坊
以赤栴檀作諸殿堂三十有二高八多羅樹
高廣嚴好百千比丘於其中止園林流池經

BD04605號　妙法蓮華經卷五　（12-9）

戲以妙音聲歌唄讚頌則為於无量千万億
劫作是供養已阿逸多若我滅後聞是經典
有能受持若自書若教人書則為起立僧坊
以赤栴檀作諸殿堂三十有二高八多羅樹
高廣嚴好百千比丘於其中止園林流池經
行禪窟衣服飲食床褥湯藥一切樂具充滿
其中如是僧坊堂閣若干百千万億其數无
量以此現前供養於我及比丘僧是故我說
如來滅後若有受持讀誦為他人說若自書
若教人書供養經卷不須復起塔寺及造僧
坊供養眾僧況復有人能持是經兼行布施
持戒忍辱精進一心智慧其德最勝无量无
邊譬如虛空東西南北四維上下无量无邊
是人功德亦復如是无量无邊疾至一切種
智若人讀誦受持是經為他人說若自書若
教人書復能起塔及造僧坊供養讚歎聲聞
眾僧亦以百千万億讚歎之法讚歎菩薩功德
又為他人種種因緣隨義解說此法華經
復能清淨持戒與柔和者而共同止忍辱无
瞋志念堅固常貴坐禪得諸深定精進勇猛
攝諸善法利根智慧善答問難阿逸多若我
滅後諸善男子善女人受持讀誦是經典者
復有如是諸善功德當知是人已趣道場近
阿耨多羅三藐三菩提坐道樹下阿逸多是

BD04605號　妙法蓮華經卷五　（12-10）

瞋志念堅固常貴坐禪得諸深定精進勇猛
攝諸善法利根智慧善荅問難阿逸多若我
滅後諸善男子善女人受持讀誦是經典者
復有如是諸善功德當知是人已趣道場近
阿耨多羅三藐三菩提坐道樹下阿逸多是
善男子若坐若立若行處此中便應起塔一
切天人皆應供養如佛之塔尒時世尊欲重
宣此義而說偈言
若我滅度後　能奉持此經　斯人福無量　如上之所說
是則為具足　一切諸供養　以舍利起塔　七寶而莊嚴
表刹甚高廣　漸小至梵天　寶鈴千萬億　風動出妙音
又於無量劫　而供養此塔　華香諸瓔珞　天衣眾伎樂
燃香油穌燈　周帀常照明　惡世法末時　能持是經者
則為已如上　具足諸供養　若能持此經　則如佛現在
以牛頭栴檀　起僧坊供養　堂有三十二　高八多羅樹
上饌妙衣服　床卧皆具足　百千眾住處　園林諸流池
經行及禪窟　種種皆嚴好　若有信解心　受持讀誦書
若復教人書　及供養經卷　散華香末香　以須曼瞻蔔
阿提目多伽　薰油常燃之　如是供養者　得無量功德
如虛空無邊　其福亦如是　況復持此經　兼布施持戒
忍辱樂禪定　不瞋不惡口　恭敬於塔廟　謙下諸比丘
遠離自高心　常思惟智慧　有問難不瞋　隨順為解說
若能行是行　功德不可量　若見此法師　成就如是德
應以天華散　天衣覆其身　頭面接足禮　生心如佛想

BD04605號　妙法蓮華經卷五　（12–11）

上饌妙衣服　床卧皆具足　百千眾住處　園林諸流池
經行及禪窟　種種皆嚴好　若有信解心　受持讀誦書
若復教人書　及供養經卷　散華香末香　以須曼瞻蔔
阿提目多伽　薰油常燃之　如是供養者　得無量功德
如虛空無邊　其福亦如是　況復持此經　兼布施持戒
忍辱樂禪定　不瞋不惡口　恭敬於塔廟　謙下諸比丘
遠離自高心　常思惟智慧　有問難不瞋　隨順為解說
若能行是行　功德不可量　若見此法師　成就如是德
應以天華散　天衣覆其身　頭面接足禮　生心如佛想
又應作是念　不久詣道樹　得無漏無為　廣利諸人天
其所住止處　經行若坐卧　乃至說一偈　是中應起塔
莊嚴令妙好　種種以供養　佛子住此地　則是佛受用
其在於其中　經行及坐卧
妙法蓮華經卷第五

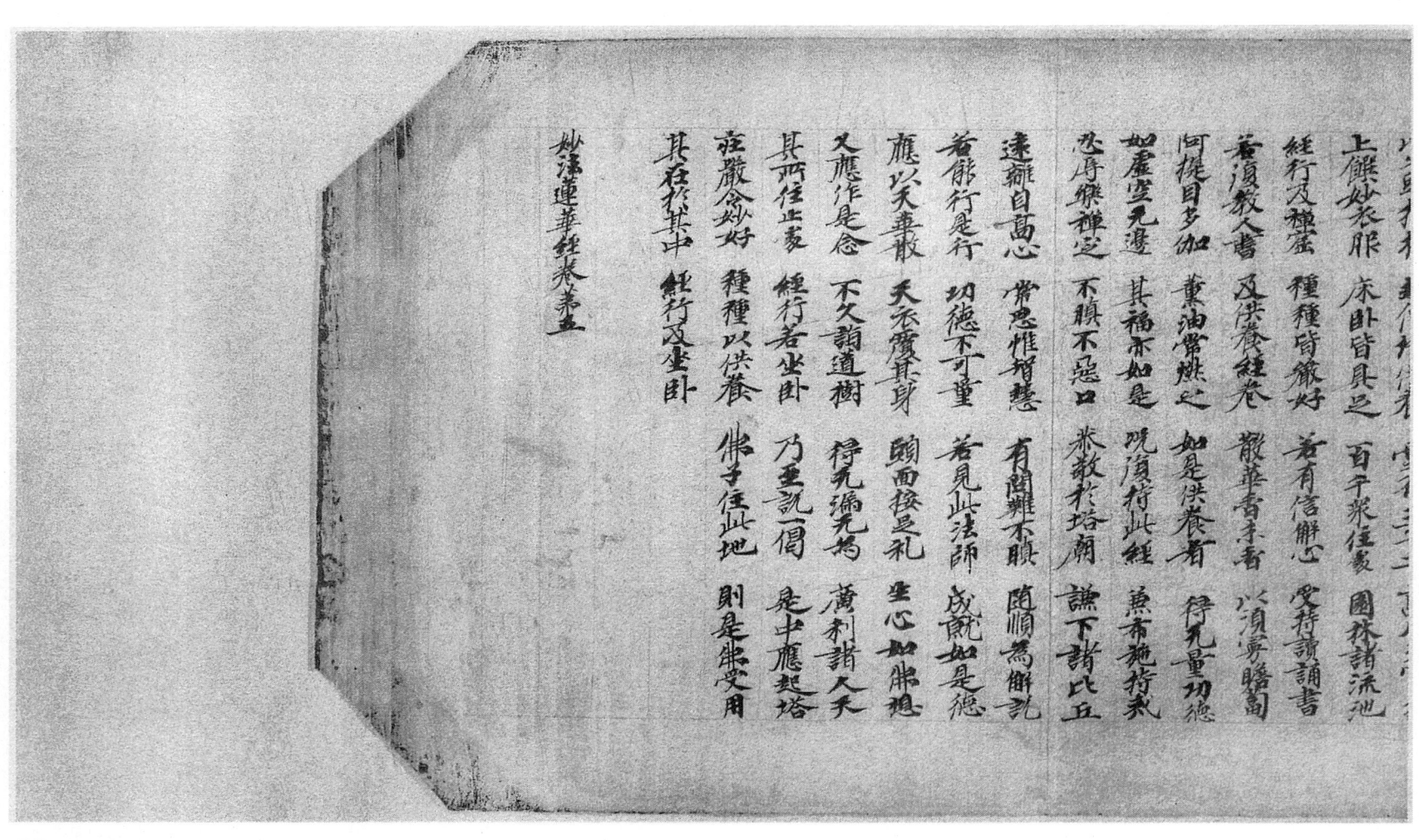

BD04605號　妙法蓮華經卷五　（12–12）

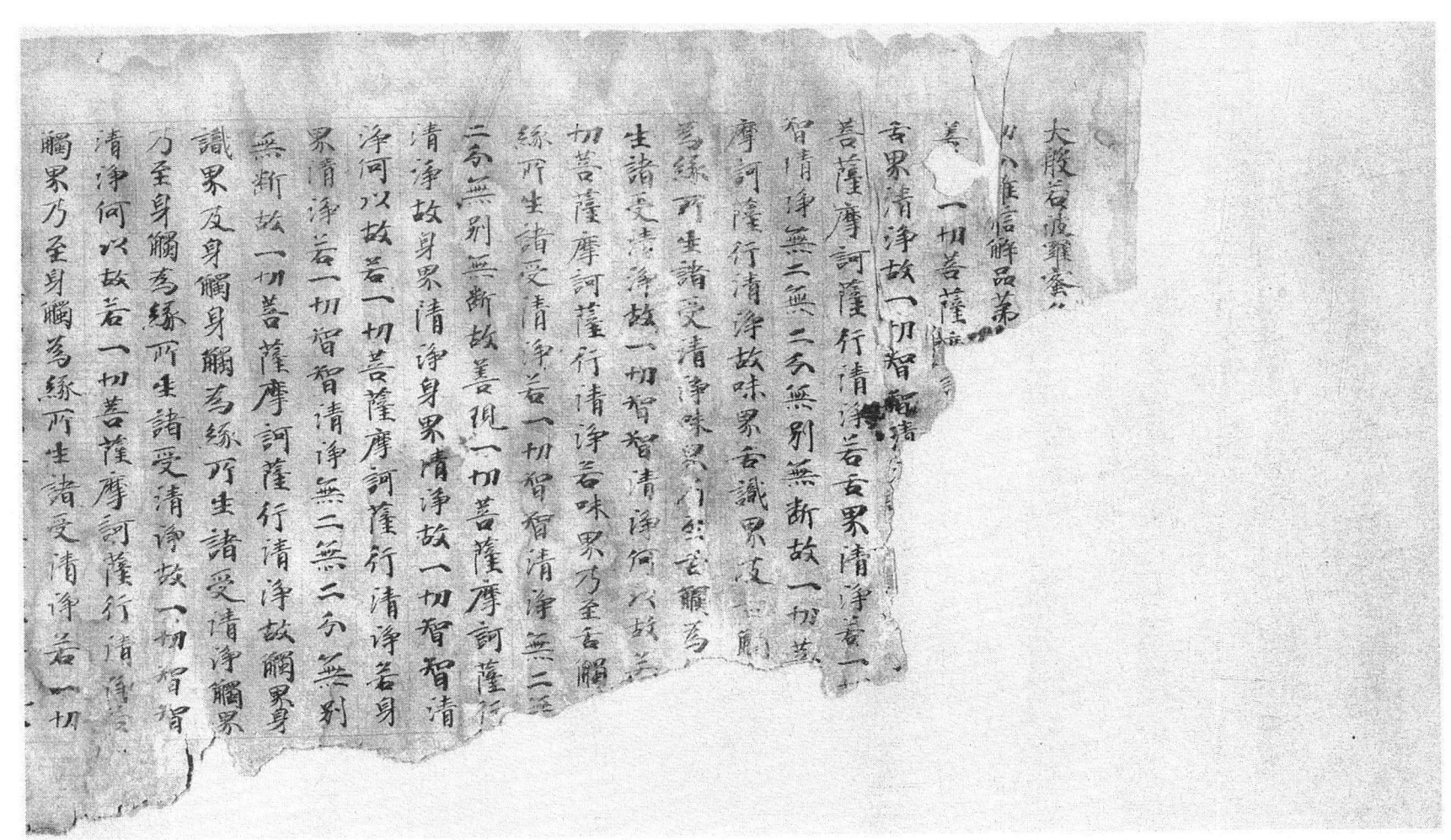

大般若波羅蜜多
初分難信解品第
善　一切菩薩摩
舌界清淨故一切智智清
菩薩摩訶薩行清淨若舌界清淨若一
智清淨無二無二分無別無斷故一切菩
摩訶薩行清淨故味界舌識界及舌觸
為緣所生諸受清淨味界乃至舌觸為
生諸受清淨故一切智智清淨何以故若
切菩薩摩訶薩行清淨若味界乃至舌觸
緣所生諸受清淨若一切智智清淨無二無
二分無別無斷故善現一切菩薩摩訶薩行
清淨故身界清淨身界清淨故一切智智清
淨何以故若一切菩薩摩訶薩行清淨若身
界清淨若一切智智清淨無二無二分無別
無斷故一切菩薩摩訶薩行清淨故觸界身
識界及身觸身觸為緣所生諸受清淨觸界
乃至身觸為緣所生諸受清淨故一切智智
清淨何以故若一切菩薩摩訶薩行清淨若
觸界乃至身觸為緣所生諸受清淨若一切

BD04606 號　大般若波羅蜜多經卷二四四　　（24–1）

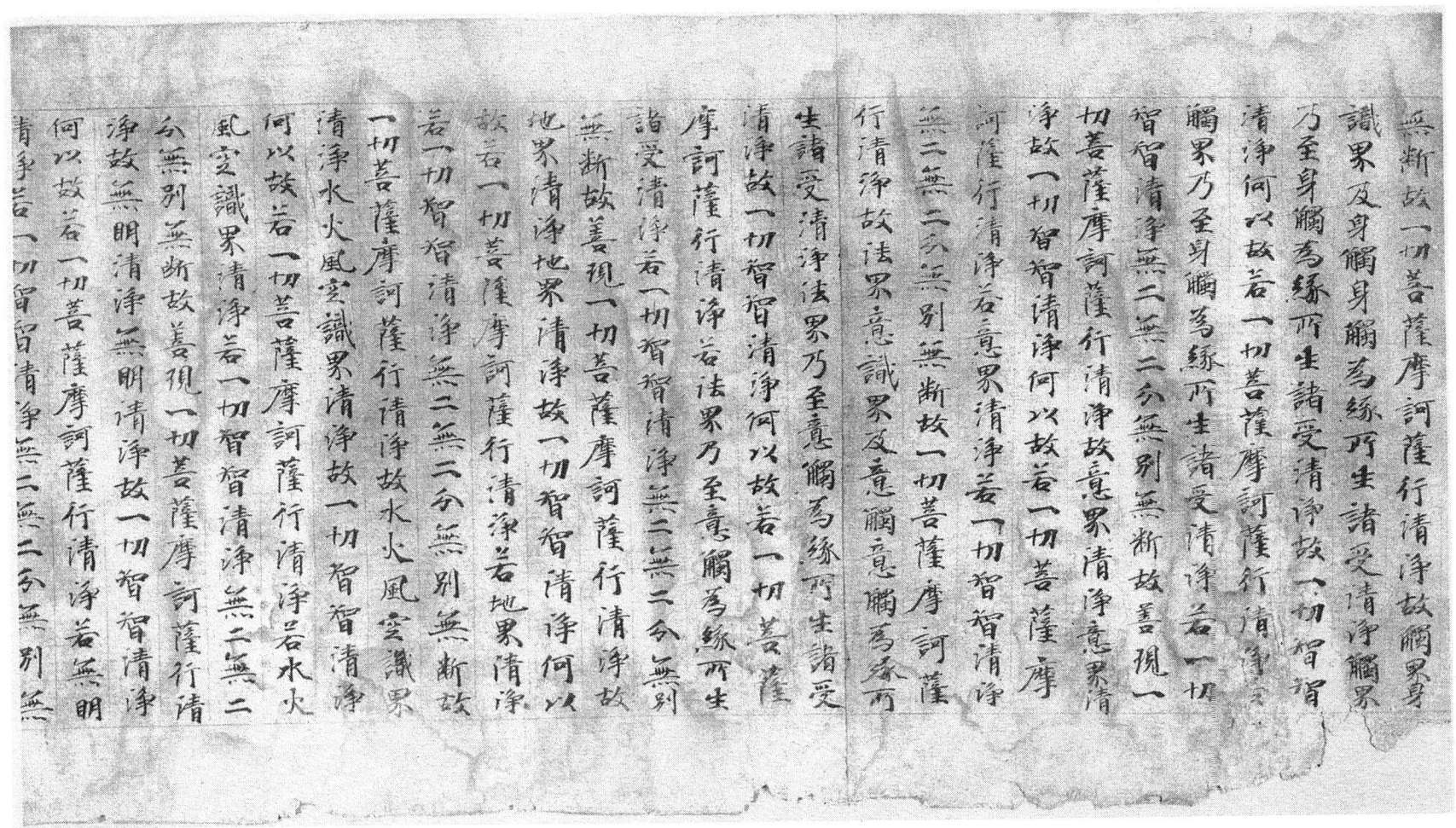

無斷故一切菩薩摩訶薩行清淨故觸界身
識界及身觸身觸為緣所生諸受清淨觸界
乃至身觸為緣所生諸受清淨故一切智智
清淨何以故若一切菩薩摩訶薩行清淨若
觸界乃至身觸為緣所生諸受清淨若一切
智智清淨無二無二分無別無斷故善現一
切菩薩摩訶薩行清淨故意界清淨意界清
淨故一切智智清淨何以故若一切菩薩摩
訶薩行清淨若意界清淨若一切智智清淨
無二無二分無別無斷故一切菩薩摩訶薩
行清淨故法界意識界及意觸意觸為緣所
生諸受清淨法界乃至意觸為緣所生諸受
清淨故一切智智清淨何以故若一切菩薩
摩訶薩行清淨若法界乃至意觸為緣所生
諸受清淨若一切智智清淨無二無二分無別
無斷故善現一切菩薩摩訶薩行清淨故
地界清淨地界清淨故一切智智清淨何以
故若一切菩薩摩訶薩行清淨若地界清淨
若一切智智清淨無二無二分無別無斷故
一切菩薩摩訶薩行清淨故水火風空識界
清淨水火風空識界清淨故一切智智清淨
何以故若一切菩薩摩訶薩行清淨若水火
風空識界清淨若一切智智清淨無二無二
分無別無斷故善現一切菩薩摩訶薩行清
淨故無明清淨無明清淨故一切智智清淨
何以故若一切菩薩摩訶薩行清淨若無明
清淨若一切智智清淨無二無二分無別無

BD04606 號　大般若波羅蜜多經卷二四四　　（24–2）

何以故若一切菩薩摩訶薩行清淨若水火
風空識界清淨若一切智智清淨無二無二
分無別無斷故善現一切菩薩摩訶薩行清
淨故無明清淨無明清淨故一切智智清淨
何以故若一切菩薩摩訶薩行清淨若無明
清淨若一切智智清淨無二無二分無別無
斷故一切菩薩摩訶薩行清淨故行識名色
六處觸受愛取有生老死愁歎苦憂惱清淨
行乃至老死愁歎苦憂惱清淨故一切智智
清淨何以故若一切菩薩摩訶薩行清淨若
行乃至老死愁歎苦憂惱清淨若一切智智
清淨無二無二分無別無斷故
善現一切菩薩摩訶薩行清淨故布施波羅
蜜多清淨布施波羅蜜多清淨故一切智智
清淨何以故若一切菩薩摩訶薩行清淨若
布施波羅蜜多清淨若一切智智清淨無二
無二分無別無斷故一切菩薩摩訶薩行清
淨故淨戒安忍精進靜慮般若波羅蜜多清
淨淨戒乃至般若波羅蜜多清淨故一切智
智清淨何以故若一切菩薩摩訶薩行清淨
若淨戒乃至般若波羅蜜多清淨若一切智
智清淨無二無二分無別無斷故善現一切
菩薩摩訶薩行清淨故內空清淨內空清淨
故一切智智清淨何以故若一切菩薩摩訶
薩行清淨若內空清淨若一切智智清淨無
二無二分無別無斷故一切菩薩摩訶薩行
清淨故外空內外空空空大空勝義空有為

BD04606號　大般若波羅蜜多經卷二四四　（24–3）

菩薩摩訶薩行清淨故內空清淨內空清淨
故一切智智清淨何以故若一切菩薩摩訶
薩行清淨若內空清淨若一切智智清淨無
二無二分無別無斷故一切菩薩摩訶薩行
清淨故外空內外空空空大空勝義空有為
空無為空畢竟空無際空散空無變異空本
性空自相空共相空一切法空不可得空無
性空自性空無性自性空清淨外空乃至無
性自性空清淨故一切智智清淨何以故若
一切菩薩摩訶薩行清淨若外空乃至無性
自性空清淨若一切智智清淨無二無二分
無別無斷故善現一切菩薩摩訶薩行清淨
故真如清淨真如清淨故一切智智清淨何
以故若一切菩薩摩訶薩行清淨若真如清
淨若一切智智清淨無二無二分無別無斷
故一切菩薩摩訶薩行清淨故法界法性不
虛妄性不變異性平等性離生性法定法住
實際虛空界不思議界清淨法界乃至不思
議界清淨故一切智智清淨何以故若一切
菩薩摩訶薩行清淨若法界乃至不思議
界清淨若一切智智清淨無二無二分無別無
斷故善現一切菩薩摩訶薩行清淨故苦聖
諦清淨苦聖諦清淨故一切智智清淨何以
故若一切菩薩摩訶薩行清淨若苦聖諦清
淨若一切智智清淨無二無二分無別無斷
故一切菩薩摩訶薩行清淨故集滅道聖諦

BD04606號　大般若波羅蜜多經卷二四四　（24–4）

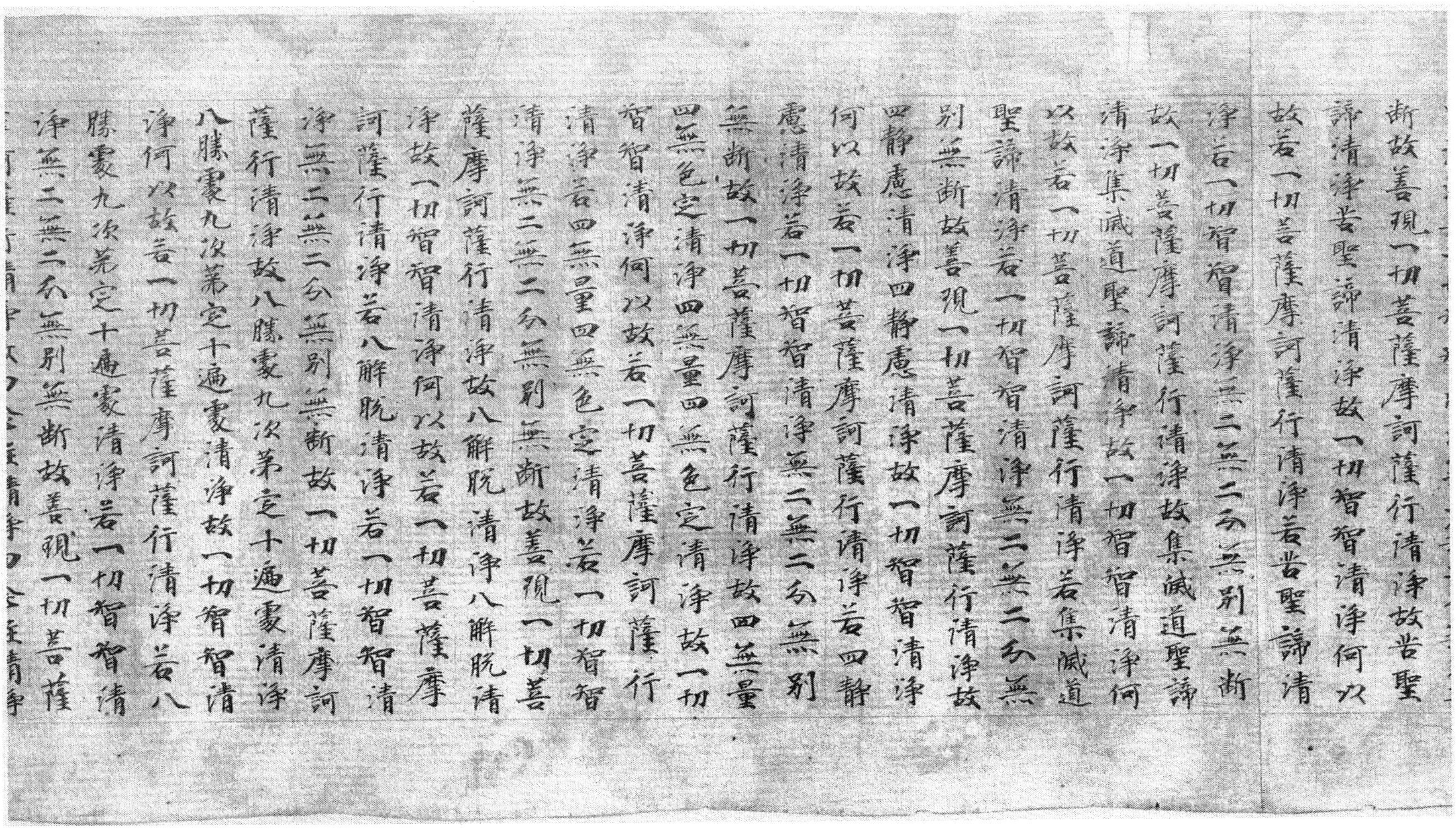
斷故善現一切菩薩摩訶薩行清淨故苦聖
諦清淨苦聖諦清淨故一切智智清淨何以
故若一切菩薩摩訶薩行清淨若苦聖諦清
淨若一切智智清淨無二無二分無別無斷
故一切菩薩摩訶薩行清淨故集滅道聖諦
清淨集滅道聖諦清淨故一切智智清淨何
以故若一切菩薩摩訶薩行清淨若集滅道
聖諦清淨若一切智智清淨無二無二分無
別無斷故善現一切菩薩摩訶薩行清淨故
四靜慮清淨四靜慮清淨故一切智智清淨
何以故若一切菩薩摩訶薩行清淨若四靜
慮清淨若一切智智清淨無二無二分無別
無斷故一切菩薩摩訶薩行清淨故四無量
四無色定清淨四無量四無色定清淨故一切
智智清淨何以故若一切菩薩摩訶薩行
清淨若四無量四無色定清淨若一切智智
清淨無二無二分無別無斷故善現一切菩
薩摩訶薩行清淨故八解脫清淨八解脫清
淨故一切智智清淨何以故若一切菩薩摩
訶薩行清淨若八解脫清淨若一切智智清
淨無二無二分無別無斷故一切菩薩摩訶
薩行清淨故八勝處九次第定十遍處清淨
八勝處九次第定十遍處清淨故一切智智清
淨何以故若一切菩薩摩訶薩行清淨若八
勝處九次第定十遍處清淨若一切智智清
淨無二無二分無別無斷故善現一切菩薩

BD04606號　大般若波羅蜜多經卷二四四　（24–5）

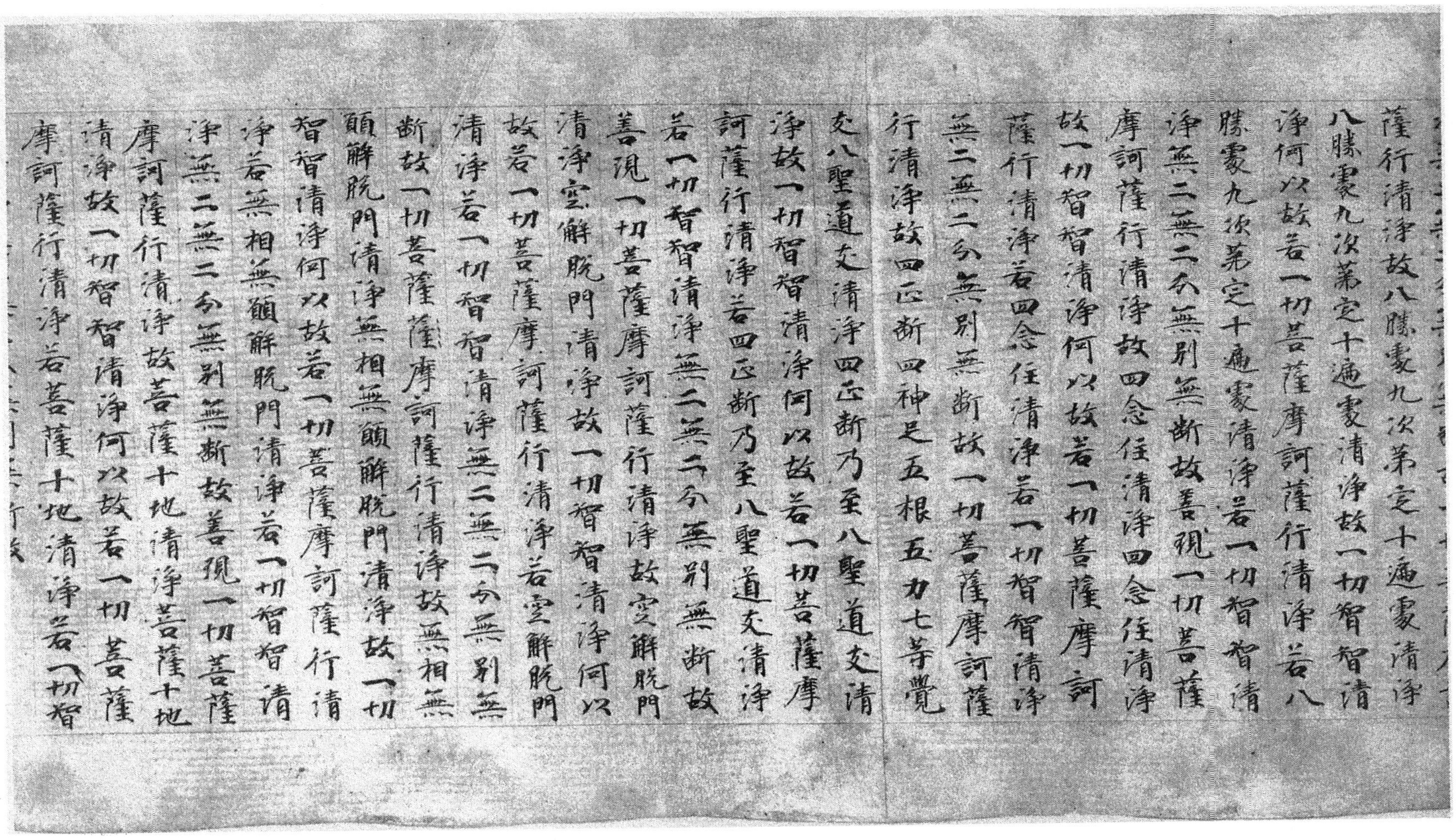
薩行清淨故八勝處九次第定十遍處清淨
八勝處九次第定十遍處清淨故一切智智清
淨何以故若一切菩薩摩訶薩行清淨若八
勝處九次第定十遍處清淨若一切智智清
淨無二無二分無別無斷故善現一切菩薩
摩訶薩行清淨故四念住清淨四念住清淨
故一切智智清淨何以故若一切菩薩摩訶
薩行清淨若四念住清淨若一切智智清淨
無二無二分無別無斷故一切菩薩摩訶薩
行清淨故四正斷四神足五根五力七等覺
支八聖道支清淨四正斷乃至八聖道支清
淨故一切智智清淨何以故若一切菩薩摩
訶薩行清淨若四正斷乃至八聖道支清淨
若一切智智清淨無二無二分無別無斷故
善現一切菩薩摩訶薩行清淨故空解脫門
清淨空解脫門清淨故一切智智清淨何以
故若一切菩薩摩訶薩行清淨若空解脫門
清淨若一切智智清淨無二無二分無別無
斷故一切菩薩薩摩訶薩行清淨故無相無
願解脫門清淨無相無願解脫門清淨故一切
智智清淨何以故若一切菩薩摩訶薩行清
淨若無相無願解脫門清淨若一切智智清
淨無二無二分無別無斷故善現一切菩薩
摩訶薩行清淨故菩薩十地清淨菩薩十地
清淨故一切智智清淨何以故若一切菩薩
摩訶薩行清淨若菩薩十地清淨若一切智

BD04606號　大般若波羅蜜多經卷二四四　（24–6）

智智清淨何以故若一切菩薩摩訶薩行清
淨若無相無願解脫門清淨若一切智智清
淨無二無二分無別無斷故善現一切菩薩
摩訶薩行清淨故菩薩十地清淨菩薩十地
清淨故一切智智清淨何以故若一切菩薩
摩訶薩行清淨若菩薩十地清淨若一切智
智清淨無二無二分無別無斷故
善現一切菩薩摩訶薩行清淨故五眼清淨
五眼清淨故一切智智清淨何以故若一切
菩薩摩訶薩行清淨若五眼清淨若一切智
智清淨無二無二分無別無斷故一切菩薩
摩訶薩行清淨故六神通清淨六神通清淨
故一切智智清淨何以故若一切菩薩摩訶
薩行清淨若六神通清淨若一切智智清淨
無二無二分無別無斷故善現一切菩薩摩
訶薩行清淨故佛十力清淨佛十力清淨故一
切智智清淨何以故若一切菩薩摩訶薩
行清淨若佛十力清淨若一切智智清淨無
二無二分無別無斷故一切菩薩摩訶薩行
清淨故四無所畏四無礙解大慈大悲大喜
大捨十八佛不共法清淨四無所畏乃至十
八佛不共法清淨故一切智智清淨何以故
若一切菩薩摩訶薩行清淨若四無所畏乃
至十八佛不共法清淨若一切智智清淨無
二無二分無別無斷故善現一切菩薩摩訶
薩行清淨故無忘失法清淨無忘失法清淨
故一切智智清淨何以故若一切菩薩摩訶

八佛不共法清淨故一切智智清淨何以故
若一切菩薩摩訶薩行清淨若四無所畏乃
至十八佛不共法清淨若一切智智清淨無
二無二分無別無斷故善現一切菩薩摩訶
薩行清淨故無忘失法清淨無忘失法清淨
故一切智智清淨何以故若一切菩薩摩訶
薩行清淨若無忘失法清淨若一切智智清
淨無二無二分無別無斷故一切菩薩摩訶
薩行清淨故恒住捨性清淨恒住捨性清淨
故一切智智清淨何以故若一切菩薩摩訶
薩行清淨若恒住捨性清淨若一切智智清
淨無二無二分無別無斷故善現一切菩薩
摩訶薩行清淨故一切智清淨一切智清淨
故一切智智清淨何以故若一切菩薩摩訶
薩行清淨若一切智清淨若一切智智清淨
無二無二分無別無斷故一切菩薩摩訶薩
行清淨故道相智一切相智清淨道相智一
切相智清清故一切智智清淨何以故若一切
菩薩摩訶薩行清淨若道相智一切相智
清淨若一切智智清淨無二無二分無別無
斷故善現一切菩薩摩訶薩行清淨故一切
陁羅尼門清淨一切陁羅尼門清淨故一切
智智清淨何以故若一切菩薩摩訶薩行清
淨若一切陁羅尼門清淨若一切智智清淨
無二無二分無別無斷故一切菩薩摩訶薩
行清淨故一切三摩地門青淨一切三摩地
門清淨故一切智智清淨何以故若一切菩

智智清淨何以故若一切菩薩摩訶薩行清
淨若一切陁羅尼門清淨若一切智智清淨
無二無二分無別無斷故一切菩薩摩訶薩
行清淨故一切三摩地門清淨一切三摩地
門清淨故一切智智清淨何以故若一切菩
薩摩訶薩行清淨若一切三摩地門清淨若
一切智智清淨無二無二分無別無斷故
善現一切菩薩摩訶薩行清淨故預流果清
淨預流果清淨故一切智智清淨何以故若
一切菩薩摩訶薩行清淨若預流果清淨若
一切智智清淨無二無二分無別無斷故一切
菩薩摩訶薩行清淨故一來不還阿羅漢
果清淨一來不還阿羅漢果清淨故一切智
智清淨何以故若一切菩薩摩訶薩行清淨
若一來不還阿羅漢果清淨若一切智智清
淨無二無二分無別無斷故善現一切菩薩
摩訶薩行清淨故獨覺菩提清淨獨覺菩提
清淨故一切智智清淨何以故若一切菩薩
摩訶薩行清淨若獨覺菩提清淨若一切智
智清淨無二無二分無別無斷故善現一切
菩薩摩訶薩行清淨故諸佛無上正等菩提
清淨諸佛無上正等菩提清淨故一切智智
清淨何以故若一切菩薩摩訶薩行清淨若
諸佛無上正等菩提清淨若一切智智清淨
無二無二分無別無斷故
復次善現諸佛無上正等菩提清淨故色清
淨色清淨故一切智智清淨何以故若諸佛

BD04606號　大般若波羅蜜多經卷二四四　（24–9）

清淨諸佛無上正等菩提清淨故一切智智
清淨何以故若一切菩薩摩訶薩行清淨若
諸佛無上正等菩提清淨若一切智智清淨
無二無二分無別無斷故
復次善現諸佛無上正等菩提清淨故色清
淨色清淨故一切智智清淨何以故若諸佛
無上正等菩提清淨若色清淨若一切智智
清淨無二無二分無別無斷故諸佛無上正
等菩提清淨故受想行識清淨受想行識清
淨故一切智智清淨何以故若諸佛無上正
等菩提清淨若受想行識清淨若一切智
智清淨無二無二分無別無斷故善現諸佛無
上正等菩提清淨故眼處清淨眼處清淨故
一切智智清淨何以故若諸佛無上正等菩
提清淨若眼處清淨若一切智智清淨無二
無二分無別無斷故諸佛無上正等菩提清
淨故耳鼻舌身意處清淨耳鼻舌身意處清
淨故一切智智清淨何以故若諸佛無上正
等菩提清淨若耳鼻舌身意處清淨若一切
智智清淨無二無二分無別無斷故善現諸
佛無上正等菩提清淨故色處清淨色處清
淨故一切智智清淨何以故若諸佛無上正
等菩提清淨若色處清淨若一切智智清淨
無二無二分無別無斷故諸佛無上正等菩
提清淨故聲香味觸法處清淨聲香味觸法
處清淨故一切智智清淨何以故若諸佛無
上正等菩提清淨若聲香味觸法處清淨若

BD04606號　大般若波羅蜜多經卷二四四　（24–10）

淨故一切智智清淨何以故若諸佛無上正
等菩提清淨若色處清淨若一切智智清淨
無二無二分無別無斷故諸佛無上正等菩
提清淨故聲香味觸法處清淨聲香味觸法
處清淨故一切智智清淨何以故若諸佛無
上正等菩提清淨若聲香味觸法處清淨若
一切智智清淨無二無二分無別無斷故善
現諸佛無上正等菩提清淨故眼界清淨眼
界清淨故一切智智清淨何以故若諸佛無
上正等菩提清淨若眼界清淨若一切智智
清淨無二無二分無別無斷故諸佛無上正
等菩提清淨故色界眼識界及眼觸眼觸為
緣所生諸受清淨色界乃至眼觸為緣所生
諸受清淨故一切智智清淨何以故若諸佛
無上正等菩提清淨若色界乃至眼觸為緣
所生諸受清淨若一切智智清淨無二無二
分無別無斷故善現諸佛無上正等菩提清
淨故耳界清淨耳界清淨故一切智智清淨
何以故若諸佛無上正等菩提清淨若耳界
清淨若一切智智清淨無二無二分無別無斷
故諸佛無上正等菩提清淨故聲界耳識
界及耳觸耳觸為緣所生諸受清淨聲界乃
至耳觸為緣所生諸受清淨故一切智智清淨
何以故若諸佛無上正等菩提清淨若聲
界乃至耳觸為緣所生諸受清淨若一切智
智清淨無二無二分無別無斷故善現諸佛
無上正等菩提清淨故鼻界清淨鼻界清淨

BD04606號　大般若波羅蜜多經卷二四四　（24–11）

至耳觸為緣所生諸受清淨故一切智智清淨
何以故若諸佛無上正等菩提清淨若聲
界乃至耳觸為緣所生諸受清淨若一切智
智清淨無二無二分無別無斷故善現諸佛
無上正等菩提清淨故鼻界清淨鼻界清淨
故一切智智清淨何以故若諸佛無上正等菩
提清淨若鼻界清淨若一切智智清淨無
二無二分無別無斷故諸佛無上正等菩提
清淨故香界鼻識界及鼻觸鼻觸為緣所生
諸受清淨香界乃至鼻觸為緣所生諸受清
淨故一切智智清淨何以故若諸佛無上正
等菩提清淨若香界乃至鼻觸為緣所生諸
受清淨若一切智智清淨無二無二分無別
無斷故善現諸佛無上正等菩提清淨故舌
界清淨舌界清淨故一切智智清淨何以故
若諸佛無上正等菩提清淨若舌界清淨若
一切智智清淨無二無二分無別無斷故諸
佛無上正等菩提清淨故味界舌識界及舌
觸舌觸為緣所生諸受清淨味界乃至舌觸
為緣所生諸受清淨故一切智智清淨何以
故若諸佛無上正等菩提清淨若味界乃至
舌觸為緣所生諸受清淨若一切智智清淨
無二無二分無別無斷故善現諸佛無上正
等菩提清淨故身界清淨身界清淨故一切
智智清淨何以故若諸佛無上正等菩提清
淨若身界清淨若一切智智清淨無二無二
分無別無斷故諸佛無上正等菩提清淨故

BD04606號　大般若波羅蜜多經卷二四四　（24–12）

無二無二分無別無斷故善現諸佛無上正
等菩提清淨故身界清淨身界清淨故一切
智智清淨何以故若諸佛無上正等菩提清
淨若身界清淨若一切智智清淨無二無二
分無別無斷故諸佛無上正等菩提清淨故
觸界身識界及身觸身觸為緣所生諸受清
淨觸界乃至身觸為緣所生諸受清淨故一切
智智清淨何以故若諸佛無上正等菩提
清淨若觸界乃至身觸為緣所生諸受清淨
若一切智智清淨無二無二分無別無斷故
善現諸佛無上正等菩提清淨故意界清淨
意界清淨故一切智智清淨何以故若諸佛
無上正等菩提清淨若意界清淨若一切智
智清淨無二無二分無別無斷故諸佛無上
正等菩提清淨故法界意識界及意觸意觸
為緣所生諸受清淨法界乃至意觸為緣所
生諸受清淨故一切智智清淨何以故若諸
佛無上正等菩提清淨若法界乃至意觸為
緣所生諸受清淨若一切智智清淨無二無
二分無別無斷故善現諸佛無上正等菩提
清淨故地界清淨地界清淨故一切智智清淨
淨何以故若諸佛無上正等菩提清淨若地
界清淨若一切智智清淨無二無二分無別
無斷故諸佛無上正等菩提清淨故水火風
空識界清淨水火風空識界清淨故一切智
智清淨何以故若諸佛無上正等菩提清淨
若水火風空識界清淨若一切智智清淨無

BD04606 號　大般若波羅蜜多經卷二四四　（24–13）

淨何以故若諸佛無上正等菩提清淨若地
界清淨若一切智智清淨無二無二分無別
無斷故諸佛無上正等菩提清淨故水火風
空識界清淨水火風空識界清淨故一切智
智清淨何以故若諸佛無上正等菩提清淨
若水火風空識界清淨若一切智智清淨無
二無二分無別無斷故善現諸佛無上正等
菩提清淨故無明清淨無明清淨故一切智
智清淨何以故若諸佛無上正等菩提清淨
若無明清淨若一切智智清淨無二無二分無
別無斷故諸佛無上正等菩提清淨故行
識名色六處觸受愛取有生老死愁歎苦憂
惱清淨行乃至老死愁歎苦憂惱清淨故一
切智智清淨何以故若諸佛無上正等菩提
清淨若行乃至老死愁歎苦憂惱清淨若一
切智智清淨無二無二分無別無斷故
善現諸佛無上正等菩提清淨故布施波羅
蜜多清淨布施波羅蜜多清淨故一切智智
清淨何以故若諸佛無上正等菩提清淨若
布施波羅蜜多清淨若一切智智清淨無二
無二分無別無斷故諸佛無上正等菩提清
淨故淨戒安忍精進靜慮般若波羅蜜多清
淨淨戒乃至般若波羅蜜多清淨故一切智
智清淨何以故若諸佛無上正等菩提清淨
若淨戒乃至般若波羅蜜多清淨若一切智
智清淨無二無二分無別無斷故善現諸佛
無上正等菩提清淨故內空清淨內空清淨

BD04606 號　大般若波羅蜜多經卷二四四　（24–14）

淨淨戒乃至般若波羅蜜多清淨故一切智
智清淨何以故若諸佛無上正等菩提清淨
若淨戒乃至般若波羅蜜多清淨若一切智
智清淨無二無二分無別無斷故善現諸佛
無上正等菩提清淨故內空清淨內空清淨
故一切智智清淨何以故若諸佛無上正等
菩提清淨若內空清淨若一切智智清淨無
二無二分無別無斷故諸佛無上正等菩提
清淨故外空內外空空空大空勝義空有為
空無為空畢竟空無際空散空無變異空本
性空自相空共相空一切法空不可得空無
性空自性空無性自性空清淨外空乃至無
性自性空清淨故一切智智清淨何以故若
諸佛無上正等菩提清淨若外空乃至無性
自性空清淨若一切智智清淨無二無二分
無別無斷故
善現諸佛無上正等菩提清淨故真如清淨
真如清淨故一切智智清淨何以故若諸佛
無上正等菩提清淨若真如清淨若一切智
智清淨無二無二分無別無斷故諸佛無上
正等菩提清淨故法界法性不虛妄性不變
異性平等性離生性法定法住實際虛空界
不思議界清淨法界乃至不思議界清淨故
一切智智清淨何以故若諸佛無上正等菩
提清淨若法界乃至不思議界清淨若一切
智智清淨無二無二分無別無斷故善現諸

BD04606號　大般若波羅蜜多經卷二四四　（24–15）

異性平等性離生性法定法住實際虛空界
不思議界清淨法界乃至不思議界清淨故
一切智智清淨何以故若諸佛無上正等菩
提清淨若法界乃至不思議界清淨若一切
智智清淨無二無二分無別無斷故善現諸
佛無上正等菩提清淨故苦聖諦清淨苦聖
諦清淨故一切智智清淨何以故若諸佛無
上正等菩提清淨若苦聖諦清淨若一切智
智清淨無二無二分無別無斷故諸佛無上
正等菩提清淨故集滅道聖諦清淨集滅道
聖諦清淨故一切智智清淨何以故若諸佛
無上正等菩提清淨若集滅道聖諦清淨若
一切智智清淨無二無二分無別無斷故善
現諸佛無上正等菩提清淨故四靜慮清淨
四靜慮清淨故一切智智清淨何以故若諸
佛無上正等菩提清淨若四靜慮清淨若一
切智智清淨無二無二分無別無斷故諸佛
無上正等菩提清淨故四無量四無色定清
淨四無量四無色定清淨故一切智智清淨
何以故若諸佛無上正等菩提清淨若四無
量四無色定清淨若一切智智清淨無二無
二分無別無斷故善現諸佛無上正等菩提
清淨故八解脫清淨八解脫清淨故一切智
智清淨何以故若諸佛無上正等菩提清淨
若八解脫清淨若一切智智清淨無二無二分
無別無斷故諸佛無上正等菩提清淨故八

BD04606號　大般若波羅蜜多經卷二四四　（24–16）

二分無別無斷故善現諸佛無上正等菩提
清淨故八解脫清淨八解脫清淨故一切智
智清淨何以故若諸佛無上正等菩提清淨
若八解脫清淨若一切智智清淨無二無二分
無別無斷故諸佛無上正等菩提清淨故八
勝處九次第定十遍處清淨八勝處九次
第定十遍處清淨故一切智智清淨何以故
若諸佛無上正等菩提清淨若八勝處九次
第定十遍處清淨若一切智智清淨無二無
二分無別無斷故善現諸佛無上正等菩提
清淨故四念住清淨四念住清淨故一切智智
清淨何以故若諸佛無上正等菩提清淨
若四念住清淨若一切智智清淨無二無二
分無別無斷故諸佛無上正等菩提清淨故
四正斷四神足五根五力七等覺支八聖道支
清淨四正斷乃至八聖道支清淨故一切智
智清淨何以故若諸佛無上正等菩提清淨
若四正斷乃至八聖道支清淨若一切智智
清淨無二無二分無別無斷故善現諸佛
無上正等菩提清淨故空解脫門清淨空解
脫門清淨故一切智智清淨何以故若諸佛
無上正等菩提清淨若空解脫門清淨若一
切智智清淨無二無二分無別無斷故諸佛
無上正等菩提清淨故無相無願解脫門清
淨無相無願解脫門清淨故一切智智清淨
何以故若諸佛無上正等菩提清淨若無相

BD04606號　大般若波羅蜜多經卷二四四　（24–17）

切智智清淨無二無二分無別無斷故諸佛
無上正等菩提清淨故無相無願解脫門清
淨無相無願解脫門清淨故一切智智清淨
何以故若諸佛無上正等菩提清淨若無相
無願解脫門清淨若一切智智清淨無二無
二分無別無斷故善現諸佛無上正等菩提
清淨故菩薩十地清淨菩薩十地清淨故一
切智智清淨何以故若諸佛無上正等菩
提清淨若菩薩十地清淨若一切智智清淨
無二無二分無別無斷故
善現諸佛無上正等菩提清淨故五眼清淨
五眼清淨故一切智智清淨何以故若諸佛
無二正等菩提清淨若五眼清淨若一切智
智清淨無二無二分無別無斷故諸佛無上
正等菩提清淨故六神通清淨六神通清淨
故一切智智清淨何以故若諸佛無上正等
菩提清淨若六神通清淨若一切智智清淨
無二無二分無別無斷故善現諸佛無上正
等菩提清淨故佛十力清淨佛十力清淨故
一切智智清淨何以故若諸佛無上正等菩
提清淨若佛十力清淨若一切智智清淨無
二無二分無別無斷故諸佛無上正等菩提
清淨故四無所畏四無礙解大慈大悲大喜
大捨十八佛不共法清淨四無所畏乃至十
八佛不共法清淨故一切智智清淨何以故
若諸佛無上正等菩提清淨若四無所畏乃

BD04606號　大般若波羅蜜多經卷二四四　（24–18）

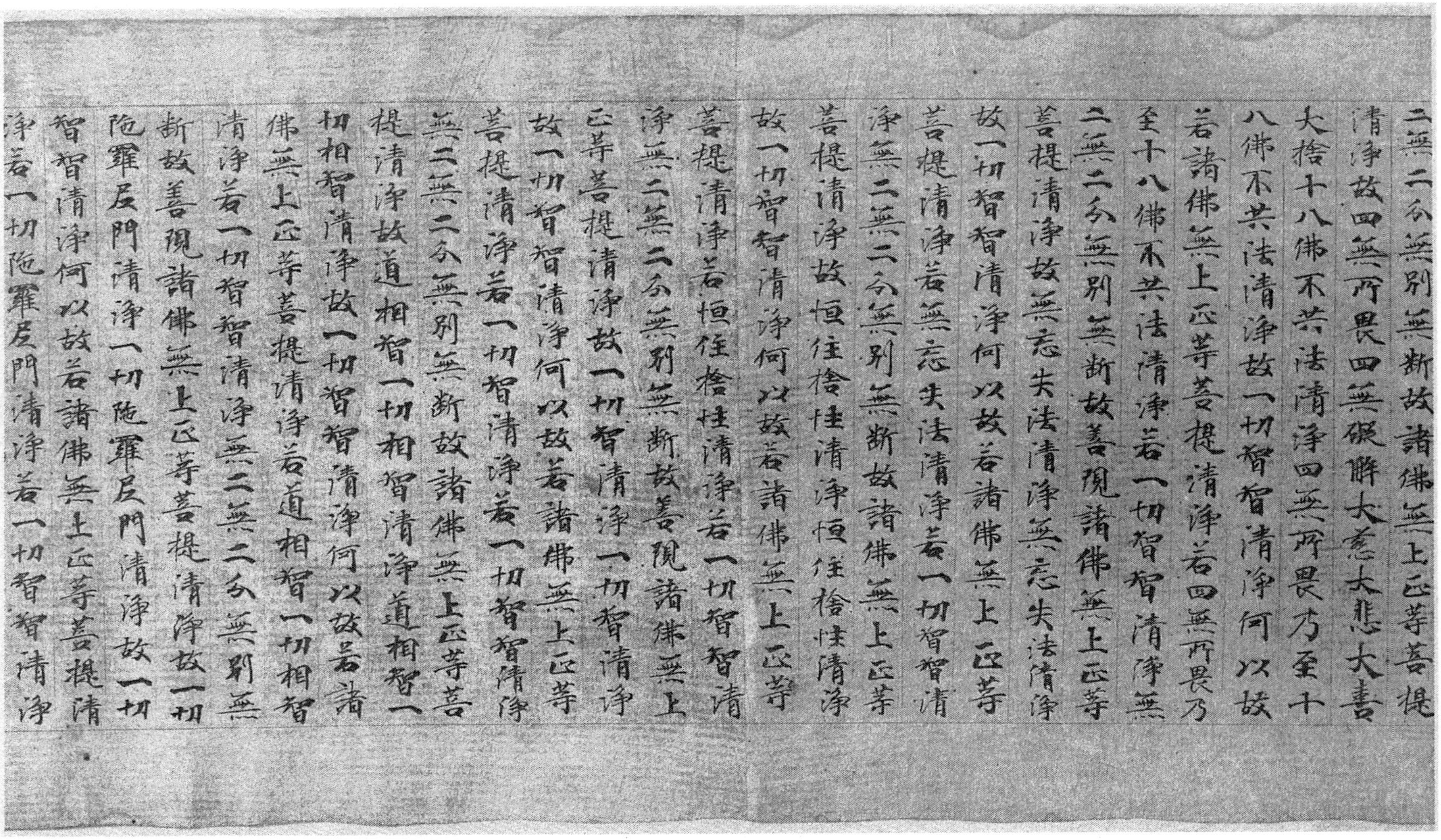
二無二分無別無斷故諸佛無上正等菩提
清淨故四無所畏四無礙解大慈大悲大喜
大捨十八佛不共法清淨四無所畏乃至十
八佛不共法清淨故一切智智清淨何以故
若諸佛無上正等菩提清淨若四無所畏乃
至十八佛不共法清淨若一切智智清淨無
二無二分無別無斷故善現諸佛無上正等
菩提清淨故無忘失法清淨無忘失法清淨
故一切智智清淨何以故若諸佛無上正等
菩提清淨若無忘失法清淨若一切智智清
淨無二無二分無別無斷故諸佛無上正等
菩提清淨故恒住捨性清淨恒住捨性清淨
故一切智智清淨何以故若諸佛無上正等
菩提清淨若恒住捨性清淨若一切智智清
淨無二無二分無別無斷故善現諸佛無上
正等菩提清淨故一切智清淨一切智清淨
故一切智智清淨何以故若諸佛無上正等
菩提清淨若一切智清淨若一切智智清淨
無二無二分無別無斷故諸佛無上正等菩
提清淨故道相智一切相智清淨道相智一
切相智清淨故一切智智清淨何以故若諸
佛無上正等菩提清淨若道相智一切相智
清淨若一切智智清淨無二無二分無別無
斷故善現諸佛無上正等菩提清淨故一切
陁羅尼門清淨一切陁羅尼門清淨故一切
智智清淨何以故若諸佛無上正等菩提清
淨若一切陁羅尼門清淨若一切智智清淨

BD04606 號　大般若波羅蜜多經卷二四四　（24–19）

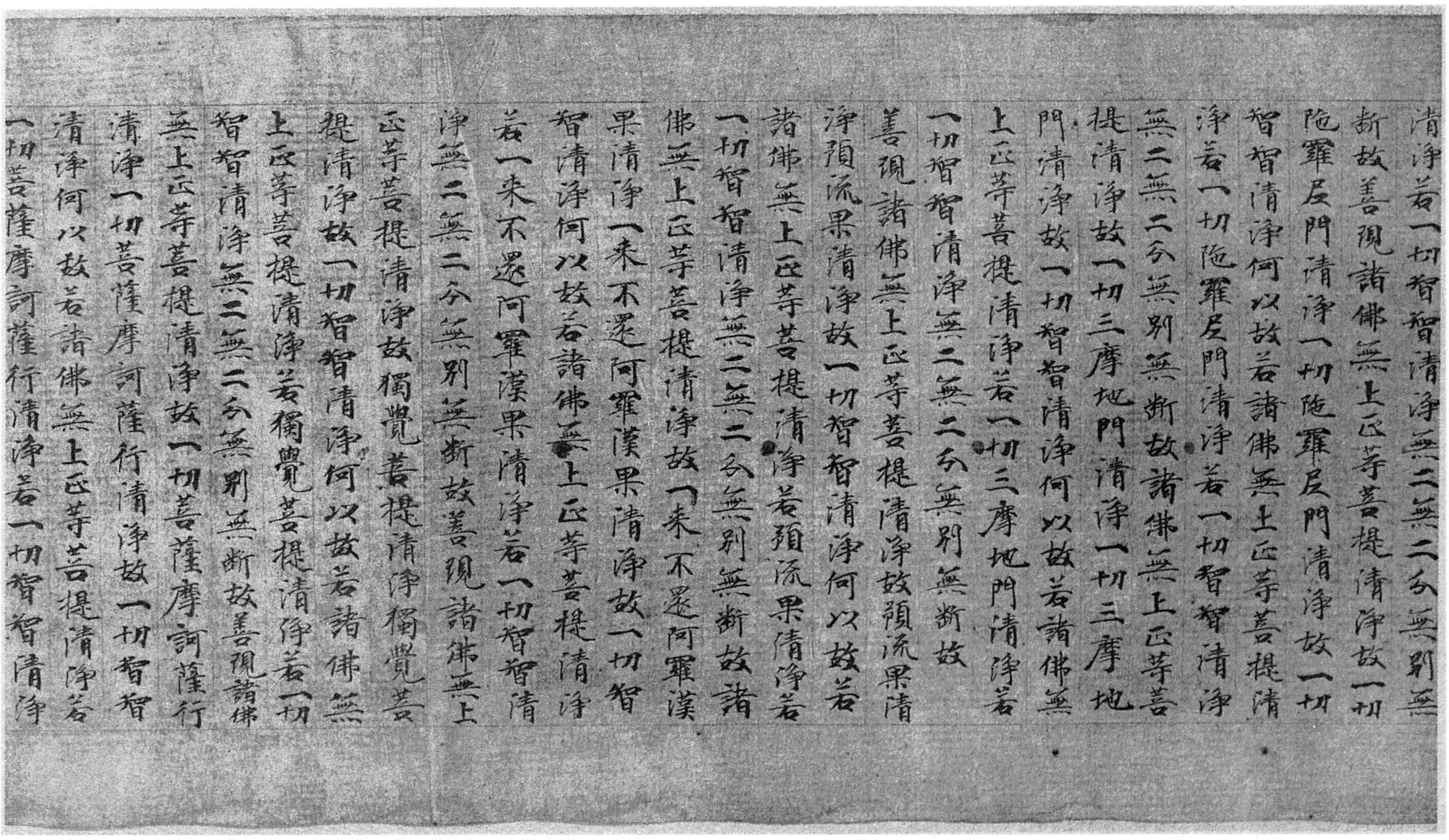
清淨若一切智智清淨無二無二分無別無
斷故善現諸佛無上正等菩提清淨故一切
陁羅尼門清淨一切陁羅尼門清淨故一切
智智清淨何以故若諸佛無上正等菩提清
淨若一切陁羅尼門清淨若一切智智清淨
無二無二分無別無斷故諸佛無上正等菩
提清淨故一切三摩地門清淨一切三摩地
門清淨故一切智智清淨何以故若諸佛無
上正等菩提清淨若一切三摩地門清淨若
一切智智清淨無二無二分無別無斷故
善現諸佛無上正等菩提清淨故預流果清
淨預流果清淨故一切智智清淨何以故若
諸佛無上正等菩提清淨若預流果清淨若
一切智智清淨無二無二分無別無斷故諸
佛無上正等菩提清淨故一來不還阿羅漢
果清淨一來不還阿羅漢果清淨故一切智
智清淨何以故若諸佛無上正等菩提清淨
若一來不還阿羅漢果清淨若一切智智清
淨無二無二分無別無斷故善現諸佛無上
正等菩提清淨故獨覺菩提清淨獨覺菩
提清淨故一切智智清淨何以故若諸佛無
上正等菩提清淨若獨覺菩提清淨若一切
智智清淨無二無二分無別無斷故善現諸佛
無上正等菩提清淨故一切菩薩摩訶薩行
清淨一切菩薩摩訶薩行清淨故一切智智
清淨何以故若諸佛無上正等菩提清淨若
一切菩薩摩訶薩行清淨若一切智智清淨

BD04606 號　大般若波羅蜜多經卷二四四　（24–20）

智智清淨無二無二分無別無斷故善現諸佛
無上正等菩提清淨故一切菩薩摩訶薩行
清淨一切菩薩摩訶薩行清淨故一切智智
清淨何以故若諸佛無上正等菩提清淨若
一切菩薩摩訶薩行清淨若一切智智清淨
無二無二分無別無斷故
復次善現一切智智清淨故色清淨色清淨
故般若波羅蜜多清淨何以故若一切智智
清淨若色清淨若般若波羅蜜多清淨無二
無二分無別無斷故一切智智清淨故受想
行識清淨受想行識清淨故般若波羅蜜多
清淨何以故若一切智智清淨若受想行識
清淨若般若波羅蜜多清淨無二無二分無
別無斷故善現一切智智清淨故眼處清淨
眼處清淨故般若波羅蜜多清淨何以故若
一切智智清淨若眼處清淨若般若波羅蜜
多清淨無二無二分無別無斷故一切智智
清淨故耳鼻舌身意處清淨耳鼻舌身意處
清淨故般若波羅蜜多清淨何以故若一切
智智清淨若耳鼻舌身意處清淨若般若波
羅蜜多清淨無二無二分無別無斷故善現
一切智智清淨故色處清淨色處清淨故般
若波羅蜜多清淨何以故若一切智智清淨
若色處清淨若般若波羅蜜多清淨無二無二
分無別無斷故一切智智清淨故聲香味
觸法處清淨聲香味觸法處清淨故般若波
羅蜜多清淨何以故若一切智智清淨若聲

BD04606 號　大般若波羅蜜多經卷二四四　　（24–21）

若波羅蜜多清淨何以故若一切智智清淨
若色處清淨若般若波羅蜜多清淨無二無二
分無別無斷故一切智智清淨故聲香味
觸法處清淨聲香味觸法處清淨故般若波
羅蜜多清淨何以故若一切智智清淨若聲
香味觸法處清淨若般若波羅蜜多清淨無
二無二分無別無斷故善現一切智智清淨故
眼界清淨眼界清淨故般若波羅蜜多清淨
何以故若一切智智清淨若眼界清淨若般
若波羅蜜多清淨無二無二分無別無斷故
一切智智清淨故色界眼識界及眼觸眼觸
為緣所生諸受清淨色界乃至眼觸為緣所
生諸受清淨故般若波羅蜜多清淨何以故
若一切智智清淨若色界乃至眼觸為緣所
生諸受清淨若般若波羅蜜多清淨無二無
二分無別無斷故善現一切智智清淨故耳
界清淨耳界清淨故般若波羅蜜多清淨何
以故若一切智智清淨若耳界清淨若般若
波羅蜜多清淨無二無二分無別無斷故一切
智智清淨故聲界耳識界及耳觸耳觸為
緣所生諸受清淨聲界乃至耳觸為緣所生
諸受清淨故般若波羅蜜多清淨何以故若
一切智智清淨若聲界乃至耳觸為緣所生
諸受清淨若般若波羅蜜多清淨無二無二
分無別無斷故善現一切智智清淨故鼻界
清淨鼻界清淨故般若波羅蜜多清淨何以
故若一切智智清淨若鼻界清淨若般若

BD04606 號　大般若波羅蜜多經卷二四四　　（24–22）

諸受清淨若般若波羅蜜多清淨無二無二
分無別無斷故善現一切智智清淨故鼻界
清淨鼻界清淨故般若波羅蜜多清淨何以
故若一切智智清淨若鼻界清淨若般若
波羅蜜多清淨無二無二分無別無斷故一
切智智清淨故香界鼻識界及鼻觸鼻觸為
緣所生諸受清淨香界乃至鼻觸為緣所生
諸受清淨故般若波羅蜜多清淨何以故若
一切智智清淨若香界乃至鼻觸為緣所生
諸受清淨若般若波羅蜜多清淨無二無二
分無別無斷故善現一切智智清淨故舌界
清淨舌界清淨故般若波羅蜜多清淨何以
故若一切智智清淨若舌界清淨若般若波
羅蜜多清淨無二無二分無別無斷故一切
智智清淨故味界舌識界及舌觸舌觸為緣
所生諸受清淨味界乃至舌觸為緣所生諸
受清淨故般若波羅蜜多清淨何以故若一
切智智清淨若味界乃至舌觸為緣所生諸
受清淨若般若波羅蜜多清淨無二無二分
無別無斷故善現一切智智清淨故身界清
淨身界清淨故般若波羅蜜多清淨何以故
若一切智智清淨若身界清淨若般若波羅
蜜多清淨無二無二分無別無斷故一切智
智清淨故觸界身識界及身觸身觸為緣所
生諸受清淨觸界乃至身觸為緣所生諸受
清淨故般若波羅蜜多清淨何以故若一切

BD04606 號　大般若波羅蜜多經卷二四四　（24–23）

受清淨故般若波羅蜜多清淨何以故若一
切智智清淨若味界乃至舌觸為緣所生諸
受清淨若般若波羅蜜多清淨無二無二分
無別無斷故善現一切智智清淨故身界清
淨身界清淨故般若波羅蜜多清淨何以故
若一切智智清淨若身界清淨若般若波羅
蜜多清淨無二無二分無別無斷故一切智
智清淨故觸界身識界及身觸身觸為緣所
生諸受清淨觸界乃至身觸為緣所生諸受
清淨故般若波羅蜜多清淨何以故若一切
智智清淨若觸界乃至身觸為緣所生諸受
清淨若般若波羅蜜多清淨無二無二分無
別無斷故

大般若波羅蜜多經卷第二百卌四

BD04606 號　大般若波羅蜜多經卷二四四　（24–24）

我於諸佛海　甚深功德藏　妙智難思議　皆令得具足
唯願十方佛　觀察護念我　皆以大悲心　哀受我懺悔
我於多劫中　所造諸惡業　由斯生苦惱　哀愍願消除
我造諸惡業　常生憂怖心　於四威儀中　曾无歡樂想
諸佛具大悲　能除衆生怖　願受我懺悔　令得離憂苦
我有煩惱障　及以諸報業　願以大悲水　洗濯令清淨
我先作諸罪　及現造惡業　至心皆發露　咸願得蠲除
未來諸惡業　防護令不起　設令有違者　終不敢覆藏
身三語四種　意業復有三　繫縛諸有情　无始恒相續
由斯三種行　造作十惡業　如是衆多罪　我今皆懺悔
我造諸惡業　苦報當自受　今於諸佛前　至誠皆懺悔
於此贍部洲　及他方世界　所有諸善業　今我皆隨喜
願離十惡業　修行十善道　安住十地中　常見十方佛
我以身語意　所修福智業　願以此善根　速成无上慧
我今親對十力前　發露衆多苦難事
凡愚迷惑三有難　恒造極重惡業難
我所積集欲邪難　常起貪愛流轉難
於此世間耽著難　一切愚夫煩惱難
狂心散動顛倒難　及以親近惡友難
於生死中貪染難　瞋癡闇鈍造罪難

BD04607 號　金光明最勝王經卷二　（3–1）

我今親對十力前　發露衆多苦難事
凡愚迷惑三有難　恒造極重惡業難
我所積集欲邪難　常起貪愛流轉難
於此世間耽著難　一切愚夫煩惱難
狂心散動顛倒難　及以親近惡友難
於生死中貪染難　瞋癡闇鈍造罪難
生八无暇惡處難　未曾積集功德難
我今皆於最勝前　懺悔无邊罪惡業
我今歸依諸善逝　我禮德海无上尊
如大金山照十方　惟願慈悲哀攝受
身色金光淨无垢　目如清淨紺瑠璃
吉祥威德名稱尊　大悲慧日除衆闇
佛日光明常普遍　善淨无垢離諸塵
牟尼月照極清涼　能除衆生煩惱熱
三十二相遍莊嚴　八十隨好皆圓滿
福德難思无與等　如日流光照世間
色如瑠璃淨无垢　猶如滿月處虛空
妙頗梨網映金軀　種種光明以嚴飾
於生死苦瀑流內　老病憂愁水所漂
如是苦海難堪忍　佛日舒光令永竭
我今稽首一切智　三千世界希有尊
光明晃耀紫金身　種種妙好皆嚴飾
如大海水量難知　大地微塵不可數
如妙高山叵稱量　亦如虛空无有際
諸佛功德亦如是　一切有情不能知
於无量劫諦思惟　无有能知德海岸
盡此大地諸山岳　析如微塵能算知

BD04607 號　金光明最勝王經卷二　（3–2）

如是苦海難堪忍　佛日舒光令永竭
我今稽首一切智　三千世界希有尊
光明晃耀紫金身　種種妙好皆嚴飾
如大海水量難知　大地微塵不可數
如妙高山叵稱量　亦如虛空无有際
諸佛功德亦如是　一切有情不能知
於无量劫諦思惟　无有能知德海岸
盡此大地諸山岳　析如微塵能算知
毛端渧海尚可量　佛之功德无能數
一切有情皆共讚　世尊名稱諸功德
清淨相好妙莊嚴　不可稱量知分齊
我之所有衆善業　願得速成无上尊
廣說正法利群生　悉令解脫於衆苦
降伏大力魔軍衆　當轉无上正法輪
久住劫數難思議　充足衆生甘露味
猶如過去諸最勝　六波羅蜜皆圓滿
滅諸貪欲及瞋癡　降伏煩惱除衆苦
願我常得宿命智　能憶過去百千生
亦常憶念牟尼尊　得聞諸佛甚深法
願我以斯諸善業　奉事无邊最勝尊
遠離一切不善因　恒得修行真妙法
一切世界諸衆生　悉皆離苦得安樂
所有諸根不具足　令彼身相皆圓滿
[illegible]羸瘦无所依

BD04607號　金光明最勝王經卷二　（3–3）

無二無二
性清淨故集滅道聖諦清淨集滅道聖
淨故一切智智清淨何以故若法性清淨
集滅道聖諦清淨若一切智智清淨
無二分無別無斷故善現法性清淨故四靜
慮清淨四靜慮清淨故一切智智清淨何以
故若法性清淨若四靜慮清淨若一切智智
清淨無二無二分無別無斷故法性清淨故
四無量四無色定清淨四無量四無色定清
淨故一切智智清淨何以故若法性清淨四無
量四無色定清淨若一切智智清淨無二無二
分無別無斷故善現法性清淨故八解脫清
淨八解脫清淨故一切智智清淨何以故若
法性清淨若八解脫清淨若一切智智清淨無
二無二分無別無斷故法性清淨故八勝處九
次第定十遍處清淨八勝處九次第定十遍
處清淨故一切智智清淨何以故若法性清
淨若八勝處九次第定十遍處清淨若一切
智智清淨無二無二分無別無斷故善現法
性清淨故四念住清淨四念住清淨故一切
智智清淨何以故若法性清淨若四念住清
淨若一切智智清淨無二無二分無別無斷

BD04608號　大般若波羅蜜多經卷二一八　（2–1）

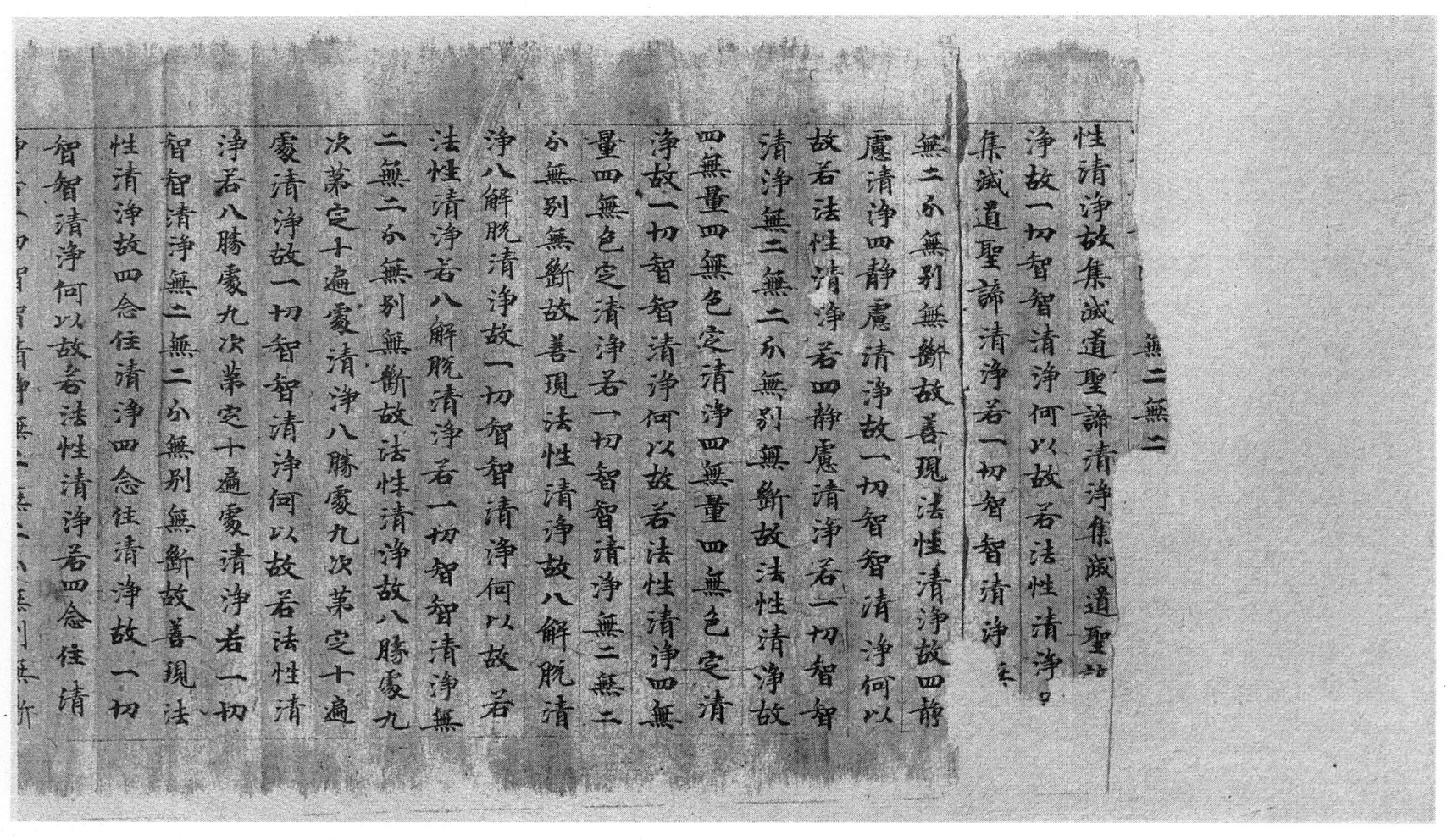

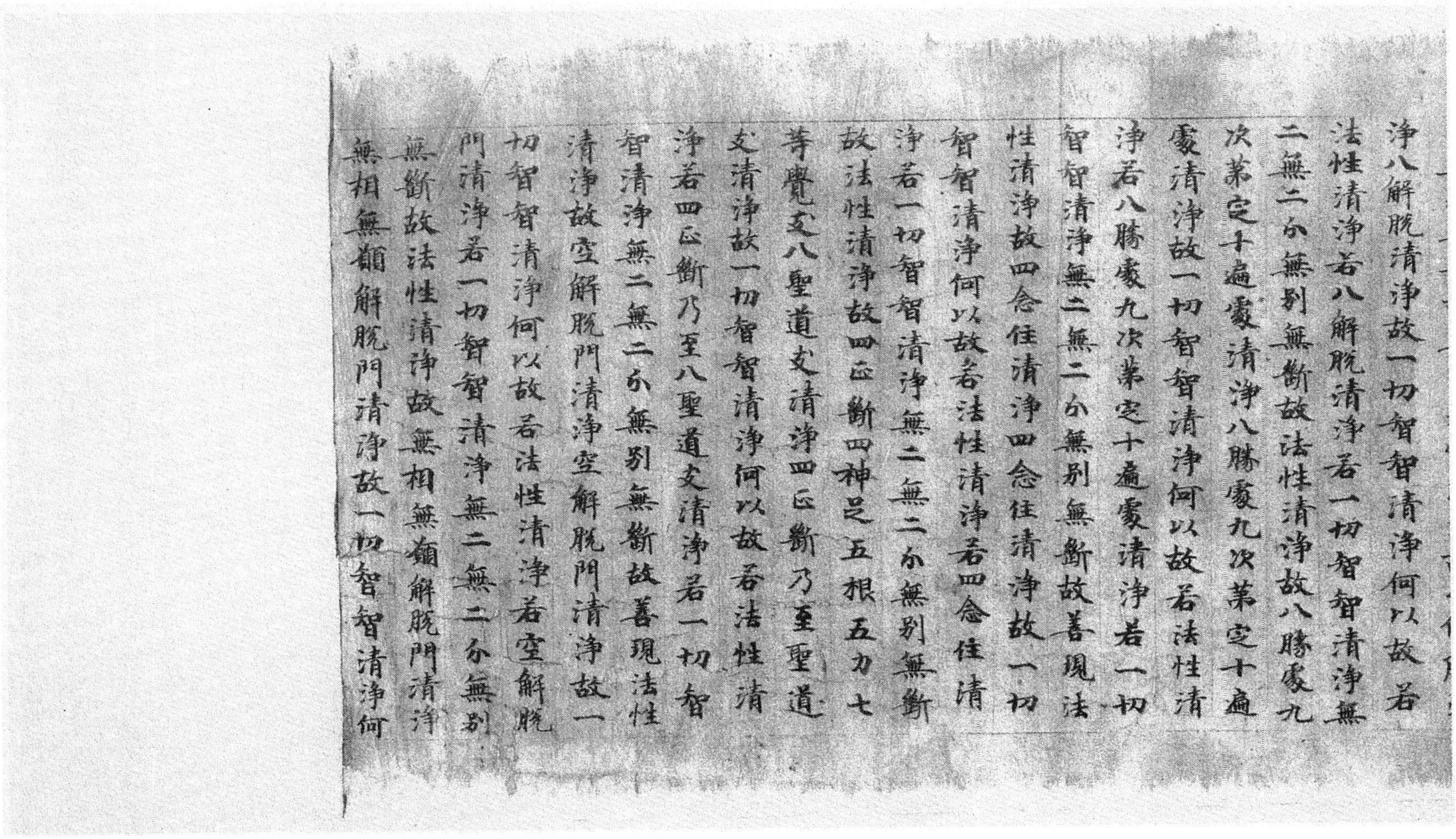

淨八解脫清淨故一切智智清淨何以故若
法性清淨若八解脫清淨若一切智智清淨無
二無二分無別無斷故法性清淨故八勝處九
次第定十遍處清淨八勝處九次第定十遍
處清淨故一切智智清淨何以故若法性清
淨若八勝處九次第定十遍處清淨若一切
智智清淨無二無二分無別無斷故善現法
性清淨故四念住清淨四念住清淨故一切
智智清淨何以故若法性清淨若四念住清
淨若一切智智清淨無二無二分無別無斷
故法性清淨故四正斷四神足五根五力七
等覺支八聖道支清淨四正斷乃至聖道
支清淨故一切智智清淨何以故若法性清
淨若四正斷乃至八聖道支清淨若一切智
智清淨無二無二分無別無斷故善現法性
清淨故空解脫門清淨空解脫門清淨故一
切智智清淨何以故若法性清淨若空解脫
門清淨若一切智智清淨無二無二分無別
無斷故法性清淨故無相無願解脫門清淨
無相無願解脫門清淨故一切智智清淨何

BD04608 號　大般若波羅蜜多經卷二一八　（2–2）

BD04608 號背　雜寫　（1–1）

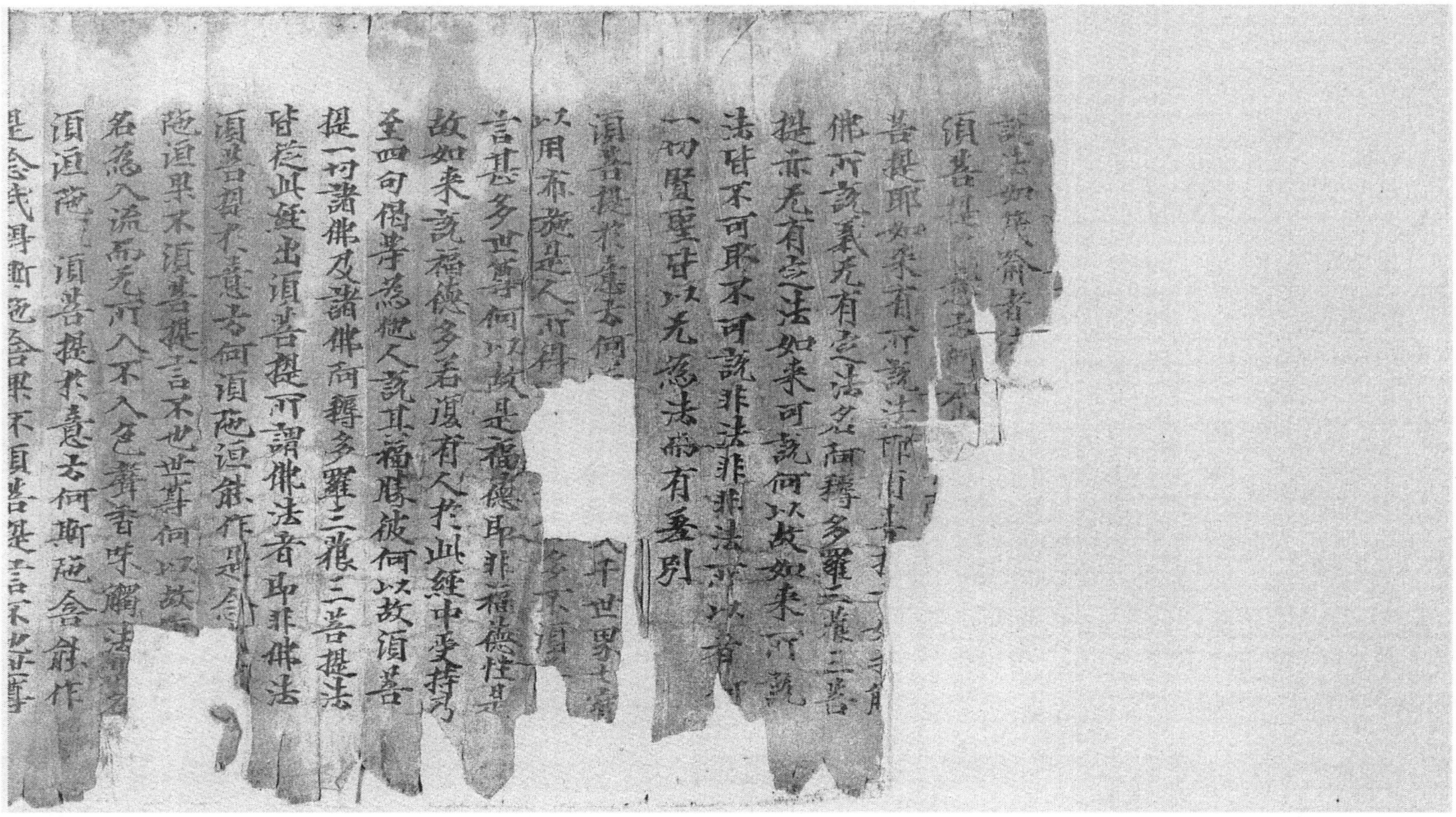

BD04609 號　金剛般若波羅蜜經　（13–1）

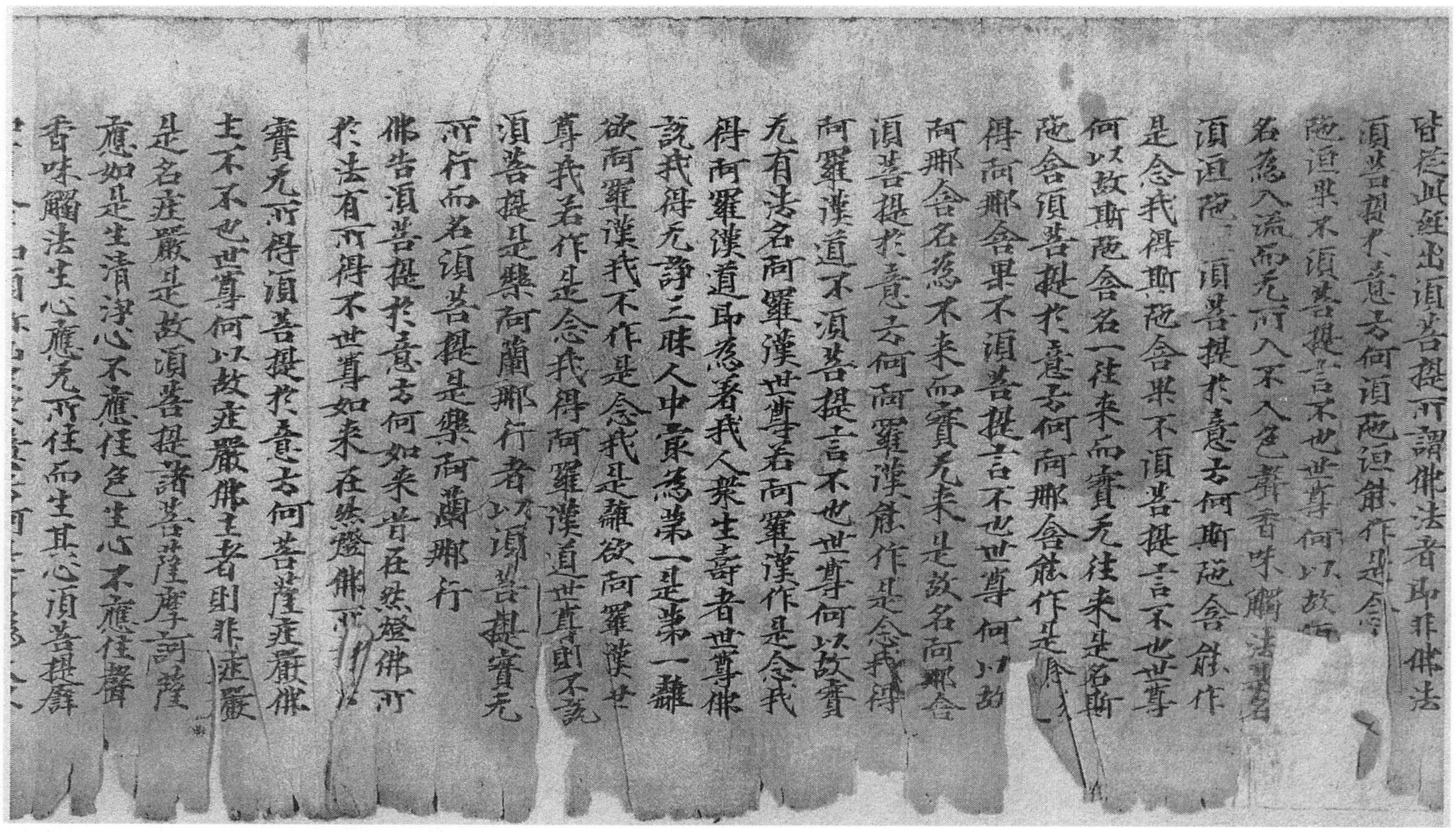

BD04609 號　金剛般若波羅蜜經　（13–2）

寶无所得須菩提於意云何菩薩莊嚴佛
土不不也世尊何以故莊嚴佛土者則非莊嚴
是名莊嚴是故須菩提諸菩薩摩訶薩
應如是生清淨心不應住色生心不應住聲
香味觸法生心應无所住而生其心須菩提譬
如有人身如須弥山王於意云何是身為大不
須菩提言甚大世尊何以故佛說非身是名
大身須菩提如恒河中所有沙數如是沙等
恒河於意云何是諸恒河沙寧為多不須菩
提言甚多世尊但諸恒河尚多无數何況其
沙須菩提我今實言告汝若有善男子善女
人以七寶滿尒所恒河沙數三千大千世界
以用布施得福多不須菩提言甚多世尊佛
告須菩提若善男子善女人於此經中乃至
受持四句偈等為他人說而此福德勝前福
德復次須菩提隨說是經乃至四句偈等當
知此處一切世間天人阿脩羅皆應供養如
佛塔廟何況有人盡能受持讀誦須菩提當
知是人成就最上第一希有之法若是經典所
在之處則為有佛若尊重弟子
尒時須菩提白佛言世尊當何名此經我等
云何奉持佛告須菩提是經名為金剛般若
波羅蜜以是名字汝當奉持所以者何須菩
提佛說般若波羅蜜則非般若波羅蜜須菩
提於意云何如來有所說法不須菩提白佛言
世尊如來无所說須菩提於意云何三千大千

BD04609號　金剛般若波羅蜜經　（13–3）

云何奉持佛告須菩提是經名為金剛般若
波羅蜜以是名字汝當奉持所以者何須菩
提佛說般若波羅蜜則非般若波羅蜜須菩
提於意云何如來有所說法不須菩提白佛言
世尊如來无所說須菩提於意云何三千大千
世界所有微塵是為多不須菩提言甚多
世尊須菩提諸微塵如來說非微塵是名
微塵如來說世界非世界是名世界須菩提
於意云何可以三十二相見如來不不也世尊
不可以三十二相得見如來何以故如來說三十
二相即是非相是名三十二相須菩提若
有善男子善女人以恒河沙等身命布施
若復有人於此經中乃至受持四句偈等為
他人說其福甚多
尒時須菩提聞說是經深解義趣涕淚悲
泣而白佛言希有世尊佛說如是甚深經典
我從昔來所得慧眼未曾得聞如是之經世
尊若復有人得聞是經信心清淨則生實相
當知是人成就第一希有功德世尊是實相
者則是非相是故如來說名實相世尊我今
得聞如是經典信解受持不足為難若當來世
後五百歲其有眾生得聞是經信解受持是
人則為第一希有何以故此人无我相人相眾生
相壽者相所以者何我相即是非相人相眾生
相壽者相即是非相何以故離一切諸相則名
諸佛

BD04609號　金剛般若波羅蜜經　（13–4）

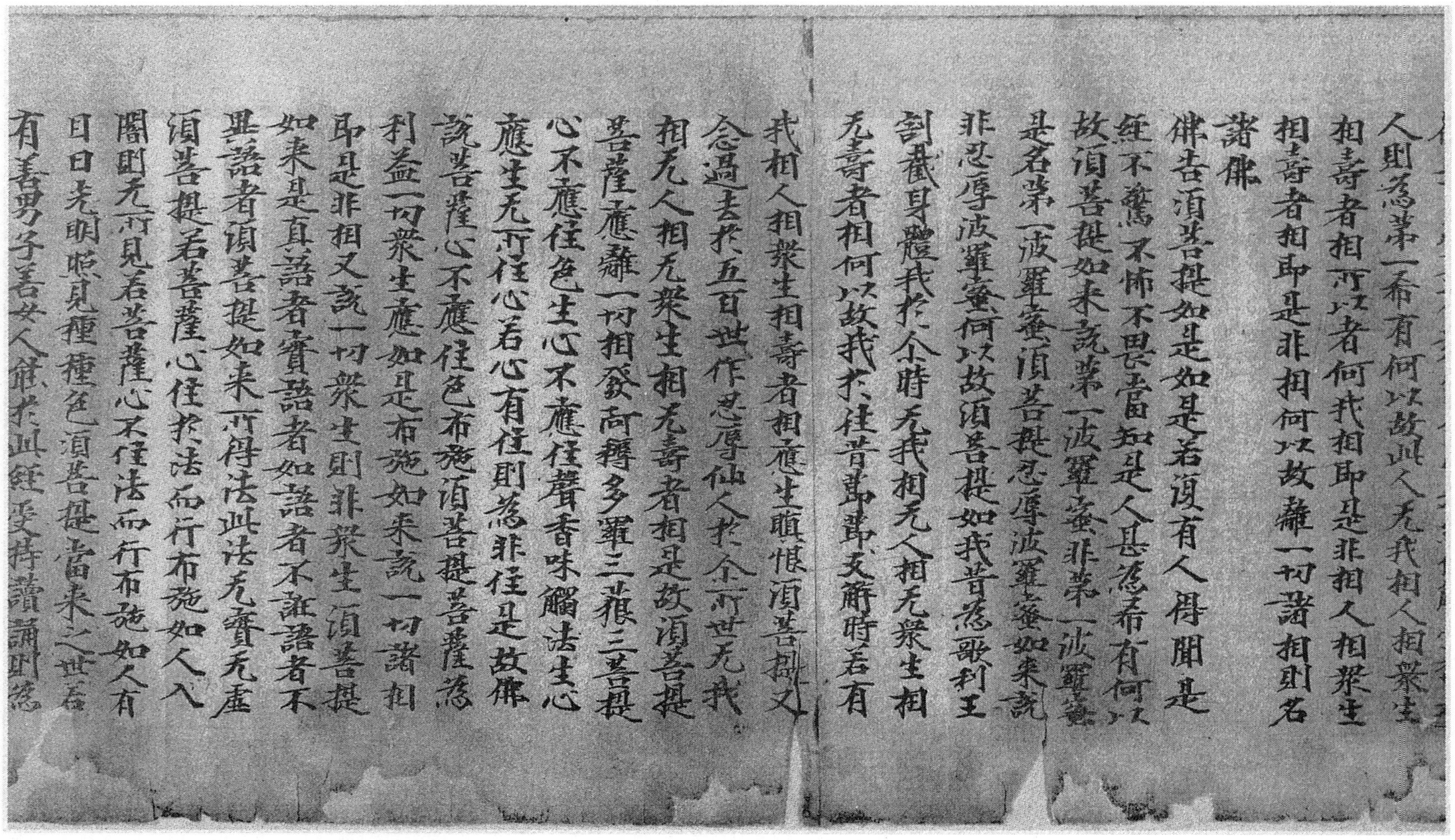

人則為第一希有何以故此人无我相人相衆生
相壽者相所以者何我相即是非相人相衆生
相壽者相即是非相何以故離一切諸相則名
諸佛
佛告須菩提如是如是若復有人得聞是
經不驚不怖不畏當知是人甚為希有何以
故須菩提如來說第一波羅蜜非第一波羅蜜
是名第一波羅蜜須菩提忍辱波羅蜜如來說
非忍辱波羅蜜何以故須菩提如我昔為歌利王
割截身體我於尒時无我相无人相无衆生相
无壽者相何以故我於往昔節節支解時若有
我相人相衆生相壽者相應生瞋恨須菩提又
念過去於五百世作忍辱仙人於尒所世无我
相无人相无衆生相无壽者相是故須菩提
菩薩應離一切相發阿耨多羅三藐三菩提
心不應住色生心不應住聲香味觸法生心
應生无所住心若心有住則為非住是故佛
說菩薩心不應住色布施須菩提菩薩為
利益一切衆生應如是布施如來說一切諸相
即是非相又說一切衆生則非衆生須菩提
如來是真語者實語者如語者不誑語者不
異語者須菩提如來所得法此法无實无虛
須菩提若菩薩心住於法而行布施如人入
闇則无所見若菩薩心不住法而行布施如人有
目日光明照見種種色須菩提當來之世若
有善男子善女人能於此經受持讀誦則為

BD04609 號　金剛般若波羅蜜經　（13–5）

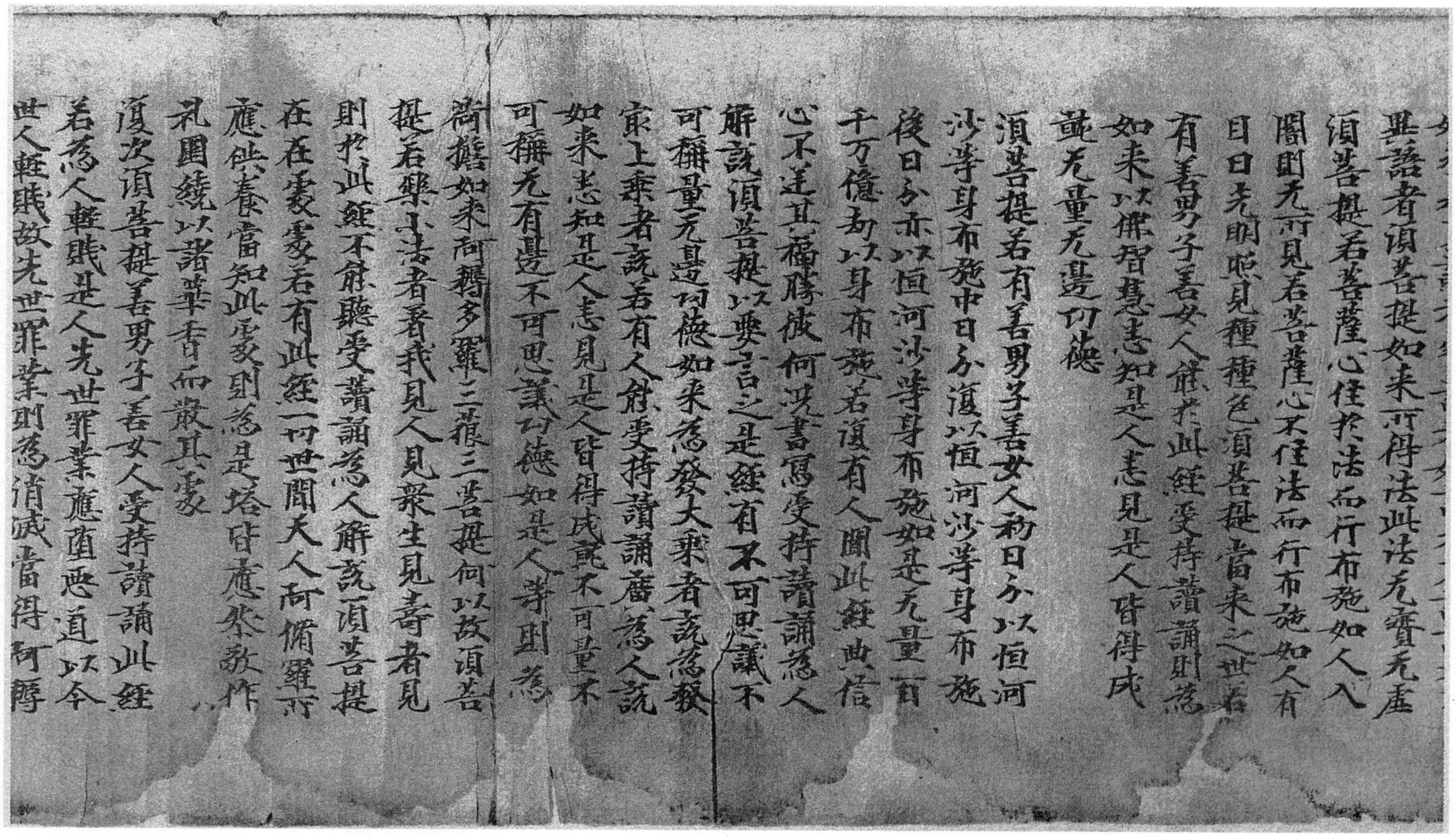

異語者須菩提如來所得法此法无實无虛
須菩提若菩薩心住於法而行布施如人入
闇則无所見若菩薩心不住法而行布施如人有
目日光明照見種種色須菩提當來之世若
有善男子善女人能於此經受持讀誦則為
如來以佛智慧悉知是人悉見是人皆得成
就无量无邊功德
須菩提若有善男子善女人初日分以恒河
沙等身布施中日分復以恒河沙等身布施
後日分亦以恒河沙等身布施如是无量百
千万億劫以身布施若復有人聞此經典信
心不逆其福勝彼何况書寫受持讀誦為人
解說須菩提以要言之是經有不可思議不
可稱量无邊功德如來為發大乘者說為發
最上乘者說若有人能受持讀誦廣為人說
如來悉知是人悉見是人皆得成就不可量不
可稱无有邊不可思議功德如是人等則為
荷擔如來阿耨多羅三藐三菩提何以故須菩
提若樂小法者著我見人見衆生見壽者見
則於此經不能聽受讀誦為人解說須菩提
在在處處若有此經一切世間天人阿脩羅所
應供養當知此處則為是塔皆應恭敬作
禮圍繞以諸華香而散其處
復次須菩提若善男子善女人受持讀誦此經
若為人輕賤是人先世罪業應墮惡道以今
世人輕賤故先世罪業則為消滅當得阿耨

BD04609 號　金剛般若波羅蜜經　（13–6）

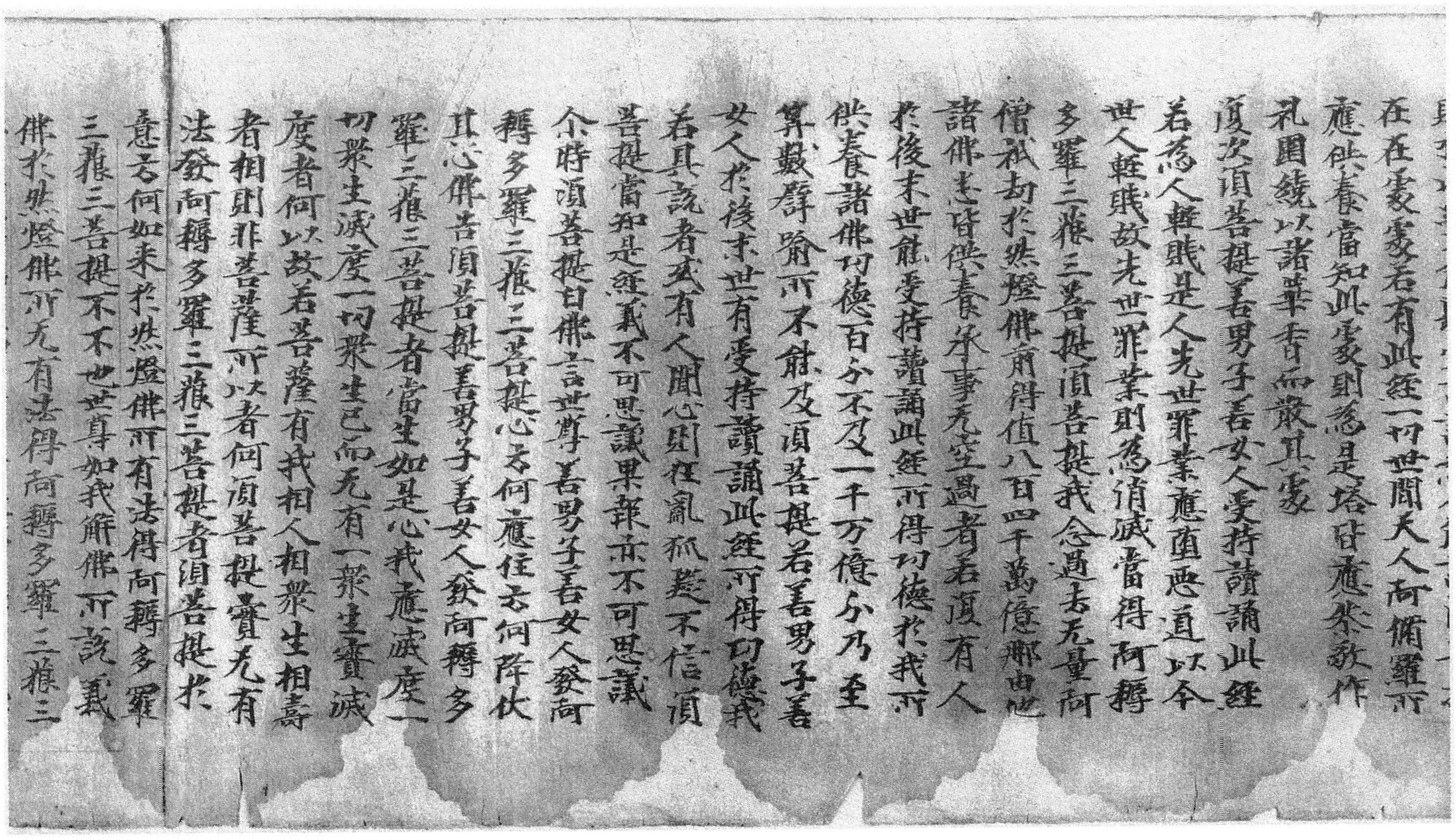
在在處處若有此經一切世間天人阿脩羅所
應供養當知此處則為是塔皆應恭敬作
禮圍繞以諸華香而散其處
復次須菩提善男子善女人受持讀誦此經
若為人輕賤是人先世罪業應墮惡道以今
世人輕賤故先世罪業則為消滅當得阿耨
多羅三藐三菩提須菩提我念過去无量阿
僧祇劫於然燈佛前得值八百四千萬億那由他
諸佛悉皆供養承事无空過者若復有人
於後末世能受持讀誦此經所得功德於我所
供養諸佛功德百分不及一千万億分乃至
算數譬喻所不能及須菩提若善男子善
女人於後末世有受持讀誦此經所得功德我
若具說者或有人聞心則狂亂狐疑不信須
菩提當知是經義不可思議果報亦不可思議
尒時須菩提白佛言世尊善男子善女人發阿
耨多羅三藐三菩提心云何應住云何降伏
其心佛告須菩提善男子善女人發阿耨多
羅三藐三菩提者當生如是心我應滅度一
切眾生滅度一切眾生已而无有一眾生實滅
度者何以故若菩薩有我相人相眾生相壽
者相則非菩薩所以者何須菩提實无有
法發阿耨多羅三藐三菩提者須菩提於
意云何如來於然燈佛所有法得阿耨多羅
三藐三菩提不不也世尊如我解佛所說義
佛於然燈佛所无有法得阿耨多羅三藐三

BD04609號　金剛般若波羅蜜經　（13–7）

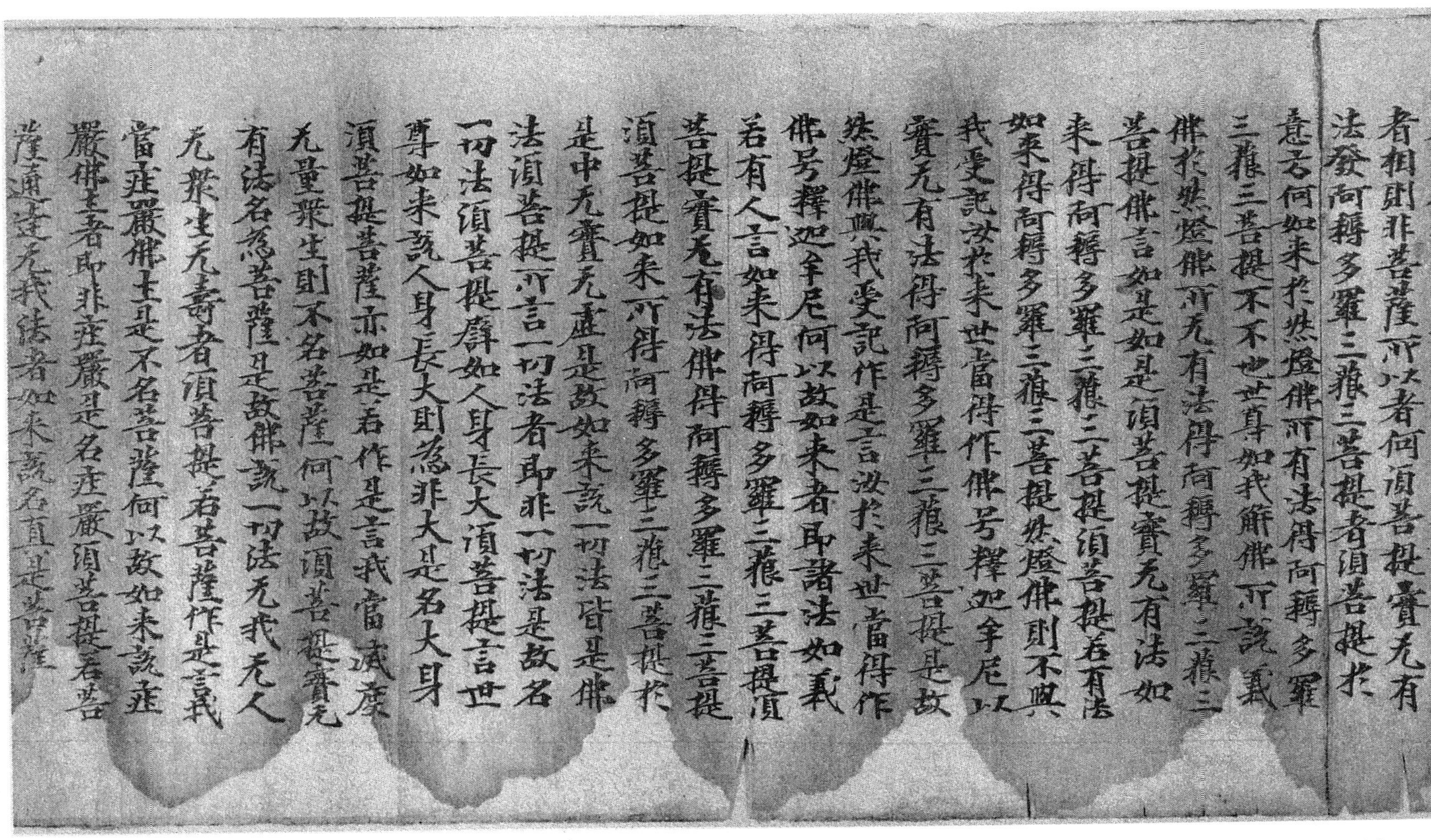
者相則非菩薩所以者何須菩提實无有
法發阿耨多羅三藐三菩提者須菩提於
意云何如來於然燈佛所有法得阿耨多羅
三藐三菩提不不也世尊如我解佛所說義
佛於然燈佛所无有法得阿耨多羅三藐三
菩提佛言如是如是須菩提實无有法如
來得阿耨多羅三藐三菩提須菩提若有法
如來得阿耨多羅三藐三菩提然燈佛則不與
我受記汝於來世當得作佛号釋迦牟尼以
實无有法得阿耨多羅三藐三菩提是故
然燈佛與我受記作是言汝於來世當得作
佛号釋迦牟尼何以故如來者即諸法如義
若有人言如來得阿耨多羅三藐三菩提須
菩提實无有法佛得阿耨多羅三藐三菩提
須菩提如來所得阿耨多羅三藐三菩提於
是中无實无虛是故如來說一切法皆是佛
法須菩提所言一切法者即非一切法是故名
一切法須菩提譬如人身長大須菩提言世
尊如來說人身長大則為非大身是名大身
須菩提菩薩亦如是若作是言我當滅度
无量眾生則不名菩薩何以故須菩提實无
有法名為菩薩是故佛說一切法无我无人
无眾生无壽者須菩提若菩薩作是言我
當莊嚴佛土是不名菩薩何以故如來說莊
嚴佛土者即非莊嚴是名莊嚴須菩提若菩
薩通達无我法者如來說名真是菩薩

BD04609號　金剛般若波羅蜜經　（13–8）

有法名為菩薩是故佛說一切法无我无人
无衆生无壽者須菩提若菩薩作是言我
當莊嚴佛土是不名菩薩何以故如来說莊
嚴佛土者即非莊嚴是名莊嚴須菩提若菩
薩通達无我法者如来說名真是菩薩
須菩提於意云何如来有肉眼不如是世尊
如来有肉眼須菩提於意云何如来有天眼
不如是世尊如来有天眼須菩提於意云何
如来有慧眼不如是世尊如来有慧眼須菩
提於意云何如来有法眼不如是世尊如来
有法眼須菩提於意云何如来有佛眼不如
是世尊如来有佛眼須菩提於意云何恒河
中所有沙佛說是沙不如是世尊如来說是沙
須菩提於意云何如一恒河中所有沙有如
是等恒河是諸恒河所有沙數佛世界如
是寧為多不甚多世尊佛告須菩提尒所
國土中所有衆生若干種心如来悉知何以故
如来說諸心皆為非心是名為心所以者何
須菩提過去心不可得現在心不可得未来
心不可得須菩提於意云何若有人滿三千
大千世界七寶以用布施是人以是因緣得
福多不如是世尊此人以是因緣得福甚多
須菩提若福德有實如来不說得福德多以
福德无故如来說得福德多
須菩提於意云何佛可以具足色身見不不

BD04609 號　金剛般若波羅蜜經　（13–9）

大千世界七寶以用布施是人以是因緣得
福多不如是世尊此人以是因緣得福甚多
須菩提若福德有實如来不說得福德多以
福德无故如来說得福德多
須菩提於意云何佛可以具足色身見不不
也世尊如来不應以具足色身見何以故如来
說具足色身即非具足色身是名具足色
身須菩提於意云何如来可以具足諸相見不
不也世尊如来不應以具足諸相見何以故如
来說諸相具足即非具足是名諸相具足須
菩提汝勿謂如来作是念我當有所說法莫
作是念何以故若人言如来有所說法即為謗
佛不能解我所說故須菩提說法者无法可
說是名說法須菩提白佛言世尊佛得阿耨
多羅三藐三菩提為无所得耶如是如是須
菩提我於阿耨多羅三藐三菩提乃至无
有少法可得是名阿耨多羅三藐三菩提復
次須菩提是法平等无有高下是名阿耨多
羅三藐三菩提以无我无人无衆生无壽者
修一切善法則得阿耨多羅三藐三菩提須
菩提所言善法者如来說非善法是名善法
須菩提若三千大千世界中所有諸須弥山王
如是等七寶聚有人持用布施若人以此般
若波羅蜜經乃至四句偈等受持讀誦為
他人說於前福德百分不及一百千万億分乃
至筭數譬喻所不能及

BD04609 號　金剛般若波羅蜜經　（13–10）

偈[illegible]
菩提所言善法者如来說非善法是名善法
須菩提若三千大千世界中所有諸須弥山王
如是等七寶聚有人持用布施若人以此般
若波羅蜜經乃至四句偈等受持讀誦為
他人說於前福德百分不及一百千万億分乃
至筭數譬喻所不能及
須菩提於意云何汝等勿謂如来作是念我
當度衆生須菩提莫作是念何以故實无有
衆生如来度者若有衆生如来度者如来
則有我人衆生壽者須菩提如来說有我者
則非有我而凡夫之人以為有我須菩提凡夫
者如来說則非凡夫須菩提於意云何可以三
十二相觀如来不須菩提言如是如是以三
十二相觀如来佛言須菩提若以三十二相
觀如来者轉輪聖王則是如来須菩提白佛
言世尊如我解佛所說義不應以三十二相觀
如来尒時世尊而說偈言
若以色見我 以音聲求我 是人行邪道 不能見如来
須菩提汝若作是念如来不以具足相故得
阿耨多羅三藐三菩提須菩提莫作是念
如来不以具足相故得阿耨多羅三藐三菩提
須菩提汝若作是念發阿耨多羅三藐三菩
提者說諸法斷滅相莫作是念何以故發阿耨
多羅三藐三菩提者於法不說斷滅相須菩
提若菩薩以滿恒河沙等世界七寶布施若

BD04609 號　金剛般若波羅蜜經　（13–11）

阿耨多羅三藐三菩提須菩提莫作是念
如来不以具足相故得阿耨多羅三藐三菩提
須菩提汝若作是念發阿耨多羅三藐三菩
提者說諸法斷滅相莫作是念何以故發阿耨
多羅三藐三菩提者於法不說斷滅相須菩
提若菩薩以滿恒河沙等世界七寶布施若
復有人知一切法无我得成於忍此菩薩勝前
菩薩所得功德須菩提以諸菩薩不受福
德故須菩提白佛言世尊云何菩薩不受
福德須菩提菩薩所作福德不應貪著是
故說不受福德須菩提若有人言如来若来
若去若坐若卧是人不解我所說義何以故如
来者无所從来亦无所去故名如来
須菩提若善男子善女人以三千大千世界
碎為微塵於意云何是微塵衆寧為多不
甚多世尊何以故若是微塵衆實有者佛則不
說是微塵衆所以者何佛說微塵衆則非微
塵衆是名微塵衆世尊如来所說三千大千世
界則非世界是名世界何以故若世界實有
者則是一合相如来說一合相則非一合相是
名一合相須菩提一合相者則是不可說但凡
夫之人貪著其事須菩提若人言佛說我
見人見衆生見壽者見須菩提於意云何
是人解我所說義不世尊是人不解如来所
說義何以故世尊說我見人見衆生見壽者
見即非我見人見衆生見壽者見是名我

BD04609 號　金剛般若波羅蜜經　（13–12）

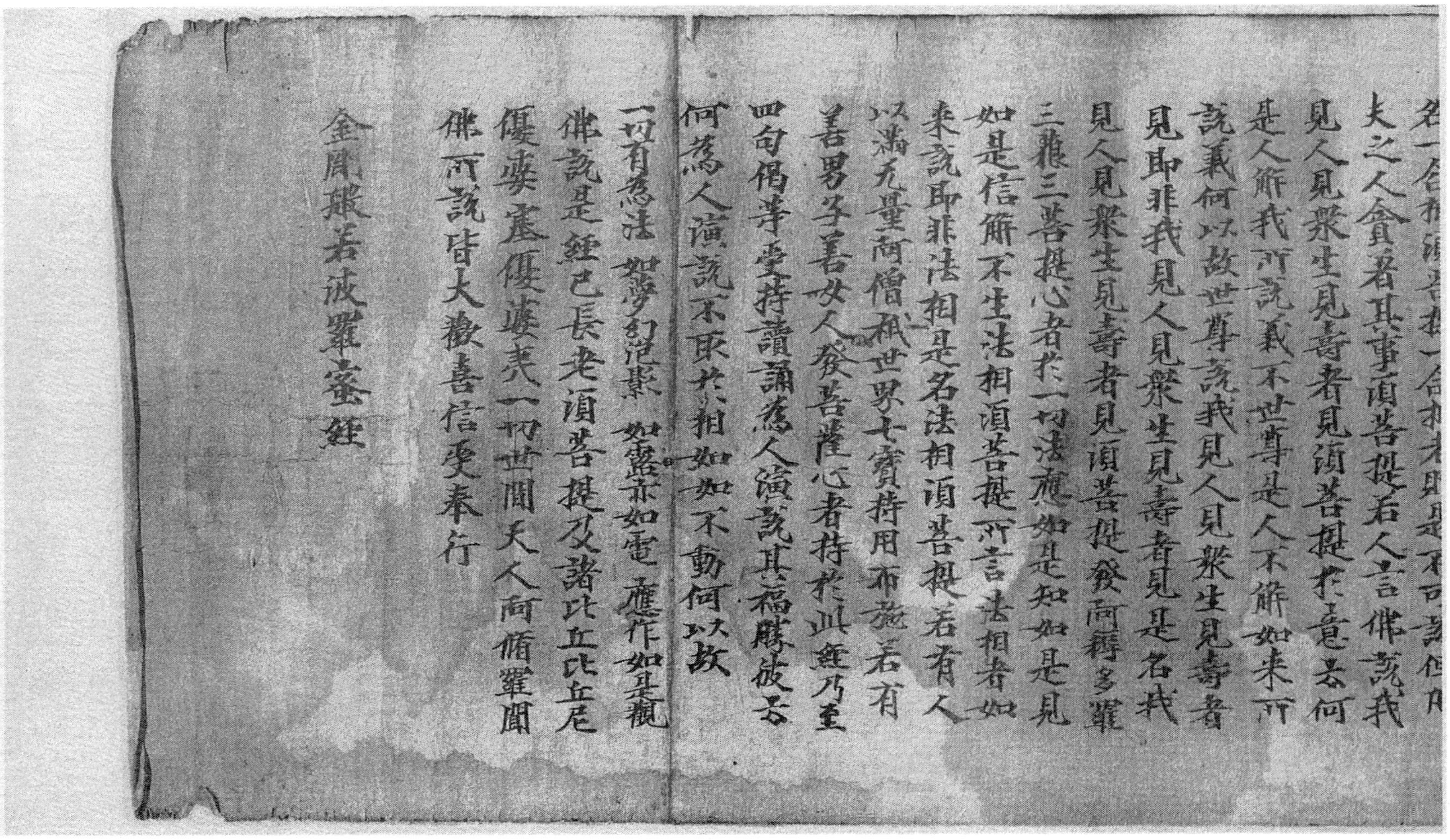
名一合相須菩提一合相者則是不可說但凡
夫之人貪著其事須菩提若人言佛說我
見人見衆生見壽者見須菩提於意云何
是人解我所說義不世尊是人不解如來所
說義何以故世尊說我見人見衆生見壽者
見即非我見人見衆生見壽者見是名我
見人見衆生見壽者見須菩提發阿耨多羅
三藐三菩提心者於一切法應如是知如是見
如是信解不生法相須菩提所言法相者如
來說即非法相是名法相須菩提若有人
以滿無量阿僧祇世界七寶持用布施若有
善男子善女人發菩薩心者持於此經乃至
四句偈等受持讀誦為人演說其福勝彼云
何為人演說不取於相如如不動何以故
一切有為法　如夢幻泡影　如露亦如電　應作如是觀
佛說是經已長老須菩提及諸比丘比丘尼
優婆塞優婆夷一切世間天人阿脩羅聞
佛所說皆大歡喜信受奉行
金剛般若波羅蜜經

BD04609號　金剛般若波羅蜜經　（13–13）

BD04609號背　雜寫　（1–1）

前然百福莊嚴臂七万二千歲而以供養令
无數求聲聞衆无量阿僧祇人發阿耨多羅
三藐三菩提心皆使得住現一切色身三昧
尒時諸菩薩天人阿脩羅等見其无臂憂惱
悲哀而作是言此一切衆生憙見菩薩是我
等師教化我者而今燒臂身不具足于時一
切衆生憙見菩薩於大衆中立此誓言我捨
兩臂必當得佛金色之身若實不虛令我兩
臂還復如故作是誓已自然還復由斯菩薩
福德智慧淳厚所致當尒之時三千大千世
界六種震動天雨寶華一切人天得未曾有
佛告宿王華菩薩於汝意云何一切衆生憙
見菩薩豈異人乎今藥王菩薩是也其所捨
身布施如是无量百千万億那由他數宿王
華若有發心欲得阿耨多羅三藐三菩提者
能然手指乃至足一指供養佛塔勝以國城
妻子及三千大千國土山林河池諸珎寶物
而供養者若復有人以七寶滿三千大千世
界供養於佛及大菩薩辟支佛阿羅漢是人
所得功德不如受持此法華經乃至一四句
偈其福最多宿王華譬如一切川流江河諸

BD04610號　妙法蓮華經卷六　（5–1）

能然手指乃至足一指供養佛塔勝以國城
妻子及三千大千國土山林河池諸珎寶物
而供養者若復有人以七寶滿三千大千世
界供養於佛及大菩薩辟支佛阿羅漢是人
所得功德不如受持此法華經乃至一四句
偈其福最多宿王華譬如一切川流江河諸
水之中海為第一此法華經亦復如是於諸
如來所說經中最為深大又如土山黑山小
鐵圍山大鐵圍山及十寶山衆山之中須弥
山為第一此法華經亦復如是於諸經中最
為其上又如衆星之中月天子最為第一此
法華經亦復如是於千万億種諸經法中最
為照明又如日天子能除諸闇此經亦復如
是能破一切不善之闇又如諸小王中轉輪聖
王最為第一此經亦復如是於衆經中最
為其尊又如帝釋於三十三天中王此經亦
復如是諸經中王又如大梵天王一切衆生之父
此經亦復如是一切賢聖學无學及發菩
薩心者之父又如一切凡夫人中須陀洹斯
陀含阿那含阿羅漢辟支佛為第一此經亦
復如是一切如來所說若菩薩所說若聲
聞所說諸經法中最為第一有能受持是經
典者亦復如是於一切衆生中亦為第一一
切聲聞辟支佛中菩薩為第一此經亦復如
是於一切諸經法中最為第一如佛為諸法
王此經亦復如是諸經中王宿王華此經能
救一切衆生者此經能令一切衆生離諸苦
惱此經能大饒益一切衆生充滿其願如清

BD04610號　妙法蓮華經卷六　（5–2）

切聲聞辟支佛中菩薩為第一此經亦復如
是於一切諸經法中冣為第一如佛為諸法
王此經亦復如是諸經中王宿王華此經能
救一切衆生者此經能令一切衆生離諸苦
惱此經能大饒益一切衆生充滿其願如清
涼池能滿一切諸渴乏者如寒者得火如裸
者得衣如商人得主如子得母如渡得船如
病得醫如暗得燈如貧得寶如民得王如賈
客得海如炬除暗此法華經亦復如是能令
衆生離一切苦一切病痛能解一切生死之
縛若人得聞此法華經若自書若使人書所
得功德以佛智慧籌量多少不得其邊若書
是經卷華香瓔珞燒香末香塗香幡蓋衣
服種種之燈蘇燈油燈諸香油燈瞻蔔油燈
須曼那油燈波羅羅油燈婆利師迦油燈那婆摩
利油燈供養所得功德亦復无量宿王華若
有人聞是藥王菩薩本事品者亦得无量无
邊功德若有女人聞是藥王菩薩本事品能
受持者盡是女身後不復受若如来滅後後
五百歲中若有女人聞是經典如說修行於
此命終即往安樂世界阿彌陀佛大菩薩衆
圍繞住處生蓮華中寶座之上不復為貪欲
所惱亦復不為瞋恚愚癡所惱亦復不為憍
慢嫉妬諸垢所惱得菩薩神通无生法忍得
是忍已眼根清淨以是清淨眼根見七百万
二千億那由他恒河沙等諸佛如来是時諸
佛遥共讚言善哉善哉善男子汝能於釋迦

BD04610號　妙法蓮華經卷六　（5–3）

所惱亦復不為瞋恚愚癡所惱亦復不為憍
慢嫉妬諸垢所惱得菩薩神通无生法忍得
是忍已眼根清淨以是清淨眼根見七百万
二千億那由他恒河沙等諸佛如来是時諸
佛遥共讚言善哉善哉善男子汝能於釋迦
牟尼佛法中受持讀誦思惟是經為他人說
所得福德无量无邊火不能燒水不能漂汝
之功德千佛共說不能令盡汝今已能破諸
魔賊壞生死軍諸餘怨敵皆悉摧滅善男子
百千諸佛以神通力共守護汝於一切世間天
人之中无如汝者唯除如来其諸聲聞辟支
佛乃至菩薩智慧禪定无有與汝等者宿
王華此菩薩成就如是功德智慧之力若有
人聞是藥王菩薩本事品能隨喜讚善者是
人現世口中常出青蓮華香身毛孔中常出
牛頭栴檀香所得功德如上所說是故宿王
華以此藥王菩薩本事品囑累於汝我滅度
後後五百歲中廣宣流布於閻浮提无令斷
絕惡魔魔民諸天龍夜叉鳩槃荼等得其便
也宿王華汝當以神通之力守護是經所以
者何此經則為閻浮提人病之良藥若人有
病得聞是經病即消滅不老不死宿王華汝
若見有受持是經者應以青蓮華盛滿末香
供散其上散已作是念言此人不久必當取
草坐於道場破諸魔軍當吹法螺擊大法鼓
度脫一切衆生老病死海是故求佛道者見
有受持是經典人應當如是生恭敬心說是

BD04610號　妙法蓮華經卷六　（5–4）

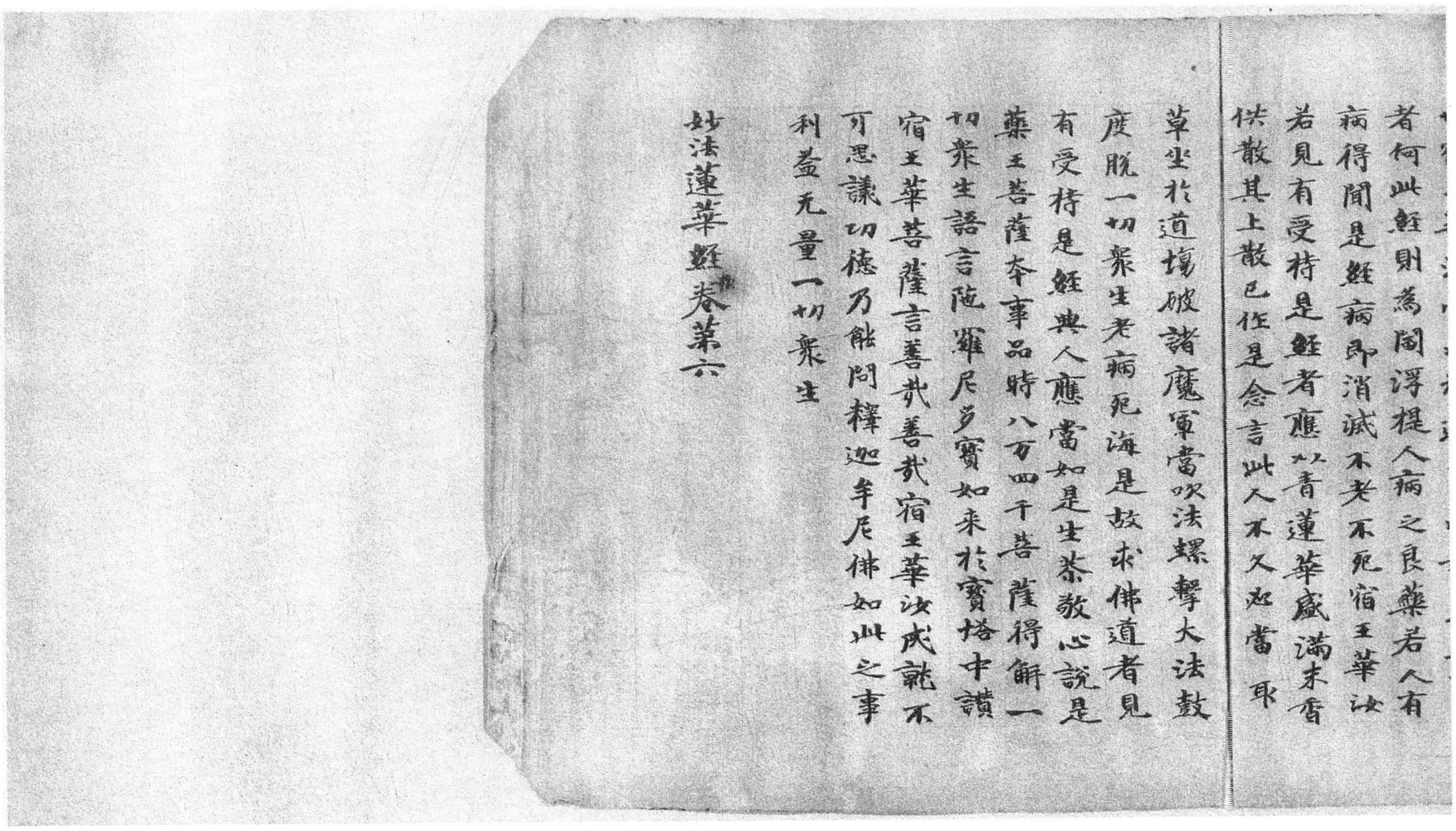

者何此經則為閻浮提人病之良藥若人有
病得聞是經病即消滅不老不死宿王華汝
若見有受持是經者應以青蓮華盛滿末香
供散其上散已作是念言此人不久必當取
草坐於道場破諸魔軍當吹法螺擊大法鼓
度脫一切眾生老病死海是故求佛道者見
有受持是經典人應當如是生恭敬心說是
藥王菩薩本事品時八万四千菩薩得解一
切眾生語言陀羅尼多寶如來於寶塔中讚
宿王華菩薩言善哉善哉宿王華汝成就不
可思議功德乃能問釋迦牟尼佛如此之事
利益无量一切眾生

妙法蓮華經卷第六

BD04610號　妙法蓮華經卷六　（5–5）

第六袟

BD04610號背　勘記　（1–1）

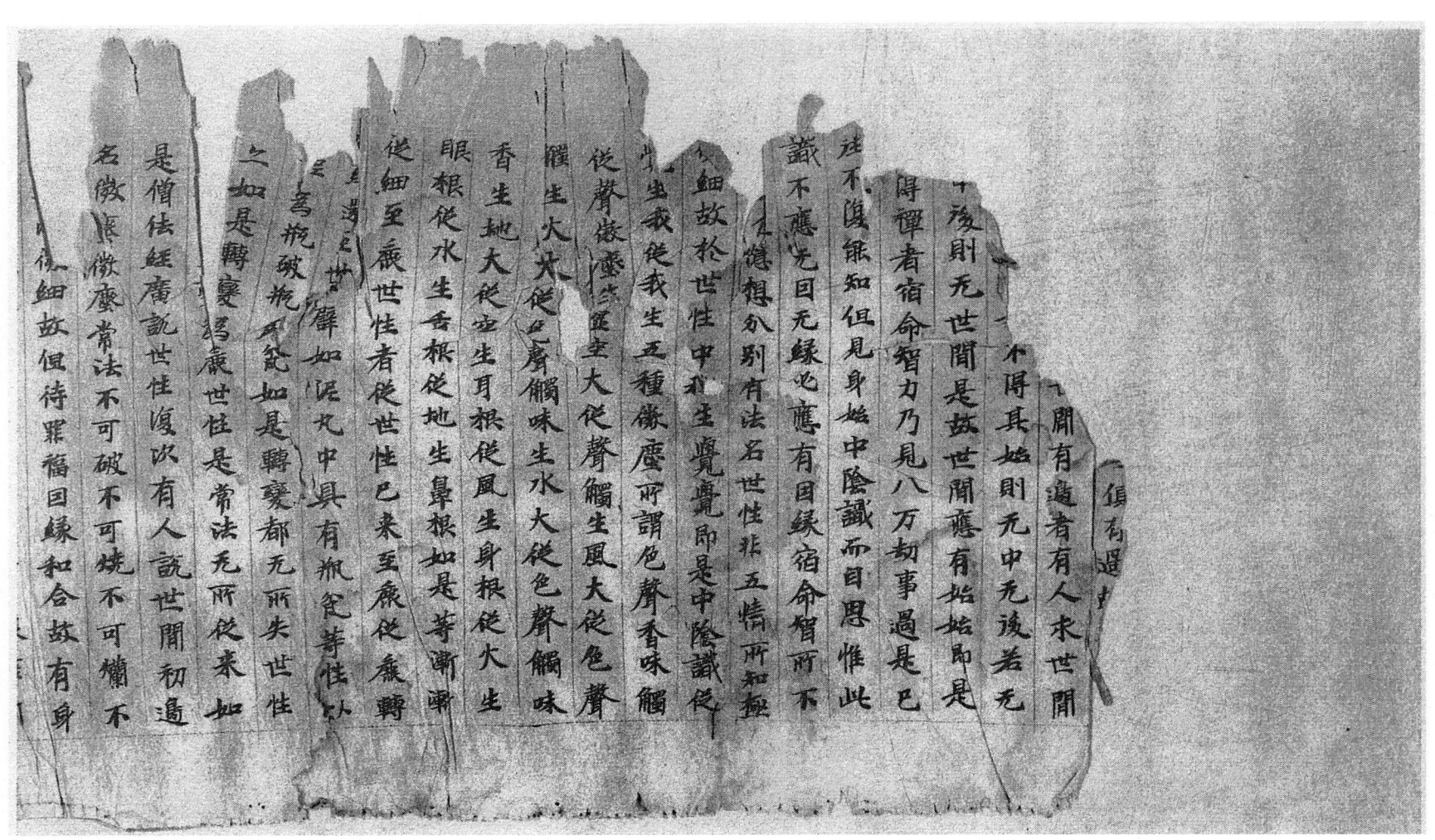

…有過…
閒有邊者有人求世間
不得其始則无中无後若无
後則无世間是故世間應有始始即是
得禪者宿命智力乃見八万劫事過是已
法不復能知但見身始中陰識而自思惟此
識不應无因无緣必應有因緣宿命智所不
及憶想分別有法名世性非五情所知極
細故於世性中初生覺覺即是中陰識從
此生我從我生五種微塵所謂色聲香味觸
從聲微塵生空大從聲觸生風大從色聲
觸生火大從色聲觸味生水大從色聲觸味
香生地大從空生耳根從風生身根從火生
眼根從水生舌根從地生鼻根如是等漸漸
從細至麁世性者從世性已來至麁從麁轉
…還至世性譬如泥丸中具有瓶瓮等性以
是為瓶破瓶為瓮如是轉變都无所失世性
亦如是轉變為麁世性是常法无所從來如
是僧佉經廣說世性復次有人說世間初邊
名微塵微塵常法不可破不可燒不可爛不
以微細故但待罪福因緣和合故有身

BD04611號　大智度論卷七〇　（25–1）

…瓶破瓶為瓮如是轉變都无所失世性
亦如是轉變為麁世性是常法无所從來如
是僧佉經廣說世性復次有人說世間初邊
名微塵微塵常法不可破不可燒不可爛不
以微細故但待罪福因緣和合故有身
若天若地獄等以无父母故罪福因緣盡則
散壞有人以自然為世界始貧富貴賤非鎖
行所即有人言天主即是世界始造作吉山
河天地万物此法賊時天還攝取如是耶
因是世界邊有人說眾生世世受苦樂盡自
到邊譬如山上投縷丸縷盡自止受罪受福
會歸於盡精進懈怠无異有人說國土世間
八方有邊唯上下无邊有人說下至十八地
獄上至有頂上下有邊八方无邊如是種種
說世間邊有人說眾生世間有邊如說神在
體中如芥子如棗或言一寸大人則神大小
人則神小說神是色法有分故言神有邊无
邊者有人說神通滿虛空无處不有得身處
能覺苦樂是名神无邊有人言國土世間无
始若有始則无因无緣後之无窮常受身是
則破涅槃是名无邊復次說國土世間十方无
邊如是等說神世間國土世間无邊有邊无
邊者有人言神世間无邊國土世間有邊或言
神世間有邊國土世間无邊如上說神是色故
或言上下有邊八方无邊如是搖上二法名
為有邊无邊世間非有邊非无邊者有人見
世間有邊有過无邊之有過故不說有邊不

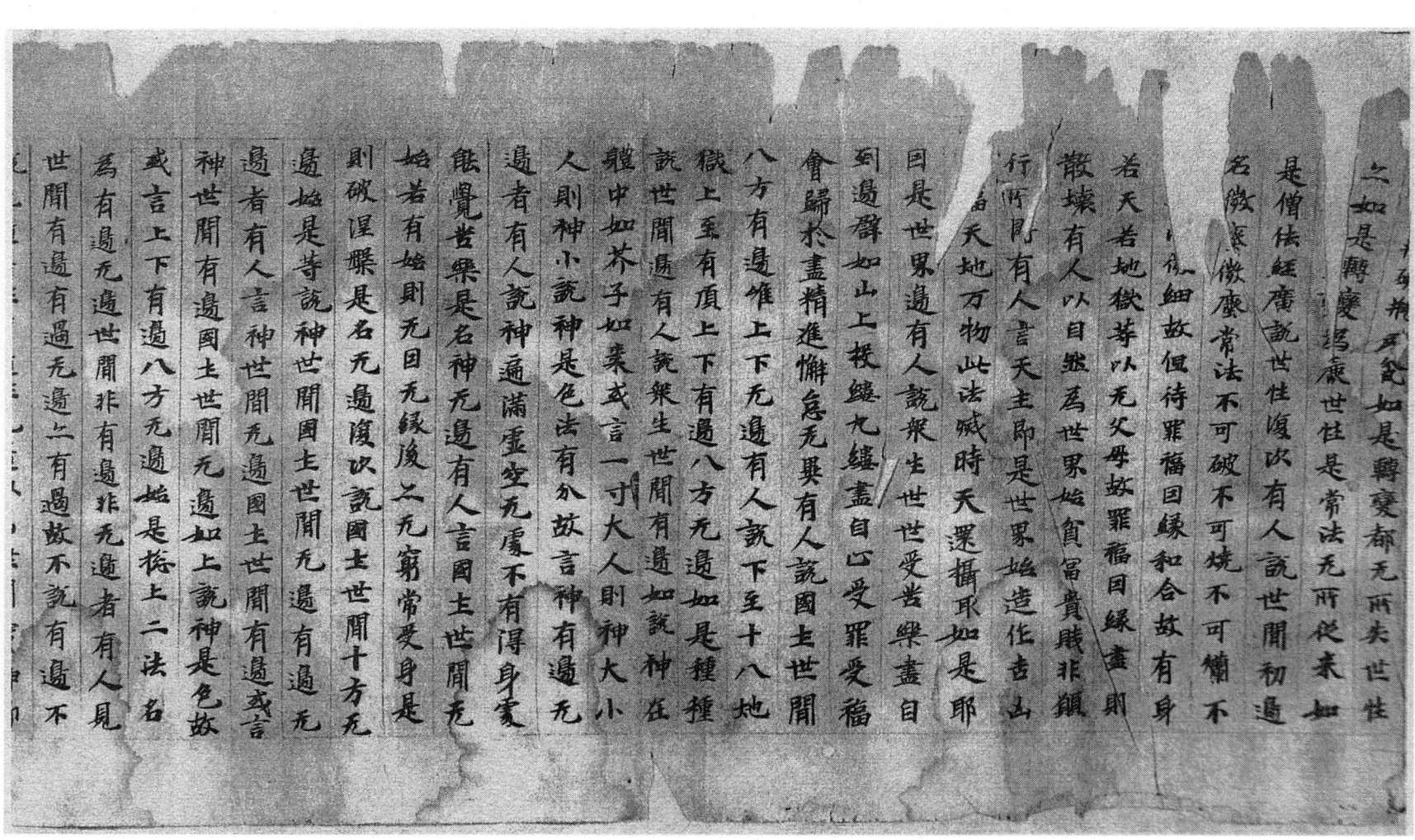

BD04611號　大智度論卷七〇　（25–2）

神世間有邊國土世間无邊如上說神是色故
或言上下有邊八方无邊始是捨上二法名
為有邊无邊世間非有邊非无邊者有人見
世間有邊有過无邊亦有過故不說有邊不
說无邊著非有邊非无邊以為世間實神即
是身者有人言身即是神所以者何分析此
身求神不可得故復次受好醜苦樂皆是身
是故言身即是神身異神異者有人言神微
細五情所不得亦非凡人所見攝心清淨得
禪定人乃能得見是故言身異神異復次若
身即是神身滅神亦滅是耶見說身異神異
身滅神常在是邊見死後有如去者問曰先
說常无常等即是後世或有或无今何以別說
如去四句荅曰上總說一切世間常非常後世
有无事要故別說如去者如人來此間生去
至後世亦如是有人言先世无所從來滅亦
无所去有人言身神和合為人死後神去身
不去是名如去不如去非有如去非无如去
者見去不去有失故說非去非不去是人不
能捨神而著非去非不去如是諸耶見煩惱
等是名心沒出屈电所以者何耶見者種種
道求出不得故欲出而沒耶見力多難見
解故說常无常等十四事外道雖種種憶想分
別佛言皆緣五衆依心五衆无神无常佛知
五衆空无相无作无藏論但知五衆如不如
凡夫虛誑顛倒見如五衆如一切法如亦如

BD04611號　大智度論卷七〇　（25–3）

道求出不得故欲出而沒耶見力多難見
解故說常无常等十四事外道雖種種憶想分
別佛言皆緣五衆依心五衆无神无常佛知
五衆空无相无作无藏論但知五衆如不如
凡夫虛誑顛倒見如五衆如一切法如亦如
是何以故二法攝一切法所謂有為无為五
衆是有為法五衆如即是无為法觀察籌量
思惟五衆能行六波羅蜜是故說五衆如即
是一切法如一切法如即是六波羅蜜如行
六波羅蜜菩薩求實道觀五衆无常空生卅七
品八背捨九次第定等是聲聞道知已直過
行十八空十力等諸佛法皆正觀五衆五衆如
无分別故皆是一切諸法如是故說善法如
即是不善法如不善法如即是善法如世間
出世間法亦如是是以行者不得著善法捨
不善法乃至阿耨多羅三藐三菩提佛如相
二如是皆是一如相不二不別所以者何求
諸法實到畢竟空无復異如是諸法如佛曰
般若波羅蜜得是故言般若波羅蜜能生諸
佛能示世間相須菩提歎未曾有白佛言世
尊一切諸法如甚深隨順不相違三世十方
諸佛如即是諸法如解是諸法如故為衆生
種種說法是甚深如難解難信阿鞞跋致菩
薩入法位受記者能信具足正見人者三道
人漏盡阿羅漢不受一切法故能信其有信
者近阿鞞跋致皆攝在阿鞞跋致中故不別

BD04611號　大智度論卷七〇　（25–4）

諸佛如即是諸法如故爲衆生
種種說法是甚深如難解難信阿鞞跋致菩
薩入法位受記者能信具足正見人者三道
人漏盡阿羅漢不受一切法故能信其有信
者近阿鞞跋致皆攝在阿鞞跋致中故不別
說佛語須菩提一切法无盡故是如无盡如
无盡故得聖道者能信无爲法中差別故有
須陁洹諸道聞曰所得法故能信凡夫人著
虛誑顛倒法故不能信佛告須菩提諸佛得
是諸法如故名爲如來名爲一切智人能教
衆生令至涅槃
大智論釋第卌八品
尒時三千大千世界中所有欲界天子色界
天子遙散華香來至佛所頂礼佛足一面住
白佛言世尊所說般若波羅蜜甚深何等是
深般若波羅蜜相佛告欲界色界諸天子諸
天子空相是般若波羅蜜相无相无作无起
无生无滅无垢无淨无所有法无相无依心
虛空相是般若波羅蜜相諸天子如是等相
是深般若波羅蜜相佛爲衆生用世間法故
說非第一義諸天子是諸相一切世間天人阿
脩羅不能破壞何以故是一切世間天子人阿
脩羅二是相故諸天子相不能破相相不能知
相相不能知无相无相不能知相是相是无相
相无相皆无所謂知知者知法皆不可得故何
以故諸天子是諸相非色作非受想行識作

BD04611號　大智度論卷七〇　（25–5）

脩羅二是相故諸天子相不能破相相不能知
相相不能知无相无相不能知相是相是无相
相无相皆无所謂知知者知法皆不可得故何
以故諸天子是諸相非色作非受想行識作
非檀波羅蜜作非尸波羅蜜羼提波羅蜜
毗梨耶波羅蜜禪波羅蜜般若波羅蜜作非
內空作非外空作非內外空作非无法空作
非有法空作非无法有法空作非四念處作
乃至非一切種智作諸天子是相非人所有
非非人所有非世間非出世間非有漏非无
漏非有爲非无爲佛復告諸天子譬如有人
問何等是虛空相此人爲正問不諸天子言世
尊此不正問何以故世尊是虛空无相可說
虛空无爲无起故佛告欲界色界諸天子有
佛无佛相性常住佛得如實相性故名爲如來
諸天子白佛言世尊世尊所得諸相性甚深
得是相故得无㝵智住是相中以般若波羅
蜜集諸法自相諸天子言希有世尊是深般
若波羅蜜是諸佛常所行處行是道得阿
耨多羅三藐三菩提得阿耨多羅三藐三菩
提已通達一切法相若色相若受想行識相
乃至一切種智相佛言如是如是諸天子惱
壞相是色相佛得是无相覺者受相取者想
相起作者行相了別者識相佛得是无相能
捨者檀波羅蜜相无熱惱者尸羅波羅蜜相

BD04611號　大智度論卷七〇　（25–6）

乃至一切種智相佛言如是如是諸天子惱
壞相是色相佛得是无相覺者受相取者想
相起作者行相了別者識相佛得是无相能
捨者檀波羅蜜相无熱惱者尸羅波羅蜜相
不變異者羼提波羅蜜相不可伏者毗梨耶
波羅蜜相攝心者禪波羅蜜相捨離者般若
波羅蜜相佛得是无相心无所燒惱者是四
禪四无量心四无色定相佛得是无相出世
間者卅七品相佛得是无相苦者无作脫門
相離者空脫門相寂滅者无相脫門相佛得
是无相勝者十力相不恐怖者无所畏相通
知者四无导智相餘人无得者十八不共法
相佛得是无相慈念眾生者大慈大悲相實
者无誤錯相无所取者常捨相現了知者一
切種智相佛得是无相如是諸天子佛得一
切諸法无相以是因緣故佛名无导智
問曰上處處已說空无相无作乃至无起无
所有是般若相今諸天子何以復問何等是
般若相答曰佛雖處處說般若波羅蜜或說
空等或說有或說果報或說罪福不定故是
以今問何者定是般若相復次是般若波羅
蜜如幻化如似可得而无定相可取唯諸佛
能正遍知其相諸天雖有利智不能了知故
問復次有人言是諸天子有後來者不聞故
問佛荅諸天子空等是般若波羅蜜相空相
者內外空等諸空若諸法空者即是无有男

BD04611號　大智度論卷七〇

（25–7）

蜜如幻化如似可得而无定相可取唯諸佛
能正遍知其相諸天雖有利智不能了知故
問復次有人言是諸天子有後來者不聞故
問佛荅諸天子空等是般若波羅蜜相空相
者內外空等諸空若諸法空者即是无有男
女長短好醜等相是名无相相若空无相不
復生願著後世身是名无作相三解脫門是初
入般若相三乘共有不生不滅不垢不淨无
所依止虛空等是般若波羅蜜深相上三脫
門中无相无男女等外相无所有不无相相
无一切法相空雖是一人根有利鈍入有深
淺故差品說空无生无滅等論議如先說佛
知天子必有如是念若般若波羅蜜空无所
有如虛空相云何可說若說即是有相諸天
子以佛威德大故不敢致難是故佛自為說
佛憐愍眾生以世諦故說空等諸相非以第
一義諦若以第一義故應難以世諦故說則
不應難復次雖說空不以著心取相不示法
若是若非一切法同一相无分別是故眞了
了說可謂无所有如虛空相无有一法不入
此相者是故說一切世間无能破壞何以故一
切世間天人阿脩羅即是相故若異法相
違則有可破如水能滅火火不自滅火口言
如實欲破者不能破何況不實者譬如盲人
蹋蹴珎寶口言非珎寶竟不能令非珎寶此
中佛更說般若波羅蜜畢竟空无相故相不

BD04611號　大智度論卷七〇

（25–8）

此相者是故說一切世間无能破壞何以故一
切世間天人阿脩羅即是相故若異法相
違則有可破如水能滅火火不自滅火口言
如實欲破者不能破何況不實者譬如盲人
蹈跶珎寶口言非珎寶竟不能令非珎寶此
中佛更說般若波羅蜜畢竟空无相故相不
能破相復次有人言相不能破相者有法能
解散諸法和合竟无所破无所失如斧析薪
分分解散竟无所失復諸次法无定相如樹
根莖枝葉和合故若為樹樹无定相故无所
破如是等名為相不能破相問曰色等諸法
非覺故可不相知心數法是知相云何言不知
答曰此中以實相故不說凡夫人虛妄知
是智慧有為法故因緣和合生虛妄法不能
實有所知是故捨入无餘涅槃若智慧知常
无常乃至空寂滅等上來已廣破滅无所有
若如是者云何當有知以是故相不知相相
不能知无相者內雖有智慧外空故无法可
知外无緣云何智慧生是故言相不能知无
相譬如刀雖利不能破空无相不能知有相者
有人言內智慧无定相外所緣法有定相心
隨緣而生是故說无相不應知相譬如无刀
雖有物无刀可斫是相是无相相无相皆不
可得者相不入相何以故先有相故相不入
无相何以故相无入處故離是相无相更无
處可入復次相所相法不定故因所相故有
相所以者何若先有相无所相者則无相无

雖有物无刀可斫是相是无相相无相皆不
可得者相不入相何以故先有相故相不入
无相何以故相无入處故離是相无相更无
處可入復次相所相法不定故因所相故有
相所以者何若先有相无所相者則无相无
所因故若先有所相而无相者云何有所相
无所因待故復次相以所相不定相或時作
所相所相或時是相是故相不定不實故所
相二无若所相不定不實故相二无是故說
是相是无相是相无相不可得如先說空等
諸相是實何以故是相非五眾所作非六波
羅蜜乃至一切種智所作是相无為故无法
可作二无若人若非人能作人者菩薩諸佛
等非人者諸天等是相畢竟空故非有屬非
无屬非世間非出世間先雖說无為相但破
有為故說无為无為之无定相此中佛欲使
是事明了故說譬喻聽者作是念若无佛則
不聞是相佛於眾生最上故應當作是相是
故佛語諸天有佛无佛此相常住佛能知是
相故名為佛尒時諸天子歡喜復白佛言世
尊是諸相甚深雖不可取相而可行能與人
无上果報佛得是相故於一切法得无㝵智
若分別諸法有定相則是有㝵智世尊住是
諸法實相中則通達无㝵能說諸法各各別
相所謂惚壞相是色相乃至了現智者是一
切種智相佛可其意為分別諸相凡夫所知
諸相各異佛知皆是空相空相即是无相佛

若分別諸法有定相則是有㝵智世尊住是
諸法實相中則通達无㝵能說諸法各各別
相所謂惚壞相是色相乃至了觀智者是一
切種智相佛可其意爲分別諸相凡夫所知
諸相各異佛知皆是空相空相即是无相佛
得是无相得者是智无比遍知故名得是諸
法相今轉名般若波羅蜜故
尒時佛告須菩提般若波羅蜜是諸佛母般
若波羅蜜能示世間相是故佛依止是法行
供養恭敬尊重讚歎是法何等是法所謂般
若波羅蜜諸佛依止般若波羅蜜住恭敬供
養尊重讚歎是般若波羅蜜何以故是般若
波羅蜜出生諸佛佛知作人若人已聞知作
人者已荅无過於佛何以故須菩提佛知作
人故佛所乘來法佛所從來道得阿耨多羅
三藐三菩提是乘是道佛還恭敬供養尊重
讚嘆受持守護須菩提是名佛知作人復次
須菩提佛知一切法无作相作者无所有故一
切法无起形事不可得故須菩提佛因般若
波羅蜜知一切法无作相二以是因緣故佛
知作人復次須菩提佛因般若波羅蜜得一
切法不生以无所得故以是因緣故般若波
羅蜜能生諸佛能示世間相須菩提言世尊
若一切法无知者无見者云何般若波羅蜜
能生諸佛能示世間相佛告須菩提如是如
是一切法實无知者无見者云何无知者无見
者一切法空虛誑不堅固是故一切法无知者

切法不生以无所得故以是因緣故般若波
羅蜜能生諸佛能示世間相須菩提言世尊
若一切法无知者无見者云何般若波羅蜜
能生諸佛能示世間相佛告須菩提如是如
是一切法實无知者无見者云何无知者无見
者一切法空虛誑不堅固是故一切法无知者
无見者復次須菩提一切法云何无知者无
見者一切法无依止无所繫以是故一切法
无知者无見者如是須菩提般若波羅蜜能
生諸佛能示世間相不見色故示世間相不
見受想行識故示世間相乃至不見一切種
智故示世間相如是須菩提般若波羅蜜能
生諸佛能示世間相須菩提言世尊云何不
見色故般若波羅蜜示世間相不見受想行
識乃至一切種智故示世間相佛告須菩提
若不緣色生識是名不見色相故示不緣受
想行識生識乃至不緣一切種智生識是名
不見一切種智相故示如是須菩提是深般
若波羅蜜能生諸佛能示世間相復次須菩
提般若波羅蜜云何能生諸佛能示世間相
須菩提般若波羅蜜示世間空云何示世間
空示五衆世間空示十二入世間空示十八
界世間空示十二因緣世間空示我見根本
六十二見世間空示十善道世間空示四禪
四无量心四无色定世間空示卅七品世間
空示六波羅蜜世間空示內空世間空示外
空世間空示內外空世間空示无法空世間

空示五衆世間空示十二入世間空示十八
界世間空示十二因緣世間空示我見根本
六十二見世間空示十善道世間空示四禪
四无量心四无色定世間空示卅七品世間
空示六波羅蜜世間空示内空世間空示外
空世間空示内外空世間空示无法空世間
空示有法空世間空示无法有法空世間空
示有為性世間空示无為性世間空示佛十
力世間空示十八不共法世間空乃至示一
切種智世間空如是須菩提般若波羅蜜能
生諸佛能示世間相復次須菩提佛因般若
波羅蜜示世間空知世間空覺世間空思惟
世間空分別世間空如是須菩提般若波羅
蜜能生諸佛能示世間相復次須菩提般若
波羅蜜示佛世間空云何示佛世間空示五
衆世間空乃至示一切種智世間空如是須
菩提般若波羅蜜能生諸佛能示世間相復
次須菩提般若波羅蜜示佛世間不可思議
云何示世間不可思議示五衆世間不可思
議乃至示一切種智世間不可思議復次須
菩提般若波羅蜜示佛世間離云何示世間
離示五衆世間離乃至示一切種智世間離
如是須菩提般若波羅蜜示佛世間離復次
須菩提般若波羅蜜示佛世間寂滅云何示
世間寂滅示五衆世間寂滅乃至示一切種
智世間寂滅復次須菩提般若波羅蜜示佛
世間畢竟空云何示世間畢竟空示五衆世

BD04611號　大智度論卷七〇　（25–13）

離示五衆世間離乃至示一切種智世間離
如是須菩提般若波羅蜜示佛世間離復次
須菩提般若波羅蜜示佛世間寂滅云何示
世間寂滅示五衆世間寂滅乃至示一切種
智世間寂滅復次須菩提般若波羅蜜示佛
世間畢竟空云何示世間畢竟空示五衆世
間畢竟空乃至示一切種智世間畢竟空復
次須菩提般若波羅蜜示佛世間性空云何
示世間性空示五衆世間性空乃至示一切
種智世間性空復次須菩提般若波羅蜜示
佛世間无法空云何示世間无法空示五衆
世間无法空乃至示一切種智世間无法空
復次須菩提般若波羅蜜示佛世間无法有
法空云何示世間无法有法空示五衆世間
无法有法空乃至示一切種智世間无法有
法空復次須菩提般若波羅蜜示佛世間獨
空云何示世間獨空示五衆世間獨空乃至
示一切種智世間獨空如是須菩提般若波
羅蜜能生諸佛能示世間相須菩提是深般
若波羅蜜示世間相所謂不生今世後世相
何以故諸法无可用生今世後世相故
釋曰般若波羅蜜是諸佛母是因緣故諸佛
依心般若波羅蜜住餘經中說諸佛依心法
以法為師佛此中告須菩提法者即是般若
波羅蜜一切不善法中无過耶見耶見故不
識恩分我自然應尒知恩者諸世間善法中
最上能與今世好名聲後與上妙果報是故

BD04611號　大智度論卷七〇　（25–14）

以法為師佛此中告須菩提法者即是般若
波羅蜜一切不善法中无過耶見耶見故不
識恩分我自然應介知恩者諸世間善法中
最上能與今世好名聲後與上妙果報是故
佛自說知恩報恩中第一我尚知布施持戒
等恩何況般若波羅蜜復次諸天子作是念
般若波羅蜜畢竟空无定相故有或人不貪
不貴是故佛說我為三界尊尚供養般若波
羅蜜何況餘人復有人生疑佛於一切世間
如虛空无所著何以故貪是般若波羅蜜尊
重供養似如貪著是故佛說我无貪心但分
別知諸法好醜力用多少知是般若波羅蜜
能斷一切戲論開三乘道能滅衆苦等有无
量无邊功德是故讚嘆尊重供養譬如人行
安隱道免諸患難常念此道以示人佛知作
人者知他作恩於已餘處說佛不知作人恩
人飯是故說佛知一切法无作相知一切法
无作相故言无作人不以不知恩分故名不
知作人言知作人不知作人无各介時須菩
提以畢竟空離世尊若一切法畢竟空故无
知者无作者云何般若波羅蜜能生諸佛能
示諸佛世間佛可其問此中自說因緣一切
法空虛誑无既因須菩提意一切法雖相无
見无知云何般若波羅蜜獨能知見佛意一

知者无作者云何般若波羅蜜能生諸佛能
示諸佛世間佛可其問此中自說因緣一切
法空虛誑无既因須菩提意一切法雖相无
見无知云何般若波羅蜜獨能知見佛意一
切法非但无知无見一切法空不牢固无知
者无見者亦不可得故不應難復次一切法
无所依止无繫故无知者无見者種種門破
諸法令空或破常行无常入空或破實入空
或畢竟盡故入空或一切法遠離故入空如
是等入空令以一切法无住處故无依止无
繫无依止故亦无生滅以是故即是空不繫
者一切法實相不繫出三界所以者何三界
虛誑故是以一切法无知者无見者如是示
世間是般若不見色等諸法故示世間色等
法无依止无繫虛誑故不見此中佛自說不
見因緣所謂不生緣色識乃至不生緣一切種
智識是名不見色等法問曰識可不生色云
何不生答曰惱壞相是色因識故分別知无
識亦无惱壞相復次一切諸法從因緣和合
故生相无有自性如有身識觸諸緣和合故
知地堅相堅相不離身識是故諸法皆由和
合生无有自性般若波羅蜜示世間空有世
間名五衆乃至一切種智菩薩行般若波羅
蜜時觀是法若大若小若內若外无不空者
是名般若波羅蜜示世間空佛示世間空者

故生相无有自性如有身識觸諸緣和合故
知地堅相堅相不離身識是故諸法皆由和
合生无有自性般若波羅蜜亦世間空者世
間名五衆乃至一切種智菩薩行般若波羅
蜜時觀是法若大若小若內若外无不空者
是名般若波羅蜜亦世間空佛亦世間空者
或有人疑佛愛著法故說般若波羅蜜亦世
間空非是諸法常實相是故佛說我非愛法
故說佛知諸法相本末籌量思惟分别无有
法出於空者我非但讀誦從他聞故說我以
內心覺知思惟分别故說亦世間空此一偈
說亦世間空者上廣說離六十二見等今但
說五衆乃至一切種智時會者謂般若波羅
蜜是畢竟空心想取著是故說不可思議不
可思議者畢竟空亦不可得畢竟空或名離
或名寂滅離名分散諸法久後无遺餘又自
離其性知畢竟空已无心數法无語言故名
寂滅畢竟空等如先說問曰云何是獨空答
曰十八空皆因緣相待如內空因內法故名
內空若无內法則无內空十八空皆尒是獨
空无因无待故名獨空復次獨空者如虚空
如法性實際涅槃亦世間非今世相非後世
相者有諸外道但說今世不說後世是人邪
見顛斷滅中有人說今世後世言今世神入
後世是人邪見顛常中般若波羅蜜離二邊

BD04611 號　大智度論卷七〇　　（25–17）

空无因无待故名獨空復次獨空者如虚空
如法性實際涅槃亦世間非今世相非後世
相者有諸外道但說今世不說後世是人邪
見顛斷滅中有人說今世後世言今世神入
後世是人耶見顛常中般若波羅蜜離二邊
說中道雖空亦不著空故爲說罪福雖說罪
福不生常耶見亡於空无㝵此中佛自說因
緣此中畢竟空故云何有今世後世見若斷
若常須菩提白佛言世尊是般若波羅蜜爲
大事故起世尊是般若波羅蜜爲不可思議
事故起世尊是般若波羅蜜爲不可稱事故
起世尊是般若波羅蜜爲无量事故起世尊
是般若波羅蜜爲无等等事故起佛言如是
如是須菩提般若波羅蜜爲大事起爲不可
稱事起爲无量事起爲无等等事起須菩提
云何是般若波羅蜜爲大事故起須菩提諸
佛大事者所謂救一切衆生不捨一切衆生
須菩提云何是般若波羅蜜爲不可思議事
起須菩提不可思議者所謂諸佛法如来法
自然人法一切智人法以是故須菩提諸佛
般若波羅蜜爲不可思議事起須菩提云何
般若波羅蜜爲不可稱事起須菩提一切衆
生中无有能思惟稱佛法如来法自然人法
一切智人法以是故須菩提般若波羅蜜爲

BD04611 號　大智度論卷七〇　　（25–18）

自然人法一切智人法以是故須菩提諸佛
般若波羅蜜為不可思議事起須菩提云何
般若波羅蜜為不可稱事起須菩提一切衆
生中无有能思惟稱佛法如來法自然人法
一切智人法以是故須菩提般若波羅蜜為
不可稱事起須菩提云何般若波羅蜜為无
量事起須菩提一切衆生中无有能量佛法
如來法自然人法一切智人法以是故須菩
提般若波羅蜜為不可量事起須菩提云何
般若波羅蜜為无等等事起須菩提一切衆
生中无有能與佛等者何況過以是故須菩
提般若波羅蜜為无等等過起須菩提白佛
言世尊但佛法如來法自然人法一切智人
法不可思議不可稱无有量无等等事起耶
佛告須菩提如是如是佛法如來法自然人
法一切智人法不可思議不可稱无有量无
等等色亦不可思議不可稱无有量无等等
受想行識亦不可思議不可稱无有量无等
等乃至一切種智法性法相不可思議不可
稱无有量无等等是中心心數法不可得復
次須菩提色不可思議是亦不可得乃至色
无等等是亦不可得受想行識乃至一切種
智无等等是亦不可得須菩提白佛言世尊
何因緣色不可思議乃至无等等是亦不可

次須菩提色不可思議是亦不可得乃至色
无等等是亦不可得受想行識乃至一切種
智无等等是亦不可得須菩提白佛言世尊
何因緣色不可思議乃至无等等是亦不可
得受想行識乃至一切種智无等等是亦不
可得佛告須菩提色量不可得故受想行識
量不可得故乃至一切種智量不可得故須
菩提白佛言世尊何因緣色量不可得乃至
一切種智量不可得佛告須菩提色不可思
議故乃至色无等等故量不可得乃至一切
種智不可思議故乃至一切種智无等等故
量不可得須菩提於汝意云何不可思議乃
至无等等寧可得色受想行識乃至一切種
智不須菩提言世尊不可得以是故須菩提
一切法不可思議乃至无等等如是須菩提
諸佛法不可思議不可稱无有量无等等須
菩提是名諸佛法不可思議乃至无等等須
菩提是諸佛法不可思議過思議相故不可
稱過稱故无有量過量故无等等過等等故
須菩提是因緣故一切法亦不可思議相乃
至无等等須菩提不可思議名是義不可思
議不可稱名是義不可稱无有量名是義不
可量无等等名是義无等等須菩提是諸佛
法不可思議乃至无等等不可思議如虛空
不可思議不可稱如虛空不可稱无有量如

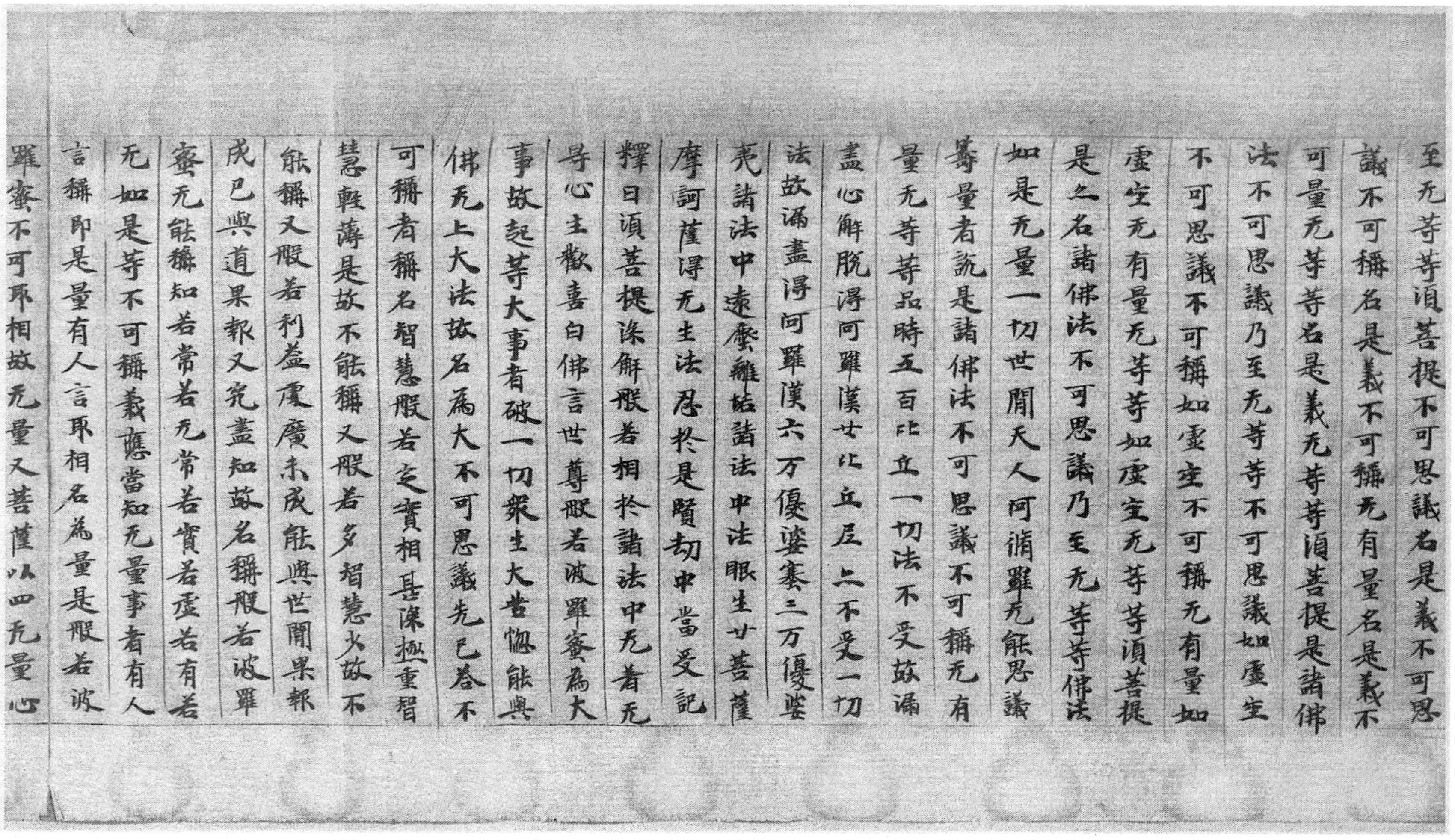
至无等等須菩提不可思議名是義不可思
議不可稱名是義不可稱无有量名是義不
可量无等等名是義无等等須菩提是諸佛
法不可思議乃至无等等不可思議如虛空
不可思議不可稱无有量如
虛空无有量无等等如虛空无等等須菩提
是之名諸佛法不可思議乃至无等等佛法
如是无量一切世間天人阿脩羅无能思議
籌量者說是諸佛法不可思議不可稱无有
量无等等品時五百比丘一切法不受故漏
盡心解脫得阿羅漢廿比丘尼亦不受一切
法故漏盡得阿羅漢六万優婆塞三万優婆
夷諸法中遠塵離垢諸法中法眼生廿菩薩
摩訶薩得无生法忍於是賢劫中當受記
釋曰須菩提深解般若相於諸法中无著无
㝵心生歡喜白佛言世尊般若波羅蜜為大
事故起等大事者破一切衆生大苦惱能與
佛无上大法故名為大不可思議先已荅不
可稱者稱名智慧般若之實相甚深極重智
慧輕薄是故不能稱又般若多智慧少故不
能稱又般若利益處廣未成能與世間果報
成已與道果報又究盡知故名稱般若波羅
蜜无能稱知若常若无常若實若虛若有若
无如是等不可稱義應當知无量事者有人
言稱即是量有人言取相名為量是般若波
羅蜜不可取相故无量又菩薩以四无量心

BD04611號　大智度論卷七〇　（25–21）

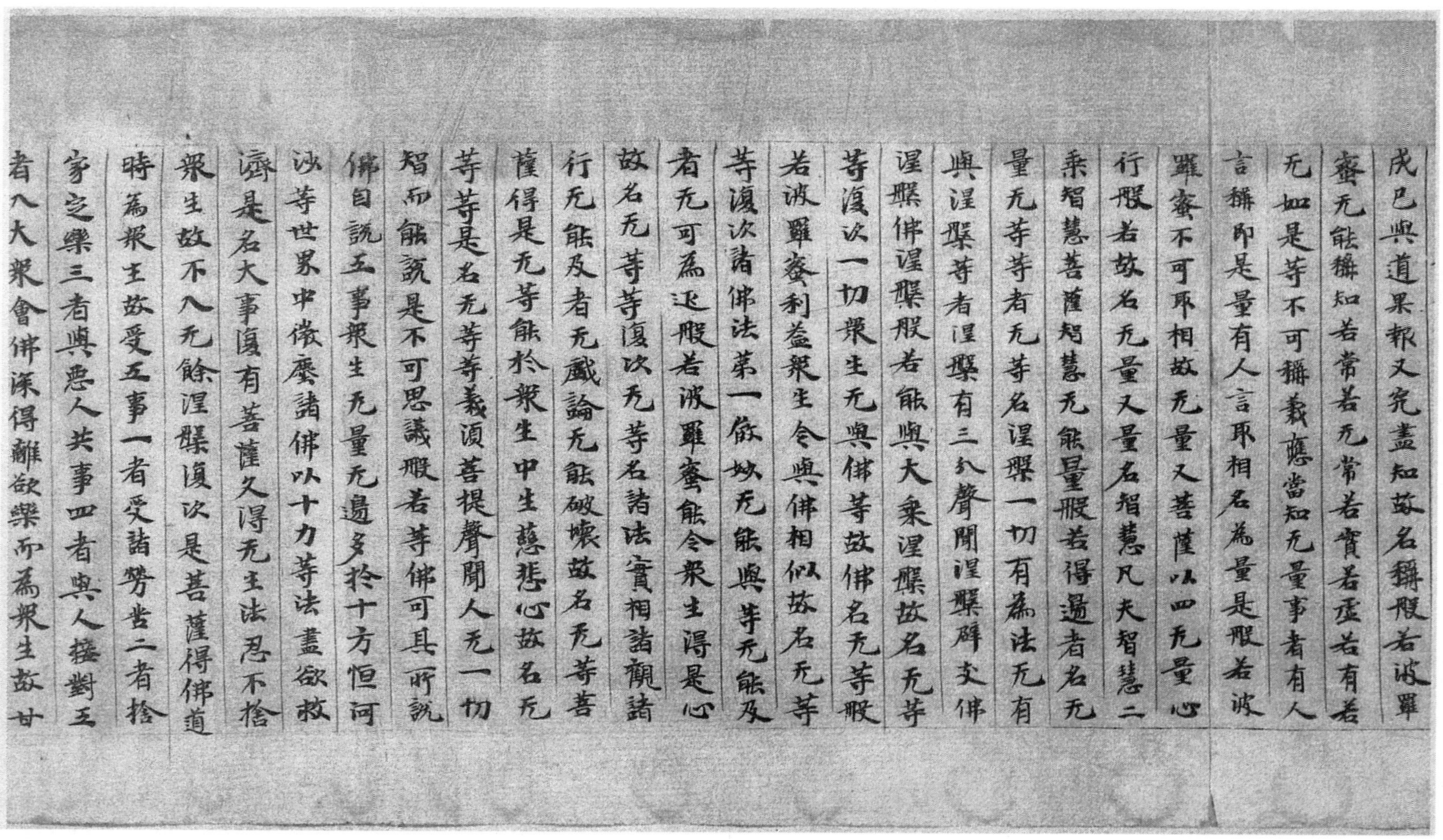
成已與道果報又究盡知故名稱般若波羅
蜜无能稱知若常若无常若實若虛若有若
无如是等不可稱義應當知无量事者有人
言稱即是量有人言取相名為量是般若波
羅蜜不可取相故无量又菩薩以四无量心
行般若故名无量又量名智慧凡夫智慧二
乘智慧菩薩智慧无能量般若得邊者名无
量无等等者无等名涅槃一切有為法无有
與涅槃等者涅槃有三種聲聞涅槃辟支佛
涅槃佛涅槃般若能與大乘涅槃故名无等
等復次一切衆生无與佛等故佛名无等般
若波羅蜜利益衆生令與佛相似故名无等
等復次諸佛法第一微妙无能與等无能及
者无可為喻般若波羅蜜能令衆生得是心
故名无等等復次无等名諸法實相諸觀諸
行无能及者无戲論无能破壞故名无等菩
薩得是无等能於衆生中生慈悲心故名无
等等是名无等等義須菩提聲聞人无一切
智而能說是不可思議般若等佛可具所說
佛自說五事衆生无量无邊多於十方恒河
沙等世界中微塵諸佛以十力等法盡欲救
濟是名大事復有菩薩久得无生法忍不捨
衆生故不入无餘涅槃復次是菩薩得佛道
時為衆生故受五事一者受諸勞苦二者捨
家之樂三者與惡人共事四者與人接對五
者入大衆會佛深得離欲樂而為衆生故甘

BD04611號　大智度論卷七〇　（25–22）

衆生故不入无餘涅槃須以是菩薩得佛道
時爲衆生故受五事一者受諸勞苦二者捨
家之樂三者與惡人共事四者與人接對五
者入大衆會佛深得離欲樂而爲衆生故甘
受是五事等種種疲苦如受功德是爲大事
不可思議者所謂佛法如來法自然人法一
切智人法佛法者佛名爲覺於一切无明睡
眠中最初覺故名爲覺如來者如過去諸佛
行六波羅蜜得諸法如相來至佛道今佛亦
如是道來如諸佛來是名如來自然人法者
聲聞人亦有覺亦有如亦從他聞是弟子法
是故說佛是自然人不從他聞一切智人法
者辟支佛亦自然得不從他聞而无一切智
是故說佛一切智人法是四種法无有人能思
惟稱量是故名不可思議不可稱不可量更
无有法與是法相似者是故名无等等須菩
提意怨新學菩薩著是四法是故白佛言但
是四法不可思議无有與等耶佛荅色等諸
法亦不可思議无稱无量无等等佛是中自
說因緣色等一切法不可得故如是須菩提
諸佛法不可思議者如是上事是名不可思
議者結句論者先廣解佛此中略說不可思
議過思議相過等等相義趣涅槃法不可思
議名字世諦故可思議如虛空不可思議者
如先品中說虛空相不可思議是故說不可

諸佛法不可思議者如是上事是名不可思
議者結句論者先廣解佛此中略說不可思
議過思議相過等等相義趣涅槃法不可思
議名字世諦故可思議如虛空不可思議者
如先品中說虛空相不可思議是故說不可
思議乃至无等等如虛空虛空无可喻故名无
等等般若波羅蜜相即是佛法相不可思議
无量无稱无等等即是佛法相是佛法一切
世間天人阿脩羅无能思議稱量者六道中
但說三道者三善道衆生尚不能稱量何況
三惡道問曰說是品時何以故比丘尼菩薩
得道者少荅曰此中多讚嘆諸佛法所謂不
可思議无稱无量无等等聞者多增益信根
故是故白衣得道者多女人雖復信多智慧
少故得道者亦少白衣貪著世事智慧淺薄
鈍根不能盡漏諸比丘信慧諸根等一心求
道故漏盡者多比丘尼智慧少故廿人得漏
盡雖多得初道數過白衣不盡漏故不異白
衣此中不說入无生忍法甚深難得故少又
以於此法種因緣者大賢劫中當受記者或
有人言賢劫中千佛除四佛當與受記或有
人言釋迦文佛與受記於賢劫中在餘世界
作佛

大智論卷第七十　釋第卌七品下　訖第卌八品

道故漏盡者多比丘尼智慧少故廿人得漏
盡雖多得初道數過白衣不盡漏故不異白
衣此中不說入无生忍法甚深難得故少又
以於此法種因緣者少賢劫中當受記者或
有人言賢劫中千佛除四佛當與受記或有
人言釋迦文佛與受記於賢劫中在餘世界
作佛

大智論卷第七十 釋第卌七品下 訖第卌八品

BD04611 號　大智度論卷七〇　（25–25）

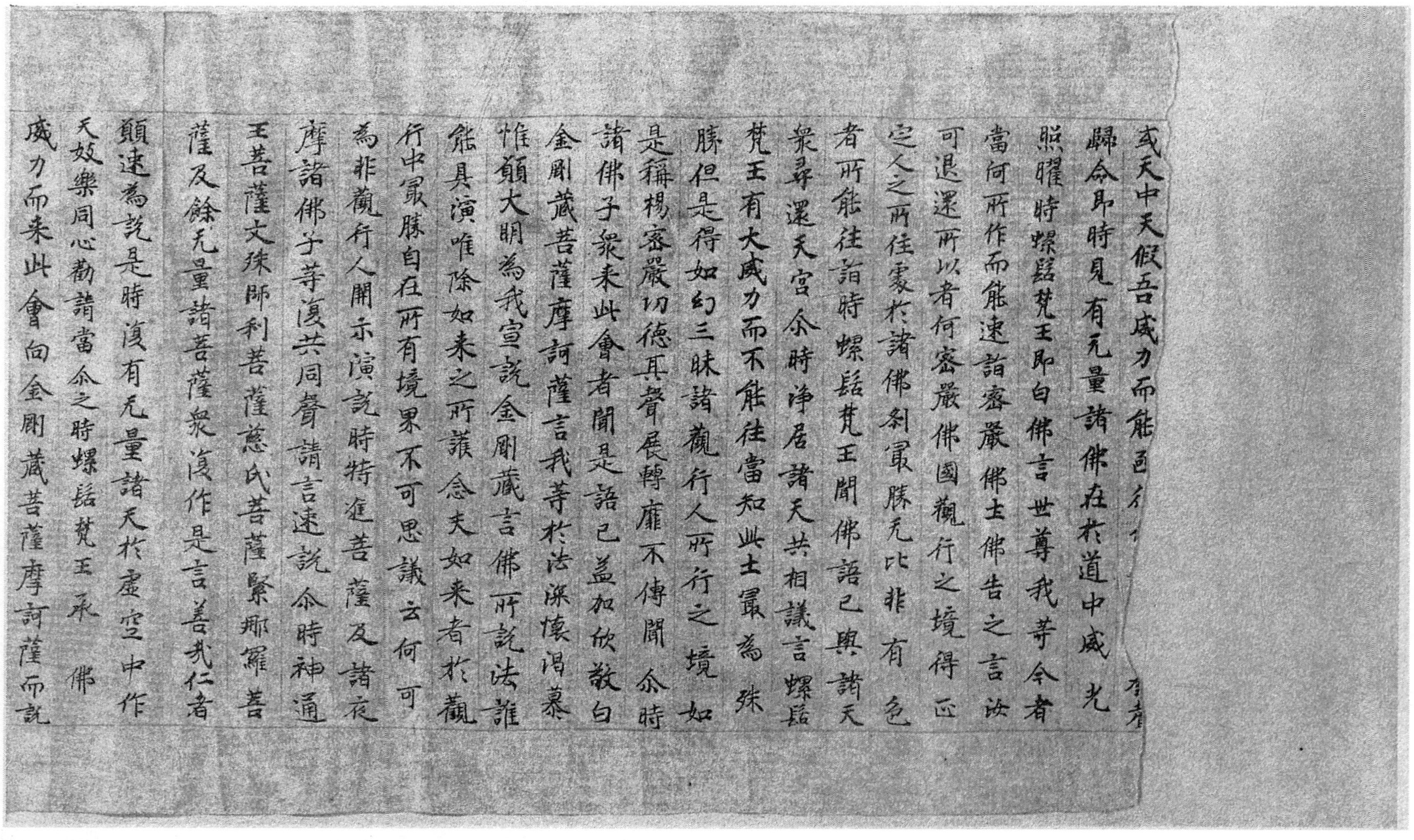
或天中天假吾威力而能[illegible]
歸命即時見有无量諸佛在於道中威光
照曜時螺髻梵王即白佛言世尊我等今者
當何所作而能速詣密嚴佛土佛告之言汝
可退還所以者何密嚴佛國觀行之境得正
定人之所住處於諸佛剎最勝无比非有色
者所能往詣時螺髻梵王聞佛語已與諸天
衆尋還天宮尒時淨居諸天共相議言螺髻
梵王有大威力而不能往當知此土最為殊
勝但是得如幻三昧諸觀行人所行之境如
是稱揚密嚴功德耳聲展轉靡不傳聞尒時
諸佛子衆來此會者聞是語已益加欣敬白
金剛藏菩薩摩訶薩言我等於法深懷渴慕
惟願大明為我宣說金剛藏言佛所說法誰
能具演唯除如來之所護念夫如來者於觀
行中最勝自在所有境界不可思議云何可
為非觀行人開示演說時特進菩薩及諸衣
摩諸佛子等復共同聲請言速說尒時神通
王菩薩文殊師利菩薩慈氏菩薩緊那羅菩
薩及餘无量諸菩薩衆復作是言善哉仁者
願速為說是時復有无量諸天於虛空中作
天妓樂同心勸請當尒之時螺髻梵王承佛
威力而來此會向金剛藏菩薩摩訶薩而說

BD04612 號　大乘密嚴經（地婆訶羅本）卷中　（2–1）

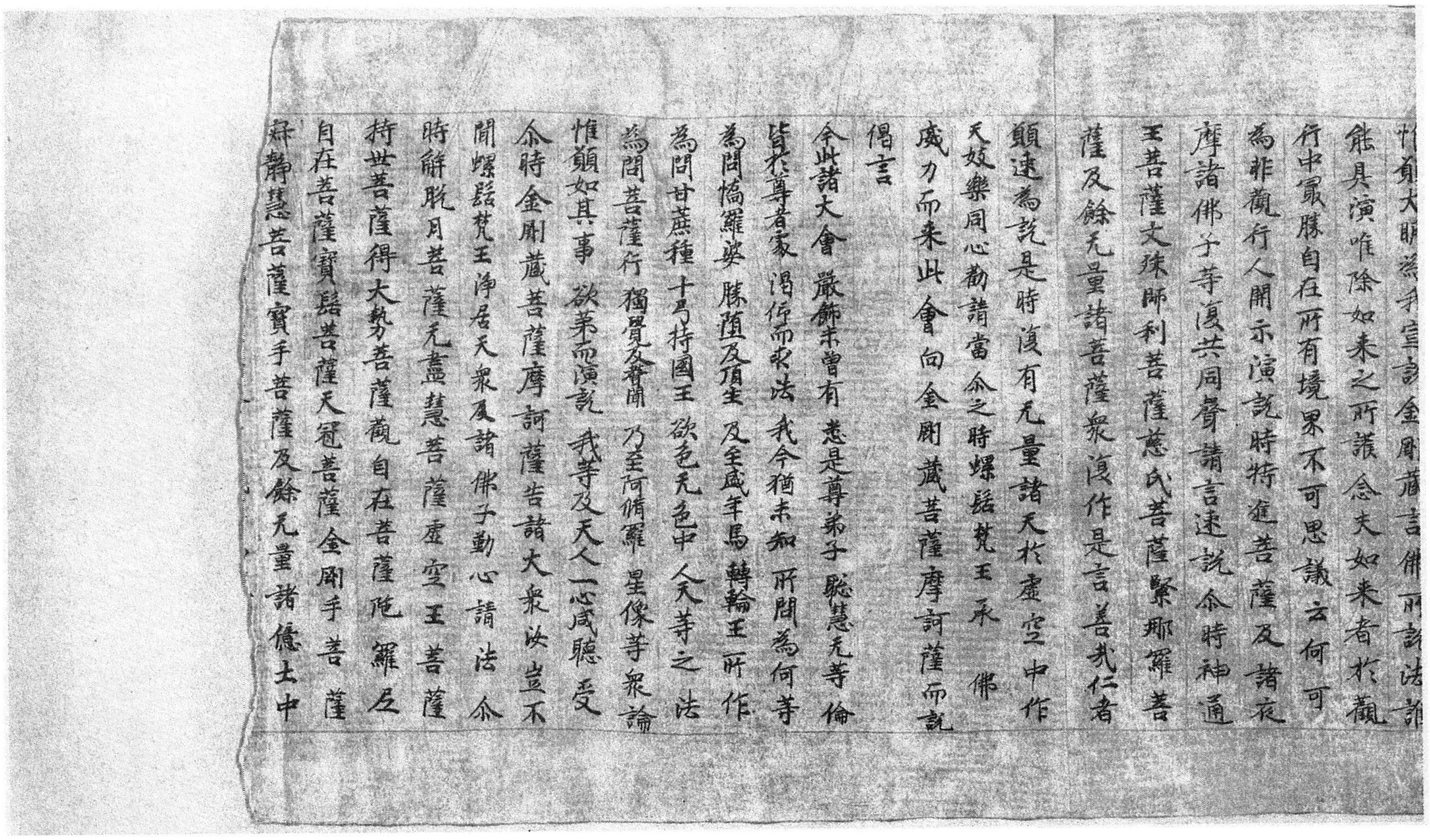

惟願大明為我宣說金剛藏言佛所說法誰
能具演唯除如來之所護念夫如來者於觀
行中最勝自在所有境界不可思議云何可
為非觀行人開示演說時持進菩薩及諸衣
摩諸佛子等復共同聲請言速說介時神通
王菩薩文殊師利菩薩慈氏菩薩緊那羅菩
薩及餘无量諸菩薩衆復作是言善哉仁者
願速為說是時復有无量諸天於虛空中作
天妓樂同心勸請當介之時螺髻梵王承佛
威力而來此會向金剛藏菩薩摩訶薩而說
偈言
今此諸大會　嚴飾未曾有　慧是尊弟子　聰慧无等倫
皆於尊者家　渴仰而求法　我今猶未知　所問為何等
為問憍羅娑　勝蔭及頂生　及全盛年馬　轉輪王所作
為問甘蔗種　十弓持國王　欲色无色中　人天等之法
為問菩薩行　獨覺及聲聞　乃至阿脩羅　星像等衆論
惟願如其事　欲第而演說　我等及天人　一心咸聽受
介時金剛藏菩薩摩訶薩告諸大衆汝豈不
聞螺髻梵王淨居天衆及諸佛子勤心請法介
時解脫月菩薩无盡慧菩薩虛空王菩薩
持世菩薩得大勢菩薩觀自在菩薩陁羅尼
自在菩薩寶髻菩薩天冠菩薩金剛手菩薩
寂靜慧菩薩寶手菩薩及餘无量諸億土中

BD04612 號　大乘密嚴經（地婆訶羅本）卷中　　（2–2）

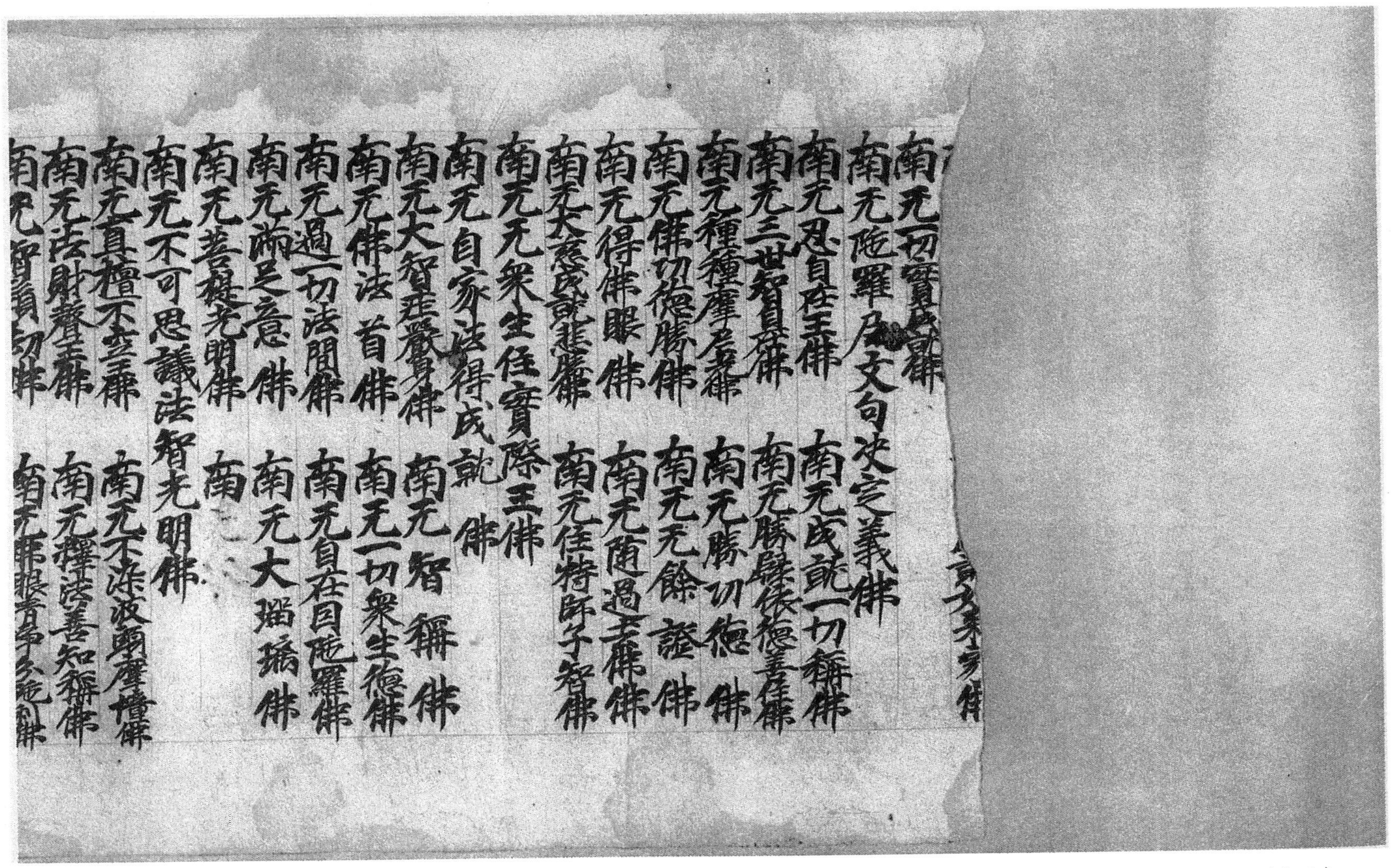

[illegible]佛
南无一切寶成就佛
南无陁羅尼文句決定義佛
南无忍自在王佛　南无成就一切稱佛
南无三世智自在佛　南无勝歸依德善佛
南无種種摩尼王佛　南无勝切德佛
南无佛切德勝佛　南无无餘諍佛
南无得佛眼佛　南无隨過去佛
南无大慈成就悲佛　南无住持師子智佛
南无无衆生住實際王佛
南无自家法得成就佛
南无大智莊嚴身佛　南无智稱佛
南无佛法首佛　南无一切衆生德佛
南无過一切法聞佛　南无自在因陁羅佛
南无滿足意佛　南无大瑠璃佛
南无菩提光明佛　南
南无不可思議法智光明佛
南无真體不空王佛　南无不染波頭摩增佛
南无法財聲王佛　南无釋法善知稱佛
南无智[illegible]一切佛　南无[illegible]佛

BD04613 號　佛名經（十六卷本）卷一三　　（8–1）

南无遍一切法□佛
南无滿足意佛　南无大瑠璃佛
南无善根光明佛　南
南无不可思議法智光明佛
南无真檀不空王佛　南无不染波頭摩幢佛
南无法財聲王佛　南无擇法善知稱佛
南无智顯劫佛　南无佛眼清淨多施稱佛
南无智自在稱佛
南无斷无邊疑佛
南无衆生方便自在王佛
南无无邊覺見奮迅无导思惟佛
南无法行地善住佛　南无普衆生勇猛佛
南无降伏諸魔力堅意佛
南无天王自在寳合王佛
南无如寳脩行藏佛
南无能生一切歡喜月見佛
南无大迅覺迅佛
南无種種摩尼聲吼王佛
南无无歡王佛　南无不退丁勇猛佛
南无佛土莊嚴寳佛　南无智根本華幢佛
南无化身无导稱佛　南无一切龍摩尼藏佛
南无法聲自在佛　南无甘露步稱王佛
南无无邊寳稱德王佛　南无清淨華行佛
南无大法王華勝佛　南无一切善光无畏藏佛
南无花山藏佛　南无智虛空山佛
南无智力不可破壞佛
南无无导堅固隨順智佛

BD04613號　佛名經（十六卷本）卷一三　（8–2）

南无法聲自在佛　南无甘露步稱王佛
南无无邊寳稱德王佛　南无清淨華行佛
南无大法王華勝佛　南无一切善光无畏藏佛
南无花山藏佛　南无智虛空山佛
南无智力不可破壞佛
南无无导堅固隨順智佛
南无无邊大海藏佛　南无智王无盡稱佛
南无奮迅心意王佛　南无自清淨智佛
南无智自在法王佛　南无勝行佛
南无金剛見佛　南无法雨之香見佛
南无龍月佛　南无日陁羅國佛
南无无导王佛　南无寳日陁羅輪王佛
南无能生一切衆生敬稱佛
南无火威德光明輪王佛
南无无障导波羅王佛　南无无垢髮佛
南无放光明佛　南无山力月藏佛
南无心自在王佛　南无堅固无畏上首佛
南无堅固勇猛寳佛　南无堅固心善住王佛
南无能放闇燈王佛　南无勝丈夫分陁利佛
南无百聖藏佛　南无妙蓮華藏佛
南无見平等清淨佛　南无衆生月佛
南无師子去佛　南无大威德佛
南无妙聲佛　南无无邊光佛
南无見愛佛　南无大首佛
南无勝首佛　南无樂聲佛
南无見寳佛　南无清稱佛
從此以上一万一百佛十二部經一切賢聖

BD04613號　佛名經（十六卷本）卷一三　（8–3）

南无妙聲佛　南无无邊光佛
南无見愛佛　南无大首佛
南无勝首佛　南无樂聲佛
南无見寶佛　南无清稱佛
從此以上二万一百佛十二部經一切賢聖
南无師子慧佛　南无德聲佛
南无脩樓毗香佛　南无電燈佛
南无波頭摩光佛　南无大光佛
南无梵聲佛　南无无髮佛
南无无邊勢力佛　南无月面佛
南无邊光佛　南无愛威德佛
南无敵髮佛　南无功德燈佛
南无不藏威德佛　南无无邊藏佛
南无光明奮迅佛　南无廣稱佛
南无堯羅幢佛　南无增長聖佛
南无善見佛　南无不可勝佛
南无威德聚佛　南无堅固步佛
南无摩尼跋陀羅佛　南无无邊色佛
南无大光明佛　南无妙聲佛
南无不動步佛　南无无邊莊嚴佛
南无大清淨佛　南无威德聚光明佛
南无住智佛　南无堅佛
南无愛解脫佛　南无愛无畏佛
南无甘露藏佛　南无普觀察佛
南无大脩行佛　南无細威德佛
南无十方來歎佛　南无光明勝佛

BD04613號　佛名經（十六卷本）卷一三　（8–4）

南无愛解脫佛　南无愛无畏佛
南无甘露藏佛　南无普觀察佛
南无大脩行佛　南无細威德佛
南无十方來歎佛　南无光明勝佛
南无重誦佛　南无光明莊嚴佛
南无師子奮迅佛　南无善見佛
南无甘露步佛　南无月光明佛
南无功德稱佛　南无去根佛
南无清淨聲佛　南无无导輪佛
南无甘露聲佛　南无衆生可愛佛
南无如意威德佛　南无无邊色佛
南无大力佛　南无大莊嚴佛
南无普照觀佛　南无奮迅德佛
南无妙色佛　南无稱意佛
南无寶莊嚴佛　南无高光明佛
南无解脫步佛　南无功德莊嚴佛
南无畢竟步佛　南无生羅兜佛
南无不動聲佛　南无行竟佛
南无妙色佛　南无寶色佛
南无大聲佛　南无善思惟佛
南无功德華佛　南无思惟世間佛
南无大高光佛　南无摩尼喻奮迅佛
南无清淨覺佛　南无月重佛
南无月燈佛　南无无邊光佛
南无種種日佛　南无天城佛
南无心清淨佛　南无波頭摩藏佛

BD04613號　佛名經（十六卷本）卷一三　（8–5）

南无功德華佛　南无思惟世間佛
南无大高光佛　南无无譬喻奮迅佛
南无清淨眼佛　南无月重佛
南无月燈佛　南无无邊光佛
南无種種日佛　南无天城佛
南无心清淨佛　南无波頭摩藏佛
南无常稱智佛　南无師子聲佛
南无无邊光佛　南无勝聲佛
南无可樂意智光佛　南无一切德光佛
南无自在光佛　南无淨嚴身佛
南无无濁義佛　南无應威德佛
南无成就義智佛　南无得大聲佛
南无婆藪陀聲佛　南无壽命光佛
從此以上一万二百佛十二部經一切賢聖
南无波亡思惟佛　南无薩遮婆光佛
南无唯闍光明佛　南无毗耶波威德佛
南无憂多羅魔佛　南无夜含難兜佛
南无一切德清淨佛　南无法燈佛
南无勝切德佛　南无仙荷波提愛留佛
南无心荷步王佛　南无思惟衆生佛
南无莎伽羅智佛　南无波頭摩藏佛
南无蓋仙佛　南无莎羅王佛
南无脩利耶光佛　南无菩提味佛
南无寂諸根佛　南无婆叉光光佛
南无蘇陀利光佛　南无彌留光佛
南无旃陀面佛　南无莎利奈去佛
南无諸方眼佛　南无法光明佛

BD04613號　佛名經（十六卷本）卷一三　（8–6）

南无脩利耶光佛　南无菩提味佛
南无寂諸根佛　南无婆叉光光佛
南无蘇陀利光佛　南无彌留光佛
南无旃陀面佛　南无莎利奈去佛
南无諸方眼佛　南无法光明佛
南无尼羅波敷斯佛　南无毗奈毗梨耶佛
南无阿難陀色佛　南无阿難陀智佛
南无提婆彌多佛　南无莎渴多智佛
南无寂靜光佛　南无摩光含威德佛
南无善多若提陀佛　南无稱聖佛
南无稱幢佛　南无輪面佛
南无善清淨佛　南无摩訶提闍佛
南无阿羅訶應佛　南无優多那勝佛
南无慈達他思惟佛　南无愛供養佛
南无三渴多讃佛　南无尼彌佛
南无信菩提佛　南无破意佛
南无出智佛　南无勝聲佛
南无賀多羅婆素佛　南无彌荷聲佛
南无大突奮陀佛　南无勝枸吒佛
南无阿鉢伽愛佛　南无天國土佛
南无師子難提稱佛　南无阿難陀波頗佛
南无見愛佛　南无波提波王佛
南无勝難兜佛　南无方聞聲佛
南无愛眼佛　南无旃陀難兜佛
南无阿婆夜妻多佛　南无那剎多王佛
南无藪摩提婆佛　南无日光明佛
南无大彌佛　南无真聲佛

BD04613號　佛名經（十六卷本）卷一三　（8–7）

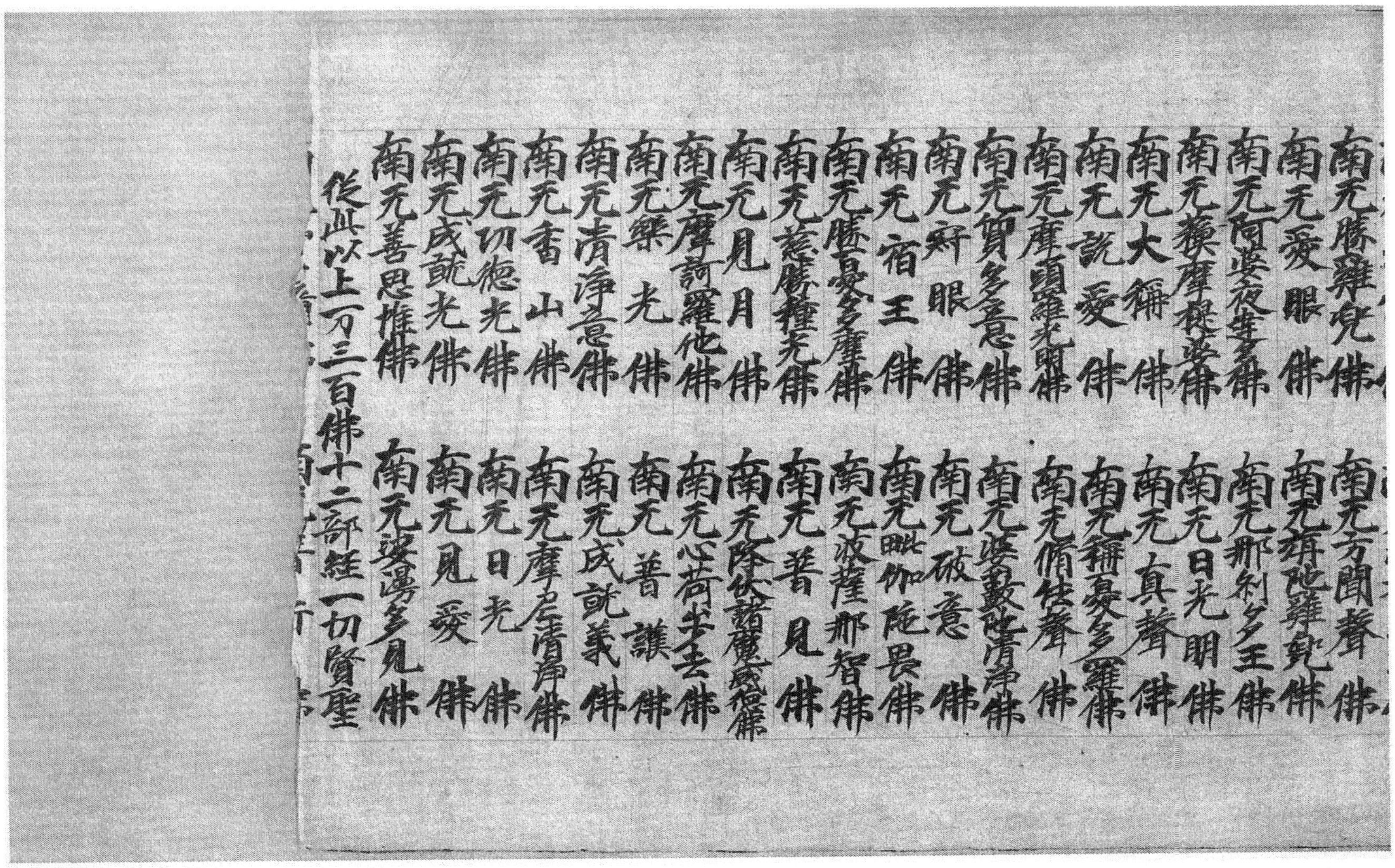
南无勝雜兒佛　南无方聞聲佛
南无愛眼佛　南无頻陀雜兒佛
南无阿婆夜差多佛　南无那剎多王佛
南无藥摩提婆佛　南无日光明佛
南无大稱佛　南无真聲佛
南无說愛佛　南无稱憂多羅佛
南无摩頭羅光明佛　南无脩伽聲佛
南无質多意佛　南无婆藪陀清淨佛
南无覩眼佛　南无破意佛
南无宿王佛　南无毗伽陀畏佛
南无勝憂多摩佛　南无波羅那智佛
南无慈勝種光佛　南无善見佛
南无見月佛　南无降伏諸魔威德佛
南无摩訶羅他佛　南无心荷出去佛
南无樂光佛　南无善讚佛
南无清淨意佛　南无成就義佛
南无香山佛　南无摩尼清淨佛
南无功德光佛　南无日光佛
南无成就光佛　南无見愛佛
南无善思惟佛　南无婆濕多見佛
從此以上一万三百佛十二部經一切賢聖

BD04613 號　佛名經（十六卷本）卷一三　　（8–8）

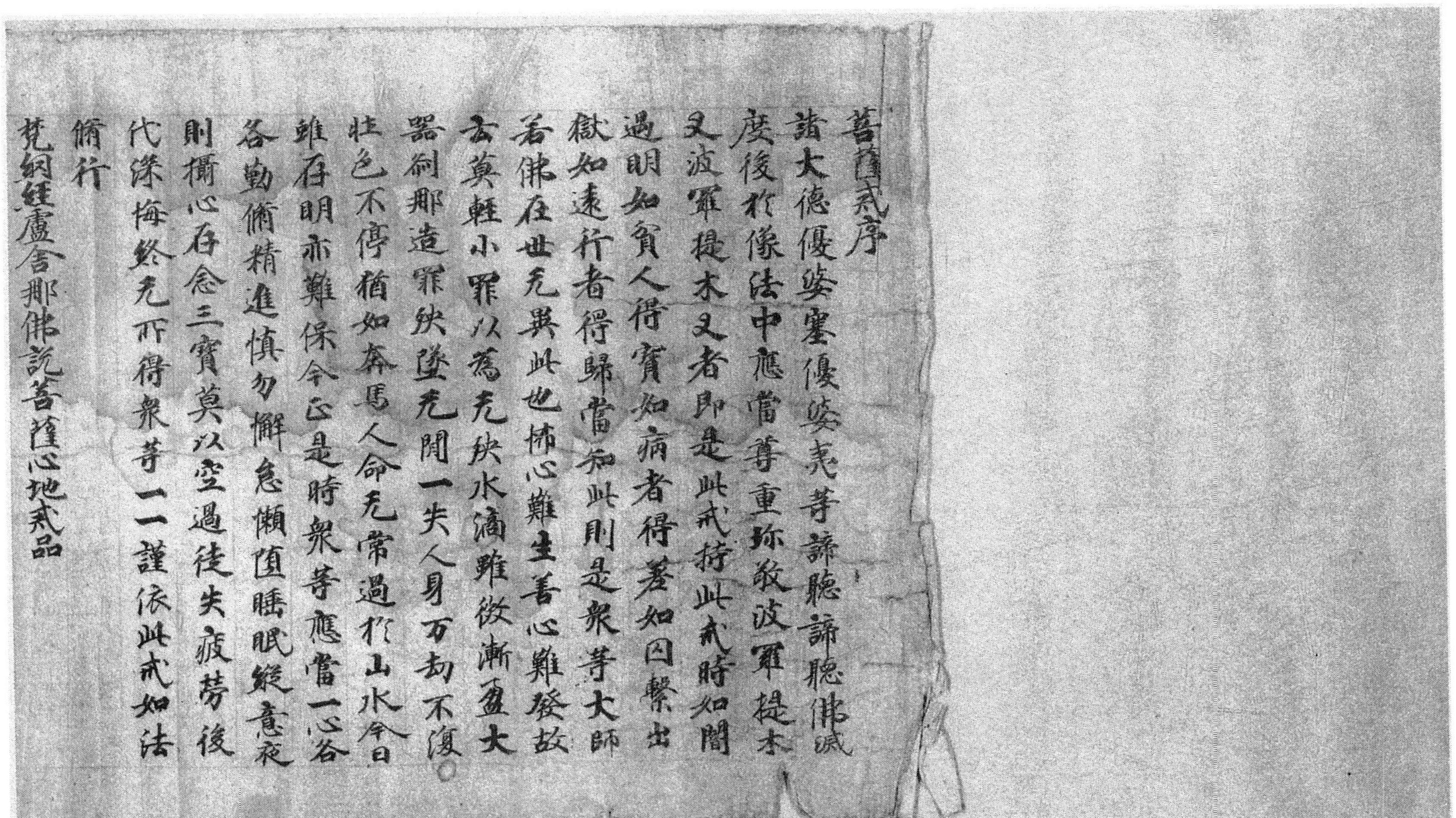
菩薩戒序
諸大德優婆塞優婆夷等諦聽諦聽佛滅
度後於像法中應當尊重波羅提木
叉波羅提木叉者即是此戒持此戒時如闇
遇明如貧人得寶如病者得差如囚繫出
獄如遠行者得歸當知此則是衆等大師
若佛在世无異此也怖心難生善心難發故
云莫輕小罪以為无殃水滴雖微漸盈大
器剎那造罪殃墮无間一失人身万劫不復
壯色不停猶如奔馬人命无常過於山水今日
雖存明亦難保今正是時衆等應當一心各
各勤脩精進慎勿懈怠懶墮睡眠縱意夜
則攝心存念三寶莫以空過徒失疲勞後
代深悔然无所得衆等一一謹依此戒如法
脩行
梵網經盧舍那佛說菩薩心地戒品

BD04614 號 1　梵網經菩薩戒序　　（3–1）

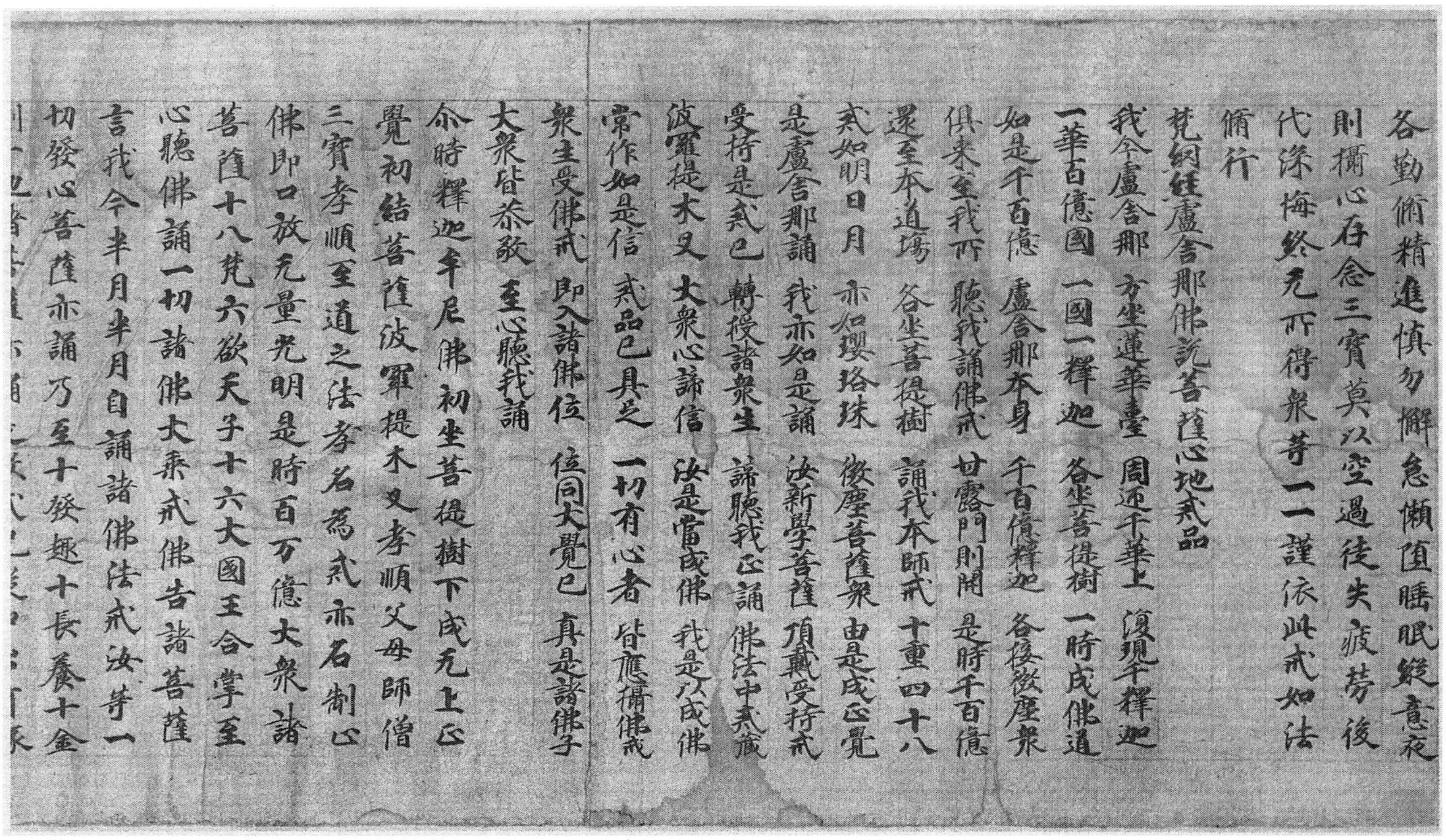
各勤脩精進慎勿懈怠懶墮睡眠縱意夜
則攝心存念三寶莫以空過徒失疲勞後
代深悔終无所得衆等一一謹依此戒如法
脩行
梵網經盧舍那佛說菩薩心地戒品
我今盧舍那　方坐蓮華臺　周迊千華上　復現千釋迦
一華百億國　一國一釋迦　各坐菩提樹　一時成佛道
如是千百億　盧舍那本身　千百億釋迦　各接微塵衆
俱來至我所　聽我誦佛戒　甘露門則開　是時千百億
還至本道場　各坐菩提樹　誦我本師戒　十重四十八
戒如明日月　亦如瓔珞珠　微塵菩薩衆　由是成正覺
是盧舍那誦　我亦如是誦　汝新學菩薩　頂戴受持戒
受持是戒已　轉授諸衆生　諦聽我正誦　佛法中戒藏
波羅提木叉　大衆心諦信　汝是當成佛　我是已成佛
常作如是信　戒品已具足　一切有心者　皆應攝佛戒
衆生受佛戒　即入諸佛位　位同大覺已　真是諸佛子
大衆皆恭敬　至心聽我誦
尒時釋迦牟尼佛初坐菩提樹下成无上正
覺初結菩薩波羅提木叉孝順父母師僧
三寶孝順至道之法孝名為戒亦名制止
佛即口放无量光明是時百万億大衆諸
菩薩十八梵六欲天子十六大國王合掌至
心聽佛誦一切諸佛大乘戒佛告諸菩薩
言我今半月半月自誦諸佛法戒汝等一
切發心菩薩亦誦乃至十發趣十長養十金
剛十[illegible]

BD04614 號 2　梵網經盧舍那佛說菩薩心地戒品第十卷下　（3–2）

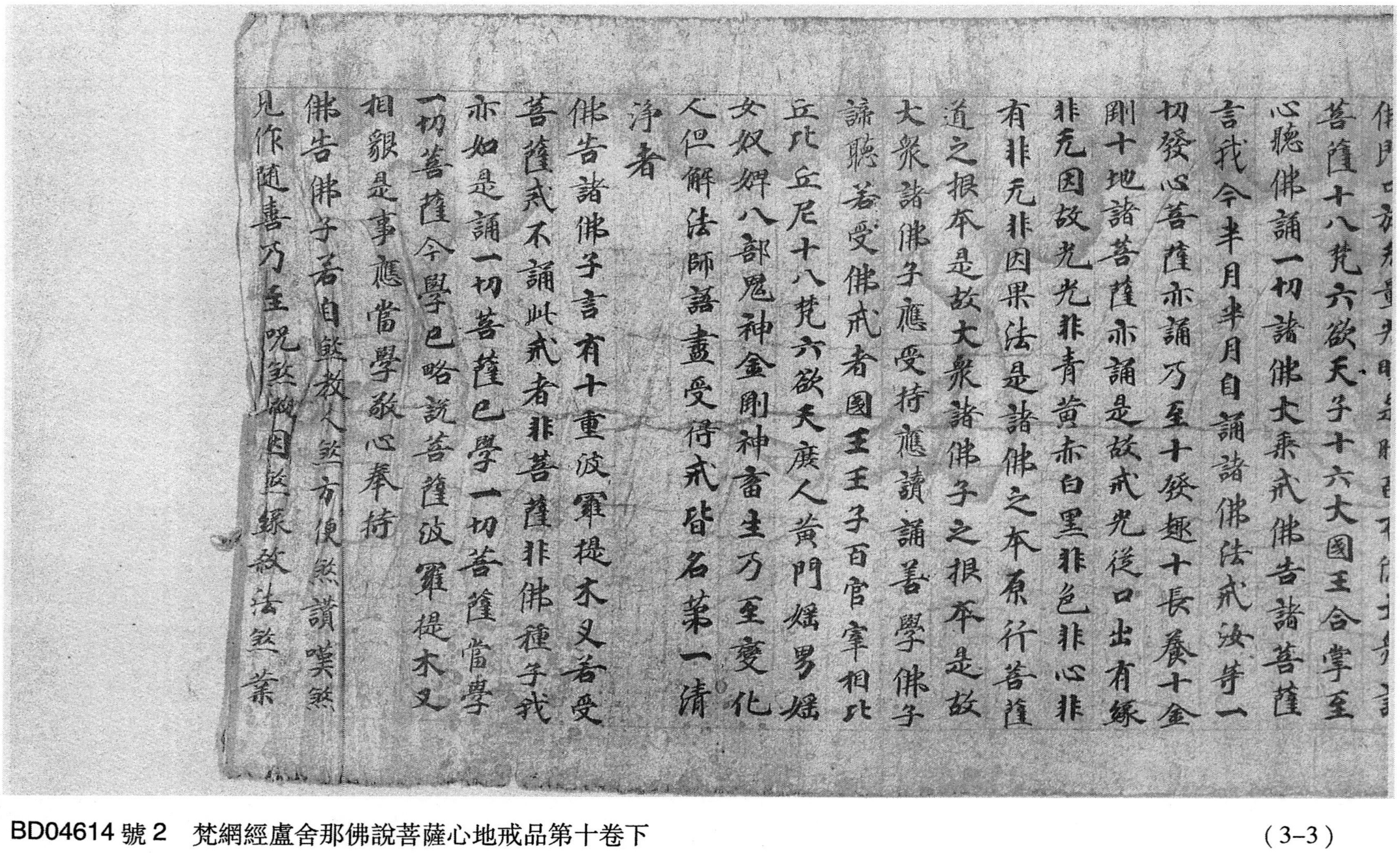
佛即口放无量光明是時百万億大衆諸
菩薩十八梵六欲天子十六大國王合掌至
心聽佛誦一切諸佛大乘戒佛告諸菩薩
言我今半月半月自誦諸佛法戒汝等一
切發心菩薩亦誦乃至十發趣十長養十金
剛十地諸菩薩亦誦是故戒光從口出有緣
非无因故光光非青黃赤白黑非色非心非
有非无非因果法是諸佛之本原行菩薩
道之根本是大衆諸佛子之根本是故
大衆諸佛子應受持應讀誦善學佛子
諦聽若受佛戒者國王王子百官宰相比
丘比丘尼十八梵六欲天庶人黃門婬男婬
女奴婢八部鬼神金剛神畜生乃至變化
人但解法師語盡受得戒皆名第一清
淨者
佛告諸佛子言有十重波羅提木叉若受
菩薩戒不誦此戒者非菩薩非佛種子我
亦如是誦一切菩薩已學一切菩薩當學
一切菩薩今學已略說菩薩波羅提木叉
相貌是事應當學敬心奉持
佛告佛子若自殺教人殺方便殺讚嘆殺
見作隨喜乃至呪殺殺因殺緣殺法殺業

BD04614 號 2　梵網經盧舍那佛說菩薩心地戒品第十卷下　（3–3）

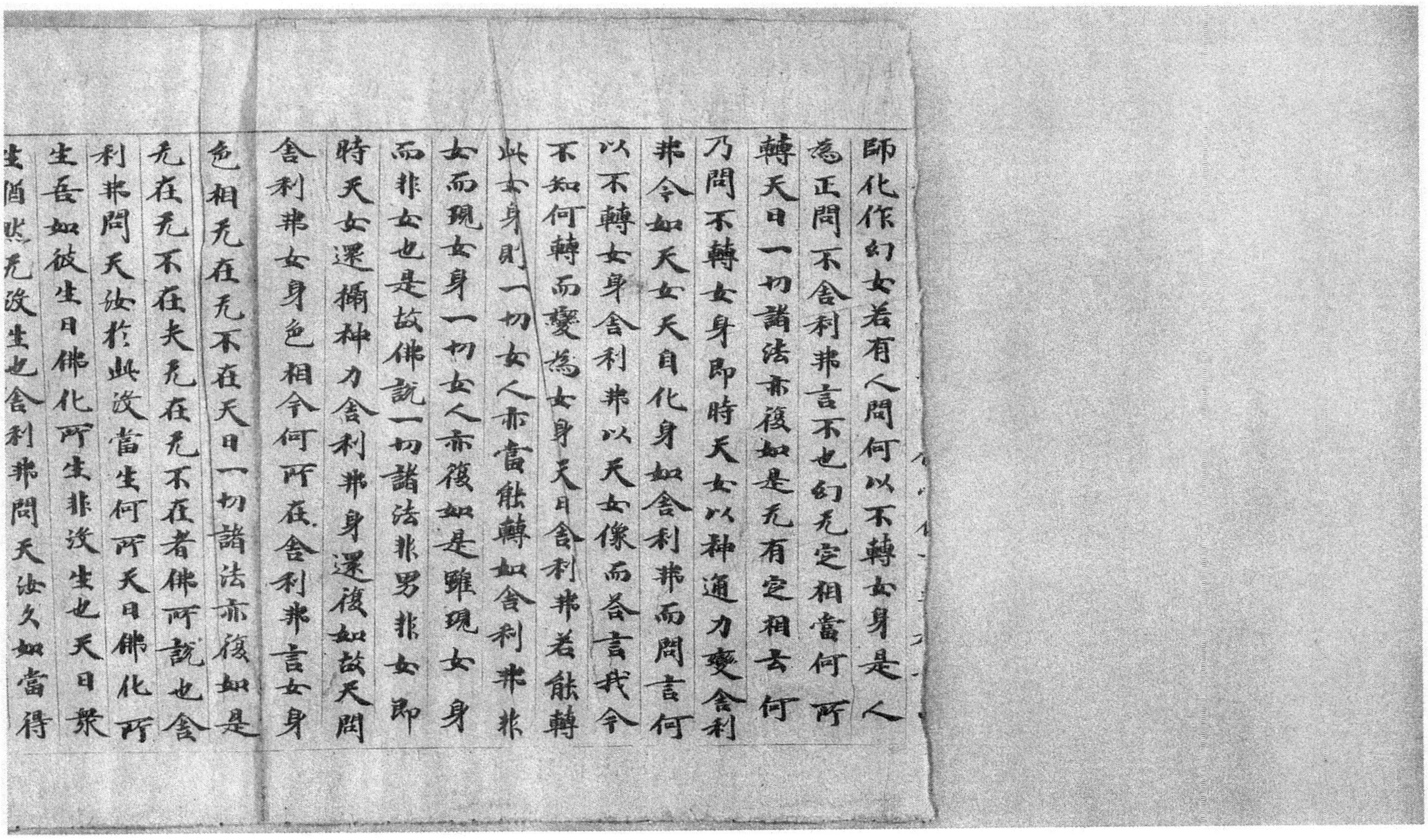

師化作幻女若有人問何以不轉女身是人
為正問不舍利弗言不也幻无定相當何所
轉天曰一切諸法亦復如是无有定相云何
乃問不轉女身即時天女以神通力變舍利
弗令如天女天自化身如舍利弗而問言何
以不轉女身舍利弗以天女像而荅言我今
不知何轉而變為女身天曰舍利弗若能轉
此女身則一切女人亦當能轉如舍利弗非
女而現女身一切女人亦復如是雖現女身
而非女也是故佛說一切諸法非男非女即
時天女還攝神力舍利弗身還復如故天問
舍利弗女身色相今何所在舍利弗言女身
色相无在无不在天曰一切諸法亦復如是
无在无不在夫无在无不在者佛所說也舍
利弗問天汝於此沒當生何所天曰佛化所
生吾如彼生曰佛化所生非沒生也天曰衆
生猶然无沒生也舍利弗問天汝久如當得

BD04615 號　維摩詰所說經卷中　（3–1）

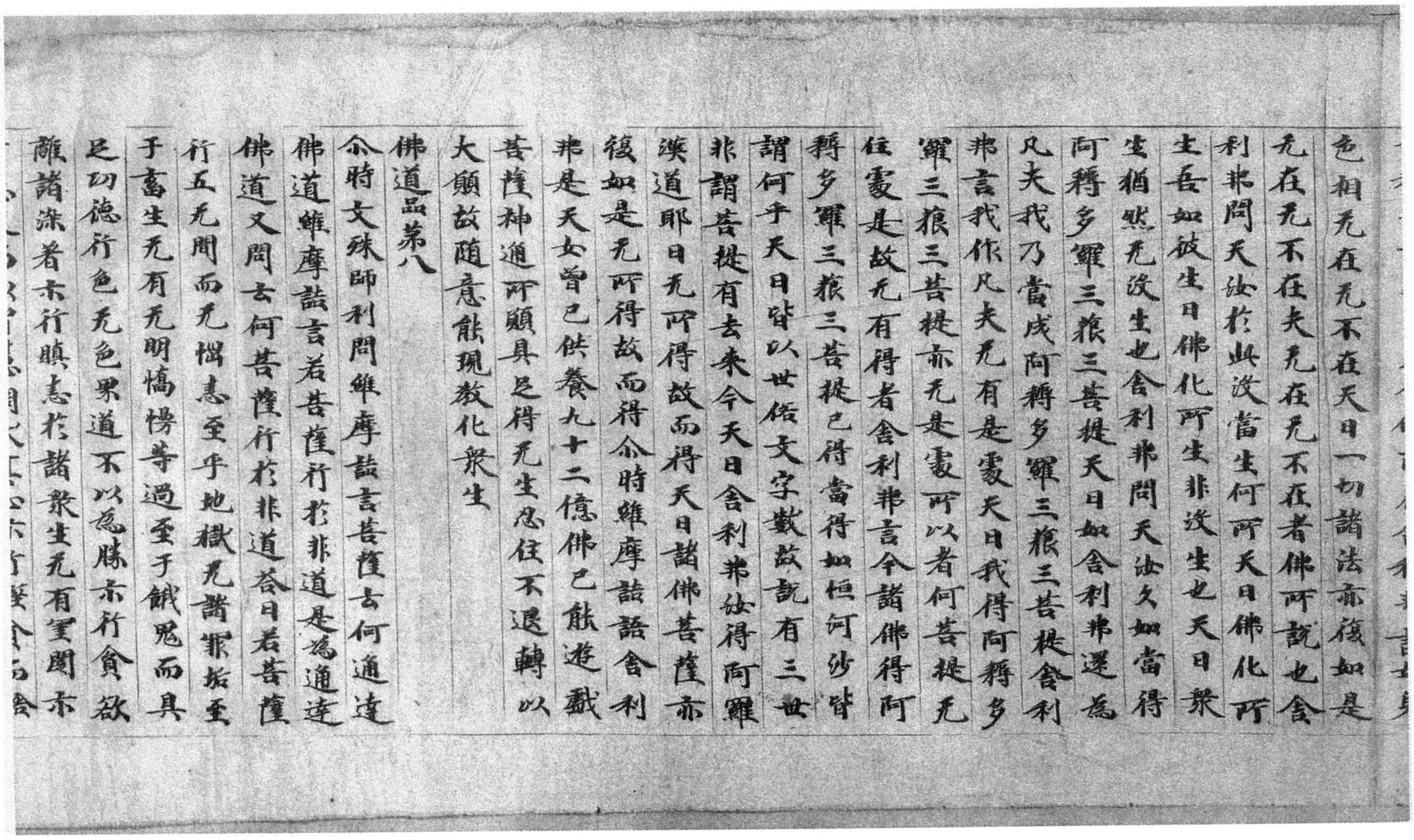

色相无在无不在天曰一切諸法亦復如是
无在无不在夫无在无不在者佛所說也舍
利弗問天汝於此沒當生何所天曰佛化所
生吾如彼生曰佛化所生非沒生也天曰衆
生猶然无沒生也舍利弗問天汝久如當得
阿耨多羅三藐三菩提天曰如舍利弗還為
凡夫我乃當成阿耨多羅三藐三菩提舍利
弗言我作凡夫无有是處天曰我得阿耨多
羅三藐三菩提亦无是處所以者何菩提无
住處是故无有得者舍利弗言今諸佛得阿
耨多羅三藐三菩提已得當得如恒河沙皆
謂何乎天曰皆以世俗文字數故說有三世
非謂菩提有去來今天曰舍利弗汝得阿羅
漢道耶曰无所得故而得天曰諸佛菩薩亦
復如是无所得故而得尒時維摩詰語舍利
弗是天女曾已供養九十二億佛已能遊戲
菩薩神通所願具足得无生忍住不退轉以
大願故隨意能現教化衆生
佛道品第八
尒時文殊師利問維摩詰言菩薩云何通達
佛道維摩詰言若菩薩行於非道是為通達
佛道又問云何菩薩行於非道荅曰若菩薩
行五无間而无惱恚至于地獄无諸罪垢至
于畜生无有无明憍慢等過至于餓鬼而具
足功德行色无色界道不以為勝示行貪欲
離諸染着示行瞋恚於諸衆生无有罣閡示

BD04615 號　維摩詰所說經卷中　（3–2）

住處是故无有得者舍利弗言今諸佛得阿
耨多羅三藐三菩提已得當得如恒河沙皆
謂何乎天曰皆以世俗文字數故說有三世
非謂菩提有去來今天曰舍利弗汝得阿羅
漢道耶曰无所得故而得天曰諸佛菩薩亦
復如是无所得故而得尒時維摩詰語舍利
弗是天女曾已供養九十二億佛已能遊戲
菩薩神通所願具足得无生忍住不退轉以
大願故隨意能現教化衆生
佛道品第八
尒時文殊師利問維摩詰言菩薩云何通達
佛道維摩詰言若菩薩行於非道是為通達
佛道又問云何菩薩行於非道荅曰若菩薩
行五无間而无惱恚至乎地獄无諸罪垢至
于畜生无有无明憍慢等過至于餓鬼而具
足功德行色无色界道不以為勝亦行貪欲
離諸染著亦行瞋恚於諸衆生无有恚閡亦
行愚癡而以智慧調伏其心亦行慳貪而捨
內外所有不惜身命亦行毀禁而安住淨戒

BD04615號　維摩詰所說經卷中　（3–3）

菩提南西北方四維上
也世尊須菩提菩薩无
如是不可思量須菩提
須菩提於意云何可以
世尊不可以身相得見如
說身相即非身相佛告須菩提凡所有相皆
是虛妄若見諸相非相則見如來
須菩提白佛言世尊頗有衆生得聞如是言
說章句生實信不佛告須菩提莫作是說如
來滅後後五百歲有持戒脩福者於此章句
能生信心以此為實當知是人不於一佛二
佛三四五佛而種善根已於无量千万佛所
種諸善根聞是章句乃至一念生淨信者須
菩提如來悉知悉見是諸衆生得如是无量
福德何以故是諸衆生无復我相人相衆生
相壽者相无法相亦无非法相何以故是諸
衆生若心取相則為著我人衆生壽者若取
法相即著我人衆生壽者何以故若取非法
相即著我人衆生壽者是故不應取法不應

BD04616號　金剛般若波羅蜜經　（15–1）

相壽者相无法相亦无非法相何以故是諸
衆生若心取相則為着我人衆生壽者若取
法相即着我人衆生壽者何以故若取非法
相即着我人衆生壽者是故不應取法不應
取非法以是義故如來常説汝等比丘知我
説法如筏喻者法尚應捨何况非法
須菩提於意云何如來得阿耨多羅三藐三
菩提耶如來有所説法耶須菩提言如我解
佛所説義无有定法名阿耨多羅三藐三菩
提亦无有定法如來可説何以故如來所説
法皆不可取不可説非法非非法所以者何
一切賢聖皆以无為法而有差别
須菩提於意云何若人滿三千大千世界七
寶以用布施是人所得福德寧為多不須
菩提言甚多世尊何以故是福德即非福德性
是故如來説福德多若復有人於此經中受
持乃至四句偈等為他人説其福勝彼何以
故須菩提一切諸佛及諸佛阿耨多羅三藐
三菩提法皆從此經出須菩提所謂佛法者
即非佛法
須菩提於意云何須陁洹能作是念我得須
陁洹果不須菩提言不也世尊何以故須陁
洹名為入流而无所入不入色聲香味觸法
是名須陁洹須菩提於意云何斯陁含能作
是念我得斯陁含果不須菩提言不也世尊

BD04616號　金剛般若波羅蜜經　（15-2）

須菩提於意云何須陁洹能作是念我得須
陁洹果不須菩提言不也世尊何以故須陁
洹名為入流而无所入不入色聲香味觸法
是名須陁洹須菩提於意云何斯陁含能作
是念我得斯陁含果不須菩提言不也世尊
何以故斯陁含名一往來而實无往來是名
斯陁含須菩提於意云何阿那含能作是念
我得阿那含果不須菩提言不也世尊何以
故阿那含名為不來而實无來是故名阿那
含須菩提於意云何阿羅漢能作是念我得
阿羅漢道不須菩提言不也世尊何以故實
无有法名阿羅漢世尊若阿羅漢作是念我
得阿羅漢道即為着我人衆生壽者世尊
佛説我得无諍三昧人中最為第一是第一離
欲阿羅漢我不作是念我是離欲阿羅漢世
尊我若作是念我得阿羅漢道世尊則不説
須菩提是樂阿蘭那行者以須菩提實无
所行而名須菩提是樂阿蘭那行
佛告須菩提於意云何如來昔在然燈佛所
於法有所得不世尊如來在然燈佛所於法
實无所得
須菩提於意云何菩薩莊嚴佛土不不也世
尊何以故莊嚴佛土者則非莊嚴是名莊嚴
是故須菩提諸菩薩摩訶薩應如是生清淨
心不應住色生心不應住聲香味觸法生心

BD04616號　金剛般若波羅蜜經　（15-3）

寶无所得
須菩提於意云何菩薩莊嚴佛土不不也世
尊何以故莊嚴佛土者則非莊嚴是名莊嚴
是故須菩提諸菩薩摩訶薩應如是生清淨
心不應住色生心不應住聲香味觸法生心
應无所住而生其心須菩提譬如有人身如
須彌山王於意云何是身為大不須菩提言
甚大世尊何以故佛說非身是名大身
須菩提如恒河中所有沙數如是沙等恒河
於意云何是諸恒河沙寧為多不須菩提言
甚多世尊但諸恒河尚多无數何況其沙須
菩提我今實言告汝若有善男子善女人以
七寶滿尒所恒河沙數三千大千世界以用
布施得福多不須菩提言甚多世尊佛告須
菩提若善男子善女人於此經中乃至受持
四句偈等為他人說而此福德勝前福德
復次須菩提隨說是經乃至四句偈等當知
此處一切世間天人阿脩羅皆應供養如佛
塔廟何況有人盡能受持讀誦須菩提當知
是人成就最上第一希有之法若是經典所
在之處則為有佛若尊重弟子
尒時須菩提白佛言世尊當何名此經我等
云何奉持佛告須菩提是經名為金剛般若
波羅蜜以是名字汝當奉持所以者何須菩
提佛說般若波羅蜜則非般若波羅蜜須菩
提於意云何如來有所說法不須菩提白佛

BD04616號　金剛般若波羅蜜經　（15–4）

尒時須菩提白佛言世尊當何名此經我等
云何奉持佛告須菩提是經名為金剛般若
波羅蜜以是名字汝當奉持所以者何須菩
提佛說般若波羅蜜則非般若波羅蜜須菩
提於意云何如來有所說法不須菩提白佛
言世尊如來无所說須菩提於意云何三千
大千世界所有微塵是為多不須菩提言甚
多世尊須菩提諸微塵如來說非微塵是名
微塵如來說世界非世界是名世界須菩提
於意云何可以三十二相見如來不不也世尊
不可以三十二相得見如來何以故如來說
三十二相即是非相是名三十二相
須菩提若有善男子善女人以恒河沙等身
命布施若復有人於此經中乃至受持四
句偈等為他人說其福甚多
尒時須菩提聞說是經深解義趣涕淚悲泣
而白佛言希有世尊佛說如是甚深經典我
從昔來所得慧眼未曾得聞如是之經世尊
若復有人得聞是經信心清淨則生實相當
知是人成就第一希有功德世尊是實相者
則是非相是故如來說名實相世尊我今得
聞如是經典信解受持不足為難若當來世
後五百歲其有眾生得聞是經信解受持是
人則為第一希有何以故此人无我相人相
眾生相壽者相所以者何我相即是非相人
相眾生相壽者相即是非相何以故離一切

BD04616號　金剛般若波羅蜜經　（15–5）

則是非相是故如來說名實相世尊我今得
聞如是經典信解受持不足為難若當來世
後五百歲其有衆生得聞是經信解受持是
人則為第一希有何以故此人无我相人相
衆生相壽者相所以者何我相即是非相人
相衆生相壽者相即是非相何以故離一切
諸相則名諸佛
佛告須菩提如是如是若復有人得聞是經
不驚不怖不畏當知是人甚為希有何以故
須菩提如來說第一波羅蜜非第一波羅蜜
是名第一波羅蜜
須菩提忍辱波羅蜜如來說非忍辱波羅蜜
何以故須菩提如我昔為歌利王割截身體
我於尒時无我相无人相无衆生相无壽者
相何以故我於往昔節節支解時若有我相
人相衆生相壽者相應生瞋恨須菩提又念
過去於五百世作忍辱仙人於尒所世无我
相无人相无衆生相无壽者相是故須菩提
菩薩應離一切相發阿耨多羅三藐三菩提
心不應住色生心不應住聲香味觸法生心
應生无所住心若心有住則為非住是故佛
說菩薩心不應住色布施須菩提菩薩為利
益一切衆生應如是布施如來說一切諸相
即是非相又說一切衆生則非衆生
須菩提如來是真語者實語者如語者不誑
語者不異語者須菩提如來所得法此法无

BD04616 號　金剛般若波羅蜜經 （15-6）

說菩薩心不應住色布施須菩提菩薩為利
益一切衆生應如是布施如來說一切諸相
即是非相又說一切衆生則非衆生
須菩提如來是真語者實語者如語者不誑
語者不異語者須菩提如來所得法此法无
實无虛
須菩提若菩薩心住於法而行布施如人入
闇則无所見若菩薩心不住法而行布施如人
有目日光明照見種種色
須菩提當來之世若有善男子善女人能於此
經受持讀誦則為如來以佛智慧悉知是人
悉見是人皆得成就无量无邊功德
須菩提若有善男子善女人初日分以恒河沙
等身布施中日分復以恒河沙等身布施後
日分亦以恒河沙等身布施如是无量百千
万億劫以身布施若復有人聞此經典信心
不逆其福勝彼何況書寫受持讀誦為
人解說
須菩提以要言之是經有不可思議不可稱
量无邊功德如來為發大乘者說為發最上
乘者說若有人能受持讀誦廣為人說如來
悉知是人悉見是人皆得成就不可量不
可稱无有邊不可思議功德如是人等則為
荷擔如來阿耨多羅三藐三菩提何以故須菩
提若樂小法者著我見人見衆生見壽者見
則於此經不能聽受讀誦為人解說須菩提

BD04616 號　金剛般若波羅蜜經 （15-7）

悉知是人悉見是人皆得成就不可量不
可稱无有邊不可思議功德如是人等則為
荷擔如來阿耨多羅三藐三菩提何以故須菩
提若樂小法者著我見人見衆生見壽者見
則於此經不能聽受讀誦為人解說須菩提
在在處處若有此經一切世間天人阿脩羅
所應供養當知此處則為是塔皆應恭敬作
礼圍遶以諸華香而散其處
復次須菩提善男子善女人受持讀誦此經
若為人輕賤是人先世罪業應墮惡道以今
世人輕賤故先世罪業則為消滅當得阿耨
多羅三藐三菩提須菩提我念過去无量阿
僧祇劫於然燈佛前得值八百四千万億那
由他諸佛悉皆供養承事无空過者若復有
人於後末世能受持讀誦此經所得功德於
我所供養諸佛功德百分不及一千万億分
乃至筭數譬喻所不能及須菩提若善男子
善女人於後末世有受持讀誦此經所得功
德我若具說者或有人聞心則狂亂狐疑不
信須菩提當知是經義不可思議果報亦不
可思議
尒時須菩提白佛言世尊善男子善女人發
阿耨多羅三藐三菩提心云何應住云何降
伏其心佛告須菩提善男子善女人發阿耨
多羅三藐三菩提者當生如是心我應滅度

BD04616號　金剛般若波羅蜜經　（15–8）

可思議
尒時須菩提白佛言世尊善男子善女人發
阿耨多羅三藐三菩提心云何應住云何降
伏其心佛告須菩提善男子善女人發阿耨
多羅三藐三菩提者當生如是心我應滅度
一切衆生滅度一切衆生已而无有一衆生
實滅度者何以故若菩薩有我相人相衆生
相壽者相則非菩薩所以者何須菩提實无
有法發阿耨多羅三藐三菩提者
須菩提於意云何如來於然燈佛所有法得
阿耨多羅三藐三菩提不也世尊如我解
佛所說義佛於然燈佛所无有法得阿耨多
羅三藐三菩提佛言如是如是須菩提實无
有法如來得阿耨多羅三藐三菩提須菩提
若有法如來得阿耨多羅三藐三菩提者然燈
佛則不與我受記汝於來世當得作佛号釋
迦牟尼以實无有法得阿耨多羅三藐三菩
提是故然燈佛與我受記作是言汝於來世
當得作佛号釋迦牟尼何以故如來者即諸
法如義若有人言如來得阿耨多羅三藐三
菩提須菩提實无有法佛得阿耨多羅三藐
三菩提須菩提如來所得阿耨多羅三藐三
菩提於是中无實无虛是故如來說一切法
皆是佛法須菩提所言一切法者即非一切
法是故名一切法

BD04616號　金剛般若波羅蜜經　（15–9）

三菩提須菩提如來所得阿耨多羅三藐三
菩提於是中无實无虛是故如來說一切法
皆是佛法須菩提所言一切法者即非一切
法是故名一切法
須菩提譬如人身長大須菩提言世尊如來
說人身長大則為非大身是名大身
須菩提菩薩亦如是若作是言我當滅度无
量衆生則不名菩薩何以故須菩提實无有
法名為菩薩是故佛說一切法无我无人无
衆生无壽者須菩提若菩薩作是言我當莊
嚴佛土是不名菩薩何以故如來說莊嚴佛
土者即非莊嚴是名莊嚴須菩提若菩薩通
達无我法者如來說名真是菩薩
須菩提於意云何如來有肉眼不如是世尊
如來有肉眼須菩提於意云何如來有天眼
不如是世尊如來有天眼須菩提於意云何
如來有慧眼不如是世尊如來有慧眼須菩
提於意云何如來有法眼不如是世尊如來
有法眼須菩提於意云何如來有佛眼不如
是世尊如來有佛眼須菩提於意云何恒河
中所有沙佛說是沙不如是世尊如來說是
沙須菩提於意云何如一恒河中所有沙有
如是等恒河是諸恒河所有沙數佛世界如
是寧為多不甚多世尊佛告須菩提尒所
國土中所有衆生若干種心如來悉知何以故如
來說諸心皆為非心是名為心所以者何須

BD04616號　金剛般若波羅蜜經 （15–10）

中所有沙佛說是沙不如是世尊如來說是
沙須菩提於意云何如一恒河中所有沙有
如是等恒河是諸恒河所有沙數佛世界如
是寧為多不甚多世尊佛告須菩提尒所
國土中所有衆生若干種心如來悉知何以故如
來說諸心皆為非心是名為心所以者何須
菩提過去心不可得現在心不可得未來心
不可得須菩提於意云何若人滿三千大
千世界七寶以用布施是人以是因緣得福
多不如是世尊此人以是因緣得福甚多
須菩提若福德有實如來不說得福德多以
福德无故如來說得福德多
須菩提於意云何佛可以具足色身見不不
也世尊如來不應以具足色身見何以故如
來說具足色身即非具足色身是名具足色
身須菩提於意云何如來可以具足諸相見
不不也世尊如來不應以具足諸相見何以故
如來說諸相具足即非具足是名諸相具足
須菩提汝勿謂如來作是念我當有所說法
莫作是念何以故若人言如來有所說法即
為謗佛不能解我所說故須菩提說法者无
法可說是名說法
須菩提白佛言世尊佛得阿耨多羅三藐三
菩提為无所得耶如是如是須菩提我於阿
耨多羅三藐三菩提乃至无有少法可得是
名阿耨多羅三藐三菩提復次須菩提是法

BD04616號　金剛般若波羅蜜經 （15–11）

須菩提白佛言世尊佛得阿耨多羅三藐三
菩提為无所得耶如是如是須菩提我於阿
耨多羅三藐三菩提乃至无有少法可得是
名阿耨多羅三藐三菩提復次須菩提是法
平等无有高下是名阿耨多羅三藐三菩提
以无我无人无衆生无壽者脩一切善法則
得阿耨多羅三藐三菩提須菩提所言善法
者如来說非善法是名善法
須菩提若三千大千世界中所有諸須弥山
王如是等七寶聚有人持用布施若人以此
般若波羅蜜經乃至四句偈等受持讀誦為
他人說於前福德百分不及一百千万億分
乃至算數譬喻所不能及
須菩提於意云何汝等勿謂如来作是念我
當度衆生須菩提莫作是念何以故實无有
衆生如来度者若有衆生如来度者如来則
有我人衆生壽者須菩提如来說有我者則
非有我而凡夫之人以為有我須菩提凡夫
者如来說則非凡夫
須菩提於意云何可以卅二相觀如来不須
菩提言如是如是以卅二相觀如来佛言須
菩提若以卅二相觀如来者轉輪聖王則是
如来須菩提白佛言世尊如我解佛所說義
不應以卅二相觀如来尒時世尊而說偈言
若以色見我以音聲求我是人行邪道 不能見如来

菩提若以卅二相觀如来者轉輪聖王則是
如来須菩提白佛言世尊如我解佛所說義
不應以卅二相觀如来尒時世尊而說偈言
若以色見我以音聲求我是人行邪道 不能見如来
須菩提汝若作是念如来不以具足相故得
阿耨多羅三藐三菩提須菩提莫作是念如
来不以具足相故得阿耨多羅三藐三菩提
須菩提汝若作是念發阿耨多羅三藐三菩
提者說諸法斷滅莫作是念何以故發阿耨
多羅三藐三菩提者於法不說斷滅相須菩
提若菩薩以滿恒河沙等世界七寶布施若
復有人知一切法无我得成於忍此菩薩勝
前菩薩所得功德須菩提以諸菩薩不受福
德故須菩提白佛言世尊云何菩薩不受福
德須菩提菩薩所作福德不應貪著是故說
不受福德
須菩提若有人言如来若来若去若坐若卧
是人不解我所說義何以故如来者无所從
来亦无所去故名如来
須菩提若善男子善女人以三千大千世界
碎為微塵於意云何是微塵衆寧為多不甚
多世尊何以故若是微塵衆實有者佛則不
說是微塵衆所以者何佛說微塵衆則非微
塵衆是名微塵衆世尊如来所說三千大千
世界則非世界是名世界何以故若世[illegible]

須菩提若善男子善女人以三千大千世界
碎爲微塵於意云何是微塵衆寧爲多不甚
多世尊何以故若是微塵衆實有者佛則不
說是微塵衆所以者何佛說微塵衆則非微
塵衆是名微塵衆世尊如來所說三千大千
世界則非世界是名世界何以故若世界實
有者則是一合相如來說一合相則非一合相
是名一合相須菩提一合相者則是不可說
但凡夫之人貪着其事須菩提若人言佛說
我見人見衆生見壽者見須菩提於意云何
是人解我所說義不世尊是人不解如來所
說義何以故世尊說我見人見衆生見壽者
見即非我見人見衆生見壽者見是名我見
人見衆生見壽者見須菩提發阿耨多羅三
藐三菩提心者於一切法應如是知如是見
如是信解不生法相須菩提所言法相者如來
說即非法相是名法相須菩提若有人以滿
无量阿僧祇世界七寶持用布施若有善男
子善女人發菩薩心者持於此經乃至四
句偈等受持讀誦爲人演說其福勝彼云何
爲人演說不取於相如如不動何以故
一切有爲法如夢幻泡影如露亦如電應作如是觀
佛說是經已長老須菩提及諸比丘比丘尼
優婆塞優婆夷一切世間天人阿脩羅聞佛
所說皆大歡喜信受奉持

BD04616號　金剛般若波羅蜜經　（15–14）

是人解我所說義不世尊是人不解如來所
說義何以故世尊說我見人見衆生見壽者
見即非我見人見衆生見壽者見是名我見
人見衆生見壽者見須菩提發阿耨多羅三
藐三菩提心者於一切法應如是知如是見
如是信解不生法相須菩提所言法相者如來
說即非法相是名法相須菩提若有人以滿
无量阿僧祇世界七寶持用布施若有善男
子善女人發菩薩心者持於此經乃至四
句偈等受持讀誦爲人演說其福勝彼云何
爲人演說不取於相如如不動何以故
一切有爲法如夢幻泡影如露亦如電應作如是觀
佛說是經已長老須菩提及諸比丘比丘尼
優婆塞優婆夷一切世間天人阿脩羅聞佛
所說皆大歡喜信受奉持

金剛般若波羅蜜經

BD04616號　金剛般若波羅蜜經　（15–15）

BD04616 號背　殘字痕　　（1–1）

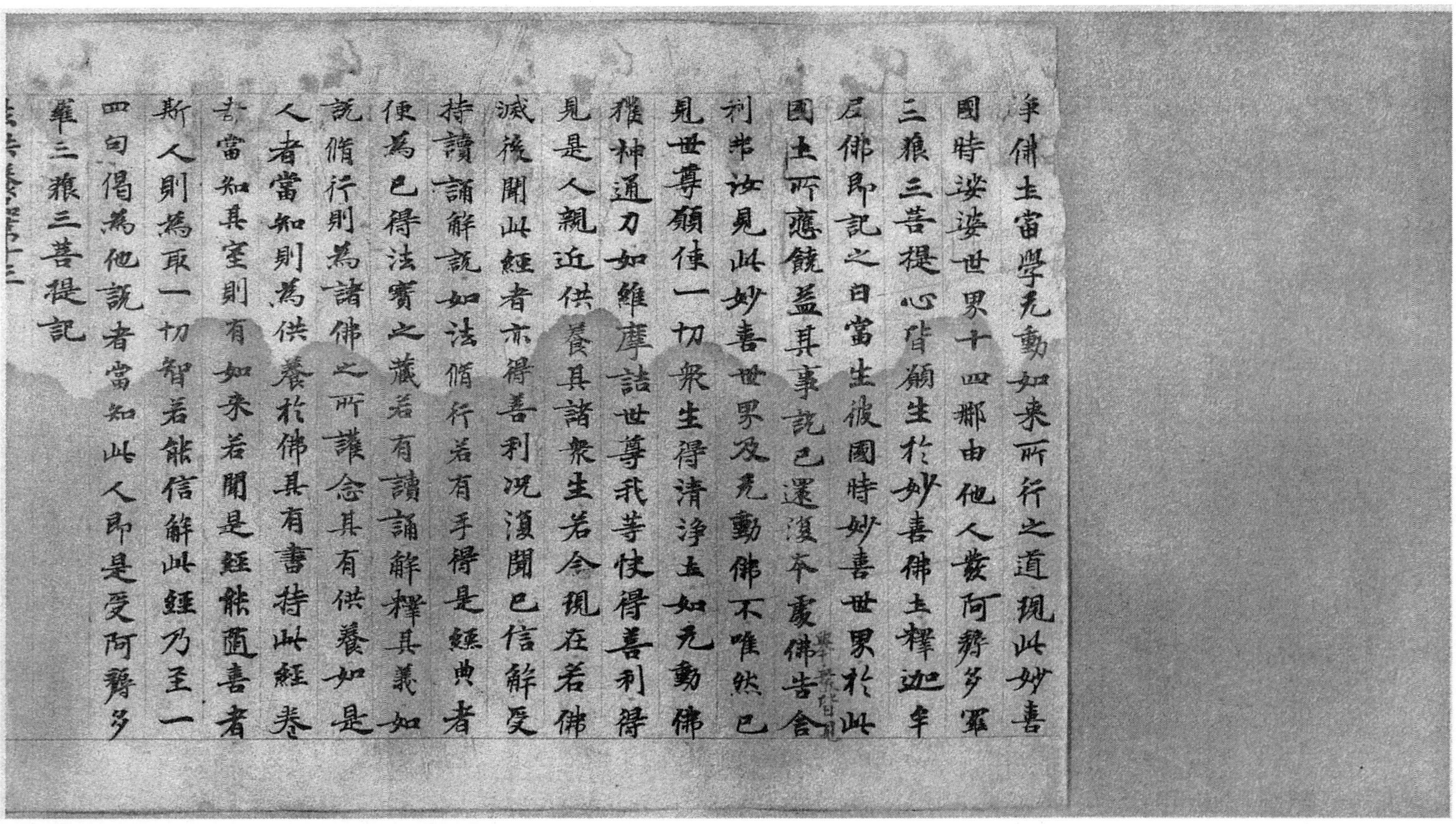

淨佛土當學无動如來所行之道現此妙喜
國時娑婆世界十四那由他人發阿耨多羅
三藐三菩提心皆願生於妙喜佛土釋迦牟
尼佛即記之曰當生彼國時妙喜世界於此
國土所應饒益其事訖已還復本處佛告舍
利弗汝見此妙喜世界及无動佛不唯然已
見世尊願使一切衆生得清淨土如无動佛
獲神通力如維摩詰世尊我等快得善利得
見是人親近供養其諸衆生若今現在若佛
滅後聞此經者亦得善利況復聞已信解受
持讀誦解說如法脩行若有手得是經典者
便爲已得法寶之藏若有讀誦解釋其義如
說脩行則爲諸佛之所護念其有供養如是
人者當知則爲供養於佛其有書持此經卷
者當知其室則有如來若聞是經能隨喜者
斯人則爲取一切智若能信解此經乃至一
四句偈爲他說者當知此人即是受阿耨多
羅三藐三菩提記
法供養品第十三

BD04617 號　維摩詰所說經卷下　　（6–1）

[illegible]
人者當知則為供養於佛其有書持此經卷
者當知其室則有如来若聞是經能隨喜者
斯人則為取一切智若能信解此經乃至一
四句偈為他說者當知此人即是受阿耨多
羅三藐三菩提記
法供養品第十三
尒時釋提桓因於大衆中白佛言世尊我雖
從佛及文殊師利聞百千經未曾聞此不可
思議自在神通決定實相經典如我解佛所
說義趣若有衆生聞是經法信解受持讀誦
之者必得是法不疑何況如說脩行斯人則
為閉衆惡趣開諸善門常為諸佛之所護念
降伏外學摧滅魔怨脩治菩提安處道場履
踐如来所行之跡世尊若有受持讀誦如說
脩行者我當與諸眷屬供養給事所在聚落
城邑山林曠野有是經處我亦與諸眷屬聽
受法故共到其所其未信者當令信其已信
者當為作護佛言善哉善哉天帝如汝所說
吾助汝喜此經廣說過去未来現在諸佛不
可思議阿耨多羅三藐三菩提故天帝若善
男子善女人受持讀誦供養是經者則為供
養去来今佛天帝正使三千大千世界如来
滿中譬如甘蔗竹葦稻麻叢林若有善男子
善女人或一劫或減一劫恭敬尊重讚歎供
養奉諸所安至諸佛滅後以一一全身舍利

BD04617 號　維摩詰所說經卷下　（6–2）

男子善女人受持讀誦供養是經者則為供
養去来今佛天帝正使三千大千世界如来
滿中譬如甘蔗竹葦稻麻叢林若有善男子
善女人或一劫或減一劫恭敬尊重讚歎供
養奉諸所安至諸佛滅後以一一全身舍利
起七寶塔縱廣一四天下高至梵天表剎莊
嚴以一切華香瓔珞幢幡伎樂微妙第一若
一劫若減一劫而供養之於天帝意云何其
人殖福寧為多不釋提桓因言多矣世尊彼
之福德若以百千億劫說不能盡佛告天帝
當知是善男子善女人聞是不可思議解脫
經典信解受持讀誦脩行福多於彼所以者
何諸佛菩提皆從是生菩提之相不可限量
以是因緣福不可量佛告天帝過去无量阿
僧祇劫時世有佛号曰藥王如来應供正遍
知明行足善逝世間解无上士調御丈夫天
人師佛世尊世界曰大莊嚴劫曰莊嚴佛壽
廿小劫其聲聞僧卅六億那由他菩薩僧有
十二億天帝是時有轉輪聖王名曰寶蓋七
寶具足王四天下王有千子端政勇健能伏
怨敵尒時寶蓋與其眷屬供養藥王如来施
諸所安至滿五劫過五劫已告其千子汝等
亦當如我以深心供養於佛於是千子受父
王命供養藥王如来復滿五劫一切施安其
王一子名曰月蓋獨坐思惟寧有供養殊過

BD04617 號　維摩詰所說經卷下　（6–3）

諸所安立滿五劫過五劫已告其千子汝等
亦當如我以深心供養於佛於是千子受父
王命供養藥王如來復滿五劫一切施安其
王一子名曰月蓋獨坐思惟寧有供養殊過
此者以佛神力空中有天曰善男子法之供
養勝諸供養即問何謂法之供養天曰汝可
往問藥王如來當廣為汝說法之供養即時
月蓋王子行詣藥王如來稽首佛足却住一
面白佛言世尊諸供養中法供養勝云何為
法供養佛言善男子法供養者諸佛所說深
經一切世間難信難受微妙難見清淨无染
非但分別思惟之所能得菩薩法藏所攝陀
羅尼印印之至不退轉成就六度善分別義
順菩提法衆經之上入大慈悲離衆魔事及
諸耶見順因緣法无我无衆生无壽命空无
无相无作无起能令衆生坐於道場而轉法
輪諸天龍神乾闥婆等所共歎譽能令衆生
入佛法藏攝諸賢聖一切智慧說衆菩薩所
行之道依於諸法實相之義明宣无常苦空
无我寂滅能救一切毀禁衆生諸魔外道及
貪著者能使怖畏諸佛賢聖所共稱歎背生
死苦示涅槃樂十方三世諸佛所說若聞如
是等經信解受持讀誦以方便力為諸衆生
分別解說顯示分明守護法故是名法之供
養又於諸法如說脩行隨順十二因緣離諸

BD04617 號　維摩詰所說經卷下　（6–4）

无我寂滅能救一切毀禁衆生諸魔外道及
貪著者能使怖畏諸佛賢聖所共稱歎背生
死苦示涅槃樂十方三世諸佛所說若聞如
是等經信解受持讀誦以方便力為諸衆生
分別解說顯示分明守護法故是名法之供
養又於諸法如說脩行隨順十二因緣離諸
耶見得无生忍決定无我无有衆生而於因
緣果報无違无諍離諸我所依於義不依語
依於智不依識依了義經不依不了義經依
於法不依人隨順法相无所入无所歸无明
畢竟滅故諸行亦畢竟滅乃至生畢竟滅故
老死亦畢竟滅作如是觀十二因緣无有盡
相不復起見是名最上法之供養
佛告天帝王子月蓋從藥王佛聞如是法得
柔順忍即解寶衣嚴身之具以供養佛白佛
言世尊如來滅後我當行法供養守護正法
願以威神加哀建立令我得降魔怨脩菩薩
行佛知其深心所念而記之曰汝於末後守
護法城天帝時王子月蓋見法清淨佛聞授
記以信出家脩集善法精進不久得五神通
成菩薩道得陀羅尼无斷辯才於佛滅後以
其所得神通總持辯才之力滿十小劫藥王
如來所轉法輪隨而分布月蓋比丘以護持
法勤行精進即於此身化百万億人於阿耨
多羅三藐三菩提立不退轉十四那由他人

BD04617 號　維摩詰所說經卷下　（6–5）

謂法城天帝時王子月蓋見法清淨佛聞授
記以信出家脩集善法精進不久得五神通
成菩薩道得陁羅尼无斷辯才於佛滅後以
其所得神通揔持辯才之力滿十小劫藥王
如来所轉法輪隨而分布月蓋比丘以護持
法勤行精進即於此身化百万億人於阿耨
多羅三藐三菩提立不退轉十四那由他人
深發聲聞辟支佛心无量衆生得生天上天
帝時王寶蓋豈異人乎今現得佛号寶炎如
来其王千子即賢劫中千佛是也從迦羅鳩
孫大為始得佛冣後如来号曰樓至月蓋比
丘則我身是如来天帝當知此要以法供養
於諸供養為上為冣第一无比是故天帝當
以法之供養供養於佛
属累品第十四
於是佛告弥勒菩薩言弥勒我今以是无量
億阿僧祇劫所集阿耨多羅三藐三菩提付
属於汝如是輩經於佛滅後末世之中汝等
當以神力廣宣流布於閻浮提无令斷絶所
以者何未来世中當有善男子善女人及天
龍鬼神乾闥婆羅刹等發阿耨多羅三藐三

BD04617 號　維摩詰所說經卷下　（6–6）

如是十[illegible]
界一切三寶至心歸命常住三寶
弟子從无始以来至於今日或在人天六道
受報有此心識常懷愚惑繁滿匈衿或因三
毒根造一切罪或因三漏造一切罪或因三
覺造一切罪或因三受造一切罪或因三苦
造一切罪或緣三假造一切罪或會三有造
一切罪如是等罪无量无邊惱亂一切六道
四生今日慚愧皆悉懺悔至心歸命常住三寶
又復弟子无始以来至於今日或因四識住造
一切罪或因四流造一切罪或因四取造一
切罪或因四執造一切罪或因四緣造一切罪
或因四大造一造一切罪或因四縛造一切罪
或因四食造一切罪或因四生造一切罪如
是等罪无量无邊惱亂六道一切衆生今
日慚愧皆悉懺悔至心歸命常住三寶
又復弟子无始以来至于今日或因五住煩惱
地造一切罪或因五受根造一切罪或因五
蓋造一切罪或因五慳造一切罪或因五見
造一切罪或因五心造一切罪如是等煩惱
[illegible]

BD04618 號　佛名經（十六卷本）卷一四　（7–1）

日慚愧皆悉懺悔至心歸命常住三寶
又復弟子无始以來至于今日或因五住煩惱
地造一切罪或因五受根造一切罪或因五
蓋造一切罪或因五慳造一切罪或因五見
造一切罪或因五心造一切罪如是等煩惱
无量无邊惱亂六道一切四生今日發露
皆悉懺悔至心歸命常住三寶
又復弟子无始以來至於今日或因六情根
造一切罪或因六識造一切罪或因六想造
一切罪或因六受造一切罪或因六行造一切
罪或因六愛造一切罪或因六疑造一切罪如
是等煩惱无量无邊惚亂六道一切四生今日
慚愧發露皆悉懺悔至心歸命常住三寶
又復弟子无始以來至於今日或因七漏造一
切罪或因七使造一切罪或因八到造一切罪
或因八垢造一切罪或因八苦造一切罪惱
亂六道一切四生今日發露皆悉懺悔至心
歸命常住三寶
又復无始以來至於今日或因九惱造一切罪
或因九結造一切罪或因九上緣造一切罪或
因十煩惱造一切罪或因十纏造一切罪或
因十一遍使造一切罪或因十二入造一切

BD04618號　佛名經（十六卷本）卷一四　（7–2）

又復无始以來至於今日或因九惱造一切罪
或因九結造一切罪或因九上緣造一切罪或
因十煩惱造一切罪或因十纏造一切罪或
因十一遍使造一切罪或因十二入造一切
罪或因十六智見造一切罪或因十八界
造一切罪或因廿五我造一切罪或因六十二
見造一切罪或因見諦思惟九十八使百
八煩惱晝夜熾然開諸漏門造一切罪惱
亂賢聖及以四生遍滿三界弥亘六道无處可
藏无處可避今日至到向十方佛尊法聖衆
慚愧發露皆悉懺悔至心歸命常住三寶
願弟子承是懺悔三毒一切煩惱生生世世
三慧明三達朗三苦滅三願滿
願弟子承是懺悔四識等一切煩惱所生功德
生生世世廣四等心立四信業四惡趣滅得
四无畏願弟子承是懺悔五蓋等諸煩惱
度五道樹五根淨五眼成五分懺悔六愛等諸
煩惱所生功德願生生世世具足六神通滿足
六度業不為六塵惑常行六妙行
又願弟子承是懺悔七漏八垢九結十纏等
一切諸煩惱所生功德生生世世坐七淨華
洗塵八水具九斷智成十地行

BD04618號　佛名經（十六卷本）卷一四　（7–3）

六度業不為六塵或常行六妙行
又願弟子承是懺悔七漏八垢九結十纏等
一切諸煩惱所生功德生生世世坐七淨華
洗塵八水具九斷智成十地行
願以懺悔十一遍使及十二入十八界等一
切諸煩惱所生功德願十一空解常用栖心
自在能轉十二行輪具足十八不共之法无量
功德一切圓滿至心歸命常住三寶

佛說罪業報應教化地獄經

如是我聞一時佛在王舍城耆闍崛山中與
菩薩摩訶薩及聲聞眷屬俱亦比丘比丘尼
優婆塞優婆夷及諸天龍鬼神等皆悉集會
尒時信想菩薩白佛言今有地獄餓鬼畜生
奴婢貧富貴賤種類若干唯願世尊具演說
之凡有衆生聞佛說法如嬰兒得母如病得
醫如倮者得衣如闇得燈世尊說法利益衆
生亦復如是
尒時世尊觀時已至知諸菩薩勸請慇懃即
放眉間白豪相光照於世界地獄休息苦痛
安寧尒時一切受罪衆生尋佛光明來詣

BD04618號　佛名經（十六卷本）卷一四　（7–4）

生亦復如是
尒時世尊觀時已至知諸菩薩勸請慇懃即
放眉間白豪相光照於世界地獄休息苦痛
安寧尒時一切受罪衆生尋佛光明來詣
佛所遶佛七匝至心作礼勸請世尊敷演道化
令此衆生得蒙解脫
尒時信想菩薩為諸衆生而作發起白佛
言世尊尒時衆生為諸獄卒莝碓斬身從足
斬之至其頂斬之以訖巧風吹活而復斬之何乃
罪所致佛言此人前世坐不信三尊不孝
父母屠兒魁膾斬害衆生故獲斯罪

南无旃檀香佛　南无可觀佛
南无无量智佛　南无千日威德佛
南无捨重檐佛　南无稱清淨佛
南无提賒闍佛　南无自在王佛
南无无邊智佛　南无廣光佛
南无信甘露佛　南无妙眼佛
南无解脫行佛　南无妙見佛
南无勝光佛　南无大聲佛
南无大威德聚佛　南无光明寶雞兜佛
南无應供養佛　南无求那提闍積佛

BD04618號　佛名經（十六卷本）卷一四　（7–5）

南无[illegible]佛　南无[illegible]佛
南无解脫行佛　南无妙見佛
南无勝光佛　南无大聲佛
南无大威德聚佛　南无光明寶雞兜佛
南无應供養佛　南无来那提閣積佛
南无信相佛　南无大尖佛
南无阿羅訶信佛　南无善住思惟佛
南无善橋梁佛　南无智作佛
南无普實佛　南无日光佛
南无說橋梁佛　南无娑薩婆俱他佛
南无心荷身佛　南无勝観光佛
南无清淨聲佛　南无随意希佛
南无寶威德佛　南无善威德供養佛
南无世間光明佛　南无世間可敬佛
南无行清淨佛　南无應眼佛
南无大尖佛　南无无邊色佛
南无住持般若佛　南无聚橋梁佛
南无弥留波娑佛　南无安隱受佛
南无提婆摩醯多佛　南无毗闍荷佛
南无羅多那闍荷佛　南无橋梁佛
南无厚奩迅佛　南无光明威德佛
南无慈力佛　南无月勝佛

BD04618號　佛名經（十六卷本）卷一四　（7-6）

南无住持般若佛　南无聚橋梁佛
南无弥留波娑佛　南无安隱受佛
南无提婆摩醯多佛　南无毗闍荷佛
南无羅多那闍荷佛　南无橋梁佛
南无厚奩迅佛　南无光明威德佛
南无慈力佛　南无月勝佛
南无㣙光佛　南无愛眼佛
南无天色佛　南无樂法佛
南无大月佛　南无无障导聲佛
南无人弗沙佛　南无平等見佛
南无大旃陀佛　南无弗沙羅婆佛
南无十光佛　南无種種光佛
南无雲聲佛　南无龍德佛
南无功德步佛　南无心功德佛

BD04618號　佛名經（十六卷本）卷一四　（7-7）

化政宮女若在庶民庶民中尊令興福力若
在梵天梵天中尊誨以勝慧若在帝釋帝釋
中尊示現无常若在護世護世中尊護諸衆
生長者維摩詰以如是等无量方便饒益衆
生其以方便現身有疾以其疾故國王大臣
長者居士婆羅門等及諸王子并餘官屬无
數千人天皆往問疾其往者維摩詰因以身
疾廣爲說法諸仁者是身无常无强无力无
堅速朽之法不可信也爲苦爲惱衆病所
集諸仁者如此身明智者所不怙是身如聚
沫不可撮摩是身如泡不得久立是身如焰
從渴愛生是身如芭蕉中无有堅是身如幻
從顛倒起是身如夢爲虛妄見是身如影從
業緣現是身如響屬諸因緣是身如浮雲須
臾變滅是身如電念念不住是身无主爲如
地是身无我爲如火是身无壽爲如風是身无
人爲如水是身不實四大爲家是身爲空離我
我所是身无知如草木瓦礫是身无作風力所
轉是身不淨穢惡充滿是身爲虛偽雖假
以澡浴衣食必歸磨滅是身爲災百一病惱
是身如丘井爲老所逼是身无定爲要當死
是身如毒蛇如怨賊如空聚陰界諸入所共合

BD04619號　維摩詰所說經卷上　（3–1）

地是身无我爲如火是身无壽爲如風是身无
人爲如水是身不實四大爲家是身爲空離我
我所是身无知如草木瓦礫是身无作風力所
轉是身不淨穢惡充滿是身爲虛偽雖假
以澡浴衣食必歸磨滅是身爲災百一病惱
是身如丘井爲老所逼是身无定爲要當死
是身如毒蛇如怨賊如空聚陰界諸入所共合
成諸仁者此可患厭當樂佛身所以者何佛
身者即法身也從无量功德智慧生從戒定
慧解脫解脫知見生從慈悲喜捨生從布施
持戒忍辱柔和勤行精進禪定解脫三昧多
聞智慧諸波羅蜜生從方便生從六通生從
三明生從卅七道品生從止觀生從十力四无
所畏十八不共法生從斷一切不善法集一切
善法生從真實生從不放逸生從如是无
量清淨法生如來身諸仁者欲得佛身斷
一切衆生病者當發阿耨多羅三藐三菩
提心如是長者維摩詰爲諸問疾者如應
說法令无數千人皆發阿耨多羅三藐三
菩提心
弟子品第三
尒時長者維摩詰自念寢疾于牀世尊大慈
寧不垂愍佛知其意即告舍利弗汝行詣維
摩詰問疾舍利弗白佛言世尊我不堪任詣
彼問疾所以者何憶念我昔曾於林中宴坐
樹下時維摩詰來謂我言唯舍利弗不必
是坐爲宴坐也夫宴坐者不於三界現身意

BD04619號　維摩詰所說經卷上　（3–2）

弟子品第三
尒時長者維摩詰自念寢疾于牀世尊大慈
寧不垂愍佛知其意即告舍利弗汝行詣維
摩詰問疾舍利弗白佛言世尊我不堪任詣
彼問疾所以者何憶念我昔曾於林中宴坐
樹下時維摩詰來謂我言唯舍利弗不必
是坐為宴坐也夫宴坐者不於三界現身意
是為宴坐不起滅定而現諸威儀是為宴坐不
捨道法而現凡夫事是為宴坐心不住內亦
不在外是為宴坐於諸見不動而修行三十
七品是為宴坐不斷煩惱而入涅槃是為宴
坐若能如是坐者佛所印可時我世尊聞是語已
默然而止不能加報故我不任詣彼問疾
佛告大目揵連汝行詣維摩詰問疾目連白
佛言世尊我不堪任詣彼問疾所以者何憶
念我昔入毗耶離大城於里巷中為諸居士
說法時維摩詰來謂我言唯大目連為白衣
居士說法不當如仁者所說夫說法者當如
法說法无眾生離眾生垢故法无有我離我
垢故法无壽命離生死故法无有人前後際
斷故法常寂然滅諸相故法離於相无所緣故

BD04619號　維摩詰所說經卷上　（3–3）

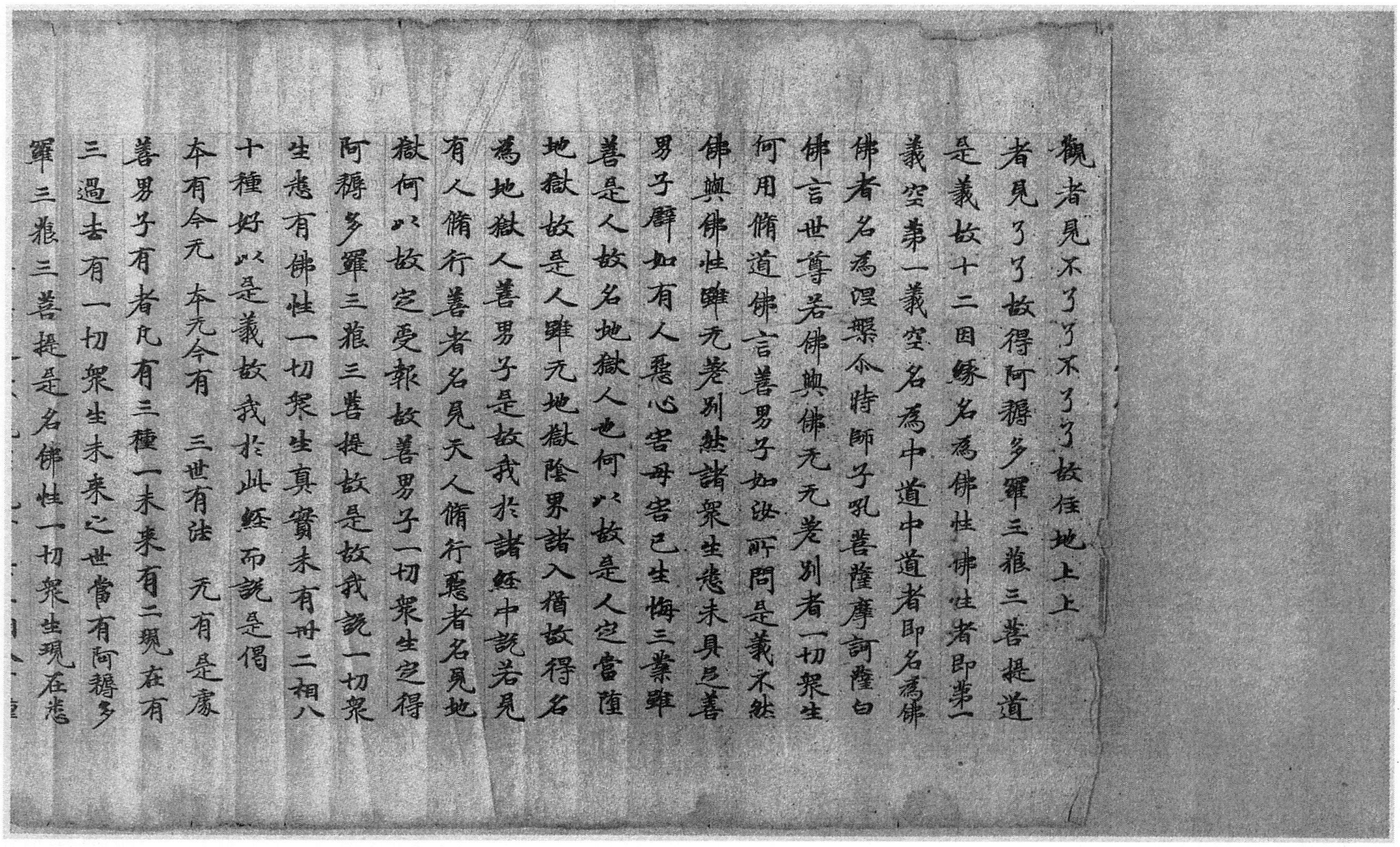

觀者見不了了不了了故住地上上
者見了了故得阿耨多羅三藐三菩提道
是義故十二因緣名為佛性佛性者即第一
義空第一義空名為中道中道者即名為佛
佛者名為涅槃尒時師子吼菩薩摩訶薩白
佛言世尊若佛與佛性无差別者一切眾生
何用修道佛言善男子如汝所問是義不然
佛與佛性雖无差別然諸眾生悉未具足善
男子譬如有人惡心害母害已生悔三業雖
善是人故名地獄人也何以故是人定當墮
地獄故是人雖无地獄陰界諸入猶故得名
為地獄人善男子是故我於諸經中說若見
有人修行善者名見天人修行惡者名見地
獄何以故定受報故善男子一切眾生定得
阿耨多羅三藐三菩提故是故我說一切眾
生悉有佛性一切眾生真實未有卅二相八
十種好以是義故我於此經而說是偈
本有今无　本无今有　三世有法　无有是處
善男子有者凡有三種一未來有二現在有
三過去有一切眾生未來之世當有阿耨多
羅三藐三菩提是名佛性一切眾生現在悉

BD04620號　大般涅槃經（北本）卷二七　（2–1）

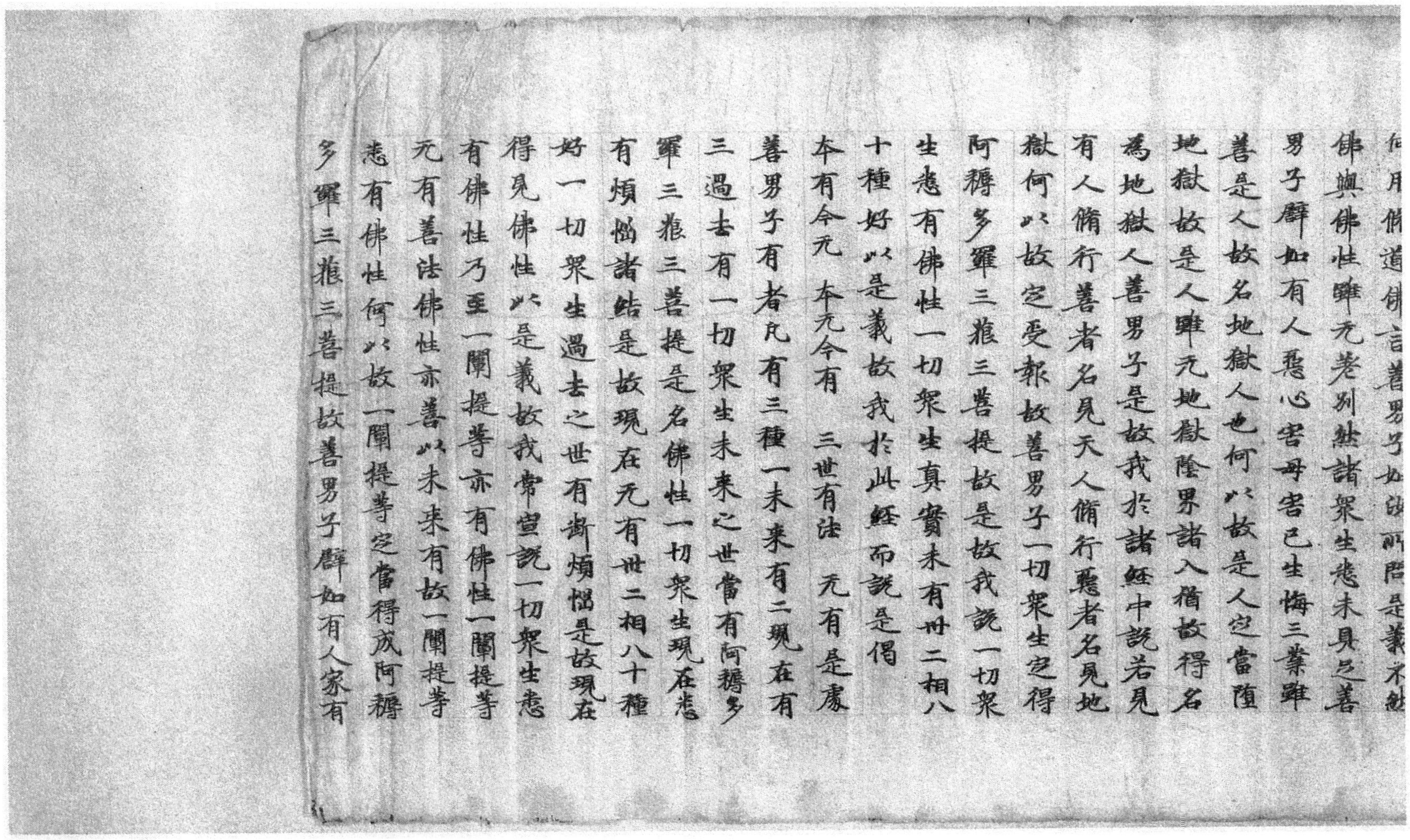

何用脩道佛言善男子如汝所問是義不然
佛與佛性雖无差別然諸衆生悉未具足善
男子譬如有人惡心害母害已生悔三業雖
善是人故名地獄人也何以故是人定當墮
地獄故是人雖无地獄陰界諸入猶故得名
爲地獄人善男子是故我於諸經中說若見
有人脩行善者名見天人脩行惡者名見地
獄何以故定受報故善男子一切衆生定得
阿耨多羅三藐三菩提故是故我說一切衆
生悉有佛性一切衆生真實未有卅二相八
十種好以是義故我於此經而說是偈
本有今无　本无今有　三世有法　无有是處
善男子有者凡有三種一未來有二現在有
三過去有一切衆生未來之世當有阿耨多
羅三藐三菩提是名佛性一切衆生現在悉
有煩惱諸結是故現在无有卅二相八十種
好一切衆生過去之世有斷煩惱是故現在
得見佛性以是義故我常宣說一切衆生悉
有佛性乃至一闡提等亦有佛性一闡提等
无有善法佛性亦善以未來有故一闡提等
悉有佛性何以故一闡提等定當得成阿耨
多羅三藐三菩提故善男子譬如有人家有

BD04620 號　大般涅槃經（北本）卷二七　（2–2）

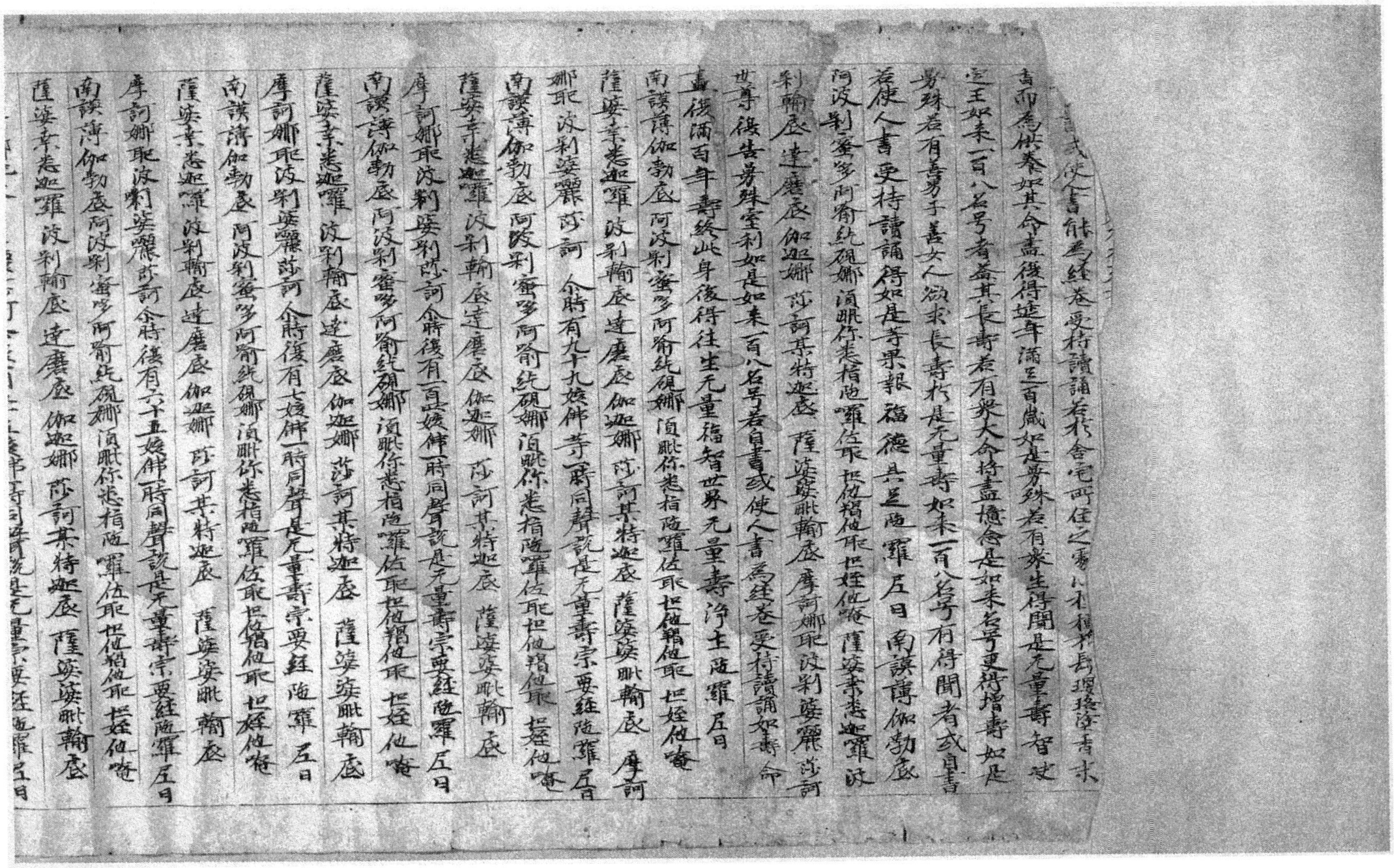

或使人書能爲經卷受持讀誦若於舍宅所住之處以種種花鬘瓔珞香末
而爲供養如其命盡復得延年滿足百歲如是曼殊若有衆生得聞是无量壽智決
定王如來一百八名号者益其長壽若有衆大命將盡憶念是如來名号更得增壽如是
曼殊若有善男子善女人欲求長壽於是无量壽如來一百八名号有得聞者或自書
若使人書受持讀誦得如是等果報福德具足陁羅尼曰　南謨薄伽勃底
阿波唎蜜多阿喻紇硯娜須毗你悉指陁囉佐耶　怛他揭他耶　怛姪他唵　薩婆桑悉迦羅波
唎輸底　達磨底　伽迦娜　莎訶莎特迦底　薩婆婆毗輸底　摩訶娜耶　波唎婆囉　莎訶
世尊復告曼殊室利如是如來一百八名号者自書或使人書爲經卷受持讀誦如壽命
盡復滿百年壽終此身後得往生无量福智世界无量壽淨土陁羅尼曰
南謨薄伽勃底　阿波唎蜜多阿喻紇硯娜　須毗你悉指陁囉佐耶　怛他揭他耶　怛姪他唵
薩婆桑悉迦羅　波唎輸底　達磨底　伽迦娜　莎訶莎特迦底　薩婆婆毗輸底　摩訶
娜耶　波唎婆囉　莎訶　尒時有九十九姟佛等一時同聲說是无量壽宗要經陁羅尼曰
南謨薄伽勃底　阿波唎蜜多阿喻紇硯娜　須毗你悉指陁囉佐耶　怛他揭他耶　怛姪他唵
薩婆桑悉迦羅　波唎輸底　達磨底　伽迦娜　莎訶莎特迦底　薩婆婆毗輸底
摩訶娜耶　波唎婆囉　莎訶　尒時復有一百四姟佛一時同聲說是无量壽宗要經陁羅尼曰
南謨薄伽勃底　阿波唎蜜多阿喻紇硯娜　須毗你悉指陁囉佐耶　怛他揭他耶　怛姪他唵
薩婆桑悉迦羅　波唎輸底　達磨底　伽迦娜　莎訶莎特迦底　薩婆婆毗輸底
摩訶娜耶　波唎婆囉　莎訶　尒時復有七姟佛一時同聲說是无量壽宗要經陁羅尼曰
南謨薄伽勃底　阿波唎蜜多阿喻紇硯娜　須毗你悉指陁囉佐耶　怛他揭他耶　怛姪他唵
薩婆桑悉迦羅　波唎輸底　達磨底　伽迦娜　莎訶莎特迦底　薩婆婆毗輸底
摩訶娜耶　波唎婆囉　莎訶　尒時復有六十五姟佛一時同聲說是无量壽宗要經陁羅尼曰
南謨薄伽勃底　阿波唎蜜多阿喻紇硯娜　須毗你悉指陁囉佐耶　怛他揭他耶　怛姪他唵
薩婆桑悉迦羅　波唎輸底　達磨底　伽迦娜　莎訶莎特迦底　薩婆婆毗輸底

BD04621 號　無量壽宗要經　（5–1）

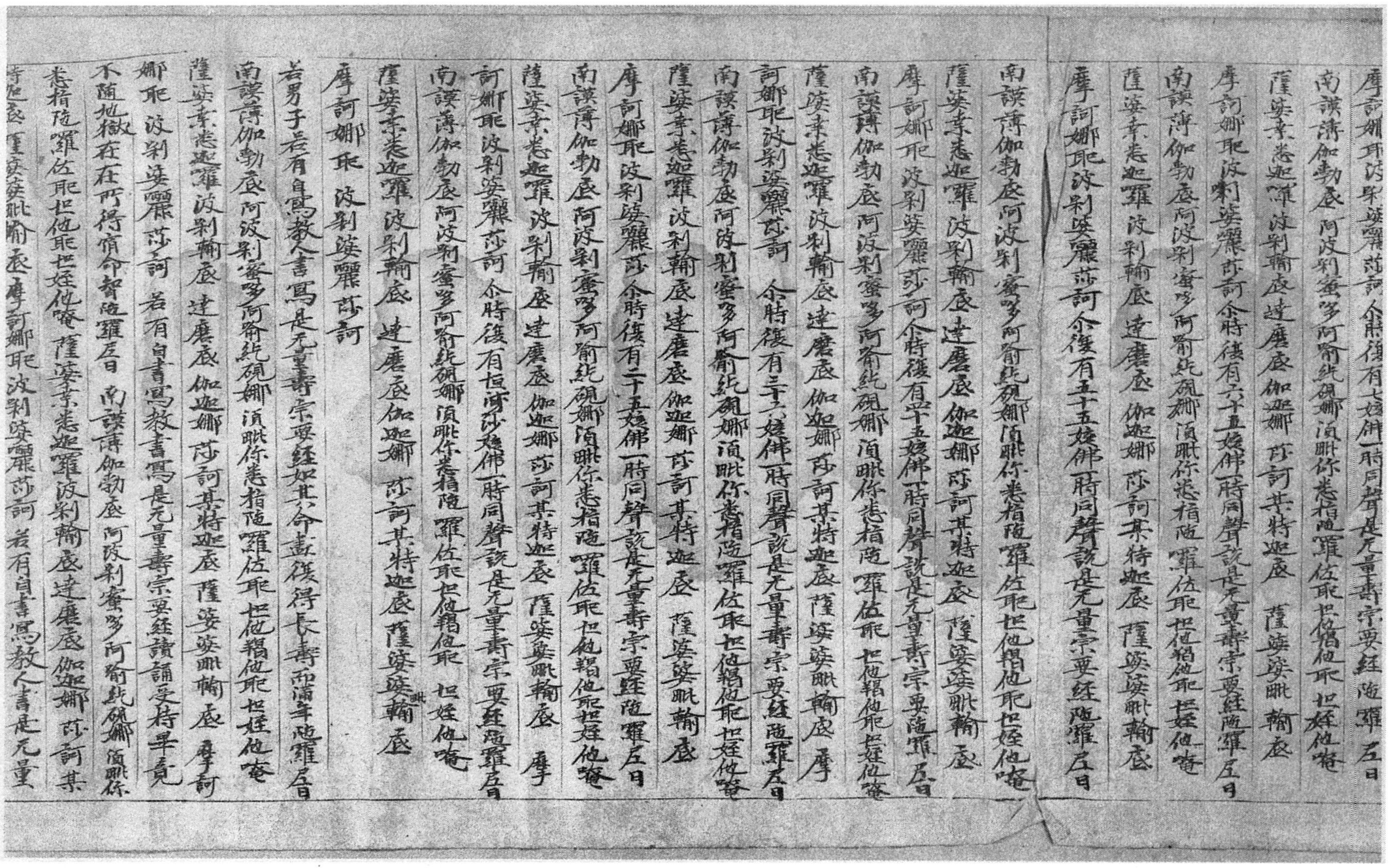

摩訶娜耶波唎婆羅莎訶介時復有七十七姟佛一時同聲說是无量壽宗要經陁羅尼曰
南謨薄伽勃底阿波唎蜜多阿喻紇硯娜須毗你悉指陁囉佐耶怛他羯他耶怛姪他唵
薩婆桑悉迦囉波唎輸底達磨底伽伽娜莎訶其特迦底薩婆婆毗輸底
摩訶娜耶波唎婆羅莎訶介時復有六十五姟佛一時同聲說是无量壽宗要經陁羅尼曰
南謨薄伽勃底阿波唎蜜多阿喻紇硯娜須毗你悉指陁囉佐耶怛他羯他耶怛姪他唵
薩婆桑悉迦囉波唎輸底達磨底伽伽娜莎訶其特迦底薩婆婆毗輸底
摩訶娜耶波唎婆羅莎訶介時復有五十五姟佛一時同聲說是无量宗要經陁羅尼曰
南謨薄伽勃底阿波唎蜜多阿喻紇硯娜須毗你悉指陁囉佐耶怛他羯他耶怛姪他唵
薩婆桑悉迦囉波唎輸底達磨底伽伽娜莎訶其特迦底薩婆婆毗輸底
摩訶娜耶波唎婆羅莎訶介時復有四十五姟佛一時同聲說是无量壽宗要陁羅尼曰
南謨薄伽勃底阿波唎蜜多阿喻紇硯娜須毗你悉指陁囉佐耶怛他羯他耶怛姪他唵
薩婆桑悉迦囉波唎輸底達磨底伽伽娜莎訶其特迦底薩婆婆毗輸底　摩
訶娜耶波唎婆羅莎訶　介時復有三十六姟佛一時同聲說是无量壽宗要經陁羅尼曰
南謨薄伽勃底阿波唎蜜多阿喻紇硯娜須毗你悉指陁囉佐耶怛他羯他耶怛姪他唵
薩婆桑悉迦囉波唎輸底達磨底伽伽娜莎訶其特迦底薩婆婆毗輸底
摩訶娜耶波唎婆羅莎訶介時復有二十五姟佛一時同聲說是无量壽宗要經陁羅尼曰
南謨薄伽勃底阿波唎蜜多阿喻紇硯娜須毗你悉指陁囉佐耶怛他羯他耶怛姪他唵
薩婆桑悉迦囉波唎輸底達磨底伽伽娜莎訶其特迦底薩婆婆毗輸底　摩
訶娜耶波唎婆羅莎訶　介時復有恒河沙姟佛一時同聲說是无量壽宗要經陁羅尼曰
南謨薄伽勃底阿波唎蜜多阿喻紇硯娜須毗你悉指陁囉佐耶怛他羯他耶怛姪他唵
薩婆桑悉迦囉波唎輸底達磨底伽伽娜莎訶其特迦底薩婆婆毗輸底
摩訶娜耶波唎婆羅莎訶
若男子若有自寫教人書寫是无量壽宗要經如其命盡復得長壽滿年陁羅尼曰
南謨薄伽勃底阿波唎蜜多阿喻紇硯娜須毗你悉指陁囉佐耶怛他羯他耶怛姪他唵
薩婆桑悉迦囉波唎輸底達磨底伽伽娜莎訶其特迦底薩婆婆毗輸底　摩訶
娜耶波唎婆羅莎訶　若有自書寫教書寫是无量壽宗要經讀誦受持畢竟
不墮地獄在在所得宿命智陁羅尼曰　南謨薄伽勃底阿波唎蜜多阿喻紇硯娜須毗你
悉指陁囉佐耶怛他羯他耶怛姪他唵　薩婆桑悉迦囉波唎輸底達磨底伽伽娜莎訶其
特迦底薩婆婆毗輸底摩訶娜耶波唎婆羅莎訶　若有自書寫教人書是无量

BD04621號　無量壽宗要經　（5–2）

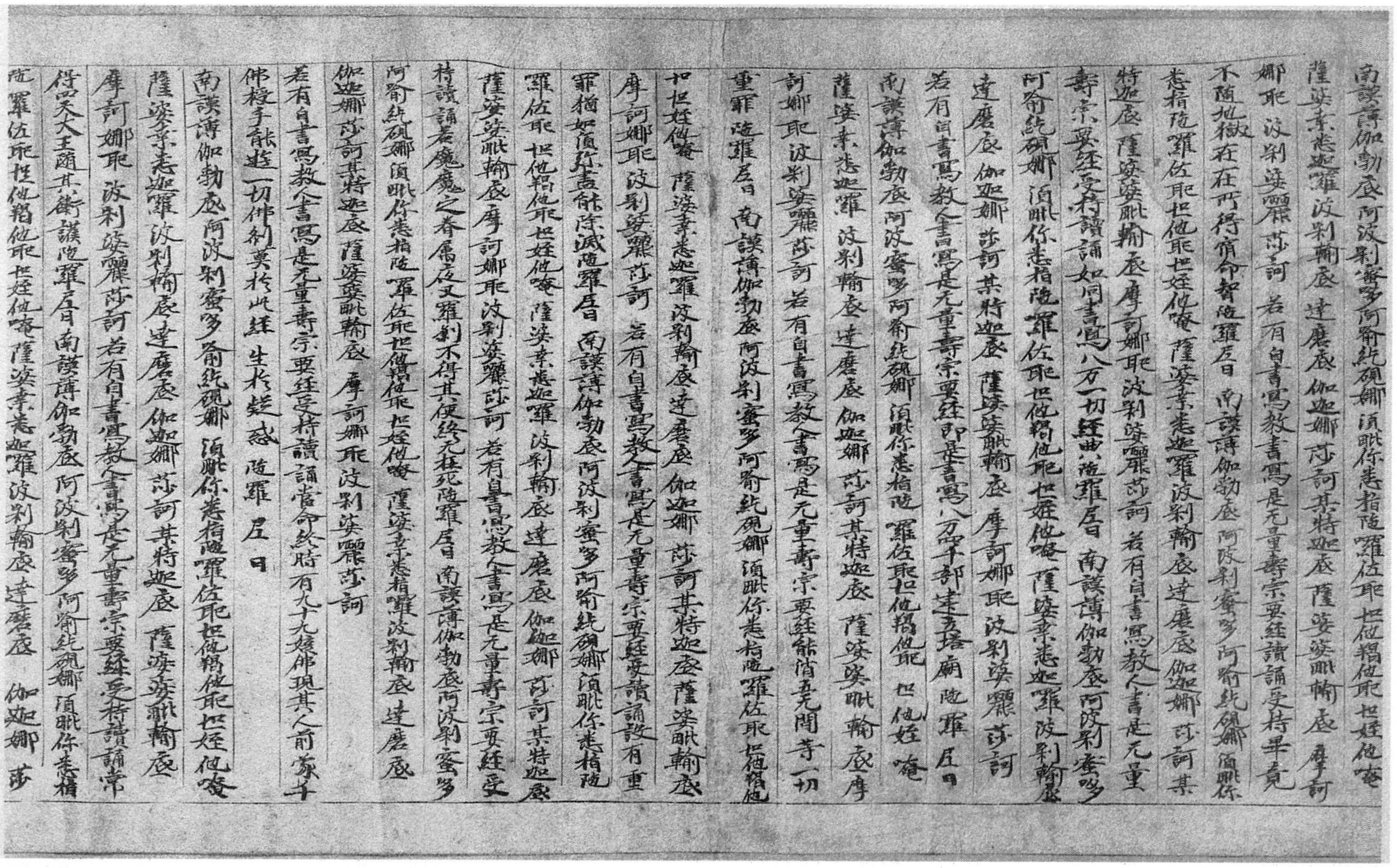

南謨薄伽勃底阿波唎蜜多阿喻紇硯娜須毗你悉指陁囉佐耶怛他羯他耶怛姪他唵
薩婆桑悉迦囉波唎輸底達磨底伽伽娜莎訶其特迦底薩婆婆毗輸底　摩訶
娜耶波唎婆羅莎訶　若有自書寫教書寫是无量壽宗要經讀誦受持畢竟
不墮地獄在在所得宿命智陁羅尼曰　南謨薄伽勃底阿波唎蜜多阿喻紇硯娜須毗你
悉指陁囉佐耶怛他羯他耶怛姪他唵　薩婆桑悉迦囉波唎輸底達磨底伽伽娜莎訶其
特迦底薩婆婆毗輸底摩訶娜耶波唎婆羅莎訶　若有自書寫教人書是无量
壽宗要經受持讀誦如同書寫八万一切經典陁羅尼曰　南謨薄伽勃底阿波唎蜜多
阿喻紇硯娜須毗你悉指陁囉佐耶怛他羯他耶怛姪他唵　薩婆桑悉迦囉波唎輸底
達磨底伽伽娜莎訶其特迦底薩婆婆毗輸底　摩訶娜耶波唎婆羅莎訶
若有自書寫教人書寫是无量壽宗要經即是書寫八万四千部建立塔廟陁羅尼曰
南謨薄伽勃底阿波蜜多阿喻紇硯娜須毗你悉指陁囉佐耶怛他羯他耶　怛姪他唵
薩婆桑悉迦囉波唎輸底達磨底伽伽娜莎訶其特迦底薩婆婆毗輸底　摩
訶娜耶波唎婆羅莎訶　若有自書寫教人書寫是无量壽宗要經能消五无間等一切
重罪陁羅尼曰　南謨薄伽勃底阿波唎蜜多阿喻紇硯娜須毗你悉指陁囉佐耶怛他羯他
耶怛姪他唵　薩婆桑悉迦囉波唎輸底達磨底伽伽娜莎訶其特迦底薩婆婆毗輸底
摩訶娜耶波唎婆羅莎訶　若有自書寫教人書寫是无量壽宗要經受讀誦設有重
罪猶如須弥盡能除滅陁羅尼曰　南謨薄伽勃底阿波唎蜜多阿喻紇硯娜須毗你悉指陁
囉佐耶怛他羯他耶怛姪他唵　薩婆桑悉迦囉波唎輸底達磨底伽伽娜莎訶其特迦底
薩婆婆毗輸底摩訶娜耶波唎婆羅莎訶　若有自書寫教人書寫是无量壽宗要經受
持讀誦者魔魔之眷屬夜叉羅刹不得其便終无枉死陁羅尼曰　南謨薄伽勃底阿波唎蜜多
阿喻紇硯娜須毗你悉指陁囉佐耶怛他羯他耶怛姪他唵　薩婆桑悉迦囉波唎輸底達磨底
伽伽娜莎訶其特迦底薩婆婆毗輸底　摩訶娜耶波唎婆羅莎訶
若有自書寫教人書寫是无量壽宗要經受持讀誦當命終時有九十九姟佛現其人前承手
佛授手能遊一切佛刹莫於此經生於疑惑　陁羅尼曰
南謨薄伽勃底阿波唎蜜多阿喻紇硯娜須毗你悉指陁囉佐耶怛他羯他耶怛姪他唵
薩婆桑悉迦囉波唎輸底達磨底伽伽娜莎訶其特迦底薩婆婆毗輸底
摩訶娜耶波唎婆羅莎訶若有自書寫教人書寫是无量壽宗要經受持讀誦常
得四天大王隨其衛護陁羅尼曰　南謨薄伽勃底阿波唎蜜多阿喻紇硯娜須毗你悉指
陁羅佐耶怛他羯他耶怛姪他唵　薩婆桑悉迦囉波唎輸底達磨底伽伽娜　莎

BD04621號　無量壽宗要經　（5–3）

佛授手詣遊一切佛刹莫於此經生於疑惑 陁羅尼曰
南謨薄伽勃底阿波唎蜜多阿喻紇硯娜須毗你悉指陁囉佐耶怛他羯他耶怛姪他唵
薩婆桑悉迦囉波唎輸底達磨底伽伽娜莎訶莫特迦底 薩婆婆毗輸底
摩訶娜耶波唎婆囉莎訶 若有自書寫教人書寫是无量壽宗要經受持讀誦常
得四天大王隨其衛護陁羅尼曰南謨薄伽勃底阿波唎蜜多阿喻紇硯娜須毗你悉指
陁囉佐耶怛他羯他耶怛姪他唵薩婆桑悉迦囉波唎輸底達磨底 伽伽娜 莎
訶莫特迦底 薩婆婆毗輸底 摩訶娜耶 波唎婆囉莎訶
若有自書寫教人書寫是无量壽宗要經受持讀誦當得往生西方極樂世界阿彌陁淨土
陁羅尼曰 南謨薄伽勃底阿波唎蜜多阿喻紇硯娜須毗你悉指陁囉佐耶怛他羯他耶怛姪他唵
薩婆桑悉迦囉波唎輸底達磨底伽伽娜莎訶莫特迦底 薩婆婆毗輸底
摩訶娜耶波唎婆囉莎訶 若有方所自書寫使人書是无量壽經典之處則為
是塔皆應恭敬作礼若是畜生或為鳥獸得聞是經如是等類皆當不久得成一切種智陁
羅尼曰南謨薄伽勃底阿波唎蜜多阿喻紇硯娜須毗你悉指陁囉佐耶怛他羯他耶怛姪他唵
薩婆桑悉迦囉波唎輸底達磨底伽伽娜 莎訶莫特迦底 薩婆婆毗輸底
摩訶娜耶波唎婆囉莎訶 若有於是无量壽經自書寫若使人書畢竟不受
女人之身陁羅尼曰南謨薄伽勃底阿波唎蜜多阿喻紇硯娜須毗你悉指陁囉佐耶
怛他羯他耶怛姪他唵 薩婆桑悉迦囉波唎輸底達磨底 伽伽娜 莎訶莫特迦底 薩
婆婆毗輸底 摩訶娜耶波唎婆囉莎訶 若有能於是經少分布施者等於三千大千
世界滿中七寶布施陁羅尼曰南謨薄伽勃底阿波唎蜜多阿喻紇硯娜 須毗你悉指陁
囉佐耶怛他羯他耶怛姪他唵 薩婆桑悉迦囉波唎輸底達磨底伽伽娜 莎訶 莫特
迦底 薩婆婆毗輸底 摩訶娜耶波唎婆囉莎訶 若有能供養是經者則是
供養一切諸經等无有別異陁羅尼曰南謨薄伽勃底阿波唎蜜多阿喻紇硯娜
須毗你悉指陁囉佐耶怛他羯他耶怛姪他唵 薩婆桑悉迦囉波唎輸底達磨底伽伽娜
莎訶莫特迦底薩婆婆毗輸底摩訶娜耶波唎婆囉莎訶
如是毗婆尸佛 尸棄佛 毗舍浮佛 俱留孫佛 俱那含牟尼佛 迦葉佛 釋迦牟尼佛
若有人以七寶供養如是七佛其福有限書寫受持是无量壽經典所有功德不可量限
陁羅尼曰 南謨薄伽勃底阿波唎蜜多阿喻紇硯娜須毗你悉指陁囉佐耶怛他羯他耶怛
姪他唵 薩婆桑悉迦囉波唎輸底達磨底伽伽娜 莎訶莫特迦底 薩婆婆毗輸底
摩訶娜耶波唎婆囉莎訶 若有七寶等於須彌山以用布施其福上能知其

BD04621 號　無量壽宗要經　　　　（5–4）

若有人以七寶供養如是七佛其福有限書寫受持是无量壽經典所有功德不可量限
陁羅尼曰 南謨薄伽勃底阿波唎蜜多阿喻紇硯娜須毗你悉指陁囉佐耶怛他羯他耶怛
姪他唵 薩婆桑悉迦囉波唎輸底達磨底 伽伽娜 莎訶莫特迦底 薩婆婆毗輸底
摩訶娜耶波唎婆囉莎訶 若有七寶等於須彌山以用布施其福上能知其
限量是无量壽經典其福不可知數陁羅尼曰 南謨薄伽勃底阿波唎蜜多
阿喻紇硯娜 須毗你悉指陁囉佐耶怛他羯他耶怛姪他唵 薩婆桑悉迦囉波唎輸底
達磨底伽伽娜 莎訶莫特迦底 薩婆婆毗輸底 摩訶娜耶 波唎婆囉 莎訶
如是四大海水可知滴數是无量壽經典所生果報不可數量陁羅尼曰
南謨薄伽勃底阿波唎蜜多阿喻紇硯娜須毗你悉指陁囉佐耶怛他羯他耶怛姪他唵
薩婆桑悉迦囉波唎輸底達磨底伽伽娜 莎訶莫特迦底 薩婆婆毗輸底 摩
訶娜耶波唎婆囉莎訶 若有自書使人書寫是无量壽經典又能讓持供養即如恭敬供
養一切十方佛土如來无有別異陁羅尼曰 南謨薄伽勃底阿波唎蜜多阿喻紇硯娜須毗
你悉指陁囉佐耶怛他羯他耶怛姪他唵 薩婆桑悉迦囉波唎輸底達磨底伽伽娜 莎
訶莫特迦底 薩婆婆毗輸底 摩訶娜耶波唎婆囉莎訶
布施力能成正覺　悟布施力人師子　布施力能聲普聞　慈悲階漸最能入
持戒力能成正覺　悟持戒力人師子　持戒力能聲普聞　慈悲階漸最能入
忍辱力能成正覺　悟忍辱力人師子　忍辱力能聲普聞　慈悲階漸最能入
精進力能成正覺　悟精進力人師子　精進力能聲普聞　慈悲階漸最能入
禪定力能成正覺　悟禪定力人師子　禪定力能聲普聞　慈悲階漸最能入
智慧力能成正覺　悟智慧力人師子　智慧力能聲普聞　慈悲階漸最能入
尒時如來說是經已一切世間天人阿脩羅揵闥婆等聞佛所說皆大歡喜信
受奉行

佛說无量壽宗要經

BD04621 號　無量壽宗要經　　　　（5–5）

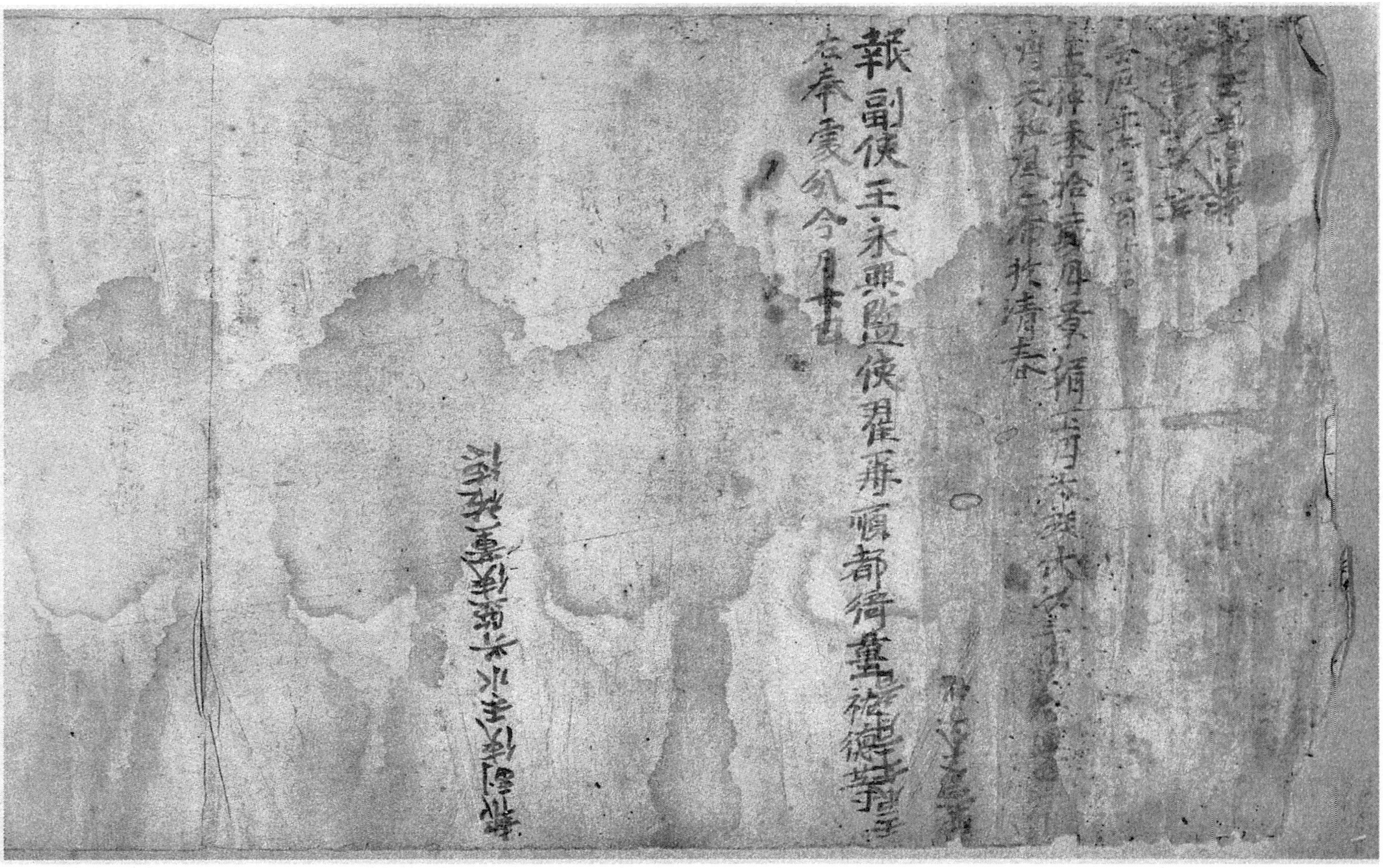

BD04621 號背　雜寫　　（1–1）

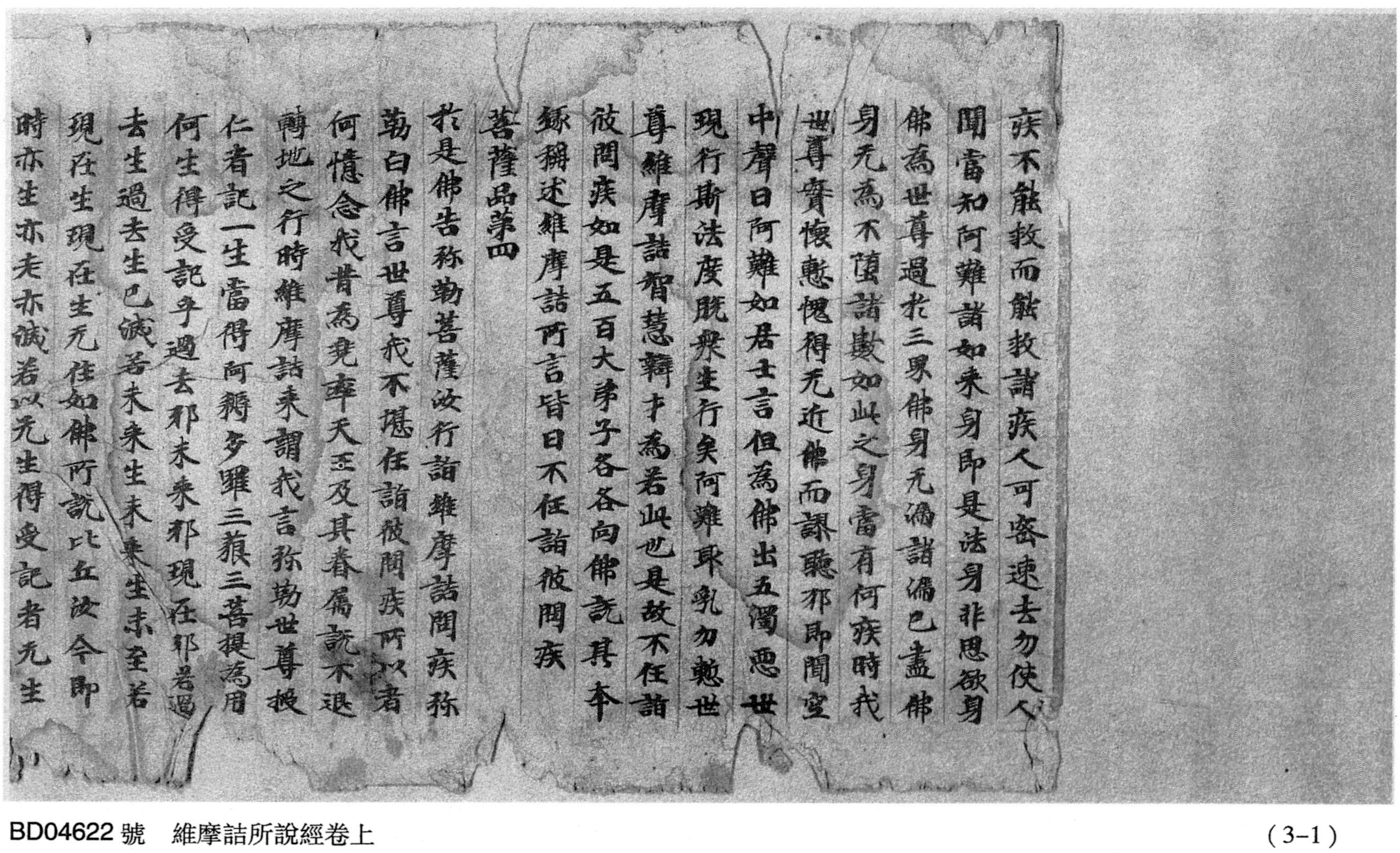

疾不能救而能救諸疾人可密速去勿使人
聞當知阿難諸如來身即是法身非思欲身
佛為世尊過於三界佛身无漏諸漏已盡佛
身无為不墮諸數如此之身當有何疾時我
世尊實懷慚愧得无近佛而謬聽耶即聞空
中聲曰阿難如居士言但為佛出五濁惡世
現行斯法度脫衆生行矣阿難取乳勿慙世
尊維摩詰智慧辯才為若此也是故不任詣
彼問疾如是五百大弟子各各向佛說其本
緣稱述維摩詰所言皆曰不任詣彼問疾
菩薩品第四
於是佛告弥勒菩薩汝行詣維摩詰問疾弥
勒白佛言世尊我不堪任詣彼問疾所以者
何憶念我昔為兜率天王及其眷屬說不退
轉地之行時維摩詰來謂我言弥勒世尊授
仁者記一生當得阿耨多羅三藐三菩提為用
何生得受記乎過去耶未來耶現在耶若過
去生過去生已滅若未來生未來生未至若
現在生現在生无住如佛所說比丘汝今即
時亦生亦老亦滅若以无生得受記者无生

BD04622 號　維摩詰所說經卷上　　（3–1）

轉地之行時維摩詰來謂我言彌勒世尊授
仁者記一生當得阿耨多羅三藐三菩提為用
何生得受記乎過去耶未來耶現在耶若過
去生過去生已滅若未來生未來生未至若
現在生現在生无住如佛所說比丘汝今即
時亦生亦老亦滅若以无生得受記者无生
即是正位於正位中亦无受記亦无得阿耨
多羅三藐三菩提云何彌勒受一生記乎為
從如生得受記耶為從如滅得受記耶若以
如生得受記者如无有生若以如滅得受記
者如无有滅一切衆生皆如也一切法亦如
也衆聖賢亦如也至於彌勒亦如也若彌勒
得受記者一切衆生亦應受記所以者何夫
如者不二不異若彌勒得阿耨多羅三藐三
菩提者一切衆生皆亦應得所以者何一切
衆生即菩提相若彌勒滅度者一切衆生
亦當滅度所以者何諸佛知一切衆生畢竟
寂滅即涅槃相不復更滅是故彌勒无以此法
誘諸天子實无發阿耨多羅三藐三菩提心
者亦无退者彌勒當令此諸天子捨於分別
菩提之見所以者何菩提者不可以身得不
可以心得寂滅是菩提滅諸相故不觀是菩
提離諸緣故不行是菩提无憶念故斷是菩
提捨諸見故離是菩提離諸妄想故障是
菩提障諸願故不入是菩提无貪著故順是
菩提順於如故住是菩提住法性故至是菩
提至實際故不二是菩提離意法故等是菩

BD04622號　維摩詰所說經卷上　（3-2）

誘諸天子實无發阿耨多羅三藐三菩提心
者亦无退者彌勒當令此諸天子捨於分別
菩提之見所以者何菩提者不可以身得不
可以心得寂滅是菩提滅諸相故不觀是菩
提離諸緣故不行是菩提无憶念故斷是菩
提捨諸見故離是菩提離諸妄想故障是
菩提障諸願故不入是菩提无貪著故順是
菩提順於如故住是菩提住法性故至是菩
提至實際故不二是菩提離意法故等是菩
提等虛空故无為是菩提无生住滅故知是
菩提了衆生心行故不會是菩提諸入不會
故不合是菩提離煩惱習故无處是菩提无
形色故假名是菩提名字空故如化是菩提
无取捨故无亂是菩提常自靜故善寂是菩
提性清淨故无取是菩提離攀緣故无異是
菩提諸法等故无比是菩提无可喻故微
是菩提諸法難知故世尊維摩詰說
二百天子得无生法忍故我不任詣
佛告光嚴童子汝行詣維摩詰問疾光嚴白
佛言世尊我不堪任詣彼問疾所以者何憶
念我昔出毗耶離大城
即為作礼而問言居士
是道

BD04622號　維摩詰所說經卷上　（3-3）

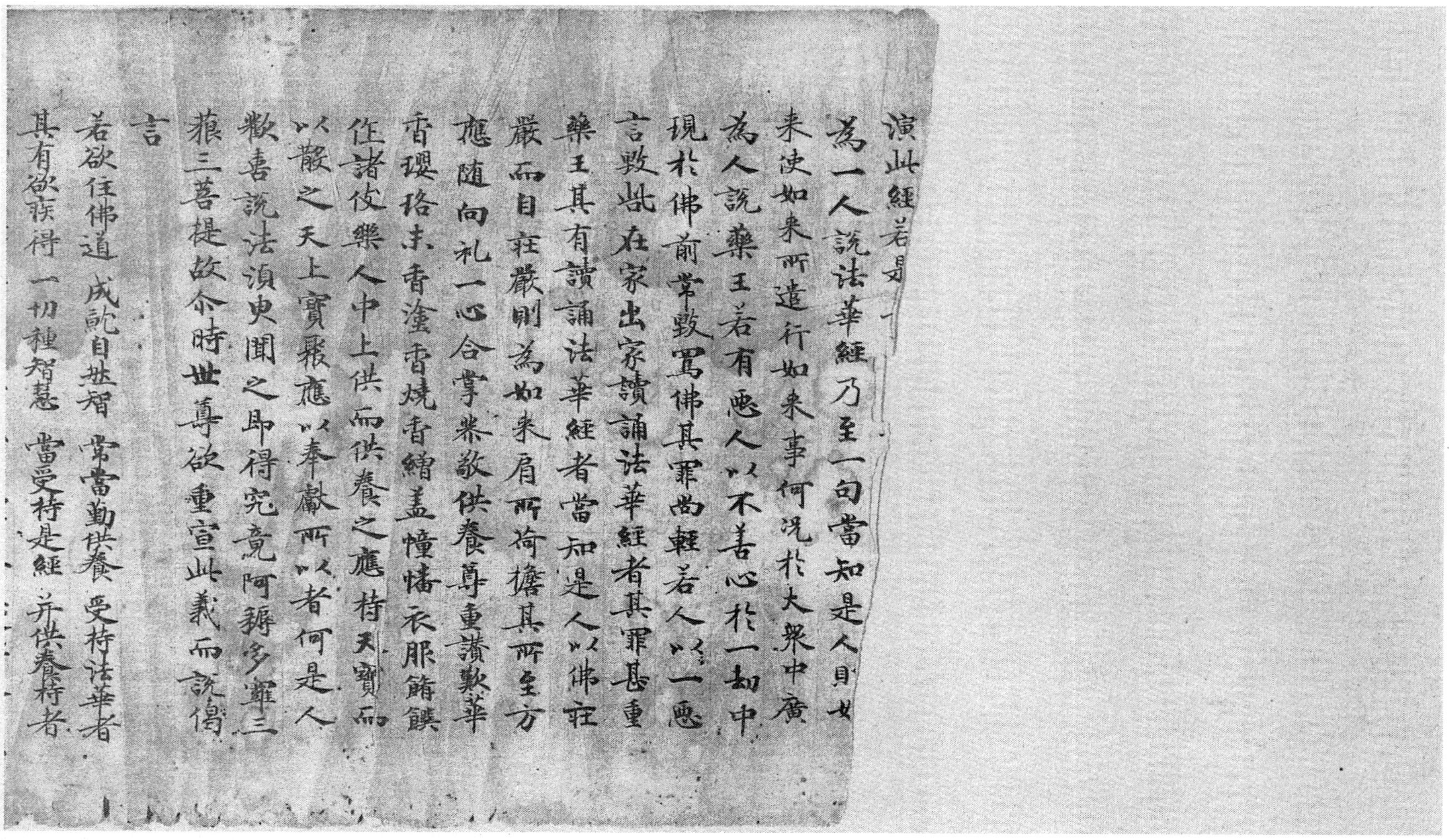

演此經若是
為一人說法華經乃至一句當知是人則如
來使如來所遣行如來事何況於大衆中廣
為人說藥王若有惡人以不善心於一劫中
現於佛前常毀罵佛其罪尚輕若人以一惡
言毀呰在家出家讀誦法華經者其罪甚重
藥王其有讀誦法華經者當知是人以佛莊
嚴而自莊嚴則為如來肩所荷擔其所至方
應隨向礼一心合掌恭敬供養尊重讚歎華
香瓔珞末香塗香燒香繒蓋幢幡衣服餚饌
作諸伎樂人中上供而供養之應持天寶而
以散之天上寶聚應以奉獻所以者何是人
歡喜說法須臾聞之即得究竟阿耨多羅三
藐三菩提故尒時世尊欲重宣此義而說偈
言
若欲住佛道　成就自然智　常當勤供養　受持法華者
其有欲疾得　一切種智慧　當受持是經　并供養持者

BD04623號　妙法蓮華經卷四　（4–1）

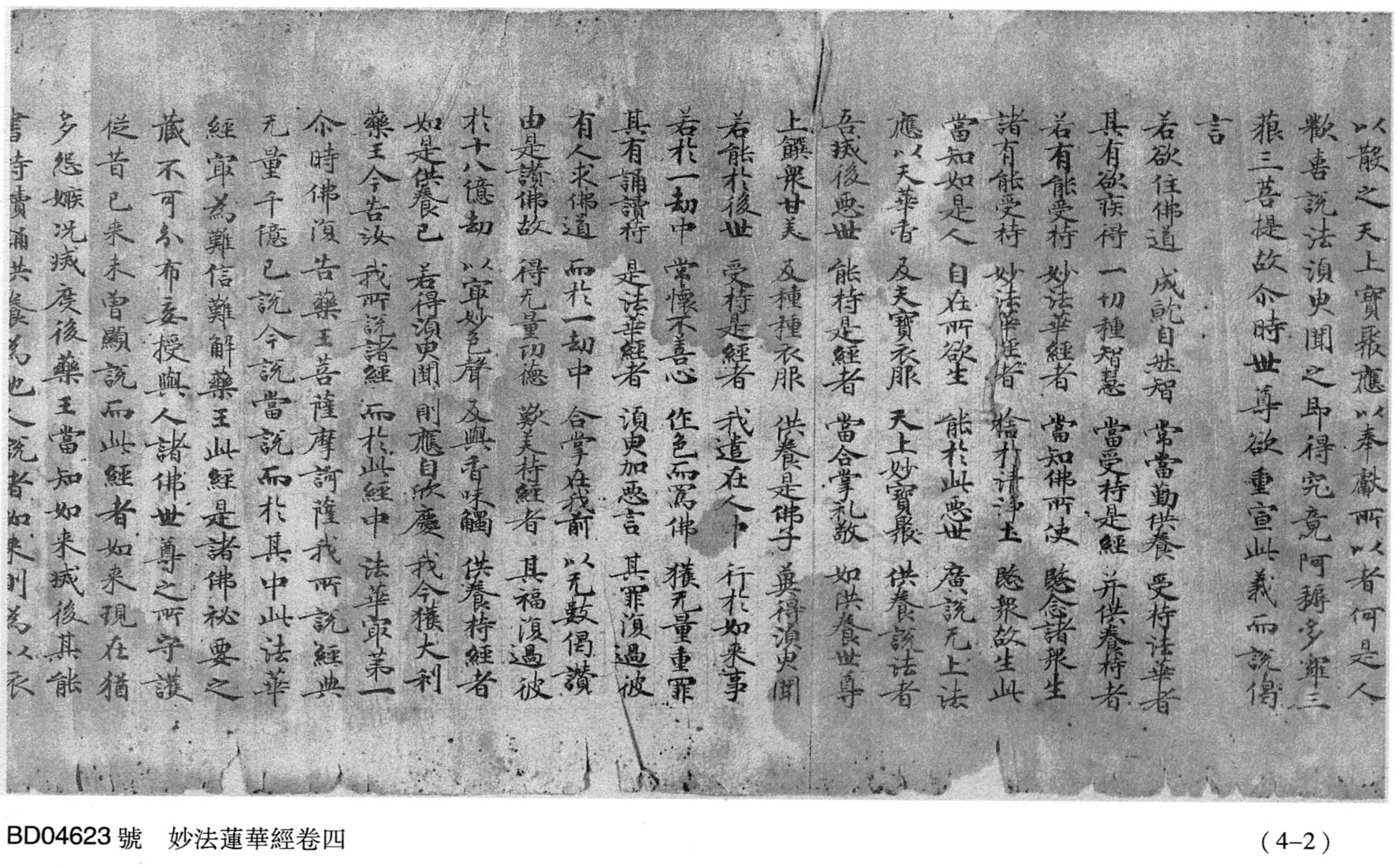

以散之天上寶聚應以奉獻所以者何是人
歡喜說法須臾聞之即得究竟阿耨多羅三
藐三菩提故尒時世尊欲重宣此義而說偈
言
若欲住佛道　成就自然智　常當勤供養　受持法華者
其有欲疾得　一切種智慧　當受持是經　并供養持者
若有能受持　妙法華經者　當知佛所使　愍念諸衆生
諸有能受持　妙法華經者　捨於清淨土　愍衆故生此
當知如是人　自在所欲生　能於此惡世　廣說无上法
應以天華香　及天寶衣服　天上妙寶聚　供養說法者
吾滅後惡世　能持是經者　當合掌礼敬　如供養世尊
上饌衆甘美　及種種衣服　供養是佛子　冀得須臾聞
若能於後世　受持是經者　我遣在人中　行於如來事
若於一劫中　常懷不善心　作色而罵佛　獲无量重罪
其有讀誦持　是法華經者　須臾加惡言　其罪復過彼
有人求佛道　而於一劫中　合掌在我前　以无數偈讚
由是讚佛故　得无量功德　歎美持經者　其福復過彼
於十八億劫　以最妙色聲　及與香味觸　供養持經者
如是供養已　若得須臾聞　則應自欣慶　我今獲大利
藥王今告汝　我所說諸經　而於此經中　法華最弟一
尒時佛復告藥王菩薩摩訶薩我所說經典
无量千億已說今說當說而於其中此法華
經最為難信難解藥王此經是諸佛秘要之
藏不可分布妄授與人諸佛世尊之所守護
從昔已來未曾顯說而此經者如來現在猶
多怨嫉況滅度後藥王當知如來滅後其能
書持讀誦供養為他人說者如來則為以衣

BD04623號　妙法蓮華經卷四　（4–2）

无量千億已說今說當說而於其中此法華
經最爲難信難解藥王此經是諸佛祕要之
藏不可分布妄授與人諸佛世尊之所守護
從昔已來未曾顯說而此經者如來現在猶
多怨嫉況滅度後藥王當知如來滅後其能
書持讀誦供養爲他人說者如來則爲以衣
覆之又爲他方現在諸佛之所護念是人有
大信力及志願力諸善根力當知是人與如
來共宿則爲如來手摩其頭藥王在在處處
若說若讀若誦若書若經卷所住處皆應起
七寶塔極令高廣嚴飾不須復安舍利所以
者何此中已有如來全身此塔應以一切華
香瓔珞繒蓋幢幡伎樂歌頌供養恭敬尊重
讚歎若有人得見此塔礼拜供養當知是等
皆近阿耨多羅三藐三菩提藥王多有人在
家出家行菩薩道若不能得見聞讀誦書持
供養是法華經者當知是人未善行菩薩道
若有得聞是經典者乃能善行菩薩之道其
有衆生求佛道者若見若聞是法華經聞已
信解受持者當知是人得近阿耨多羅三藐
三菩提藥王譬如有人渴乏須水於彼高原
穿鑿求之猶見乾土知水尚遠施功不已轉
見濕土遂漸至泥其心決定知水必近菩薩
亦復如是若未聞未解未能修習是法華經
當知是人去阿耨多羅三藐三菩提尚遠若
得聞解思惟修習必知得近阿耨多羅三藐
三菩提所以者何一切菩薩阿耨多羅三藐

BD04623號　妙法蓮華經卷四

（4–3）

皆近阿耨多羅三藐三菩提藥王多有人在
家出家行菩薩道若不能得見聞讀誦書持
供養是法華經者當知是人未善行菩薩道
若有得聞是經典者乃能善行菩薩之道其
有衆生求佛道者若見若聞是法華經聞已
信解受持者當知是人得近阿耨多羅三藐
三菩提藥王譬如有人渴乏須水於彼高原
穿鑿求之猶見乾土知水尚遠施功不已轉
見濕土遂漸至泥其心決定知水必近菩薩
亦復如是若未聞未解未能修習是法華經
當知是人去阿耨多羅三藐三菩提尚遠若
得聞解思惟修習必知得近阿耨多羅三藐
三菩提所以者何一切菩薩阿耨多羅三藐
三菩提皆屬此經此經開方便門示真實相
是法華經藏深固幽遠无人能到今佛教化
成就菩薩而爲開示藥王若有菩薩聞是法
華經驚疑怖畏當知是爲新發意菩薩若聲
聞人聞是經驚疑怖畏當知是爲增上慢者
藥王若有善男子善女人如來滅後欲爲四
法華經者云何應說是善男子善女

BD04623號　妙法蓮華經卷四

（4–4）

業善現若菩薩摩訶薩一切生處恒厭居家
諠雜迫迮猶如牢獄常欣佛法清淨出家寂
靜无為如空无礙是為菩薩摩訶薩以无所
得而為方便應善脩治常樂出家業世尊云
何菩薩摩訶薩以无所得而為方便應善脩
治愛敬佛身業善現若菩薩摩訶薩纔一覩
見佛形相已乃至證得一切智智終不捨於
念佛作意是為菩薩摩訶薩以无所得而為
方便應善脩治愛敬佛身業世尊云何菩薩
摩訶薩以无所得而為方便應善脩治開闡
法教業善現若菩薩摩訶薩於佛在世及涅槃
後為諸有情開闡法教初中後善文義巧妙
純一圓滿清白梵行所謂契經應頌記別諷
頌自說本事本生緣起譬喻方廣希法及與
論議是為菩薩摩訶薩以无所得而為方便
應善脩治開闡法教業世尊云何菩薩摩訶
薩以无所得而為方便應善脩治破壞憍慢
業善現若菩薩摩訶薩常懷謙敬伏憍慢
心由此不生下姓卑族是為菩薩摩訶薩以无
所得而為方便應善脩治破壞憍慢業世尊

BD04624 號　大般若波羅蜜多經卷四九〇　（3–1）

純一圓滿清白梵行所謂契經應頌記別諷
頌自說本事本生緣起譬喻方廣希法及與
論議是為菩薩摩訶薩以无所得而為方便
應善脩治開闡法教業世尊云何菩薩摩訶
薩以无所得而為方便應善脩治破壞憍慢
業善現若菩薩摩訶薩常懷謙敬伏憍慢
心由此不生下姓卑族是為菩薩摩訶薩以无
所得而為方便應善脩治破壞憍慢業世尊
云何菩薩摩訶薩以无所得而為方便應善
脩治常樂諦語業善現若菩薩摩訶薩稱知
而說言行相符是為菩薩摩訶薩以无所得
而為方便應善脩治常樂諦語業善現當
知諸菩薩摩訶薩住初地時應善脩治此十勝
業令速圓滿世尊云何菩薩摩訶薩清淨尸
羅善現若菩薩摩訶薩不起聲聞獨覺等心
及餘破戒障菩提法是為菩薩摩訶薩清淨
尸羅世尊云何菩薩摩訶薩知恩報恩善現
若菩薩摩訶薩行諸菩薩殊勝行時得他少
恩尚能重報況多恩惠而當不酬是為菩薩
摩訶薩知恩報恩世尊云何菩薩摩訶薩住
安忍力善現若菩薩摩訶薩一切有情設皆侵
害而能於彼无恚害心是為菩薩摩訶薩住
安忍力世尊云何菩薩摩訶薩受勝歡喜
善現若菩薩摩訶薩見諸有情於三乘行已
得成熟深心歡喜是為菩薩摩訶薩受勝歡喜
世尊云何菩薩摩訶薩不捨有情善現若
菩薩摩訶薩常普濟拔一切有情令離苦難
是為菩薩摩訶薩不捨有情世尊云何菩薩

BD04624 號　大般若波羅蜜多經卷四九〇　（3–2）

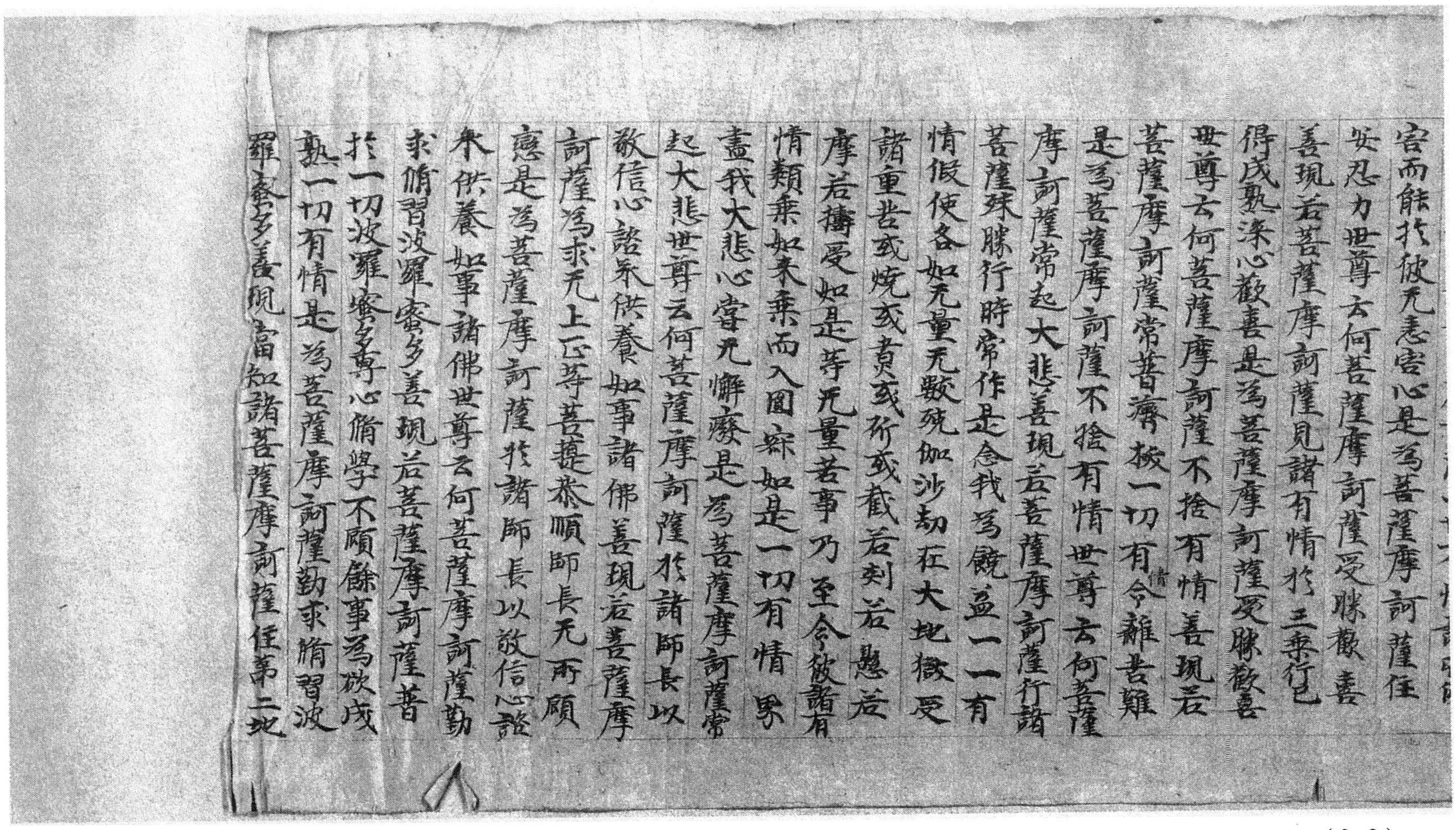
害而能於彼无恚害心是為菩薩摩訶薩住
安忍力世尊云何菩薩摩訶薩受勝歡喜
善現若菩薩摩訶薩見諸有情於三乘行已
得成熟深心歡喜是為菩薩摩訶薩受勝歡喜
世尊云何菩薩摩訶薩不捨有情善現若
菩薩摩訶薩常普濟拔一切有情令離苦難
是為菩薩摩訶薩不捨有情世尊云何菩薩
摩訶薩常起大悲善現若菩薩摩訶薩行諸
菩薩殊勝行時常作是念我為饒益一一有
情假使各如无量无數殑伽沙劫在大地獄受
諸重苦或燒或煮或斫或截若刺若懸若
磨若擣受如是等无量苦事乃至令彼諸有
情類乘如來乘而入圓寂如是一切有情界
盡我大悲心曾无懈廢是為菩薩摩訶薩常
起大悲世尊云何菩薩摩訶薩於諸師長以
敬信心諮承供養如事諸佛善現若菩薩摩
訶薩為求无上正等菩提恭順師長无所顧
戀是為菩薩摩訶薩於諸師長以敬信心諮
承供養如事諸佛世尊云何菩薩摩訶薩勤
求脩習波羅蜜多善現若菩薩摩訶薩普
於一切波羅蜜多尊心脩學不顧餘事為欲成
熟一切有情是為菩薩摩訶薩勤求脩習波
羅蜜多善現當知諸菩薩摩訶薩住第二地

BD04624號　大般若波羅蜜多經卷四九〇　（3–3）

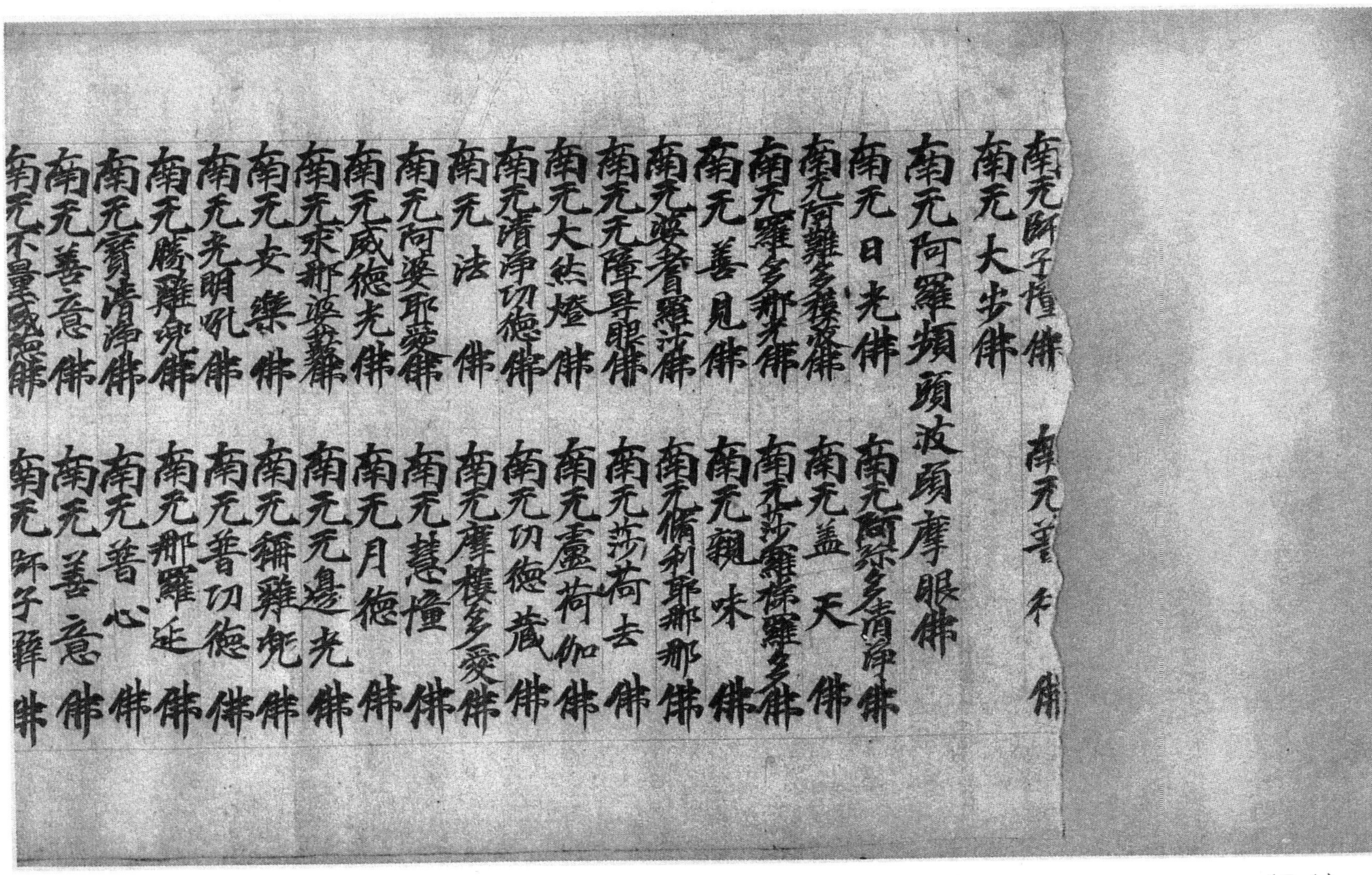
南无師子幢佛　南无善本佛
南无大步佛
南无阿羅頻頭波頭摩眼佛
南无日光佛　南无阿弥多清淨佛
南无阿難多雜色佛　南无蓋天佛
南无羅多那光佛　南无莎羅樹羅多佛
南无善見佛　南无親味佛
南无婆耆羅沙佛　南无脩利耶那佛
南无无障导眼佛　南无莎荷去佛
南无大然燈佛　南无盧荷伽佛
南无清淨功德佛　南无功德藏佛
南无法佛　南无摩樓多愛佛
南无阿婆耶藏佛　南无慧幢佛
南无威德光佛　南无月德佛
南无求那婆羅佛　南无无邊光佛
南无安樂佛　南无彌難勝佛
南无光明吼佛　南无普功德佛
南无勝難勝佛　南无那羅延佛
南无寶清淨佛　南无普心佛
南无善意佛　南无善意佛
南无不量威德佛　南无師子群佛

BD04625號　佛名經（十六卷本）卷一三　（7–1）

南无安樂佛　南无稱彌兜佛
南无光明吼佛　南无普切德佛
南无勝彌兜佛　南无那羅延佛
南无寶清淨佛　南无普心佛
南无善意佛　南无善意佛
南无不量威德佛　南无師子辟佛
南无光明意佛　南无那羅延天佛
南无薩遮彌兜佛　南无善住意佛
南无阿彌多天佛　南无大慧德佛
南无大幢佛　南无光明日佛
南无法佛　南无善法佛
南无齊陀娑羅佛　南无菴摩羅勝佛
南无解脫觀佛　南无羅多那光佛
南无无羅聲佛　南无普心樿佛
南无氐毗光佛　南无甘露眼佛
南无稱愛佛　南无善讓佛
南无天信佛　南无善量步佛
南无提婆多羅佛　南无深智佛
南无斯那步佛　南无齊陀䟦陀佛
南无提闍積佛　南无大勝佛
南无大步佛　南无闍耶天佛
南无毗逆便意佛　南无質多多受佛
南无師子聲佛　南无信提舍那佛
南无智光佛　南无拘蘇摩提闍佛
南无提闍羅力佛　南无如意光佛
南无无邊威德佛　南无无邊光佛

BD04625號　佛名經（十六卷本）卷一三　（7–2）

南无大步佛　南无闍耶天佛
南无毗逆便意佛　南无質多多受佛
南无師子聲佛　南无信提舍那佛
南无智光佛　南无拘蘇摩提闍佛
南无提闍羅力佛　南无如意光佛
南无无邊威德佛　南无无邊光佛
南无勝藏佛　南无盧遮那稱佛
南无寶彌兜佛　南无郁伽提闍佛
南无日彌兜佛　南无摩訶彌留佛
南无摩訶毓荷佛　南无世間得名佛
南无郁伽德佛　南无真多摩稱佛
南无氐毗義步佛　南无提婆摩醯多佛
次礼十二部尊大藏法輪
南无陀[illegible]持經　南无七智經
南无所祇經　南无七車經
南无耆闍梵解經　南无留多經
南无未生王經　南无三乘經
從此以上一万四百佛十二部經一切賢聖
南无便賢者類經　南无颰陀悔過經
南无三轉月明經　南无聰施經
南无是時自誓身經　南无三品脩行經
南无句義經　南无應王經
南无須摩經　南无發道三昧經
南无義決律經　南无須耶越國貧人經
南无齋經　南无等入法嚴經
次礼十方諸大菩薩
南无堅固寶世界金剛幢菩薩

BD04625號　佛名經（十六卷本）卷一三　（7–3）

南无須摩經　南无弘道三昧經
南无義決律經　南无須耶越國貢人經
南无齋經　南无等入法嚴經
次礼十方諸大菩薩
南无堅固寶世界金剛幢菩薩
南无堅固王世界孟猛幢菩薩
南无堅固樂世界堅固幢菩薩
南无堅固金世界夜光幢菩薩
南无堅固摩世界智幢菩薩
南无堅固金剛世界寶幢菩薩
南无堅固蓮華世界精進幢菩薩
南无堅固青蓮華世界離垢幢菩薩
南无堅固栴檀世界宜寶幢菩薩
南无堅固香世界法幢菩薩
南无南方善思議菩薩
現在西方菩薩名
南无善吉世界成一切利菩薩
南无善吉世界金光齋菩薩
南无寶樹世界精進首菩薩
南无寶楊世界明首菩薩
南无善觀照世界思惟大衆菩薩
南无无優世界普曜菩薩
南无香勝離垢光明世界普智光明慧燈菩薩
南无金剛慧世界淨光菩薩
南无善行世界无勝意菩薩
南无善吉世界明星菩薩
南无寶樹世界无言菩薩

BD04625號　佛名經（十六卷本）卷一三　（7–4）

南无无優世界普曜菩薩
南无香勝離垢光明世界普智光明慧燈菩薩
南无金剛慧世界淨光菩薩
南无善行世界无勝意菩薩
南无善吉世界明星菩薩
南无寶樹世界无言菩薩
南无歡喜世界蓮華菩薩
南无歡喜世界山王菩薩
次礼聲聞緣覺一切菩薩
南无十同名婆羅辟支佛
南无火身辟支佛　南无摩訶男辟支佛
南无固蓋長辟支佛　南无脈淨辟支佛
南无心上辟支佛　南无園陀辟支佛
南无善杖辟支佛　南无優波吉沙辟支佛
南无吉沙辟支佛　南无優波羅辟支佛
南无斷有辟支佛　南无菴婆羅辟支佛
南无斷愛辟支佛
礼三寶已次復懺悔
已懺三塗等報今當復次懺悔人天
餘報相與稟此閻浮壽命雖曰百歲滿
者无幾於其中間感年夭枉其數无量直
有衆苦煎迫形心愁憂恐怯未曾暫離
如此皆是善根微弱惡業滋多致使現
在心有所為皆不稱意當知悉是過去惡
業餘報是故弟子今日至誠歸依佛
南无東方蓮華上佛　南无南方調伏佛
南无西方无量明佛　南无北方勝諸根佛

BD04625號　佛名經（十六卷本）卷一三　（7–5）

有衆苦逼迫形心愁憂怨怯未曾暫離
如此皆是善根微弱惡業滋多致使現
在心有所為皆不稱意當知悉是過去已來惡
業餘報是故弟子今日至誠歸依佛
南无東方蓮華上佛　南无南方調伏佛
南无西方无量明佛　南无北方勝諸根佛
南无東南方蓮華壽佛　南无西南方无量壽佛
南无西方自在智佛　南无東北方赤蓮花德佛
南无下方分別佛　南无上方伏怨智佛
如是十方盡虛空界一切三寶至心歸命
常住三寶弟子等无始以來至於今日所
有現在及以未來人天之中无量餘報流
殃有對瘡殘百疾六根不具罪報懺悔人
間邊地邪見三惡八難罪報懺悔人間多
病消瘦促命夭枉罪報懺悔人間六親
眷屬不能得常相保守罪報懺悔人間
親舊彫喪愛別離苦罪報懺悔人間怨
家聚會愁憂怖畏罪報懺悔人間水火
盜賊刀兵危嶮驚懼怯弱罪報懺悔人間
孤獨困苦流離波迸亡失國土罪報懺悔
人間牢獄繫閉幽執側立鞭撻考楚罪
報懺悔人間公私口舌便相羅染更相誣
謗罪報懺悔人間惡病連年累月不差枕
卧床席不能起居罪報懺悔人間冬溫夏
疫毒厲傷寒罪報懺悔人間賊風腫滿
不塞罪報懺悔人間為諸惡神伺求其
便欲作禍祟罪報懺悔人間有鳥鳴百

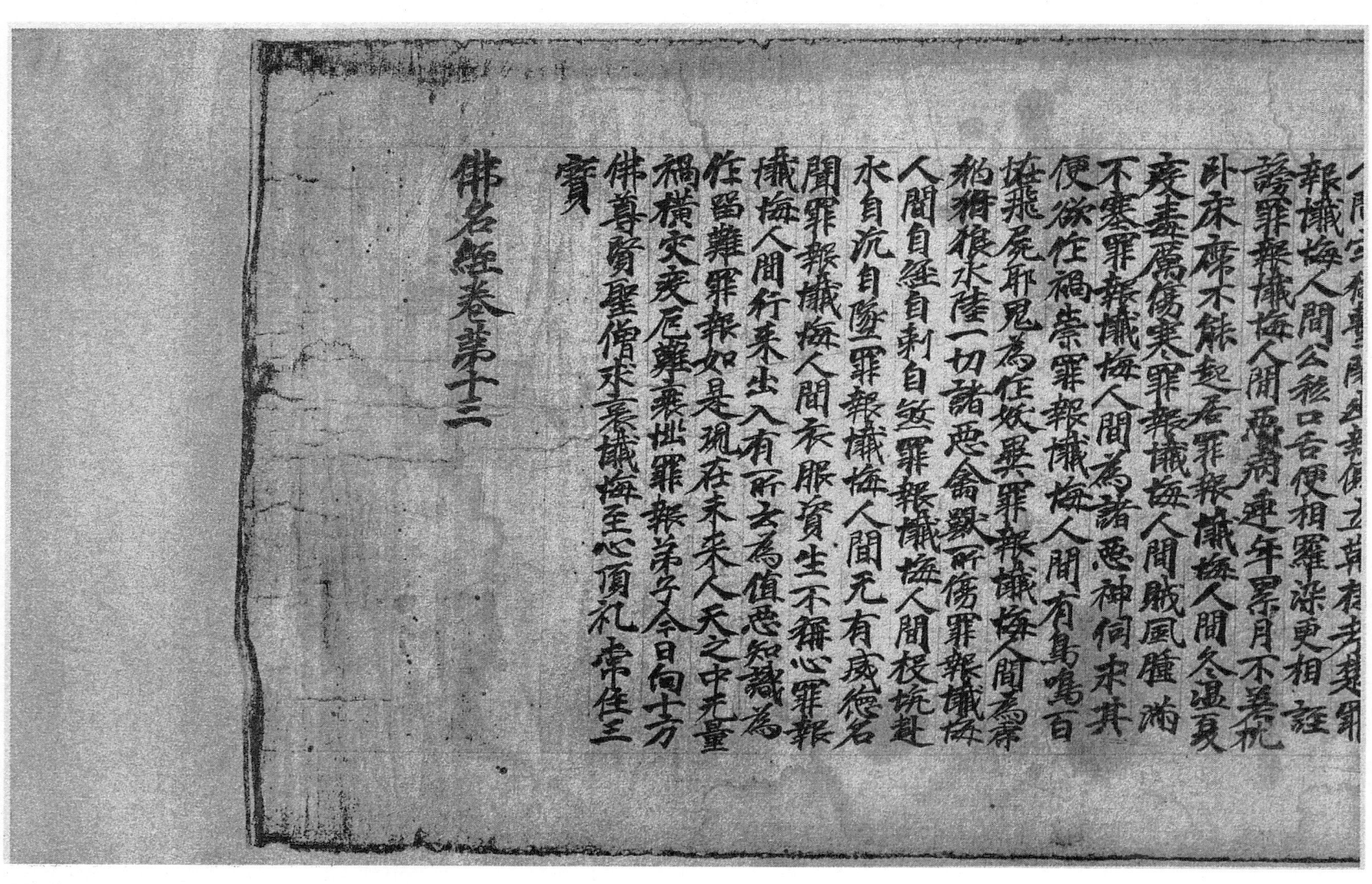

報懺悔人間公私口舌便相羅染更相誣
謗罪報懺悔人間惡病連年累月不差枕
卧床席不能起居罪報懺悔人間冬溫夏
疫毒厲傷寒罪報懺悔人間賊風腫滿
不塞罪報懺悔人間為諸惡神伺求其
便欲作禍祟罪報懺悔人間有鳥鳴百
怪飛屍邪鬼為作妖異罪報懺悔人間為虎
豹豺狼水陸一切諸惡禽獸所傷罪報懺悔
人間自經自刺自煞罪報懺悔人間投坑赴
水自沉自墜罪報懺悔人間无有威德名
聞罪報懺悔人間衣服資生不稱心罪報
懺悔人間行來出入有所去為值惡知識為
作留難罪報如是現在未來人天之中无量
禍橫災疫厄難衰惱罪報弟子今日向十方
佛尊賢聖僧求哀懺悔至心頂礼常住三
寶

佛名經卷第十三

性无邊際復次善現色蘊心无邊際色蘊心
行生故受想行識蘊心无邊際受蘊等心行
生故眼處心无邊際眼處心行生故耳鼻舌
身意處心无邊際耳處等心行生故色處
心无邊際色處心行生故聲香味觸法處心
无邊際聲處等心行生故眼界心无邊際眼界
心行生故耳鼻舌身意界心无邊際耳界等
心行生故色界心无邊際色界心行生故聲
香味觸法界心无邊際聲界等心行生故眼
識界心无邊際眼識界心行生故耳鼻舌身
意識界心无邊際耳識界等心行生故眼觸
心无邊際眼觸心行生故耳鼻舌身意觸心
无邊際耳觸等心行生故眼觸爲緣所生諸受
心无邊際眼觸爲緣所生諸受心行生故耳
鼻舌身意觸爲緣所生諸受心无邊際耳
觸爲緣所生諸受等心行生故地界心无邊
際地界心行生故水火風空識界心无邊際
水界等心行生故因緣心无邊際因緣心行
生故等无間緣所緣緣增上緣心无邊際等
无間緣等心行生故无明心无邊際无明心

BD04626號　大般若波羅蜜多經卷五五五　（4–1）

心无邊際眼觸心行生故耳鼻舌身意觸心
无邊際耳觸等心行生故眼觸爲緣所生諸受
心无邊際眼觸爲緣所生諸受心行生故耳
鼻舌身意觸爲緣所生諸受心无邊際耳
觸爲緣所生諸受等心行生故地界心无邊
際地界心行生故水火風空識界心无邊際
水界等心行生故因緣心无邊際因緣心行
生故等无間緣所緣緣增上緣心无邊際等
无間緣等心行生故无明心无邊際无明心
行生故行識名色六處觸受愛取有生老死
愁歎苦憂惱心无邊際行等心行生故復次
善現色蘊善不善乃至不可得受想行識蘊
善不善乃至不可得眼處善不善乃至不可
得耳鼻舌身意處善不善乃至不可得色處
善不善乃至不可得聲香味觸法處善不善
乃至不可得眼界善不善乃至不可得耳鼻
舌身意界善不善乃至不可得色界善不善
乃至不可得聲香味觸法界善不善乃至不
可得眼識界善不善乃至不可得耳鼻舌身
意識界善不善乃至不可得眼觸善不善乃
至不可得耳鼻舌身意觸善不善乃至不可
得眼觸爲緣所生諸受善不善乃至不可得
耳鼻舌身意觸爲緣所生諸受善不善乃至
不可得地界善不善乃至不可得水火風空識
界善不善乃至不可得因緣善不善乃至
不可得等无間緣所緣緣增上緣善不善乃
至不可得无明善不善乃至不可得行識名
色六處觸受愛取有生老死愁歎苦憂惱善
不善乃至不可得復次善現色蘊无動受想

BD04626號　大般若波羅蜜多經卷五五五　（4–2）

[illegible]
耳鼻舌身意觸為緣所生諸受善不善乃至
不可得地界善不善乃至不可得水火風空識
界善不善乃至不可得因緣善不善乃至
不可得等无間緣所緣緣增上緣善不善乃
至不可得无明善不善乃至不可得行識名
色六處觸受愛取有生老死愁歎苦憂惱善
不善乃至不可得復次善現色蘊无動受想
行識蘊无動眼處无動耳鼻舌身意處无動
色處无動聲香味觸法處无動眼界无動耳
鼻舌身意界无動色界无動聲香味觸法界
无動眼識界无動耳鼻舌身意識界无動眼
觸无動耳鼻舌身意觸无動眼觸為緣所生
諸受无動耳鼻舌身意觸為緣所生諸受
无動地界无動水火風空識界无動因緣无動
等无間緣所緣緣增上緣无動无明无動行識
名色六處觸受愛取有生老死愁歎苦憂
惱无動復次善現色蘊如師子吼受想行識
蘊如師子吼眼處如師子吼耳鼻舌身意處
如師子吼色處如師子吼聲香味觸法處如
師子吼眼界如師子吼耳鼻舌身意界如師
子吼色界如師子吼聲香味觸法界如師子
吼眼識界如師子吼耳鼻舌身意識界如師
子吼眼觸如師子吼耳鼻舌身意觸如師子
吼眼觸為緣所生諸受如師子吼耳鼻舌身
意觸為緣所生諸受如師子吼地界如師子
吼水火風空識界如師子吼因緣如師子吼
等无間緣所緣緣增上緣如師子吼无明如
師子吼行識名色六處觸受愛取有生老死
愁歎苦憂惱如師子吼善現當知諸菩薩摩

BD04626號　大般若波羅蜜多經卷五五五　（4–3）

吼眼觸為緣所生諸受如師子吼耳鼻舌身
意觸為緣所生諸受如師子吼地界如師子
吼水火風空識界如師子吼因緣如師子吼
等无間緣所緣緣增上緣如師子吼无明如
師子吼行識名色六處觸受愛取有生老死
愁歎苦憂惱如師子吼善現當知諸菩薩摩
訶薩若能如是思惟觀察覺悟蘊等隨順般
若波羅蜜多便能遠離諍論作意亦能遠離
憍傲作意亦能遠離自讚作意亦能遠離毀
他作意亦能遠離我相作意亦能遠離名利
作意亦能遠離五蓋作意亦能遠離嫉慳作
意由此亦能圓滿一切難得希有真淨功德
亦能圓滿嚴淨佛土亦能圓滿无上佛法所
謂无上正等菩提時薄伽梵說是經已无量
菩薩摩訶薩衆慈氏菩薩而為上首具壽
善現及舍利子阿難陀等諸大聲聞并諸天龍
阿素洛等一切大衆聞佛所說皆大歡喜信受
奉行

大般若波羅蜜多經卷第五百五十五

BD04626號　大般若波羅蜜多經卷五五五　（4–4）

以自貢高恒常瞻憎乃與世間衆魔從事更
作縛著不解行之意著婦女恩愛之情口為
說空行在有中不能發覺復不自知但能論
說他人是非如此人輩皆當墮三惡道中聞
我說是藥師瑠璃光本願功德无不歡喜念
欲捨家行作沙門者也
佛言世間有人好自稱譽皆是貢高當墮三
惡道中後還為人牛馬奴婢生下賤中人當
乘其力負重而行困苦疲極去失人身聞我
說是藥師瑠璃光如來本願功德者皆當一
心歡喜踊躍更作齋敬即得解脫衆苦之患
長得歡喜聰明智慧遠離惡道得生善處
與善知識共相值遇无復憂惱離諸魔縛佛
言世間愚癡人輩兩舌鬬諍惡口罵詈更相嫌
恨或就山神樹下鬼神日月之神南斗北辰諸
鬼神所作諸呪詛或作名字或作人形像或
作符書以相厭禱呪咀言說聞我說是藥師
瑠璃光本願功德无不兩作和解俱生慈心
惡意悉滅各各歡喜无復惡念

BD04627號　灌頂章句拔除過罪生死得度經　（7–1）

言世間愚癡人輩兩舌鬬諍惡口罵詈更相嫌
恨或就山神樹下鬼神日月之神南斗北辰諸
鬼神所作諸呪詛或作名字或作人形像或
作符書以相厭禱呪咀言說聞我說是藥師
瑠璃光本願功德无不兩作和解俱生慈心
惡意悉滅各各歡喜无復惡念
佛言若四輩弟子比丘比丘尼清信士清信
女常脩月六齋年三長齋或晝夜精勤一心
苦行願欲往生西方阿弥陁佛國者憶念晝夜
若一日二日三日四日五日六日七日或復中悔
聞我說是瑠璃光本願功德盡其壽命欲
終之日有八菩薩皆當飛往迎其精神不逕
八難生蓮華中自然音樂而相娛樂
佛言假使壽命自欲盡時臨終之日得聞我
說是瑠璃光佛本願功德者命終皆得上生
天上不復歷三惡道中天上福盡若下生人
間當為帝王家作子或生豪姓長者居士富
貴家生皆當端正聰明智慧高才勇猛若是
女人化成男子无復憂苦患難者也
佛語文殊我稱譽顯說瑠璃光佛至真等正
覺本所脩集无量行願功德如是文殊師利
從坐而起長跪叉手白佛言世尊佛去世後
當以此法開化十方一切衆生使其受持是
經典也若有男子女人愛樂是經受持讀誦
宣通之者復能專念若一日二日三日四日五

BD04627號　灌頂章句拔除過罪生死得度經　（7–2）

覺本所脩集无量行願功德如是文殊師利
從坐而起長跪叉手白佛言世尊佛去世後
當以此法開化十方一切衆生使其受持是
經典也若有男子女人受樂是經受持讀誦
宣通之者復能專念若一日二日三日四日五
日乃至七日憶念不忘能以好素帛書取
是經五色雜綵作囊盛之者是時當有諸天
善神四天大王龍神八部常來愛敬營衛此
經日日作礼持是經者不須横死所在安隱
惡氣消滅諸魔鬼神亦不中害佛言如是如
是如汝所說文殊師利言天尊所說言无不善
佛言文殊若有善男子女人等發心造立藥
師瑠璃光如來形像供養礼拜懸雜色幡蓋
燒香散華歌詠讚歎圍繞百匝還坐本處
端坐思惟念藥師瑠璃光佛无量功德若有男
子女人七日七夜菜食長齋供養礼拜藥師
瑠璃光佛求心中所願者无不獲得求長壽
得長壽求富饒得富饒求安隱得安隱求男
女得男女求官位得官位若命過後欲生妙
樂天上者亦當礼敬瑠璃光佛至真等正覺
若欲上生卅三天者亦當礼拜必得往生若欲
與明師世世相值者亦當礼敬瑠璃光佛佛
告文殊若欲生十方妙樂國土者亦當礼敬
瑠璃光佛欲得生兜率天見彌勒者亦應礼

BD04627號　灌頂章句拔除過罪生死得度經　（7–3）

樂天上者亦當礼敬瑠璃光佛至真等正覺
若欲上生卅三天者亦當礼拜必得往生若欲
與明師世世相值者亦當礼敬瑠璃光佛佛
告文殊若欲生十方妙樂國土者亦當礼敬
瑠璃光佛欲得生兜率天見彌勒者亦應礼
敬瑠璃光佛若欲遠諸耶道亦當礼敬瑠璃光
佛若夜惡夢鳥鳴百怪蜚尸耶忤魍魎鬼神
之所嬈者亦當礼敬瑠璃光佛若為水火
所焚漂者亦當礼敬瑠璃光佛若入山谷為
虎狼熊羆蒺離諸狩毒龍蚖虵蝮蝎種種雜
類若有惡心來相向者心當存念瑠璃光佛山
中諸難不能為害若他方怨賊偷竊惡人怨
家債主欲來侵陵心當存念瑠璃光佛則不
為害以善男子礼敬瑠璃光如來功德所致
華報如是况果報也是故吾今勸諸四輩礼
事瑠璃光佛至真等正覺
佛告文殊我但為汝略說瑠璃光佛礼敬功
德若使我廣說是瑠璃光佛无量功德與一
切人求心中所願者從一劫至一劫故不周遍
其世間人若有著林瘦黃困篤惡病連年
累月不差者聞我說是瑠璃光佛名字之時
横病之厄无不除愈唯宿殃不請耳
佛告文殊若男子女人受三自歸若五戒若
十戒若善信菩薩廿四戒若沙門二百五十

BD04627號　灌頂章句拔除過罪生死得度經　（7–4）

其世間人若有[illegible]
累月不差者聞我說是瑠璃光佛名字之時
横病之厄无不除愈唯宿殃不請耳
佛告文殊若男子女人受三自歸若五戒若
十戒若善信菩薩廿四戒若沙門二百五十
戒若比丘尼五百戒若菩薩戒若破是諸戒
若能至心一懺悔者復聞我說瑠璃光佛終
不墮三悪道中必得解脫若人愚癡不受父
母師友教誨不信佛不信經戒不信聖僧應
墮三悪道中者忘失人種受畜生身聞我說
是瑠璃光佛善願功德者即得解脫
佛告文殊世有悪人雖受佛禁戒觸事違犯
或煞无道偷竊他人財寶欺詐妄語婬他婦
女飲酒鬪亂兩舌悪口罵詈毀人犯戒為悪
復祠祀鬼神有如是過罪當墮地獄中若當
屠割若抱銅柱若鐵鉤出舌若洋銅灌口者
聞我說是藥師瑠璃光佛无不即得解脫
者也
佛告文殊其世間人豪貴下賤不信佛不信
經道不信沙門不信有須陁洹不信有斯陁
含不信有阿那含不信有阿羅漢不信有辟
支佛不信有十住菩薩不信有三世之事不
信有十方諸佛不信有本師釋迦文佛不信
人死神明更生善者受福悪者受殃有如是
之罪應墮悪道聞我說是藥師瑠璃光佛名

BD04627號　灌頂章句拔除過罪生死得度經　（7–5）

經道[illegible]
含不信有阿那含不信有阿羅漢不信有辟
支佛不信有十住菩薩不信有三世之事不
信有十方諸佛不信有本師釋迦文佛不信
人死神明更生善者受福悪者受殃有如是
之罪應墮悪道聞我說是藥師瑠璃光佛名
字之者一切過罪自然消滅
佛告文殊若有善男子善女人聞我說是藥
師瑠璃光佛至真等正覺其誰不發无上正
真道意後皆當作佛人居世間仕官不遷治
生不得飢寒困厄亡失財產无復方計聞我
說藥師瑠璃光佛各各得心中所願仕官皆
得高遷財物自然長益飲食充饒皆得富貴
若為縣官所拘錄悪人侵枉若為怨家所得
便者心當存念瑠璃光佛若他婦女生產難
者皆當念是瑠璃光佛兒則易生身體平正无
諸疾病六情完具聰明智慧壽命得長不遭
枉横善神擁護不為悪鬼舐其頭也
佛說是語時阿難在右邊佛顧語阿難言汝
信我為文殊師利說往昔東方過十恒河沙有
佛名藥師瑠璃光本願功德者不阿難白佛言
唯天中天佛之所言何敢不信耶佛復語阿
難言世間人雖有眼耳鼻舌身意人常
用是六事以自迷惑信世俗魔耶之言不信
至真至誠度世苦切之語如是輩人難可開

BD04627號　灌頂章句拔除過罪生死得度經　（7–6）

信我為文殊師利說往昔東方過十恒河沙有
佛名藥師琉璃光本願功德者不阿難白佛言
唯天中天佛之所言何敢不信耶佛復語阿
難言世間人雖有眼耳鼻舌身意人常
用是六事以自迷惑信世俗魔耶之言不信
至真至誠度世苦切之語如是輩人難可開
化也阿難白佛言世尊世人多有惡逆不晓之
者若聞佛說此經開人耳目破治人病除人陰
冥使覩光明解人疑結去人重罪千劫万劫
无復憂患皆因佛說是藥師琉璃光本願功
德悉令安隱得其福也
佛言阿難汝口為言善而汝內心狐疑我言
阿難汝莫作是念以自毀敗佛言阿難我見
汝心我知汝意汝知之不阿難即以頭面著地
長跪白佛言審如天中天所說我適次聞佛
說是藥師琉璃光德大尊貴智慧巍巍難
可度量我心有小疑耳敢不伏首佛言汝智
慧俠劣少見少聞汝聞我說深妙之法无上
空義應生信敬貴重之心必當得至无上正
真道也
文殊問佛言世尊佛說是藥師琉璃光如來

BD04627號　灌頂章句拔除過罪生死得度經　（7–7）

阿耨多羅三藐三菩
功德如說修行過九十大劫
生死命時世尊即為授諸
僧祇劫當得作佛劫名難勝
光同時皆得阿耨多羅三藐三菩薩皆同一
号名顯莊嚴聞飾王十号具足梵王是金光
明微妙經典若正開持有大威力假使有人
於百千大劫行六波羅蜜無有方便若有善
男子善女人書寫如是金光明經半月半月
專心讀誦是功德聚於前功德百分不及一
乃至筭數譬喻所不能及梵王是故我今令
汝修學憶念受持為他廣說何以故我於往
昔行菩薩道時猶如勇士入於戰陣不惜身
命流通如是微妙經王受持讀誦為他解說
梵王譬如轉輪聖王若王在世七寶不滅王
若命終所有七寶自然滅盡梵王是金光明
微妙經王若現在世無上法寶悉皆不滅若
無是經隨處隱沒是故應當於此經王專心
聽聞受持讀誦為他解說勸令書寫行精進
波羅蜜多不惜身命不憚疲勞功德中勝我諸
弟子應當如是精勤修學
爾時大梵天王與無量梵衆帝釋四王及諸
藥叉俱從座起偏袒右肩右膝著地合掌恭

BD04628號　金光明最勝王經卷五　（4–1）

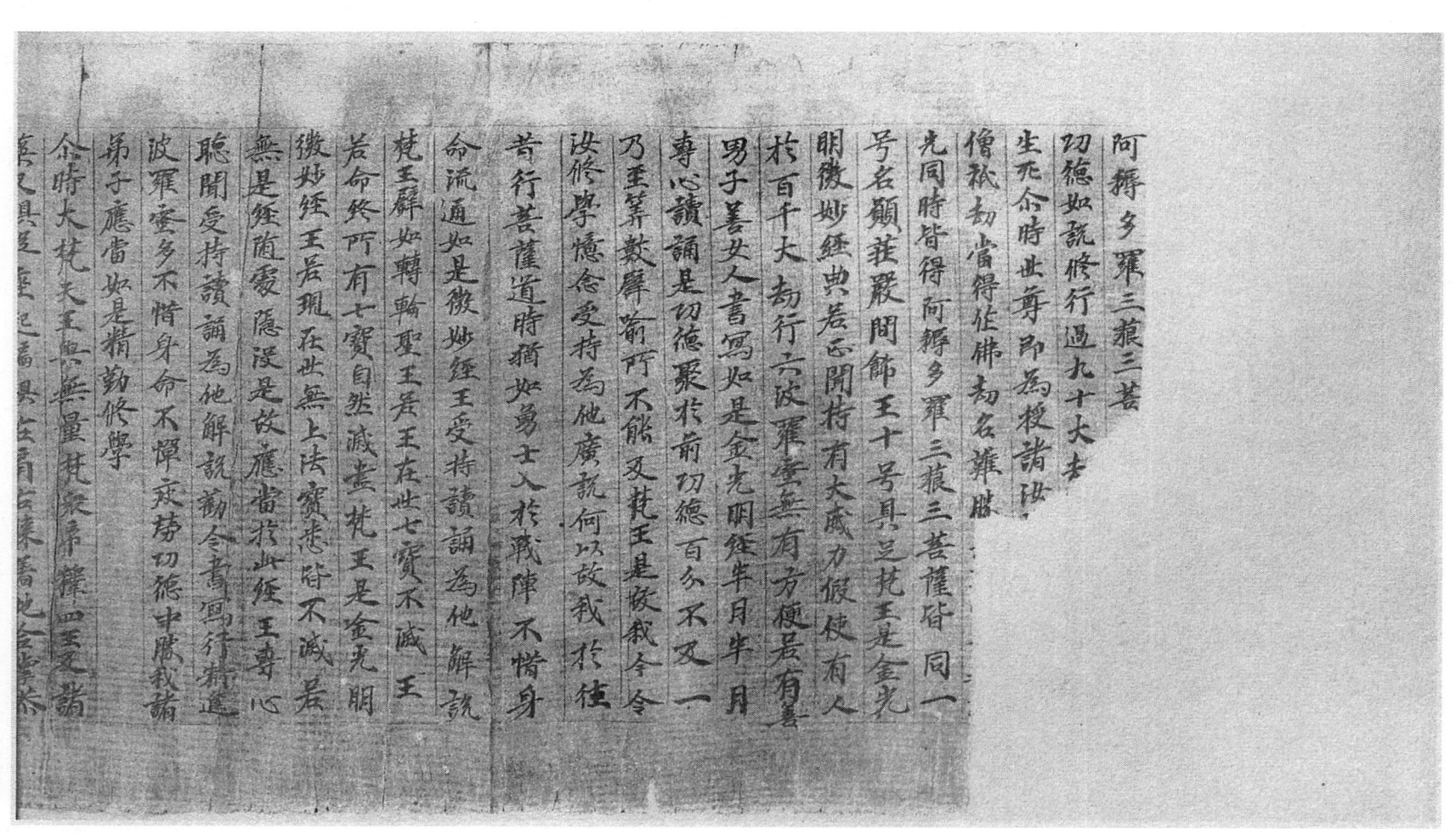

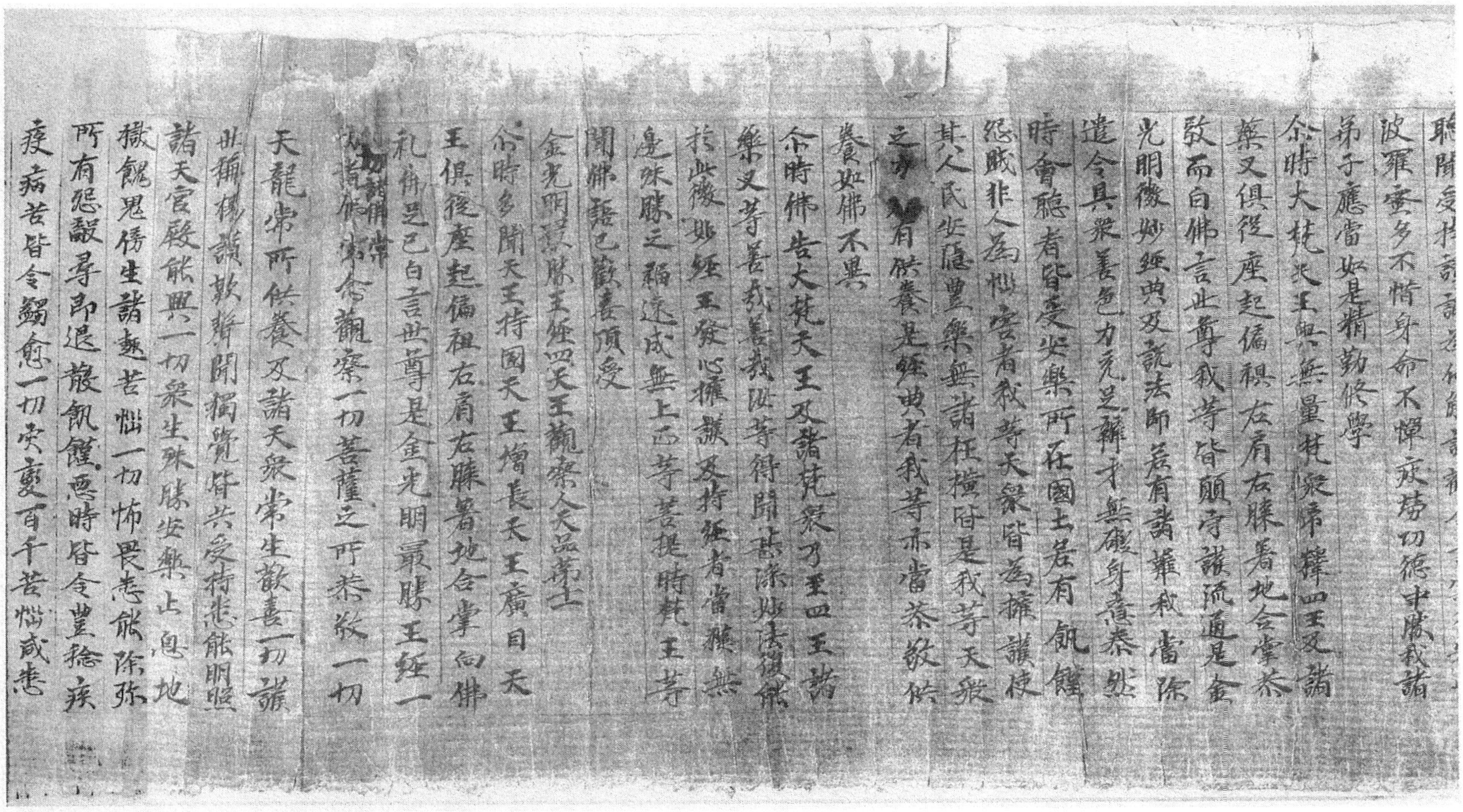

聽聞受持讀誦[illegible]我諸
波羅蜜多不惜身命不憚疲勞功德中勝我諸
弟子應當如是精勤修學
尒時大梵天王與無量梵衆帝釋四王及諸
藥叉俱從座起偏袒右肩右膝著地合掌恭
敬而白佛言世尊我等皆願守護流通是金
光明微妙經典及說法師若有諸難我當除
遣令具衆善色力充足辯才無礙身意泰然
時會聽者皆受安樂所在國土若有飢饉
怨賊非人為惱害者我等天衆皆為擁護使
其人民安隱豐樂無諸枉横皆是我等天衆
之力若有供養是經典者我等亦當恭敬供
養如佛不異
尒時佛告大梵天王及諸梵衆乃至四王諸
藥叉等善哉善哉汝等得聞甚深妙法復能
於此微妙經王發心擁護及持經者當獲無
邊殊勝之福速成無上正等菩提時梵王等
聞佛語已歡喜頂受
金光明最勝王經四天王觀察人天品第十一
尒時多聞天王持國天王增長天王廣目天
王俱從座起偏袒右肩右膝著地合掌向佛
禮佛足已白言世尊是金光明最勝王經一
切諸佛常念觀察一切菩薩之所恭敬一切
天龍常所供養及諸天衆常生歡喜一切護
世稱揚讚歎聲聞獨覺皆共受持悉能明照
諸天宮殿能與一切衆生殊勝安樂止息地
獄餓鬼傍生諸趣苦惱一切怖畏悉能除殄
所有怨敵尋即退散飢饉惡時皆令豐稔疾
疫病苦皆令蠲愈一切災變百千苦惱咸悉

BD04628號　金光明最勝王經卷五　（4–2）

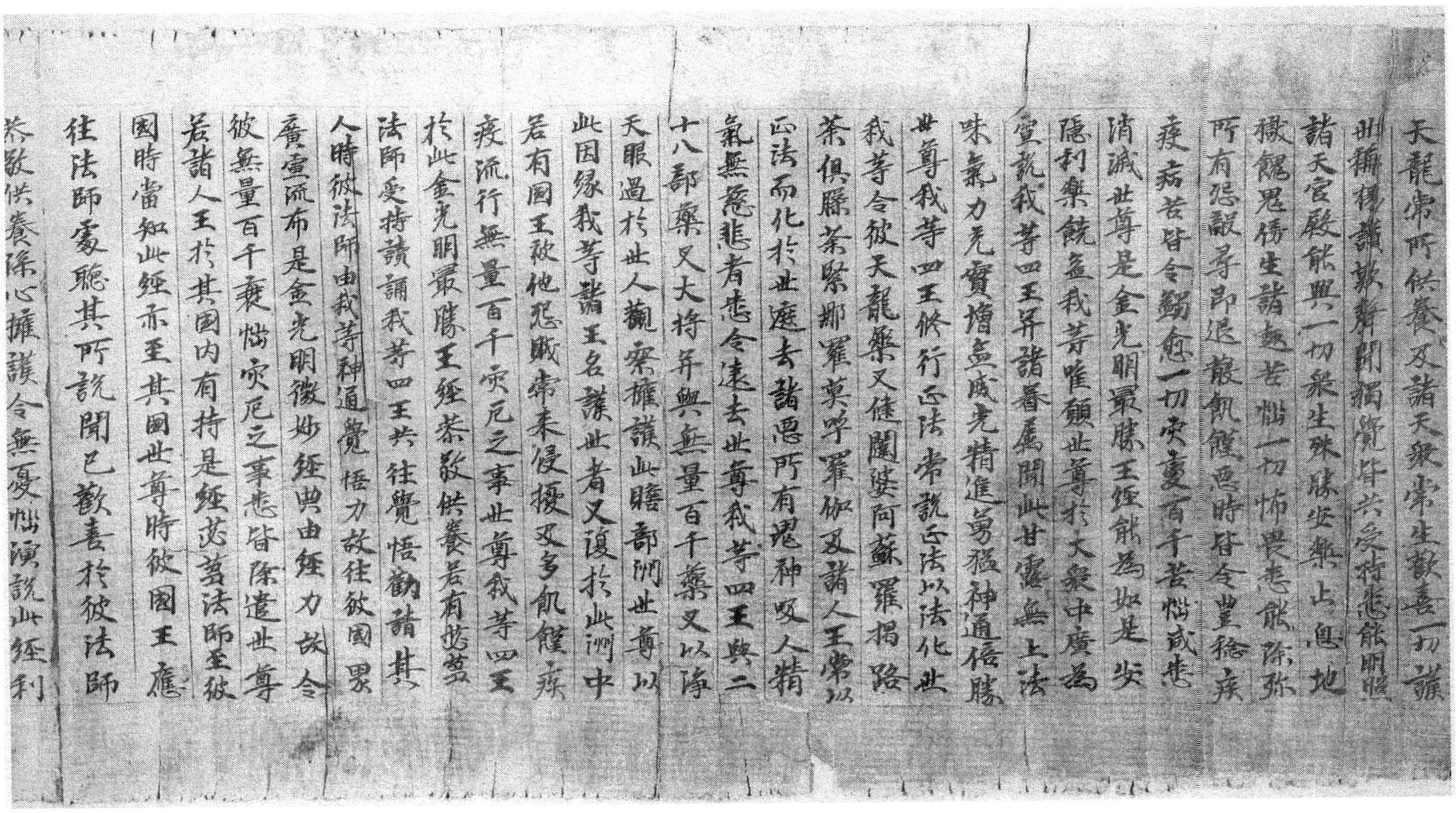

天龍常所供養及諸天衆常生歡喜一切護
世稱揚讚歎聲聞獨覺皆共受持悉能明照
諸天宮殿能與一切衆生殊勝安樂止息地
獄餓鬼傍生諸趣苦惱一切怖畏悉能除殄
所有怨敵尋即退散飢饉惡時皆令豐稔疾
疫病苦皆令蠲愈一切災變百千苦惱咸悉
消滅世尊是金光明最勝王經能為如是安
隱利樂饒益我等唯願世尊於大衆中廣為
宣說我等四王并諸眷屬聞此甘露無上法
味氣力充實增益威光精進勇猛神通倍勝
世尊我等四王修行正法常說正法以法化世
我等令彼天龍藥叉健闥婆阿蘇羅揭路
茶俱槃茶緊那羅莫呼洛伽及諸人王常以
正法而化於世遮去諸惡所有鬼神吸人精
氣無慈悲者悉令遠去世尊我等四王與二
十八部藥叉大將并與無量百千藥叉以淨
天眼過於世人觀察擁護此贍部洲世尊以
此因緣我等諸王名護世者又復於此洲中
若有國王被他怨賊常來侵擾及多飢饉疾
疫流行無量百千災厄之事世尊我等四王
於此金光明最勝王經恭敬供養若有苾芻
法師受持讀誦我等四王共往覺悟勸請其
人時彼法師由我等神通覺悟力故往彼國界
廣宣流布是金光明微妙經典由經力故令
彼無量百千衰惱災厄之事悉皆除遣世尊
若諸人王於其國內有持是經苾芻法師至彼
國時當知此經亦至其國世尊時彼國王應
往法師處聽其所說聞已歡喜於彼法師
恭敬供養深心擁護令無憂惱演說此經利

BD04628號　金光明最勝王經卷五　（4–3）

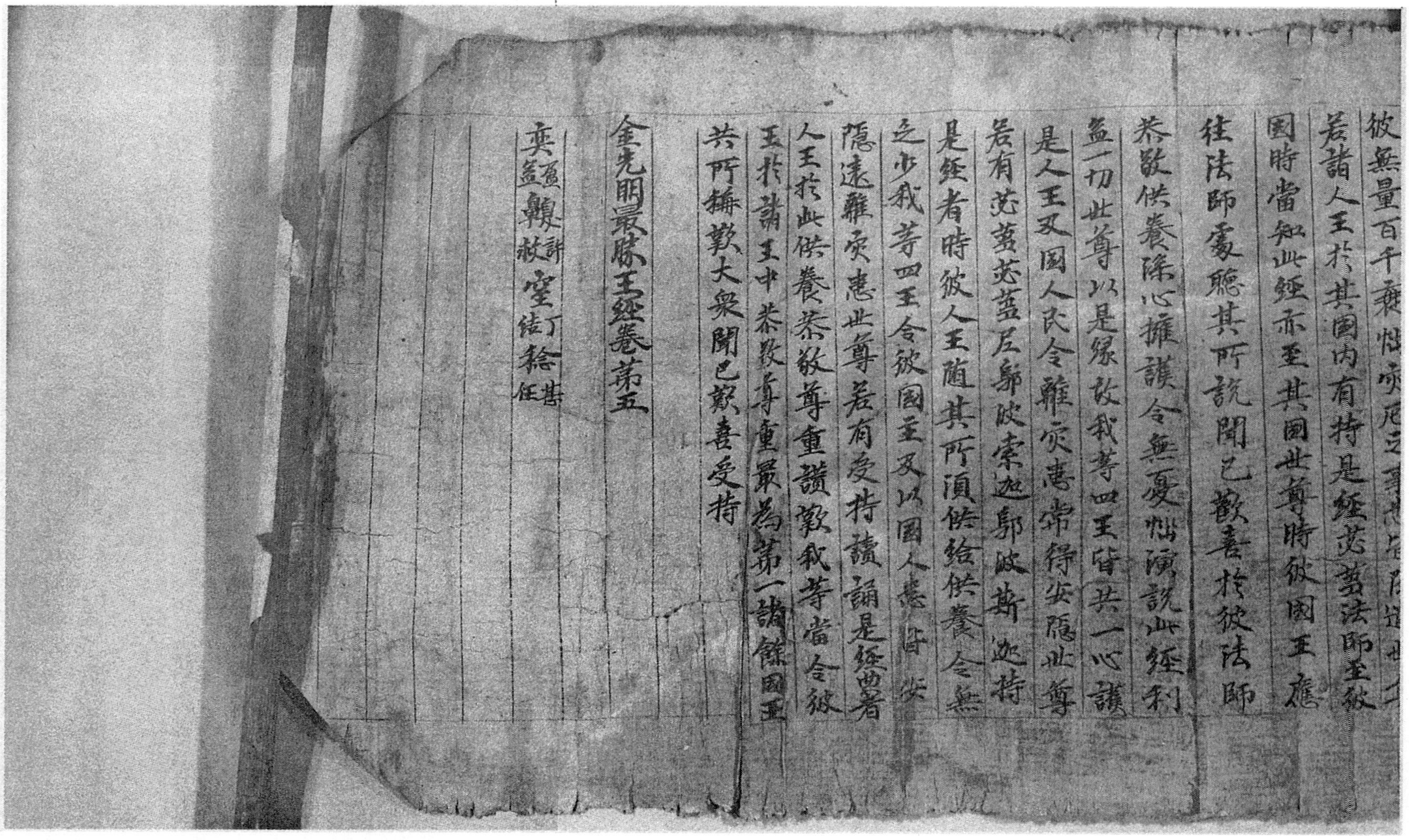
彼無量百千衰惱灾厄之事悉皆除遣世尊
若諸人王於其國內有持是經苾芻法師至彼
國時當知此經亦至其國世尊時彼國王應
往法師處聽其所說聞已歡喜於彼法師
恭敬供養深心擁護令無憂惱演說此經利
益一切世尊以是緣故我等四王皆共一心護
是人王及國人民令離灾患常得安隱世尊
若有苾芻苾芻尼鄔波索迦鄔波斯迦持
是經者時彼人王隨其所須供給供養令無
乏少我等四王令彼國主及以國人悉皆安
隱遠離灾患世尊若有受持讀誦是經典者
人王於此供養恭敬尊重讚歎我等當令彼
王於諸王中恭敬尊重最為第一諸餘國王
共所稱歎大衆聞已歡喜受持
金光明最勝王經卷第五
奕盈益 齅許救 窒丁結 稔任甚

BD04628 號　金光明最勝王經卷五　（4–4）

BD04628 號背　古代裱補紙及殘字痕　（1–1）

緣所生諸受真性无染无離染地界真性无
染无離染水火風空識界真性无染无離染因
緣真性无染无離染等无間緣所緣緣增
上緣真性无染无離染无明真性无染无離
染行識名色六處觸受愛取有生老死愁
歎苦憂惱真性无染无離染復次善現應觀諸
法畢竟清淨故隨順般若波羅蜜多應觀諸
法无著離著故隨順般若波羅蜜多應觀諸
法覺悟菩提及佛智故隨順般若波羅蜜 多
應觀諸法空无相无願故隨順般若波羅蜜
多應觀諸法良藥慈悲為上首故隨順般若
波羅蜜多應觀諸法慈性梵性无過无取故
隨順般若波羅蜜多應觀諸法於諸有情无
瞋无恚故隨順般若波羅蜜多應觀大海无
邊際故隨順般若波羅蜜多應觀虛空无邊
際故隨順般若波羅蜜多應觀色蘊離諸相
故隨順般若波羅蜜多應觀受想行識蘊離
諸相故隨順般若波羅蜜多應觀眼處離諸
相故隨順般若波羅蜜多應觀耳鼻舌身意

BD04629 號　大般若波羅蜜多經卷五五五　（3–1）

隨順般若波羅蜜多應觀諸法於諸有情无
瞋无恚故隨順般若波羅蜜多應觀大海无
邊際故隨順般若波羅蜜多應觀虛空无邊
際故隨順般若波羅蜜多應觀色蘊離諸相
故隨順般若波羅蜜多應觀受想行識蘊離
諸相故隨順般若波羅蜜多應觀眼處離諸
相故隨順般若波羅蜜多應觀耳鼻舌身意
處離諸相故隨順般若波羅蜜多應觀色處
離諸相故隨順般若波羅蜜多應觀聲香味
觸法處離諸相故隨順般若波羅蜜多應觀
眼界離諸相故隨順般若波羅蜜多應觀耳
鼻舌身意界離諸相故隨順般若波羅蜜 多
應觀色界離諸相故隨順般若波羅蜜多應
觀聲香味觸法界離諸相故隨順般若波羅
蜜多應觀眼識界離諸相故隨順般若波羅蜜
多應觀耳鼻舌身意識界離諸相故隨順
般若波羅蜜多應觀眼觸離諸相故隨順般
若波羅蜜多應觀耳鼻舌身意觸離諸相故
隨順般若波羅蜜多應觀眼觸為緣所生諸
受離諸相故隨順般若波羅蜜多應觀耳鼻
舌身意觸為緣所生諸受離諸相故隨順般
若波羅蜜多應觀地界離諸相故隨順般若
波羅蜜多應觀水火風空識界離諸相故隨
順般若波羅蜜多應觀因緣離諸相故隨順
般若波羅蜜多應觀等无間緣所緣緣增 上
緣離諸相故隨順般若波羅蜜多應觀无眀
離諸相故隨順般若波羅蜜多應觀行識名
色六處觸受愛取有生老死愁歎苦憂惱離
諸相故隨順般若波羅蜜多應觀色蘊无邊際

BD04629 號　大般若波羅蜜多經卷五五五　（3–2）

若波羅蜜多應觀地界離諸相故隨順般若
波羅蜜多應觀水火風空識界離諸相故隨
順般若波羅蜜多應觀因緣離諸相故隨順
般若波羅蜜多應觀等无間緣所緣緣增上
緣離諸相故隨順般若波羅蜜多應觀无明
離諸相故隨順般若波羅蜜多應觀行識名
色六處觸受愛取有生老死愁歎苦憂惱離
諸相故隨順般若波羅蜜多應觀色蘊无邊際
故隨順般若波羅蜜多應觀受想行識蘊无
邊際故隨順般若波羅蜜多應觀眼處无邊
際故隨順般若波羅蜜多應觀耳鼻舌身
意處无邊際故隨順般若波羅蜜多應觀色
處无邊際故隨順般若波羅蜜多應觀聲香
味觸法處无邊際故隨順般若波羅蜜多應
觀眼界无邊際故隨順般若波羅蜜多應觀
耳鼻舌身意界无邊際故隨順般若波羅蜜
多應觀色界无邊際故隨順般若波羅蜜多
應觀聲香味觸法界无邊際故隨順般若波
羅蜜多應觀眼識界无邊際故隨順般若波
羅蜜多應觀耳鼻舌身意識界无邊際故隨
順般若波羅蜜多應觀眼觸无邊際故隨順
般若波羅蜜多應觀耳鼻舌身意觸无邊際
故隨順般若波羅蜜多應觀眼觸為緣所生
諸受无邊際故隨順般若波羅蜜多應觀耳

BD04629 號　大般若波羅蜜多經卷五五五　（3–3）

之事復聞諸佛
□自在神通之力得未曾有心淨踊躍即
從座起到於佛前頭面礼足却住一面瞻仰
尊顏目不暫捨而作是念世尊甚奇特所為
希有隨順世間若干種性以方便知見而為
說法拔出眾生處處貪著我等於佛功德言
不能宣唯佛世尊能知我等深心本願
尒時佛告諸比丘汝等見是富樓那彌多
羅尼子不我常稱其於說法人中最為第一亦
常歎其種種功德精勤護持助宣我法能於
四眾示教利喜具足解釋佛之正法而大饒
益同梵行者自捨如來无能盡其言論之辯
汝等勿謂富樓那但能護持助宣我法亦於
過去九十億諸佛所護持助宣佛之正法於
彼說法人中亦最第一又於諸佛所說空法
明了通達得四无礙智常能審諦清淨說法
无有疑惑具足菩薩神通之力隨其壽命常
脩梵行彼佛世人咸皆謂之實是聲聞而富
樓那以斯方便饒益无量百千眾生又化无
量阿僧祇人令立阿耨多羅三藐三菩提為

BD04630 號　妙法蓮華經卷四　（9–1）

彼說法人中亦最第一又於諸佛所說空法
明了通達得四无礙智常能審諦清淨說法
无有疑惑具足菩薩神通之力隨其壽命常
脩梵行彼佛世人咸皆謂之實是聲聞而富
樓那以斯方便饒益无量百千衆生又化无
量阿僧祇人令立阿耨多羅三藐三菩提為
淨佛土故常作佛事教化衆生
諸比丘富樓那亦於七佛說法人中而得第一
今於我所說法人中亦為第一於賢劫中
當來諸佛說法人中亦復第一而皆護持助
宣佛法亦於未來護持助宣无量无邊諸
佛之法教化饒益无量衆生令立阿耨多羅
三藐三菩提為淨佛土故常勤精進教化衆
生漸漸具足菩薩之道過无量阿僧祇劫當於
此土得阿耨多羅三藐三菩提号曰法明如
來應供正遍知明行足善逝世間解无上士
調御丈夫天人師佛世尊其佛以恒河沙等
三千大千世界為一佛土七寶為地地平如掌
无有山陵谿澗溝壑七寶臺觀充滿其中
諸天宮殿近處虛空人天交接兩得相見无
諸惡道亦无女人一切衆生皆以化生无有
婬欲得大神通身出光明飛行自在志念
堅固精進智慧普皆金色三十二相而自莊嚴
其國衆生常以二食一者法喜食二者禪悅
食有无量阿僧祇千万億那由他諸菩薩衆

BD04630號　妙法蓮華經卷四

(9–2)

婬欲得大神通身出光明飛行自在志念
堅固精進智慧普皆金色三十二相而自莊嚴
其國衆生常以二食一者法喜食二者禪悅
食有无量阿僧祇千万億那由他諸菩薩衆
得大神通四无礙智善能教化衆生之類其聲
聞衆筭數校計所不能知皆得具足六通
三明及八解脫其佛國土有如是等无量功
德莊嚴成就劫名寶明國名善淨其佛壽命
无量阿僧祇劫法住甚久佛滅度後起七
寶塔遍滿其國尒時世尊欲重宣此義
而說偈言
諸比丘諦聽　佛子所行道　善學方便故　不可得思議
知衆樂小法　而畏於大智　是故諸菩薩　作聲聞緣覺
以无數方便　化諸衆生類　自說是聲聞　去佛道甚遠
度脫无量衆　皆悉得成就　雖小欲懈怠　漸當令作佛
內秘菩薩行　外現是聲聞　少欲厭生死　實自淨佛土
示衆有三毒　又現邪見相　我弟子如是　方便度衆生
若我具足說　種種現化事　衆生聞是者　心則懷疑惑
今此富樓那　於昔千億佛　勤脩所行道　宣護諸佛法
為求无上慧　而於諸佛所　現居弟子上　多聞有智慧
所說无所畏　能令衆歡喜　未曾有疲倦　而以助佛道
已度大神通　具四无礙智　知衆根利鈍　常說清淨法
演暢如是義　教諸千億衆　令住大乘法　而自淨佛土
未來亦供養　无量无數佛　護助宣正法　亦自淨佛土
常以諸方便　說法无所畏　度不可計衆　成就一切智

BD04630號　妙法蓮華經卷四

(9–3)

所說无所畏　能令衆歡喜　未曾有疲倦　而以助佛道
已度大神通　具四无礙智　知衆根利鈍　常說清淨法
演暢如是義　教諸千億衆　令住大乘法　而自淨佛土
未來亦供養　无量无數佛　護助宣正法　亦自淨佛土
常以諸方便　說法无所畏　度不可計衆　成就一切智
供養諸如來　護持法寶藏　其後得成佛　号名曰法明
其國名善淨　七寶所合成　劫名爲寶明　菩薩衆甚多
其數无量億　皆度大神通　威德力具足　充滿其國土
聲聞亦无數　三明八解脫　得四无礙智　以是等爲僧
其國諸衆生　婬欲皆已斷　純一變化生　具相莊嚴身
法喜禪悅食　更無餘食想　无有諸女人　亦无諸惡道
富樓那比丘　功德悉成滿　當得斯淨土　賢聖衆甚多
如是无量事　我今但略說
尒時千二百阿羅漢心自在者作是念我等
歡喜得未曾有若世尊各見授記如餘大弟
子者不亦快乎佛知此等心之所念告摩訶
迦葉是千二百阿羅漢我今當現前次第與
受阿耨多羅三藐三菩提記於此衆中我大
弟子憍陳如比丘當供養六万二千億佛然
後得成爲佛号曰普明如來應供正遍知明
行足善逝世間解无上士調御丈夫天人師
佛世尊其五百阿羅漢優樓頻螺迦葉伽耶
迦葉那提迦葉迦留陀夷優陀夷阿㝹樓䭾
離波多劫賓那薄拘羅周陀莎伽等皆當
得阿耨多羅三藐三菩提盡同一号名曰普

行足善逝世間解无上士調御丈夫天人師
佛世尊其五百阿羅漢優樓頻螺迦葉伽耶
迦葉那提迦葉迦留陀夷優陀夷阿㝹樓䭾
離波多劫賓那薄拘羅周陀莎伽等皆當
得阿耨多羅三藐三菩提盡同一号名曰普
明　尒時世尊欲重宣此義而說偈言
憍陳如比丘　當見无量佛　過阿僧祇劫　乃成等正覺
常放大光明　具足諸神通　名聞遍十方　一切之所敬
常說无上道　故号爲普明　其國土清淨　菩薩皆勇猛
咸昇妙樓閣　遊諸十方國　以无上供具　奉獻於諸佛
作是供養已　心懷大歡喜　須臾還本國　有如是神力
佛壽六万劫　正法住倍壽　像法復倍是　法滅天人憂
其五百比丘　次第當作佛　同号曰普明　轉次而授記
我滅度之後　某甲當作佛　其所化世間　亦如我今日
國土之嚴淨　及諸神通力　菩薩聲聞衆　正法及像法
壽命劫多少　皆如上所說　迦葉汝已知　五百自在者
餘諸聲聞衆　亦當復如是　其不在此會　汝當爲宣說
尒時五百阿羅漢於佛前得受記已歡喜踊躍
即從座起到於佛前頭面礼足悔過自責世
尊我等常作是念自謂已得究竟滅度今
乃知之如无智者所以者何我等應得如來智
慧而便自以小智爲足世尊譬如有人至親
友家醉酒而臥是時親友官事當行以无價
寶珠繫其衣裏與之而去其人醉臥都不

從座起到於佛前頭面礼足悔過自責世
尊我等常作是念自謂已得究竟滅度今
乃知之如无智者所以者何我等應得如來智
慧而便自以小智為足世尊譬如有人至親
友家醉酒而卧是時親友官事當行以无價
寶珠繫其衣裏與之而去其人醉卧都不
覺知起已遊行到於他國為衣食故勤力求
索甚大艱難若少有所得便以為足於後親
友會遇見之而作是言咄哉丈夫何為衣食
乃至如是我昔欲令汝得安樂五欲自恣於
某年日月以无價寶珠繫汝衣裏今故現在
而汝不知勤苦憂惱以求自活甚為癡也汝
今可以此寶貿易所須常可如意无所乏短
佛亦如是為菩薩時教化我等令發一切智
心而尋廢忘不知不覺既得阿羅漢道自謂
滅度資生艱難得少為足一切智願猶在不
失今者世尊覺悟我等作如是言諸比丘汝
等所得非究竟滅我久令汝等種佛善根以
方便故示涅槃相而汝謂為實得滅度世尊
我今乃知實是菩薩得受阿耨多羅三藐三
菩提記以是因緣甚大歡喜得未曾有尒時
阿若憍陳如等欲重宣此義而說偈言
我等聞无上　安隱授記聲　歡喜未曾有　礼无量智佛
今於世尊前　自悔諸過咎　於无量佛寶　得少涅槃分
如无智愚人　便自以為足　譬如貧窮人　往至親友家
其家甚大富　具設諸餚饍　以无價寶珠　繫著內衣裏

菩提記以是因緣甚大歡喜得未曾有尒時
阿若憍陳如等欲重宣此義而說偈言
我等聞无上　安隱授記聲　歡喜未曾有　礼无量智佛
今於世尊前　自悔諸過咎　於无量佛寶　得少涅槃分
如无智愚人　便自以為足　譬如貧窮人　往至親友家
其家甚大富　具設諸餚饍　以无價寶珠　繫著內衣裏
嘿與而捨去　時卧不覺知　是人既已起　遊行詣他國
求衣食自濟　資生甚艱難　得少便為足　更不願好者
不覺內衣裏　有无價寶珠　與珠之親友　後見此貧人
苦切責之已　示以所繫珠　貧人見此珠　其心大歡喜
富有諸財物　五欲而自恣　我等亦如是　世尊於長夜
常愍見教化　令種无上願　我等无智故　不覺亦不知
得少涅槃分　自足不求餘　今佛覺悟我　言非實滅度
得佛无上慧　尒乃為真滅　我今從佛聞　受記莊嚴事
及轉次受決　身心遍歡喜

妙法蓮華經授學无學人記品第九

尒時阿難羅睺羅而作是念我等每自思惟
設得受記不亦快乎即從座起到於佛前頭
面礼足俱白佛言世尊我等於此亦應有
分唯有如來我等所歸又我等為一切世間天
人阿脩羅所見知識阿難常為侍者護持法
藏羅睺羅是佛之子若佛見授阿耨多羅三
藐三菩提記者我願既滿眾望亦足尒時學
无學聲聞弟子二千人皆從座起偏袒右肩
到於佛前一心合掌瞻仰世尊如阿難羅睺

人阿脩羅所見知識阿難常為侍者護持法
藏羅睺羅是佛之子若佛見授阿耨多羅三
藐三菩提記者我願既滿衆望亦足尒時學
无學聲聞弟子二千人皆從座起偏袒右肩
到於佛前一心合掌瞻仰世尊如阿難羅睺
羅所願住立一面尒時佛告阿難汝於来世
當得作佛号山海慧自在通王如来應供正
遍知明行足善逝世間解无上士調御丈夫
天人師佛世尊當供養六十二億諸佛護持
法藏然後得成阿耨多羅三藐三菩提教化二
十千万億恒河沙諸菩薩等令成阿耨多羅
三藐三菩提國名常立勝幡其土清淨瑠璃
為地劫名妙音遍滿其佛壽命无量千万億
阿僧祇劫若人於千万億无量阿僧祇劫中
筭數校計不能得知正法住世倍於壽命像
法住世復倍正法阿難是山海慧自在通王
佛為十方无量千万億恒河沙等諸佛如来
所共讚歎稱其功德尒時世尊欲重宣此
義而說偈言
我今僧中說　阿難持法者　當供養諸佛　然後成正覺
号曰山海慧　自在通王佛　其國土清淨　名常立勝幡
教化諸菩薩　其數如恒沙　佛有大威德　名聞滿十方
壽命有无量　以愍衆生故　正法倍壽命　像法復倍是
如恒河沙等　无數諸衆生　於此佛法中　種佛道因緣
尒時會中新發意菩薩八千人咸作是念
我等尚不聞諸大菩薩得如是記有何因緣

阿僧祇劫若人於千万億无量阿僧祇劫中
筭數校計不能得知正法住世倍於壽命像
法住世復倍正法阿難是山海慧自在通王
佛為十方无量千万億恒河沙等諸佛如来
所共讚歎稱其功德尒時世尊欲重宣此
義而說偈言
我今僧中說　阿難持法者　當供養諸佛　然後成正覺
号曰山海慧　自在通王佛　其國土清淨　名常立勝幡
教化諸菩薩　其數如恒沙　佛有大威德　名聞滿十方
壽命有无量　以愍衆生故　正法倍壽命　像法復倍是
如恒河沙等　无數諸衆生　於此佛法中　種佛道因緣
尒時會中新發意菩薩八千人咸作是念
我等尚不聞諸大菩薩得如是記有何因緣而
諸聲聞得如是決尒時世尊知諸菩薩心之
所念而告之曰諸善男子我與阿難等於空
王佛所同時發阿耨多羅三藐三菩提心阿難
常樂多聞我常勤精進是故我已得成阿
耨多羅三藐三菩提而阿難護持我法亦護

失於如來无量知見世尊我常獨處山林樹
下若坐若行每作是念我等同入法性云何
如來以小乘法而見濟度是我等咎非世尊也
所以者何若我等待說所因成就阿耨多羅
三藐三菩提者必以大乘而得度脫然我
方便隨宜所說初聞佛法遇便信受
我從昔來終日竟夜每自尅
佛聞所未聞未曾有法斷諸疑悔
…今日乃知真是佛子從
佛口生從法化生得佛法分尒時舍利弗欲重
宣此義而說偈言
我聞是法音 得所未曾有 心懷大歡喜 疑網皆已除
昔來蒙佛教 不失於大乘 佛音甚希有 能除衆生惱
我已得漏盡 聞亦除憂惱 我處於山谷 或在林樹下
若坐若經行 常思惟是事 嗚呼深自責 云何而自欺
我等亦佛子 同入無漏法 不能於未來 演說無上道
金色三十二 十方諸解脫 同共一法中 而不得此事
八十種妙好 十八不共法 如是等功德 而我皆已失
我獨經行時 見佛在大衆 名聞滿十方 廣饒益衆生
自惟失此利 我為自欺誑 我常於日夜 每思惟是事
欲以問世尊 為失為不失 我常見世尊 稱讚諸菩薩

BD04631號　妙法蓮華經卷二

（30-1）

金色三十二 十方諸解脫 同共一法中 而不得此事
八十種妙好 十八不共法 如是等功德 而我皆已失
我獨經行時 見佛在大衆 名聞滿十方 廣饒益衆生
自惟失此利 我為自欺誑 我常於日夜 每思惟是事
欲以問世尊 為失為不失 我常見世尊 稱讚諸菩薩
以是於日夜 籌量如此事 今聞佛音聲 隨宜而說法
無漏難思議 令衆至道場 我本著邪見 為諸梵志師
世尊知我心 拔邪說涅槃 我悉除邪見 於空法得證
尒時心自謂 得至於滅度 而今乃自覺 非是實滅度
若得作佛時 具三十二相 天人夜叉衆 龍神等恭敬
是時乃可謂 永盡滅無餘 佛於大衆中 說我當作佛
聞如是法音 疑悔悉已除 初聞佛所說 心中大驚疑
將非魔作佛 惱亂我心耶 佛以種種緣 譬喻巧言說
其心安如海 我聞疑網斷 佛說過去世 無量滅度佛
安住方便中 亦皆說是法 現在未來佛 其數無有量
亦以諸方便 演說如是法 如今者世尊 從生及出家
得道轉法輪 亦以方便說 世尊說實道 波旬無此事
以是我定知 非是魔作佛 我墮疑網故 謂是魔所為
聞佛柔軟音 深遠甚微妙 演暢清淨法 我心大歡喜
疑悔永已盡 安住實智中 我定當作佛 為天人所敬
轉無上法輪 教化諸菩薩
尒時佛告舍利弗吾今於天人沙門婆羅門
等大衆中說我昔曾於二萬億佛所為無上
道故常教化汝汝亦長隨我受學我以方
便引導汝故生我法中舍利弗我昔教汝志

BD04631號　妙法蓮華經卷二

（30-2）

轉無上法輪　教化諸菩薩
尒時佛告舍利弗吾今於天人沙門婆羅門
等大衆中說我昔曾於二萬億佛所爲無上
道故常教化汝汝亦長夜隨我受學我以方
便引導汝故生我法中舍利弗我昔教汝志
願佛道汝今悉忘而便自謂已得滅度我今
還欲令汝憶念本願所行道故爲諸聲聞說
是大乘經名妙法蓮華教菩薩法佛所護念
舍利弗汝於未來世過無量無邊不可思議
劫供養若干千万億佛奉持正法具足菩薩
所行之道當得作佛号曰華光如來應供正遍
知明行足善逝世間解无上士調御丈夫天
人師佛世尊國名離垢其土平正清淨嚴飾
安隱豐樂天人熾盛瑠璃爲地有八交道黄
金爲繩以界其側其傍各有七寶行樹常有
華菓華光如來亦以三乘教化衆生舍利弗
彼佛出時雖非惡世以本願故說三乘法其
劫名大寶莊嚴何故名曰大寶莊嚴其國中
以菩薩爲大寶故彼諸菩薩無量無邊不可
思議筭數譬喻所不能及非佛智力無能知
者若欲行時寶華承足此諸菩薩非初發意
皆久殖德本於無量百千萬億佛所淨修梵
行恒爲諸佛之所稱歎常脩佛慧具大神通
善知一切諸法之門質直無僞志念堅固如
是菩薩充滿其國舍利弗華光佛壽十二

BD04631 號　妙法蓮華經卷二　（30–3）

思議筭數譬喻所不能及非佛智力無能知
者若欲行時寶華承足此諸菩薩非初發意
皆久殖德本於無量百千萬億佛所淨修梵
行恒爲諸佛之所稱歎常脩佛慧具大神通
善知一切諸法之門質直無僞志念堅固如
是菩薩充滿其國舍利弗華光佛壽十二
小劫除爲王子未作佛時其國人民壽八小
劫華光如來過十二小劫授堅滿菩薩阿耨
多羅三藐三菩提記告諸比丘是堅滿菩薩
次當作佛号曰華足安行多陁阿伽度阿羅
訶三藐三佛陁其佛國土亦復如是舍利弗
是華光佛滅度之後正法住世三十二小劫
像法住世亦三十二小劫尒時世尊欲重宣
此義而說偈言
舍利弗來世　成佛普智尊　号名曰華光　當度無量衆
供養無數佛　具足菩薩行　十力等功德　證於無上道
過無量劫已　劫名大寶嚴　世界名離垢　清淨無瑕穢
以瑠璃爲地　金繩界其道　七寶雜色樹　常有華菓實
彼國諸菩薩　志念常堅固　神通波羅蜜　皆已悉具足
於無數佛所　善學菩薩道　如是等大士　華光佛所化
佛爲王子時　棄國捨世榮　於最末後身　出家成佛道
華光佛住世　壽十二小劫　其國人民衆　壽命八小劫
佛滅度之後　正法住於世　三十二小劫　廣度諸衆生
正法滅盡已　像法三十二　舍利廣流布　天人普供養
華光佛所爲　其事皆如是　其兩足聖尊　最勝無倫疋
彼即是汝身　宜應自欣慶

BD04631 號　妙法蓮華經卷二　（30–4）

佛爲王子時 棄國捨世榮 於最末後身 出家成佛道
華光佛住世 壽十二小劫 其國人民衆 壽命八小劫
佛滅度之後 正法住於世 三十二小劫 廣度諸衆生
正法滅盡已 像法三十二 舍利廣流布 天人普供養
華光佛所爲 其事皆如是 其兩足聖尊 最勝無倫匹
彼即是汝身 宜應自欣慶
爾時四部衆比丘比丘尼優婆塞優婆夷天龍
夜叉乾闥婆阿脩羅迦樓羅緊那羅摩睺羅
伽等大衆見舍利弗於佛前受阿耨多羅三
藐三菩提記心大歡喜踊躍無量各各脫身
所著上衣以供養佛釋提桓因梵天王等與
無數天子亦以天妙衣曼陀羅華摩訶曼
陀羅華等供養於佛所散天衣住虛空中而
自迴轉諸天伎樂百千萬種於虛空中一時
俱作雨衆天華而作是言佛昔於波羅柰初
轉法輪今乃復轉無上最大法輪爾時諸天
子欲重宣此義而說偈言
昔於波羅柰 轉四諦法輪 分別說諸法 五衆之生滅
今復轉最妙 無上大法輪 是法甚深奧 少有能信者
我等從昔來 數聞世尊說 未曾聞如是 深妙之上法
世尊說是法 我等皆隨喜 大智舍利弗 今得受尊記
我等亦如是 必當得作佛 於一切世間 最尊無有上
佛道叵思議 方便隨宜說 我所有福業 今世若過世
及見佛功德 盡迴向佛道
爾時舍利弗白佛言世尊我今無復疑悔親
於佛前得受阿耨多羅三藐三菩提記是諸

BD04631號　妙法蓮華經卷二

（30–5）

我等亦如是 必當得作佛 於一切世間 最尊無有上
佛道叵思議 方便隨宜說 我所有福業 今世若過世
及見佛功德 盡迴向佛道
爾時舍利弗白佛言世尊我今無復疑悔親
於佛前得受阿耨多羅三藐三菩提記是諸
千二百心自在者昔住學地佛常教化言我
法能離生老病死究竟涅槃是學無學人亦
各自以離我見及有無見等謂得涅槃而今
於世尊前聞所未聞皆墮疑惑善哉世尊願
爲四衆說其因緣令離疑悔爾時佛告舍利
弗我先不言諸佛世尊以種種因緣譬喻言
辭方便說法皆爲阿耨多羅三藐三菩提耶
是諸所說皆爲化菩薩故然舍利弗今當復
以譬喻更明此義諸有智者以譬喻得解舍
利弗若國邑聚落有大長者其年衰邁財富
無量多有田宅及諸僮僕其家廣大唯有一
門多諸人衆一百二百乃至五百人止住其中
堂閣朽故牆壁隤落柱根腐敗梁棟傾危
周帀俱時欻然火起焚燒舍宅長者諸子若
十二十或至三十在此宅中長者見是大火
從四面起即大驚怖而作是念我雖能於此
所燒之門安隱得出而諸子等於火宅內樂
著嬉戲不覺不知不驚不怖火來逼身苦痛
切己心不厭患無求出意舍利弗是長者作是
思惟我身手有力當以衣裓若以几案從舍
出之復更思惟是舍唯有一門而復狹小諸

BD04631號　妙法蓮華經卷二

（30–6）

從四面起即大驚怖而作是念我雖能於此
所燒之門安隱得出而諸子等於火宅內樂
著嬉戲不覺不知不驚不怖火來逼身苦痛
切己心不猒患無求出意舍利弗是長者作是
思惟我身手有力當以衣裓若以几案從舍
出之復更思惟是舍唯有一門而復狹小諸
子幼稚未有所識戀著戲處或當墮落為火
所燒我當為說怖畏之事此舍已燒宜時疾
出无令為火之所燒害作是念已如所思惟
具告諸子汝等速出父雖憐愍善言誘喻
而諸子等樂著嬉戲不肯信受不驚不畏了
无出心亦復不知何者是火何者為舍云何
為失但東西走戲視父而已尒時長者即作
是念此舍已為大火所燒我及諸子若不時出
必為所焚我今當設方便令諸子等得免斯
害父知諸子先心各有所好種種珎玩奇異之
物情必樂著而告之言汝等所可玩好希有
難得汝若不取後必憂悔如此種種羊車鹿
車牛車今在門外可以遊戲汝等於此火宅
宜速出來隨汝所欲皆當與汝尒時諸子聞
父所說珎玩之物適其願故心各勇銳互相
推排競共馳走爭出火宅是時長者見諸子
等安隱得出皆於四衢道中露地而坐無復
障礙其心泰然歡喜踊躍時諸子等各白父
言父先所許玩好之具羊車鹿車牛車願時

父所說珎玩之物適其願故心各勇銳互相
推排競共馳走爭出火宅是時長者見諸子
等安隱得出皆於四衢道中露地而坐無復
障礙其心泰然歡喜踊躍時諸子等各白父
言父先所許玩好之具羊車鹿車牛車願時
賜與舍利弗尒時長者各賜諸子等一大車
其車高廣衆寶莊校周帀欄楯四面懸鈴
又於其上張設幰蓋亦以珎奇雜寶而嚴
飾之寶繩交絡垂諸華瓔重敷綩綖安置丹
枕駕以白牛膚色充潔形體姝好有大筋力
行步平正其疾如風又多僕從而侍衛之所
以者何是大長者財富無量種種諸藏悉皆
充溢而作是念我財物無極不應以下劣小
車與諸子等今此幼童皆是吾子愛無偏黨
我有如是七寶大車其數無量應當等心各
各與之不宜差別所以者何以我此物周給一
國猶尚不匱何況諸子是時諸子各乘大車
得未曾有非本所望舍利弗於汝意云何是
長者等與諸子珎寶大車寧有虛妄不舍
利弗言不也世尊是長者但令諸子得免火
難全其軀命非為虛妄何以故若全身命便
為已得玩好之具況復方便於彼火宅而拔
濟之世尊若是長者乃至不與最一小車猶
不虛妄何以故是長者先作是意我以方便
令子得出以是因緣無虛妄也何況長者自
□財富無量欲饒益諸子等與大車佛告舍

為已得玩好之具況復方便於彼火宅而拔
濟之世尊若是長者乃至不與最一小車猶
不虛妄何以故是長者先作是意我以方便
令子得出以是因緣無虛妄也何況長者自
知財富無量欲饒益諸子等與大車佛告舍
利弗善哉善哉如汝所言舍利弗如來亦復
如是則為一切世間之父於諸怖畏衰惱憂
患無明闇蔽永盡無餘而悉成就無量知見
力無所畏有大神力及智慧力具足方便智
慧波羅蜜大慈大悲常無懈惓恒求善事
利益一切而生三界朽故火宅為度眾生生老
病死憂悲苦惱愚癡闇蔽三毒之火教化令
得阿耨多羅三藐三菩提見諸眾生為生老
病死憂悲苦惱之所燒煑亦以五欲財利故
受種種苦又以貪著追求故現受眾苦後受
地獄畜生餓鬼之苦若生天上及在人間貧
窮困苦愛別離苦怨憎會苦如是等種種諸
苦眾生沒在其中歡喜遊戲不覺不知不驚
不怖亦不生猒不求解脫於此三界火宅東
西馳走雖遭大苦不以為患舍利弗佛見此
已便作是念我為眾生之父應拔其苦難與
無量無邊佛智慧樂令其遊戲舍利弗如來
復作是念若我但以神力及智慧力捨於方
便為諸眾生讚如來知見力無所畏者眾生
不能以是得度所以者何是諸眾生未免生

BD04631號　妙法蓮華經卷二

(30–9)

無量無邊佛智慧樂令其遊戲舍利弗如來
復作是念若我但以神力及智慧力捨於方
便為諸眾生讚如來知見力無所畏者眾生
不能以是得度所以者何是諸眾生未免生
老病死憂悲苦惱而為三界火宅所燒何由
能解佛之智慧舍利弗如彼長者雖復身手
有力而不用之但以慇懃方便免濟諸子火宅
之難然後各與珍寶大車如來亦復如是雖
有力無所畏而不用之但以智慧方便於三
界火宅拔濟眾生為說三乘聲聞辟支佛佛
乘而作是言汝等莫得樂住三界火宅勿貪
麁弊色聲香味觸也若貪著生愛則為所燒
汝等速出三界當得三乘聲聞辟支佛佛乘
我今為汝保任此事終不虛也汝等但當勤脩
精進如來以是方便誘進眾生復作是言汝
等當知此三乘法皆是聖所稱歎自在無繫
無所依求乘是三乘以無漏根力覺道禪定
解脫三昧等而自娛樂便得無量安隱快樂
舍利弗若有眾生內有智性從佛世尊聞法
信受慇懃精進欲速出三界自求涅槃是名
聲聞乘如彼諸子為求羊車出於火宅若有
眾生從佛世尊聞法信受慇懃精進求自然
慧樂獨善寂深知諸法因緣是名辟支佛乘
如彼諸子為求鹿車出於火宅若有眾生從
佛世尊聞法信受勤脩精進求一切智佛智

BD04631號　妙法蓮華經卷二

(30–10)

聲聞乘如彼諸子為求羊車出於火宅若有
衆生從佛世尊聞法信受慇懃精進求自然
慧樂獨善寂深知諸法因緣是名辟支佛乘
如彼諸子為求鹿車出於火宅若有衆生從
佛世尊聞法信受勤脩精進求一切智佛智
自然智無師智如來知見力無所畏愍念安
樂無量衆生利益天人度脫一切是名大乘菩
薩求此乘故名為摩訶薩如彼諸子為求
牛車出於火宅舍利弗如彼長者見諸子等
等安隱得出火宅到無畏處自惟財富無量
等以大車而賜諸子如來亦復如是為一切衆
生之父若見無量億千衆生以佛教門出三
界苦怖畏險道得涅槃樂如來尒時便作是
念我有無量無邊智慧力無畏等諸佛法藏
是諸衆生皆是我子等與大乘不令有人獨得
滅度皆以如來滅度而滅度之是諸衆生脫
三界者悉與諸佛禪定解脫等娛樂之具皆
是一相一種聖所稱歎能生淨妙第一之樂舍
利弗如彼長者初以三車誘引諸子然後但
與大車寶物莊嚴安隱第一然彼長者無虛
妄之咎如來亦復如是無有虛妄初說三乘
引導衆生然後但以大乘而度脫之何以故如
來有無量智慧力無所畏諸法之藏能與一
切衆生大乘之法但不盡能受舍利弗以是因
緣當知諸佛方便力故於一佛乘分別說三

BD04631號　妙法蓮華經卷二　（30–11）

妄之咎如來亦復如是無有虛妄初說三乘
引導衆生然後但以大乘而度脫之何以故如
來有無量智慧力無所畏諸法之藏能與一
切衆生大乘之法但不盡能受舍利弗以是因
緣當知諸佛方便力故於一佛乘分別說三
佛欲重宣此義而說偈言
譬如長者　有一大宅　其宅久故　而復頓弊
堂舍高危　柱根摧朽　梁棟傾斜　基陛隤毀
牆壁圮坼　泥塗褫落　覆苫亂墜　椽梠差脫
周障屈曲　雜穢充遍　有五百人　止住其中
鵄梟鵰鷲　烏鵲鳩鴿　蚖蛇蝮蠍　蜈蚣蚰蜒
守宮百足　鼬貍鼷鼠　諸惡虫輩　交横馳走
屎尿臭處　不淨流溢　蜣蜋諸虫　而集其上
狐狼野干　咀嚼踐蹋　嚌齧死屍　骨肉狼藉
由是群狗　競來摶撮　飢羸慞惶　處處求食
鬪諍摣掣　啀喍嘷吠　其舍恐怖　變狀如是
處處皆有　魑魅魍魎　夜叉惡鬼　食噉人肉
毒虫之屬　諸惡禽獸　孚乳產生　各自藏護
夜叉競來　爭取食之　食之既飽　惡心轉熾
鬪諍之聲　甚可怖畏　鳩槃荼鬼　蹲踞土埵
或時離地　一尺二尺　往返遊行　縱逸嬉戲
捉狗兩足　撲令失聲　以脚加頸　怖狗自樂
復有諸鬼　其身長大　裸形黑瘦　常住其中
發大惡聲　叫呼求食　復有諸鬼　其咽如針
復有諸鬼　首如牛頭　或食人肉　或復噉狗

BD04631號　妙法蓮華經卷二　（30–12）

鬪爭之聲 甚可怖畏 鳩槃荼鬼 蹲踞土埵
或時離地 一尺二尺 往返遊行 縱逸嬉戲
捉狗兩足 撲令失聲 以脚加頸 怖狗自樂
復有諸鬼 其身長大 裸形黑瘦 常住其中
發大惡聲 叫呼求食 復有諸鬼 其咽如針
復有諸鬼 首如牛頭 或食人肉 或復噉狗
頭髮蓬亂 殘害兇險 飢渴所逼 叫喚馳走
夜叉餓鬼 諸惡鳥獸 飢急四向 窺看窗牖
如是諸難 恐畏無量 是朽故宅 屬于一人
其人近出 未久之間 於後宅舍 欻然火起
四面一時 其焰俱熾 棟梁椽柱 爆聲震裂
摧折墮落 墻壁崩倒 諸鬼神等 揚聲大叫
鵰鷲諸鳥 鳩槃荼等 周慞惶怖 不能自出
惡獸毒虫 藏竄孔穴 毗舍闍鬼 亦住其中
薄福德故 為火所逼 共相殘害 飲血噉肉
野干之屬 並已前死 諸大惡獸 競來食噉
臭烟熢㶿 四面充塞 蜈蚣蚰蜒 毒蛇之類
為火所燒 爭走出穴 鳩槃荼鬼 隨取而食
又諸餓鬼 頭上火然 飢渴熱惱 周慞悶走
其宅如是 甚可怖畏 毒害火災 衆難非一
是時宅主 在門外立 聞有人言 汝諸子等
先因遊戲 來入此宅 稚小無知 歡娛樂著
長者聞已 驚入火宅 方宜救濟 令無燒害
告喻諸子 說衆患難 惡鬼毒虫 災火蔓莚
衆苦次第 相續不絕 毒蛇蚖蝮 及諸夜叉
鳩槃荼鬼 野干狐狗 鵰鷲鵄梟 百足之屬

BD04631號 妙法蓮華經卷二 （30–13）

先因遊戲 來入此宅 稚小無知 歡娛樂著
長者聞已 驚入火宅 方宜救濟 令無燒害
告喻諸子 說衆患難 惡鬼毒虫 災火蔓莚
衆苦次第 相續不絕 毒蛇蚖蝮 及諸夜叉
鳩槃荼鬼 野干狐狗 鵰鷲鵄梟 百足之屬
飢渴惱急 甚可怖畏 此苦難處 況復大火
諸子無知 雖聞父誨 猶故樂著 嬉戲不已
是時長者 而作是念 諸子如此 益我愁惱
今此舍宅 無一可樂 而諸子等 耽湎嬉戲
不受我教 將為火害 即便思惟 設諸方便
告諸子等 我有種種 珍玩之具 妙寶好車
羊車鹿車 大牛之車 今在門外 汝等出來
吾為汝等 造作此車 隨意所樂 可以遊戲
諸子聞說 如此諸車 即時奔競 馳走而出
到於空地 離諸苦難 長者見子 得出火宅
住於四衢 坐師子座 而自慶言 我今快樂
此諸子等 生育甚難 愚小無知 而入險宅
多諸毒虫 魑魅可畏 大火猛焰 四面俱起
而此諸子 貪樂嬉戲 我已救之 令得脫難
是故諸人 我今快樂 爾時諸子 知父安坐
皆詣父所 而白父言 願賜我等 三種寶車
如前所許 諸子出來 當以三車 隨汝所欲
今正是時 唯垂給與 長者大富 庫藏衆多
金銀瑠璃 硨磲碼碯 以衆寶物 造諸大車
裝校嚴飾 周帀欄楯 四面懸鈴 金繩交絡

BD04631號 妙法蓮華經卷二 （30–14）

是故諸人　我今快樂　尒時諸子　知父安坐
皆詣父所　而白父言　願賜我等　三種寶車
如前所許　諸子出來　當以三車　隨汝所欲
今正是時　唯垂給與　長者大富　庫藏衆多
金銀瑠璃　硨磲碼碯　以衆寶物　造諸大車
裝挍嚴飾　周帀欄楯　四面懸鈴　金繩交絡
真珠羅網　張施其上　金華諸瓔　處處垂下
衆綵雜飾　周帀圍繞　柔耎繒纊　以為裀褥
上妙細氎　價直千億　鮮白淨潔　以覆其上
有大白牛　肥壯多力　形體姝好　以駕寶車
多諸儐從　而侍衛之　以是妙車　等賜諸子
諸子是時　歡喜踊躍　乘是寶車　遊於四方
嬉戲快樂　自在無礙　告舍利弗　我亦如是
衆聖中尊　世間之父　一切衆生　皆是吾子
深著世樂　無有慧心　三界無安　猶如火宅
衆苦充滿　甚可怖畏　常有生老　病死憂患
如是等火　熾然不息　如來已離　三界火宅
寂然閑居　安處林野　今此三界　皆是我有
其中衆生　悉是吾子　而今此處　多諸患難
唯我一人　能為救護　雖復教詔　而不信受
於諸欲染　貪著深愛　以是方便　為說三乘
令諸衆生　知三界苦　開示演說　出世間道
是諸子等　若心決定　具足三明　及六神通
有得緣覺　不退菩薩　汝舍利弗　我為衆生
以此譬喻　說一佛乘　汝等若能　信受是語

BD04631 號　妙法蓮華經卷二　（30–15）

於諸欲染　貪著深愛　以是方便　為說三乘
令諸衆生　知三界苦　開示演說　出世間道
是諸子等　若心決定　具足三明　及六神通
有得緣覺　不退菩薩　汝舍利弗　我為衆生
以此譬喻　說一佛乘　汝等若能　信受是語
一切皆當　得成佛道　是乘微妙　清淨第一
於諸世間　為無有上　佛所悅可　一切衆生
所應稱讚　供養禮拜　無量千億　諸力解脫
禪定智慧　及佛餘法　得如是乘　令諸子等
日夜劫數　常得遊戲　與諸菩薩　及聲聞衆
乘此寶乘　直至道場　以是因緣　十方諦求
更無餘乘　除佛方便　告舍利弗　汝諸人等
皆是吾子　我則是父　汝等累劫　衆苦所燒
我皆濟拔　令出三界　我雖先說　汝等滅度
但盡生死　而不實滅　今所應作　唯佛智慧
若有菩薩　於是衆中　能一心聽　諸佛實法
諸佛世尊　雖以方便　所化衆生　皆是菩薩
若人小智　深著愛欲　為此等故　說於苦諦
衆生心喜　得未曾有　佛說苦諦　真實無異
若有衆生　不知苦本　深著苦因　不能暫捨
為是等故　方便說道　諸苦所因　貪欲為本
若滅貪欲　無所依止　滅盡諸苦　名第三諦
為滅諦故　脩行於道　離諸苦縛　名得解脫
是人於何　而得解脫　但離虛妄　名為解脫
其實未得　一切解脫　佛說是人　未實滅度
斯人未得　無上道故　我意不欲　令至滅度

BD04631 號　妙法蓮華經卷二　（30–16）

苦滅貪欲　無所依止　滅盡諸苦　名第三諦
爲滅諦故　脩行於道　離諸苦縛　名得解脫
是人於何　而得解脫　但離虛妄　名爲解脫
其實未得　一切解脫　佛說是人　未實滅度
斯人未得　無上道故　我意不欲　令至滅度
我爲法王　於法自在　安隱衆生　故現於世
汝舍利弗　我此法印　爲欲利益　世間故說
在所遊方　勿妄宣傳　若有聞者　隨喜頂受
當知是人　阿惟越致　若有信受　此經法者
是人已曾　見過去佛　恭敬供養　亦聞是法
若人有能　信汝所說　則爲見我　亦見於汝
及比丘僧　并諸菩薩　斯法華經　爲深智說
淺識聞之　迷惑不解　一切聲聞　及辟支佛
於此經中　力所不及　汝舍利弗　尚於此經
以信得入　況餘聲聞　其餘聲聞　信佛語故
隨順此經　非己智分　又舍利弗　憍慢懈怠
計我見者　莫說此經　凡夫淺識　深著五欲
聞不能解　亦勿爲說　若人不信　毀謗此經
則斷一切　世間佛種　或復顰蹙　而懷疑惑
汝當聽說　此人罪報　若佛在世　若滅度後
其有誹謗　如斯經典　見有讀誦　書持經者
輕賤憎嫉　而懷結恨　此人罪報　汝今復聽
其人命終　入阿鼻獄　具足一劫　劫盡更生
如是展轉　至無數劫　從地獄出　當墮畜生
若狗野干　其形頹瘦　黧黮疥癩　人所觸嬈
又復爲人　之所惡賤　常困飢渴　骨肉枯竭

BD04631號　妙法蓮華經卷二　（30–17）

輕賤憎嫉　而懷結恨　此人罪報　汝今復聽
其人命終　入阿鼻獄　具足一劫　劫盡更生
如是展轉　至無數劫　從地獄出　當墮畜生
若狗野干　其形頹瘦　黧黮疥癩　人所觸嬈
又復爲人　之所惡賤　常困飢渴　骨肉枯竭
生受楚毒　死被瓦石　斷佛種故　受斯罪報
若作駝驢　或生驢中　身常負重　加諸杖捶
但念水草　餘無所知　謗斯經故　獲罪如是
有作野干　來入聚落　身體疥癩　又無一目
爲諸童子　之所打擲　受諸苦痛　或時致死
於此死已　更受蟒身　其形長大　五百由旬
聾騃無足　宛轉腹行　爲諸小虫　之所唼食
晝夜受苦　無有休息　謗斯經故　獲罪如是
若得爲人　諸根闇鈍　矬陋攣躄　盲聾背傴
有所言說　人不信受　口氣常臭　鬼魅所著
貧窮下賤　爲人所使　多病痟瘦　無所依怙
雖親附人　人不在意　若有所得　尋復忘失
若脩醫道　順方治病　更增他疾　或復致死
若自有病　無人救療　設服良藥　而復增劇
若他反逆　抄劫竊盜　如是等罪　橫羅其殃
如斯罪人　永不見佛　衆聖中王　說法教化
如斯罪人　常生難處　狂聾心亂　永不聞法
於無數劫　如恒河沙　生輒聾瘂　諸根不具
常處地獄　如遊園觀　在餘惡道　如己舍宅
駝驢猪狗　是其行處　謗斯經故　獲罪如是

BD04631號　妙法蓮華經卷二　（30–18）

若他反逆　抄劫竊盜　如是等罪　橫羅其殃
如斯罪人　永不見佛　衆聖中王　說法教化
如斯罪人　常生難處　狂聾心亂　永不聞法
於無數劫　如恒河沙　生輒聾瘂　諸根不具
常處地獄　如遊園觀　在餘惡道　如己舍宅
駝驢猪狗　是其行處　謗斯經故　獲罪如是
若得為人　聾盲瘖瘂　貧窮諸衰　以自莊嚴
水腫乾痟　疥癩癰疽　如是等病　以為衣服
身常臭處　垢穢不淨　深著我見　增益瞋恚
婬欲熾盛　不擇禽獸　謗斯經故　獲罪如是
告舍利弗　謗斯經者　若說其罪　窮劫不盡
以是因緣　我故語汝　無智人中　莫說此經
若有利根　智慧明了　多聞強識　求佛道者
如是之人　乃可為說　若人曾見　億百千佛
殖諸善本　深心堅固　如是之人　乃可為說
若人精進　常修慈心　不惜身命　乃可為說
若人恭敬　無有異心　離諸凡愚　獨處山澤
如是之人　乃可為說　又舍利弗　若見有人
捨惡知識　親近善友　如是之人　乃可為說
若見佛子　持戒清潔　如淨明珠　求大乘經
如是之人　乃可為說　若人無瞋　質直柔耎
常愍一切　恭敬諸佛　如是之人　乃可為說
復有佛子　於大衆中　以清淨心　種種因緣
譬喻言辭　說法無礙　如是之人　乃可為說
若有比丘　為一切智　四方求法　合掌頂受
但樂受持　大乘經典　乃至不受　餘經一偈

BD04631號　妙法蓮華經卷二　（30–19）

常愍一切　恭敬諸佛　如是之人　乃可為說
復有佛子　於大衆中　以清淨心　種種因緣
譬喻言辭　說法無礙　如是之人　乃可為說
若有比丘　為一切智　四方求法　合掌頂受
但樂受持　大乘經典　乃至不受　餘經一偈
如是之人　乃可為說　如人至心　求佛舍利
如是求經　得已頂受　其人不復　志求餘經
亦未曾念　外道典籍　如是之人　乃可為說
告舍利弗　我說是相　求佛道者　窮劫不盡
如是等人　則能信解　汝當為說　妙法華經

妙法蓮華經信解品第四

尒時慧命須菩提摩訶迦旃延摩訶迦葉
摩訶目揵連從佛所聞未曾有法世尊授
舍利弗阿耨多羅三藐三菩提記發希有
心歡喜踊躍即從座起整衣服偏袒右肩
右膝著地一心合掌曲躬恭敬瞻仰尊顏而白
佛言我等居僧之首年並朽邁自謂已得涅
槃無所堪任不復進求阿耨多羅三藐三菩提
世尊往昔說法既久我時在座身體疲懈但念
空無相無作於菩薩法遊戲神通淨佛國土
成就衆生心不喜樂所以者何世尊令我等
出於三界得涅槃證又今我等年已朽邁於
佛教化菩薩阿耨多羅三藐三菩提不生一
念好樂之心我等今於佛前聞授聲聞阿耨
多羅三藐三菩提記心甚歡喜得未曾有不

BD04631號　妙法蓮華經卷二　（30–20）

空無相無作於菩薩法遊戲神通淨佛國土
成就衆生心不喜樂所以者何世尊令我等
出於三界得涅槃證又今我等年已朽邁於
佛教化菩薩阿耨多羅三藐三菩提不生一
念好樂之心我等今於佛前聞授聲聞阿耨
多羅三藐三菩提記心甚歡喜得未曾有不
謂於今忽然得聞希有之法深自慶幸獲大
善利無量珎寶不求自得世尊我等今者樂
說譬喻以明斯義譬若有人年既幼稚捨父逃
逝久住他國或十二十至五十歲年既長大加
復窮困馳騁四方以求衣食漸漸遊行遇向
本國其父先來求子不得中止一城其家大
富財寶無量金銀瑠璃珊瑚虎珀頗梨珠等
其諸倉庫悉皆盈溢多有僮僕臣佐吏民
象馬車乘牛羊無數出入息利乃遍他國商
估賈客亦甚衆多時貧窮子遊諸聚落經歷
國邑遂到其父所止之城父每念子與子離別
五十餘年而未曾向人說如此事但自思惟心
懷悔恨自念老朽多有財物金銀珎寶倉庫
盈溢無有子息一旦終沒財物散失無所委
付是以慇懃每憶其子復作是念我若得子
委付財物坦然快樂無復憂慮世尊尒時窮
子傭賃展轉遇到父舍住立門側遥見其父
踞師子牀寶几承足諸婆羅門剎利居士皆
恭敬圍繞以真珠瓔珞價直千万莊嚴其身

BD04631號　妙法蓮華經卷二

（30–21）

懷悔恨自念老朽多有財物金銀珎寶倉庫
盈溢無有子息一旦終沒財物散失無所委
付是以慇懃每憶其子復作是念我若得子
委付財物坦然快樂無復憂慮世尊尒時窮
子傭賃展轉遇到父舍住立門側遥見其父
踞師子牀寶几承足諸婆羅門剎利居士皆
恭敬圍繞以真珠瓔珞價直千万莊嚴其身
吏民僮僕手執白拂侍立左右覆以寶帳垂
諸華旛香水灑地散衆名華羅列寶物出內
取與有如是等種種嚴飾威德特尊窮子見
父有大力勢即懷恐怖悔來至此竊作是念
此或是王或是王等非我傭力得物之處不
如往至貧里肆力有地衣食易得若久住此
或見逼迫強使我作作是念已疾走而去時
富長者於師子座見子便識心大歡喜即作
是念我財物庫藏今有所付我常思念此子
無由見之而忽自來甚適我願我雖年朽猶故
貪惜即遣傍人急追將還尒時使者疾走往捉
窮子驚愕稱怨大喚我不相犯何為見捉使者
執之逾急強牽將還于時窮子自念無罪而被
囚執此必定死轉更惶怖悶絕躃地父遥見
之而語使言不須此人勿強將來以冷水灑面
令得醒悟莫復與語所以者何父知其子志意
下劣自知豪貴為子所難審知是子而以方便
不語他人云是我子使者語之我今放汝隨意
所趣窮子歡喜得未曾有從地而起往至貧里

BD04631號　妙法蓮華經卷二

（30–22）

之而語使言不須此人勿強將來以冷水灑面
令得醒悟莫復與語所以者何父知其子志意
下劣自知豪貴為子所難審知是子而以方便
不語他人云是我子使者語之我今放汝隨意
所趣窮子歡喜得未曾有從地而起往至貧里
以求衣食尒時長者將欲誘引其子而設方便密
遣二人形色顦顇無威德者汝可詣彼徐語窮
子此有作處倍與汝價窮子若許將來使作若
言欲何所作便可語之雇汝除糞我等二人亦共
汝作時二使人即求窮子既已得之具陳上事
尒時窮子先取其價尋與除糞其父見子愍而
怪之又以他日於窓牖中遙見子身羸瘦顦顇
糞土塵坌汙穢不淨即脫瓔珞細耎上服嚴飾
之具更著麁弊垢膩之衣塵土坌身右手執
持除糞之器狀有所畏語諸作人汝等勤作
勿得懈息以方便故得近其子後復告言咄男
子汝常此作勿復餘去當加汝價諸有所須瓮
器米麵鹽酢之屬莫自疑難亦有老弊使人
須者相給好自安意我如汝父勿復憂慮所
以者何我年老大而汝少壯汝常作時無有
欺怠瞋恨怨言都不見汝有此諸惡如餘作
人自今已後如所生子即時長者更與作字
名之為兒尒時窮子雖欣此遇猶故自謂客
作賤人由是之故於二十年中常令除糞過是
已後心相體信入出無難然其所止猶在本

BD04631號　妙法蓮華經卷二　（30–23）

欺怠瞋恨怨言都不見汝有此諸惡如餘作
人自今已後如所生子即時長者更與作字
名之為兒尒時窮子雖欣此遇猶故自謂客
作賤人由是之故於二十年中常令除糞過是
已後心相體信入出無難然其所止猶在本
處世尊尒時長者有疾自知將死不久語窮
子言我今多有金銀珎寶倉庫盈溢其中多
少所應取與汝悉知之我心如是當體此意所
以者何今我與汝便為不異宜加用心無令漏
失尒時窮子即受教勑領知衆物金銀珎寶
及諸庫藏而無悕取一飡之意然其所止故在
本處下劣之心亦未能捨復經少時父知子意
漸以通泰成就大志自鄙先心臨欲終時而命
其子并會親族國王大臣剎利居士皆悉已集
即自宣言諸君當知此是我子我之所生於
某城中捨吾逃走跉跰辛苦五十餘年其
本字某我名某甲昔在本城懷憂推覓忽
於此間遇會得之此實我子我實其父今我
所有一切財物皆是子有先所出內是子所知
世尊是時窮子聞父此言即大歡喜得未曾
有而作是念我本無心有所悕求今此寶藏
自然而至世尊大富長者則是如來我等皆
似佛子如來常說我等為子世尊我等以三
苦故於生死中受諸熱惱迷惑無知樂著小
法今日世尊令我等思惟蠲除諸法戲論之

BD04631號　妙法蓮華經卷二　（30–24）

有而作是念我本無心有所希求今此寶藏
自然而至世尊大富長者則是如來我等皆
似佛子如來常說我等為子世尊我等以三
苦故於生死中受諸熱惱迷惑無知樂著小
法今日世尊令我等思惟蠲除諸法戲論之
糞我等於中勤加精進得至涅槃一日之價
既得此已心大歡喜自以為足便自謂言於
佛法中勤精進故所得弘多然世尊先知我
心著弊欲樂於小法便見縱捨不為分別汝
等當有如來知見寶藏之分世尊以方便力
說如來智慧我等從佛得涅槃一日之價以
為大得於此大乘無有志求我等又因如來智
慧為諸菩薩開示演說而自於此無有志願
所以者何佛知我等心樂小法以方便力隨我
等說而我等不知真是佛子今我等方知世
尊於佛智慧無所悋惜所以者何我等昔來
真是佛子而但樂小法若我等有樂大之心
佛則為我說大乘法於此經中唯說一乘而
昔於菩薩前毀呰聲聞樂小法者然佛實以大
乘教化是故我等說本無心有所希求今法
王大寶自然而至如佛子所應得者皆已得
之尒時摩訶迦葉欲重宣此義而說偈言
我等今日　聞佛音教　歡喜踴躍　得未曾有
佛說聲聞　當得作佛　無上寶聚　不求自得
譬如童子　幼稚無識　捨父逃逝　遠到他土
周流諸國　五十餘年　其父憂念　四方推求

BD04631號　妙法蓮華經卷二　（30–25）

王大寶自然而至如佛子所應得者皆已得
之尒時摩訶迦葉欲重宣此義而說偈言
我等今日　聞佛音教　歡喜踴躍　得未曾有
佛說聲聞　當得作佛　無上寶聚　不求自得
譬如童子　幼稚無識　捨父逃逝　遠到他土
周流諸國　五十餘年　其父憂念　四方推求
求之既疲　頓止一城　造立舍宅　五欲自娛
其家巨富　多諸金銀　硨磲碼瑙　真珠瑠璃
為馬牛羊　輦輿車乘　田業僮僕　人民眾多
出入息利　乃遍他國　商估賈人　無處不有
千萬億眾　圍繞恭敬　常為王者　之所愛念
群臣豪族　皆共宗重　以諸緣故　往來者眾
豪富如是　有大力勢　而年朽邁　益憂念子
夙夜惟念　死時將至　癡子捨我　五十餘年
庫藏諸物　當如之何　尒時窮子　求索衣食
從邑至邑　從國至國　或有所得　或無所得
飢餓羸瘦　體生瘡癬　漸次經歷　到父住城
傭賃展轉　遂至父舍　尒時長者　於其門內
施大寶帳　處師子座　眷屬圍繞　諸人侍衛
或有計算　金銀寶物　出內財產　注記券疏
窮子見父　豪貴尊嚴　謂是國王　若國王等
驚怖自怪　何故至此　覆自念言　我若久住
或見逼迫　強驅使作　思惟是已　馳走而去
借問貧里　欲往傭作　長者是時　在師子座
遙見其子　默而識之　即勅使者　追捉將來
窮子驚喚　迷悶躄地　是人執我　必當見殺

BD04631號　妙法蓮華經卷二　（30–26）

窮子見父　豪貴尊嚴　謂是國王　若國王等
驚怖自恠　何故至此　覆自念言　我若久住
或見逼迫　強驅使作　思惟是已　馳走而去
借問貧里　欲往傭作　長者是時　在師子座
遥見其子　默而識之　即勑使者　追捉將來
窮子驚喚　迷悶躃地　是人執我　必當見殺
何用衣食　使我至此　長者知子　愚癡狹劣
不信我言　不信是父　即以方便　更遣餘人
眇目矬陋　無威德者　汝可語之　云當相雇
除諸糞穢　倍與汝價　窮子聞之　歡喜隨來
為除糞穢　淨諸房舍　長者於牖　常見其子
念子愚劣　樂為鄙事　於是長者　著弊垢衣
執除糞器　往到子所　方便附近　語令勤作
既益汝價　并塗足油　飲食充足　薦席厚暖
如是苦言　汝當勤作　又以耎語　若如我子
長者有智　漸令入出　經二十年　執作家事
示其金銀　真珠頗梨　諸物出入　皆使令知
猶處門外　止宿草庵　自念貧事　我無此物
父知子心　漸以曠大　欲與財物　即聚親族
國王大臣　剎利居士　於此大眾　說是我子
捨我他行　經五十歲　自見子來　已二十年
昔於某城　而失是子　周行求索　遂來至此
凡我所有　舍宅人民　悉以付之　恣其所用
子念昔貧　志意下劣　今於父所　大獲珍寶
并及舍宅　一切財物　甚大歡喜　得未曾有

BD04631號　妙法蓮華經卷二　（30–27）

捨我他行　經五十歲　自見子來　已二十年
昔於某城　而失是子　周行求索　遂來至此
凡我所有　舍宅人民　悉以付之　恣其所用
子念昔貧　志意下劣　今於父所　大獲珍寶
并及舍宅　一切財物　甚大歡喜　得未曾有
佛亦如是　知我樂小　未曾說言　汝等作佛
而說我等　得諸無漏　成就小乘　聲聞弟子
佛勑我等　說最上道　修習此者　當得成佛
我承佛教　為大菩薩　以諸因緣　種種譬喻
若干言辭　說無上道　諸佛子等　從我聞法
日夜思惟　精勤修習　是時諸佛　即授其記
汝於來世　當得作佛　一切諸佛　秘藏之法
但為菩薩　演其實事　而不為我　說斯真要
如彼窮子　得近其父　雖知諸物　心不希取
我等雖說　佛法寶藏　自無志願　亦復如是
我等內滅　自謂為足　唯了此事　更無餘事
我等若聞　淨佛國土　教化眾生　都無欣樂
所以者何　一切諸法　皆悉空寂　無生無滅
無大無小　無漏無為　如是思惟　不生喜樂
我等長夜　於佛智慧　無貪無著　無復志願
而自於法　謂是究竟　我等長夜　修習空法
得脫三界　苦惱之患　住最後身　有餘涅槃
佛所教化　得道不虛　則為已得　報佛之恩
我等雖說　諸佛子等　說菩薩法　以求佛道
而於是法　永無願樂　導師見捨　觀我心故

BD04631號　妙法蓮華經卷二　（30–28）

而自於法　謂是究竟　我等長夜　脩習空法
得脫三界　苦惱之患　住最後身　有餘涅槃
佛所教化　得道不虛　則為已得　報佛之恩
我等雖說　諸佛子等　說菩薩法　以求佛道
而於是法　永無願樂　導師見捨　觀我心故
初不勸進　說有實利　如富長者　知子志劣
以方便力　柔伏其心　然後乃付　一切財物
佛亦如是　現希有事　知樂小者　以方便力
調伏其心　乃教大智　我等今日　得未曾有
非先所望　而今自得　如彼窮子　得無量寶
世尊我今　得道得果　於無漏法　得清淨眼
我等長夜　持佛淨戒　始於今日　得其果報
法王法中　久脩梵行　今得無漏　無上大果
我等今者　真是聲聞　以佛道聲　令一切聞
我等今者　真阿羅漢　於諸世間　天人魔梵
普於其中　應受供養　世尊大恩　以希有事
憐愍教化　利益我等　無量億劫　誰能報者
手足供給　頭頂禮敬　一切供養　皆不能報
若以頂戴　兩肩荷負　於恒沙劫　盡心恭敬
又以美饍　無量寶衣　及諸臥具　種種湯藥
牛頭栴檀　及諸珍寶　以起塔廟　寶衣布施
如斯等事　以用供養　於恒沙劫　亦不能報
諸佛希有　無量無邊　不可思議　大神通力
無漏無為　諸法之王　能為下劣　忍于斯事
取相凡夫　隨宜而說　諸佛於法　得最自在
知諸衆生　種種欲樂　及其志力　隨所堪任

BD04631號　妙法蓮華經卷二　（30–29）

牛頭栴檀　及諸珍寶　以起塔廟　寶衣布施
如斯等事　以用供養　於恒沙劫　亦不能報
諸佛希有　無量無邊　不可思議　大神通力
無漏無為　諸法之王　能為下劣　忍于斯事
取相凡夫　隨宜而說　諸佛於法　得最自在
知諸衆生　種種欲樂　及其志力　隨所堪任
以無量喻　而為說法　隨諸衆生　宿世善根
又知成熟　未成熟者　種種籌量　分別知已
於一乘道　隨宜說三

妙法蓮華經卷第二

BD04631號　妙法蓮華經卷二　（30–30）

人以七寶滿尒所恒河沙數三千大千世界以
用布施得福多不須菩提言甚多世尊佛告
須菩提若善男子善女人於此經中乃至受
持四句偈等為他人說而此福德勝前福德
復次須菩提隨說是經乃至四句偈等當知此
處一切世間天人阿脩羅皆應供養如佛塔廟
何況有人盡能受持讀誦須菩提當知是人
成就最上第一希有之法若是經典所在之處
則為有佛若尊重弟子
尒時須菩提白佛言世尊當何名此經我等
云何奉持佛告須菩提是經名為金剛般若
波羅蜜以是名字汝當奉持所以者何須菩
提佛說般若波羅蜜則非般若波羅蜜須菩
提於意云何如來有所說法不須菩提白佛
言世尊如來无所說須菩提於意云何三千大
千世界所有微塵是為多不須菩提言甚多
世尊須菩提諸微塵如來說非微塵是名微
塵如來說世界非世界是名世界須菩提於
意云何可以三十二相見如來不不也世尊

BD04632 號　金剛般若波羅蜜經　（3–1）

提於意云何如來有所說法不須菩提白佛
言世尊如來无所說須菩提於意云何三千大
千世界所有微塵是為多不須菩提言甚多
世尊須菩提諸微塵如來說非微塵是名微
塵如來說世界非世界是名世界須菩提於
意云何可以三十二相見如來不不也世尊
何以故如來說三十二相即是非相是名三
十二相須菩提若有善男子善女人以恒河
沙等身命布施若復有人於此經中乃至受
持四句偈等為他人說其福甚多
尒時須菩提聞說是經深解義趣涕淚悲泣
而白佛言希有世尊佛說如是甚深經典我
從昔來所得慧眼未曾得聞如是之經世尊
若復有人得聞是經信心清淨則生實相當
知是人成就第一希有功德世尊是實相者
則是非相是故如來說名實相世尊我今得
聞如是經典信解受持不足為難若當來世後
五百歲其有衆生得聞是經信解受持是人
則為第一希有何以故此人无我相人相衆生
相壽者相所以者何我相即是非相人相衆
生相壽者相即是非相何以故離一切
諸相則名諸佛佛告須菩提如是如是若復
有人得聞是經不驚不怖不畏當知是人甚為
希有何以故須菩提如來說第一波羅蜜非
第一波羅蜜是名第一波羅蜜
須菩提忍辱波羅蜜如來說非忍辱波羅蜜
何以故須菩提如我昔為歌利王割截身體

BD04632 號　金剛般若波羅蜜經　（3–2）

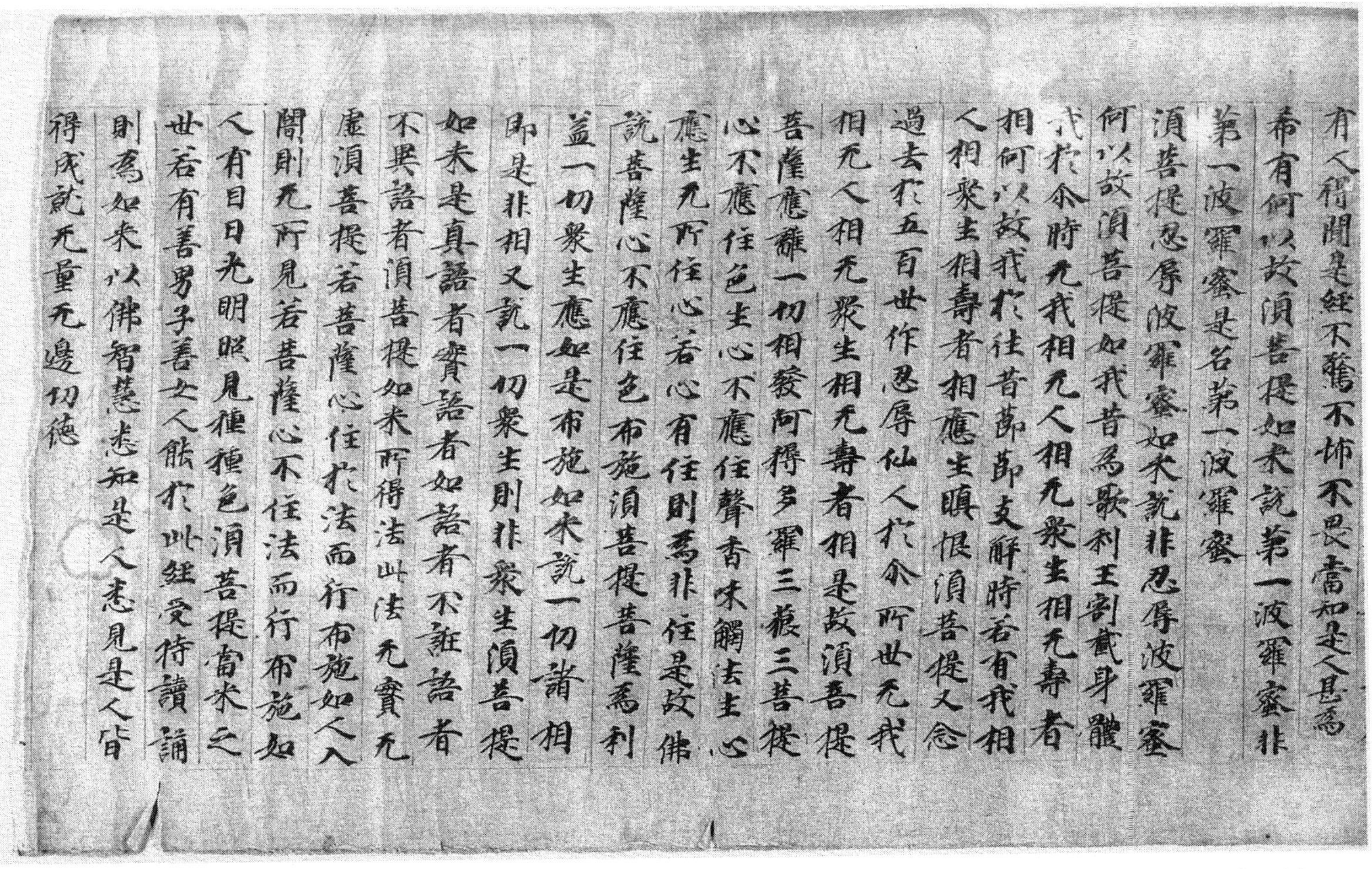
有人得聞是經不驚不怖不畏當知是人甚為
希有何以故須菩提如來說第一波羅蜜非
第一波羅蜜是名第一波羅蜜
須菩提忍辱波羅蜜如來說非忍辱波羅蜜
何以故須菩提如我昔為歌利王割截身體
我於尒時无我相无人相无衆生相无壽者
相何以故我於往昔節節支解時若有我相
人相衆生相壽者相應生瞋恨須菩提又念
過去於五百世作忍辱仙人於尒所世无我
相无人相无衆生相无壽者相是故須菩提
菩薩應離一切相發阿耨多羅三藐三菩提
心不應住色生心不應住聲香味觸法生心
應生无所住心若心有住則為非住是故佛
說菩薩心不應住色布施須菩提菩薩為利
益一切衆生應如是布施如來說一切諸相
即是非相又說一切衆生則非衆生須菩提
如來是真語者實語者如語者不誑語者
不異語者須菩提如來所得法此法无實无
虛須菩提若菩薩心住於法而行布施如人入
闇則无所見若菩薩心不住法而行布施如
人有目日光明照見種種色須菩提當來之
世若有善男子善女人能於此經受持讀誦
則為如來以佛智慧悉知是人悉見是人皆
得成就无量无邊功德

BD04632 號　金剛般若波羅蜜經　（3–3）

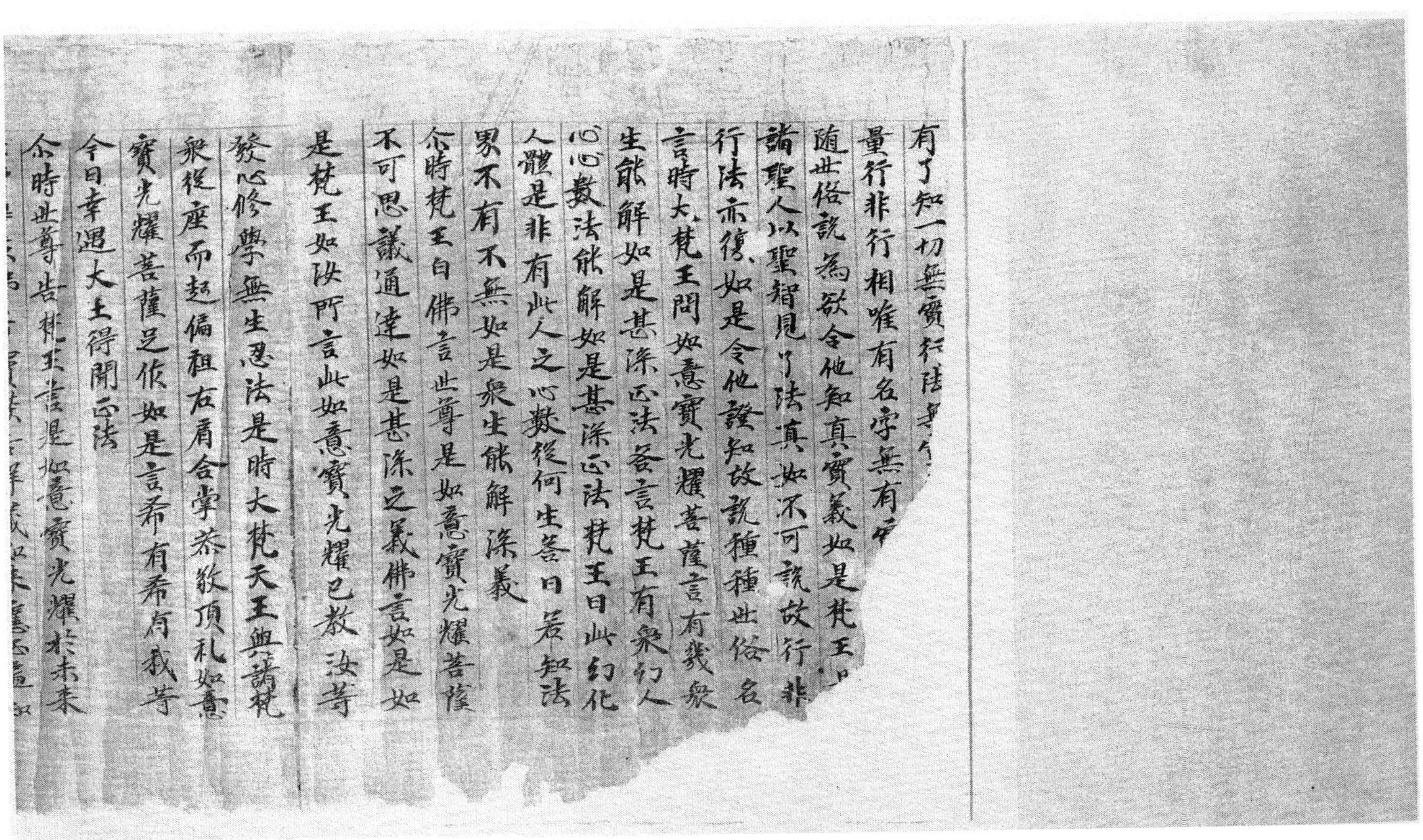
有了知一切無實行法[illegible]
量行非行相唯有名字無有[illegible]
隨世俗說為欲令他知真實義如是梵王[illegible]
諸聖人以聖智見了法真如不可說故行非
行法亦復如是令他證知故說種種世俗名
言時大梵王問如意寶光耀菩薩言有幾衆
生能解如是甚深正法答言梵王有衆幻人
心心數法能解如是甚深正法梵王曰此幻化
人體是非有此人之心數從何生答曰若知法
界不有不無如是衆生能解深義
尒時梵王白佛言世尊是如意寶光耀菩薩
不可思議通達如是甚深之義佛言如是如
是梵王如汝所言此如意寶光耀已教汝等
發心修學無生忍法是時大梵天王與諸梵
衆從座而起偏袒右肩合掌恭敬頂礼如意
寶光耀菩薩足作如是言希有希有我等
今日幸遇大士得聞正法
尒時世尊告梵王言是如意寶光耀於未來
[illegible]

BD04633 號　金光明最勝王經卷五　（2–1）

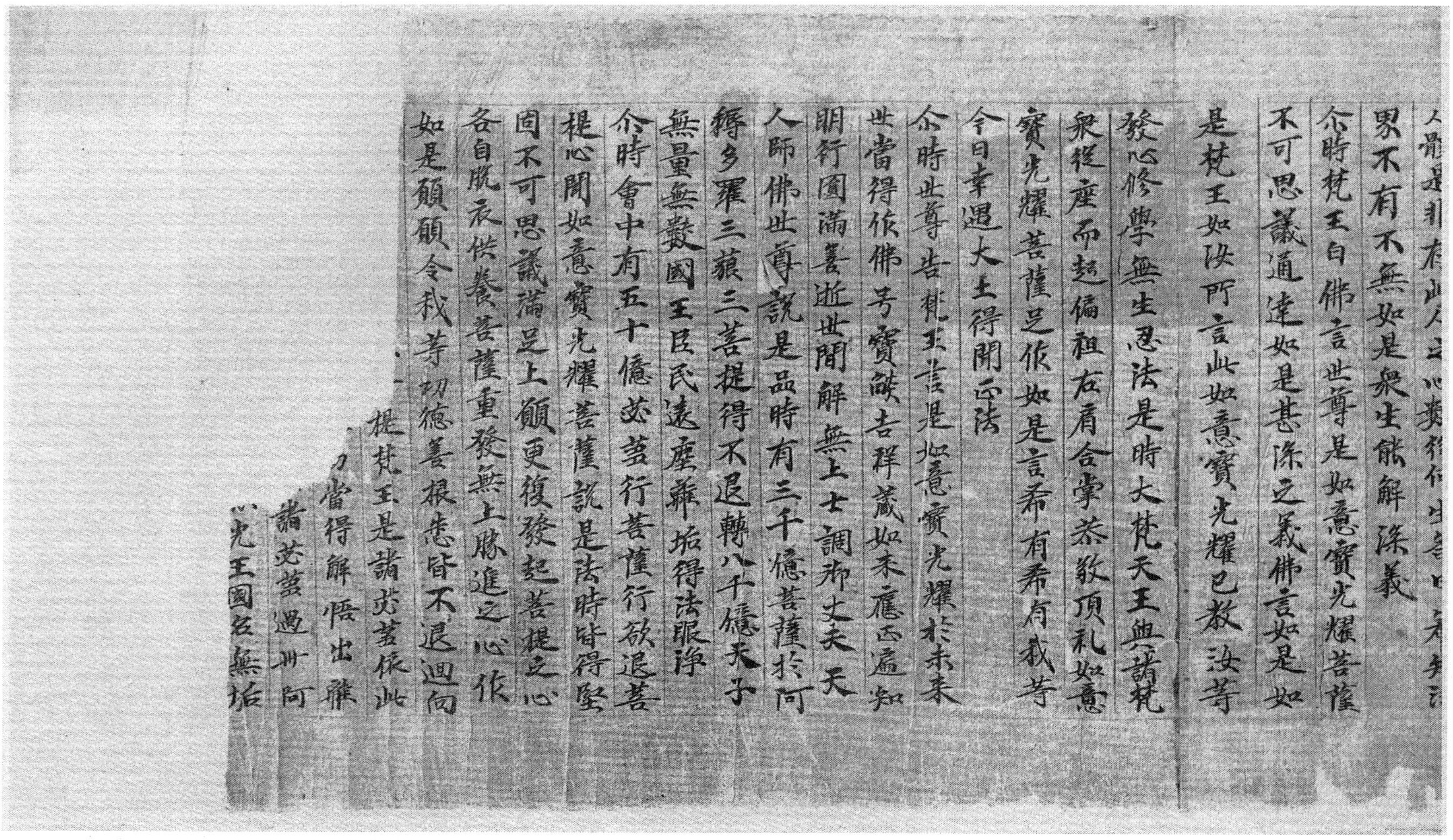
界不有不無如是衆生能解深義
尒時梵王白佛言世尊是如意寶光耀菩薩
不可思議通達如是甚深之義佛言如是如
是梵王如汝所言此如意寶光耀已教汝等
發心修學無生忍法是時大梵天王與諸梵
衆從座而起偏袒右肩合掌恭敬頂礼如意
寶光耀菩薩足作如是言希有希有我等
今日幸遇大士得聞正法
尒時世尊告梵王言是如意寶光耀於未來
世當得作佛号寶餤吉祥藏如來應正遍知
明行圓滿善逝世間解無上士調御丈夫天
人師佛世尊說是品時有三千億菩薩於阿
耨多羅三藐三菩提得不退轉八千億天子
無量無數國王臣民遠塵離垢得法眼淨
尒時會中有五十億苾芻行菩薩行欲退菩
提心聞如意寶光耀菩薩說是法時皆得堅
固不可思議滿足上願更復發起菩提之心
各自脫衣供養菩薩重發無上勝進之心作
如是願願令我等功德善根悉皆不退迴向
提梵王是諸苾芻依此
力當得解悟出離
諸苾芻過卅阿
光王國名無垢

BD04633 號　金光明最勝王經卷五　（2–2）

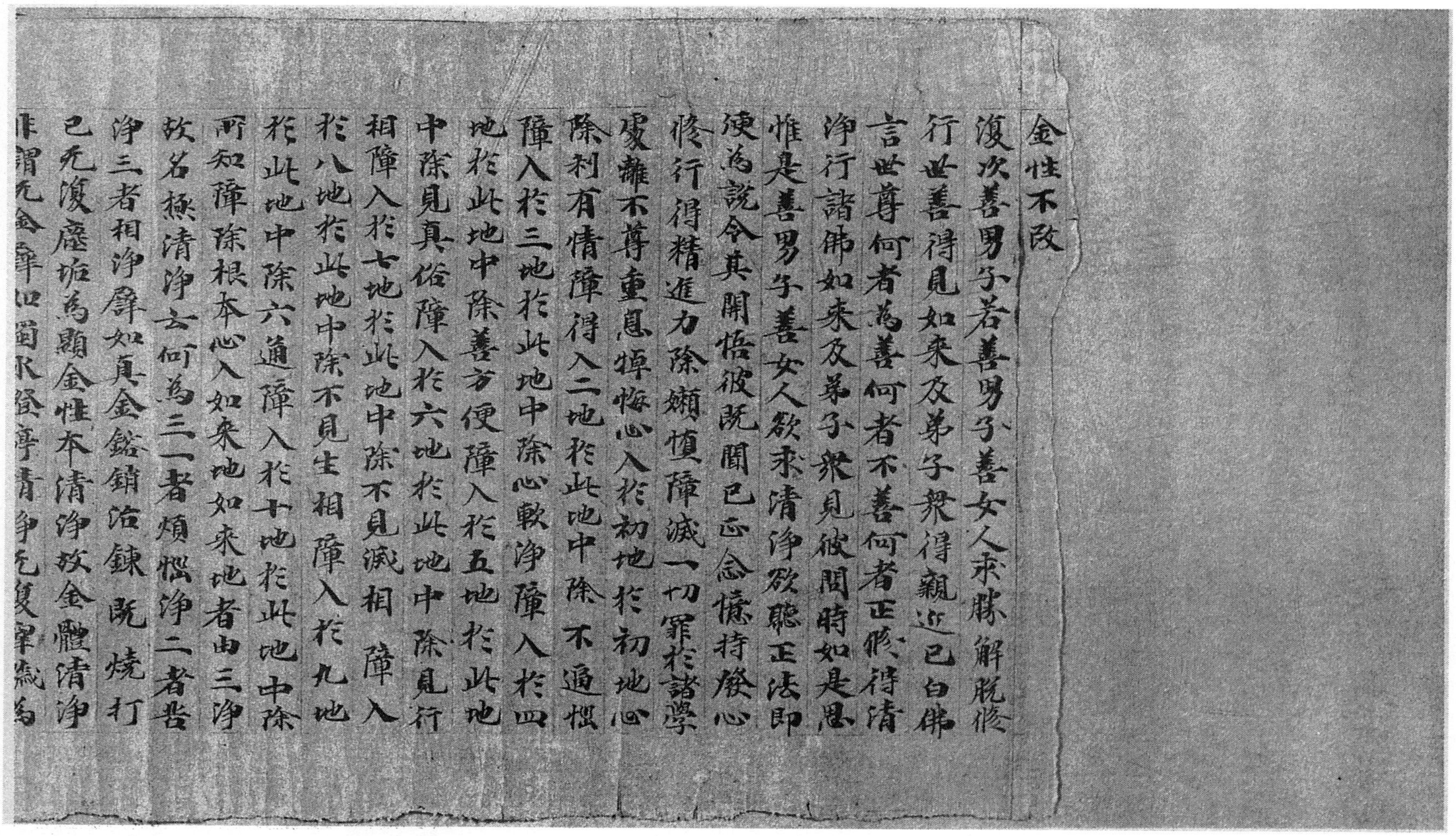
金性不改
復次善男子若善男子善女人求勝解脫修
行世善得見如來及弟子衆得親近已白佛
言世尊何者為善何者不善何者正修得清
淨行諸佛如來及弟子衆見彼問時如是思
惟是善男子善女人欲求清淨欲聽正法即
便為說令其開悟彼既聞已正念憶持發心
修行得精進力除嬾惰障滅一切罪於諸學
處離不尊重息掉悔心入於初地於初地心
除利有情障得入二地於此地中除不逼惱
障入於三地於此地中除心軟淨障入於四
地於此地中除善方便障入於五地於此地
中除見真俗障入於六地於此地中除見行
相障入於七地於此地中除不見滅相障入
於八地於此地中除不見生相障入於九地
於此地中除六通障入於十地於此地中除
所知障除根本心入如來地如來地者由三淨
故名極清淨云何為三一者煩惱淨二者苦
淨三者相淨譬如真金鎔銷治鍊既燒打
已无復塵垢為顯金性本清淨故金體清淨
非謂无金譬如濁水澄渟清淨无復渾濁為

BD04634 號　金光明最勝王經卷二　（4–1）

相障入於七地於此地中除不見滅相障入
於八地於此地中除不見生相障入於九地
於此地中除六通障入於十地於此地中除
所知障除根本心入如來地如來地者由三淨
故名極清淨云何為三一者煩惱淨二者苦
淨三者相淨譬如真金鎔銷冶鍊既燒打
已无復塵垢為顯金性本清淨故金體清淨
非謂无金譬如濁水澄停清淨无復滓穢為
顯水性本清淨故非謂无水如是法身與煩
惱雜苦集除已无復餘習為顯佛性本清淨
故非謂无體譬如虛空烟雲塵霧之所障蔽
若除屏已是空界淨非謂无空如是法身一
切衆苦悉皆盡故說為清淨非謂无體譬如
有人於睡夢中見大河水漂泛其身運手動
足截流而渡得至彼岸由彼身心不懈退故
從夢覺已不見有水彼此岸別非謂无心生
死忘想既滅盡已是覺清淨非謂无覺如是
法界一切忘想不復生故說為清淨非是諸
佛无其實體
復次善男子是法身者惑障清淨能現應身
業障清淨能現化身智障清淨能現法身譬
如依空出電依電出光如是依法身故能現
應身依應身故能現化身由性淨故能現法
身智慧清淨能現應身三昧清淨能現化身
此三清淨是法如如不異如如一味如如解
脫如如究竟如如是故諸佛體无有異善男
子若有善男子善女人說於如來是我大師

BD04634號　金光明最勝王經卷二　（4–2）

應身依應身故能現化身由性淨故能現法
身智慧清淨能現應身三昧清淨能現化身
此三清淨是法如如不異如如一味如如解
脫如如究竟如如是故諸佛體无有異善男
子若有善男子善女人說於如來是我大師
若作如是決定信者此人即應深心解了如
來之身无有別異善男子以是義故於諸境
界不正思惟悉皆除斷即知彼法无有二相
亦无分別聖所修行如如於彼无有二相正
修行故如是如是一切諸障悉皆除滅如如
一切障滅如是如是法如如如智得最清
淨如如法界正智清淨如是如是一切自在
具足攝受皆得成就一切諸障悉皆除滅一
切諸障得清淨故是名真如正智真實之相
如是見者是名聖見是則名為真實見佛何
以故如實得見法真如故是故諸佛悉能普
見一切如來何以故聲聞獨覺已出三界求
真實境不能智見如是聖人所不知見一切
凡夫皆生疑惑顛倒分別不能得度如兔浮
海必不能過所以者何力微劣故凡夫之人
亦復如是不能通達法如如故然諸如來无
分別心於一切法得大自在具足清淨深智
慧故是自境界不共他故是故諸佛如來於
无量无邊阿僧祇劫不惜身命難行苦行方
得此身最上无比不可思議過言說境是妙
寂靜離諸怖畏
善男子如是知見法真如者无生老死壽命

BD04634號　金光明最勝王經卷二　（4–3）

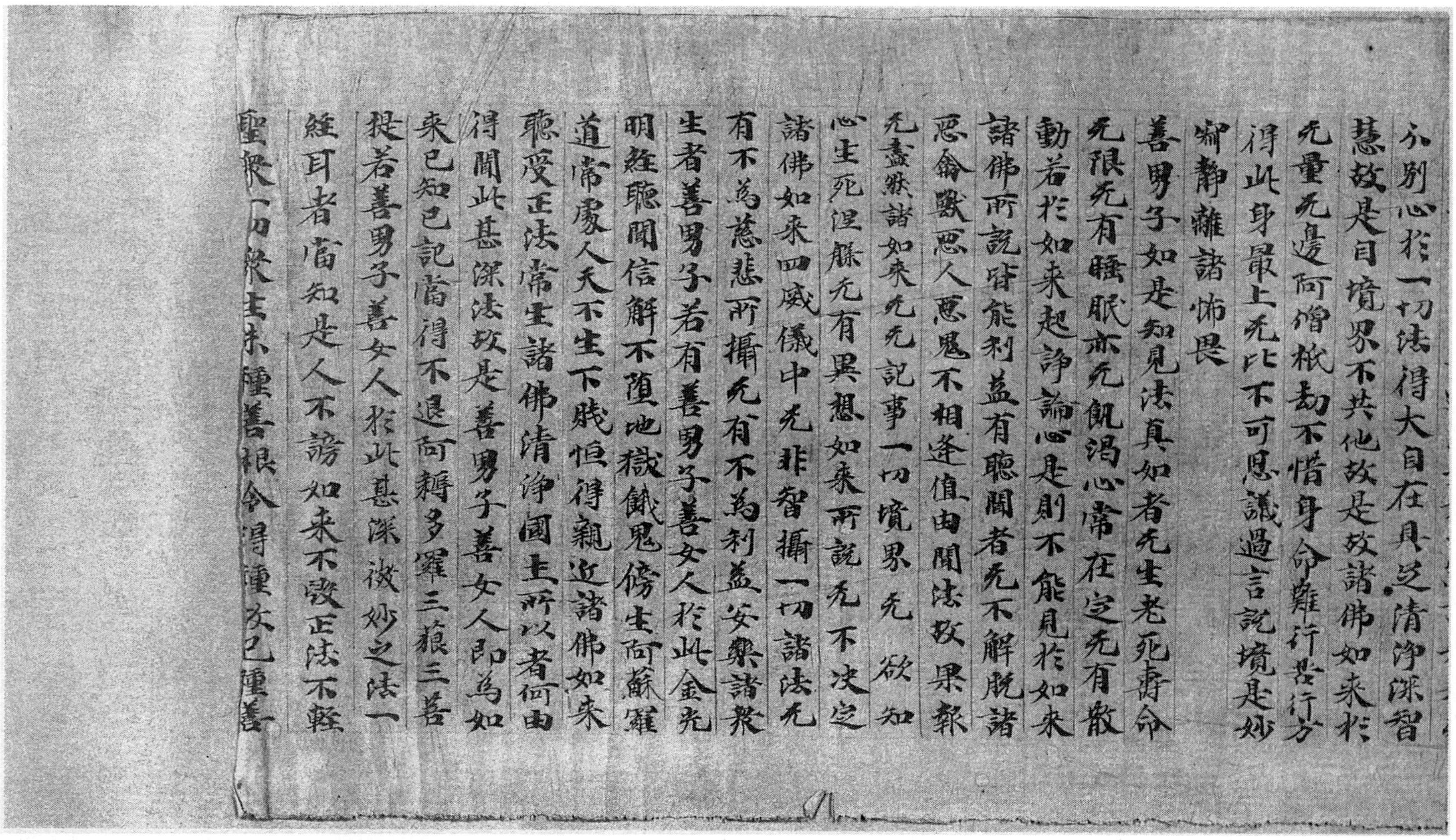

分別心於一切法得大自在具足清淨深智
慧故是日境界不共他故是故諸佛如來於
无量无邊阿僧祇劫不惜身命難行苦行方
得此身最上无比不可思議過言說境是妙
寂靜離諸怖畏
善男子如是知見法真如者无生老死壽命
无限无有睡眠亦无飢渴心常在定无有散
動若於如來起諍論心是則不能見於如來
諸佛所說皆能利益有聽聞者无不解脫諸
惡禽獸惡人惡鬼不相逢值由聞法故果報
无盡然諸如來无无記事一切境界无欲知
心生死涅槃无有異想如來所說无不決定
諸佛如來四威儀中无非智攝一切諸法无
有不為慈悲所攝无有不為利益安樂諸衆
生者善男子若有善男子善女人於此金光
明經聽聞信解不墮地獄餓鬼傍生阿蘇羅
道常處人天不生下賤恒得親近諸佛如來
聽受正法常生諸佛清淨國土所以者何由
得聞此甚深法故是善男子善女人即為如
來已知已記當得不退阿耨多羅三藐三菩
提若善男子善女人於此甚深微妙之法一
經耳者當知是人不謗如來不毀正法不輕
聖衆一切衆生未種善根令得種故已種善

BD04634 號　金光明最勝王經卷二　（4–4）

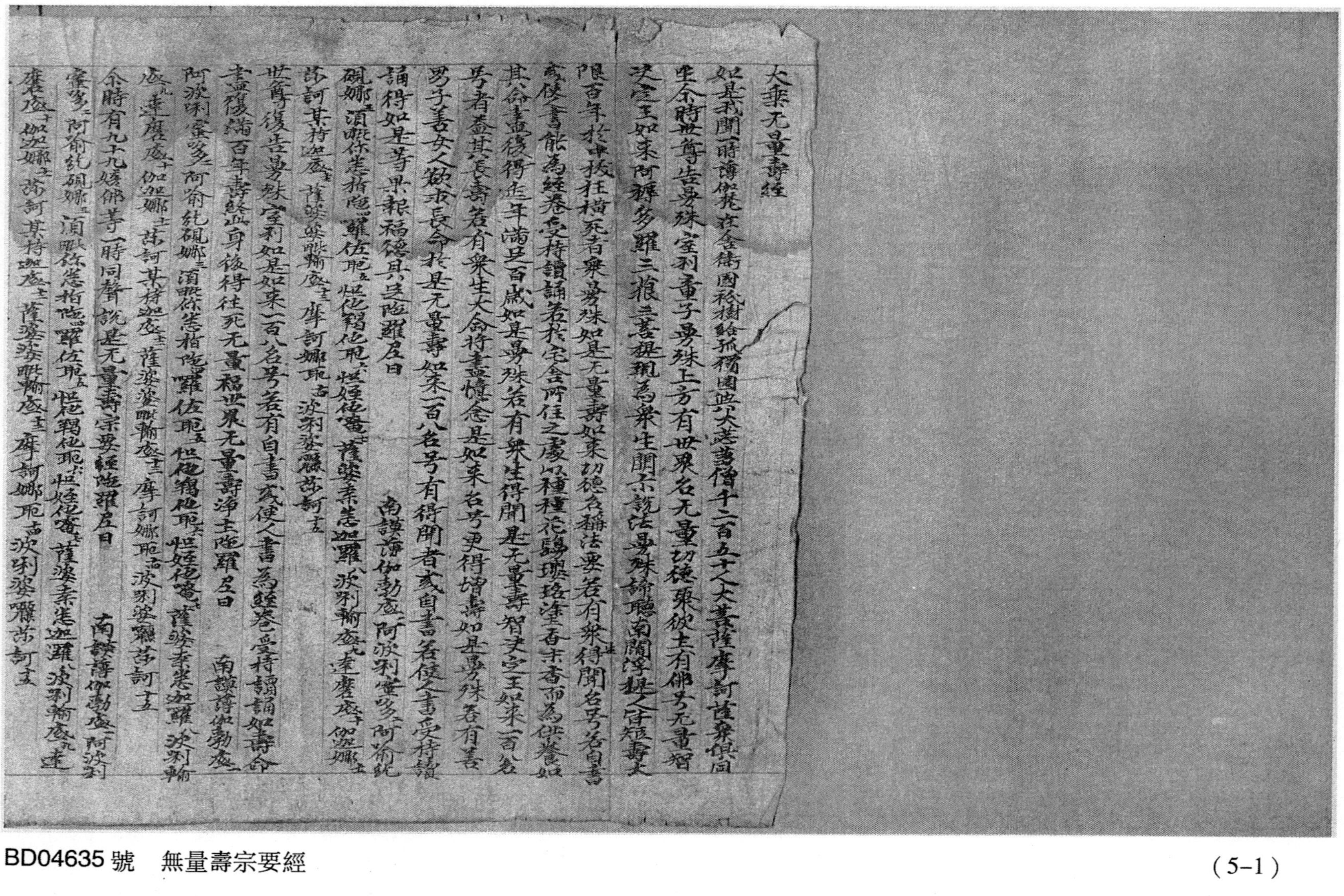

大乘无量壽經
如是我聞一時薄伽梵在舍衛國祇樹給孤獨園與大苾芻僧千二百五十人大菩薩摩訶薩衆俱
爾時世尊告曼殊室利童子曼殊上方有世界名无量功德聚彼土有佛号无量智
決定王如來阿耨多羅三藐三菩提為衆生開示說法曼殊諦聽南閻浮提人皆短壽大
限百年於中夭枉橫死者衆曼殊如是无量壽如來功德名稱法要若有衆得聞名号若自書
或使人書能為經卷受持讀誦於舍宅所住之處以種種花鬘瓔珞塗香末香而為供養如
其命盡復得延年滿足百歲如是曼殊若有衆生得聞是无量壽智決定王如來一百八名
号者益其長壽若有衆生大命將盡憶念是如來名号更得增壽如是曼殊若有善
男子善女人欲求長命於是无量壽如來一百八名号有得聞者或自書若使人書受持讀
誦得如是等果報福德具足陀羅尼曰　南謨薄伽勃底阿波唎蜜多阿瑜紇
硯娜須毗你悉指陀囉佐耶怛他揭他耶怛姪他唵薩婆桑悉迦囉波唎輸底達摩底伽伽娜
莎訶某持迦底莎訶薩婆婆毗輸底摩訶娜耶波唎婆囉莎訶
世尊復告曼殊若有自書或使人書為經卷受持讀誦如壽命
盡復滿百年壽終身後得往生无量福德世界无量壽淨土陀羅尼曰　南謨薄伽勃底
阿波唎蜜多阿瑜紇硯娜須毗你悉指陀囉佐耶怛他揭他耶怛姪他唵薩婆桑悉迦囉波唎輸
底達摩底伽伽娜莎訶某持迦底莎訶薩婆婆毗輸底摩訶娜耶波唎婆囉莎訶
爾時有九十九殑伽沙佛等一時同聲說是无量壽宗要經陀羅尼曰　南謨薄伽勃底阿波唎
蜜多阿瑜紇硯娜須毗你悉指陀囉佐耶怛他揭他耶怛姪他唵薩婆桑悉迦囉波唎輸底達
摩底伽伽娜莎訶某持迦底莎訶薩婆婆毗輸底摩訶娜耶波唎婆囉莎訶

BD04635 號　無量壽宗要經　（5–1）

盡復滿百年壽終㳂身後得往生无量福世界无量壽淨土陁羅尼曰　南謨薄伽勃底一
阿波唎蜜多二阿喻紇硯娜三須毗你悉指陁四囉佐耶五怛他羯他耶六怛姪他唵七薩婆桑悉迦囉八波唎輸
底九達磨底十伽迦娜十一莎訶其持迦底十二薩婆婆毗輸底十三摩訶娜耶十四波唎婆囉莎訶十五
爾時有九十九姟佛等一時同聲說是无量壽宗要經陁羅尼曰　南謨薄伽勃底一阿波唎
蜜多二阿喻紇硯娜三須毗你悉指陁四囉佐耶五怛他羯他耶六怛姪他唵七薩婆桑悉迦囉八波唎輸底九達
磨底十伽迦娜十一莎訶其持迦底十二薩婆婆毗輸底十三摩訶娜耶十四波唎婆囉莎訶十五
爾時復有一百四姟佛一時同聲說是无量壽宗要經陁羅尼曰　南謨薄伽勃底一阿波唎
蜜多二阿喻紇硯娜三須毗你悉指陁四囉佐耶五怛他羯他耶六怛姪他唵七薩婆桑悉迦囉八波唎輸底九達
磨底十伽迦娜十一莎訶其持迦底十二薩婆婆毗輸底十三摩訶娜耶十四波唎婆囉莎訶十五
爾時復有七姟佛一時同聲說是无量壽宗要經陁羅尼曰　南謨薄伽勃底一阿波唎蜜多二
阿喻紇硯娜三須毗你悉指陁四囉佐耶五怛他羯他耶六怛姪他唵七薩婆桑悉迦囉八波唎輸底九達磨底十
伽迦娜十一莎訶其持迦底十二薩婆婆毗輸底十三摩訶娜耶十四波唎婆囉莎訶十五
爾時復有六十五姟佛一時同聲說是无量壽宗要經陁羅尼曰
南謨薄伽勃底一阿波唎蜜多二阿喻紇硯娜三須毗你悉指陁四囉佐耶五怛他羯他耶六怛姪他唵七薩
婆桑悉迦囉八波唎輸底九達磨底十伽迦娜十一莎訶其持迦底十二薩婆婆毗輸底十三摩訶娜耶十四
波唎婆囉莎訶十五
爾時復有五十五姟佛一時同聲說是无量壽宗要經陁羅尼曰　南謨薄伽勃底一阿波唎
蜜多二阿喻紇硯娜三須毗你悉指陁四囉佐耶五怛他羯他耶六怛姪他唵七薩婆桑悉迦囉八波唎輸底九達
磨底十伽迦娜十一莎訶其持迦底十二薩婆婆毗輸底十三摩訶娜耶十四波唎婆囉莎訶十五
爾時復有四十五姟佛一時同聲說是无量壽宗要經陁羅尼曰　南謨薄伽勃底一
阿波唎蜜多二阿喻紇硯娜三須毗你悉指陁四囉佐耶五怛他羯他耶六怛姪他唵七薩婆桑悉迦囉八
波唎輸底九達磨底十伽迦娜十一莎訶其持迦底十二薩婆婆毗輸底十三摩訶娜耶十四波唎婆囉莎訶十五
爾時復有三十六姟佛一時同聲說是无量壽宗要經陁羅尼曰　南謨薄伽勃底一
阿波唎蜜多二阿喻紇硯娜三須毗你悉指陁四囉佐耶五怛他羯他耶六怛姪他唵七薩婆桑悉迦囉八波唎
輸底九達磨底十伽迦娜十一莎訶其持迦底十二薩婆婆毗輸底十三摩訶娜耶十四波唎婆囉莎訶十五
爾時復有二十五姟佛一時同聲說是无量壽宗要經陁羅尼曰　南謨薄伽勃底一阿波
唎蜜多二阿喻紇硯娜三須毗你悉指陁四囉佐耶五怛他羯他耶六怛姪他唵七薩婆桑悉迦囉八波唎輸底九
達磨底十伽迦娜十一莎訶其持迦底十二薩婆婆毗輸底十三摩訶娜耶十四波唎婆囉莎訶十五
爾時復有恒河沙姟佛一時同聲說是无量壽宗要經陁羅尼曰　南謨薄伽勃底一阿
波唎蜜多二阿喻紇硯娜三須毗你悉指陁四囉佐耶五怛他羯他耶六怛姪他唵七薩婆桑悉迦囉八波唎輸
底九達磨底十伽迦娜十一莎訶其持迦底十二薩婆婆毗輸底十三摩訶娜耶十四波唎婆囉莎訶十五
善男子若有自書寫教人書寫是无量壽宗要經如其命盡復得長壽而滿百年陁

BD04635號　無量壽宗要經　（5-2）

…怛他羯他耶六怛姪他唵七薩婆桑悉迦囉八波唎輸底九
達磨底十伽迦娜十一莎訶其持迦底十二薩婆婆毗輸底十三摩訶娜耶十四波唎婆囉莎訶十五
爾時復有恒河沙姟佛一時同聲說是无量壽宗要經陁羅尼曰　南謨薄伽勃底一阿
波唎蜜多二阿喻紇硯娜三須毗你悉指陁四囉佐耶五怛他羯他耶六怛姪他唵七薩婆桑悉迦囉八波唎輸
底九達磨底十伽迦娜十一莎訶其持迦底十二薩婆婆毗輸底十三摩訶娜耶十四波唎婆囉莎訶十五
善男子若有自書寫教人書寫是无量壽宗要經如其命盡復得長壽而滿百年陁
羅尼曰　南謨薄伽勃底一阿波唎蜜多二阿喻紇硯娜三須毗你悉指陁四囉佐耶五怛他羯他耶六怛姪他唵七
薩婆桑悉迦囉八波唎輸底九達磨底十伽迦娜十一莎訶其持迦底十二薩婆婆毗輸底十三摩訶娜耶十四波唎婆囉莎訶十五
若有自書寫教人書寫是无量壽宗要經讀誦受持畢竟不墮地獄在在所生得宿命智陁羅尼曰
南謨薄伽勃底一阿波唎蜜多二阿喻紇硯娜三須毗你悉指陁四囉佐耶五怛他羯他耶六怛姪他唵七薩婆桑悉迦
囉八波唎輸底九達磨底十伽迦娜十一莎訶其持迦底十二薩婆婆毗輸底十三摩訶娜耶十四波唎婆囉莎訶十五
若有自書寫教人書寫是无量壽宗要經受持讀誦如同書寫八万四千一切經典
陁羅尼曰　南謨薄伽勃底一阿波唎蜜多二阿喻紇硯娜三須毗你悉指陁四囉佐
耶五怛他羯他耶六怛姪他唵七薩婆桑悉迦囉八波唎輸底九達磨底十伽迦娜十一莎訶其持迦
底十二薩婆婆毗輸底十三摩訶娜耶十四波唎婆囉莎訶十五
若有自書寫教人書寫是无量壽宗要經即是書寫八万四千部建立塔廟陁羅尼曰
南謨薄伽勃底一阿波唎蜜多二阿喻紇硯娜三須毗你悉指陁四囉佐耶五怛他羯他耶六怛姪他
唵七薩婆桑悉迦囉八波唎輸底九達磨底十伽迦娜十一莎訶其持迦底十二薩婆婆毗輸底十三
摩訶娜耶十四波唎婆囉莎訶十五
若有自書寫教人書寫是无量壽宗要經能消五无間等一切重罪陁羅尼曰
南謨薄伽勃底一阿波唎蜜多二阿喻紇硯娜三須毗你悉指陁四囉佐耶五怛他羯他耶六怛姪他
唵七薩婆桑悉迦囉八波唎輸底九達磨底十伽迦娜十一莎訶其持迦底十二薩婆婆毗輸底十三摩
訶娜耶十四波唎婆囉莎訶十五　若有自書寫教人書寫是无量壽宗要經受持讀誦
設有重罪猶如須弥盡能除滅陁羅尼曰　南謨薄伽勃底一阿波唎蜜多二阿
喻紇硯娜三須毗你悉指陁四囉佐耶五怛他羯他耶六怛姪他唵七薩婆桑悉迦囉八波唎輸底九達
磨底十伽迦娜十一莎訶其持迦底十二薩婆婆毗輸底十三摩訶娜耶十四波唎婆囉莎訶十五
若有自書寫教人書寫是无量壽宗要經受持讀誦若魔魔之眷屬夜叉
羅剎不得其便終无枉死陁羅尼曰　南謨薄伽勃底一阿波唎蜜多二阿
喻紇硯娜三須毗你悉指陁四囉佐耶五怛他羯他耶六怛姪他唵七薩婆桑悉迦囉八波
唎輸底九達磨底十伽迦娜十一莎訶其持迦底十二薩婆婆毗輸底十三摩訶娜耶十四波唎婆
囉莎訶　若有自書寫教人書寫是无量壽宗要經受持讀誦當命終
時有九十九姟佛現其人前蒙千佛授手就㳂一切佛剎莫於此經生於疑惑
陁羅尼曰　南謨薄伽勃底一阿波唎蜜多二阿喻紇硯娜三須毗你悉指陁四羅

BD04635號　無量壽宗要經　（5-3）

唎紇硯娜三 須毗你悉指陀四 羅佐耶五 怛他羯他耶六 怛姪他唵七 薩婆桑悉迦羅八 波
唎輸底九 達磨底十 伽伽娜十一 莎訶 其持迦底十二 薩婆婆毗輸底十三 摩訶娜耶十四 波唎婆
囉莎訶 若有自書教人書寫是无量壽宗要經受持讀誦當命終
時有九十九姟佛現其人前家千佛授手能接一切佛刹莫於此經生於疑惑
陀羅尼曰 南謨薄伽勃底一 阿波唎蜜多二 阿諭紇硯娜三 須毗你悉指陀四 羅
佐耶五 怛他羯他耶六 怛姪他唵七 薩婆桑悉迦羅八 波唎輸底九 達磨底十 伽伽娜十一 莎訶 其
持迦底十二 薩婆婆毗輸底十三 摩訶娜耶十四 波唎婆羅莎訶十五
若有自書寫教人書寫是无量壽宗要經受持讀誦常得四天大王隨其衛護陀羅
尼曰 南謨薄伽勃底一 阿波唎蜜多二 阿諭紇硯娜三 須毗你悉指陀四 羅佐耶五 怛他
羯他耶六 怛姪他唵七 薩婆桑悉迦羅八 波唎輸底九 達磨底十 伽伽娜十一 莎訶 其持迦底十二
薩婆婆毗輸底十三 摩訶娜耶十四 波唎婆羅莎訶十五
若有自書教人書寫是无量壽宗要經受持讀誦當得往生西方極樂世界阿彌
陀淨土陀羅尼曰 南謨薄伽勃底一 阿波唎蜜多二 阿諭紇硯娜三 須毗你悉指
陀四 羅佐耶五 怛他羯他耶六 怛姪他唵七 薩婆桑悉迦羅八 波唎輸底九 達磨底十 伽伽娜十一
莎訶 其持迦底十二 薩婆婆毗輸底十三 摩訶娜耶十四 波唎婆羅莎訶十五
若有方所自書寫使人書寫是无量壽經典之處則為是塔皆應恭敬
作禮若是畜生或為鳥獸得聞是經如是等類皆當不久得成一切衆智陀羅
尼曰 南謨薄伽勃底一 阿波唎蜜多二 阿諭紇硯娜三 須毗你悉指陀四 羅佐耶五
怛他羯他耶六 怛姪他唵七 薩婆桑悉迦羅八 波唎輸底九 達磨底十 伽伽娜十一 莎訶 其持迦底十二
薩婆婆毗輸底十三 摩訶娜耶十四 波唎婆羅莎訶十五
若有於是无量壽經自書寫若使人書畢竟不受女人之身陀羅尼曰
南謨薄伽勃底一 阿波唎蜜多二 阿諭紇硯娜三 須毗你悉指陀四 羅佐耶五 怛他羯他耶六 怛姪他唵七
薩婆桑悉迦羅八 波唎輸底九 達磨底十 伽伽娜十一 莎訶 其持迦底十二 薩婆婆毗輸底十三 摩訶娜耶十四
波唎婆羅莎訶十五
若有能於是經少分惠施者等於三千大千世界滿中七寶布施
陀羅尼曰 南謨薄伽勃底一 阿波唎蜜多二 阿諭紇硯娜三 須毗你悉指陀四 羅佐耶五 怛他羯
他耶六 怛姪他唵七 薩婆桑悉迦羅八 波唎輸底九 達磨底十 伽伽娜十一 莎訶 其持迦底十二 薩婆婆毗輸底十三
摩訶娜耶十四 波唎婆羅莎訶十五
若有能供養是經者則是供養一切諸經等无有異陀羅尼曰 南謨薄伽勃底一 阿波
唎蜜多二 阿諭紇硯娜三 須毗你悉指陀四 羅佐耶五 怛他羯他耶六 怛姪他唵七 薩婆桑悉迦羅八 波唎輸
底九 達磨底十 伽伽娜十一 莎訶 其持迦底十二 薩婆婆毗輸底十三 摩訶娜耶十四 波唎婆羅莎訶十五
如是毗婆尸佛尸棄佛毗舍浮佛俱留孫佛俱那含牟尼佛迦葉佛釋迦牟尼佛
若有人以七寶供養如是七佛其福有限書寫受持是无量壽經典所有功德不可限量
陀羅尼曰 南謨薄伽勃底一 阿波唎蜜多二 阿諭紇硯娜三 須毗你悉指陀四 羅佐耶五

BD04635號　無量壽宗要經　（5–4）

摩訶娜耶十四 波唎婆羅莎訶十五
若有能供養是經者則是供養一切諸經等无有異陀羅尼曰 南謨薄伽勃底一 阿波
唎蜜多二 阿諭紇硯娜三 須毗你悉指陀四 羅佐耶五 怛他羯他耶六 怛姪他唵七 薩婆桑悉迦羅八 波唎輸
底九 達磨底十 伽伽娜十一 莎訶 其持迦底十二 薩婆婆毗輸底十三 摩訶娜耶十四 波唎婆羅莎訶十五
如是毗婆尸佛尸棄佛毗舍浮佛俱留孫佛俱那含牟尼佛迦葉佛釋迦牟尼佛
若有人以七寶供養如是七佛其福有限書寫受持是无量壽經典所有功德不可限量
陀羅尼曰 南謨薄伽勃底一 阿波唎蜜多二 阿諭紇硯娜三 須毗你悉指陀四 羅佐耶五 怛他羯
他耶六 怛姪他唵七 薩婆桑悉迦羅八 波唎輸底九 達磨底十 伽伽娜十一 莎訶 其持迦底十二 薩婆婆毗輸底
摩訶娜耶十四 波唎婆羅莎訶十五
若有七寶等於須彌山用布施其福上能知其限量是无量壽經典其福不可
知數陀羅尼曰 南謨薄伽勃底一 阿波唎蜜多二 阿諭紇硯娜三 須毗你悉指陀四 羅
佐耶五 怛他羯他耶六 怛姪他唵七 薩婆桑悉迦羅八 波唎輸底九 達磨底十 伽伽娜十一 莎訶 其持
迦底十二 薩婆婆毗輸底十三 摩訶娜耶十四 波唎婆羅莎訶十五
如是四大海水可知滴數是无量壽經典所生果報不可數量陀羅尼曰
南謨薄伽勃底一 阿波唎蜜多二 阿諭紇硯娜三 須毗你悉指陀四 羅佐耶五 怛他羯他耶六 怛姪
他唵七 薩婆桑悉迦羅八 波唎輸底九 達磨底十 伽伽娜十一 莎訶 其持迦底十二 薩婆婆毗輸
底十三 摩訶娜耶十四 波唎婆羅莎訶十五
若有自書使人書寫是无量壽經典又能讓持供養即如恭敬供養一切十方佛
土如來无有異別陀羅尼曰 南謨薄伽勃底一 阿波唎蜜多二 阿諭紇
硯娜三 須毗你悉指陀四 羅佐耶五 怛他羯他耶六 怛姪他唵七 薩婆桑悉迦羅八 波唎輸底九 達磨
底十 伽伽娜十一 莎訶 其持迦底十二 薩婆婆毗輸底十三 摩訶娜耶十四 波唎婆羅莎訶十五
布施力能成正覺　悟布施力之師子　布施力能聲普聞　慈悲皆淅最能入
持戒力能成正覺　悟持戒力之師子　持戒力能聲普聞　慈悲皆淅最能入
忍辱力能成正覺　悟忍辱力之師子　忍辱力能聲普聞　慈悲皆淅最能入
精進力能成正覺　悟精進力之師子　精進力能聲普聞　慈悲皆淅最能入
禪定力能成正覺　悟禪定力之師子　禪定力能聲普聞　慈悲皆淅最能入
智慧力能成正覺　悟智慧力之師子　智慧力能聲普聞　慈悲皆淅最能入
爾時如來說是經已一切世間天人阿脩羅揵闥婆等聞佛所說皆大歡喜信
受奉行
佛說无量壽宗要經

BD04635號　無量壽宗要經　（5–5）

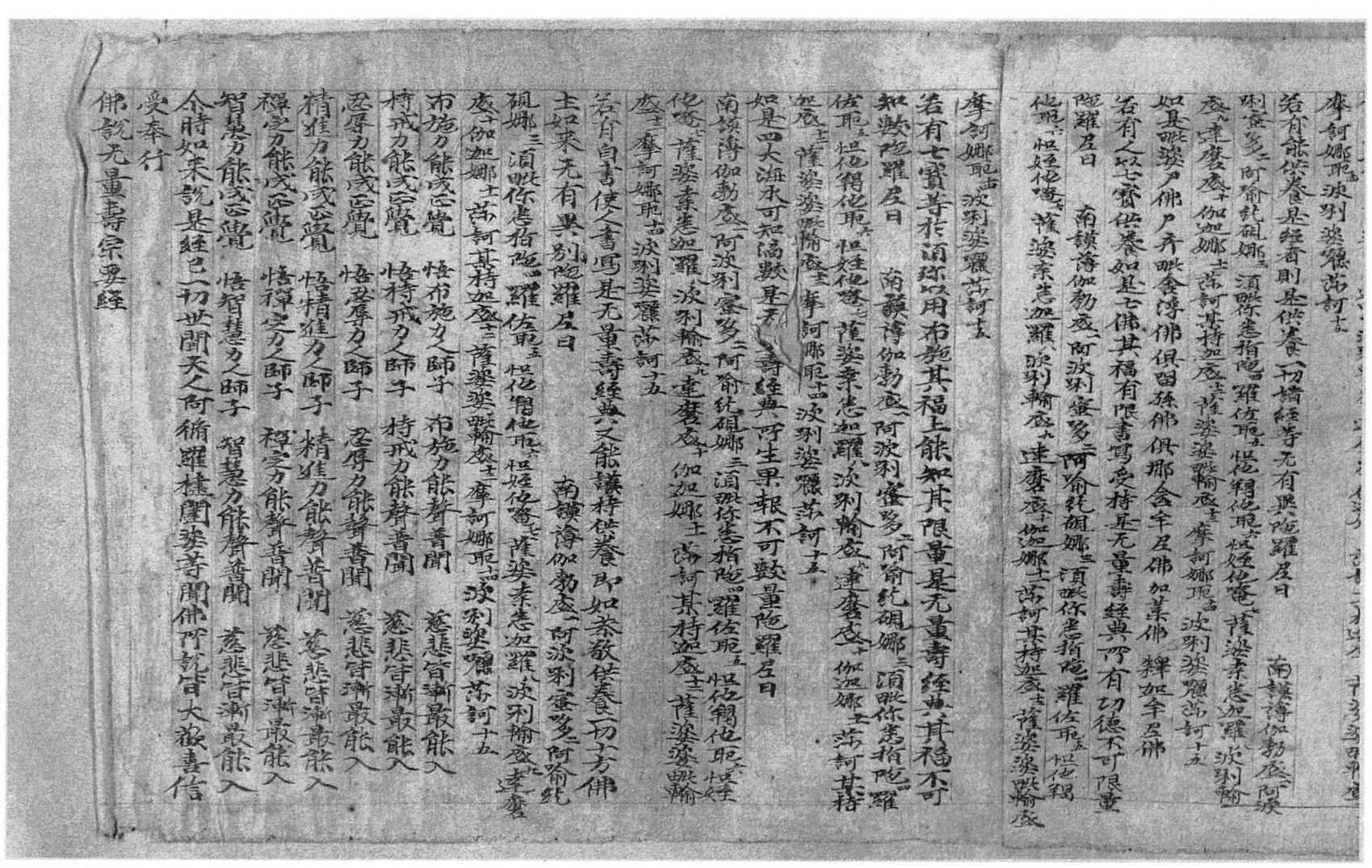

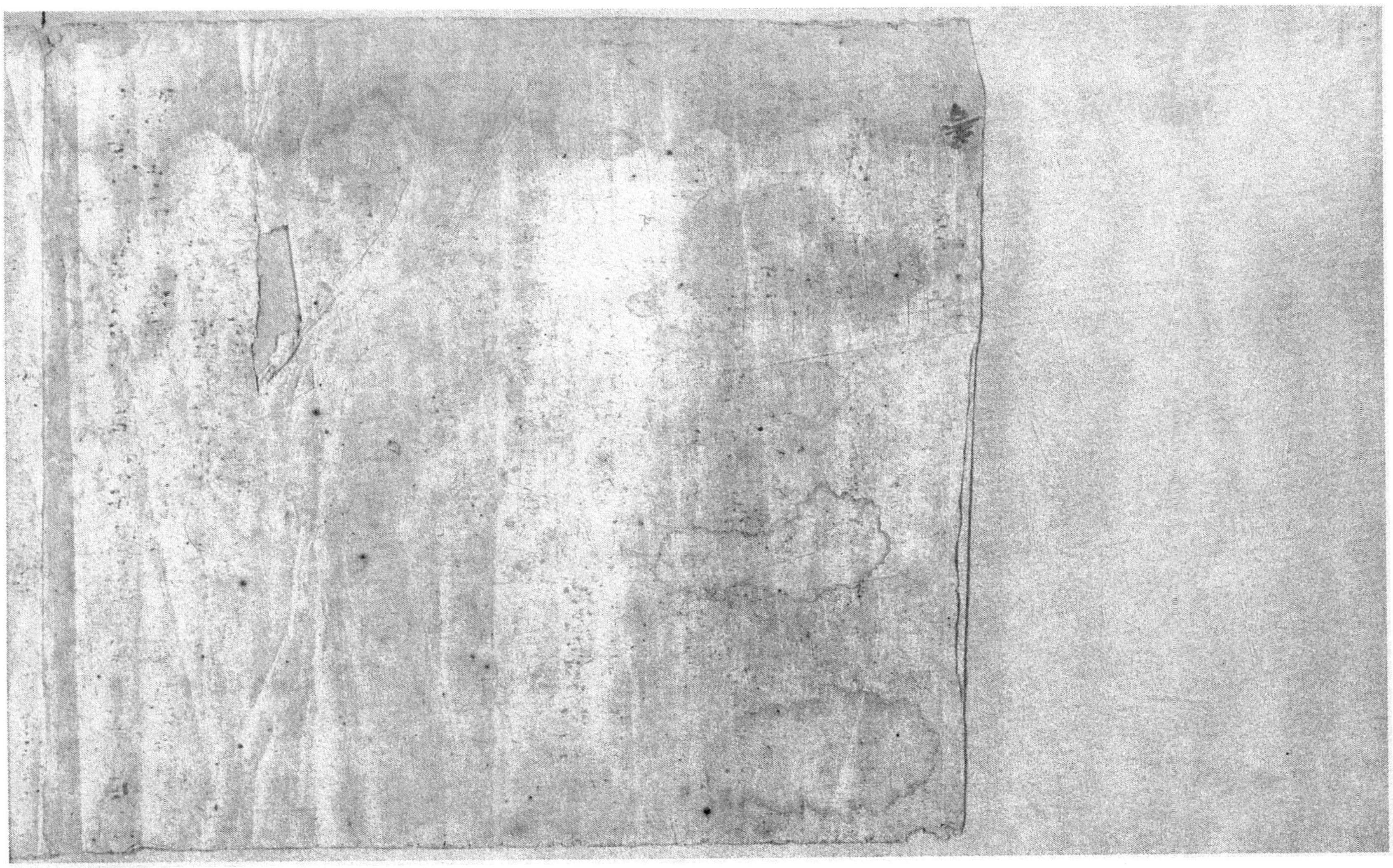

BD04635號背　勘記　　(1–1)

BD04636號　式叉摩那六法文並沙彌十戒及八敬等法　（2–1）

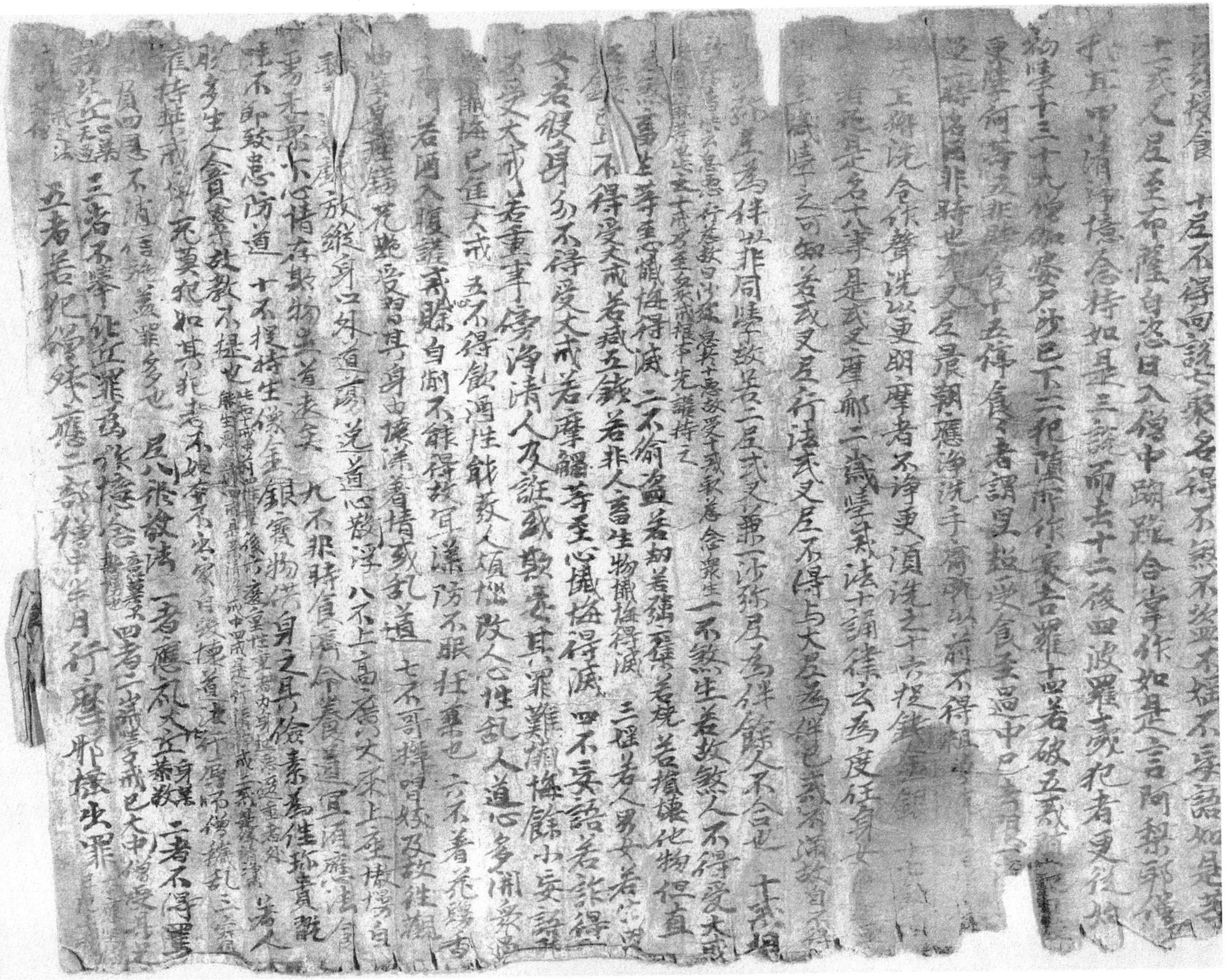

BD04636號　式叉摩那六法文並沙彌十戒及八敬等法

（2–2）

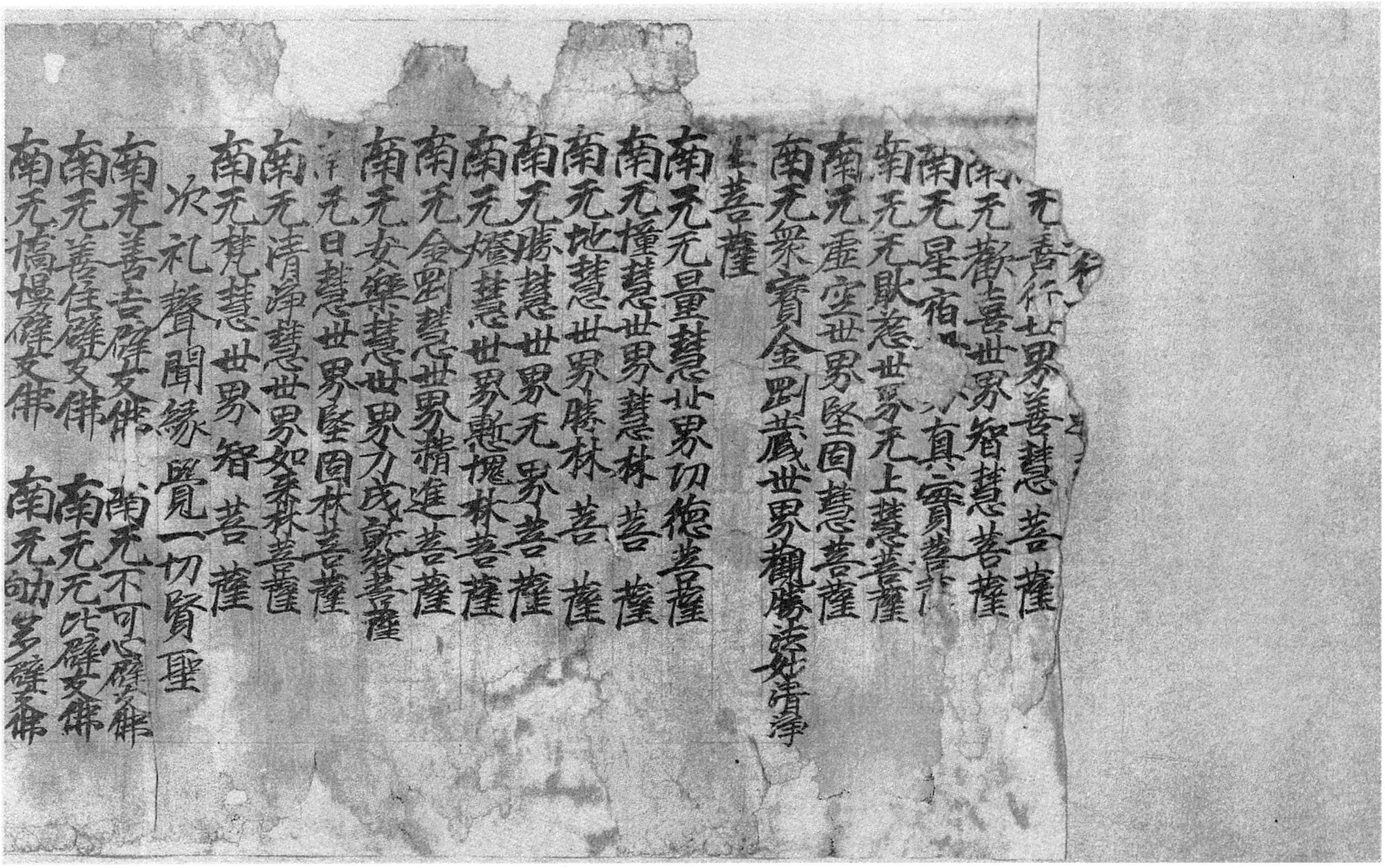

□无善行世界善慧菩薩
南无歡喜世界智慧菩薩
南无星宿□□真寶菩□
南无无畏慈世界无上慧菩薩
南无虚空世界堅固慧菩薩
南无衆寶金剛藏世界觀勝法然清淨
王菩薩
南无无量慧世界功德王菩薩
南无憧慧世界慧林菩薩
南无地慧世界勝林菩薩
南无勝慧世界无畏菩薩
南无燈慧世界勲幢林菩薩
南无金剛慧世界精進菩薩
南无安樂慧世界力成就菩薩
南无日慧世界堅固林菩薩
南无清淨慧世界如來林菩薩
南无梵慧世界智菩薩
次礼聲聞緣覺一切賢聖
南无善吉辟支佛　南无不可思辟支佛
南无善住辟支佛　南无无比辟支佛
南无搖揚辟支佛　南无動多辟支佛

BD04637號　佛名經（十六卷本）卷一三　（5–1）

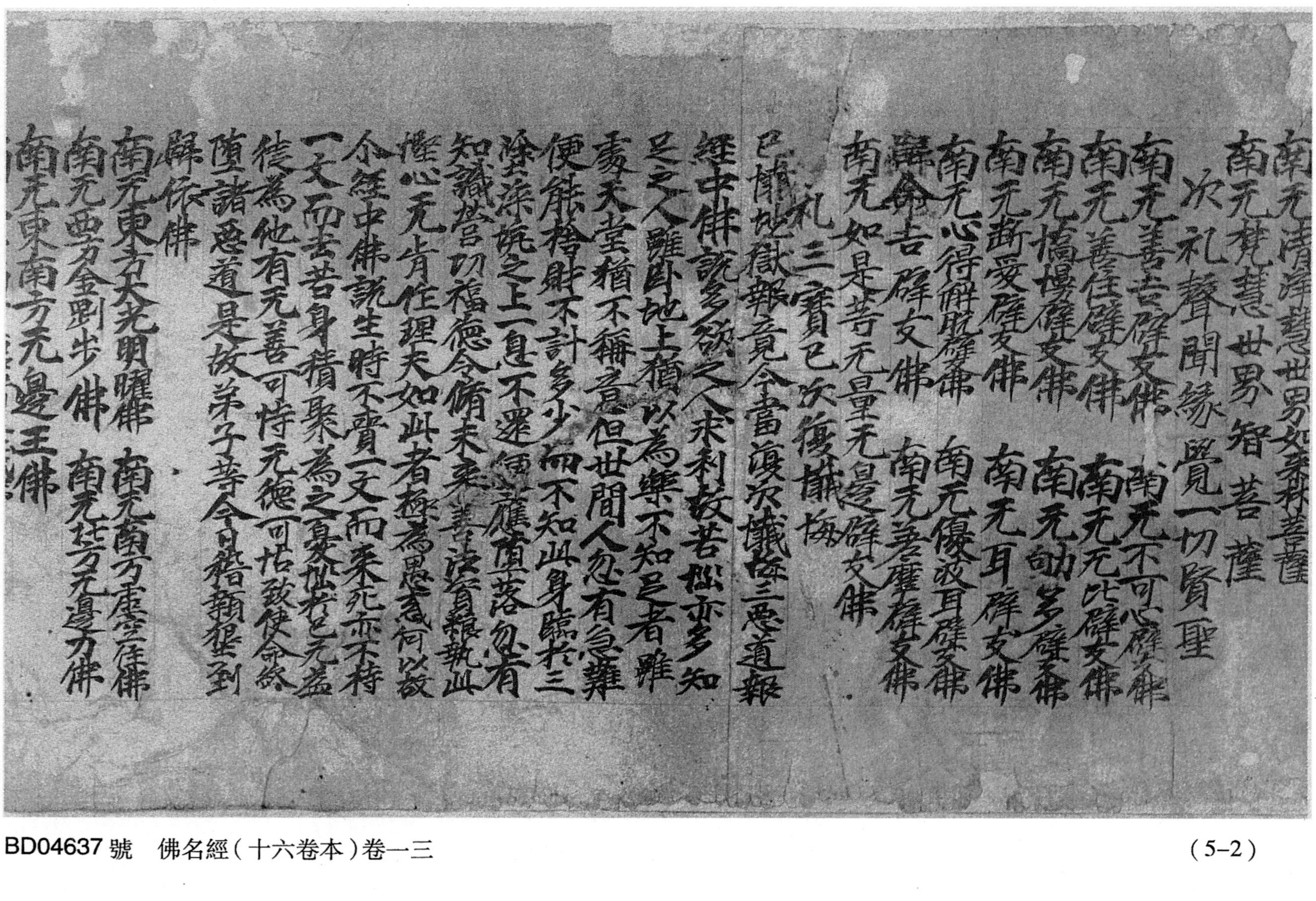

南无清淨慧世界如來林菩薩
南无梵慧世界智菩薩
次礼聲聞緣覺一切賢聖
南无善吉辟支佛　南无不可思辟支佛
南无善住辟支佛　南无无比辟支佛
南无搖揚辟支佛　南无動多辟支佛
南无斷愛辟支佛　南无耳辟支佛
南无心得解脫辟支佛　南无優波耳辟支佛
歸命吉辟支佛　南无善覆辟支佛
南无如是等无量无邊辟支佛
礼三寶已次復懺悔
已懺地獄報竟今當復次懺悔三惡道報
經中佛說多欲之人求利故苦惱亦多知
足之人雖卧地上猶以為樂不知足者雖
處天堂猶不稱意但世間人忽有急難
便能捨財不計多少而不知此身臨於三
塗深坑之上一息不還便應墮落忽有
知識勸営功福德令備未來資粮執曲
權心无肯從理夫如此者極為愚惑何以故
今經中佛說生時不賫一文而來死亦不持
一文而去苦身積聚為之憂惱於己无益
徒為他有无善可恃无德可怙致使命終
墮諸惡道是故弟子等今日稽顙投到
歸依佛
南无東方大光明曜佛　南无南方虛空住佛
南无西方金剛步佛　南无北方无邊力佛
南无東南方无邊王佛

BD04637號　佛名經（十六卷本）卷一三　（5–2）

信為他[illegible]
墮諸惡道是故弟子等今日稽顙歸到
歸依佛
南无東方大光明曜佛　南无南方虛空住佛
南无西方金剛步佛　南无北方无邊方佛
南无東南方无邊王佛
南无西南方壞諸怨賊佛
南无西北方離垢光佛
南无東北方金色光音佛
南无下方師子遊戲佛　南无上方月幢王佛
如是十方盡虛空界一切三寶至心歸命
常住三寶　弟子今日次復懺悔畜生道
中无所識知罪報懺悔畜生道中負重牽
犁償他宿債罪報懺悔畜生道中不得
自在為他所刻屠割罪報懺悔畜生无足
二足四足多足罪報懺悔畜生道中身諸
毛羽鱗甲之內為諸小虫之所唼食罪報如
是畜生道中有无量罪報今日至誠皆
悉懺悔至心歸命常住三寶
次復懺悔餓鬼道中長飢罪報懺悔餓鬼
百千万歲初不曾聞漿水之名罪報懺悔
餓鬼食噉膿血糞穢罪報懺悔餓鬼動身
之時一切支節火然罪報懺悔餓鬼腹大
咽小罪報如是餓鬼道中无量苦報今
日稽顙皆悉懺悔至心頂礼常住三寶
次復懺悔一切鬼神脩羅道中諂誑稱
罪報懺悔鬼神道中擔沙負石填河塞海
[illegible]

咽小罪報如是餓鬼道中无量苦報今
日稽顙皆悉懺悔至心頂礼常住三寶
次復懺悔一切鬼神脩羅道中諂誑稱
罪報懺悔鬼神道中擔沙負石填河塞海
罪報懺悔鬼神羅剎鳩槃荼諸惡鬼神生
噉肉血受此醜陋罪報如是鬼神道中
无量无邊一切罪報今日稽顙向十方
佛大地菩薩求哀懺悔悉令消滅至心
頂礼常住三寶
願弟子等承是懺悔畜生等報所生功德
生生世世滅愚癡垢自識業緣智慧明照
斷惡道身願以懺悔餓鬼等報所生功
德生生世世永離慳貪飢渴之苦常食
甘露解脫之味願以懺悔鬼神脩羅等報
所生功德生生世世質直无諂離邪命因
除醜陋果福利人天願弟子等從今以去乃
至道場決定不受四惡道報唯除大悲為
衆生故以誓願力處之无猒至心頂礼常住
三寶
舍利弗汝當至心歸命北方佛
南无勝藏佛　南无自在藏佛
南无无邊華龍一俱蘇摩生佛
南无降伏諸魔勇猛佛
南无定諸魔佛　南无法像佛
南无功德勝佛　南无山峰光佛
南无法王佛　南无著來敬燈佛
從此以上一万第十二部生一切賢聖

甘露解脫之味願以攝惱鬼神脩羅善報
所生切德生生世世質直无諂離邪命曰
除醜陋果福利人天願弟子等從今以去乃
至道場決定不受四惡道報唯除大悲爲
衆生故以誓願力處之无猒至心頂礼常住
三寶
舍利弗汝當至心歸命北方佛
南无勝藏佛　南无自在藏佛
南无无邊華龍一俱蘇摩王佛
南无降伏諸摩勇猛佛
南无定諸魔佛　南无法像佛
南无一切德勝佛　南无山峰光佛
南无法王佛　南无普來散燈佛
從此以上一万佛十二部經一切賢聖
南无地勝佛　南无成就[illegible]佛

BD04637號　佛名經（十六卷本）卷一三　（5–5）

佛十力四無所畏四無礙解大慈大悲大喜
大捨十八佛不共法或安立彼令住無忘失
法恒住捨性或安立彼令住一切智道相智
一切相智或安立彼令住一切陁羅尼門一切
三摩地門或安立彼令住預流果一來果
不還果阿羅漢果或安立彼令住獨覺菩提
或安立彼令住菩薩十地或安立彼令住無
上正等菩提或安立彼令住世間出世間一
切善法憍尸迦如是名爲受持讀誦精勤脩
學如理思惟書寫解說流布般若波羅蜜多
菩薩摩訶薩所獲現法功德勝利憍尸迦是
菩薩摩訶薩由於般若波羅蜜多受持讀誦
精勤脩學如理思惟書寫解說廣令流布於
當來世速證無上正等菩提轉妙法輪度無
量衆隨本所願安立有情令於三乘脩學究
竟乃至證入無餘涅槃憍尸迦如是名爲受
持讀誦精勤脩學如理思惟書寫解說流布
般若波羅蜜多菩薩摩訶薩所獲後法功德
勝利

BD04638號　大般若波羅蜜多經卷一〇一　（3–1）

當来世速證無上正等菩提轉妙法輪度無
量衆隨本所願安立有情令於三乘脩學究
竟乃至證入無餘涅槃憍尸迦如是名為受
持讀誦精勤脩學如理思惟書寫解說流布
般若波羅蜜多菩薩摩訶薩所獲後法功德
勝利
復次憍尸迦若善男子善女人等於此般若
波羅蜜多受持讀誦勤脩學如理思惟書
寫解說廣令流布其地方所若有惡魔及魔
眷屬或有種種外道梵志及餘暴惡增上慢
者憎嫉般若波羅蜜多欲為障礙詰責違拒
令速隱沒終不能成彼因慙聞般若聲故衆
惡漸滅功德漸生後依三乘得盡苦際憍尸
迦如有妙藥名曰莫耆是藥威勢能銷衆毒
有大毒虵飢行求食遇見生類欲螫噉之其
生怖死走投妙藥虵聞藥氣尋便退走何以
故憍尸迦由此莫耆具大威力能伏衆毒益
身命故當知般若波羅蜜多具大勢力亦復
如是若善男子善女人輩受持讀誦精勤脩
學如理思惟書寫解說廣令流布諸惡魔等
於此菩薩摩訶薩所欲為惡事由此般若波
羅蜜多威神力故令彼惡事於其方所自當
殄滅何以故憍尸迦由此般若具大威力能
摧惡法增衆善故憍尸迦云何般若波羅蜜
多能滅惡法增長衆善憍尸迦如是般若波
羅蜜多能滅貪欲瞋恚愚癡增彼對治憍尸
迦如是般若波羅蜜多能滅無明行識名色

BD04638號　大般若波羅蜜多經卷一〇一　（3–2）

於此菩薩摩訶薩所欲為惡事由此般若波
羅蜜多威神力故令彼惡事於其方所自當
殄滅何以故憍尸迦由此般若具大威力能
摧惡法增衆善故憍尸迦云何般若波羅蜜
多能滅惡法增長衆善憍尸迦如是般若波
羅蜜多能滅貪欲瞋恚愚癡增彼對治憍尸
迦如是般若波羅蜜多能滅無明行識名色
六處觸受愛取有生老死愁歎苦憂惱純大
苦蘊增彼對治憍尸迦如是般若波羅蜜多能
滅一切障蓋隨眠纏垢結縛增彼對治憍尸
迦如是般若波羅蜜多能滅我見有情見命
者見生者見養育者見士夫見補特伽羅見
意生見儒童見作者見受者見知者見見者
見增彼對治憍尸迦如是般若波羅蜜多能
滅一切常見斷見有見無見乃至種種諸惡
見趣增彼對治憍尸迦如是般若波羅蜜多
能滅所有慳貪破戒忿恚懈怠散亂愚癡增
彼對治憍尸迦如是般若波羅蜜多能滅所
有常想樂想我想淨想增彼對治憍尸迦如
是般若波羅蜜多能滅一切貪行瞋行癡行
慢行疑見行等增彼對治憍尸迦如是般若
波羅蜜多能滅色取增彼對治能滅受想行
……對治憍尸迦如是般若波羅蜜多

BD04638號　大般若波羅蜜多經卷一〇一　（3–3）

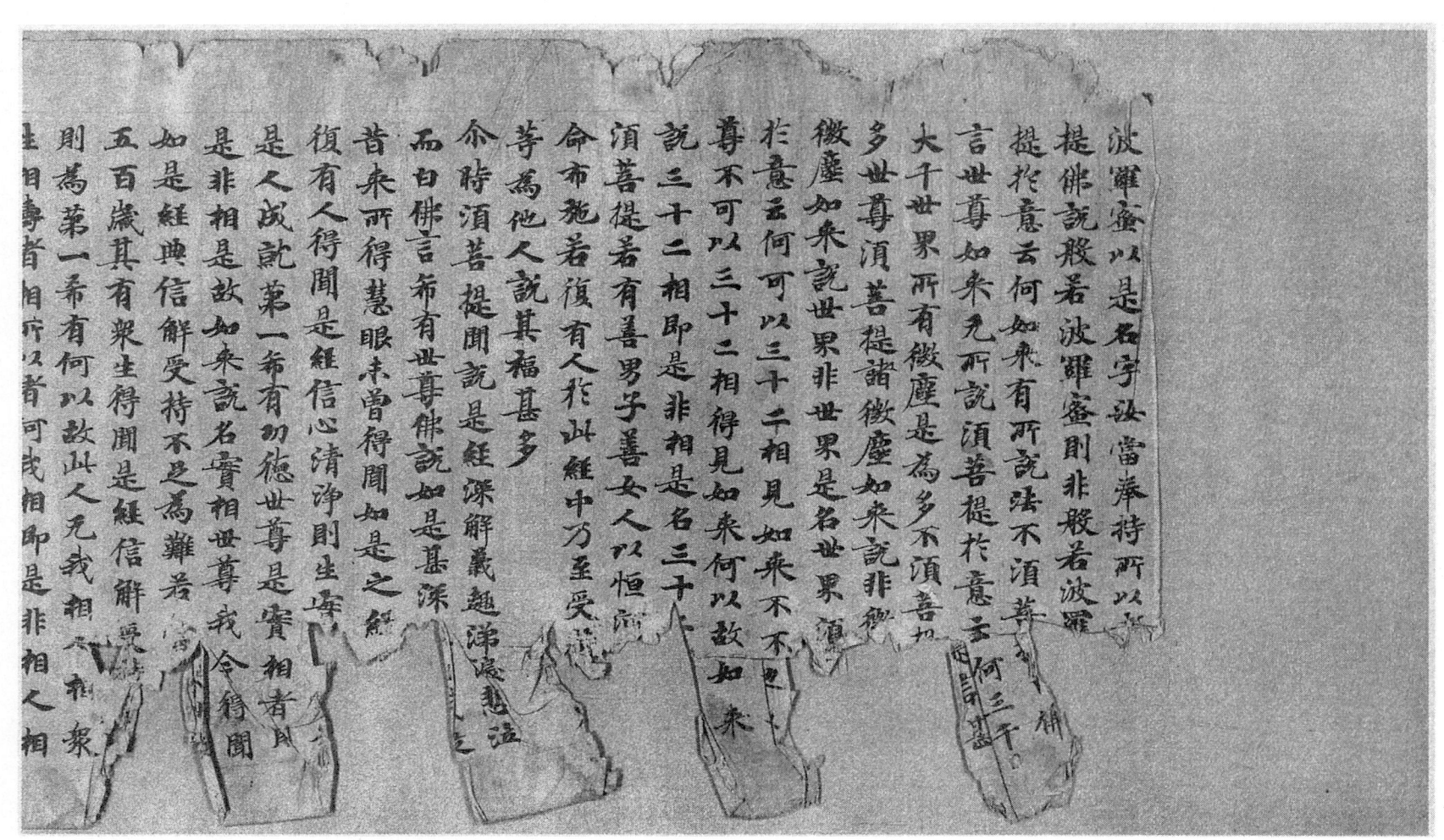

波羅蜜以是名字汝當奉持所以
提佛說般若波羅蜜則非般若波羅
提於意云何如來有所說法不須菩
言世尊如來无所說須菩提於意云何三千
大千世界所有微塵是為多不須菩提
多世尊須菩提諸微塵如來說非微
微塵如來說世界非世界是名世界須
於意云何可以三十二相見如來不不也
尊不可以三十二相得見如來何以故如來
說三十二相即是非相是名三十
須菩提若有善男子善女人以恒河
命布施若復有人於此經中乃至受持
等為他人說其福甚多
尒時須菩提聞說是經深解義趣涕淚悲泣
而白佛言希有世尊佛說如是甚深
昔來所得慧眼未曾得聞如是之經
復有人得聞是經信心清淨則生實
是人成就第一希有功德世尊是實相者則
是非相是故如來說名實相世尊我今得聞
如是經典信解受持不足為難若
五百歲其有眾生得聞是經信解受持
則為第一希有何以故此人无我相人相眾
生相壽者相所以者何我相即是非相人相

BD04639 號　金剛般若波羅蜜經　（9–1）

復有人得聞是經信心清淨則生實
是人成就第一希有功德世尊是實相者則
是非相是故如來說名實相世尊我今得聞
如是經典信解受持不足為難若
五百歲其有眾生得聞是經信解受持
則為第一希有何以故此人无我相人相眾
生相壽者相所以者何我相即是非相人相
眾生相壽者相即是非相何以故離一切諸
相則名諸佛
佛告須菩提如是如是若復有人得聞是經
不驚不怖不畏當知是人甚為希有何以故
須菩提如來說第一波羅蜜非第一波羅蜜
是名第一波羅蜜
須菩提忍辱波羅蜜如來說非忍辱波羅蜜
何以故須菩提如我昔為歌利王割截身體
我於尒時无我相无人相无眾生相无壽者
相何以故我於往昔節節支解時若有我相
人相眾生相壽者相應生瞋恨須菩提又念
過去於五百世作忍辱仙人於尒所世无我
相无人相无眾生相无壽者相是故須菩提
菩薩應離一切相發阿耨多羅三藐三菩提
心不應住色生心不應住聲香味觸法生心
應生无所住心若心有住則為非住是故佛
說菩薩心不應住色布施須菩提菩薩為利
益一切眾生應如是布施如來說一切諸相
即是非相又說一切眾生則非眾生
須菩提如來是真語者實語者如語者不

BD04639 號　金剛般若波羅蜜經　（9–2）

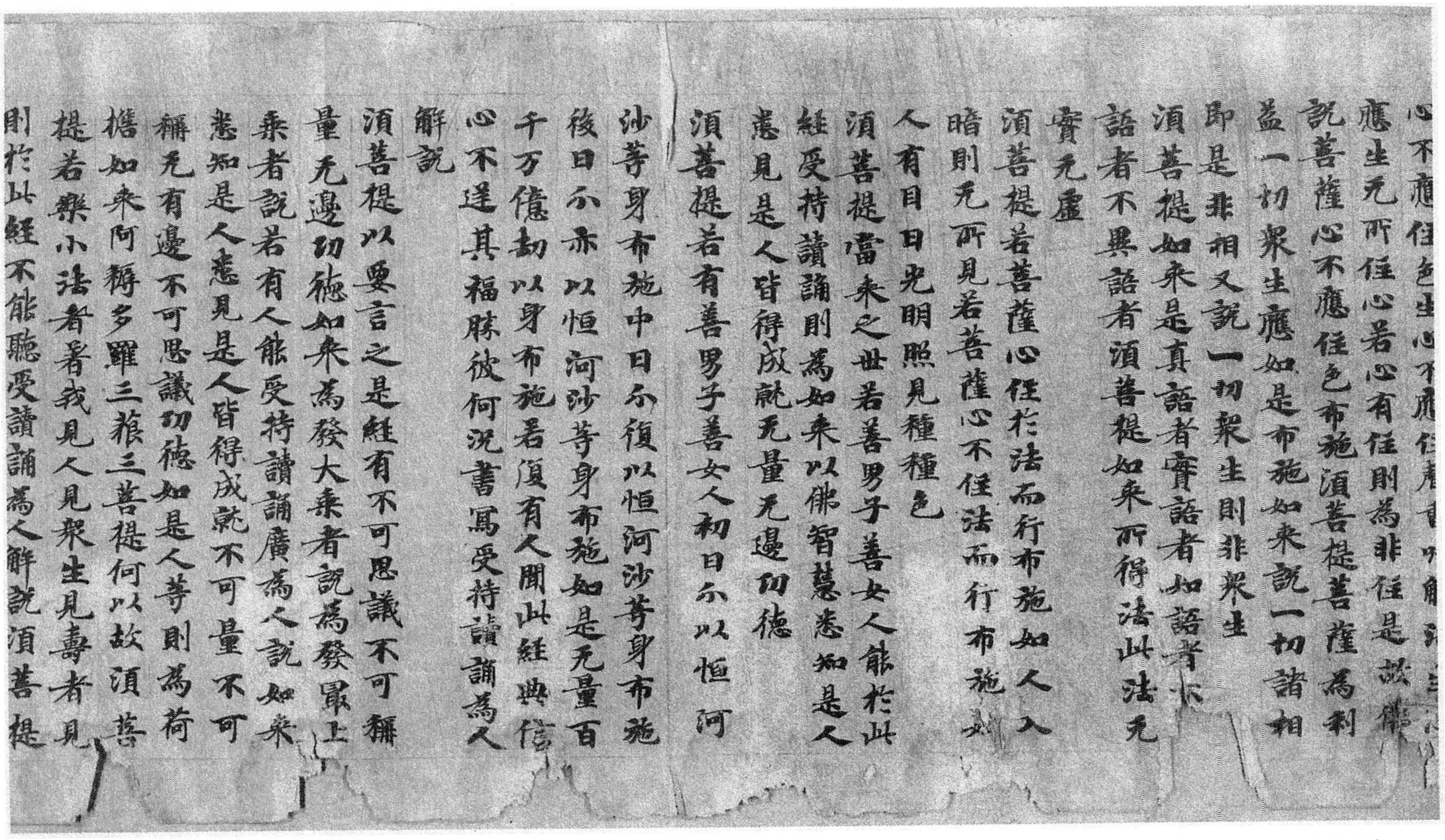
心不應住色生心不應住聲香味觸法生心
應生无所住心若心有住則為非住是故佛
說菩薩心不應住色布施須菩提菩薩為利
益一切衆生應如是布施如來說一切諸相
即是非相又說一切衆生則非衆生
須菩提如來是真語者實語者如語者不
語者不異語者須菩提如來所得法此法无
實无虛
須菩提若菩薩心住於法而行布施如人入
暗則无所見若菩薩心不住法而行布施如
人有目日光明照見種種色
須菩提當來之世若有善男子善女人能於此
經受持讀誦則為如來以佛智慧悉知是人
悉見是人皆得成就无量无邊功德
須菩提若有善男子善女人初日分以恒河
沙等身布施中日分復以恒河沙等身布施
後日分亦以恒河沙等身布施如是无量百
千万億劫以身布施若復有人聞此經典信
心不逆其福勝彼何況書寫受持讀誦為人
解說
須菩提以要言之是經有不可思議不可稱
量无邊功德如來為發大乘者說為發最上
乘者說若有人能受持讀誦廣為人說如來
悉知是人悉見是人皆得成就不可量不可
稱无有邊不可思議功德如是人等則為荷
擔如來阿耨多羅三藐三菩提何以故須菩
提若樂小法者著我見人見衆生見壽者見
則於此經不能聽受讀誦為人解說須菩提

BD04639號　金剛般若波羅蜜經　（9–3）

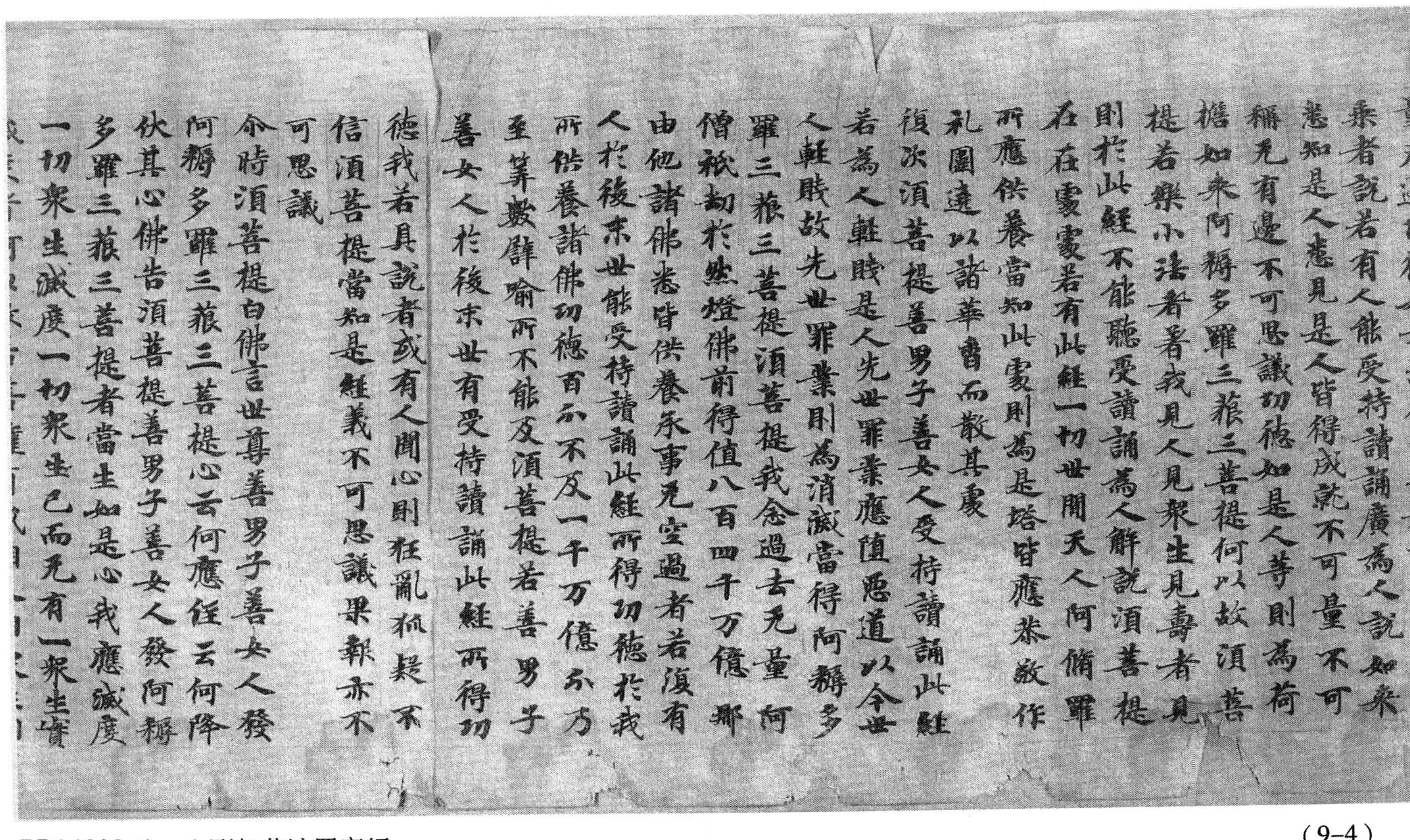
量无邊功德如來為發大乘者說為發最上
乘者說若有人能受持讀誦廣為人說如來
悉知是人悉見是人皆得成就不可量不可
稱无有邊不可思議功德如是人等則為荷
擔如來阿耨多羅三藐三菩提何以故須菩
提若樂小法者著我見人見衆生見壽者見
則於此經不能聽受讀誦為人解說須菩提
在在處處若有此經一切世間天人阿脩羅
所應供養當知此處則為是塔皆應恭敬作
禮圍遶以諸華香而散其處
復次須菩提善男子善女人受持讀誦此經
若為人輕賤是人先世罪業應墮惡道以今世
人輕賤故先世罪業則為消滅當得阿耨多
羅三藐三菩提須菩提我念過去无量阿
僧祇劫於然燈佛前得值八百四千万億那
由他諸佛悉皆供養承事无空過者若復有
人於後末世能受持讀誦此經所得功德於我
所供養諸佛功德百分不及一千万億分乃
至筭數譬喻所不能及須菩提若善男子
善女人於後末世有受持讀誦此經所得功
德我若具說者或有人聞心則狂亂狐疑不
信須菩提當知是經義不可思議果報亦不
可思議
尒時須菩提白佛言世尊善男子善女人發
阿耨多羅三藐三菩提心云何應住云何降
伏其心佛告須菩提善男子善女人發阿耨
多羅三藐三菩提者當生如是心我應滅度
一切衆生滅度一切衆生已而无有一衆生實
滅度者何以故須菩提若菩薩有我相人相

BD04639號　金剛般若波羅蜜經　（9–4）

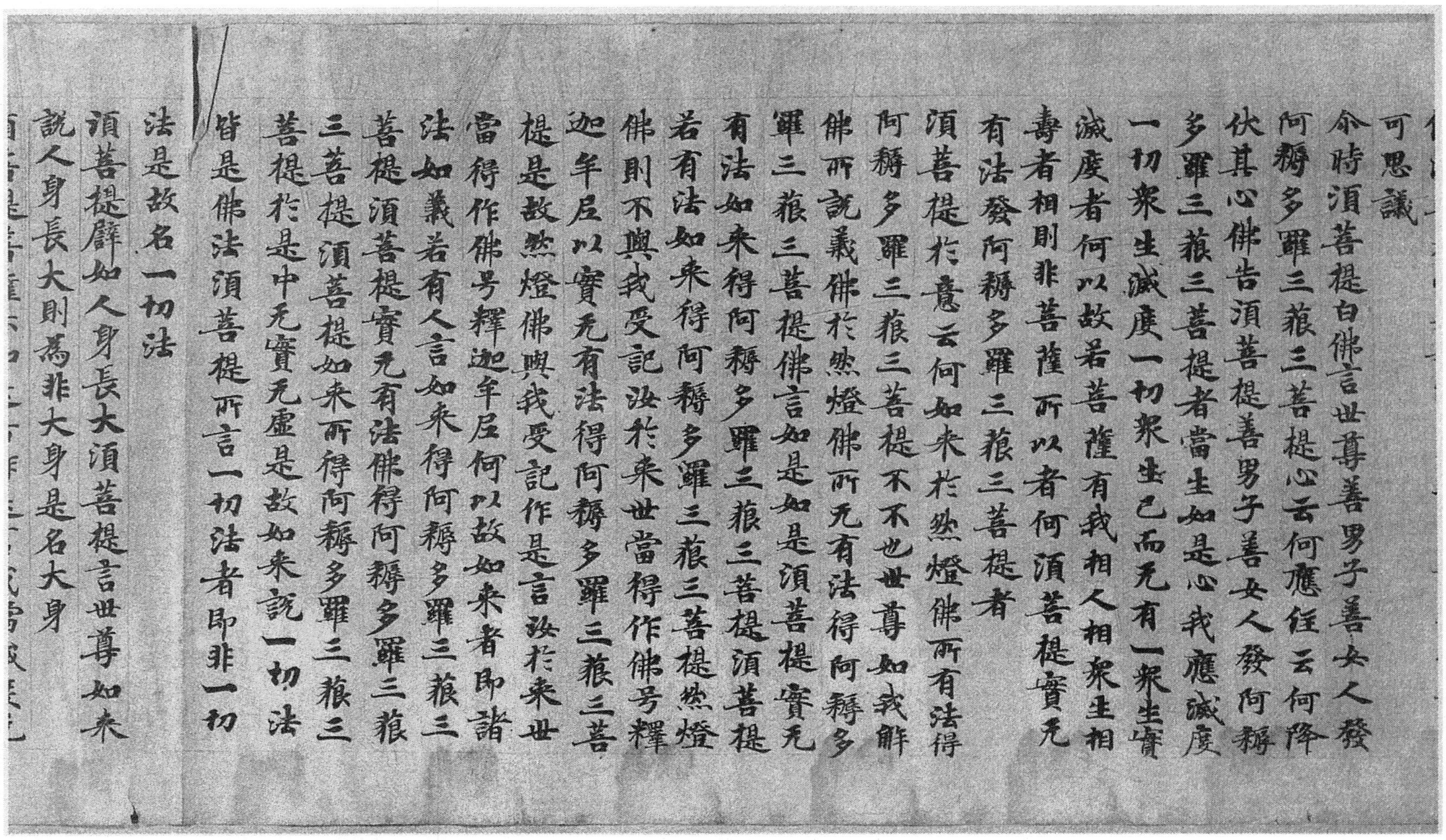

可思議
尒時須菩提白佛言世尊善男子善女人發
阿耨多羅三藐三菩提心云何應住云何降
伏其心佛告須菩提善男子善女人發阿耨
多羅三藐三菩提者當生如是心我應滅度
一切衆生滅度一切衆生已而无有一衆生實
滅度者何以故若菩薩有我相人相衆生相
壽者相則非菩薩所以者何須菩提實无
有法發阿耨多羅三藐三菩提者
須菩提於意云何如來於然燈佛所有法得
阿耨多羅三藐三菩提不不也世尊如我解
佛所說義佛於然燈佛所无有法得阿耨多
羅三藐三菩提佛言如是如是須菩提實无
有法如來得阿耨多羅三藐三菩提須菩提
若有法如來得阿耨多羅三藐三菩提然燈
佛則不與我受記汝於來世當得作佛号釋
迦牟尼以實无有法得阿耨多羅三藐三菩
提是故然燈佛與我受記作是言汝於來世
當得作佛号釋迦牟尼何以故如來者即諸
法如義若有人言如來得阿耨多羅三藐三
菩提須菩提實无有法佛得阿耨多羅三藐
三菩提須菩提如來所得阿耨多羅三藐三
菩提於是中无實无虛是故如來說一切法
皆是佛法須菩提所言一切法者即非一切
法是故名一切法
須菩提譬如人身長大須菩提言世尊如來
說人身長大則為非大身是名大身

BD04639號　金剛般若波羅蜜經　（9–5）

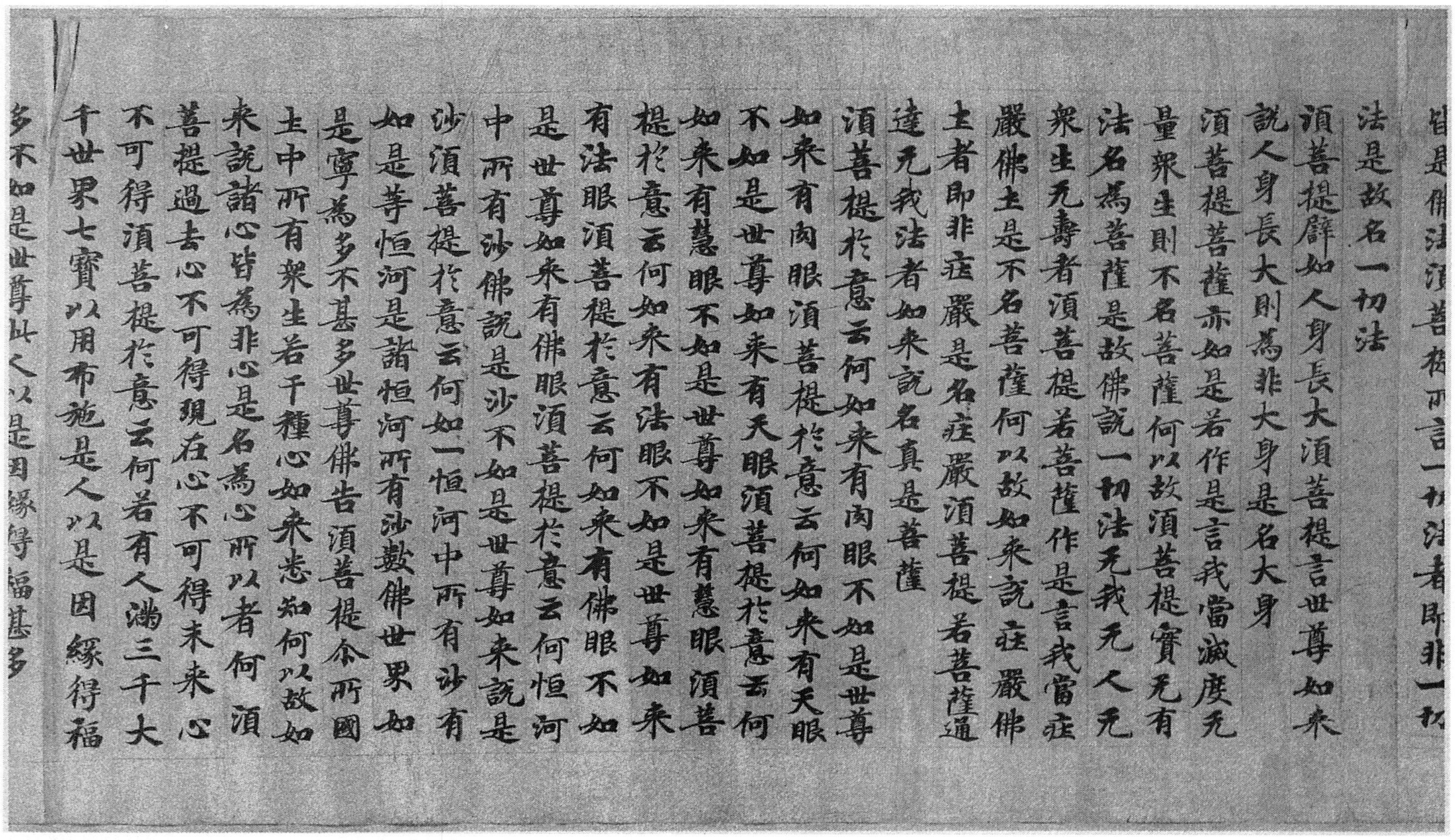

皆是佛法須菩提所言一切法者即非一切
法是故名一切法
須菩提譬如人身長大須菩提言世尊如來
說人身長大則為非大身是名大身
須菩提菩薩亦如是若作是言我當滅度无
量衆生則不名菩薩何以故須菩提實无有
法名為菩薩是故佛說一切法无我无人无
衆生无壽者須菩提若菩薩作是言我當莊
嚴佛土是不名菩薩何以故如來說莊嚴佛
土者即非莊嚴是名莊嚴須菩提若菩薩通
達无我法者如來說名真是菩薩
須菩提於意云何如來有肉眼不如是世尊
如來有肉眼須菩提於意云何如來有天眼
不如是世尊如來有天眼須菩提於意云何
如來有慧眼不如是世尊如來有慧眼須菩
提於意云何如來有法眼不如是世尊如來
有法眼須菩提於意云何如來有佛眼不如
是世尊如來有佛眼須菩提於意云何恒河
中所有沙佛說是沙不如是世尊如來說是
沙須菩提於意云何如一恒河中所有沙有
如是等恒河是諸恒河所有沙數佛世界如
是寧為多不甚多世尊佛告須菩提尒所國
土中所有衆生若干種心如來悉知何以故如
來說諸心皆為非心是名為心所以者何須
菩提過去心不可得現在心不可得未來心
不可得須菩提於意云何若有人滿三千大
千世界七寶以用布施是人以是因緣得福
多不如是世尊此人以是因緣得福甚多

BD04639號　金剛般若波羅蜜經　（9–6）

來說諸心皆為非心是名為心所以者何須
菩提過去心不可得現在心不可得未來心
不可得須菩提於意云何若有人滿三千大
千世界七寶以用布施是人以是因緣得福
多不如是世尊此人以是因緣得福甚多
須菩提若福德有實如來不說得福德多以
福德无故如來說得福德多
須菩提於意云何佛可以具足色身見不不
也世尊如來不應以具足色身見何以故如來
說具足色身即非具足色身是名具足色身
須菩提於意云何如來可以具足諸相見不
不也世尊如來不應以具足諸相見何以故
如來說諸相具足即非具足是名諸相具足
須菩提汝勿謂如來作是念我當有所說法
莫作是念何以故若人言如來有所說法即
為謗佛不能解我所說故須菩提說法者无
法可說是名說法
須菩提白佛言世尊佛得阿耨多羅三藐三
菩提為无所得耶如是如是須菩提我於阿
耨多羅三藐三菩提乃至无有少法可得是
名阿耨多羅三藐三菩提復次須菩提是法
平等无有高下是名阿耨多羅三藐三菩提
以无我无人无眾生无壽者脩一切善法則
得阿耨多羅三藐三菩提須菩提所言善法
者如來說非善法是名善法
須菩提若三千大千世界中所有諸須弥山
王如是等七寶聚有人持用布施若人以此

BD04639號　金剛般若波羅蜜經　（9–7）

平等无有高下是名阿耨多羅三藐三菩提
以无我无人无眾生无壽者脩一切善法則
得阿耨多羅三藐三菩提須菩提所言善法
者如來說非善法是名善法
須菩提若三千大千世界中所有諸須弥山
王如是等七寶聚有人持用布施若人以此
般若波羅蜜經乃至四句偈等受持讀誦為
他人說於前福德百分不及一百千万億分
乃至筭數譬喻所不能及
須菩提於意云何汝等勿謂如來作是念我
當度眾生須菩提莫作是念何以故實无有
眾生如來度者若有眾生如來度者如來則
有我人眾生壽者須菩提如來說有我者則
非有我而凡夫之人以為有我須菩提凡夫
者如來說則非凡夫
須菩提於意云何可以卅二相觀如來不須
菩提言如是如是以卅二相觀如來佛言須
菩提若以卅二相觀如來者轉輪聖王則是
如來須菩提白佛言世尊如我解佛所說義
不應以卅二相觀如來尒時世尊而說偈言
若以色見我　以音聲求我　是人行邪道　不能見如來
須菩提汝若作是念如來不以具足相故得
阿耨多羅三藐三菩提須菩提莫作是念如
來不以具足相故得阿耨多羅三藐三菩提
須菩提汝若作是念發阿耨多羅三藐三菩
提者說諸法斷滅莫作是念何以故發阿耨
多羅三藐三菩提者於法不說斷滅相須菩

BD04639號　金剛般若波羅蜜經　（9–8）

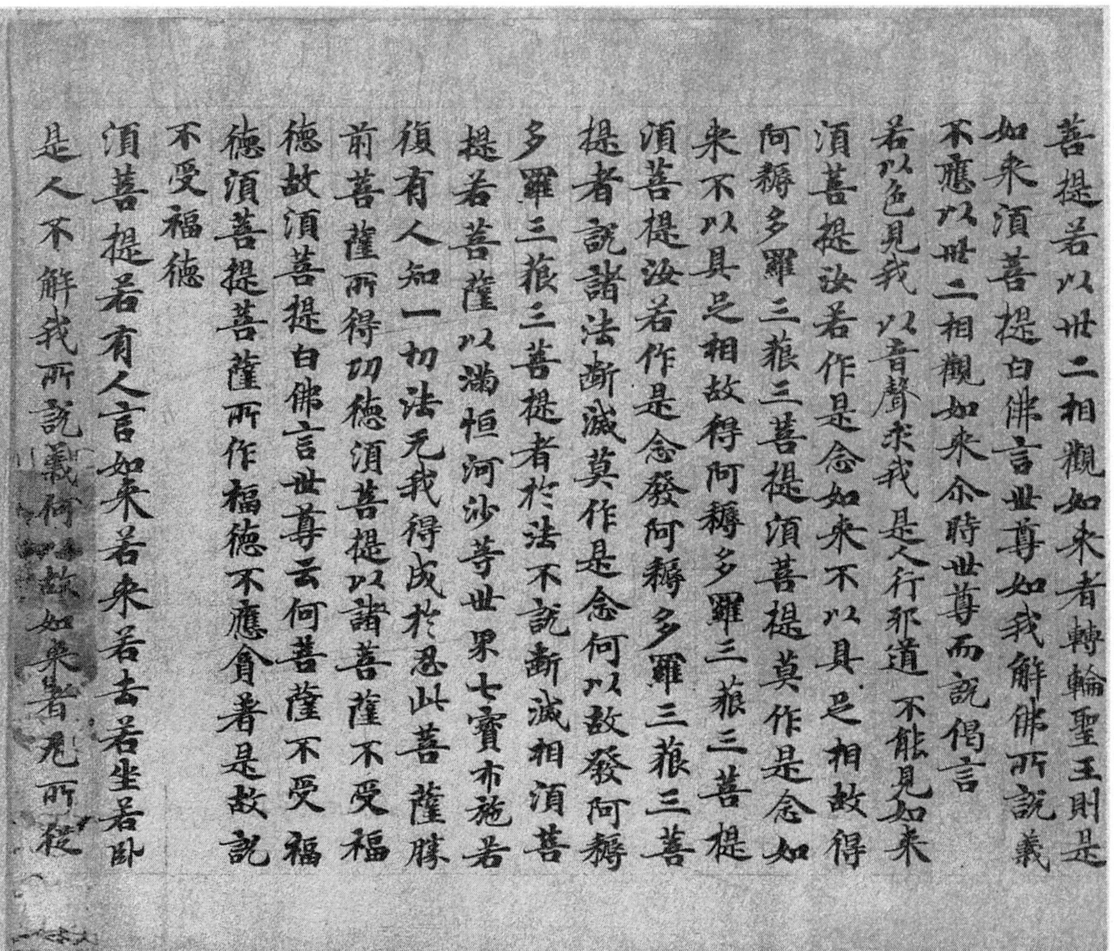

菩提若以卅二相觀如來者轉輪聖王則是
如來須菩提白佛言世尊如我解佛所說義
不應以卅二相觀如來尒時世尊而說偈言
若以色見我　以音聲求我　是人行邪道　不能見如來
須菩提汝若作是念如來不以具足相故得
阿耨多羅三藐三菩提須菩提莫作是念如
來不以具足相故得阿耨多羅三藐三菩提
須菩提汝若作是念發阿耨多羅三藐三菩
提者說諸法斷滅莫作是念何以故發阿耨
多羅三藐三菩提者於法不說斷滅相須菩
提若菩薩以滿恒河沙等世界七寶布施若
復有人知一切法无我得成於忍此菩薩勝
前菩薩所得功德須菩提以諸菩薩不受福
德故須菩提白佛言世尊云何菩薩不受福
德須菩提菩薩所作福德不應貪著是故說
不受福德
須菩提若有人言如來若來若去若坐若卧
是人不解我所說義何以故如來者无所從

BD04639 號　金剛般若波羅蜜經　（9–9）

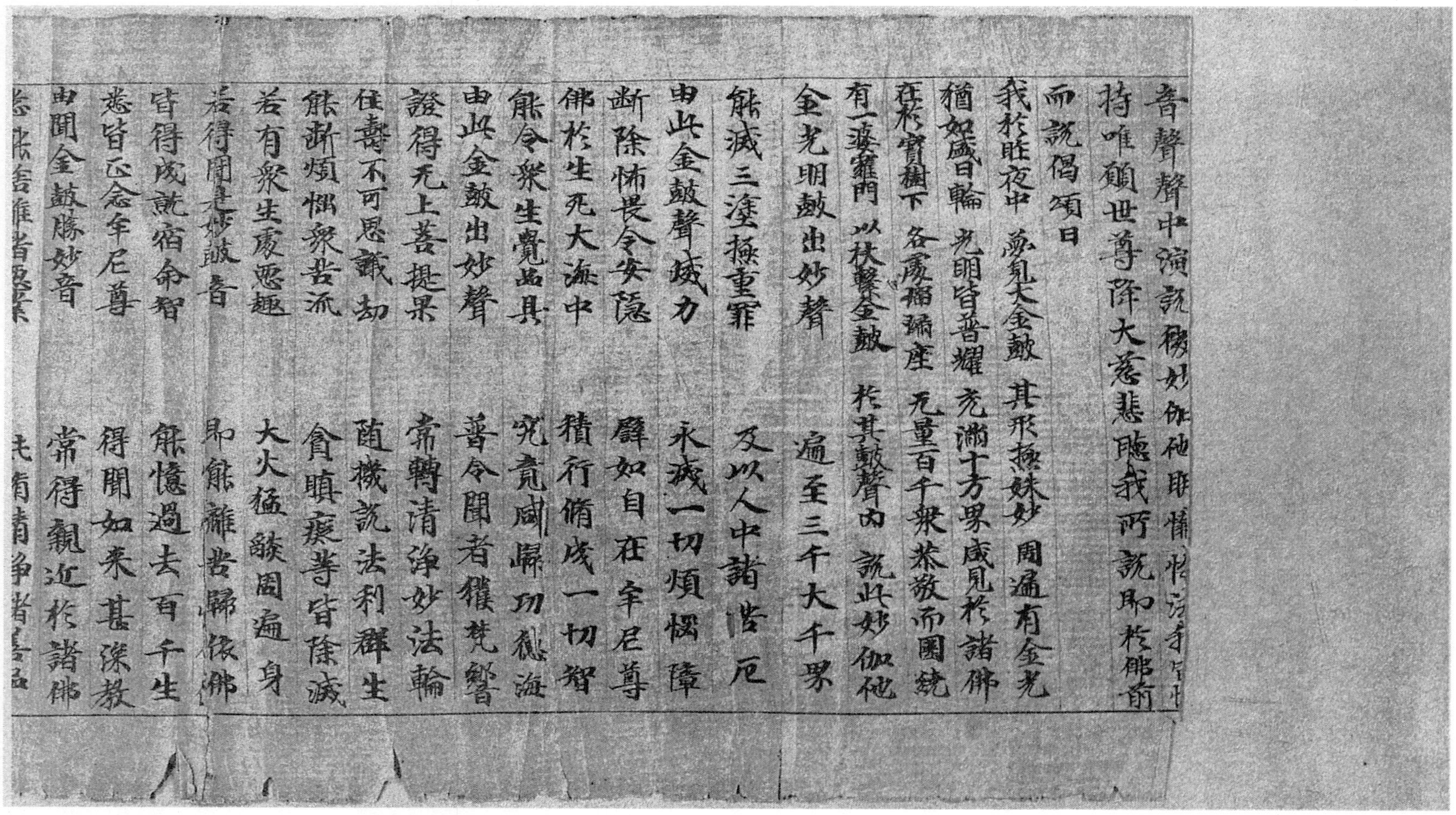

音聲聲中演說微妙伽他明懺悔[illegible]
持唯願世尊降大慈悲聽我所說即於佛前
而說偈頌曰
我於昨夜中　夢見大金鼓　其形極姝妙　周遍有金光
猶如盛日輪　光明皆普耀　充滿十方界　咸見於諸佛
在於寶樹下　各處琉璃座　无量百千眾　恭敬而圍繞
有一婆羅門　以杖擊金鼓　於其鼓聲內　說此妙伽他
金光明鼓出妙聲　遍至三千大千界
能滅三塗極重罪　及以人中諸苦厄
由此金鼓聲威力　永滅一切煩惱障
斷除怖畏令安隱　譬如自在牟尼尊
佛於生死大海中　積行修成一切智
能令眾生覺品具　究竟咸歸功德海
由此金鼓出妙聲　普令聞者獲梵響
證得无上菩提果　常轉清淨妙法輪
住壽不可思議劫　隨機說法利群生
能斷煩惱眾苦流　貪瞋癡等皆除滅
若有眾生處惡趣　大火猛焰周遍身
若得聞是妙鼓音　即能離苦歸依佛
皆得成就宿命智　能憶過去百千生
悉皆正念牟尼尊　得聞如來甚深教
由聞金鼓勝妙音　常得親近於諸佛
悉能捨離諸惡業　[illegible]清淨諸善品

BD04640 號　金光明最勝王經卷二　（2–1）

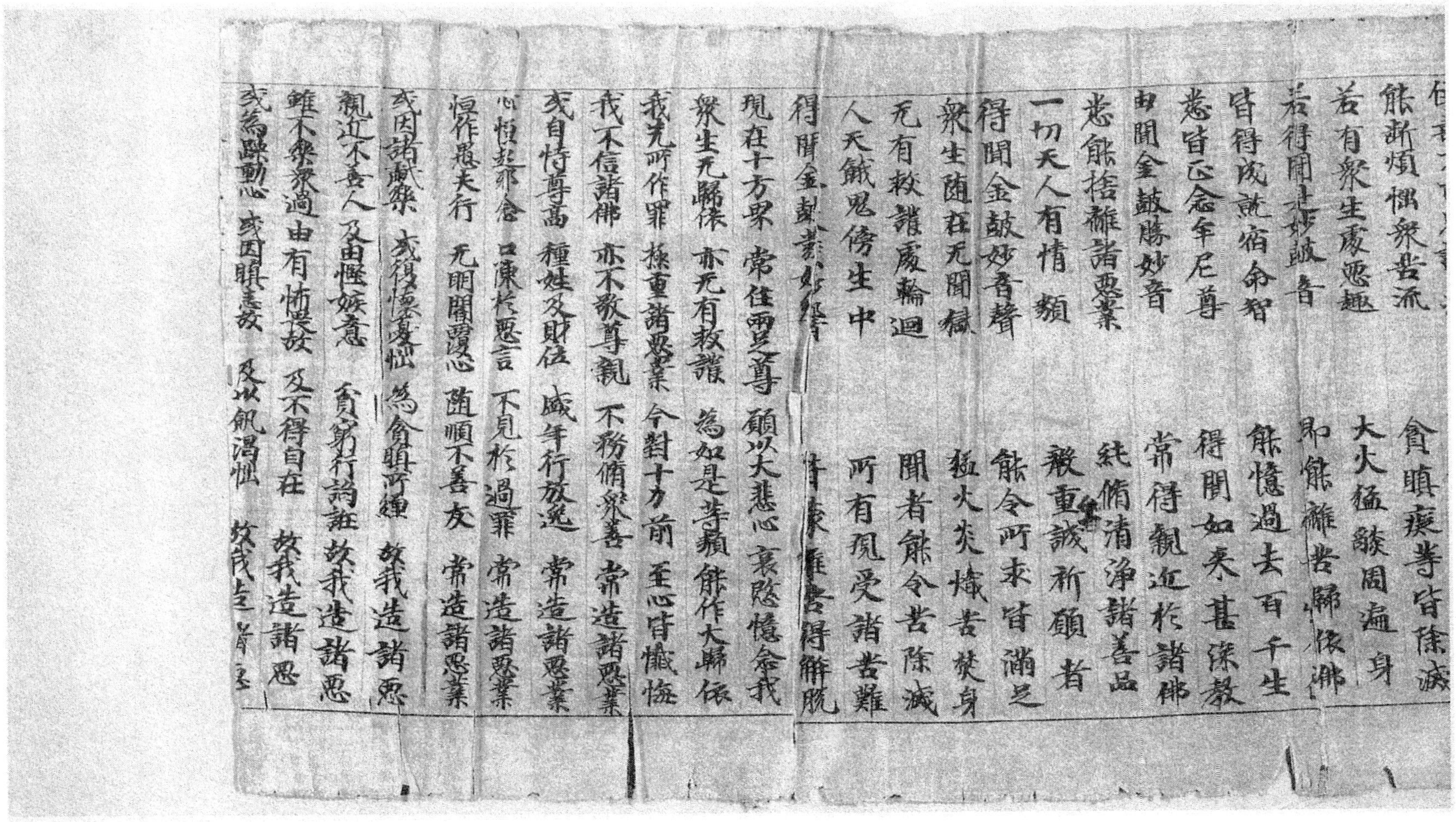

[illegible]
能斷煩惱眾苦流　貪瞋癡等皆除滅
若有眾生處惡趣　大火猛燄周遍身
若得聞是妙鼓音　即能離苦歸依佛
皆得成就宿命智　能憶過去百千生
悉皆正念牟尼尊　得聞如來甚深教
由聞金鼓勝妙音　常得親近於諸佛
悉能捨離諸惡業　純修清淨諸善品
一切天人有情類　慇重誠心祈願者
得聞金鼓妙音聲　能令所求皆滿足
眾生墮在无間獄　猛火炎熾苦焚身
无有救護處輪迴　聞者能令苦除滅
人天餓鬼傍生中　所有現受諸苦難
得聞金鼓發妙響　皆蒙離苦得解脫
現在十方界　常住兩足尊　願以大悲心　哀愍憶念我
眾生无歸依　亦无有救護　為如是等類　能作大歸依
我先所作罪　極重諸惡業　今對十力前　至心皆懺悔
我不信諸佛　亦不敬尊親　不務修眾善　常造諸惡業
或自恃尊高　種姓及財位　盛年行放逸　常造諸惡業
心恒起邪念　口陳於惡言　不見於過罪　常造諸惡業
恒作愚夫行　无明闇覆心　隨順不善友　常造諸惡業
或因諸戲樂　或復懷憂惱　為貪瞋所纏　故我造諸惡
親近不善人　及由慳嫉意　貧窮行諂誑　故我造諸惡
雖不樂眾過　由有怖畏故　及不得自在　故我造諸惡
或為躁動心　或因瞋恚故　及以飢渴惱　故我造諸惡

BD04640 號　金光明最勝王經卷二　（2–2）

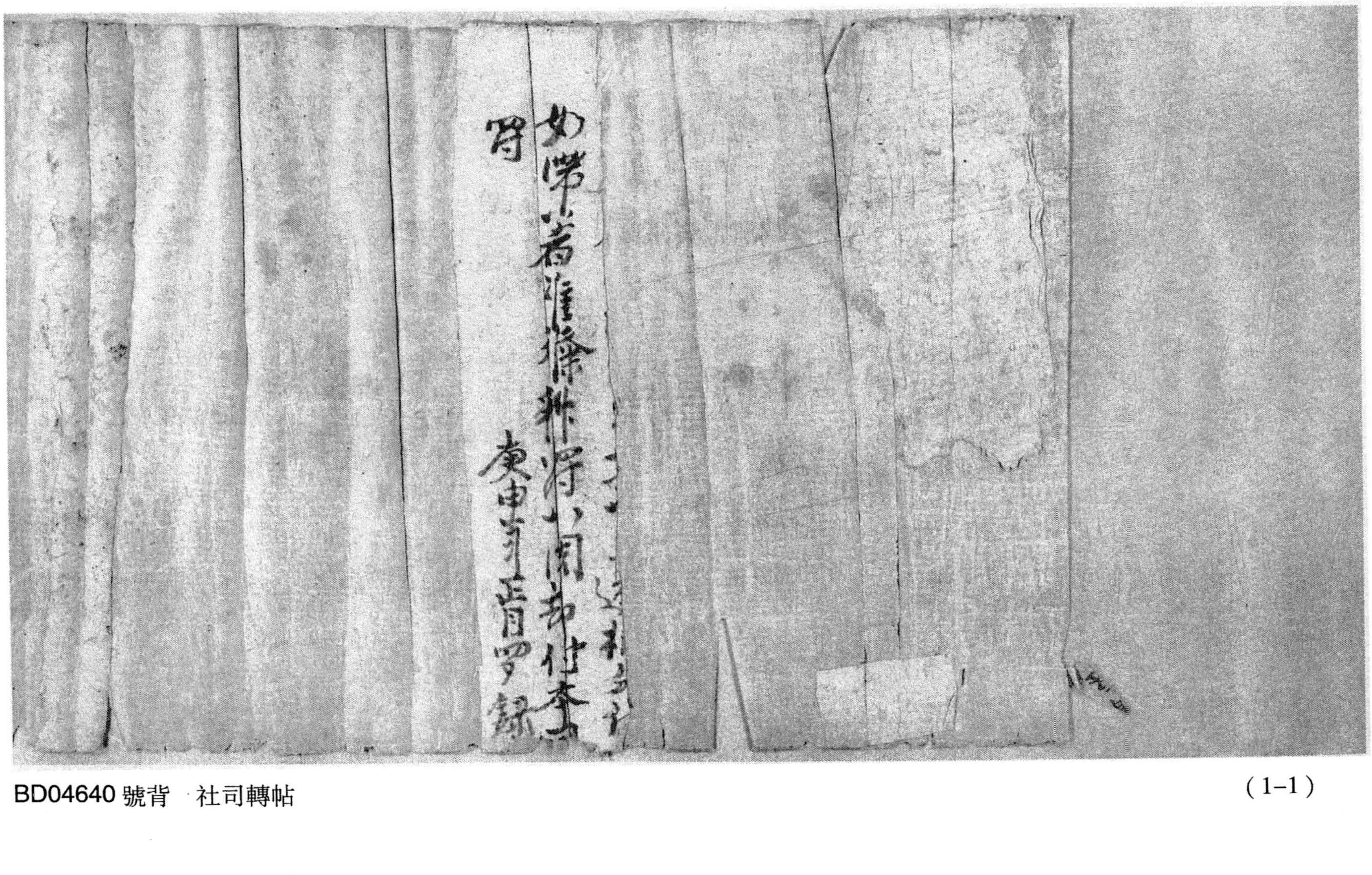

如常。若准條科罰。帖周却付本
庚申年正月　日錄

BD04640 號背　社司轉帖　（1–1）

說是法時二百
子得法眼淨故我不任詣彼問疾
佛告富樓那彌多羅尼子汝行詣維摩詰問
疾富樓那白佛言世尊我不堪任詣彼問疾
所以者何憶念我昔於大林中在一樹下為
諸新學比丘說法時維摩詰來謂我言唯富
樓那先當入定觀此人心然後說法無以穢
食置於寶器當知是比丘心之所念無以琉
璃同彼水精汝不能知眾生根原無得發起
以小乘法彼自無瘡勿傷之也欲行大道莫
示小徑無以大海內於牛跡無以日光等彼
螢火富樓那此比丘久發大乘心中忘此意
汝何以小乘法而教道之我觀小乘智慧微
淺猶如盲人不能分別一切眾生根之利鈍
時維摩詰即入三昧令此比丘自識宿命
曾於五百佛所殖眾德本迴向阿耨多羅三藐
三菩提即時豁然還得本心於是諸比丘稽

BD04641號　維摩詰所說經卷上　（4–1）

螢火富樓那此比丘久發大乘心中忘此意
汝何以小乘法而教道之我觀小乘智慧微
淺猶如盲人不能分別一切眾生根之利鈍
時維摩詰即入三昧令此比丘自識宿命
曾於五百佛所殖眾德本迴向阿耨多羅三藐
三菩提即時豁然還得本心於是諸比丘稽
首禮維摩詰足時維摩詰因為說法於阿耨
多羅三藐三菩提不復退轉我念聲聞不
觀根不應說法是故不任詣彼問疾
佛告摩訶迦旃延汝行詣維摩詰問疾迦旃
延白佛言世尊我不堪任詣彼問疾所以者
何憶念昔者佛為諸比丘略說法要我即
於後敷演其義謂無常義苦義空義無我
義寂滅義時維摩詰來謂我言唯迦旃延
無以生滅心行說實相法迦旃延諸法畢竟不
生不滅是無常義五受陰通達空無所起是
苦義諸法究竟無所有是空義於我無我
而不二是無我義法本不然今則無滅是寂
滅義說是法時彼諸比丘心得解脫故我不
任詣彼問疾
佛告阿那律汝行詣維摩詰問疾阿那律白
佛言世尊我不堪任詣彼問疾所以者何憶
念我昔於一處經行時有梵王名曰嚴淨與
万梵俱放淨光明來詣我所稽首作禮問
我言幾何阿那律天眼所見我即答言仁者吾
見此釋迦牟尼佛土三千大千世界如觀掌

BD04641號　維摩詰所說經卷上　（4–2）

佛言世尊我不堪任詣彼問疾所以者何憶
念我昔於一處經行時有梵王名曰嚴淨與
万梵俱放淨光明来詣我所稽首作礼問
我言幾何阿那律天眼所見我即荅言仁者吾
見此釋迦牟尼佛土三千大千世界如觀掌
中菴摩勒菓時維摩詰来謂我言唯阿那律
天眼所見為作相耶無作相耶假使作相則與
外道五通等若無作相即是無為不應有見
世尊我時默然彼諸梵聞其言得未曾有即
為作礼而問曰世孰有真天眼者維摩詰言
有佛世尊得真天眼常在三昧悉見諸佛
國不以二相於是嚴淨梵王及其眷屬五百梵
天皆發阿耨多羅三藐三菩提心礼維摩詰
足已忽然不現故我不任詣彼問疾
佛告優波離汝行詣維摩詰問疾優波離
白佛言世尊我不堪任詣彼問疾所以者何憶
念昔者有二比丘犯律行以為恥不敢問佛
来問我言唯優波離我等犯律誠以為恥不
敢問佛願解疑悔得免斯咎我即為其如法
解說時維摩詰来謂我言唯優波離无重增
此二比丘罪當直除滅勿擾其心所以者何彼
罪性不在內不在外不在中間如佛所說心
垢故衆生垢心淨故衆生淨心亦不在內不在
外不在中間如其心然罪垢亦然諸法亦然
不出於如如優波離以心相得解脫時寧有
垢不我言不也維摩詰言一切衆生心相無垢

BD04641號　維摩詰所說經卷上　（4–3）

此二比丘罪當直除滅勿擾其心所以者何彼
罪性不在內不在外不在中間如佛所說心
垢故衆生垢心淨故衆生淨心亦不在內不在
外不在中間如其心然罪垢亦然諸法亦然
不出於如如優波離以心相得解脫時寧有
垢不我言不也維摩詰言一切衆生心相無垢
亦復如是唯優波離妄想是垢無妄想是
淨顛倒是垢無顛倒是淨取我是垢不取我
是淨優波離一切法生滅不住如幻如電
諸法不相待乃至一念不住諸法皆妄見如
夢如炎如水中月如鏡中像以妄相生其知此
者是名奉律其知此者是名善解於是二比
丘言上智哉是優波離所不及持律之上而不
能說我荅言自捨如来未有聲聞及菩薩
能制其樂說之辯其智慧明達為若此也時二
比丘疑悔即除發阿耨多羅三藐三菩提心
作是願言令一切衆生皆得是辯故我不
任詣彼問疾
佛告羅睺羅汝行詣維摩詰問疾羅睺羅白
佛言世尊我不堪任詣彼問疾所以者何憶
念昔時毗耶離諸長者子来詣我所稽首作
礼問我言唯羅睺羅汝佛之子捨轉輪王位
出家為道其出家者有何等利我即如法為

BD04641號　維摩詰所說經卷上　（4–4）

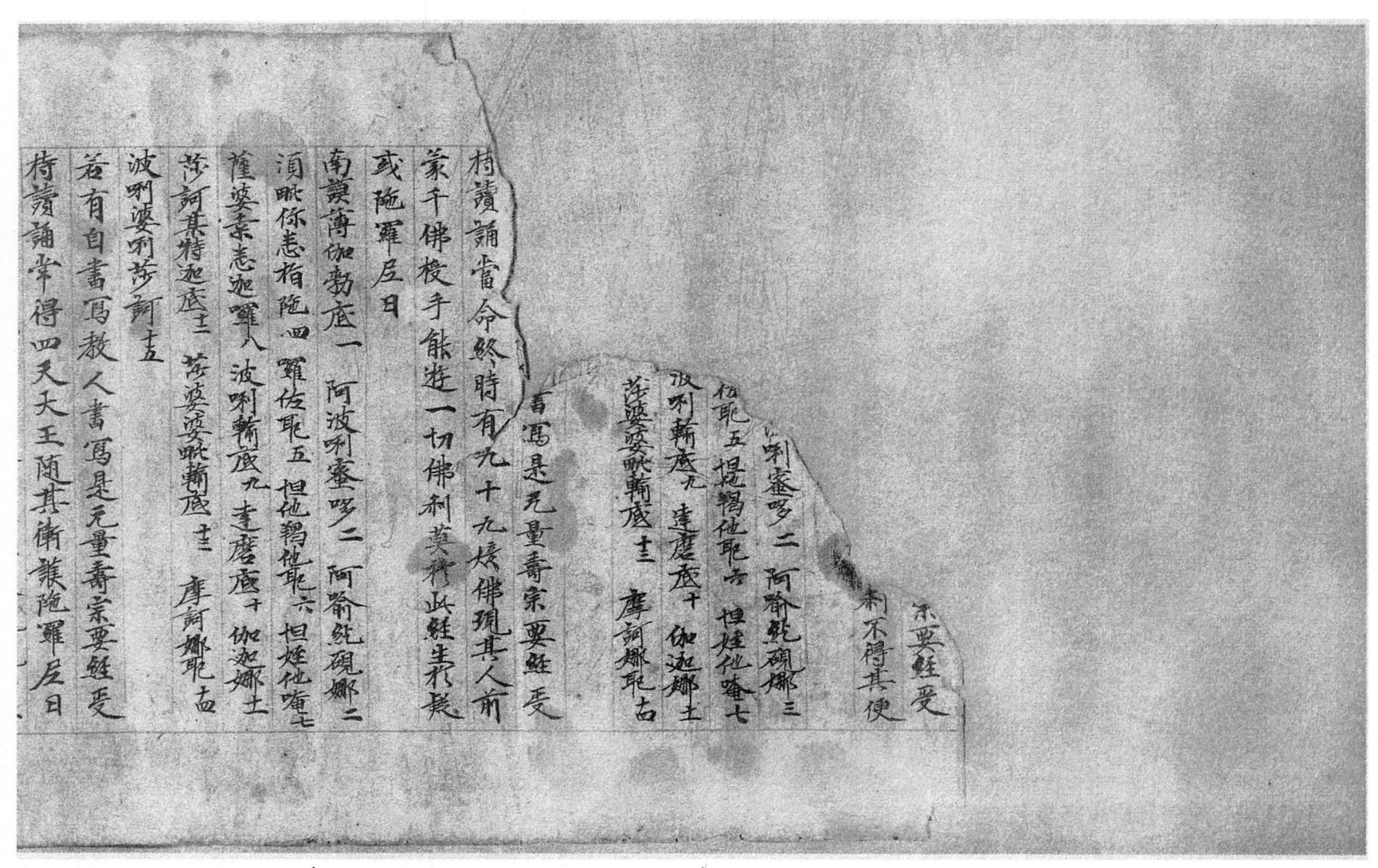

宗要經受
刹不得其便
唎蜜哆二 阿喻紇硯娜三
佉耶五 怛他羯他耶六 怛姪他唵七
波唎輸底九 達磨底十 伽迦娜十一
莎婆娑眦輸底十三 摩訶娜耶十四
書寫是无量壽宗要經受
持讀誦當命終時有九十九姟佛現其人前
蒙千佛授手能遊一切佛刹莫於此經生於疑
惑陁羅尼曰
南謨薄伽勃底一 阿波唎蜜哆二 阿喻紇硯娜三
須眦你志栺陁四 囉佐耶五 怛他羯他耶六 怛姪他唵七
薩婆桒志迦囉八 波唎輸底九 達磨底十 伽迦娜十一
莎訶某特迦底十二 莎婆娑眦輸底十三 摩訶娜耶十四
波唎婆唎莎訶十五
若有自書寫教人書寫是无量壽宗要經受
持讀誦常得四天大王隨其衛護陁羅尼曰

BD04642 號　無量壽宗要經　（6–1）

須眦你志栺陁四 囉佐耶五 怛他羯他耶六 怛姪他唵七
薩婆桒志迦囉八 波唎輸底九 達磨底十 伽迦娜十一
莎訶某特迦底十二 莎婆娑眦輸底十三 摩訶娜耶十四
波唎婆唎莎訶十五
若有自書寫教人書寫是无量壽宗要經受
持讀誦常得四天大王隨其衛護陁羅尼曰
南謨薄伽勃底一 阿波唎蜜哆二 阿喻紇硯娜三
須眦你志栺陁四 囉佐耶五 怛他羯他耶六 怛姪他唵七
薩婆桒志迦囉八 波唎輸底九 達磨底十 伽迦娜十一
莎訶某特迦底十二 莎婆娑眦輸底十三 摩訶娜耶十四
波唎婆唎莎訶十五
若有自書寫教人書寫是无量壽宗要經受持
讀誦當得往生西方極樂世界阿弥陁淨土
陁羅尼曰
南謨薄伽勃底一 阿波唎蜜哆二 阿喻紇硯娜三
須眦你志栺陁四 囉佐耶五 怛他羯他耶六 怛姪他唵七
薩婆桒志迦囉八 波唎輸底九 達磨底十 伽迦娜十一
莎訶某特迦底十二 莎婆娑眦輸底十三 摩訶娜耶十四
波唎婆唎莎訶十五
若有方所自書寫使人書寫是无量壽經典之
處即為是塔皆應恭敬作礼若是畜生或為
鳥獸得得聞是經如是等類皆當不久得成一
切種智陁羅尼曰
南謨薄伽勃底一 阿波唎蜜哆二 阿喻紇硯娜三
須眦你志栺陁四 囉佐耶五 怛他羯他耶六 怛姪他唵七
薩婆桒志迦囉八 波唎輸底九 達磨底十 伽迦娜十一
莎訶某特迦底十二 莎婆娑眦輸底十三 摩訶娜耶十四

BD04642 號　無量壽宗要經　（6–2）

[illegible]陁羅尼曰
南謨薄伽勃底一 阿波唎蜜哆二 阿諭紇硯娜三
須毗你志楷陁四 囉佐耶五 怛他羯他耶六 怛姪他唵七
薩婆桑志迦囉八 波唎輸底九 達磨底十 伽迦娜十一
莎訶莫特迦底十二 莎婆婆毗輸底十三 摩訶娜耶十四
波唎婆唎莎訶十五
若有於是无量壽經自書寫若使人書畢竟
不受女人之身 陁羅尼曰
南謨薄伽勃底一 阿波唎蜜哆二 阿諭紇硯娜三
須毗你志楷陁四 囉佐耶五 怛他羯他耶六 怛姪他唵七
薩婆桑志迦囉八 波唎輸底九 達磨底十 伽迦娜十一
莎訶莫特迦底十二 莎婆婆毗輸底十三 摩訶娜耶十四
波唎婆唎莎訶十五
若有能於是經少分能惠施者等於三千大
千世界滿中七寶布施 陁羅尼曰
南謨薄伽勃底一 阿波唎蜜哆二 阿諭紇硯娜三
須毗你志楷陁四 囉佐耶五 怛他羯他耶六 怛姪他唵七
薩婆桑志迦囉八 波唎輸底九 達磨底十 伽迦娜十一
莎訶莫特迦底十二 莎婆婆毗輸底十三 摩訶娜耶十四
波唎婆唎莎訶十五
若有能供養是經者則是供養一切諸經等
无有異 陁羅尼曰
南謨薄伽勃底一 阿波唎蜜哆二 阿諭紇硯娜三
須毗你志楷陁四 囉佐耶五 怛他羯他耶六 怛姪他唵七
薩婆桑志迦囉八 波唎輸底九 達磨底十 伽迦娜十一
莎訶莫特迦底十二 莎婆婆毗輸底十三 摩訶娜耶十四
波唎婆唎莎訶十五

BD04642號　無量壽宗要經　（6–3）

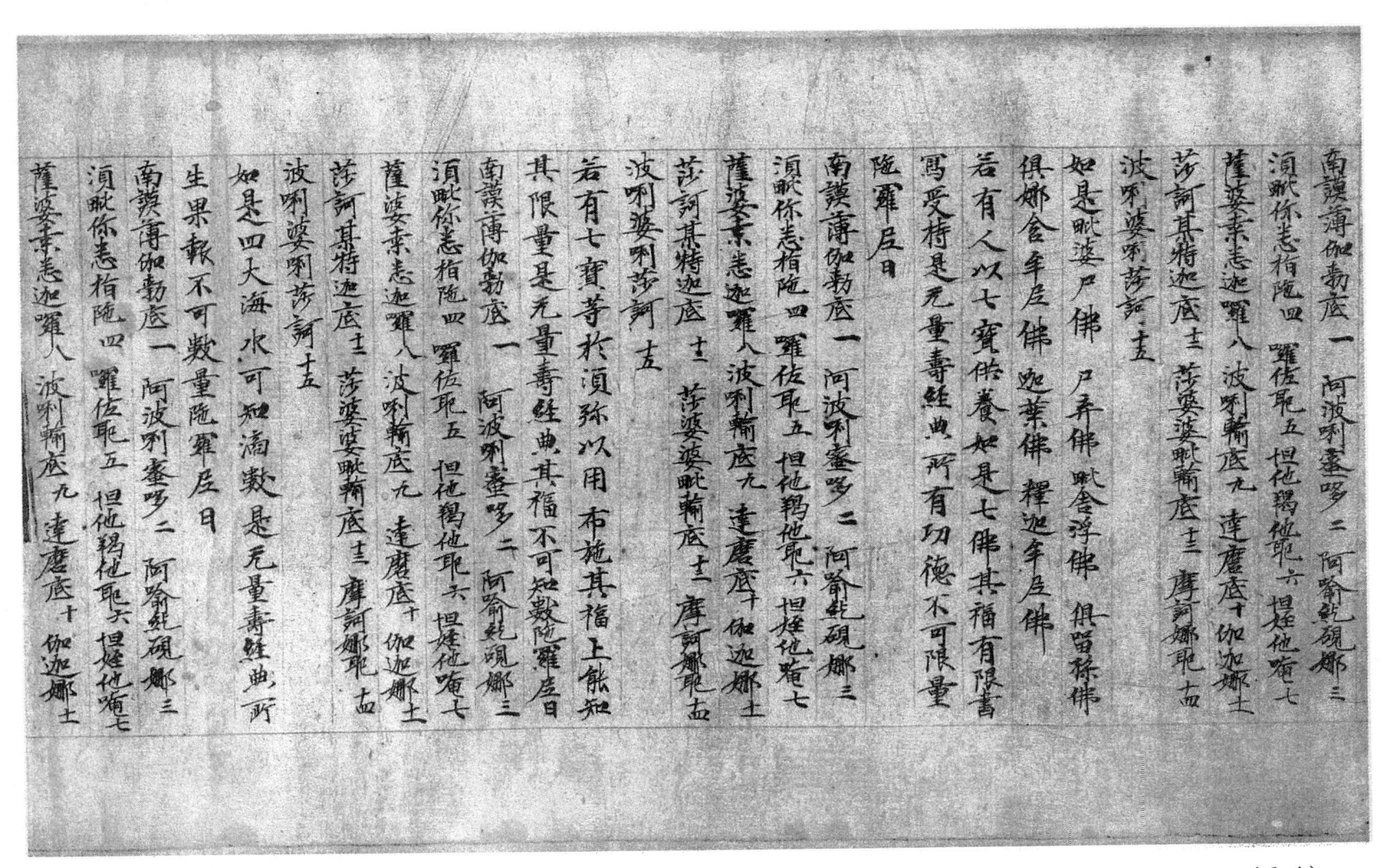

南謨薄伽勃底一 阿波唎蜜哆二 阿諭紇硯娜三
須毗你志楷陁四 囉佐耶五 怛他羯他耶六 怛姪他唵七
薩婆桑志迦囉八 波唎輸底九 達磨底十 伽迦娜十一
莎訶莫特迦底十二 莎婆婆毗輸底十三 摩訶娜耶十四
波唎婆唎莎訶十五
如是毗婆尸佛 尸弃佛 毗舍浮佛 俱留孫佛
俱那含牟尼佛 迦葉佛 釋迦牟尼佛
若有人以七寶供養如是七佛其福有限書
寫受持是无量壽經典所有功德不可限量
陁羅尼曰
南謨薄伽勃底一 阿波唎蜜哆二 阿諭紇硯娜三
須毗你志楷陁四 囉佐耶五 怛他羯他耶六 怛姪他唵七
薩婆桑志迦囉八 波唎輸底九 達磨底十 伽迦娜十一
莎訶莫特迦底十二 莎婆婆毗輸底十三 摩訶娜耶十四
波唎婆唎莎訶十五
若有七寶等於須彌以用布施其福上能知
其限量是无量壽經典其福不可知數陁羅尼曰
南謨薄伽勃底一 阿波唎蜜哆二 阿諭紇硯娜三
須毗你志楷陁四 囉佐耶五 怛他羯他耶六 怛姪他唵七
薩婆桑志迦囉八 波唎輸底九 達磨底十 伽迦娜十一
莎訶莫特迦底十二 莎婆婆毗輸底十三 摩訶娜耶十四
波唎婆唎莎訶十五
如是四大海水可知滴數是无量壽經典所
生果報不可數量陁羅尼曰
南謨薄伽勃底一 阿波唎蜜哆二 阿諭紇硯娜三
須毗你志楷陁四 囉佐耶五 怛他羯他耶六 怛姪他唵七
薩婆桑志迦囉八 波唎輸底九 達磨底十 伽迦娜十一

BD04642號　無量壽宗要經　（6–4）

波唎婆唎莎訶十五
如是四大海水可知滴數是无量壽經典所
生果報不可數量陁羅尼曰
南謨薄伽勃底一 阿波唎蜜哆二 阿喻紇硯娜三
須毗你志栺陁四 囉佐耶五 怛他羯他耶六 怛姪他唵七
薩婆桑悉迦囉八 波唎輸底九 達磨底十 伽迦娜十一
莎訶某持迦底十二 莎婆婆毗輸底十三 摩訶娜耶十四
波唎婆唎莎訶十五
若有自書寫使人書寫是无量壽經典又能
護持供養即如恭敬供養一切十方佛土如來
无有别異陁羅尼曰
南謨薄伽勃底一 阿波唎蜜哆二 阿喻紇硯娜三
須毗你志栺陁四 囉佐耶五 怛他羯他耶六 怛姪他唵七
薩婆桑悉迦囉八 波唎輸底九 達磨底十 伽迦娜十一
莎訶某持迦底十二 莎婆婆毗輸底十三 摩訶娜耶十四
波唎婆唎莎訶十五
布施力能成正覺 悟布施力人師子
布施力能聲普聞 慈悲階漸衆能入
持戒力能成正覺 悟持戒力人師子
持戒力能聲普聞 慈悲階漸衆能入
忍辱力能成正覺 悟忍辱力人師子
忍辱力能聲普聞 慈悲階漸衆能入
精進力能成正覺 悟精進力人師子
精進力能聲普聞 慈悲階漸衆能入
禪定力能成正覺 悟禪定力人師子
禪定力能聲普聞 慈悲階漸衆能入
智慧力能成正覺 悟智慧力人師子

BD04642號　無量壽宗要經　（6–5）

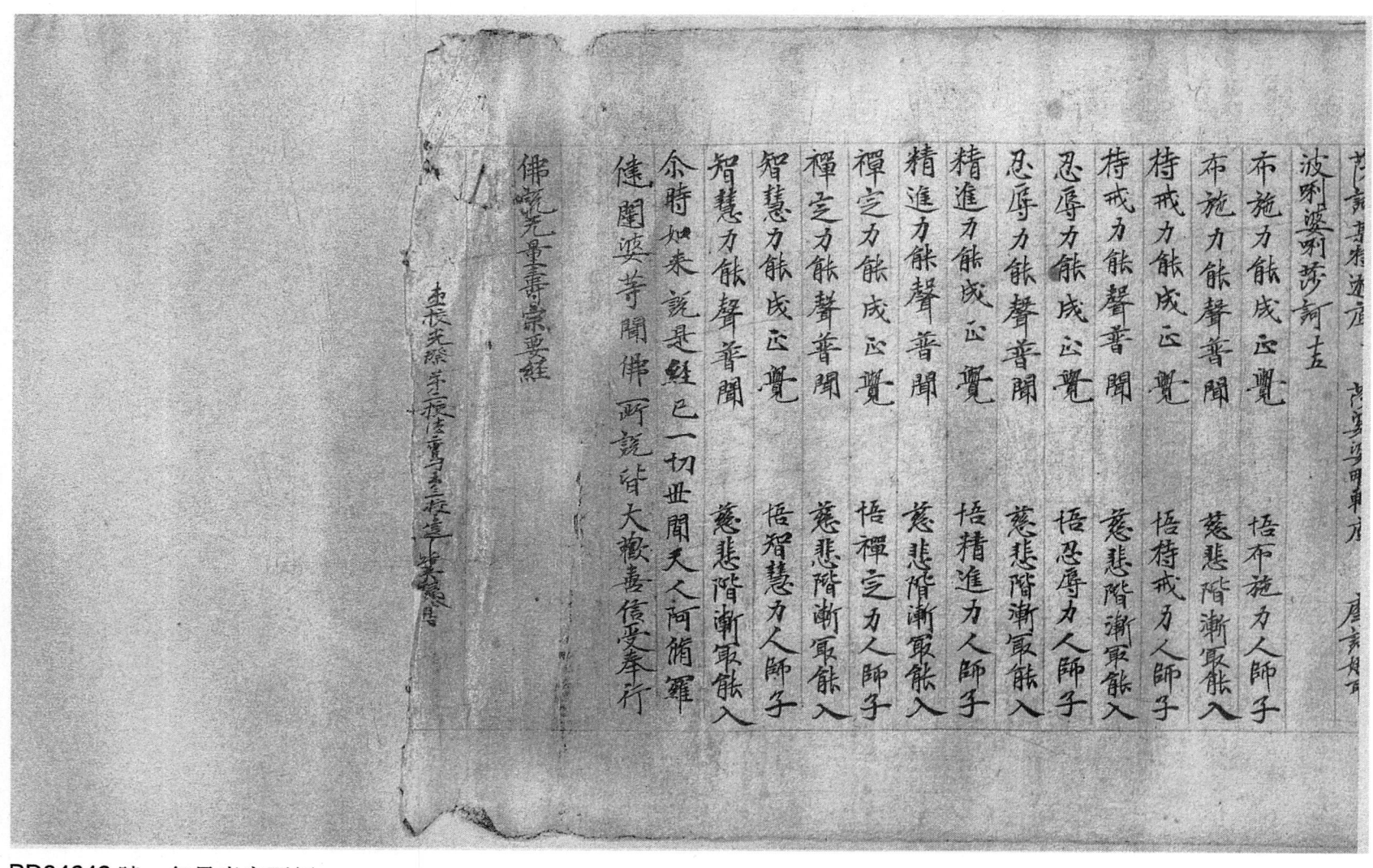

莎訶某持迦底… 莎婆婆毗輸… 摩訶娜…
波唎婆唎莎訶十五
布施力能成正覺 悟布施力人師子
布施力能聲普聞 慈悲階漸衆能入
持戒力能成正覺 悟持戒力人師子
持戒力能聲普聞 慈悲階漸衆能入
忍辱力能成正覺 悟忍辱力人師子
忍辱力能聲普聞 慈悲階漸衆能入
精進力能成正覺 悟精進力人師子
精進力能聲普聞 慈悲階漸衆能入
禪定力能成正覺 悟禪定力人師子
禪定力能聲普聞 慈悲階漸衆能入
智慧力能成正覺 悟智慧力人師子
智慧力能聲普聞 慈悲階漸衆能入
尒時如來說是經已一切世間天人阿脩羅
揵闥婆等聞佛所說皆大歡喜信受奉行
佛說无量壽宗要經
惠長光際 第一校法寶 第二校 第三校 道[illegible]

BD04642號　無量壽宗要經　（6–6）

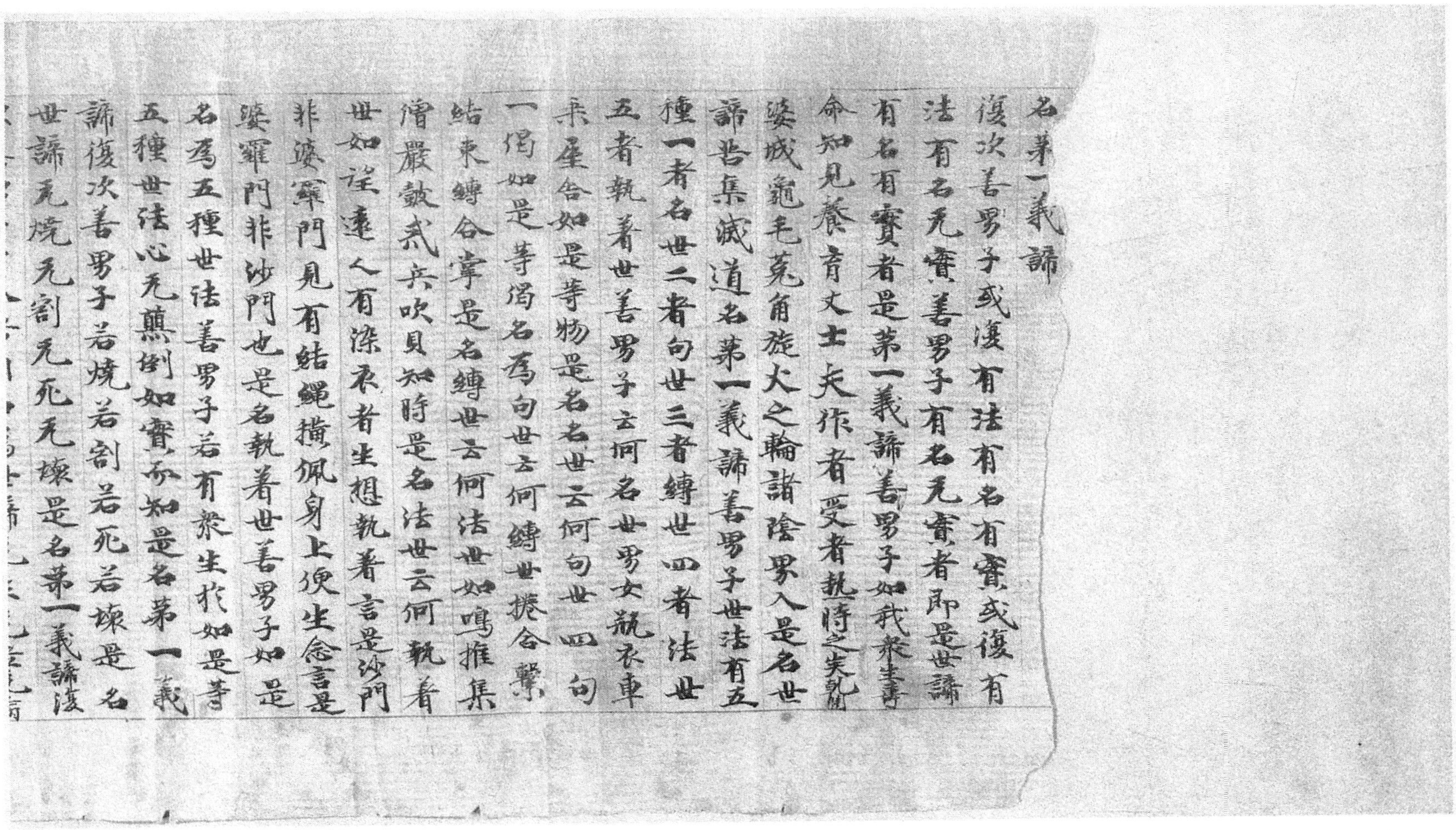
名第一義諦
復次善男子或復有法有名有實或復有
法有名无實善男子有名无實者即是世諦
有名有實者是第一義諦善男子如我衆生壽
命知見養育文士夫作者受者熱時之炎乾闥
婆城龜毛菟角旋火之輪諸陰界入是名世
諦苦集滅道名第一義諦善男子世法有五
種一者名世二者句世三者縛世四者法世
五者執著世善男子云何名世男女瓶衣車
乘屋舍如是等物是名名世云何句世四句
一偈如是等偈名為句世云何縛世攬合縶
結束縛合掌是名縛世云何法世如鳴椎集
僧嚴鼓戒兵吹貝知時是名法世云何執著
世如望遠人有染衣者生想執著言是沙門
非婆羅門見有結繩横佩身上便生念言是
婆羅門非沙門也是名執著世善男子如是
名為五種世法善男子若有衆生於如是等
五種世法心无顛倒如實而知是名第一義
諦復次善男子若燒若割若死若壞是名
世諦无燒无割无死无壞是名第一義諦復

BD04643號　大般涅槃經（北本）卷一三　（2–1）

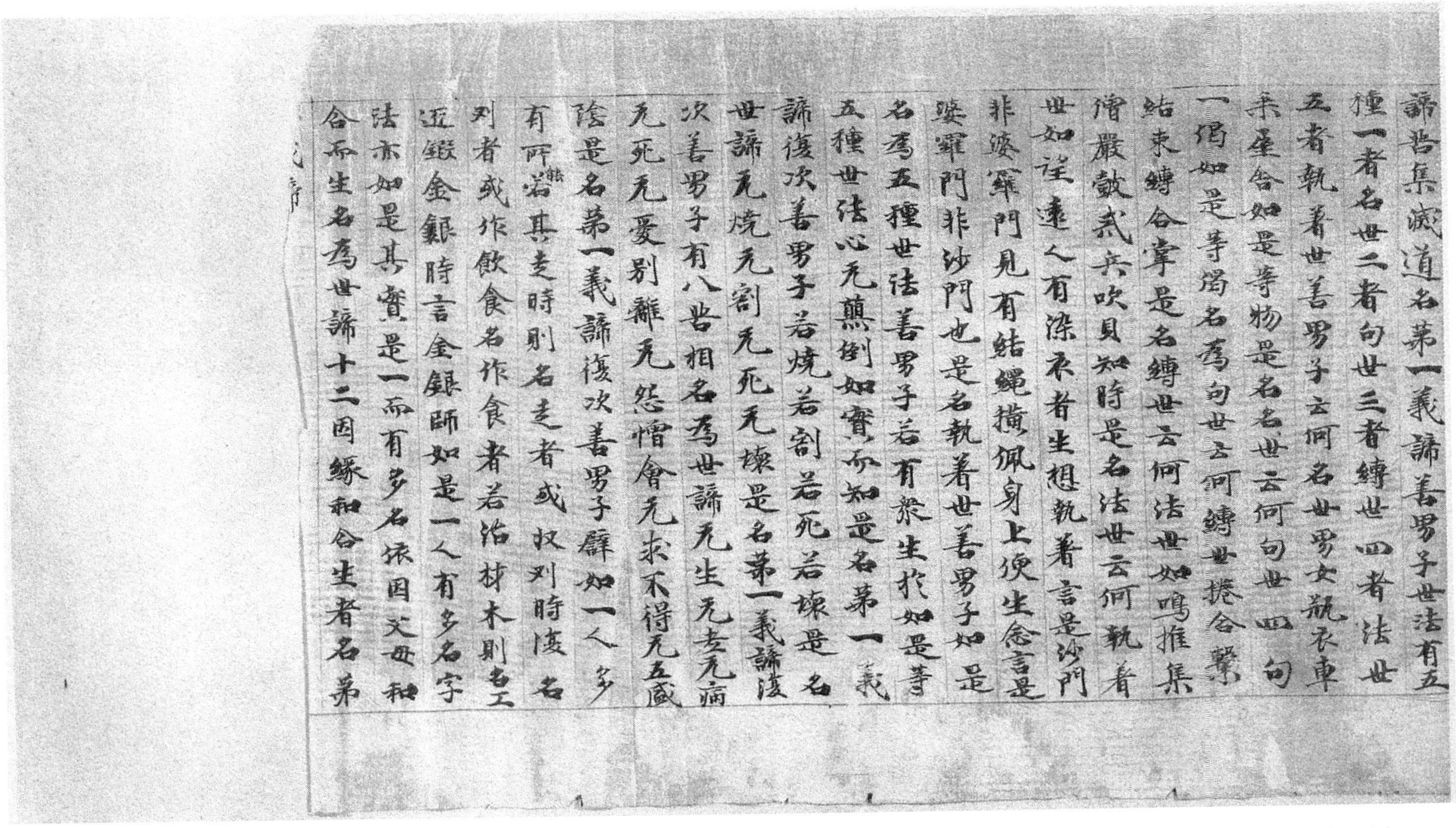
諦苦集滅道名第一義諦善男子世法有五
種一者名世二者句世三者縛世四者法世
五者執著世善男子云何名世男女瓶衣車
乘屋舍如是等物是名名世云何句世四句
一偈如是等偈名為句世云何縛世攬合縶
結束縛合掌是名縛世云何法世如鳴椎集
僧嚴鼓戒兵吹貝知時是名法世云何執著
世如望遠人有染衣者生想執著言是沙門
非婆羅門見有結繩横佩身上便生念言是
婆羅門非沙門也是名執著世善男子如是
名為五種世法善男子若有衆生於如是等
五種世法心无顛倒如實而知是名第一義
諦復次善男子若燒若割若死若壞是名
世諦无燒无割无死无壞是名第一義諦復
次善男子有八苦相名為世諦无生无老无病
无死无愛別離无怨憎會无求不得无五盛
陰是名第一義諦復次善男子譬如一人多
有所能其走時則名走者或收刈時復名
刈者或作飲食名作食者若治材木則名工
匠鍛金銀時言金銀師如是一人有多名字
法亦如是其實是一而有多名依因父母和
合而生名為世諦十二因緣和合生者名第

BD04643號　大般涅槃經（北本）卷一三　（2–2）

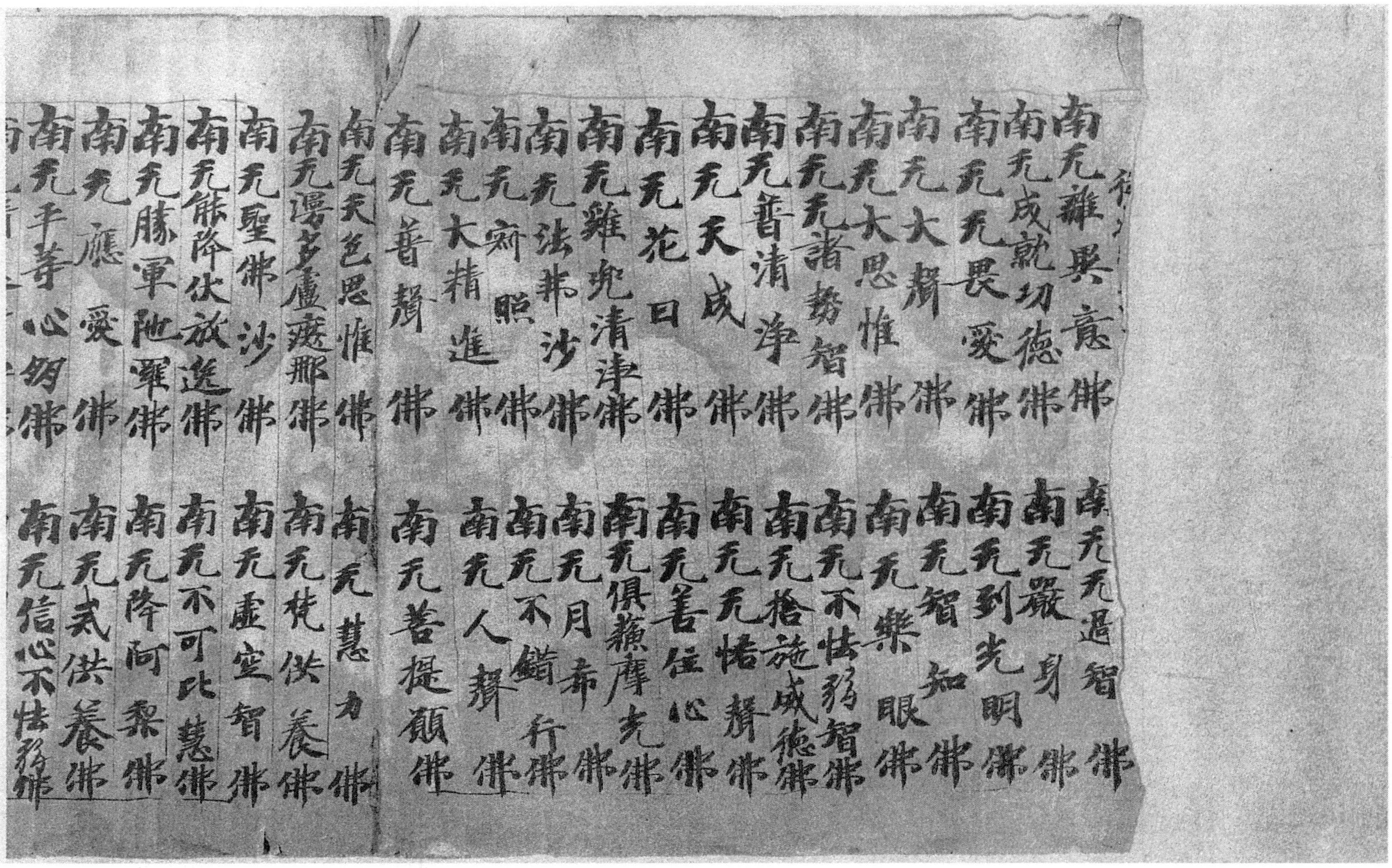

南无離異意佛　南无无遏智佛
南无成就功德佛　南无嚴身佛
南无无畏愛佛　南无到光明佛
南无大聲佛　南无智知佛
南无大思惟佛　南无樂眼佛
南无无諸勢智佛　南无不怯弱智佛
南无普清淨佛　南无捨施成德佛
南无天成佛　南无无怖聲佛
南无花日佛　南无善住心佛
南无離兜清淨佛　南无俱蘇摩光佛
南无法弗沙佛　南无月希佛
南无冥照佛　南无不錯行佛
南无大精進佛　南无人聲佛
南无普聲佛　南无菩提願佛
南无天色思惟佛　南无慧力佛
南无漫多盧遮那佛　南无梵供養佛
南无聖沙佛　南无虛空智佛
南无能降伏放逸佛　南无不可比慧佛
南无勝軍陁羅佛　南无降阿梨佛
南无應愛佛　南无式供養佛
南无手等心朋佛　南无信心不怯弱佛

BD04644 號　佛名經（十六卷本）卷一四　（2–1）

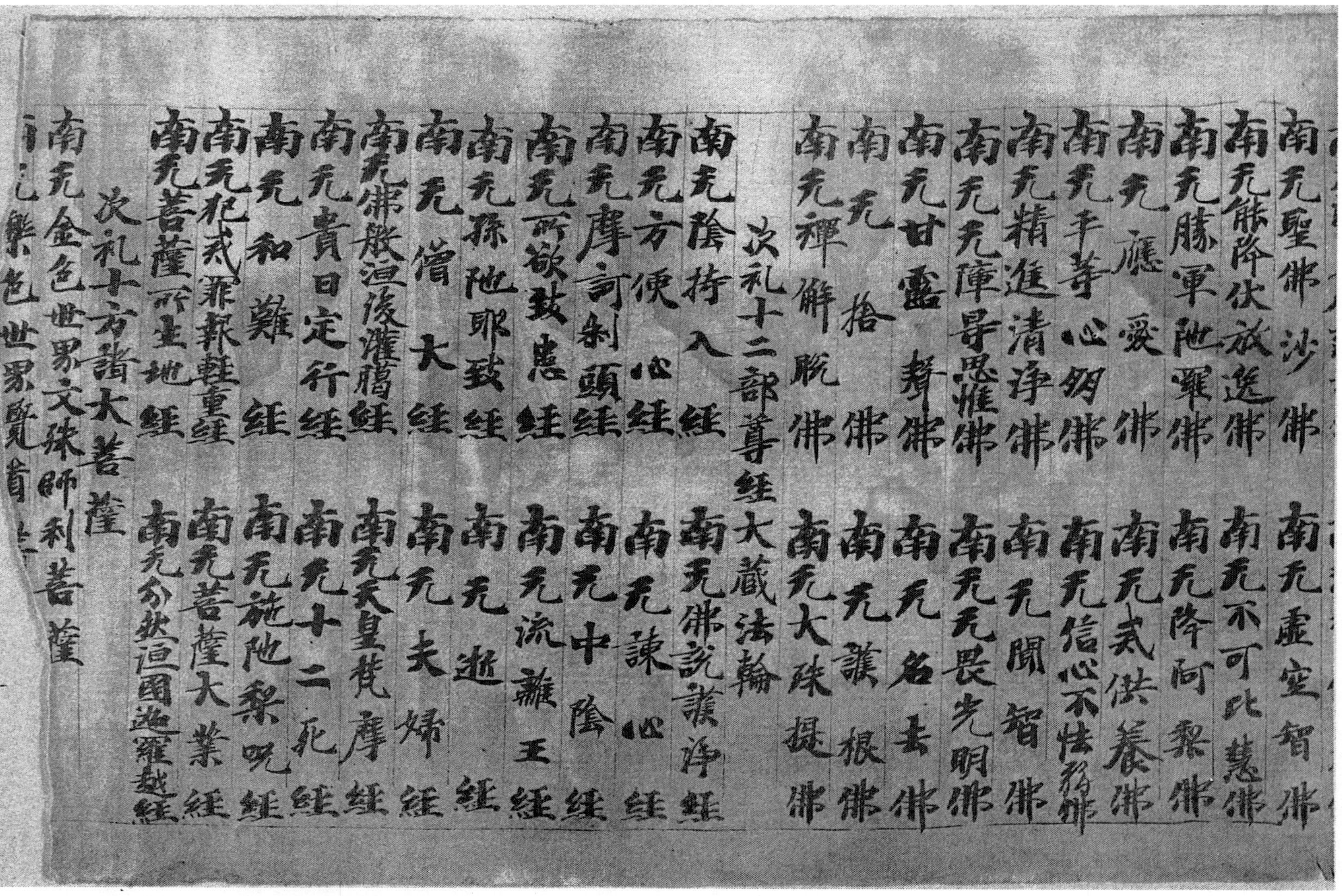

南无聖沙佛　南无虛空智佛
南无能降伏放逸佛　南无不可比慧佛
南无勝軍陁羅佛　南无降阿梨佛
南无應愛佛　南无式供養佛
南无手等心朋佛　南无信心不怯弱佛
南无精進清淨佛　南无聞智佛
南无无障㝵思惟佛　南无无畏光明佛
南无甘露聲佛　南无名去佛
南无捨佛　南无護根佛
南无禪解脫佛　南无大珠提佛
次礼十二部尊經大藏法輪
南无陰持入經　南无佛說護淨經
南无方便心經　南无諫心經
南无摩訶剎頭經　南无中陰經
南无所欲致患經　南无流離王經
南无孫陁耶致經　南无逝經
南无僧大經　南无夫婦經
南无佛般泥洹後灌臘經　南无天皇梵摩經
南无貴日定行經　南无十二死經
南无和難經　南无施陁梨呪經
南无犯戒罪報輕重經　南无菩薩大業經
南无菩薩所生地經　南无分狀洹國迦羅越經
次礼十方諸大菩薩
南无金色世界文殊師利菩薩
南无樂色世界覺首[illegible]

BD04644 號　佛名經（十六卷本）卷一四　（2–2）

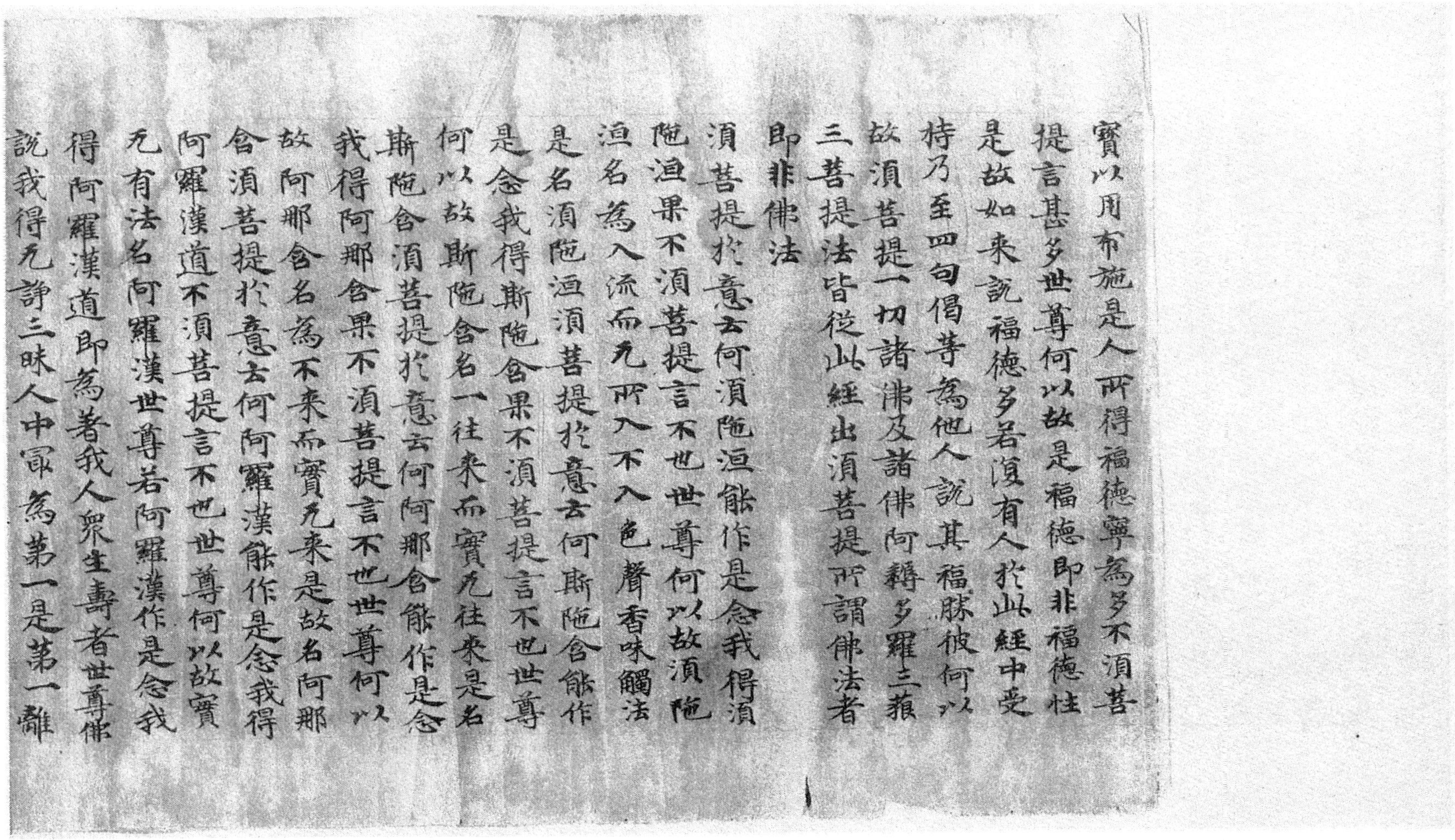
寶以用布施是人所得福德寧為多不須菩
提言甚多世尊何以故是福德即非福德性
是故如來說福德多若復有人於此經中受
持乃至四句偈等為他人說其福勝彼何以
故須菩提一切諸佛及諸佛阿耨多羅三藐
三菩提法皆從此經出須菩提所謂佛法者
即非佛法
須菩提於意云何須陁洹能作是念我得須
陁洹果不須菩提言不也世尊何以故須陁
洹名為入流而无所入不入色聲香味觸法
是名須陁洹須菩提於意云何斯陁含能作
是念我得斯陁含果不須菩提言不也世尊
何以故斯陁含名一往來而實无往來是名
斯陁含須菩提於意云何阿那含能作是念
我得阿那含果不須菩提言不也世尊何以
故阿那含名為不來而實无來是故名阿那
含須菩提於意云何阿羅漢能作是念我得
阿羅漢道不須菩提言不也世尊何以故實
无有法名阿羅漢世尊若阿羅漢作是念我
得阿羅漢道即為著我人衆生壽者世尊佛
說我得无諍三昧人中最為第一是第一離

BD04645 號　金剛般若波羅蜜經　（2–1）

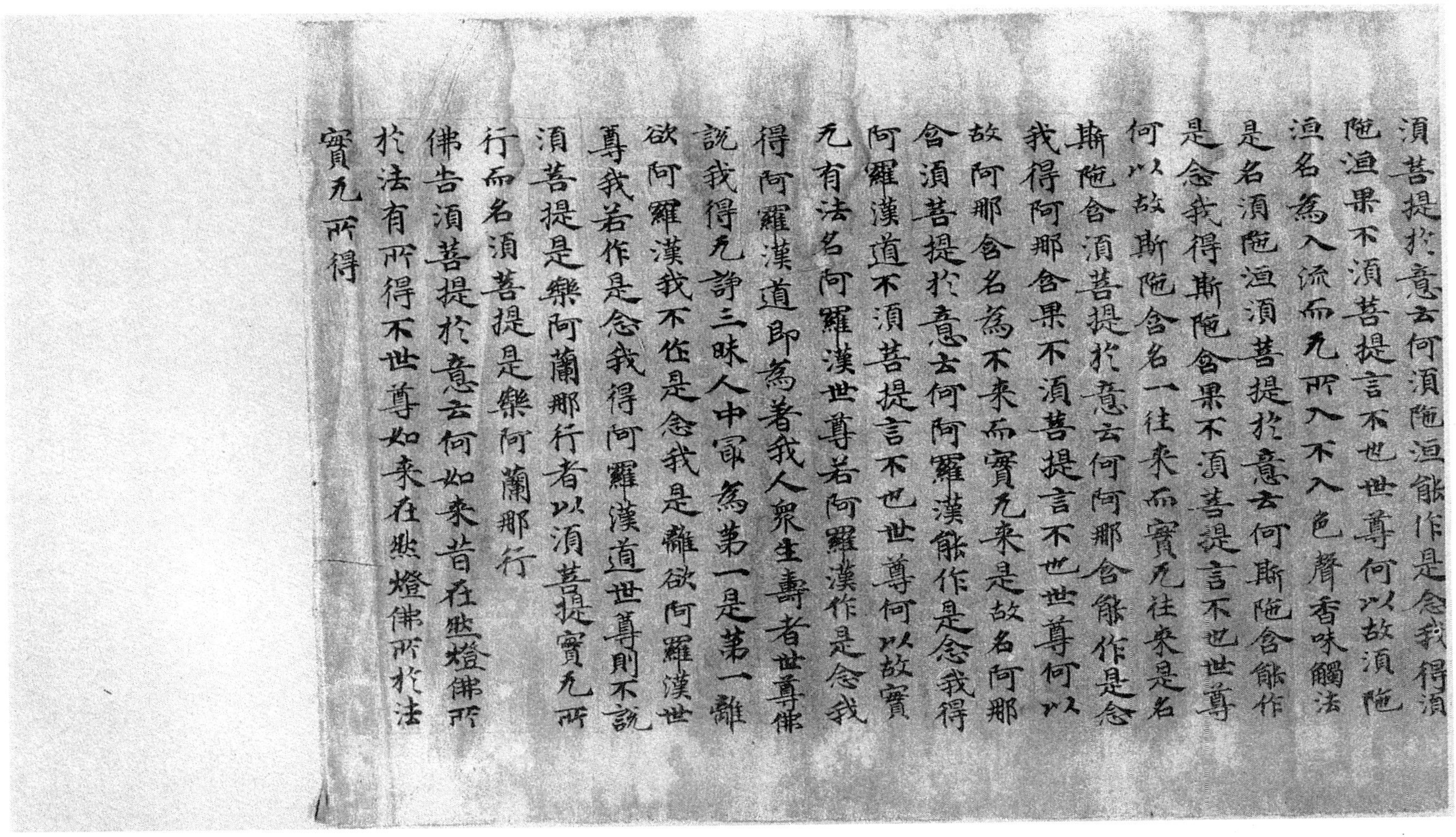
須菩提於意云何須陁洹能作是念我得須
陁洹果不須菩提言不也世尊何以故須陁
洹名為入流而无所入不入色聲香味觸法
是名須陁洹須菩提於意云何斯陁含能作
是念我得斯陁含果不須菩提言不也世尊
何以故斯陁含名一往來而實无往來是名
斯陁含須菩提於意云何阿那含能作是念
我得阿那含果不須菩提言不也世尊何以
故阿那含名為不來而實无來是故名阿那
含須菩提於意云何阿羅漢能作是念我得
阿羅漢道不須菩提言不也世尊何以故實
无有法名阿羅漢世尊若阿羅漢作是念我
得阿羅漢道即為著我人衆生壽者世尊佛
說我得无諍三昧人中最為第一是第一離
欲阿羅漢我不作是念我是離欲阿羅漢世
尊我若作是念我得阿羅漢道世尊則不說
須菩提是樂阿蘭那行者以須菩提實无所
行而名須菩提是樂阿蘭那行
佛告須菩提於意云何如來昔在然燈佛所
於法有所得不世尊如來在然燈佛所於法
實无所得

BD04645 號　金剛般若波羅蜜經　（2–2）

知已之所入於此衆生亦无所嬈又舍利弗住
不可思議解脫菩薩斷取三千大千世界
如陶家輪着右掌中擲過恒河沙世界之外
其中衆生不覺不知已之所往又復還置本
處都不使人有往來想而此世界本相如故
又舍利弗或有衆生樂久住世而可度者菩
薩即演七日以為一劫令彼衆生謂之一劫
或有衆生不樂久住而可度者菩薩即促一
劫以為七日令彼衆生謂之七日又舍利弗
住不可思議解脫菩薩以一切佛土嚴飾之
事集在一國示於衆生又菩薩以一佛土衆
生置之右掌飛到十方遍示一切而不動本
處又舍利弗十方衆生供養諸佛之具菩薩
於一毛孔皆令得見又十方國土所有日月
星宿於一毛孔普使見之又舍利弗十方世
界所有諸風菩薩悉能吸着口中而身无損
外諸樹木亦不摧折又十方世界劫盡燒時以一
切火内於腹中火事如故而不為害又於下
方過恒河沙等諸佛世界取一佛土舉著
上方過恒河沙无數世界如持針鋒舉一棗
葉而无所嬈又舍利弗住不可思議解脫菩

BD04646號　維摩詰所說經卷中　（3-1）

外諸樹木亦不摧折又十方世界劫盡燒時以一
切火内於腹中火事如故而不為害又於下
方過恒河沙等諸佛世界取一佛土舉著
上方過恒河沙无數世界如持針鋒舉一棗
葉而无所嬈又舍利弗住不可思議解脫菩
薩能以神通現作佛身或現辟支佛身或現
聲聞身或現帝釋身或現梵王身或現世主
身或現轉輪王身又十方世界所有衆聲上
中下音皆能變之令作佛聲演出无常苦空
无我之音及十方諸佛所說種種之法皆於
其中普令得聞舍利弗我今略說菩薩不
可思議解脫之力若廣說者窮劫不盡是時
大迦葉聞說菩薩不可思議解脫法門嘆未
曾有謂舍利弗譬如有人於盲者前現衆色
像非彼所見一切聲聞聞是不可思議解脫
法門不能解了為若此也智者聞是其誰不
發阿耨多羅三藐三菩提心我等何為永絕其
根於此大乘猶如敗種一切聲聞聞是不可思
議解脫法門皆應號泣聲震三千大千世
界一切菩薩應大欣慶頂受此法若有菩薩
信解不可思議解脫法門者一切魔衆无如
之何大迦葉說是語時三萬二千天子皆發
阿耨多羅三藐三菩提心尒時維摩詰語大
迦葉仁者十方无量阿僧祇世界中作魔王
者多是住不可思議解脫菩薩以方便力教
化衆生現作魔王又迦葉十方无量菩薩或
[illegible]頭目髓腦血肉皮骨聚

BD04646號　維摩詰所說經卷中　（3-2）

法門不能解了為若此也智者聞是其誰不
發阿耨多羅三藐三菩提心我等何為永絕其
根於此大乘猶如敗種一切聲聞聞是不可思
議解脫法門皆應號泣聲震三千大千世
界一切菩薩應大欣慶頂受此法若有菩薩
信解不可思議解脫法門者一切魔衆无如
之何大迦葉說是語時三萬二千天子皆發
阿耨多羅三藐三菩提心尒時維摩詰語大
迦葉仁者十方无量阿僧秖世界中作魔王
者多是住不可思議解脫菩薩以方便力教
化衆生現作魔王又迦葉十方无量菩薩或
有人從乞手足耳鼻頭目髓腦血肉皮骨聚
落城邑妻子奴婢象馬車乘金銀琉璃車渠
馬瑙珊瑚琥珀真珠珂貝衣服飲食如此乞
者多是住不可思議解脫菩薩以方便力而
往試之令其堅固所以者何住不可思議解
脫菩薩有威德力故行逼迫示諸衆生如是
難事凡夫下劣无有力勢不能如是逼迫菩
薩譬如龍象蹴踏非驢所堪是名住不可思
議解脫菩薩智慧方便之門
觀衆生品第七

BD04646 號　維摩詰所說經卷中　（3–3）

佛告優波離汝行詣維摩詰問疾優波離白
佛言世尊我不堪任詣彼問疾所以者何憶
念昔者有二比丘犯律行以為恥不敢問佛
來問我言唯優波離我等犯律誠以為恥
不敢問佛願解疑悔得免斯咎我即為其如
法解說時維摩詰來謂我言唯優波離无重
增此二比丘罪當直除滅勿擾其心所以者何
彼罪性不在內不在外不在中間如佛所說
心垢故衆生垢心淨故衆生淨心亦不在內
不在外不在中間如其心然罪垢亦然諸法
亦然不出於如如優波離以心相得解脫時
寧有垢不我言不也維摩詰言一切衆生心
相无垢亦復如是唯優波離妄想是垢无妄
想是淨顛倒是垢无顛倒是淨取我是垢不
取我是淨優波離一切法生滅不住如幻如
電諸法不相待乃至一念不住諸法皆妄見
如夢如炎如水中月如鏡中像以妄想生其
知此者是名奉律其知此者是名善解於是
二比丘言上智哉是優波離所不能及持律

BD04647 號　維摩詰所說經卷上　（3–1）

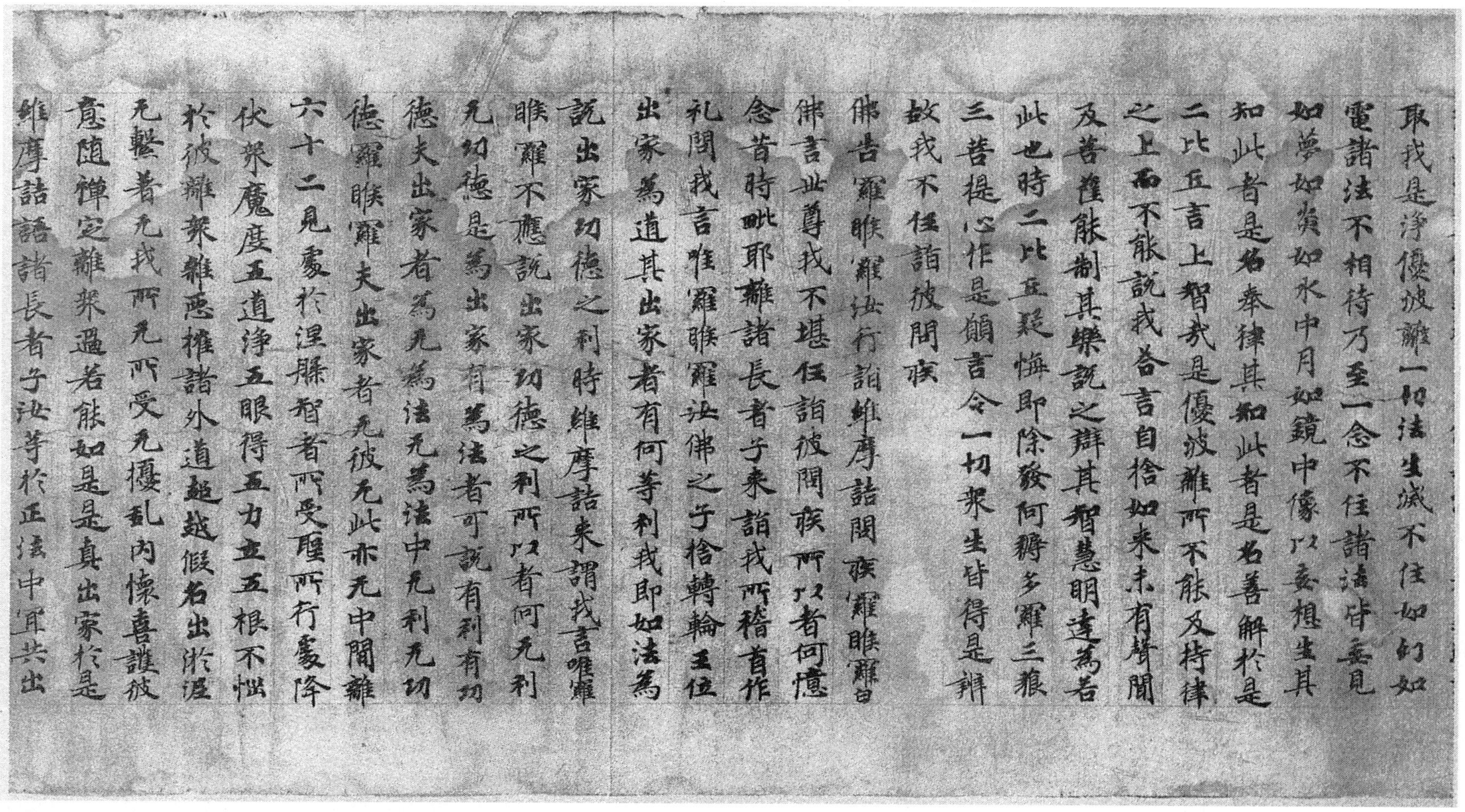

取我是淨優波離一切法生滅不住如幻如
電諸法不相待乃至一念不住諸法皆妄見
如夢如炎如水中月如鏡中像以妄想生其
知此者是名奉律其知此者是名善解於是
二比丘言上智哉是優波離所不能及持律
之上而不能說我答言自捨如來未有聲聞
及菩薩能制其樂說之辯其智慧明達為若
此也時二比丘疑悔即除發阿耨多羅三藐
三菩提心作是願言令一切眾生皆得是辯
故我不任詣彼問疾
佛告羅睺羅汝行詣維摩詰問疾羅睺羅白
佛言世尊我不堪任詣彼問疾所以者何憶
念昔時毗耶離諸長者子來詣我所稽首作
礼問我言唯羅睺羅汝佛之子捨轉輪王位
出家為道其出家者有何等利我即如法為
說出家功德之利時維摩詰來謂我言唯羅
睺羅不應說出家功德之利所以者何无利
无功德是為出家有為法者可說有利有功
德夫出家者為无為法无為法中无利无功
德羅睺羅夫出家者无彼无此亦无中間離
六十二見處於涅槃智者所受聖所行處降
伏眾魔度五道淨五眼得五力立五根不惱
於彼離眾雜惡摧諸外道超越假名出淤泥
无繫著无我所无所受无擾亂內懷喜護彼
意隨禪定離眾過若能如是是真出家於是
維摩詰語諸長者子汝等於正法中宜共出

BD04647 號　維摩詰所說經卷上　（3–2）

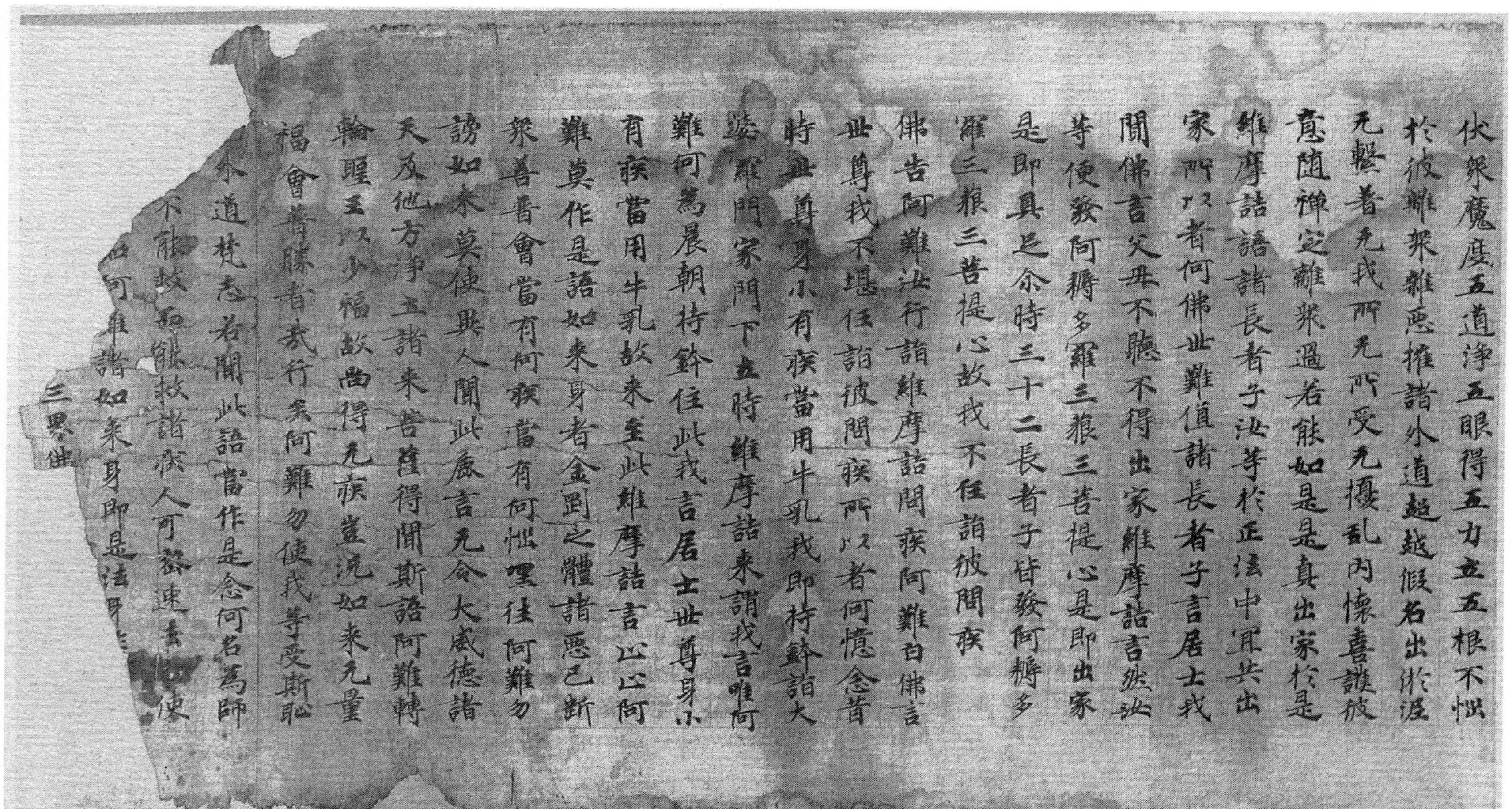

伏眾魔度五道淨五眼得五力立五根不惱
於彼離眾雜惡摧諸外道超越假名出淤泥
无繫著无我所无所受无擾亂內懷喜護彼
意隨禪定離眾過若能如是是真出家於是
維摩詰語諸長者子汝等於正法中宜共出
家所以者何佛世難值諸長者子言居士我
聞佛言父母不聽不得出家維摩詰言然汝
等便發阿耨多羅三藐三菩提心是即出家
是即具足尒時三十二長者子皆發阿耨多
羅三藐三菩提心故我不任詣彼問疾
佛告阿難汝行詣維摩詰問疾阿難白佛言
世尊我不堪任詣彼問疾所以者何憶念昔
時世尊身小有疾當用牛乳我即持鉢詣大
婆羅門家門下立時維摩詰來謂我言唯阿
難何為晨朝持鉢住此我言居士世尊身小
有疾當用牛乳故來至此維摩詰言止止阿
難莫作是語如來身者金剛之體諸惡已斷
眾善普會當有何疾當有何惱嘿往阿難勿
謗如來莫使異人聞此麤言无令大威德諸
天及他方淨土諸來菩薩得聞斯語阿難轉
輪聖王以少福故尚得无疾豈況如來无量
福會普勝者哉行矣阿難勿使我等受斯恥
外道梵志若聞此語當作是念何名為師
不能救己疾而能救諸疾人可密速去勿使
知阿難諸如來身即是法身非
三界

BD04647 號　維摩詰所說經卷上　（3–3）

舍利弗言天止此室其已久如荅曰我止此
室如耆年解脫舍利弗言止此久也天曰耆
年解脫亦何如久舍利弗默然不荅天曰如
何耆舊大智而默荅曰解脫者无所言說故
吾於是不知所云天曰言說文字皆解脫相
所以者何解脫者不內不外不在兩閒文字
亦不內不外不在兩閒是故舍利弗无離文
字說解脫也所以者何一切諸法是解脫相
舍利弗言不復以離婬怒癡為解脫乎天曰
佛為增上慢人說離婬怒癡為解脫耳若无
增上慢者佛說婬怒癡性即是解脫舍利弗
言善哉善哉天女汝何所得以何為證辯乃
如是天曰我无得无證故辯如是所以者何
若有得有證者則於佛法為增上慢
舍利弗問天汝於三乘為何志求天曰以聲
聞法化衆生故我為聲聞以因緣法化衆生
故我為辟支佛以大悲化衆生故我為大乘
舍利弗如人入瞻蔔林唯嗅瞻蔔不嗅餘香

BD04648號　維摩詰所說經卷中　（3–1）

若有得有證者則於佛法為增上慢
舍利弗問天汝於三乘為何志求天曰以聲
聞法化衆生故我為聲聞以因緣法化衆生
故我為辟支佛以大悲化衆生故我為大乘
舍利弗如人入瞻蔔林唯嗅瞻蔔不嗅餘香
如是若入此室但聞佛功德之香不樂聞聲聞
辟支佛功德香也舍利弗其有釋梵四天王諸
天龍鬼神等入此室者聞斯上人講說正法
皆樂佛功德之香發心而出舍利弗吾止此
室十有二年初不聞說聲聞辟支佛法但聞
菩薩大慈大悲不可思議諸佛之法舍利弗
此室常現八未曾有難得之法何等為八此
室常以金色光照晝夜无異不以日月所照
為明是為一未曾有難得之法此室入者不
為諸垢之所惱也是為二未曾有難得之法
此室常有釋梵四天王他方菩薩來會不絕
是為三未曾有難得之法此室常說六波羅
蜜不退轉法是為四未曾有難得之法此
室常作天人第一之樂絃出无量法化之聲
是為五未曾有難得之法此室有四大藏衆
寶積滿周窮濟乏求得无盡是為六未曾有
難得之法此室釋迦牟尼佛阿弥陁佛阿閦
佛寶德寶炎寶月寶嚴難勝師子響一切利
成如是等十方无量諸佛是上人念時即皆
為來廣說諸佛秘要法藏說已還去是為七
未曾有難得之法此室一切諸天嚴飾宮殿
諸佛淨土皆於中現是為八未曾有難得之

BD04648號　維摩詰所說經卷中　（3–2）

此室常現八未曾有難得之法何等為八此
室常以金色光照晝夜无異不以日月所照
為明是為一未曾有難得之法此室入者不
為諸垢之所惱也是為二未曾有難得之法
此室常有釋梵四天王他方菩薩來會不絶
是為三未曾有難得之法此室常說六波羅
蜜不退轉法是為四未曾有難得之法此
室常作天人第一之樂絃出无量法化之聲
是為五未曾有難得之法此室有四大藏衆
寶積滿周窮濟乏求得无盡是為六未曾有
難得之法此室釋迦牟尼佛阿彌陁佛阿閦
佛寶德寶炎寶月寶嚴難勝師子響一切利
成如是等十方无量諸佛是上人念時即皆
為來廣說諸佛秘要法藏說已還去是為七
未曾有難得之法此室一切諸天嚴飾宮殿
諸佛淨土皆於中現是為八未曾有難得之
法舍利弗此室常現八未曾有難得之法誰
有見斯不思議事而復樂於聲聞法乎
舍利弗言汝何以不轉女身天曰我從十二
年來求女人相了不可得當何所轉譬如幻

BD04648號　維摩詰所說經卷中　（3–3）

涅槃時世尊阿
如是神變普來未
迦作耶欲起欲語都
羅故復作是念諸佛
者當受誰語世尊阿難今者極受大
如来无能救者以是因緣不来至
中尒時文殊師利菩薩
此大衆中有諸菩薩　多羅三
藐三菩提心至无量　菩提心已能供養
无量諸佛其心堅固具足脩行檀波羅蜜乃
至般若波羅蜜成就功德久已親近无量諸
佛淨脩梵行得不退轉菩提之心得不退忍
不退轉持得如法忍首楞嚴等无量三昧如
是等輩聞大乘經終不生疑善能分別宣說
三寶同一性相常住不變聞不思議不生驚
怖聞種種空心不怖懅了了通達一切法性
能持一切十二部經廣解其義亦能受持无
量諸佛十二部經何憂不能受持如是大涅
槃典何因緣故問憍陳如阿難所在
尒時世尊告文殊師利諦聽諦聽善男子我
成佛已過三十年住王舍城尒時我告諸比
丘言諸比丘今此衆中誰能為我受持如来

BD04649號　大般涅槃經（北本）卷四〇　（13–1）

量諸佛十二部経何憂不能受持如是大涅
槃典何因緣故問憍陳如阿難所在
尒時世尊告文殊師利諦聽諦聽善男子我
成佛已過三十年住王舍城尒時我告諸比
丘言諸比丘今此衆中誰能為我受持如来
十二部経供給左右所須之事亦使不失自
身善利時憍陳如在彼衆中来白我言我能
受持十二部経供給左右不失所作自利益事
我言憍陳如汝已朽邁當須使人云何方
欲為我給使時舍利弗復作是言我能受持
佛一切語供給所須不失所作自利益事我
言舍利弗汝已朽邁當須使人云何方欲為
我給使乃至五百諸阿羅漢皆亦如是佛悉
不受尒時目連在大衆中作是思惟如来今
者不受五百比丘給使佛意為欲令誰作耶
思惟是已即便入定見如来心在阿難許如
日初出光照西壁見是事已即從定起語憍
陳如大德我觀如来欲令阿難給事左右尒
時憍陳如與五百阿羅漢往阿難所作如是
言阿難汝今當為如来給使請受是事阿難
言諸大德我實不堪給事如来何以故如来
尊重如師子王如龍如火我今穢弱云何能
辯諸比丘言阿難汝受我語給事如来得大
利益第二第三亦復如是阿難言諸大德我
亦不求大利益事實不堪任奉給左右時目
揵連復作是言阿難汝今未知阿難言大德
唯願說之目揵連言如来先日僧中求使五

BD04649號　大般涅槃經（北本）卷四〇　　（13–2）

辯諸比丘言阿難汝受我語給事如来得大
利益第二第三亦復如是阿難言諸大德我
亦不求大利益事實不堪任奉給左右時目
揵連復作是言阿難汝今未知阿難言大德
唯願說之目揵連言如来先日僧中求使五
百羅漢皆求為之如来不聽我即入定見如
来意欲令汝為汝今云何反更不受阿難聞
已合掌長跪作如是言諸大德若有是事如
来世尊與我三願當順僧命給事左右目揵
連言何等三願阿難言一者如来設以故衣
賜我聽我不受二者如来設受檀越別請聽
我不往三者聽我出入无有時節如是三事
佛若聽者當順僧命奉給左右時憍陳如五
百比丘還来我所作如是言我等已勸阿
難比丘唯求三願若佛聽者當順僧命文
殊師利我於尒時讚阿難言善哉善哉阿
難比丘具足智慧豫見譏嫌何以故當有人
言汝為衣食奉給如来是故先求不受故衣
不隨別請憍陳如阿難比丘具足智慧入出
有時則不能得廣作利益四部之衆是故求
欲出入无時憍陳如我為阿難開是三事隨
其意願時目揵連還阿難所語阿難言吾已
為汝啓請三事如来大慈皆已聽許阿難言
大德若佛聽者請往給侍文殊師利阿難事
我廿餘年具足八種不可思議何等為八一
者事我以来廿餘年初不隨我受別請食二
者事我已来初不受我陳故衣服三者事我

BD04649號　大般涅槃經（北本）卷四〇　　（13–3）

其意態時目揵連還阿難所語阿難言吾已
為汝啓請三事如来大慈皆已聽許阿難言
大德若佛聽者請往給侍文殊師利阿難事
我廿餘年具足八種不可思議何等為八一
者事我以来廿餘年初不随我受別請食二
者事我已来初不受我陳故衣服三者事我
已来至我所時終不非時四者自事我来具
足煩惱随我入出諸王刹利豪貴大姓見諸
女人及天龍女不生欲心五者自事我来持
我所說十二部經一逕於耳曾不再問如寫
瓶水置之一瓶唯除一問善男子流璃太子
殺諸釋氏壞迦毗羅城阿難尒時心懷愁惱
發聲大哭来至我所作如是言我與如来俱
生此城同一釋種云何如来光顏如常我則
燋悴我時荅言阿難我脩空定故不同汝過三
年已還来問我世尊我往於彼迦毗羅城曽
聞如来脩空三昧是事虛實我言阿難如是
如是如汝所說六者自事我来雖未獲得知
他心智常知如来所入諸定七者自事我来
未得願智而能了知如是衆生到如来所現
在能得四沙門果有後得者有得人身有得
天身八者自事我来如来所有秘密之言悉
能了知善男子阿難比丘具足如是八不思
議是故我稱阿難比丘為多聞藏善男子阿
難比丘具足八法能具足持十二部經何等
為八一者信根堅固二者其心質直三者身
无病苦四者常勤精進五者具足念心六者

BD04649號　大般涅槃經（北本）卷四〇　（13–4）

能了知善男子阿難比丘具足如是八不思
議是故我稱阿難比丘為多聞藏善男子阿
難比丘具足八法能具足持十二部經何等
為八一者信根堅固二者其心質直三者身
无病苦四者常勤精進五者具足念心六者
心无憍慢七者成就定慧八者具足從聞生
智文殊師利毗婆尸佛侍者弟子名阿叔迦
亦復具足如是八法尸棄如来侍者弟子名
差摩迦羅毗舍浮佛侍者弟子名憂波扇陁
迦羅鳩村大佛侍者弟子名曰抜提迦那含牟
尼侍者弟子名曰蘇埵迦葉佛侍者弟子名
葉波蜜多皆亦具足如是八法我今阿難亦
復如是具是八法是故我稱阿難比丘為多
聞藏善男子如汝所說此大衆中雖有无量
无邊菩薩是諸菩薩皆有重任所謂大慈大
悲如是慈悲之因緣故各各忩務調伏眷屬
莊嚴自身以是因緣我涅槃後不能宣通十
二部經若有菩薩或時能說人不信受文殊
師利阿難比丘是吾之弟給事我来廿餘年
所可聞法具足受持喻如寫水置之一器是
故我今顧問阿難為何所在欲令受持是涅
槃經善男子我涅槃後阿難比丘所未聞者
弘廣菩薩當能流布阿難所聞自能宣通文
殊師利阿難比丘今在他處去此會外十二
由旬而為六万四千億魔之所惱乱汝可往
彼發大聲言一切諸魔諦聽諦聽如来今說
大陁羅尼一切天龍乾闥婆阿脩羅迦樓羅

BD04649號　大般涅槃經（北本）卷四〇　（13–5）

槃経善男子我涅槃後阿難比丘所未聞者
弘廣菩薩當能流布阿難所聞自能宣通文
殊師利阿難比丘今在他處去此會外十二
由旬而為六万四千億魔之所惱乱汝可往
彼發大聲言一切諸魔諦聽諦聽如來今說
大陁羅尼一切天龍乾闥婆阿脩羅迦樓羅
緊那羅摩睺羅伽人與非人山神樹神河神
海神舍宅等神聞是持名无不恭敬受持之
者是陁羅尼十恒河沙諸佛世尊所共宣說
能轉女身自識宿命若受五事一者梵行二
者斷肉三者斷酒四者斷辛五者樂在寂靜
受五事已至心信受讀誦書寫是陁羅尼當
知是人則得超越七十七億弊惡之身尒時
世尊即便說之
阿磨隸　毗磨隸　涅磨隸　瞢伽隸　醯磨
羅若竭裨　三易那拔提　娑婆陁娑
檀尼波羅磨陁娑檀尼　磨那斯　阿拙啼比羅祇
菴羅賴坻　婆嵐弥　婆嵐摩莎隸　富涅富
那摩奴賴綈
尒時文殊師利從佛受是陁羅尼已至阿難
所在魔衆中作如是言諸魔眷屬諦聽我說
所從佛受陁羅尼呪魔王聞是陁羅尼已悉
發阿耨多羅三藐三菩提心捨於魔業即放
阿難文殊師利與阿難俱來至佛所阿難見
佛至心礼敬却住一面佛告阿難是娑羅林
外有一梵志名須拔陁其年極老已百廿雖
得五通未捨憍慢獲得非想非非想定生一

發阿耨多羅三藐三菩提心捨於魔業即放
阿難文殊師利與阿難俱來至佛所阿難見
佛至心礼敬却住一面佛告阿難是娑羅林
外有一梵志名須拔陁其年極老已百廿雖
得五通未捨憍慢獲得非想非非想定生一
切智起涅槃想汝可往彼語須拔陁言如來
出世如優曇華於今中夜當般涅槃若有所
作可及時作莫於後日而生悔心阿難汝之
所說彼定信受何以故汝曾往昔五百世中
作須拔陁子其人愛心習猶未盡以是因緣
信受汝語尒時阿難受佛勅已往須拔所作
如是言仁者當知如來出世如優曇華於今
中夜當般涅槃欲有所作可及時作莫於後
日生悔心也須拔言善哉阿難我今當往至
如來所尒時阿難與須拔陁還至佛所時須
拔陁到已問訊作如是言瞿曇我今欲問隨
我意荅佛言須拔今正是時隨汝所問我當
方便隨汝意荅瞿曇有諸沙門婆羅門等作如
是言一切衆生受苦樂報皆隨往日本業因
緣是故若有持戒精進受身心苦能壞本業
本業既盡衆苦盡滅衆苦盡滅即得涅槃是
義云何佛言善男子若有沙門婆羅門等作
是說者我為憐愍常當往來如是人所既至
彼已我當問之仁者實作如是說不彼若見
荅我如是說何以故瞿曇我見衆生習行諸
惡多饒財寶身得自在又見脩善貧窮多乏
不得自在又見有人多受力用求財不得又

義云何佛言善男子若有沙門婆羅門等作
是說者我為憐愍常當往來如是人所既至
彼已我當問之仁者實作如是說不彼若見
荅我如是說何以故瞿曇我見衆生習行諸
惡多饒財寶身得自在又見脩善貧窮多乏
不得自在又見有人多役力用求財不得又
見不求自然得之又見有人慈心不殺反見
中夭又見憙殺終保年壽又見有人淨脩梵
行精勤持戒有得解脫有不得者是故我說
一切衆生受苦樂報皆由往日本業因緣須
拔我復當問仁者實見過去業不若有是業
為多少耶現在苦行能破多少耶能知是業
已盡不盡耶是業既盡一切盡耶彼若見荅
我實不知我便當為彼人引喻譬如有人身
被毒箭其家眷屬為請醫師令拔是箭既拔
箭已身得安隱其後十年是人猶憶了了分
明是醫為我拔出毒箭以藥塗治令我得差
安隱受樂仁既不知過去本業云何能見現
在苦行定能破壞過去業耶彼若復言瞿曇
汝今亦有過去本業何故獨責我過去業瞿
曇經中亦作是說若見有人豪富自在當知
是人先世好施如是不名過去業耶我復荅
言仁者如是知者名為比知不名真知我佛
法中或有由因知果或有從果知因我佛法
中有過去業有現在業汝法則不尒唯有過業
无現在業汝法不從方便斷業我法不尒從
方便斷汝業盡已則得苦盡我則不尒煩惱

BD04649號　大般涅槃經（北本）卷四〇　（13–8）

言仁者如是知者名為比知不名真知我佛
法中或有由因知果或有從果知因我佛法
中有過去業有現在業汝法則不尒唯有過業
无現在業汝法不從方便斷業我法不尒從
方便斷汝業盡已則得苦盡我則不尒煩惱
盡已業苦則盡是故我今責汝過業彼人若
言瞿曇我實不知從師受之師作是說我實
无咎我言仁者汝師是誰彼若見荅是富蘭
那我復言曰汝昔何不一一諮問大師實知
過去業不汝師若言我不知者汝復云何受
是師語若言我知復應問言下苦因緣受
中上苦不中苦因緣受下上苦不上苦因緣
受中下苦不若言不者復應問言師云何說
苦樂之報唯過去業非現在耶復應問言是
現在苦過去有不若過去有過去之業悉已
都盡若都盡者云何復受今日之身若過去
无唯現在有云何復言衆生苦樂皆過去業
仁者若知現在苦行能壞過業現在苦行復
以何破如其不破苦即是常苦若是常云
何說言得苦解脫若更有行壞苦行者過去
已盡云何有苦仁者如是苦行能令樂業受
苦果不復令苦業受樂果不能令无苦无樂
業作不受果不能令現報作生報不能令生
報作現報不令是二報作无報不能令定報
作无報不能令无報作定報不彼若復言瞿
曇不能我復當言仁者如其不能何因緣故
受是苦行仁者當知定有過業現在因緣是

BD04649號　大般涅槃經（北本）卷四〇　（13–9）

苦果不復令苦業受樂果不能令无苦无樂
業作不受果不能令現報作生報不能令生
報作現報不令是二報作无報不能令定報
作无報不能令无報作定報不彼若復言瞿
曇不能我復當言仁者如其不能何因緣故
受是苦行仁者當知定有過業現在因緣是
故我言因煩惱生業因業受報仁者當知一
切衆生有過去業有現在因衆生雖有過去
壽業要賴現在飲食因緣仁者若說衆生受
苦受樂定由過去本業因緣是事不然何以故
仁者辟如有人為王除怨以是因緣多得財
寶因是財寶受現在樂如是之人現作樂因
現受樂報辟如有人煞王愛子以是因緣喪
失身命如是之人現作苦因現受苦報仁者
一切衆生現在因於四大時節土地人民受苦
受樂是故我說一切衆生不必盡因過去本
業受苦樂也仁者若以斷業因緣力故得解
脫者一切聖人不得解脫何以故一切衆生
過去本業无始終故是故我說脩聖道時是
道能遮无始終業仁者若受苦行便得道者
一切畜生悉應得道是故先當調伏其心不
調伏身以是因緣我經中說斫伐此林莫斫
伐樹何以故從林生怖不從樹生欲調伏身
先當調心心喻於林身喻於樹須拔陁言世
尊我以先調伏心佛言善男子汝今云何能
先調心須拔陁言世尊我先思惟欲是无常
无樂无淨觀色即是常樂清淨作是觀已

BD04649號　大般涅槃經（北本）卷四〇　（13–10）

伐樹何以故從林生怖不從樹生欲調伏身
先當調心心喻於林身喻於樹須拔陁言世
尊我以先調伏心佛言善男子汝今云何能
先調心須拔陁言世尊我先思惟欲是无常
无樂无淨觀色即是常樂清淨作是觀已
欲界結斷獲得色處是故名為先調伏心次
復觀色色是无常如癰如創如毒如箭見无
色常清淨寂靜如是觀已色界結盡得无色
處是故名為先調伏心次復觀想即是无常
癰創毒箭如是觀已獲得非想非非想處是
非非想處即一切智寂靜清淨无有墮墜常
恒不變是故我能調伏其心佛言善男子汝
云何能調伏心耶汝今所得非想非非想定
猶名為想涅槃无想汝云何言獲得涅槃善
男子汝已先能呵嘖麁想今者云何愛著細
想不知呵嘖如是非想非非想處故名為想
如癰如創如毒如箭善男子汝師欝頭藍弗
利根聰明尚不能斷如是非想非非想處受
於惡身況其餘者世尊云何能斷一切諸有
佛言善男子若觀實想是人能斷一切諸有
須拔陁言世尊云何名為實想善男子无想
之想名為實想世尊云何名為无想之想善
男子一切法无自相他相及自他相无无因
相无作相无受相无作者相无受者相无法
非法相无男女相无士夫相无微塵相无時
節相无為自相无為他相无為自他相无有相
无无相无生相无生者相无因相无因因相

BD04649號　大般涅槃經（北本）卷四〇　（13–11）

須抜陁言世尊云何名為實想善男子无想
之想名為實想世尊云何名為无想之想善
男子一切法无自相他相及自他相无无因
相无作相无受相无作者相无受者相无法
非法相无男女相无士夫相无微塵相无時
節相无為自相无為他相无為自他相无有相
无无相无生相无生者相无因相无因因相
无果相无果果相无晝夜相无明闇相无見
相无見者相无聞相无聞者相无覺知相无
覺知者相无菩提相无得菩提者相无業相
无業主相无煩惱相无煩惱主相善男子如
是等相隨所滅處名真實相善男子一切諸
法皆是虛假隨其滅處是名為實是名實相
是名法界名畢竟智名第一義諦第一義空
善男子是相法界畢竟智第一義諦第一義
空下智觀故得聲聞菩提中智觀故得緣覺
菩提上智觀故得无上菩提說是法時十千
菩薩得一生實想万五千菩薩得二生法界
二万五千菩薩得畢竟智三万五千菩薩悟
第一義諦是第一義諦亦名第一義空亦名
首楞嚴三昧四万五千菩薩得虛空三昧是
虛空三昧亦名廣大三昧亦名智印三昧五
万五千菩薩得不退忍是不退忍亦名如法
忍亦名如法界六万五千菩薩得陁羅尼是
陁羅尼亦名大念心亦名无礙智七万五千
菩薩得師子吼三昧是師子吼三昧亦名金
剛三昧亦名五智印三昧八万五千菩薩得

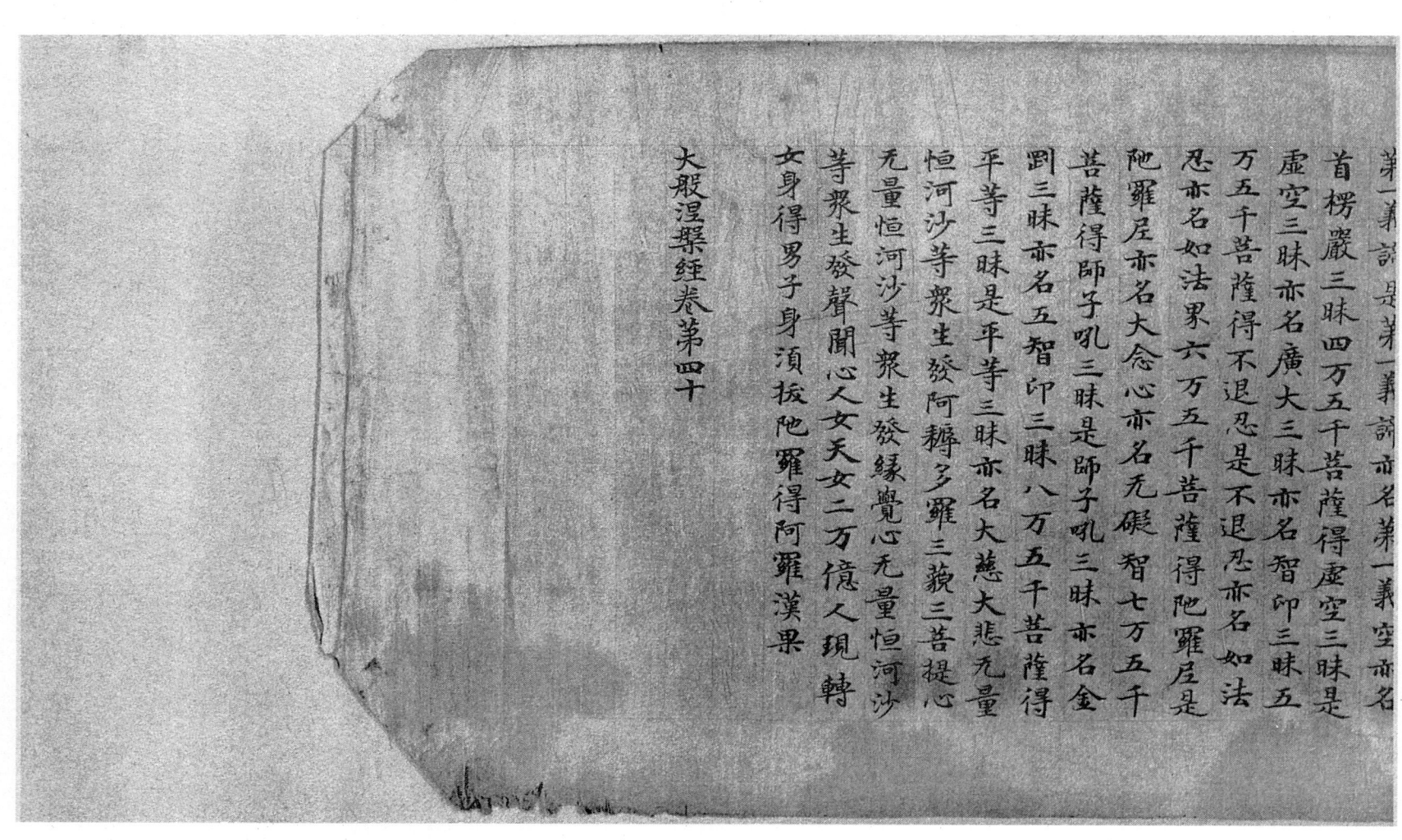

BD04649號　大般涅槃經（北本）卷四〇　（13–12）

第一義諦是第一義諦亦名第一義空亦名
首楞嚴三昧四万五千菩薩得虛空三昧是
虛空三昧亦名廣大三昧亦名智印三昧五
万五千菩薩得不退忍是不退忍亦名如法
忍亦名如法界六万五千菩薩得陁羅尼是
陁羅尼亦名大念心亦名无礙智七万五千
菩薩得師子吼三昧是師子吼三昧亦名金
剛三昧亦名五智印三昧八万五千菩薩得
平等三昧是平等三昧亦名大慈大悲无量
恒河沙等衆生發阿耨多羅三藐三菩提心
无量恒河沙等衆生發緣覺心无量恒河沙
等衆生發聲聞心人女天女二万億人現轉
女身得男子身須抜陁羅得阿羅漢果

大般涅槃經卷第四十

BD04649號　大般涅槃經（北本）卷四〇　（13–13）

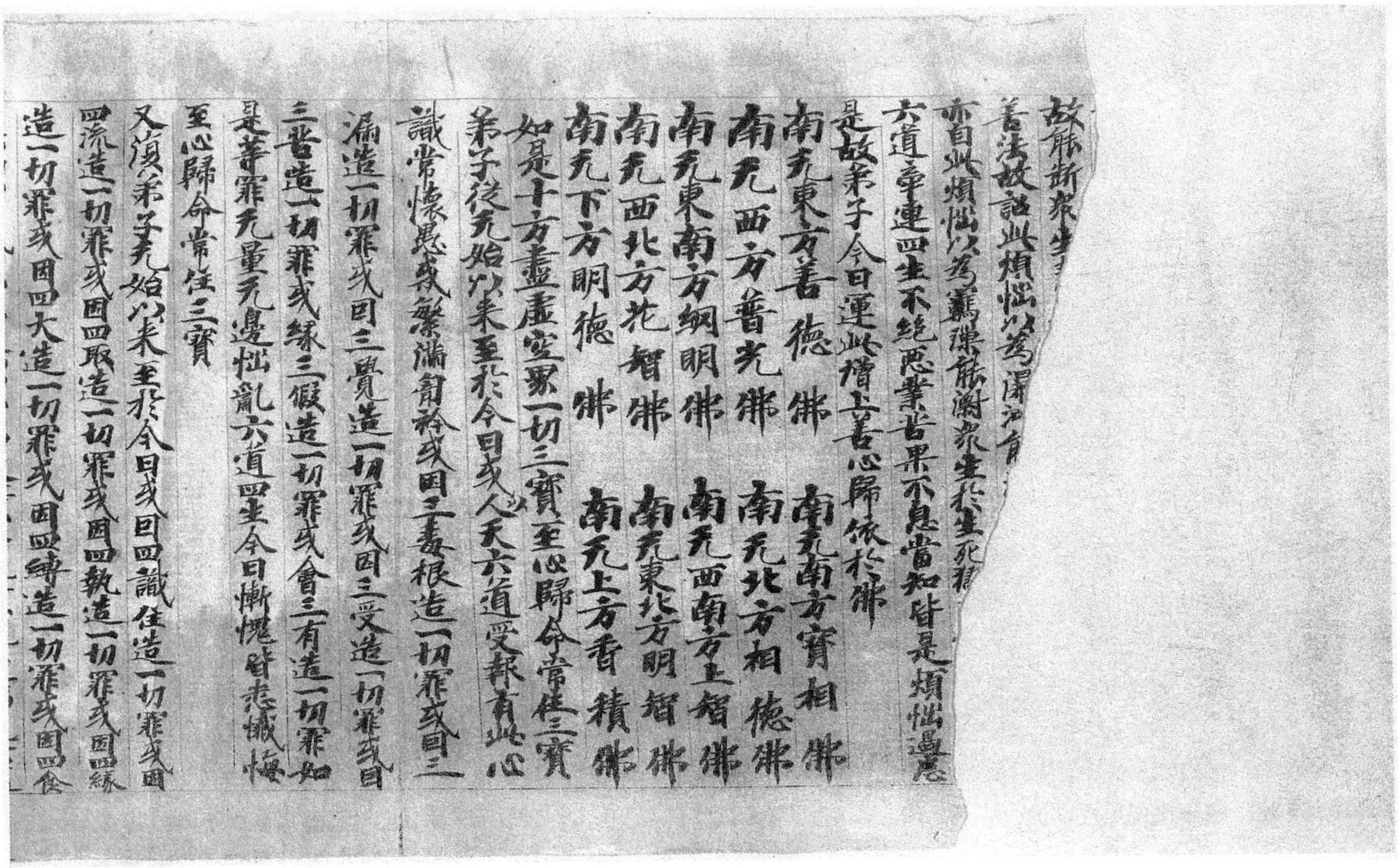

故能斷衆生…
善法故說此煩惱以爲漏…
亦自此煩惱以爲羈絆能溺衆生於生死…
六道長連四生不絕惡業苦果不息當知皆是煩惱過患
是故弟子今日運此增上善心歸依於佛
南无東方善德佛　南无南方寶相佛
南无西方普光佛　南无北方相德佛
南无東南方網明佛　南无西南方上智佛
南无西北方花智佛　南无東北方明智佛
南无下方明德佛　南无上方香積佛
如是十方盡虛空界一切三寶至心歸命常住三寶
弟子從无始以來至於今日或人以天六道受報有此心
識常懷愚惑繁滿胸衿或因三毒根造一切罪或因三
漏造一切罪或因三覺造一切罪或因三受造一切罪或因
三世造一切罪或緣三假造一切罪或會三有造一切罪如
是等罪无量无邊惱亂六道四生今日慚愧皆悉懺悔
至心歸命常住三寶
又復弟子无始以來至於今日或因四識住造一切罪或因
四流造一切罪或因四取造一切罪或因四執造一切罪或因四緣
造一切罪或因四大造一切罪或因四縛造一切罪或因四食

BD04650 號　佛名經（十六卷本）卷一四　（2–1）

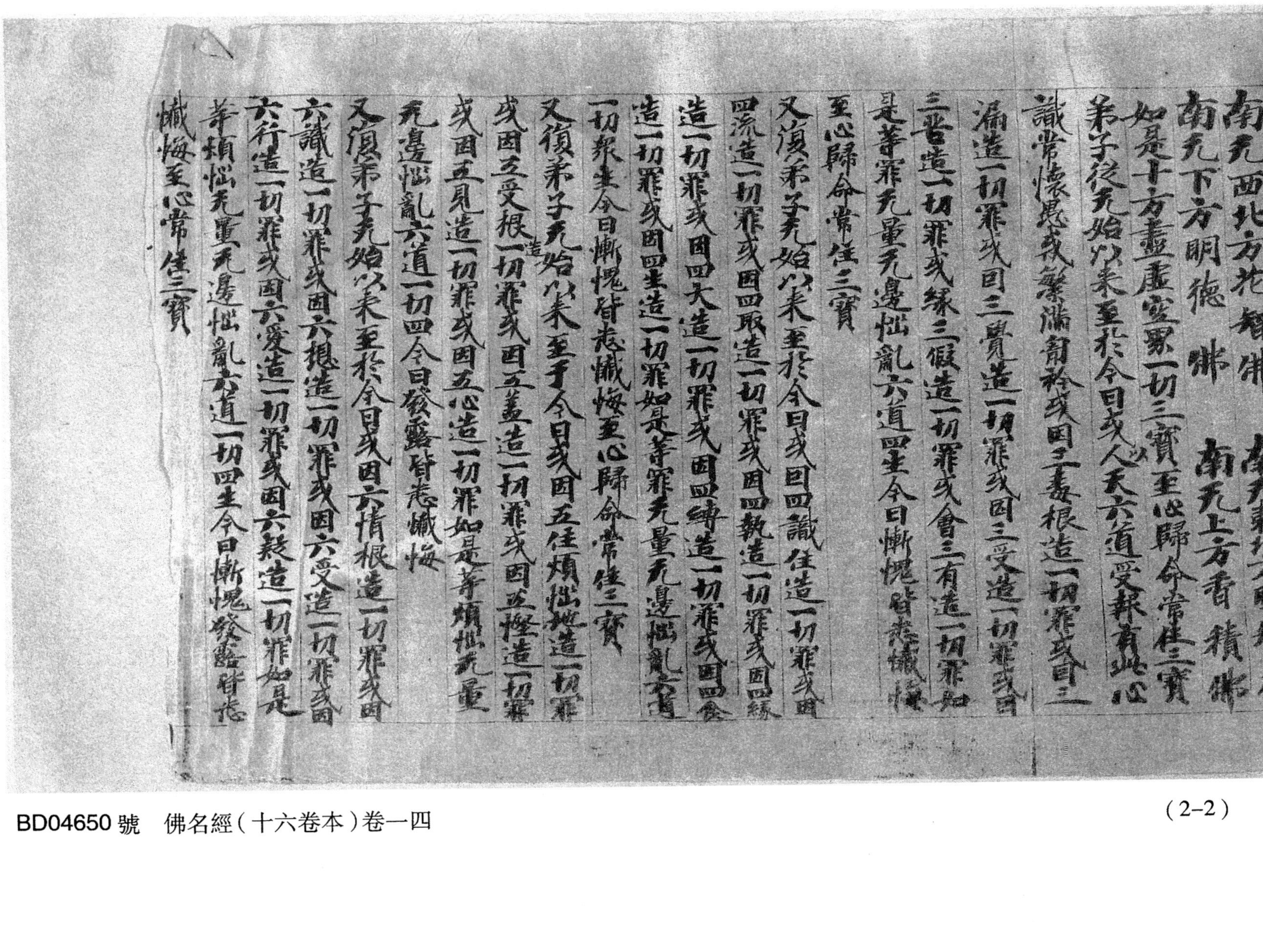

南无西北方花智佛　南无東北方明智佛
南无下方明德佛　南无上方香積佛
如是十方盡虛空界一切三寶至心歸命常住三寶
弟子從无始以來至於今日或人以天六道受報有此心
識常懷愚惑繁滿胸衿或因三毒根造一切罪或因三
漏造一切罪或因三覺造一切罪或因三受造一切罪或因
三世造一切罪或緣三假造一切罪或會三有造一切罪如
是等罪无量无邊惱亂六道四生今日慚愧皆悉懺悔
至心歸命常住三寶
又復弟子无始以來至於今日或因四識住造一切罪或因
四流造一切罪或因四取造一切罪或因四執造一切罪或因四緣
造一切罪或因四大造一切罪或因四縛造一切罪或因四食
造一切罪或因四生造一切罪如是等罪无量无邊惱亂六道
一切衆生今日慚愧皆悉懺悔至心歸命常住三寶
又復弟子无始以來至于今日或因五住煩惱地造一切罪
或因五受根造一切罪或因五蓋造一切罪或因五慳造一切罪
或因五見造一切罪或因五心造一切罪如是等煩惱无量
无邊惱亂六道一切四今日發露皆悉懺悔
又復弟子无始以來至於今日或因六情根造一切罪或因
六識造一切罪或因六想造一切罪或因六受造一切罪或因
六行造一切罪或因六愛造一切罪或因六疑造一切罪如是
等煩惱无量无邊惱亂六道一切四生今日慚愧發露皆悉
懺悔至心常住三寶

BD04650 號　佛名經（十六卷本）卷一四　（2–2）

僧草
僧和合歡喜不諍
有增益安樂住是比丘尼諫彼
言捨此事故乃至三諫捨者善不捨者是比丘尼
三法應捨僧伽婆尸沙
若比丘尼有餘比丘尼群黨若一若二若三乃至無
數彼比丘尼語是比丘尼言大姊汝莫諫此比丘尼
此比丘尼法語比丘尼律語比丘尼此比丘尼所說我
等心喜樂此比丘尼所說我等忍可是比丘尼語
彼比丘尼言大姊莫作是說言此比丘尼是法語
比丘尼律語比丘尼此比丘尼所說我等喜樂此比丘
尼所說我等忍可何以故此比丘尼所說非法語非律語
大姊莫欲破壞和合僧當欲和合僧大姊與僧
和合歡喜不諍同一師學如水乳合於佛法中有
增益安樂住是比丘尼諫彼比丘尼時堅持不捨
是比丘尼應三諫捨此事故乃至三諫捨善不者
是比丘尼犯三法應捨僧伽婆尸沙
若比丘尼依城邑若村落住汙他家行惡行行
惡行亦見亦聞汙他家亦見亦聞是比丘尼諫彼
比丘尼言大姊汝汙他家行惡行行惡行亦見亦聞
汙他家亦見亦聞大姊汝汙他家行惡行今可遠此
村落去不須住此彼比丘尼語此比丘尼作是言大姊
語比丘尼有愛有恚有怖有癡有如是同罪比丘

BD04651號　四分比丘尼戒本　（6–1）

若比丘尼依城邑若村落住汙他家行惡行行
惡行亦見亦聞汙他家亦見亦聞是比丘尼諫彼
比丘尼言大姊汝汙他家行惡行行惡行亦見亦聞
汙他家亦見亦聞大姊汝汙他家行惡行今可遠此
村落去不須住此彼比丘尼語此比丘尼作是言大姊
語比丘尼有愛有恚有怖有癡有如是同罪比丘
尼有驅者有不驅者是諸比丘尼語彼比丘尼言大
姊莫作是語有愛有恚有怖有癡亦莫言有如
是同罪比丘尼有驅者有不驅者何以故而諸比丘
尼不愛不恚不怖不癡有如是同罪比丘尼有驅
者有不驅者大姊汙他家行惡行行惡行亦見亦
聞汙他家亦見亦聞是比丘尼諫彼比丘尼時堅持
不捨是比丘尼應三諫捨此事故乃至三諫捨者
善不捨者是比丘尼犯三法應捨僧伽婆尸沙
若比丘尼惡性不受人語於戒法中諸比丘尼如
法諫已自身不受諫語言大姊汝莫向我說若
好若惡我亦不向汝說若好若惡諸大姊且止
莫諫我是比丘尼當諫彼比丘尼言大姊汝莫
自身不受諫語大姊自身當受語大姊如法諫
諸比丘尼諸比丘尼亦當如法諫大姊如是佛弟子
衆得增益展轉相諫展轉相教展轉懺悔是比
丘尼如是諫時堅持不捨是比丘尼應三諫捨此事故
乃至三諫捨者善不捨者是比丘尼犯三法應捨僧
伽婆尸沙
若比丘尼相親近住共作惡行惡聲流布展轉共
相覆罪是比丘尼當諫彼比丘尼言大姊汝等莫

BD04651號　四分比丘尼戒本　（6–2）

…展轉懺悔是比
丘尼如是諫時堅持不捨者是比丘尼應三諫捨此事故
乃至三諫捨者善不捨者是比丘尼犯三法應捨僧
伽婆尸沙
若比丘尼相親近住共作惡行惡聲流布展轉共
相覆罪是比丘尼當諫彼比丘尼言大姉汝等莫
相親近共作惡行惡聲流布共相覆罪汝等
若不相親近於佛法中得增益安樂住是比丘尼諫
彼比丘尼時堅持不捨是比丘尼應三諫捨此事故
乃至三諫捨者善不捨者是比丘尼犯三法應捨僧
伽婆尸沙
若比丘尼比丘尼僧為作呵諫時餘比丘尼教作如
是言汝等莫別住當共住我亦見餘比丘尼不
別住共作惡行惡聲流布共相覆罪僧以恚故教
汝別住是比丘尼應諫彼比丘尼言大姉汝莫教
餘比丘尼言汝等莫別住我亦見餘比丘尼共
住共作惡行惡聲流布共相覆罪僧以恚故教汝
別住今正有此二比丘尼共住共作惡行惡聲
流布共相覆罪更无有餘若此比丘尼別住於
佛法中有增益安樂住是比丘尼諫彼比丘尼
時堅持不捨是比丘尼應三諫令捨此事故乃至
三諫捨者善不捨者是比丘尼犯三法應捨僧
伽婆尸沙
若比丘尼趣以一小事嗔恚不喜便作是語我
捨佛捨法捨僧不獨有此沙門釋子亦更有餘
沙門婆羅門修梵行者我等亦可於彼修梵行
是比丘尼當諫彼比丘尼言大姉汝莫趣以一小事

BD04651 號　四分比丘尼戒本　　（6–3）

三諫捨者善不捨者是比丘尼犯三法應捨僧
伽婆尸沙
若比丘尼趣以一小事嗔恚不喜便作是語我
捨佛捨法捨僧不獨有此沙門釋子亦更有餘
沙門婆羅門修梵行者我等亦可於彼修梵行
是比丘尼當諫彼比丘尼言大姉汝莫趣以一小事
嗔恚不喜便作是語我捨佛捨法捨僧不獨
有此沙門釋子亦更有沙門婆羅門修梵行者
我等亦可於彼修梵行若是比丘尼諫彼比丘尼
時堅持不捨彼比丘尼應三諫捨此事故乃至
三諫捨者善不捨者是比丘尼犯三法應捨
僧伽婆尸沙
若比丘尼喜鬪諍不善憶持諍事後嗔恚作
是語僧有愛有恚有怖有癡是比丘尼應諫
彼比丘尼言妹汝莫喜鬪諍不善憶持諍事
後嗔恚作是語僧有愛有恚有怖有癡而僧
不愛不恚不怖不癡汝自有愛有恚有怖有
癡是比丘尼諫彼比丘尼時堅持不捨彼比丘尼
應三諫捨此事故乃至三諫捨者善不捨者是比
丘尼犯三法應捨僧伽婆尸沙
諸大姉我已說十七僧伽婆尸沙法九初犯罪
八乃至三諫若比丘尼犯一一法應半月二部僧
中行摩那埵行摩那埵已餘有出罪應二
部四十人僧中出是比丘罪若少一人不滿四十
衆出是比丘尼罪是比丘尼罪不得除諸比丘
尼亦可呵此是時今問諸大姉是中清淨不
如是 諸大姉是中清淨默然故是事如是持

BD04651 號　四分比丘尼戒本　　（6–4）

中行摩那埵行摩那埵已餘有出罪應二
部四十人僧中出是比丘罪若少一人不滿四十
衆出是比丘罪是比丘罪不得除諸比丘
尼亦可呵此是時今問諸大姊是中清淨不
如是至三 諸大姊是中清淨嘿然故是事如是持諸
大姊是三十尼薩耆波逸提法半月半月說戒經中來
若比丘尼衣已竟迦絺那衣已捨畜長衣經十日
不淨施得畜若過者尼薩耆波逸提
若比丘尼衣已竟迦絺那衣已捨五衣中若
離一一衣異處宿經一夜除僧羯磨尼薩耆波逸提
若比丘尼衣已竟迦絺那衣已捨若得非時衣欲須
便受受已疾疾成衣若足者善若不足者得畜
一月為滿足故若過畜者尼薩耆波逸提
若比丘尼從非親里居士婦乞衣除餘時尼薩耆
波逸提餘時者若奪衣失衣燒衣漂衣是名
時若比丘尼奪衣失衣燒衣漂衣若非親里居
士若居士婦自恣請多與衣是比丘尼當知足受
衣若過受者尼薩耆波逸提
若比丘尼居士居士婦為比丘尼辦衣價具如是衣
價與某甲比丘尼是比丘尼先受自恣請到居士家
作如是說善哉居士為我辦如是如是衣價與我
為好故若得衣者尼薩耆波逸提
若比丘尼二居士居士婦與比丘尼辦衣價我曹辦
如是衣價與某甲比丘尼是比丘尼先不受自恣
請到二居士家作如是言善哉居士辦如是如是
衣價與我共作一衣為好故若得衣者尼薩耆波逸提

BD04651號　四分比丘尼戒本　（6–5）

作如是說善哉居士為我辦如是如是衣價與
為好故若得衣者尼薩耆波逸提
若比丘尼二居士居士婦與比丘尼辦衣價我曹辦
如是衣價與某甲比丘尼是比丘尼先不受自恣
請到二居士家作如是言善哉居士辦如是如是
衣價與我共作一衣為好故若得衣者尼薩耆波逸提
若比丘尼若王若大臣若婆羅門若居士居士婦
遣使為比丘尼送衣價持如是衣價與某甲比丘
尼彼使至比丘尼所語言阿姨為汝送衣價受
取是比丘尼語彼使如是言我不應受此衣價
我若須衣合時清淨當受彼使語比丘尼言
阿姨有執事人不須衣比丘尼言有若僧伽
藍民若優婆塞此是比丘尼執事人常為諸
比丘尼執事彼使至執事人所與衣價已還到
比丘尼所如是言阿姨所示某甲執事人我已與
衣價大姊知時往彼當得衣比丘尼若須衣者
當往執事人所二反三反語言我須衣若二反三反
為作憶念得衣者善若不得衣四反五反六反
在前嘿然立令彼憶念若四反五反六反在前嘿
然住得衣者善若不得衣過是求得衣者尼
薩耆波逸提若不得衣彼使所來處若自往若
遣使往語言汝先遣使持衣價與某甲比丘尼
是比丘尼竟不得衣汝還取莫使失此是時
若比丘尼自取金銀若錢若教人取若口可受者
尼薩耆波逸提

BD04651號　四分比丘尼戒本　（6–6）

尒時維摩詰謂衆菩薩言諸仁者云何菩薩
入不二法門各隨所樂說之會中有菩薩名
法自在說言諸仁者生滅為二法本不生今
則无滅得此无生法忍是為入不二法門
得首菩薩曰我我所為二因有我故便有我
所若无有我則无我所是為入不二法門
不眴菩薩曰受不受為二若法不受則不可得
以不可得故无取无捨无作无行是為入不
二法門
德頂菩薩曰垢淨為二見垢實性則无淨相
順於滅相是為入不二法門
善宿菩薩曰是動是念為二不動則无念无
念即无分別通達此者是為入不二法門
善眼菩薩曰一相无相為二若知一相即是
无相亦不取无相入於平等是為入不二法
門
妙臂菩薩曰菩薩心聲聞心為二觀心相空
如幻化者无菩薩心无聲聞心是為入不二

BD04652號　維摩詰所說經卷中　（3–1）

善眼菩薩曰一相无相為二若知一相即是
无相亦不取无相入於平等是為入不二法
門
妙臂菩薩曰菩薩心聲聞心為二觀心相空
如幻化者无菩薩心无聲聞心是為入不二
法門
弗沙菩薩曰善不善為二若不起善不善入
无相際而通達者是為入不二法門
師子菩薩曰罪福為二若達罪性則與福无
異以金剛慧決了此相无縛无解者是為入
不二法門
師子意菩薩曰有漏无漏為二若得諸法等則
不起漏不漏想不著於相亦不住无相是
為入不二法門
淨解菩薩曰有為无為為二若離一切數則心
如虛空以清淨慧无所閡者是為入不二法門
那羅延菩薩曰世間出世間為二世間性空即
是出世間於其中不入不出不溢不散是為
入不二法門
善意菩薩曰生死涅槃為二若見生死性則
无生死无縛无解不然不滅如是解者是為
入不二法門
現見菩薩曰盡不盡為二法若究竟盡若不
盡皆是无盡相无盡相即是空空則无有盡
不盡相如是入者是為入不二法門
普守菩薩曰我无我為二我尚不可得非我
何可得見我實性者不復起二是為入不二

BD04652號　維摩詰所說經卷中　（3–2）

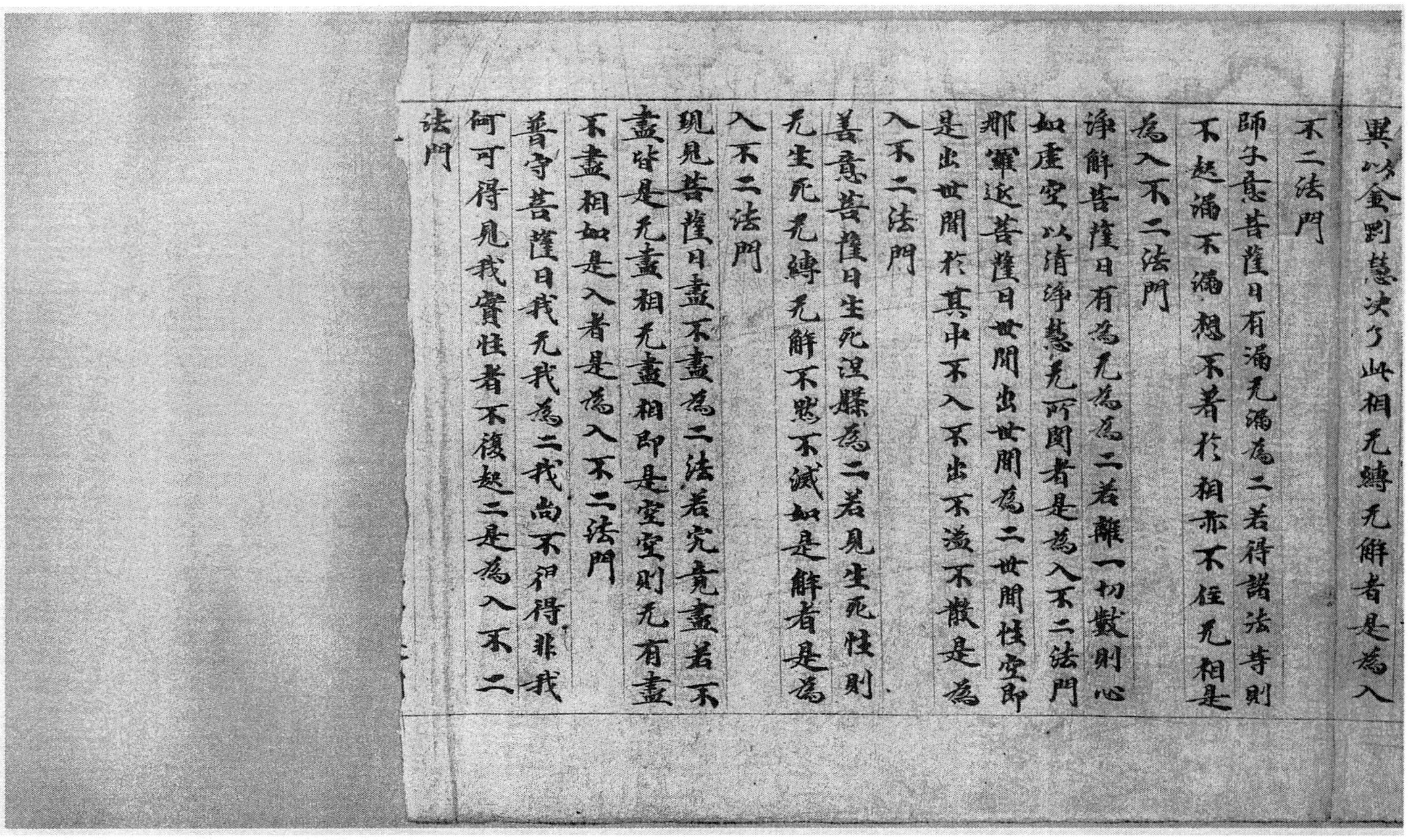

異以金剛慧決了此相无縛无解者是為入
不二法門
師子意菩薩曰有漏无漏為二若得諸法等則
不起漏不漏想不著於相亦不住无相是
為入不二法門
淨解菩薩曰有為无為為二若離一切數則心
如虛空以清淨慧无所閡者是為入不二法門
那羅延菩薩曰世間出世間為二世間性空即
是出世間於其中不入不出不溢不散是為
入不二法門
善意菩薩曰生死涅槃為二若見生死性則
无生死无縛无解不然不滅如是解者是為
入不二法門
現見菩薩曰盡不盡為二法若究竟盡若不
盡皆是无盡相无盡相即是空空則无有盡
不盡相如是入者是為入不二法門
普守菩薩曰我无我為二我尚不可得非我
何可得見我實性者不復起二是為入不二
法門

BD04652號　維摩詰所說經卷中　（3–3）

般若[illegible]蜜多得如是等
尸迦若善男子善女人等
多至心聽聞受持讀誦[illegible]
書寫解說廣令流布是善[illegible]
不流沒亦不憂悔不怨不[illegible]
男子善女人等不見有法
怖於諸法中无所執著[illegible]
女人等由於般若波羅蜜[illegible]
流布得如是等現世利益
男子善女人等能於般若
聞受持讀誦精勤脩學如理[illegible]
廣令流布復持種種上妙花鬘[illegible]
為供養是善男子善女人等恒[illegible]
親友國王大臣及諸沙門婆羅門[illegible]
愛亦為十方諸佛菩薩聲聞獨覺[illegible]
復為世間諸天魔梵人及非人之[illegible]
切災橫皆自消滅外道異論
迦是善男子善女人等由於月[illegible]
至心聽聞乃至供養得如是等現在利益復

BD04653號　大般若波羅蜜多經卷五四一　（6–1）

親友國王大臣及諸沙門婆羅門
愛亦為十方諸佛菩薩聲聞獨覺
須為世間諸天魔梵人及非人之
切究稱皆自消滅外道異論
迦是善男子善女人等由於[illegible]
至心聽聞乃至供養得如是等現在利益復
次憍尸迦若善男子善女人等書寫如是甚
深般若波羅蜜多種種莊嚴置清淨處供養
恭敬尊重讚歎時此三千大千國土及餘十
方无邊世界所有四大王衆天乃至廣果天
已發无上菩提心者常來此處觀礼讀誦甚
深般若波羅蜜多供養恭敬尊重讚歎右遶
礼拜合掌而去諸淨居天亦常來此觀礼讀
誦甚深般若波羅蜜多供養恭敬尊重讚歎
右遶礼拜合掌而去有大威德諸龍藥叉廣
説乃至人非人等亦常來此觀礼讀誦甚深
般若波羅蜜多供養恭敬尊重讚歎右遶礼
拜合掌而去憍尸迦是善男子善女人等應
作是念今此三千大千國土及餘十方無邊
世界一切天龍廣説乃至人非人等常來至
此觀礼讀誦我所書寫甚深般若波羅蜜多
供養恭敬尊重讚歎右遶礼拜合掌而去此
我則為已設法施作是念已歡喜踊躍令所
獲福倍復增長憍尸迦是善男子善女人等
由無邊界天龍藥叉阿素洛等常隨擁護所
住之處人非人等不能損害唯除宿世定惡

獲福倍復增長憍尸迦是善男子善女人等
由無邊界天龍藥叉阿素洛等常隨擁護所
住之處人非人等不能損害唯除宿世定惡
業因現在應熟或轉重惡現世輕受憍尸迦
是善男子善女人等由深般若波羅蜜多大
威神力獲如是等現世種種功德勝利時天
帝釋便白佛言是善男子善女人等以何驗
知有此三千大千國土及餘十方無邊世界
天龍藥叉阿素洛等來至其處觀礼讀誦彼
所書持甚深般若波羅蜜多供養恭敬尊重
讚歎合掌右遶歡喜讃念尒時佛告天帝釋
言是善男子善女人等若見如是甚深般若
波羅蜜多所在之處有妙光明或聞其處異
香氛郁或復聞有微細樂音當知尒時有大
神力威德熾盛諸天龍等來至其處觀礼讀
誦彼所書持甚深般若波羅蜜多供養恭敬
尊重讚歎合掌右遶歡喜讃念復次憍尸迦
是善男子善女人等脩鮮淨行嚴飾其處至
心供養甚深般若波羅蜜多當知尒時有大
神力威德熾盛諸天龍等來至其處觀礼讀
誦彼所書持甚深般若波羅蜜多供養恭敬
尊重讚歎合掌右遶歡喜讃念憍尸迦隨有
如是具大神力威德熾盛諸天龍等來至其
處此中所有惡鬼邪神驚怖退散無敢住者
由此因緣是善男子善女人等心便廣大起
[illegible]勝解所脩善業倍復增明諸有所為皆無

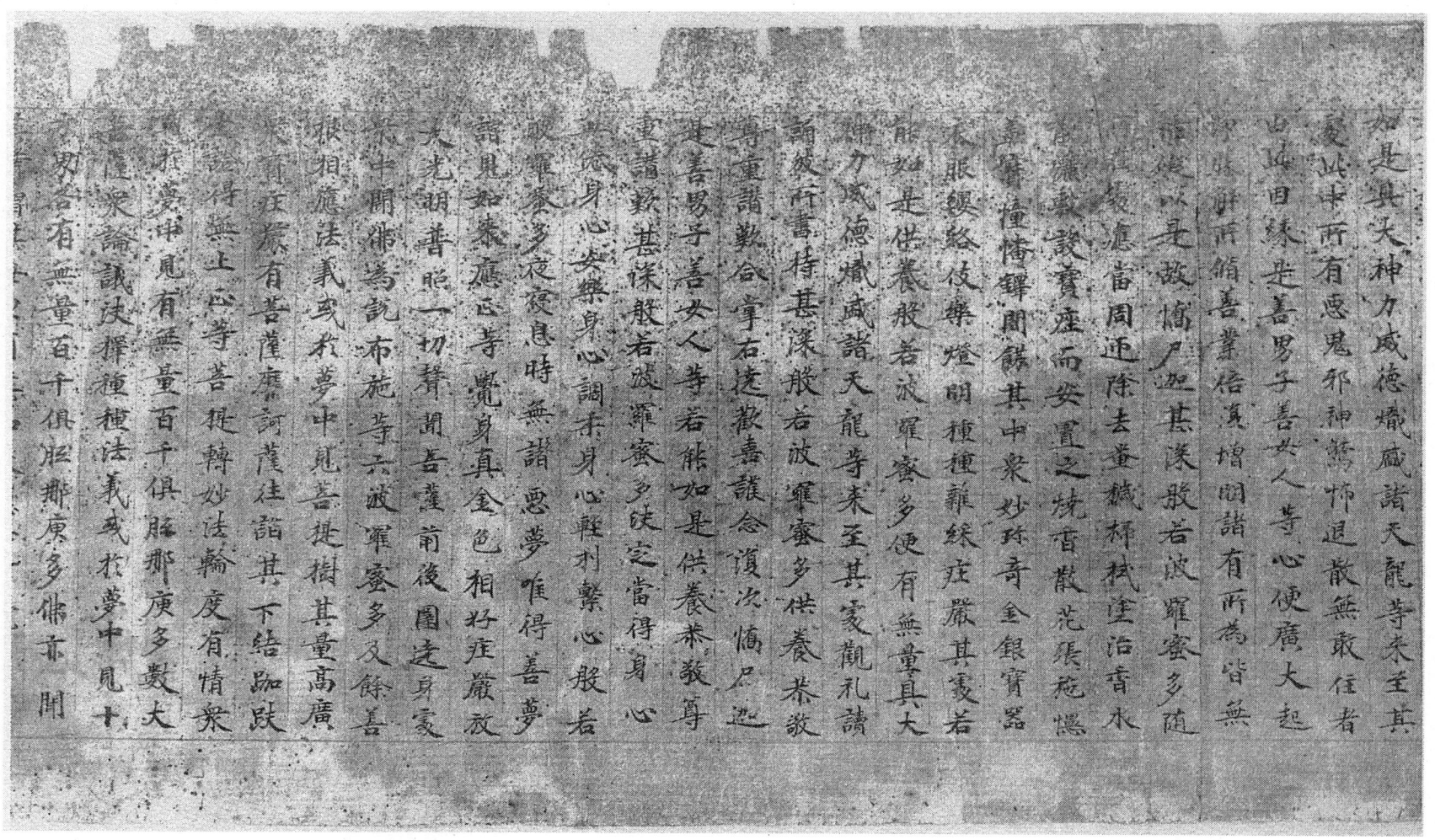

如是具大神力威德熾盛諸天龍等來至其
處此中所有惡鬼邪神驚怖退散無敢住者
由此因緣是善男子善女人等心便廣大起
勝妙解所修善業倍復增明諸有所為皆無
障礙以是故憍尸迦甚深般若波羅蜜多隨
所在處應當周匝除去穢草掃拭塗治香水
散灑敷設寶座而安置之燒香散花張施幰
蓋寶幢幡鐸閒飾其中衆妙珍奇金銀寶器
衣服瓔珞伎樂燈明種種雜綵莊嚴其處若
能如是供養般若波羅蜜多便有無量具大
神力威德熾盛諸天龍等來至其處觀禮讀
誦如所書持甚深般若波羅蜜多供養恭敬
尊重讚歎合掌右遶歡喜讚念復次憍尸迦
是善男子善女人等若能如是供養恭敬尊
重讚歎甚深般若波羅蜜多決定當得身心
無倦身心安樂身心調柔身心輕利繫心般若
波羅蜜多夜寢息時無諸惡夢唯得善夢
謂見如來應正等覺身真金色相好莊嚴放
大光明普照一切聲聞菩薩前後圍遶身處
衆中聞佛為說布施等六波羅蜜多及餘善
根相應法義或於夢中見菩提樹其量高廣
衆寶莊嚴有菩薩摩訶薩往詣其下結跏趺
坐證得無上正等菩提轉妙法輪度有情衆
或於夢中見有無量百千俱胝那庾多數大
菩薩衆論議決擇種種法義或於夢中見十
方界各有無量百千俱胝那庾多佛亦聞

BD04653號　大般若波羅蜜多經卷五四一　（6–4）

證得無上正等菩提轉妙法輪度有情衆
或於夢中見有無量百千俱胝那庾多數大
菩薩衆論議決擇種種法義或於夢中見十
方界各有無量百千俱胝那庾多佛亦聞
其名謂某世界有某如來應正等覺若干
百千俱胝那庾多菩薩摩訶薩聲聞弟子恭
敬圍遶說如是法或復夢中見十方界各有
無量百千俱胝那庾多佛入般涅槃彼一一
佛般涅槃後各有施主為供養佛設利羅故
以妙七寶各起無量百千俱胝那庾多數大
窣堵波復於一一窣堵波所各以無量上妙
花鬘乃至燈明經無量劫供養恭敬尊重讚
歎憍尸迦是善男子善女人等見如是類諸
善夢相若睡若覺身心安樂諸天神等益其
精氣令彼自覺身體輕便由此因緣不多貪
著飲食醫藥衣服臥具於四供養其心輕微
如瑜伽師入勝妙定由彼定力滋潤身心從
定出已雖遇美膳而心輕微此亦如是何以
故是善男子善女人等由此三千大
千界及餘十方無邊世界一切如來應正
等覺聲聞菩薩天龍藥叉阿素洛等具大神
力威德者慈悲護念以妙精氣冥注身心
令其志勇體充盛故憍尸迦若善男子善女
人等欲得如是現在種種功德勝利於深般
若波羅蜜多應常聽聞受持讀誦精勤脩
學如理思惟廣為有情宣說開示復持種種

BD04653號　大般若波羅蜜多經卷五四一　（6–5）

說三十二相即是非相是名三十二相
須菩提若有善男子善女人以恒河沙等身
命布施若復有人於此經中乃至受持四句
偈等為他人說其福甚多
尒時須菩提聞說是經深解義趣涕淚悲泣
而白佛言希有世尊佛說如是甚深經典我
從昔來所得慧眼未曾得聞如是之經世尊
若復有人得聞是經信心清淨則生實相當
知是人成就第一希有功德世尊是實相者
則是非相是故如來說名實相世尊我今得
聞如是經典信解受持不足為難若當來世
後五百歲其有衆生得聞是經信解受持
是人則為第一希有何以故此人无我相人相
衆生相壽者相所以者何我相即是非相人
相衆生相壽者即是非相何以故離一切
諸相則名諸佛佛告須菩提如是如是若復有
人得聞是經不驚不怖不畏當知是人甚為希
有何以故須菩提如來說第一波羅蜜非第一
波羅蜜是名第一波羅蜜
須菩提忍辱波羅蜜如來說非忍辱波羅蜜
何以故須菩提如我昔為歌利王割截身體
我於尒時无我相无人相无衆生相无壽者
相何以故我於往昔節節支解時若有我相
人相衆生相壽者相應生瞋恨須菩提又念
過去於五百世作忍辱仙人於尒所世无我
相无人相无衆生相无壽者相是故須菩提
菩薩應離一切相發阿耨多羅三藐三菩提

BD04654號　金剛般若波羅蜜經　（10–4）

相何以故我於往昔節節支解時若有我相
人相衆生相壽者相應生瞋恨須菩提又念
過去於五百世作忍辱仙人於尒所世无我
相无人相无衆生相无壽者相是故須菩提
菩薩應離一切相發阿耨多羅三藐三菩提
心不應住色生心不應住聲香味觸法生心
應生无所住心若心有住則為非住是故佛
說菩薩心不應住色布施須菩提菩薩為
利益一切衆生應如是布施如來說一切諸相
即是非相又說一切衆生則非衆生須菩提
如來是真語者實語者如語者不誑語者不
異語者須菩提如來所得法此法无實无虛
須菩提若菩薩心住於法而行布施如人入
闇則无所見若菩薩心不住法而行布施如
人有目日光明照見種種色
須菩提當來之世若有善男子善女人能於此
經受持讀誦則為如來以佛智慧悉知是人
悉見是人皆得成就无量无邊功德
須菩提若有善男子善女人初日分以恒河
沙等身布施中日分復以恒河沙等身布
施後日分亦以恒河沙等身布施如是无量百
千万億劫以身布施若復有人聞此經典信心
不逆其福勝彼何況書寫受持讀誦為人解說
須菩提以要言之是經有不可思議不可稱
量无邊功德如來為發大乘者說為發最上
乘者說若有人能受持讀誦廣為人說如來
悉知是人悉見是人皆得成就不可量不可

BD04654號　金剛般若波羅蜜經　（10–5）

不逆其福勝彼何况書寫受持讀誦為人解說
須菩提以要言之是經有不可思議不可稱
量无邊功德如来為發大乘者說為發最上
乘者說若有人能受持讀誦廣為人說如来
悉知是人悉見是人皆得成就不可量不可
稱无有邊不可思議功德如是人等則為荷
擔如来阿耨多羅三藐三菩提何以故須菩
提若樂小法者著我見人見衆生見壽者見
則於此經不能聽受讀誦為人解說須菩提
在在處處若有此經一切世間天人阿脩羅
所應供養當知此處則為是塔皆應恭敬作
礼圍遶以諸華香而散其處
復次須菩提善男子善女人受持讀誦此經
若為人輕賤是人先世罪業應墮惡道以今
世人輕賤故先世罪業則為消滅當得阿耨
多羅三藐三菩提須菩提我念過去无量阿
僧祇劫於然燈佛前得值八百四千万億那
由他諸佛悉皆供養承事无空過者若復有
人於後末世能受持讀誦此經所得功德於
我所供養諸佛功德百分不及一千万億分
乃至筭數譬喻所不能及須菩提若善男子
善女人於後末世有受持讀誦此經所得功德
我若具說者或有人聞心則狂亂狐疑不信須
菩提當知是經義不可思議果報亦不可思議
尒時須菩提白佛言世尊善男子善女人發
阿耨多羅三藐三菩提心云何應住云何降
伏其心佛告須菩提善男子善女人發阿耨

BD04654 號　金剛般若波羅蜜經　（10–6）

善女人於後末世有受持讀誦此經所得功德
我若具說者或有人聞心則狂亂狐疑不信須
菩提當知是經義不可思議果報亦不可思議
尒時須菩提白佛言世尊善男子善女人發
阿耨多羅三藐三菩提心云何應住云何降
伏其心佛告須菩提善男子善女人發阿耨
多羅三藐三菩提者當生如是心我應滅度
一切衆生滅度一切衆生已而无有一衆生
實滅度者何以故若菩薩有我相人相衆生
相壽者相則非菩薩所以者何須菩提實无
有法發阿耨多羅三藐三菩提者
須菩提於意云何如来於然燈佛所有法得
阿耨多羅三藐三菩提不不也世尊如我解
佛所說義佛於然燈佛所无有法得阿耨多
羅三藐三菩提佛言如是如是須菩提實无
有法如来得阿耨多羅三藐三菩提須菩提
若有法如来得阿耨多羅三藐三菩提然燈
佛則不與我受記汝於来世當得作佛号釋
迦牟尼以實无有法得阿耨多羅三藐三菩
提是故然燈佛與我受記作是言汝於来世
當得作佛号釋迦牟尼何以故如来者即諸
法如義若有人言如来得阿耨多羅三藐三
菩提須菩提實无有法佛得阿耨多羅三
藐三菩提須菩提如来所得阿耨多羅三藐三
菩提於是中无實无虛是故如来說一切法皆是
佛法須菩提所言一切法者即非一切法是故名一切法
須菩提譬如人身長大須菩提言世尊如来

BD04654 號　金剛般若波羅蜜經　（10–7）

菩提須菩提實无有法佛得阿耨多羅三
藐三菩提須菩提如来所得阿耨多羅三藐三
菩提於是中无實无虛是故如来說一切法皆是
佛法須菩提所言一切法者即非一切法是故名一切法
須菩提譬如人身長大須菩提言世尊如来
說人身長大則為非大身是名大身
須菩提菩薩亦如是若作是言我當滅度无
量衆生則不名菩薩何以故須菩提實无有
法名為菩薩是故佛說一切法无我无人无
衆生无壽者須菩提若菩薩作是言我當
莊嚴佛土是不名菩薩何以故如来說莊嚴
佛土者即非莊嚴是名莊嚴須菩提若菩薩
通達无我法者如来說名真是菩薩
須菩提於意云何如来有肉眼不如是世尊
如来有肉眼須菩提於意云何如来有天眼
不如是世尊如来有天眼須菩提於意云何
如来有慧眼不如是世尊如来有慧眼須菩
提於意云何如来有法眼不如是世尊如来
有法眼須菩提於意云何如来有佛眼不如
是世尊如来有佛眼須菩提於意云何恒河
中所有沙佛說是沙不如是世尊如来說是
沙須菩提於意云何如一恒河中所有沙有
如是等恒河是諸恒河所有沙數佛世界如
是寧為多不甚多世尊佛告須菩提尒所國
土中所有衆生若干種心如来悉知何以故
如来說諸心皆為非心是名為心所以者何
須菩提過去心不可得現在心不可得未来

BD04654號　金剛般若波羅蜜經　（10–8）

是寧為多不甚多世尊佛告須菩提尒所國
土中所有衆生若干種心如来悉知何以故
如来說諸心皆為非心是名為心所以者何
須菩提過去心不可得現在心不可得未来
心不可得須菩提於意云何若有滿三千
大千世界七寶以用布施是人以是因緣得
福多不如是世尊此人以是因緣得福甚多
須菩提若福得有實如来不說得福德多
以福德无故如来說得福德多
須菩提於意云何佛可以具足色身見不不
也世尊如来不應以具足色身見何以故如
来說具足色身即非具足色身是名具足色
身須菩提於意云何如来可以具足諸相見
不不也世尊如来不應以具足諸相見何以故
如来說諸相具足即非具足是名諸相具
是須菩提汝勿謂如来作是念我當有所說
法莫作是念何以故若有人言如来有所說法
即為謗佛不能解我所說故須菩提說法者
无法可說是名說法
須菩提白佛言世尊佛得阿耨多羅三藐三菩
提為无所得耶如是如是須菩提我於阿
耨多羅三藐三菩提乃至无有少法可得是
名阿耨多羅三藐三菩提復次須菩提是法
平等无有高下是名阿耨多羅三藐三菩提
以无我无人无衆生无壽者脩一切善法則
得阿耨多羅三藐三菩提須菩提所言善
法者如来說非善法是名善法
須菩提若三千大千世界中所有諸須弥山

BD04654號　金剛般若波羅蜜經　（10–9）

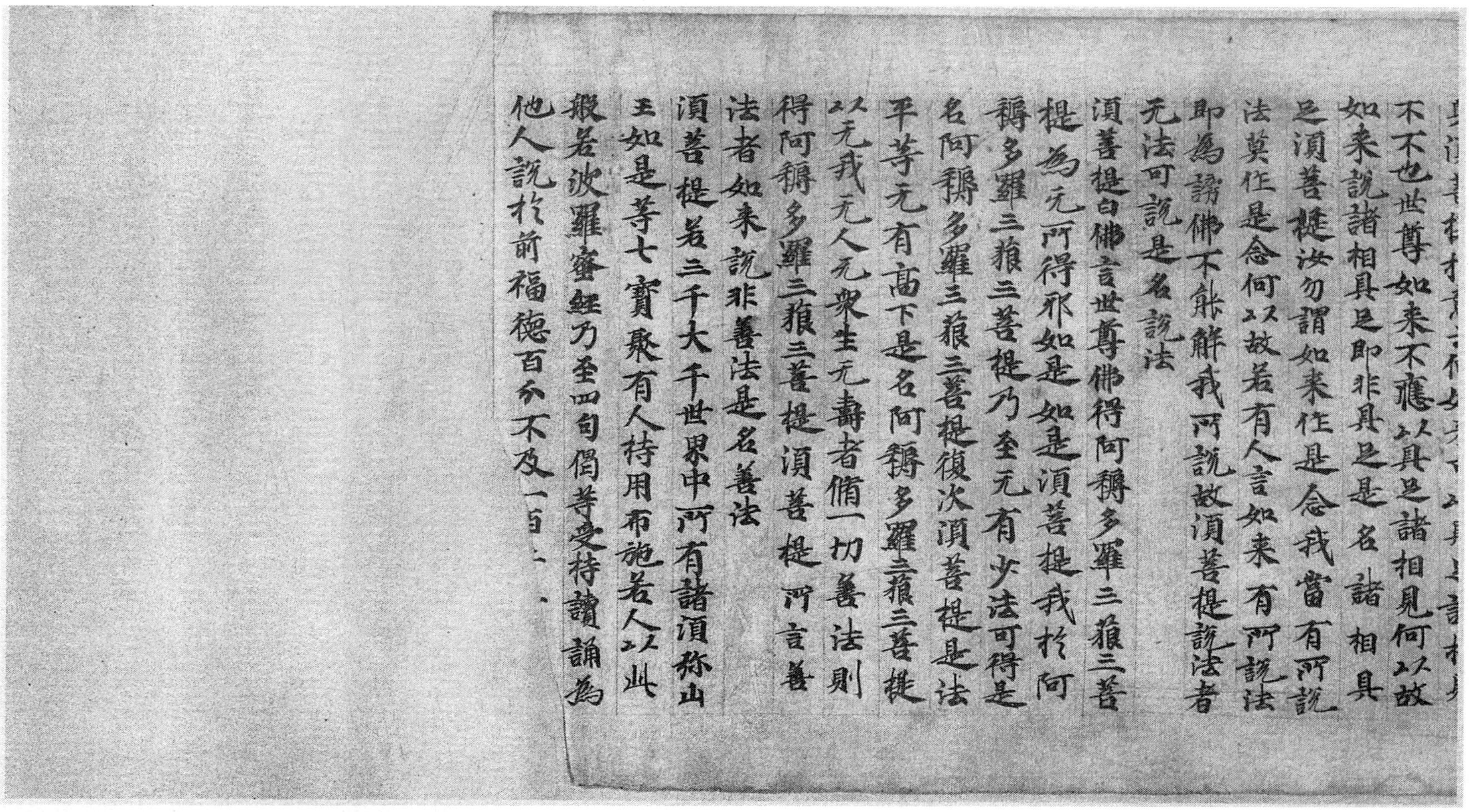

不不也世尊如來不應以具足諸相見何以故
如來說諸相具足即非具足是名諸相具
足須菩提汝勿謂如來作是念我當有所說
法莫作是念何以故若有人言如來有所說法
即為謗佛不能解我所說故須菩提說法者
无法可說是名說法
須菩提白佛言世尊佛得阿耨多羅三藐三菩
提為无所得耶如是如是須菩提我於阿
耨多羅三藐三菩提乃至无有少法可得是
名阿耨多羅三藐三菩提復次須菩提是法
平等无有高下是名阿耨多羅三藐三菩提
以无我无人无眾生无壽者脩一切善法則
得阿耨多羅三藐三菩提須菩提所言善
法者如來說非善法是名善法
須菩提若三千大千世界中所有諸須弥山
王如是等七寶聚有人持用布施若人以此
般若波羅蜜經乃至四句偈等受持讀誦為
他人說於前福德百分不及一百

BD04654 號　金剛般若波羅蜜經　　（10–10）

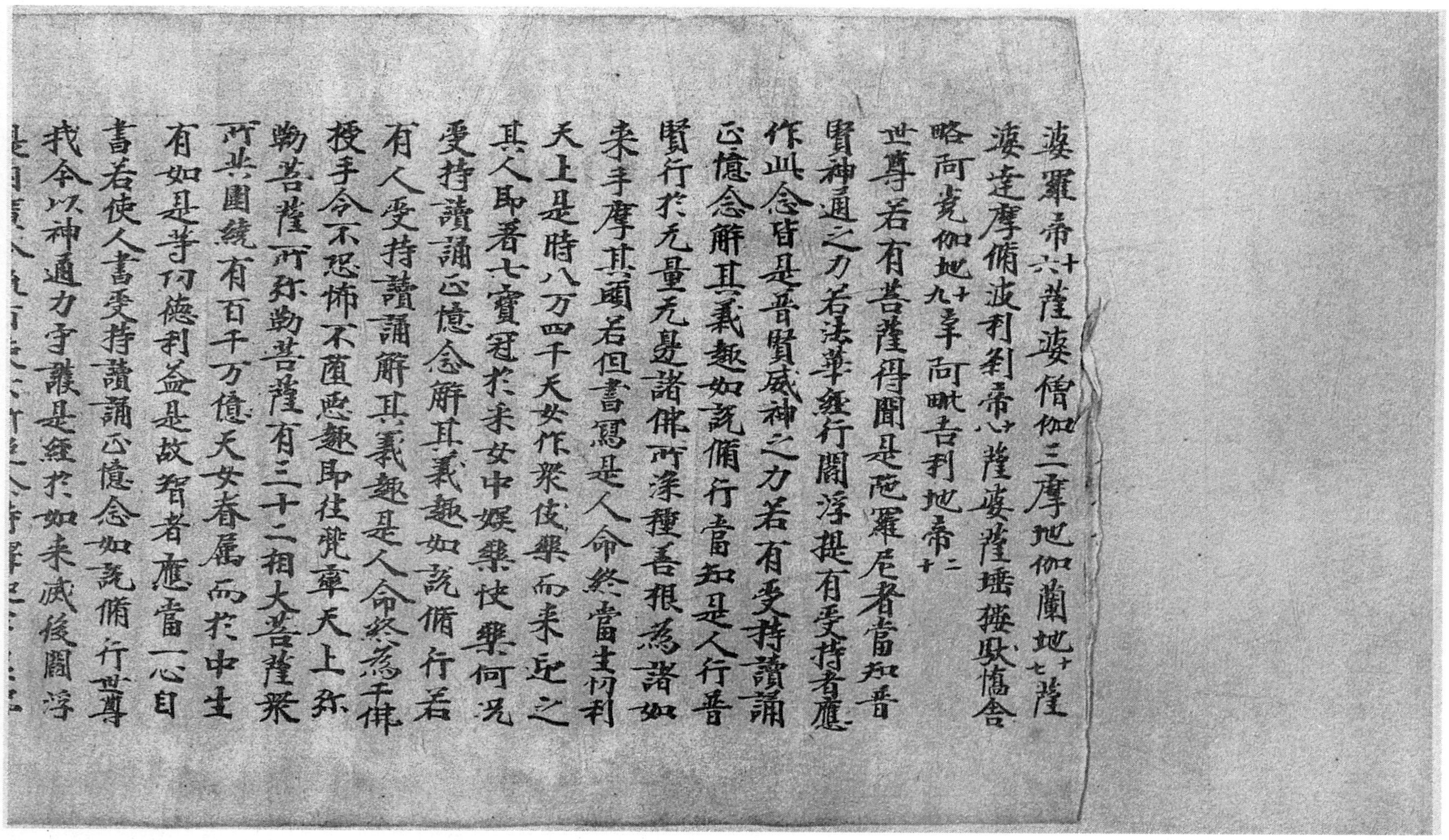

婆羅帝十六 薩婆僧伽三摩地伽蘭地十七 薩
婆達摩脩波利剎帝十八 薩婆薩埵樓馱憍舍
略阿㝹伽地十九 辛阿毗吉利地帝二十
世尊若有菩薩得聞是陀羅尼者當知普
賢神通之力若法華經行閻浮提有受持者應
作此念皆是普賢威神之力若有受持讀誦
正憶念解其義趣如說脩行當知是人行普
賢行於无量无邊諸佛所深種善根為諸如
來手摩其頭若但書寫是人命終當生忉利
天上是時八万四千天女作眾伎樂而來迎之
其人即著七寶冠於采女中娛樂快樂何況
受持讀誦正憶念解其義趣如說脩行若
有人受持讀誦解其義趣是人命終為千佛
授手令不恐怖不墮惡趣即往兜率天上弥
勒菩薩所弥勒菩薩有三十二相大菩薩眾
所共圍繞有百千万億天女眷屬而於中生
有如是等功德利益是故智者應當一心自
書若使人書受持讀誦正憶念如說脩行世尊
我今以神通力守護是經於如來滅後閻浮

BD04655 號　妙法蓮華經卷七　　（3–1）

……天上彌
勒菩薩所彌勒菩薩有三十二相大菩薩衆
所共圍繞有百千万億天女眷屬而於中生
有如是等功德利益是故智者應當一心自
書若使人書受持讀誦正憶念如說脩行世尊
我今以神通力守護是經於如來滅後閻浮
提內廣令流布使不斷絕尒時釋迦牟尼佛
讚言善哉善哉普賢汝能護助是經令多所
衆生安樂利益汝已成就不可思議功德深
大慈悲從久遠來發阿耨多羅三藐三菩提
意而能作是神通之願守護是經我當以
神通力守護能受持普賢菩薩名者普賢若
有受持讀誦正憶念脩習書寫是法華經者
當知是人則見釋迦牟尼佛如從佛口聞此經
典當知是人供養釋迦牟尼佛當知是人佛讚
善哉當知是人為釋迦牟尼佛手摩其頭當知
是人為釋迦牟尼佛衣之所覆如是之人不復
貪著世樂不好外道經書手筆亦復不喜親近
其人及諸惡者若屠兒若畜猪羊鷄狗若獵師
若衒賣女色是人心意質直有正憶念有福
德力是人不為三毒所惱亦不為嫉妬我慢邪
慢增上慢所惱是人少欲知足能脩普賢之行普
賢若如來滅後後五百歲若有人見受持讀誦
法華經者應作是念此人不久當詣道場破諸
魔衆得阿耨多羅三藐三菩提轉法輪擊法鼓
……

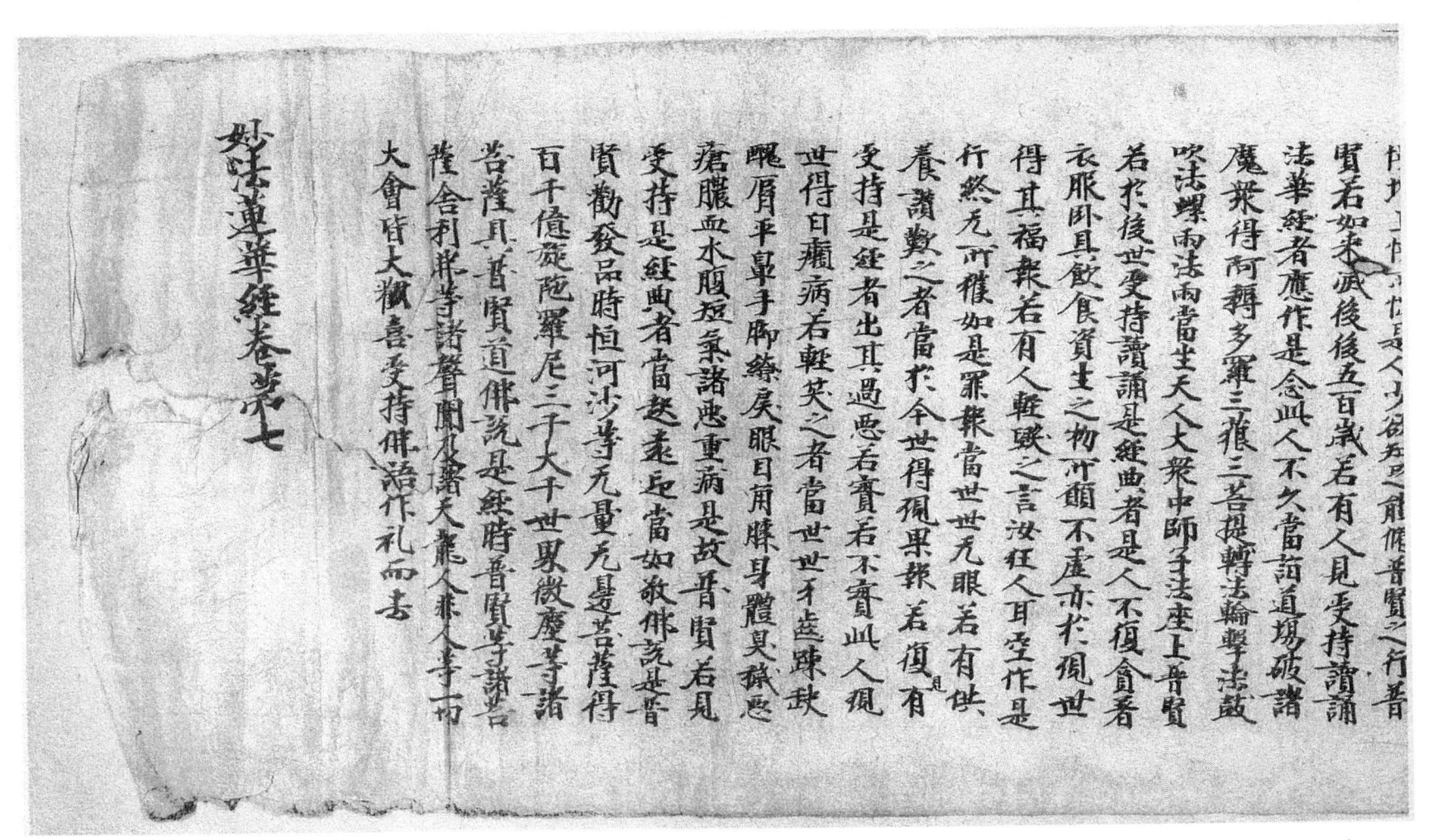

……惱是人少欲知足能脩普賢之行普
賢若如來滅後後五百歲若有人見受持讀誦
法華經者應作是念此人不久當詣道場破諸
魔衆得阿耨多羅三藐三菩提轉法輪擊法鼓
吹法螺雨法雨當坐天人大衆中師子法座上普賢
若於後世受持讀誦是經典者是人不復貪著
衣服卧具飲食資生之物所願不虛亦於現世
得其福報若有人輕毀之言汝狂人耳空作是
行終无所獲如是罪報當世世无眼若有供
養讚歎之者當於今世得現果報若復有[見]
受持是經者出其過惡若實若不實此人現
世得白癩病若有輕笑之者當世世牙齒疏缺
醜脣平鼻手腳繚戾眼目角睞身體臭穢惡
瘡膿血水腹短氣諸惡重病是故普賢若見
受持是經典者當起遠迎當如敬佛說是普
賢勸發品時恒河沙等无量无邊菩薩得
百千億旋陀羅尼三千大千世界微塵等諸
菩薩具普賢道佛說是經時普賢等諸菩
薩舍利弗等諸聲聞及諸天龍人非人等一切
大會皆大歡喜受持佛語作礼而去

妙法蓮華經卷第七

上善菩薩曰身口意善為二是三業皆无作
相身无作相即口无作相口无作相即意无
作相是三業无作相即一切法无作相能如是
隨无作慧者是為入不二法門
福田菩薩曰福行罪行不動行為二三行實性
即是空空則无福行无罪行无不動行於
此三行而不起者是為入不二法門
華嚴菩薩曰從我起二為二見我實相者不
起二法若不住二法則无有識无所識者是
為入不二法門
德藏菩薩曰有所得相為二若无所得則无取
捨无取捨者是為入不二法門
月上菩薩曰闇與明為二无闇无明則无有
二所以者何如入滅受想定无闇无明一切
法相亦復如是於其中平等入者是為入不
二法門
寶印手菩薩曰樂涅槃不樂世間為二若不
樂涅槃不猒世間則无有二所以者何若有

BD04656號　維摩詰所說經卷中　（2–1）

月上菩薩曰闇與明為二无闇无明則无有
二所以者何如入滅受想定无闇无明一切
法相亦復如是於其中平等入者是為入不
二法門
寶印手菩薩曰樂涅槃不樂世間為二若不
樂涅槃不猒世間則无有二所以者何若有
縛則有解若本无縛其誰求解无縛无解則
无樂猒是為入不二法門
珠頂王菩薩曰正道邪道為二住正道者則
不分別是邪是正離此二者是為入不二法門
樂實菩薩曰實不實為二實見者尚不見實
何況非實所以者何非肉眼所見慧眼乃能
見而此慧眼无見无不見是為入不二法門
如是諸菩薩各各說已問文殊師利何等是
菩薩入不二法門文殊師利曰如我意者於
一切法无言无說无示无識離諸問荅是為
入不二法門
於是文殊師利問維摩詰言我等各自說已仁
者當說何等是菩薩入不二法門時維摩詰
嘿然无言文殊師利歎曰善哉善哉乃至无
有文字語言是真入不二法門說是入不二法
門時於此衆中五千菩薩皆入不二法門得无
生法忍

維摩詰經卷中

BD04656號　維摩詰所說經卷中　（2–2）

大般若波羅蜜多經卷第五百五十一
第四分覺魔事品第廿一之二　三藏法師玄奘奉　詔譯
復次善現若諸菩薩欲證無上正等菩提應
當請問諸餘菩薩云何菩薩修習一切菩提
分法引發何心能令菩薩習空無相無願無
作無生無滅無起無盡無性實際而不作
然修般若波羅蜜多善現當知若餘菩薩得
此問時作如是答諸菩薩摩訶薩但應思惟
若空若無相乃至若實際不為顯示亦應念不
捨一切有情攝受殊勝方便善巧當知彼菩
薩先未蒙諸佛授與無上正等菩提不退轉
記所以者何彼諸菩薩未能開示記別顯了
不退轉地諸菩薩衆不共法相不如實知他
所請問不退轉地諸行狀相亦不能答爾時

BD04657 號　大般若波羅蜜多經卷五五一　（3–1）

此問時作如是答諸菩薩摩訶薩但應思惟
若空若無相乃至若實際不為顯示亦應念不
捨一切有情攝受殊勝方便善巧當知彼菩
薩先未蒙諸佛授與無上正等菩提不退轉
記所以者何彼諸菩薩未能開示記別顯了
不退轉地諸菩薩衆不共法相不如實知他
所請問不退轉地諸行狀相亦不能答爾時
善現便白佛言頗有因緣知諸菩薩不退轉
不佛告善現亦有因緣知諸菩薩是不退轉
謂有菩薩於深般若波羅蜜多若聞不聞能
如實答先所請問能如實行不退轉地諸菩
薩行由此因緣知彼菩薩是不退轉具壽善
現復白佛言以何因緣有多菩薩求學無上
正等菩提少有能作如實答者佛告善現雖
多菩薩求學無上正等菩提而少菩薩得受
如是不退轉地微妙慧記若有得受如是記
者皆能於此作如實答善現當知是諸菩薩
善根明淨智慧深廣世間天人阿素洛等不
能破壞必證無上正等菩提復次善現若諸
菩薩乃至夢中亦不愛樂三界諸法亦不稱
讃一切聲聞獨覺地法雖觀諸法如夢所見
而於實際不證不取當知是為不退轉地諸
菩薩相復次善現若諸菩薩夢見如來應正
等覺坐師子座有無數量百千俱胝苾蒭衆
等恭敬圍繞而為說法或見自身有如是事
當知是為不退轉地諸菩薩相復次善現若
諸菩薩夢見如來應正等覺三十二相八十

BD04657 號　大般若波羅蜜多經卷五五一　（3–2）

而於實際不證不取當知是為不退轉地諸
菩薩相復次善現若諸菩薩夢見如來應正
等覺坐師子座有無數量百千俱胝苾芻眾
等恭敬圍繞而為說法或見自身有如是事
當知是為不退轉地諸菩薩相復次善現若
諸菩薩夢見如來應正等覺三十二相八十
隨好圓滿莊嚴常光一尋周帀照曜與無量
眾踊在虛空現大神通說正法要化作化士
令往他方無邊佛土施作佛事或見自身有
如是事當知是為不退轉地諸菩薩相復次
善現若諸菩薩夢見狂賊破壞村城或見火
起焚燒聚落或見師子虎狼猛獸毒虵惡蠍
欲來害身或見怨家欲斬其首或見父母妻
子眷屬臨當命終或見自身有餘苦事欲相
逼迫雖見此等諸怖畏事而不驚懼亦不憂
惱從夢覺已即能思惟三界非真皆如夢見
我得無上正等覺時當為有情說三界法一
切虛妄皆如夢境當知是為不退轉地諸菩
薩相復次善現若諸菩薩乃至夢中見有地
獄傍生鬼界諸有情類便作是念我當精勤
脩諸菩薩摩訶薩行速趣無上正等菩提我
佛土中得無地獄傍生鬼界惡趣乃名從夢
覺已亦作是念善現當知是諸菩薩當作佛
時國土清淨定無惡趣亦惡趣名當知是為
不退轉地諸菩薩相復次善現若諸菩薩夢
中見火燒地獄等諸有情類或復見燒城邑

BD04657號　大般若波羅蜜多經卷五五一　（3–3）

妙法蓮華經藥王菩薩本事品第廿三
尒時宿王華菩薩白佛言世尊藥王菩薩云
何遊於娑婆世界世尊是藥王菩薩有若干
百千万億那由他難行苦行善哉世尊願少
解說諸天龍神夜叉乾闥婆阿脩羅迦樓羅
緊那羅摩睺羅伽人非人等又他國土諸來
菩薩及此聲聞眾聞皆歡喜尒時佛告宿王
華菩薩乃往過去无量恒河沙劫有佛号日
月淨明德如來應供正遍知明行足善逝世
間解无上士調御丈夫天人師佛世尊其佛
有八十億大菩薩摩訶薩七十二恒河沙大
聲聞眾佛壽四万二千劫菩薩壽命亦等彼
國无有女人地獄餓鬼畜生阿脩羅等及以
諸難地平如掌瑠璃所成寶樹莊嚴寶帳覆
上垂寶華幡寶瓶香爐周遍國界七寶為
臺一樹一臺其樹去臺盡一箭道此諸寶樹皆
有菩薩聲聞而坐其下諸寶臺上各有百億
諸天作天伎樂歌歎於佛以為供養尒時彼佛
為一切眾生喜見菩薩及眾菩薩諸聲聞

BD04658號　妙法蓮華經卷六　（8–1）

諸難地平如掌瑠璃所成寶樹莊嚴寶帳覆
上垂寶華幡寶瓶香爐周遍國界七寶為
臺一樹一臺其樹去臺盡一箭道此諸寶樹皆
有菩薩聲聞而坐其下諸寶臺上各有百億
諸天作天伎樂歌歎於佛以為供養尒時彼佛
為一切衆生喜見菩薩及衆菩薩諸聲聞
衆說法華經是一切衆生喜見菩薩樂集苦
行於日月淨明德佛法中精進經行一心求
佛滿万二千歲已得現一切色身三昧得此
三昧已心大歡喜即作念言我得現一切色
身三昧皆是得聞法華經力我今當供養日
月淨明德佛及法華經即時入是三昧於虛
空中雨曼陁羅華摩訶曼陁羅華細末堅黑
旃檀滿虛空中如雲而下又雨海此岸旃檀
之香此香六銖價直娑婆世界以供養佛作
是供養已從三昧起而自念言我雖以神力
供養於佛不如以身供養即服諸香旃檀薰
陸兜樓婆畢力迦沉水膠香又飲瞻蔔諸華
香油滿千二百歲已香油塗身於日月淨明
德佛前以天寶衣而自纏身灌諸香油以神
通願力而自然身光明遍照八十億恒河沙
世界其中諸佛同時讚言善哉善哉善男
子是真精進是名真法供養如來若以華香
瓔珞燒香末香塗香天繒幡蓋及海此岸栴
檀之香如是等種種諸物供養所不能及假
使國城妻子布施亦所不及善男子是名第
一之施於諸施中最尊最上以法供養諸如

子是真精進是名真法供養如來若以華香
瓔珞燒香末香塗香天繒幡蓋及海此岸栴
檀之香如是等種種諸物供養所不能及假
使國城妻子布施亦所不及善男子是名第
一之施於諸施中最尊最上以法供養諸如
來故作是語已而各嘿然其身火然千二百
歲過是已後其身乃盡一切衆生喜見菩薩
作如是法供養已命終之後復生日月淨明
德佛國中於淨德王家結跏趺坐忽然化生
即為其父而說偈言
大王今當知　我經行彼處　即時得一切　現諸身三昧
懃行大精進　捨所愛之身
說是偈已而白父言日月淨明德佛今故現
在我先供養佛已得解一切衆生語言陁羅
尼復聞是法華經八百千万億那由他甄迦
羅頻婆羅阿閦婆等偈大王我今當還供養
此佛白已即坐七寶之臺上昇虛空高七多
羅樹往到佛所頭面禮足合十指爪以偈
讚佛
容顏甚奇妙　光明照十方　我適曾供養　今復還親覲
尒時一切衆生喜見菩薩說是偈已而白佛
言世尊世尊猶故在世尒時日月淨明德佛
告一切衆生喜見菩薩善男子我涅槃時到
滅盡時至汝可安施牀坐我於今夜當般涅
槃又勑一切衆生喜見菩薩善男子我以佛
法囑累於汝及諸菩薩大弟子并阿耨多羅
三藐三菩提法亦以三千大千七寶世界諸

[illegible]
滅盡時至汝可安施牀坐我於今夜當般涅
槃又勅一切衆生憙見菩薩善男子我以佛
法囑累於汝及諸菩薩大弟子并阿耨多羅
三藐三菩提法亦以三千大千七寶世界諸
寶樹寶臺及給侍諸天悉付於汝我滅度後
所有舍利亦付囑汝當令流布廣設供養應
起若干千塔如是日月淨明德佛勅一切衆
生憙見菩薩已於夜後分入於涅槃尒時一
切衆生憙見菩薩見佛滅度悲感懊惱戀慕
於佛即以海此岸栴檀爲積供養佛身而以
燒之火滅已後收取舍利作八万四千寶瓶
以起八万四千塔高三世界表刹莊嚴垂諸
幡蓋懸衆寶鈴尒時一切衆生憙見菩薩復
自念言我雖作是供養心猶未足我今當更
供養舍利便語諸菩薩大弟子及天龍夜叉
等一切大衆汝等當一心念我今供養日月
淨明德佛舍利作是語已即於八万四千塔
前然百福莊嚴臂七万二千歲而以供養令
无數求聲聞衆无量阿僧祇人發阿耨多羅
三藐三菩提心皆使得住現一切色身三昧
尒時諸菩薩大弟子天人阿脩羅等見其无
臂憂惱悲哀而作是言此一切衆生憙見菩
薩是我等師教化我者而今燒臂身不具足
于時一切衆生憙見菩薩於大衆中立此誓
言我捨兩臂必當得佛金色之身若實不虛
令我兩臂還復如故作是誓已自然還復由
斯菩薩福德智慧淳厚所致當尒之時三千

臂憂惱悲哀而作是言此一切衆生憙見菩
薩是我等師教化我者而今燒臂身不具足
于時一切衆生憙見菩薩於大衆中立此誓
言我捨兩臂必當得佛金色之身若實不虛
令我兩臂還復如故作是誓已自然還復由
斯菩薩福德智慧淳厚所致當尒之時三千
大千世界六種震動天雨寶華一切天人得
未曾有佛告宿王華菩薩於汝意云何一切
衆生憙見菩薩豈異人乎今藥王菩薩是也
其所捨身布施如是无量百千万億那由他
數宿王華若有發心欲得阿耨多羅三藐三
菩提者能然手指乃至足一指供養佛塔勝
以國城妻子及三千大千國土山林河池諸
珎寶物而供養者若復有人以七寶滿三千
大千世界供養於佛及大菩薩辟支佛阿羅
漢是人所得功德不如受持此法華經乃至
一四句偈其福最多宿王華譬如一切川流
江河諸水之中海爲第一此法華經亦復如
是於諸如來所說經中最爲深大又如土山
黑山小鐵圍山大鐵圍山及十寶山衆山之
中須弥山爲第一此法華經亦復如是於諸
經中最爲其上又如衆星之中月天子最爲
第一此法華經亦復如是於千万億種諸經
法中最爲照明又如日天子能除諸闇此經
亦復如是能破一切不善之闇又如諸小王
中轉輪聖王最爲第一此經亦復如是於衆
經中最爲其尊又如帝釋於三十三天中王
此經亦復如是諸經中王又如大梵天王一切

法中最為照明又如日天子能除諸闇此經
亦復如是能破一切不善之闇又如諸小王
中轉輪聖王最為第一此經亦復如是於眾
經中最為其尊又如帝釋於三十三天中王
此經亦復如是諸經中王又如大梵天王一切
眾生之父此經亦復如是一切賢聖學无
學及發菩薩心者之父又如一切凡夫人中
須陁洹斯陁含阿那含阿羅漢辟支佛為第
一此經亦復如是一切如來所說若菩薩所
說若聲聞所說諸經法中最為第一有能受
持是經典者亦復如是於一切眾生中亦復
第一一切聲聞辟支佛中菩薩為第一此經
亦復如是於一切諸經法中最為第一如佛
為諸法王此經亦復如是諸經中王宿王華
此經能救一切眾生者此經能令一切眾生
離諸苦惱此經能大饒益一切眾生充滿其
願如清涼池能滿一切諸渴乏者如寒者得
火如裸者得衣如商人得主如子得母如度
得舩如病得醫如闇得燈如貧得寶如民得
王如賈客得海如炬除闇此法華經亦復如
是能令眾生離一切苦一切病痛能解一切
生死之縛若人得聞此法華經若自書若使
人書所得功德以佛智慧籌量多少不得其
邊若書是經卷華香瓔珞燒香末香塗香
幡蓋衣服種種之燈蘇燈油燈諸香油燈瞻
蔔油燈須曼油燈波羅油燈婆利師迦油燈
那婆摩利油燈供養所得功德亦復无量宿

BD04658號　妙法蓮華經卷六　（8–6）

人書所得功德以佛智慧籌量多少不得其
邊若書是經卷華香瓔珞燒香末香塗香
幡蓋衣服種種之燈蘇燈油燈諸香油燈瞻
蔔油燈須曼油燈波羅油燈婆利師迦油燈
那婆摩利油燈供養所得功德亦復无量宿
王華若有人聞是藥王菩薩本事品者亦得
无量无邊功德若有女人聞是藥王菩薩本
事品能受持者盡是女身後不復受若如來
滅後五百歲中若有女人聞是經典如說脩
行於此命終即往安樂世界阿弥陁佛大
菩薩眾圍繞住處生蓮華中寶座之上不復
為貪欲所惱亦復不為瞋恚愚癡所惱亦
復不為憍慢嫉妬諸垢所惱得菩薩神通无
生法忍得是忍已眼根清淨以是清淨眼根
見七百万二千億那由他恒河沙等諸佛如
來是時諸佛遥共讚言善哉善哉善男子
汝能於釋迦牟尼佛法中受持讀誦思惟是經
為他人說所得福德无量无邊火不能燒水
不能漂汝之功德千佛共說不能令盡汝今
已能破諸魔賊壞生死軍諸餘怨敵皆悉摧
滅善男子百千諸佛以神通力共守護汝於
一切世間天人之中无如汝者唯除如來其
諸聲聞辟支佛乃至菩薩智慧禪定无有與
汝等者宿王華此菩薩成就如是功德智慧
之力若有人聞是藥王菩薩本事品能隨喜
讚善者是人現世口中常出青蓮華香身毛
孔中常出牛頭栴檀香所有功德如上所說

BD04658號　妙法蓮華經卷六　（8–7）

一切世間天人之中无如汝者唯除如来其
諸聲聞辟支佛乃至菩薩智慧禪定无有與
汝等者宿王華此菩薩成就如是功德智慧
之力若有人聞是藥王菩薩本事品能隨喜
讃善者是人現世口中常出青蓮華香身毛
孔中常出牛頭栴檀香所有功德如上所說
是故宿王華以此藥王菩薩本事品囑累於
汝我滅度後後五百歲中廣宣流布於閻浮
提无令斷絶惡魔魔民諸天龍夜叉鳩槃荼
等得其便也宿王華汝當以神通之力守護
是經所以者何此經則為閻浮提人病之良
藥若人有病得聞是經病即消滅不老不死
宿王華汝若見有受持是經者應以青蓮華
盛滿末香供散其上散已作是念言此人不
久必當取草坐於道場破諸魔軍當吹法螺
擊大法鼓度脫一切衆生老病死海是故求
佛道者見有受持是經典人應當如是生恭
敬心說是藥王菩薩本事品時八万四千菩
薩得解一切衆生語言陀羅尼多寶如来於
寶塔中讃宿王華菩薩言善哉善哉宿王
華汝成就不可思議功德乃能問釋迦牟尼
佛如此之事利益无量一切衆生

BD04658號　妙法蓮華經卷六　（8–8）

大乘无量壽經
如是我聞一時薄伽梵在舍衛國祇樹給孤獨園與大比丘僧千二百五十人大菩薩摩訶薩
衆俱同會坐尒時世尊告曼殊室利童子曼殊上方有世界名无量功德聚彼土有佛
号无量智决定王如來阿耨多羅三藐三菩提現為衆生開示說法曼殊師利南閻浮提之
人皆短壽大限百年於中夭枉横死者衆曼殊如是无量壽如來功德名稱法要若有衆生
得聞名号若自書或使人書能為經卷受持讀誦若於舍宅所住之處以種種花鬘
瓔珞塗香末香而為供養如其命盡復得延年滿足百歲如是曼殊若有衆生
得聞是无量壽智决定王如來一百八名号者益其長壽若有衆生大命將盡憶念
是如來名号更得增壽如是曼殊若有善男子善女人欲求長壽於是无量壽如來一百
八名号有得聞者或自書若使人書受持讀誦得如是善果報福德具足陀羅尼曰
南謨薄伽勃底一阿波唎蜜哆二阿喻紇硯娜三須毗你悉指陀四囉佐耶五怛他羯他耶六怛姪他
唵七薩婆桑悉迦囉八鉢唎輸底九達磨底十伽迦娜十一莎訶某特迦底十二莎婆婆
毗輸底十三摩訶娜耶十四波唎婆唎莎訶十五
世尊復告曼殊室利如是如來一百八名号若有自書或使人書為經卷受持讀誦如壽
命盡復滿百年壽終此身後得往生无量福智世界无量壽淨土陀羅尼曰
南謨薄伽勃底一阿波唎蜜哆二阿喻紇硯娜三須毗你悉指陀四囉佐耶五怛他羯他耶六怛姪他
唵七薩婆桑悉迦羅八鉢唎輸底九達磨底十伽迦娜十一莎訶某特迦底十二莎婆婆
毗輸底十三摩訶娜耶十四波唎婆囉莎訶十五

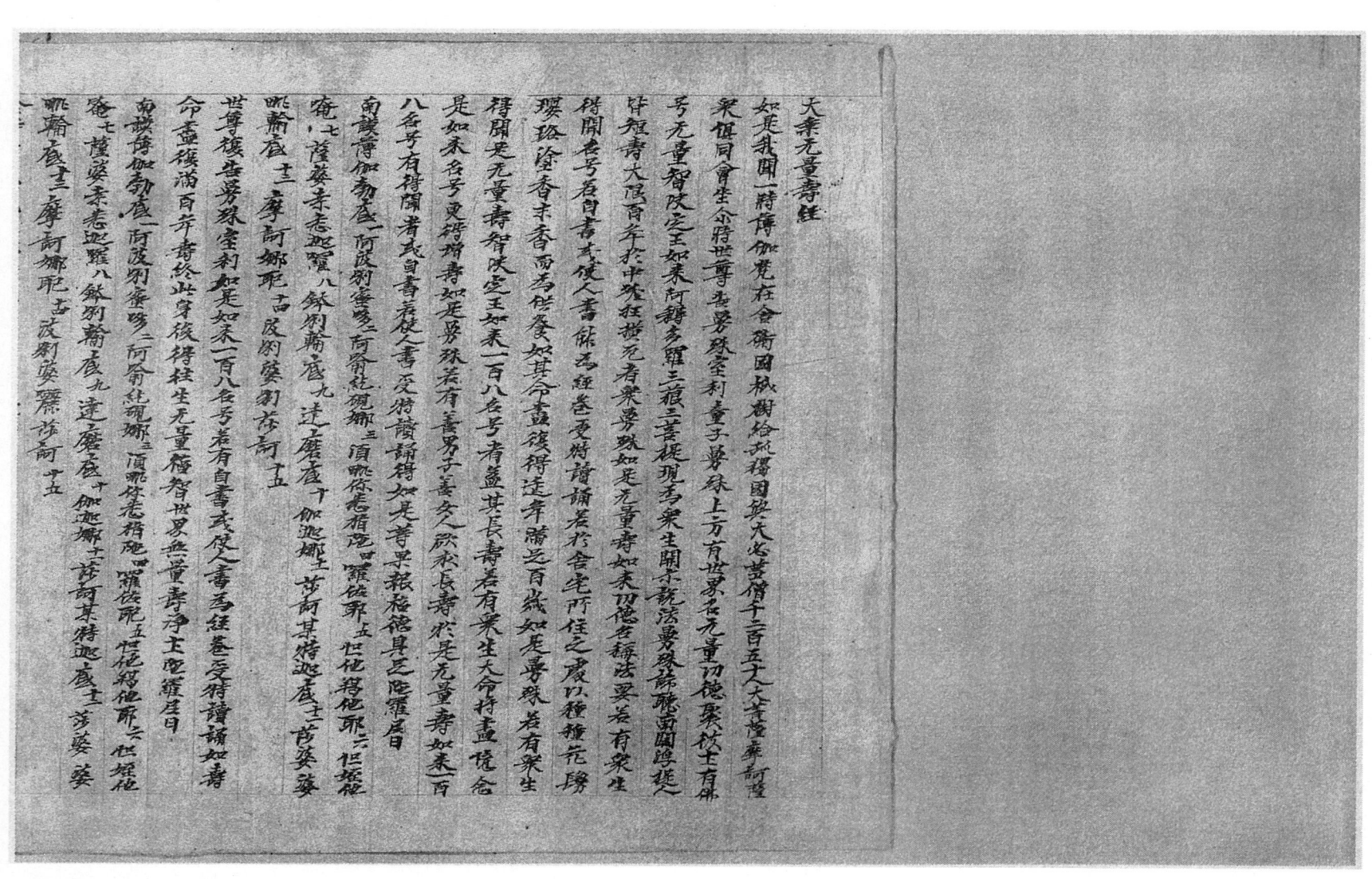

BD04659號　無量壽宗要經　（7–1）

世尊復告曼殊室利如是如來一百八名号若有自書或使人書為經卷受持讀誦如壽
命盡復滿百年壽終此身復得往生无量福智世界無量壽淨土陀羅尼曰
南謨薄伽勃底一阿波唎蜜多二阿喻紇硯娜三須毗你悉指陀四囉佐耶五怛他羯他耶六怛姪他
唵七薩婆桑悉迦囉八波唎輸底九達磨底十伽迦娜十一莎訶某特迦底十二莎婆婆
毗輸底十三摩訶娜耶十四波唎婆囉莎訶十五
爾時有九十九姟佛等一時同聲說是无量壽宗要經陀羅尼曰
南謨薄伽勃底一阿波唎蜜多二阿喻紇硯娜三須毗你悉指陀四囉佐耶五怛他羯他耶六怛姪
他唵七薩婆桑悉迦囉八波唎輸底九達磨底十伽迦娜十一莎訶某特迦底十二莎婆
婆毗輸底十三摩訶娜耶十四波唎婆囉莎訶十五
爾時復有一百四姟佛一時同聲說是无量壽宗要經陀羅尼曰
南謨薄伽勃底一阿波唎蜜多二阿喻紇硯娜三須毗你悉指陀四囉佐耶五怛他羯他耶六怛
姪他唵七薩婆桑悉迦囉八波唎輸底九達磨底十伽迦娜十一莎訶某特迦底十二莎婆
薩婆婆毗輸底十三摩訶娜耶十四波唎婆囉莎訶十五
爾時復有七姟佛一時同聲說是无量壽宗要經陀羅尼曰
南謨薄伽勃底一阿波唎蜜多二阿喻紇硯娜三須毗你悉指陀四囉佐耶五怛他羯他耶六
怛姪他唵七薩婆桑悉迦囉八波唎輸底九達磨底十伽迦娜十一莎訶某特迦底十二
薩婆婆毗輸底十三摩訶娜耶十四波唎婆囉莎訶十五
爾時復有六十五姟佛一時同聲說是无量壽宗要經陀羅尼曰
南謨薄伽勃底一阿波唎蜜多二阿喻紇硯娜三須毗你悉指陀四囉佐耶五怛他羯他耶六
怛姪他唵七薩婆桑悉迦囉八波唎輸底九達磨底十伽迦娜十一莎訶某特迦底十二
薩婆婆毗輸底十三摩訶娜耶十四波唎婆囉莎訶十五
爾時復有五十五姟佛一時同聲說是无量壽宗要經陀羅尼曰
南謨薄伽勃底一阿波唎蜜多二阿喻紇硯娜三須毗你悉指陀四囉佐耶五怛他羯他耶六
怛姪他唵七薩婆桑悉迦囉八波唎輸底九達磨底十伽迦娜十一莎訶某特迦底十二
薩婆婆毗輸底十三摩訶娜耶十四波唎婆囉莎訶十五
爾時復有四十五姟佛一時同聲說是无量壽宗要經陀羅尼曰
南謨薄伽勃底一阿波唎蜜多二阿喻紇硯娜三須毗你悉指陀四囉佐耶五怛他羯他耶六
怛姪他唵七薩婆桑悉迦囉八波唎輸底九達磨底十伽迦娜十一莎訶某特迦底十二
薩婆婆毗輸底十三摩訶娜耶十四波唎婆囉莎訶十五

BD04659號　無量壽宗要經　（7–2）

怛姪他唵七薩婆桑悉迦囉八波唎輸底九達磨底十伽迦娜十一莎訶某特迦底十二
薩婆婆毗輸底十三摩訶娜耶十四波唎婆囉莎訶十五
爾時復有四十五姟佛一時同聲說是无量壽宗要經陀羅尼曰
南謨薄伽勃底一阿波唎蜜多二阿喻紇硯娜三須毗你悉指陀四囉佐耶五怛他羯他耶六
怛姪他唵七薩婆桑悉迦囉八波唎輸底九達磨底十伽迦娜十一莎訶某特迦底十二
薩婆婆毗輸底十三摩訶娜耶十四波唎婆囉莎訶十五
爾時復有三十六姟佛一時同聲說是无量壽宗要經陀羅尼曰
南謨薄伽勃底一阿波唎蜜多二阿喻紇硯娜三須毗你悉指陀四囉佐耶五怛他羯他耶六
怛姪他唵七薩婆桑悉迦囉八波唎輸底九達磨底十伽迦娜十一莎訶某特迦底十二
薩婆婆毗輸底十三摩訶娜耶十四波唎婆囉莎訶十五
爾時復有二十五姟佛一時同聲說是无量壽宗要經陀羅尼曰
南謨薄伽勃底一阿波唎蜜多二阿喻紇硯娜三須毗你悉指陀四囉佐耶五怛他羯他耶六
怛姪他唵七薩婆桑悉迦囉八波唎輸底九達磨底十伽迦娜十一莎訶某特迦底十二
薩婆婆毗輸底十三摩訶娜耶十四波唎婆囉莎訶十五
爾時復有恒河沙姟佛一時同聲說是无量壽宗要經陀羅尼曰
南謨薄伽勃底一阿波唎蜜多二阿喻紇硯娜三須毗你悉指陀四囉佐耶五怛他羯他耶六
怛姪他唵七薩婆桑悉迦囉八波唎輸底九達磨底十伽迦娜十一莎訶某特迦底十二
薩婆婆毗輸底十三摩訶娜耶十四波唎婆囉莎訶十五
善男子若有自書寫教人書寫是无量壽宗要經如其命盡復得長壽而滿年陀羅尼曰
南謨薄伽勃底一阿波唎蜜多二阿喻紇硯娜三須毗你悉指陀四囉佐耶五怛他羯他耶六
怛姪他唵七薩婆桑悉迦囉八波唎輸底九達磨底十伽迦娜十一莎訶某特迦底十二
薩婆婆毗輸底十三摩訶娜耶十四波唎婆囉莎訶十五
若有自書寫教人書寫是无量壽宗要經讀誦受持畢竟不墮地獄在在所生得宿命智陀羅
尼曰　南謨薄伽勃底一阿波唎蜜多二阿喻紇硯娜三須毗你悉指陀四囉佐耶五怛他羯
他耶六怛姪他唵七薩婆桑悉迦囉八波唎輸底九達磨底十伽迦娜十一莎訶某特迦底
十二薩婆婆毗輸底十三摩訶娜耶十四波唎婆囉莎訶十五
若有自書寫教人書寫是无量壽宗要經受持讀誦如同書寫八万四千一切經典陀羅尼曰
南謨薄伽勃底一阿波唎蜜多二阿喻紇硯娜三須毗你悉指陀四囉佐耶五怛他羯他耶六
怛姪他唵七薩婆桑悉迦囉八波唎輸底九達磨底十伽迦娜十一莎訶某特迦底十二薩

BD04659號　無量壽宗要經　（7–3）

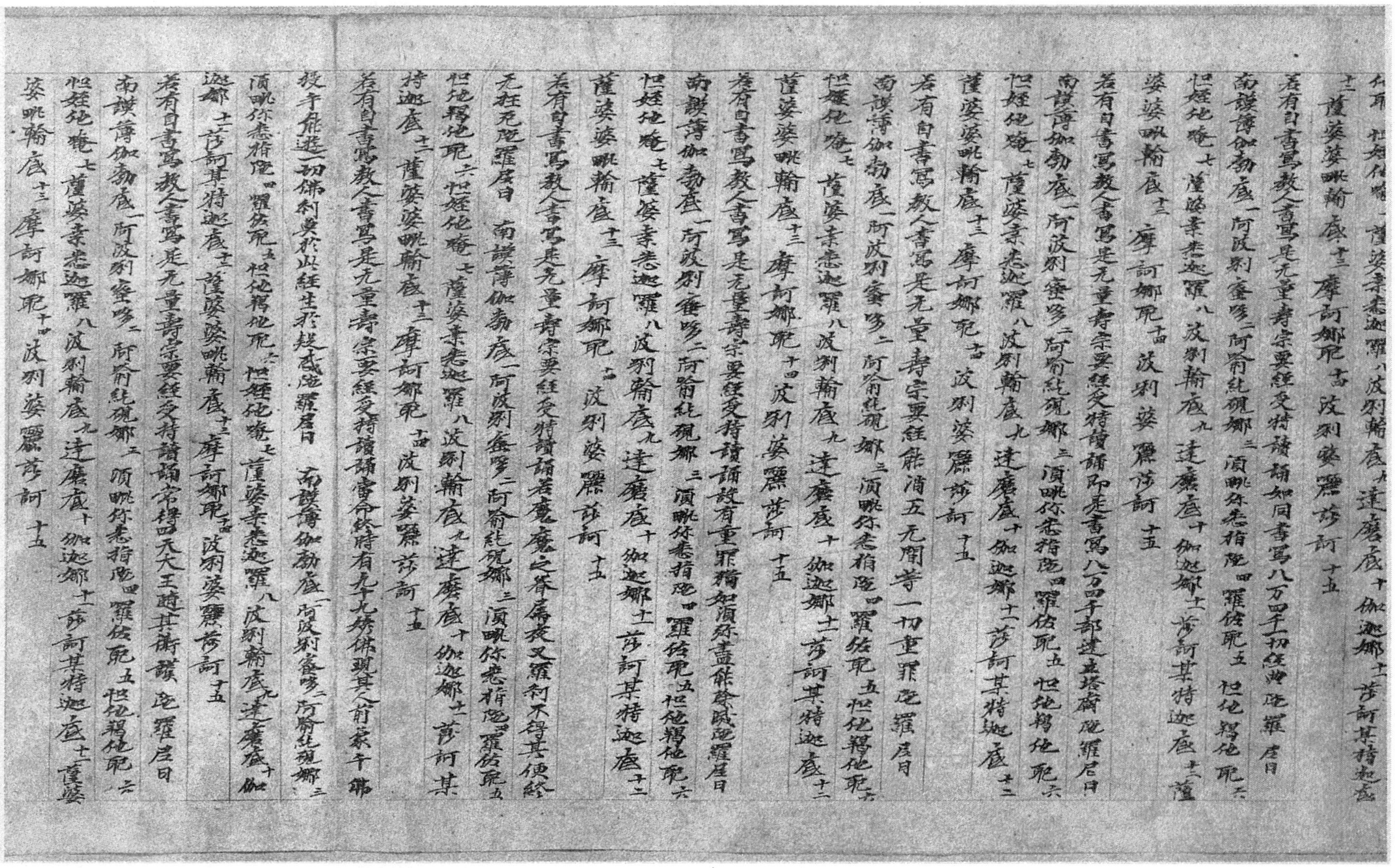
伽耶 怛姪他唵七 薩婆桑悉迦羅八 波唎輸底九 達磨底十 伽迦娜十一 莎訶某特迦底
十二 薩婆婆毗輸底十三 摩訶娜耶十四 波唎婆羅莎訶 十五
若有自書寫教人書寫是无量壽宗要經受持讀誦如同書寫八万四千一切經典陀羅尼曰
南謨薄伽勃底一 阿波唎蜜多二 阿喻紇硯娜三 須毗你悉指陀四 羅佐耶五 怛他羯他耶六
怛姪他唵七 薩婆桑悉迦羅八 波唎輸底九 達磨底十 伽迦娜十一 莎訶某特迦底十二 薩
婆婆毗輸底十三 摩訶娜耶十四 波唎婆羅莎訶 十五
若有自書寫教人書寫是无量壽宗要經受持讀誦即是書寫八万四千部建立塔廟陀羅尼曰
南謨薄伽勃底一 阿波唎蜜多二 阿喻紇硯娜三 須毗你悉指陀四 羅佐耶五 怛他羯他耶六
怛姪他唵七 薩婆桑悉迦羅八 波唎輸底九 達磨底十 伽迦娜十一 莎訶某特迦底十二
薩婆婆毗輸底十三 摩訶娜耶十四 波唎婆羅莎訶 十五
若有自書寫教人書寫是无量壽宗要經能消五无間等一切重罪陀羅尼曰
南謨薄伽勃底一 阿波唎蜜多二 阿喻紇硯娜三 須毗你悉指陀四 羅佐耶五 怛他羯他耶六
怛姪他唵七 薩婆桑悉迦羅八 波唎輸底九 達磨底十 伽迦娜十一 莎訶某特迦底十二
薩婆婆毗輸底十三 摩訶娜耶十四 波唎婆羅莎訶 十五
若有自書寫教人書寫是无量壽宗要經受持讀誦設有重罪猶如須弥盡能除滅陀羅尼曰
南謨薄伽勃底一 阿波唎蜜多二 阿喻紇硯娜三 須毗你悉指陀四 羅佐耶五 怛他羯他耶六
怛姪他唵七 薩婆桑悉迦羅八 波唎輸底九 達磨底十 伽迦娜十一 莎訶某
特迦底十二 薩婆婆毗輸底十三 摩訶娜耶十四 波唎婆羅莎訶 十五
若有自書寫教人書寫是无量壽宗要經受持讀誦若魔魔之眷屬夜叉羅剎不得其便終
无枉死陀羅尼曰 南謨薄伽勃底一 阿波唎蜜多二 阿喻紇硯娜三 須毗你悉指陀四 羅佐耶五
怛他羯他耶六 怛姪他唵七 薩婆桑悉迦羅八 波唎輸底九 達磨底十 伽迦娜十一 莎訶某
特迦底十二 薩婆婆毗輸底十三 摩訶娜耶十四 波唎婆羅莎訶 十五
若有自書寫教人書寫是无量壽宗要經受持讀誦當命終時有九十九姟佛現其人前來千佛
授手能遊一切佛剎莫於此經生於疑惑陀羅尼曰 南謨薄伽勃底一 阿波唎蜜多二 阿喻紇硯娜三
須毗你悉指陀四 羅佐耶五 怛他羯他耶六 怛姪他唵七 薩婆桑悉迦羅八 波唎輸底九 達磨底十 伽
迦娜十一 莎訶某特迦底十二 薩婆婆毗輸底十三 摩訶娜耶十四 波唎婆羅莎訶 十五
若有自書寫教人書寫是无量壽宗要經受持讀誦常得四天大王隨其衛護陀羅尼曰
南謨薄伽勃底一 阿波唎蜜多二 阿喻紇硯娜三 須毗你悉指陀四 羅佐耶五 怛他羯他耶六
怛姪他唵七 薩婆桑悉迦羅八 波唎輸底九 達磨底十 伽迦娜十一 莎訶某特迦底十二 薩婆
婆毗輸底十三 摩訶娜耶十四 波唎婆羅莎訶 十五

BD04659號　無量壽宗要經　（7–4）

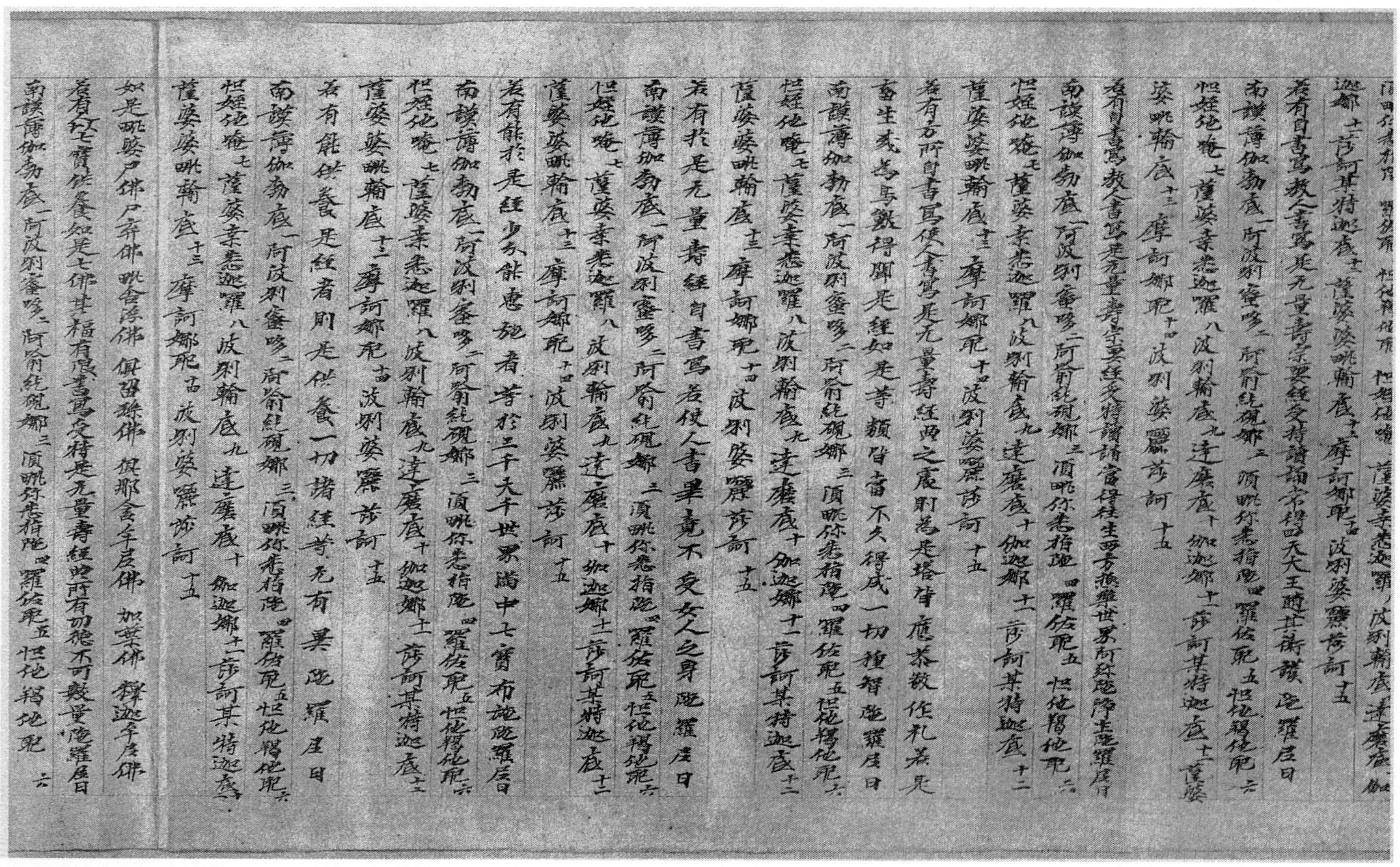
須毗你悉指陀四 羅佐耶五 怛他羯他耶六 怛姪他唵七 薩婆桑悉迦羅八 波唎輸底九 達磨底十 伽
迦娜十一 莎訶某特迦底十二 薩婆婆毗輸底十三 摩訶娜耶十四 波唎婆羅莎訶 十五
若有自書寫教人書寫是无量壽宗要經受持讀誦常得四天大王隨其衛護陀羅尼曰
南謨薄伽勃底一 阿波唎蜜多二 阿喻紇硯娜三 須毗你悉指陀四 羅佐耶五 怛他羯他耶六
怛姪他唵七 薩婆桑悉迦羅八 波唎輸底九 達磨底十 伽迦娜十一 莎訶某特迦底十二 薩婆
婆毗輸底十三 摩訶娜耶十四 波唎婆羅莎訶 十五
若有自書寫教人書寫是无量壽宗要經受持讀誦當得往生西方極樂世界阿弥陀佛淨土陀羅尼曰
南謨薄伽勃底一 阿波唎蜜多二 阿喻紇硯娜三 須毗你悉指陀四 羅佐耶五 怛他羯他耶六
怛姪他唵七 薩婆桑悉迦羅八 波唎輸底九 達磨底十 伽迦娜十一 莎訶某特迦底十二
薩婆婆毗輸底十三 摩訶娜耶十四 波唎婆羅莎訶 十五
若有方所自書寫使人書寫是无量壽經典之處則為是塔皆應恭敬作礼若是
畜生或為鳥獸得聞是經如是等類皆當不久得成一切種智陀羅尼曰
南謨薄伽勃底一 阿波唎蜜多二 阿喻紇硯娜三 須毗你悉指陀四 羅佐耶五 怛他羯他耶六
怛姪他唵七 薩婆桑悉迦羅八 波唎輸底九 達磨底十 伽迦娜十一 莎訶某特迦底十二
薩婆婆毗輸底十三 摩訶娜耶十四 波唎婆羅莎訶 十五
若有於是无量壽經自書寫若使人書畢竟不受女人之身陀羅尼曰
南謨薄伽勃底一 阿波唎蜜多二 阿喻紇硯娜三 須毗你悉指陀四 羅佐耶五 怛他羯他耶六
怛姪他唵七 薩婆桑悉迦羅八 波唎輸底九 達磨底十 伽迦娜十一 莎訶某特迦底十二
薩婆婆毗輸底十三 摩訶娜耶十四 波唎婆羅莎訶 十五
若有能於是經少分能惠施者等於三千大千世界滿中七寶布施陀羅尼曰
南謨薄伽勃底一 阿波唎蜜多二 阿喻紇硯娜三 須毗你悉指陀四 羅佐耶五 怛他羯他耶六
怛姪他唵七 薩婆桑悉迦羅八 波唎輸底九 達磨底十 伽迦娜十一 莎訶某特迦底十二
薩婆婆毗輸底十三 摩訶娜耶十四 波唎婆羅莎訶 十五
若有能供養是經者則是供養一切諸經等无有異陀羅尼曰
南謨薄伽勃底一 阿波唎蜜多二 阿喻紇硯娜三 須毗你悉指陀四 羅佐耶五 怛他羯他耶六
怛姪他唵七 薩婆桑悉迦羅八 波唎輸底九 達磨底十 伽迦娜十一 莎訶某特迦底十二
薩婆婆毗輸底十三 摩訶娜耶十四 波唎婆羅莎訶 十五
如是毗婆尸佛尸弃佛毗舍浮佛俱留孫佛俱那含牟尼佛迦葉佛釋迦牟尼佛
若有以七寶供養如是七佛其福有限書寫受持是无量壽經典所有功德不可數量陀羅尼曰
南謨薄伽勃底一 阿波唎蜜多二 阿喻紇硯娜三 須毗你悉指陀四 羅佐耶五 怛他羯他耶六

BD04659號　無量壽宗要經　（7–5）

怛姪他唵七 薩婆桒悉迦羅八 波唎輸底九 達磨底十 伽迦娜十一 莎訶某特迦底
薩婆婆毗輸底十三 摩訶娜耶十四 波唎婆躧莎訶十五
如是毗婆尸佛 尸弃佛 毗舍浮佛 俱留孫佛 俱那含牟尼佛 迦葉佛 釋迦牟尼佛
若有以七寶供養如是七佛 其福有限 書寫受持是无量壽經 所有功德不可數量 陁羅尼曰
南謨薄伽勃底一 阿波唎蜜哆二 阿喻紇硯娜三 須毗你悉指陁四 囉佐耶五 怛他羯他耶六
怛姪他唵七 薩婆桒悉迦羅八 波唎輸底九 達磨底十 伽迦娜十一 莎訶某特迦底十二
薩婆婆毗輸底十三 摩訶娜耶十四 波唎婆躧莎訶十五
若有以七寶等於須彌山用布施 其福上能知其限量 是无量壽經典其福不可知數 陁羅
尼曰 南謨薄伽勃底一 阿波唎蜜哆二 阿喻紇硯娜三 須毗你悉指陁四 囉佐耶五 怛他羯他耶六
怛姪他唵七 薩婆桒悉迦羅八 波唎輸底九 達磨底十 伽迦娜十一 莎訶某特迦底十二
薩婆婆毗輸底十三 摩訶娜耶十四 波唎婆躧莎訶十五
如是四大海水可知滴數 是无量壽經典所生果報不可數量 陁羅尼
南謨薄伽勃底一 阿波唎蜜哆二 阿喻紇硯娜三 須毗你悉指陁四 囉佐耶五 怛他羯他耶六
怛姪他唵七 薩婆桒悉迦羅八 波唎輸底九 達磨底十 伽迦娜十一 莎訶某特迦底十二
薩婆婆毗輸底十三 摩訶娜耶十四 波唎婆躧莎訶十五
若有自書寫使人書寫是无量壽經典 又能讀持供養即如禮敬供養一切十方佛土如來无有
別異 陁羅尼曰 南謨薄伽勃底一 阿波唎蜜哆二 阿喻紇硯娜三 須毗你尸指多四 囉佐耶五
怛他羯他耶六 怛姪他唵七 薩婆桒悉迦羅八 波唎輸底九 達磨底十 伽迦娜十一 莎訶某
特迦底十二 薩婆婆毗輸底十三 摩訶娜耶十四 波唎婆躧莎訶十五
布施力能成正覺 悟布施力人師子 布施力能聲普聞 慈悲階斷最能入
持戒力能成正覺 悟持戒力人師子 持戒力能聲普聞 慈悲階斷最能入
忍辱力能成正覺 悟忍辱力人師子 忍辱力能聲普聞 慈悲階斷最能入
精進力能成正覺 悟精進力人師子 精進力能聲普聞 慈悲階斷最能入
禪定力能成正覺 悟禪定力人師子 禪定力能聲普聞 慈悲階斷最能入
智慧力能成正覺 悟智慧力人師子 智慧力能聲普聞 慈悲階斷最能入
尒時如來說是經已 一切世間天人阿脩羅揵闥婆等聞佛所說 皆大歡喜 信受奉行
佛說无量壽宗要經
張瓌寫畢

BD04659 號　無量壽宗要經　（7–6）

薩婆婆毗輸底十三 摩訶娜耶十四 波唎婆躧莎訶十五
如是四大海水可知滴數 是无量壽經典所生果報不可數量 陁羅尼
南謨薄伽勃底一 阿波唎蜜哆二 阿喻紇硯娜三 須毗你悉指陁四 囉佐耶五 怛他羯他耶六
怛姪他唵七 薩婆桒悉迦羅八 波唎輸底九 達磨底十 伽迦娜十一 莎訶某特迦底十二
薩婆婆毗輸底十三 摩訶娜耶十四 波唎婆躧莎訶十五
若有自書寫使人書寫是无量壽經典 又能讀持供養即如禮敬供養一切十方佛土如來无有
別異 陁羅尼曰 南謨薄伽勃底一 阿波唎蜜哆二 阿喻紇硯娜三 須毗你尸指多四 囉佐耶五
怛他羯他耶六 怛姪他唵七 薩婆桒悉迦羅八 波唎輸底九 達磨底十 伽迦娜十一 莎訶某
特迦底十二 薩婆婆毗輸底十三 摩訶娜耶十四 波唎婆躧莎訶十五
布施力能成正覺 悟布施力人師子 布施力能聲普聞 慈悲階斷最能入
持戒力能成正覺 悟持戒力人師子 持戒力能聲普聞 慈悲階斷最能入
忍辱力能成正覺 悟忍辱力人師子 忍辱力能聲普聞 慈悲階斷最能入
精進力能成正覺 悟精進力人師子 精進力能聲普聞 慈悲階斷最能入
禪定力能成正覺 悟禪定力人師子 禪定力能聲普聞 慈悲階斷最能入
智慧力能成正覺 悟智慧力人師子 智慧力能聲普聞 慈悲階斷最能入
尒時如來說是經已 一切世間天人阿脩羅揵闥婆等聞佛所說 皆大歡喜 信受奉行
佛說无量壽宗要經
張瓌寫畢

BD04659 號　無量壽宗要經　（7–7）

恒河中所有沙佛說是沙不如是世尊如來
說是沙須菩提於意云何如一恒河中所有沙有
如是等恒河是諸恒河所有沙數佛世界如
是寧為多不甚多世尊佛告須菩提尒所國
土中所有衆生若干種心如來悉知何以故
如來說諸心皆為非心是名為心所以者何
須菩提過去心不可得現在心不可得未來
心不可得須菩提於意云何若人滿三千
大千世界七寶以用布施是人以是因緣得
福多不如是世尊此人以是因緣得福甚多
須菩提若福德有實如來不說得福德多
以福德无故如來說得福德多
須菩提於意云何佛可以具足色身見不不
也世尊如來不應以色身見何以故如來說具
足色身即非具足色身是名具足色身須
菩提於意云何如來可以具足諸相見不不
也世尊如來不應以具足諸相見何以故如

BD04660號　金剛般若波羅蜜經　（3–1）

以福德无故如來說得福德多
須菩提於意云何佛可以具足色身見不不
也世尊如來不應以色身見何以故如來說具
足色身即非具足色身是名具足色身須
菩提於意云何如來可以具足諸相見不不
也世尊如來不應以具足諸相見何以故如
來說諸相具足即非具足是名諸相具足
須菩提汝勿謂如來作是念我當有所說法
莫作是念何以故若人言如來有所說法即為
謗佛不能解我所說故須菩提說法者无法
可說是名說法須菩提白佛言世尊佛得阿
耨多羅三藐三菩提為无所得耶如是如是
須菩提我於阿耨多羅三藐三菩提乃至无
有少法可得是名阿耨多羅三藐三菩提復
次須菩提是法平等无有高下是名阿耨多
羅三藐三菩提以无我无人无衆生无壽者
脩一切善法則得阿耨多羅三藐三菩提須
菩提所言善法者如來說非善法是名善法
須菩提若三千大千世界中所有諸須弥山
王如是等七寶聚有人持用布施若人以此
般若波羅蜜經乃至四句偈等受持讀誦
為他人說於前福德百分不及一百千万億
分乃至筭數譬喻所不能及
須菩提於意云何汝等勿謂如來作是念我
當度衆生須菩提莫作是念何以故實无有

BD04660號　金剛般若波羅蜜經　（3–2）

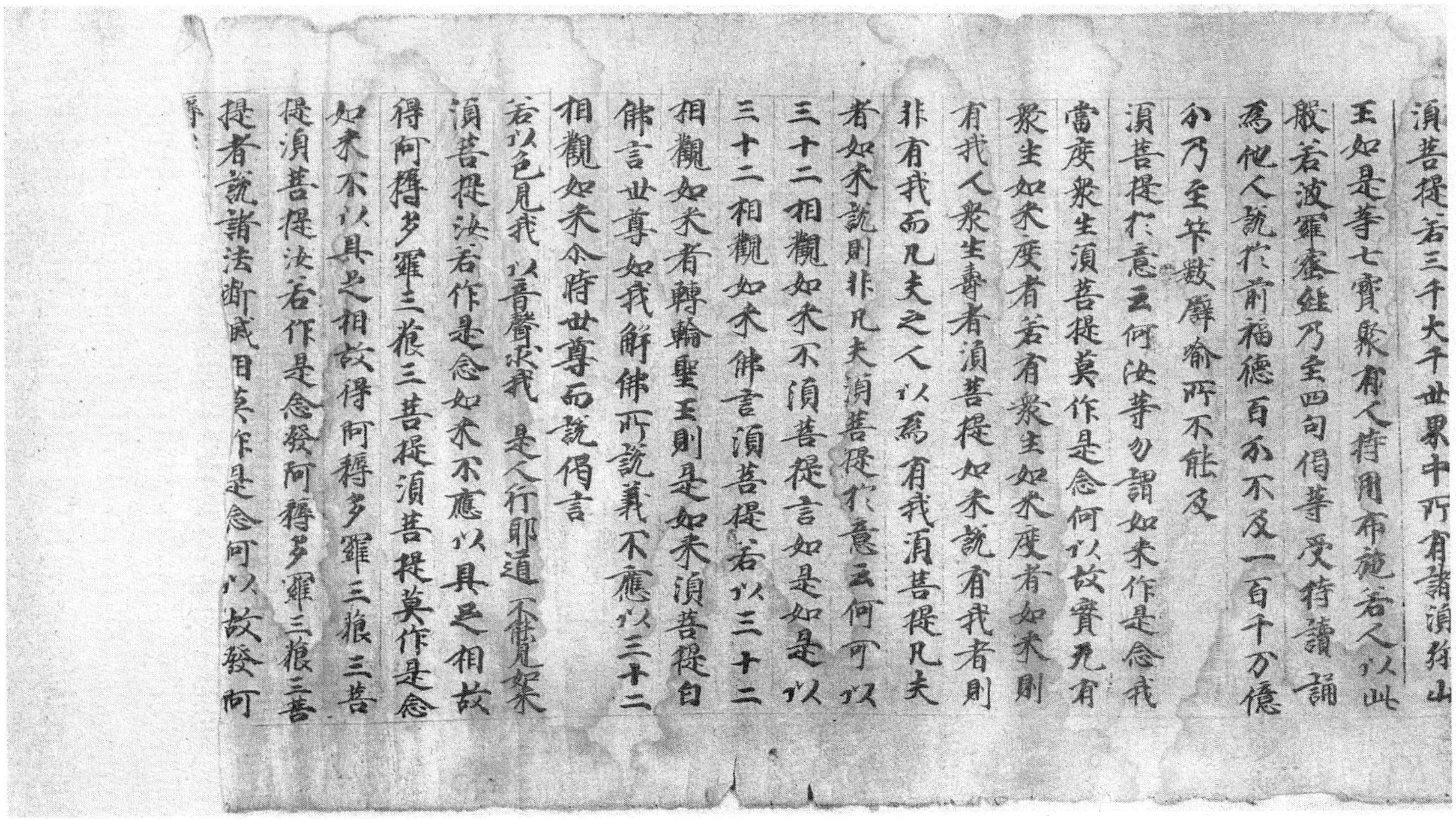

須菩提若三千大千世界中所有諸須弥山
王如是等七寶聚有人持用布施若人以此
般若波羅蜜經乃至四句偈等受持讀誦
為他人說於前福德百分不及一百千万億
分乃至筭數譬喻所不能及
須菩提於意云何汝等勿謂如來作是念我
當度衆生須菩提莫作是念何以故實无有
衆生如來度者若有衆生如來度者如來則
有我人衆生壽者須菩提如來說有我者則
非有我而凡夫之人以為有我須菩提凡夫
者如來說則非凡夫須菩提於意云何可以
三十二相觀如來不須菩提言如是如是以
三十二相觀如來佛言須菩提若以三十二
相觀如來者轉輪聖王則是如來須菩提白
佛言世尊如我解佛所說義不應以三十二
相觀如來尒時世尊而說偈言
若以色見我　以音聲求我　是人行邪道　不能見如來
須菩提汝若作是念如來不應以具足相故
得阿耨多羅三藐三菩提須菩提莫作是念
如來不以具足相故得阿耨多羅三藐三菩
提須菩提汝若作是念發阿耨多羅三藐三菩
提者說諸法斷滅莫作是念何以故發阿

BD04660 號　金剛般若波羅蜜經　（3–3）

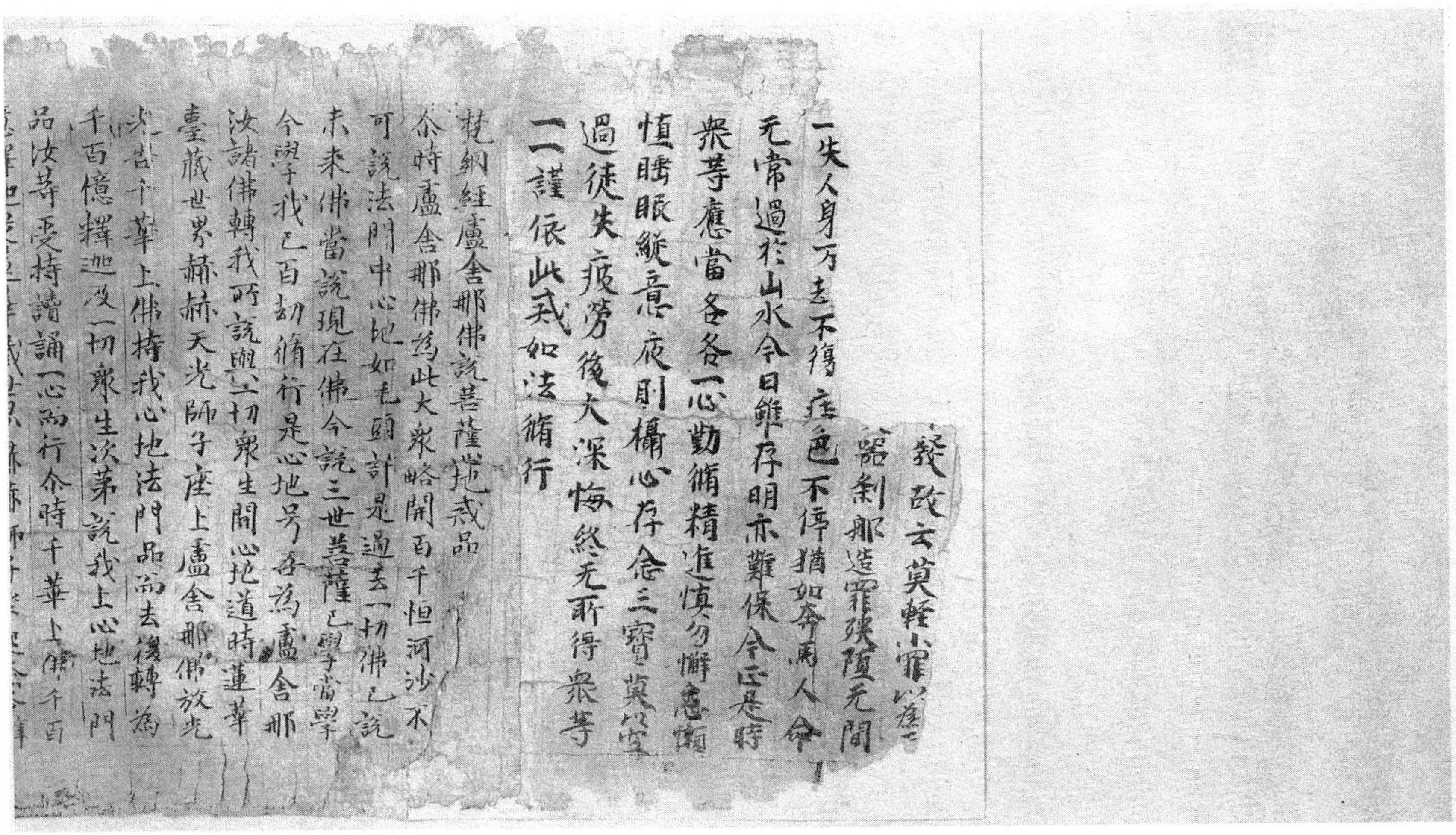

發故云莫輕小罪以為无
器剎那造罪殃墮无間
一失人身万劫不復壯色不停猶如奔馬人命
无常過於山水今日雖存明亦難保今正是時
衆等應當各各一心勤脩精進慎勿懈怠嬾
惰睡眠縱意夜則攝心存念三寶莫以空
過徒失疲勞後大深悔終无所得衆等
一一謹依此戒如法脩行
梵網經盧舍那佛說菩薩心地戒品
尒時盧舍那佛為此大衆略開百千恒河沙不
可說法門中心地如毛頭許是過去一切佛已說
未來佛當說現在佛今說三世菩薩已學當學
今學我已百劫脩行是心地号吾為盧舍那
汝諸佛轉我所說與一切衆生開心地道時蓮華
臺藏世界赫赫天光師子座上盧舍那佛放光
光告千華上佛持我心地法門品而去復轉為
千百億釋迦及一切衆生次第說我上心地法門
品汝等受持讀誦一心而行尒時千華上佛千百

BD04661 號 1　梵網經菩薩戒序　（23–1）
BD04661 號 2　梵網經盧舍那佛說菩薩心地戒品第十卷下

今學我已百劫修行是心地號吾為盧舍那
汝諸佛轉我所說與一切眾生開心地道時蓮華
臺藏世界赫赫天光師子座上盧舍那佛放光
光告千華上佛持我心地法門品而去復轉為
千百億釋迦及一切眾生次第說我上心地法門
品汝等受持讀誦一心而行爾時千華上佛千百
億釋迦從蓮華藏世界赫赫師子坐起各各辭
退舉身放不可思議光光皆化無量佛一時
以無量青黃赤白華供養盧舍那佛受持上
說心地法門品竟各各從此蓮華藏世界而沒
沒已入體性虛空華光三昧還本原世界閻
浮提菩提樹下從體性虛空華光三昧出出
已方坐金剛千光王座及妙光堂說十世界海法
門復從坐起至帝釋宮說十住復至炎摩天
中說十行復從坐起至第四天中說十迴向復從
坐起至化樂天說十禪定復從坐起至他化
天說十地復至初禪中說十金剛復至二禪中說
十忍復至三禪中說十願復至四禪中說摩醯
首羅天王宮說我本原蓮華藏世界盧舍
那佛所說心地法門品其餘千百億釋迦亦復如
是無二無別如賢劫品中說爾時釋迦從初現
蓮華藏世界東方來入天宮中說魔受化經已
下生南閻浮提迦夷羅國母名摩耶父名白淨
吾名悉達七歲出家三十成道號吾為釋迦牟
尼佛於寂滅道場坐金剛華光王坐乃至摩醯
首羅天王宮其中次第說十住處所說時佛觀
諸大梵天王網羅幢因為說無量世界猶如網
孔一一世界各各不同別異無量佛教門亦復如
是吾今來此世界八千返為此娑婆世界坐金
剛華光王座乃至摩醯首羅天王宮是中一切

BD04661號2　梵網經盧舍那佛說菩薩心地戒品第十卷下　（23-2）

吾名悉達七歲出家三十成道號吾為釋迦牟
尼佛於寂滅道場坐金剛華光王坐乃至摩醯
首羅天王宮其中次第說十住處所說時佛觀
諸大梵天王網羅幢因為說無量世界猶如網
孔一一世界各各不同別異無量佛教門亦復如
是吾今來此世界八千返為此娑婆世界坐金
剛華光王座乃至摩醯首羅天王宮是中一切
大眾略開心地竟復從天王宮下至閻浮提樹下
為此地上一切眾生凡夫癡闇之人說我本盧舍
那佛心地中初發心中常所誦一戒光明金剛寶
戒是一切佛本原一切菩薩本原佛性種子一切眾
生皆有佛性一切意識色心是情是心皆入佛性
戒中當當常有因故當當常住法身如是
波羅提木叉出於世界是法戒是三世一切眾
頂戴受持吾今為此大眾重說十無盡藏
戒品一切眾生戒本原自性清淨
我今盧舍那　方坐蓮華臺　周匝千華上　復現千釋迦
一華百億國　一國一釋迦　各坐菩提樹　一時成佛道
如是千百億　盧舍那本身　千百億釋迦　各接微塵眾
俱來至我所　聽我誦佛戒　甘露門則開　是時千百億
還至本道場　各坐菩提樹　誦我本師戒　十重四十八
戒如明日月　亦如瓔珞珠　微塵菩薩眾　由是成正覺
是盧舍那誦　我亦如是誦　汝新學菩薩　頂戴受持戒
受持是戒已　轉授諸眾生　諦聽我正誦　佛法中戒藏
波羅提木叉　大眾心諦信　汝是當成佛　我是已成佛
常作如是信　戒品已具足　一切有心者　皆應攝佛戒
眾生受佛戒　即入諸佛位　位同大覺已　真是諸佛子
大眾皆恭敬　至心聽我誦
爾時釋迦牟尼佛初坐菩提樹下成無上覺初結
菩薩波羅提木叉孝順父母師僧三寶孝順至

BD04661號2　梵網經盧舍那佛說菩薩心地戒品第十卷下　（23-3）

[illegible]
常作如是信　戒品已具足　一切有心者　皆應攝佛戒
衆生受佛戒　即入諸佛位　位同大覺已　真是諸佛子
大衆皆恭敬　至心聽我誦
尒時釋迦牟尼佛初坐菩提樹下成无上覺初結
菩薩波羅提木叉孝順父母師僧三寶孝順至
道之法孝名為戒亦名制止佛即口放无量
光明是時百万億大衆諸菩薩十八梵六欲天
子十六大國王合掌至心聽佛誦一切諸佛大
戒告諸菩薩言我今半月半月自誦諸佛
法戒汝等一切發心菩薩亦誦乃至十發趣
十長養十金剛十地諸菩薩亦誦是故戒
光從口出有緣非无因故光光非青黄赤白
黑非色非心非有非无非因果法諸佛之本
原行菩薩道之根本是大衆之佛子之根本
是大衆諸佛子應受持應讀誦善學
佛子諦聽若受佛戒者國王王子百官宰相
比丘比丘尼十八梵六欲天子庶人黄門婬男婬
女奴婢八部鬼神金剛神畜生乃至變化人
但解法師語盡受得戒皆名第一清淨者
佛告諸佛子言有十重波羅提木叉若受菩
薩戒不誦此戒者非菩薩非佛種子我亦如
是誦一切菩薩已學一切菩薩當學我已略
說波羅提木叉相貌應當學敬心奉持
佛告佛子若自殺教人殺方便殺讚歎殺見
作隨喜乃至呪殺殺因殺緣殺法殺業乃至
一切有命者不得故殺是菩薩應起常住慈
悲心孝順心方便救護而反自恣心快意殺生
者是菩薩波羅夷罪
若佛子自盜教人盜方便盜呪盜盜因盜緣

BD04661 號 2　梵網經盧舍那佛說菩薩心地戒品第十卷下　（23–4）

佛告佛子若自殺教人殺方便殺讚歎殺見
作隨喜乃至呪殺殺因殺緣殺法殺業乃至
一切有命者不得故殺是菩薩應起常住慈
悲心孝順心方便救護而反自恣心快意殺生
者是菩薩波羅夷罪
若佛子自盜教人盜方便盜呪盜盜因盜緣
盜法盜業乃至鬼神有主劫賊物一切財物一
針一草不得故盜而菩薩應生佛性孝順慈
悲心常助一切人生福生樂而反更盜人財物者
是菩薩波羅夷罪
若佛子自婬教人婬乃至一切女人不得故婬
婬因婬緣婬法婬業乃至畜生女諸天鬼神
女及非道行婬而菩薩應生孝順心救度一
切衆生淨法與人而反更起一切人婬不擇畜
生乃至母女姊妹六親行婬无慈悲心是菩
薩波羅夷罪
若佛子自妄語教人妄語方便妄語妄語因
妄語緣妄語法妄語業乃至不見言見見言
不見身心妄語而菩薩常生正語正見亦生衆
生正語正見而反更起一切衆生邪語邪見
邪業是菩薩波羅夷罪
若佛子自酤酒教人酤酒酤酒因酤酒緣酤酒法
酤酒業一切酒不得酤是酒起罪因緣而菩薩
應生一切衆生明達之慧而反更生顛倒之心
是菩薩波羅夷罪
若佛子口自說出家在家菩薩比丘比丘尼罪
過教人說罪過罪過因罪過緣罪過法罪過
業而菩薩聞外道惡人及二乘惡人說佛法
中非法非律常生悲心教化是惡人輩令生

BD04661 號 2　梵網經盧舍那佛說菩薩心地戒品第十卷下　（23–5）

是菩薩波羅夷罪
若佛子口自說出家在家菩薩比丘比丘尼罪
過教人說罪過罪過因罪過緣罪過法罪過
業而菩薩聞外道惡人及二乘惡人說佛法
中非法非律常生悲心教化是惡人輩令生
大乘善信而菩薩反更自說佛法中罪過者
是菩薩波羅夷罪
若佛子口自讚毀他亦教人自讚毀他毀他因
毀他緣毀他法毀他業而菩薩應代一切眾生
受加毀辱惡事自向己好事與他人若自揚己
德隱他人好事令他人受毀者是菩薩波羅夷罪
若佛子自慳教人慳慳因慳緣慳法慳業而菩
薩見一切貧窮人來乞者隨前人所須一切供
給與而菩薩以惡心瞋心乃至不施一錢一針一
草有求法者亦不為說一句一偈一微塵許法
而反更罵辱是菩薩波羅夷罪
若佛子自瞋教人瞋瞋因瞋緣瞋法瞋業而
菩薩應生一切眾生中善根无諍之事常生
悲心而反更於一切眾生中乃至於非眾生中以
惡口罵辱加以手打及以刀杖意猶不息前人求
悔善言懺謝猶瞋不解者是菩薩波羅夷罪
若佛子自謗三寶教人謗三寶謗因謗緣謗
法謗業而菩薩見外道及以惡人一言謗佛
音聲如三百矛刺心況口自謗不生信心孝順
心而反更助惡人邪見人謗是菩薩波羅夷
罪
善學諸人者是菩薩十波羅提木叉應當
於中不應一一犯如微塵許法何況具足犯十
戒若有犯者不得現身發菩提心亦失國王

BD04661 號 2　梵網經盧舍那佛說菩薩心地戒品第十卷下　（23–6）

罪
善學諸人者是菩薩十波羅提木叉應當
於中不應一一犯如微塵許法何況具足犯十
戒若有犯者不得現身發菩提心亦失國王
位轉輪王位亦失比丘比丘尼位失十發趣
十長養十金剛十地佛性常住妙果一切皆失
墮三惡道中二劫三劫不聞父母三寶名字
以是不應一一犯汝等一切諸菩薩今學當
學已學如是十戒應當學敬心奉持八万威
儀品當廣明
佛告諸菩薩言已說十波羅提木叉竟四十八輕
今當說
若佛子欲受國王位時受轉輪王位時百官受
位時應先受菩薩戒一切鬼神救護王身百
官之身諸佛歡喜既得戒已生孝順心恭敬心
見上座和上阿闍梨大同學同見同行者應
起承迎禮拜問訊而菩薩反生憍心癡心慢
心不起承迎禮拜一一不如法供養以自賣身
國城男女七寶百物而供給之若不尒者犯
輕垢罪
若佛子故飲酒而生酒過失无量若自身手
過酒器與人飲酒者五百世无手何況自飲
不得教一切人飲及一切眾生飲酒況自飲酒
若故自飲教人飲者犯輕垢罪
若佛子故食肉一切肉不得食斷大慈悲佛性
種子一切眾生見而捨去是故一切菩薩不得
食一切眾生肉食肉得无量罪若故食者
犯輕垢罪
若佛子不得

BD04661 號 2　梵網經盧舍那佛說菩薩心地戒品第十卷下　（23–7）

若佛子故食肉一切肉不得食斷大慈悲佛性
種子一切衆生見而捨去是故一切菩薩不得
食一切衆生肉食肉得无量罪若故食者
犯輕垢罪
若佛子不得食五辛大蒜革葱慈葱蘭葱
興渠是五種一切食中不得食若故食者犯輕
垢罪
若佛子見一切衆生犯八戒五戒十戒毀禁七
逆八難一切犯戒罪應教懺悔而菩薩不教懺
悔共住同僧利養而共布薩一衆住說戒而
不舉其罪不教懺悔過者犯輕垢罪
若佛子見大乘法師大乘同學同見同行來
入僧房舍宅城邑若百里千里來者即起迎
來送去礼拜供養日日三時供養日食三兩
黃金百味飲食床座醫藥供事法師一
切所須盡給與之常請法師三時說法日日三
時礼拜不生瞋心患惱之心為法滅身請法
若不尒者犯輕垢罪
若佛子一切處有講毗尼經律大宅舍中講
法處是新學菩薩應持經律卷至法師
所聽受諮問若山林樹下僧地房中一切說法
處悉至聽受若不至彼聽受者犯輕垢罪
若佛子心背大乘常住經律言非佛說而受
持二乘外道惡見一切禁戒邪見經律者犯
輕垢罪
若佛子見一切疾病人常應供養如佛无
異八福田中看病福田第一若父母師僧弟子
諸病根不具百種病苦皆養令差而菩薩
以瞋心恨心不至僧房中城邑曠野山林道路

BD04661 號 2　梵網經盧舍那佛說菩薩心地戒品第十卷下

（23–8）

輕垢罪
若佛子見一切疾病人常應供養如佛无
異八福田中看病福田第一若父母師僧弟子
諸病根不具百種病苦皆養令差而菩薩
以瞋心恨心不至僧房中城邑曠野山林道路
中見病不救濟者犯輕垢罪
若佛子不得畜一切刀杖弓箭鉾斧鬪戰之
具及惡網羅煞生之器一切不得畜而菩薩乃至
煞父母尚不加報況煞一切衆生若故畜刀杖者
犯輕垢罪
如是十戒應當學敬心奉持下六品中當廣開
若佛子為利養故通國使命軍陣合會興
師相伐煞无量衆生而菩薩不得入軍中
往來況故國
犯輕垢罪
如是十戒應當學敬心奉持下六品中當廣開
若佛子為利養惡心故通國使命軍陣合會
興師相伐煞无量衆生而菩薩不得入軍中
往來況故作國賊若故作者犯輕垢罪
若佛子故販賣良人奴婢六畜市易棺材
板木盛死之具若故自作教他人作者犯
輕垢罪
若佛子以惡心故无事謗他良人善人法師師
僧國王貴人言犯七逆十重於父母兄弟六
親中應生孝順心慈悲心而反更生逆害
墮不如意處犯輕垢罪
若佛子以惡心故放大火燒山林曠野四月乃
至九月放火若燒他人家屋宅城邑僧房田
木及鬼神官物一切有主物不得故燒若故

BD04661 號 2　梵網經盧舍那佛說菩薩心地戒品第十卷下

（23–9）

僧國王貴人言犯七逆十重父母兄弟六
親中應生孝順心慈悲心而反更生逆害
墮不如意處犯輕垢罪
若佛子以惡心故放大火燒山林曠野四月乃
至九月放火若燒他人家屋宅城邑僧房田
木及鬼神官物一切有主物不得故燒若故
燒者犯輕垢罪
若佛子自佛弟子及外道人六親一切善知
識應一一教受持大乘經律應教解義
理使發菩提心十發趣心十長養心十金剛心
一一解其次第法用而菩薩以惡心瞋心横教
二乘聲聞經律外道邪見論等犯輕垢罪
若佛子應好心先學大乘威儀經律廣
開解義味見後新學菩薩有百里千里
來求大乘經律應如法為說一切苦行若燒
身燒臂燒指若不燒身臂指供養諸佛非
出家菩薩乃至餓虎師子一切餓鬼悉應
捨身肉手足而供養之然後一一次第為說正
法使心開意解而菩薩為利養故應荅不荅
倒說經律文字無前無後謗三寶者犯輕
垢罪
若佛子自為飲食錢物利養名譽故親近國
王王子大臣百官恃作形勢乞索打拍牽挽
横取錢物一切求利名為惡求多求教他人求
都無慈心無孝順心者犯輕垢罪
若佛子教誦戒者日夜六時持菩薩戒解其
義理佛性之法而菩薩不解一句一偈戒律因

BD04661 號 2　梵網經盧舍那佛說菩薩心地戒品第十卷下　　（23–10）

横取錢物一切求利名為惡求多求教他人求
都無慈心無孝順心者犯輕垢罪
若佛子教誦戒者日夜六時持菩薩戒解其
義理佛性之法而菩薩不解一句一偈戒律因
緣詐言能解者則為自欺誑亦欺他人一
不解一切法不知而為他人作師授戒者犯輕
垢罪
若佛子以惡心故見持戒比丘手捉香爐行菩
薩行而鬬遘兩頭謗欺賢人無惡不造犯輕垢罪
若佛子以慈心故行放生業一切男子是我父一
切女人是我母我生生無不從之受生六道衆
生皆是我父母而殺而食者即殺我父母亦
殺我故身一切地水是我先身一切火風是我本
體故常行放生業受生若見世人殺畜生時應
方便救護解其苦難常教化講說菩薩戒
救度衆生若父母兄弟死亡之日應請法師
講菩薩戒經律福資亡者得見諸佛生人
天上若不介者犯輕垢罪
如是十戒應當學敬心奉持如滅罪品中
廣明一一戒相
若佛子不得以瞋報瞋以打報打若殺父母
兄弟六親不得加報若國主不得為他人殺
者亦不得加報殺生報生不順孝道尚不
畜奴婢打拍罵辱日日起三業罪況故作七
逆之罪而菩薩無慈報讎乃至六親中故
報者犯輕垢罪
若佛子初始出家未有所解而自恃聰明有

BD04661 號 2　梵網經盧舍那佛說菩薩心地戒品第十卷下　　（23–11）

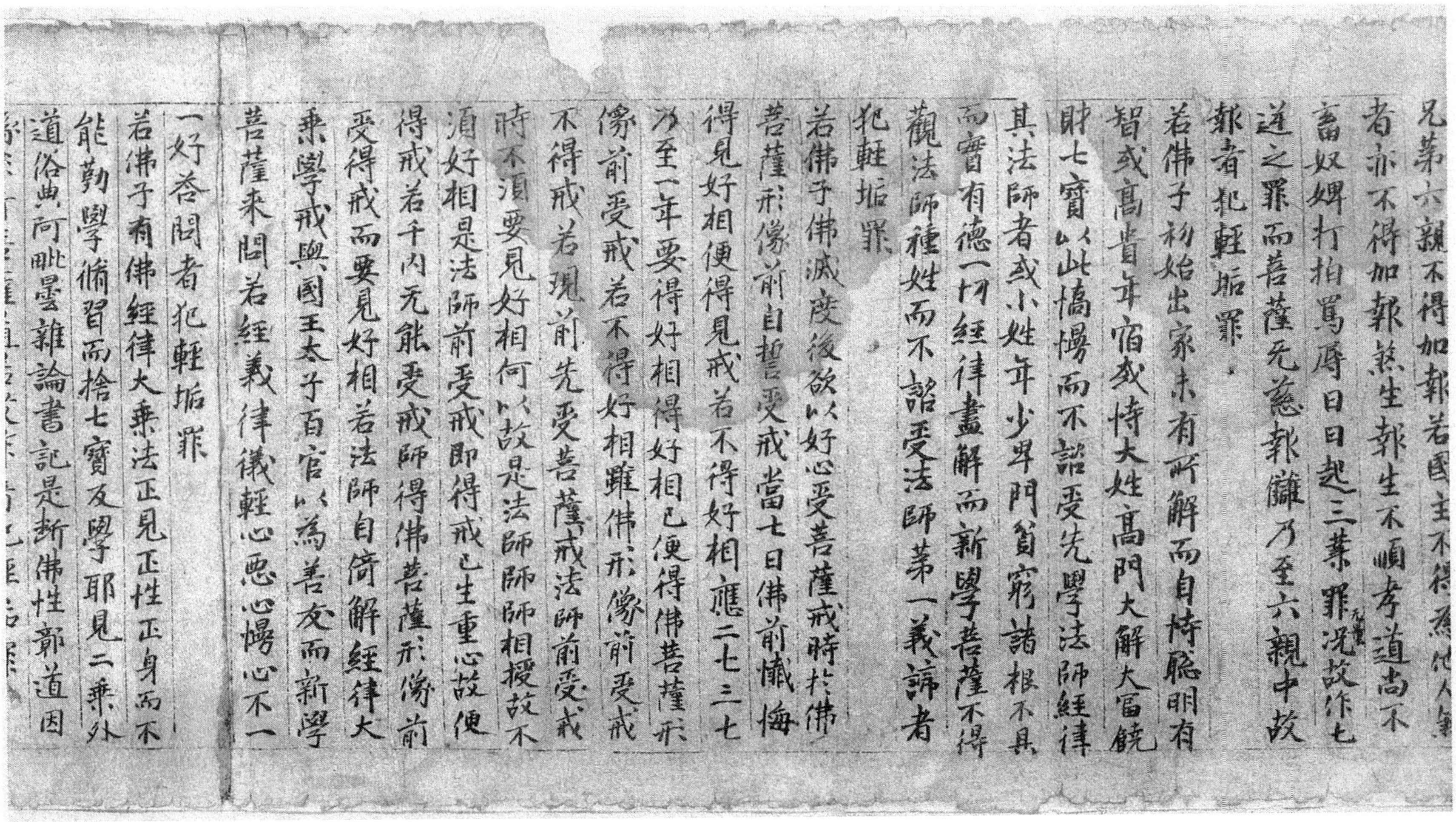

兄弟六親不得加報若國主不得為他人
者亦不得加報煞生報生不順孝道尚不
畜奴婢打拍罵辱日日起三業罪況故作七
逆之罪而菩薩无慈報讎乃至六親中故
報者犯輕垢罪。
若佛子初始出家未有所解而自恃聰明有
智或高貴年宿或恃大姓高門大解大富饒
財七寶以此憍慢而不諮受先學法師經律
其法師者或小姓年少卑門貧窮諸根不具
而實有德一切經律盡解而新學菩薩不得
觀法師種姓而不諮受法師第一義諦者
犯輕垢罪
若佛子佛滅度後欲以好心受菩薩戒時於佛
菩薩形像前自誓受戒當七日佛前懺悔
得見好相便得見戒若不得好相應二七三七
乃至一年要得好相得好相已便得佛菩薩形
像前受戒若不得好相雖佛形像前受戒
不得戒若現前先受菩薩戒法師前受戒
時不須要見好相何以故是法師師師相授故不
須好相是法師前受戒即得戒以生重心故便
得戒若千里內无能受戒師得佛菩薩形像前
受得戒而要見好相若法師自倚解經律大
乘學戒與國王太子百官以為善友而新學
菩薩來問若經義律儀輕心惡心慢心不一
一好荅問者犯輕垢罪
若佛子有佛經律大乘法正見正性正身而不
能勤學脩習而捨七寶反學耶見二乘外
道俗典阿毗曇雜論書記是斷佛性鄣道因

BD04661 號 2　梵網經盧舍那佛說菩薩心地戒品第十卷下　（23–12）

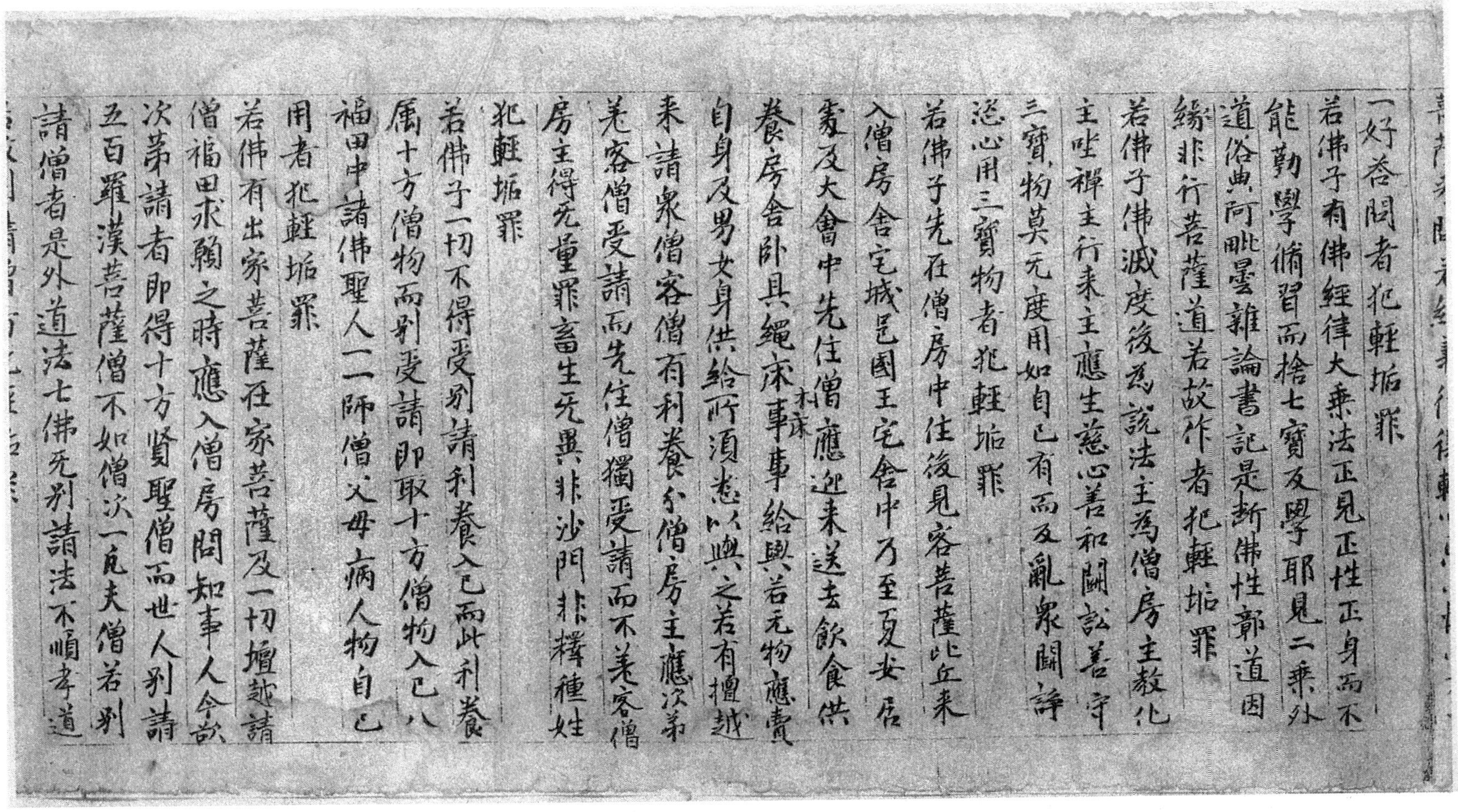

一好荅問者犯輕垢罪
若佛子有佛經律大乘法正見正性正身而不
能勤學脩習而捨七寶反學耶見二乘外
道俗典阿毗曇雜論書記是斷佛性鄣道因
緣非行菩薩道若故作者犯輕垢罪
若佛子佛滅度後為說法主為僧房主教化
主坐禪主行来主應生慈心善和鬪訟善守
三寶物莫无度用如自已有而反亂衆鬪諍
恣心用三寶物者犯輕垢罪
若佛子先在僧房中住後見客菩薩比丘来
入僧房舍宅城邑國王宅舍中乃至夏安居
處及大會中先住僧應迎来送去飲食供
養房舍卧具繩床木床事事給與若无物應賣
自身及男女身供給所須悉以與之若有檀越
来請衆僧客僧有利養分僧房主應次第
差客僧受請而先住僧獨受請而不差客僧
房主得无量罪畜生无異非沙門非釋種姓
犯輕垢罪
若佛子一切不得受別請利養入己而此利養
屬十方僧物而別受請即取十方僧物入己八
福田中諸佛聖人一一師僧父母病人物自己
用者犯輕垢罪
若佛有出家菩薩在家菩薩及一切檀越請
僧福田求願之時應入僧房問知事人今欲
次第請者即得十方賢聖僧而世人別請
五百羅漢菩薩僧不如僧次一凡夫僧若別
請僧者是外道法七佛无別請法不順孝道

BD04661 號 2　梵網經盧舍那佛說菩薩心地戒品第十卷下　（23–13）

僧福田求䭾之時應入僧房問知事人今欲
次第請者即得十方賢聖僧而世人別請
五百羅漢菩薩僧不如僧次一凡夫僧若別
請僧者是外道法七佛无別請法不順孝道
若故別請僧者犯輕垢罪
若佛子以惡心故為利養販賣男女色自
手作食自磨自舂占相男女解夢吉凶是男
是女呪術工巧調鷹方法和合百種毒藥
千種毒藥蛇毒生金銀蠱毒都无慈心犯
輕垢罪
若佛子以惡心故自身謗三寶詐現親附口
便說空行在有中為白衣通致男女交會
婬色縛著於六齋日年三長齋月作煞生
劫盜破齋破戒者犯輕垢罪
如是十戒應當學敬心奉持制戒品中廣解
若佛子佛滅度後於惡世中若見外道一切惡
人劫賊賣佛菩薩父母形像販賣經律販
賣比丘比丘尼亦賣發心菩薩或為官使
與一切人作奴婢者而菩薩見是事已應生慈
心方便救護處處教化取物贖佛菩薩形
像及比丘比丘尼發心菩薩一切經律若不贖
者犯輕垢罪
若佛子不得畜刀仗弓箭販賣輕秤小升因
官形勢取人財物害心繫縛破壞成功長養
猫狸猪狗若故養者犯輕垢罪
若佛子以惡心故觀一切男女等鬪軍陣兵
將劫賊等鬪亦不得聽吹貝鼓角琴瑟箏

BD04661 號 2　梵網經盧舍那佛說菩薩心地戒品第十卷下　（23–14）

若佛子不得畜刀仗弓箭販賣輕秤小升因
官形勢取人財物害心繫縛破壞成功長養
猫狸猪狗若故養者犯輕垢罪
若佛子以惡心故觀一切男女等鬪軍陣兵
將劫賊等鬪亦不得聽吹貝鼓角琴瑟箏
笛箜篌歌叫伎樂之聲不得聽摴蒲圍碁
波羅塞戲彈碁六博拍毬擲石投壺八道行
城爪鏡之草楊枝鉢盂髑髏而作卜筮不得
故作盜賊使命一一不得若故作者犯輕垢罪
若佛子護持禁戒行住坐臥日夜六時讀誦
是戒猶如金剛如帶持浮囊欲渡大海如草
繫比丘常生大乘信自知我是未成之佛諸
佛是已成之佛發菩提心念念不去心若起
一念二乘外道心者犯輕垢罪
若佛子常應發一切願孝順父母師僧三寶
願得好師同學善友知識常教我大乘經
律十發趣十長養十金剛十地使我開解
如法修行堅持佛戒寧捨身命念念不起
心若一切菩薩不發是願者犯輕垢罪
若佛子發十大願已持佛禁戒作是願言寧
以此身投熾然猛火大坑刀山終不毀犯三世
諸佛經律與一切女人作不淨行
復作是願寧以熱鐵羅網千重周帀纏身
終不以破戒之身受於信心檀越一切衣服
復作是願寧以此口吞熱鐵丸及大流猛火經
百千劫終不以破戒之口食信心檀越百味飲
食

BD04661 號 2　梵網經盧舍那佛說菩薩心地戒品第十卷下　（23–15）

諸佛經律與一切女人作不淨行
復作是願寧以熱鐵羅網千重周帀纏身
終不以破戒之身受於信心檀越一切衣服
復作是願寧以此口吞熱鐵丸及大流猛火經
百千劫終不以破戒之口食信心檀越百味飲
食
復作是願寧以此身卧大猛火羅網熱鐵地
上終不以破戒之身受信心檀越百種床座
復作是願寧以此身受三百鉾刺經一劫二
劫終不以破戒之身受信心檀越百味醫藥
復作是願寧以此身投熱鐵鑊百千劫終不
以破戒之身受信心檀越千種房舍屋宅
園林田地
復作是願寧以鐵鎚打碎此身從頭至足令
如微塵終不以破戒之身授信心檀越恭敬礼拜
復作是願寧以百千熱鐵刀鉾挑其兩目終
不以破戒之身心視他好色
復作是願寧以百千鐵錐遍身劖刺耳根
經一劫二劫終不以破戒之心聽好音聲
復作是願寧以百千刃刀割去其鼻終不
以破戒之心貪齅諸香
復作是願寧以百千刃刀割斷其舌終不以
破戒之心食人百味飲食
復作是願寧以利斧斬斫其身終不以破戒
之心貪著好觸
復作是願願一切衆生悉得成佛菩薩若不
發是願者犯輕垢罪

復作是願寧以百千刃刀割斷其舌終不以
破戒之心食人百味飲食
復作是願寧以利斧斬斫其身終不以破戒
之心貪著好觸
復作是願願一切衆生悉得成佛菩薩若不
發是願者犯輕垢罪
若佛子常應二時頭陁冬夏坐禪結夏安
居常用楊枝澡豆三衣瓶鉢坐具錫杖香
爐漉水囊手巾刀子火燧鑷子繩床經律
佛像菩薩形像而菩薩行頭陁時及遊方時
行来百里千里此十八種物常隨其身頭陁者
從正月十五日至三月十五日八月十五日至十月十
五日是二時中此十八種物常隨其身如鳥二
翼若布薩日新學菩薩半月半月布薩誦
十重四十八輕戒於諸佛菩薩形像前一人布
薩即一人誦若二人三人乃至百千人亦一人誦
誦者高坐聽者下坐各各披九條七條五條
袈裟結夏安居一一如法若頭陁時莫入難處
若國難惡王土地高下草木深邃師子虎狼
水火風難及以劫賊道路毒虵一切難處悉
不得入若頭陁行道乃至夏坐安居是諸難
處皆不得入若故入者犯輕垢罪
若佛子應如法次第坐先受戒在前坐後受
戒者在後坐不問老少比丘比丘尼貴人國
王王子乃至黃門奴婢皆應先受戒者在
前坐後受戒者次第而坐莫如外道癡
人若老若少无前无後坐无次第兵奴之
法我佛法中先者先坐後者後坐而菩薩

若佛子應如法次第坐先受戒在前坐後受
戒者在後坐不問老少比丘比丘尼貴人國
王王子乃至黃門奴婢皆應先受戒者在
前坐後受戒者次第而坐莫如外道癡
人若老若少无前无後坐无次第兵奴之
法我佛法中先者先坐後者後坐而菩薩
不次第坐者犯輕垢罪
若佛子常應教化一切衆生建立僧房
山林園田立作佛塔冬夏安居坐禪處所一
切行道處皆應立之而菩薩應為一切衆
生講說大乘經律若疾病國難賊難父
母兄弟和尚阿闍梨亡滅之日及三七日乃
至七七日亦應讀誦講說大乘經律齋會
求福行來治生大火所燒大水所漂黑風所
吹船舫江河大海羅刹之難亦讀誦講
說此經律乃至一切罪報三惡八難七逆杻械
枷鏁繫縛其身多婬多瞋多愚癡多疾病皆
應讀誦講說此經律而新學菩薩若不
爾者犯輕垢罪
如是九戒應當學敬心奉持梵壇品當廣說
若佛子與人受戒時不得簡擇一切國王王
子大臣百官比丘比丘尼信男信女婬男
婬女十八梵六欲天无根二根黃門奴婢一切鬼
神盡得受戒應教身所著袈裟皆使壞
色與道相應皆染使青黃赤黑紫色一切染
色衣乃至臥具盡以壞色身所著衣服一切
染色衣若一切國土中國人所著衣服比丘皆
應與其俗服有異若欲受戒時師應問

BD04661 號 2　梵網經盧舍那佛說菩薩心地戒品第十卷下　（23–18）

神盡得受戒應教身所著袈裟皆使壞
色與道相應皆染使青黃赤黑紫色一切染
色衣乃至臥具盡以壞色身所著衣服一切
染色衣若一切國土中國人所著衣服比丘皆
應與其俗服有異若欲受戒時師應問
言汝現身不作七逆罪菩薩法師不得與
七逆人現身受戒七逆者出佛身血殺父
殺母殺和尚阿闍梨破羯磨轉法輪僧殺
聖人若具七遮即身不得戒餘一切人盡得
受戒出家人法不向國王禮拜不向父母禮拜
六親不敬鬼神不禮但解法師語有百里
千里來求法者而菩薩法師以惡心瞋心而
不即與受一切衆生戒者犯輕垢罪
若佛子教化人起信心時與他人作教戒法
師者見欲受戒人應教請二師和尚阿闍
梨二師應問言汝有七遮罪不若現身有七
遮師不應與受戒无七遮者得受若有
犯十戒者應教懺悔在佛菩薩形像前日
夜六時誦十重四十八輕戒苦到禮三世千
佛得見好相若一七日二三七日乃至一年要
見好相好相者佛來摩頂見光見花種種異
相便得滅罪若无好相雖懺无益是人現身
亦不得戒得增受戒若犯四十八輕戒者對
手懺滅不同七遮而教戒法師於是法中一
一好解若不解大乘經律若輕若重是非
之相不解第一義諦習種性長養性不可
壞性道種性正法性其中多少觀行出入十
禪支一切行法一一不得此法中意而菩薩為

BD04661 號 2　梵網經盧舍那佛說菩薩心地戒品第十卷下　（23–19）

亦不得戒得僧受戒若犯四十八輕戒者對
手懺滅不同七遮而教戒法師於是法中一
一好解若不解大乘經律若輕若重是非
之相不解第一義諦習種性長養性不可
壞性道種性正法性其中多少觀行出入十
禪枝一切行法一一不得此法中意而菩薩為
利養故為名聞故惡求貪利弟子而詐
現解一切經律是自欺詐亦欺詐他人故與
人受戒者犯輕垢罪
若佛子不得為利養故於未受菩薩戒者
前外道惡人前說此千佛大戒邪見人前亦
不得說除國王餘一切不得說是惡人輩不
受佛戒名為畜生生生不見三寶如木石无
心名為外道邪見人輩木頭无異而菩薩
於是惡人前說七佛教戒者犯輕垢罪
若佛子信心出家受佛正戒故起心毀犯聖
戒者不得受一切檀越供養亦不得國王地
上行不得飲國王水五千大鬼常遮其前鬼
言大賊若入房舍城邑宅中鬼復常掃其
脚跡一切世人罵言佛法中賊一切眾生眼
不欲得見犯戒之人畜生无異若毀正戒
者犯輕垢罪
若佛子常應一心受持讀誦大乘經律剥
皮為紙刺血為墨以髓為水析骨為筆書
寫佛戒木皮穀紙絹素竹帛亦應書持
常以七寶无價香花一切雜寶為箱囊
盛經律卷若不如法供養者犯輕垢罪
若佛子應常起大悲心若入一切城邑舍宅見

BD04661 號 2　梵網經盧舍那佛說菩薩心地戒品第十卷下　（23–20）

……誦大乘經律剥
皮為紙刺血為墨以髓為水析骨為筆書
寫佛戒木皮穀紙絹素竹帛亦應書持
常以七寶无價香花一切雜寶為箱囊
盛經律卷若不如法供養者犯輕垢罪
若佛子應常起大悲心若入一切城邑舍宅見
一切眾生應唱言汝等眾生盡應受三
歸五戒若見牛馬猪羊一切畜生應心念
口言汝是畜生發菩提心而菩薩入一切處山
林川野皆使一切眾生發菩提心是菩薩
若不教化眾生心者犯輕垢罪
若佛子常行教化起大悲心入檀越貴人家
一切眾中不得立為白衣說法應白衣眾
前高座上坐法師比丘不得地上立為四眾
說若說法時法師高座香花供養四眾聽者下
坐孝順父母敬順師教如事火婆羅門其說
法者若不如法說犯輕垢罪
若佛子皆以信心受持者若國王太子百官
四部弟子自恃高貴破滅佛戒律明作制
法制我四部弟子不聽出家行道亦復不
聽造立形像佛塔經律破三寶之罪而菩
薩若故作破法者犯輕垢罪
若佛子以好心出家而為名聞利養於國王
百官前說七佛戒橫與比丘比丘尼菩薩
戒弟子繫縛如師子身中虫自食師子
肉非外道天魔能破壞若受佛戒者應
護佛戒如念一子如事父母而聞外道惡人
以惡言謗佛戒時如三百鉾刺心千刀万……

BD04661 號 2　梵網經盧舍那佛說菩薩心地戒品第十卷下　（23–21）

若佛子以好心出家而為名聞利養於國王
百官前說七佛大戒橫與比丘比丘尼菩薩
戒弟子繫縛如師子身中虫自食師子
肉非外道天魔能破壞若受佛戒者應
護佛戒如念一子如事父母而聞外道惡人
以惡言誹謗佛戒時如三百矛刺心千刀万
杖打拍其身等无有異寧自入地獄百劫而
不用聞一惡言破佛戒之聲而況自破佛戒
教人破法因緣亦无孝順之心若故作者犯
輕垢罪
如是九戒應當學敬心奉持
諸佛子是四十八輕戒汝等受持過去諸
佛菩薩已學未來諸佛菩薩當學現
在諸佛菩薩今學諸佛子諦聽此十重四
十八輕戒三世諸佛已誦今誦我今亦如是
誦汝等一切眾生若國王王子百官比丘比
丘尼信男信女受持菩薩戒者應受持應
讀誦解說書寫佛性常住戒卷流通三
世一切眾生化化不絕得見千佛佛佛授手
世世不墮惡道八難常生人道天中我今在
此菩提樹下略開七佛法戒汝等當一心學
波羅提木叉歡喜奉行如无相天王品勸學
中一一廣明三千學士時坐聽者聞佛自誦
心心頂戴歡喜奉持
尒時釋伽牟尼佛說上蓮華臺藏世界盧
舍那佛心地法門品中十无盡藏戒法品竟
千百億釋伽亦如是說從摩醯首羅天王
宮至此道樹下十住處說法品為一切菩薩
不可說大眾受持讀誦解說其義亦如是

BD04661 號 2　梵網經盧舍那佛說菩薩心地戒品第十卷下　（23–22）

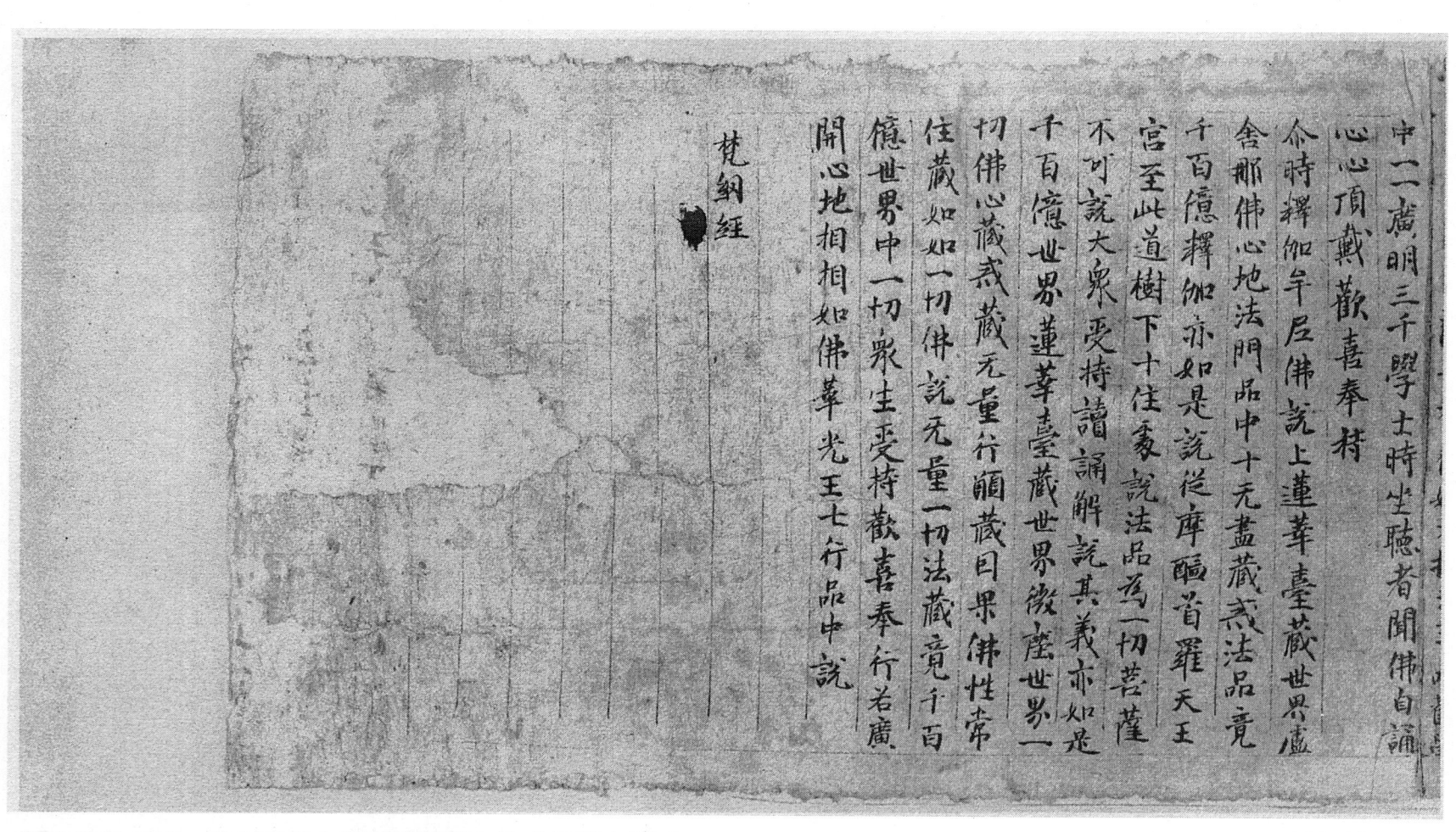

中一一廣明三千學士時坐聽者聞佛自誦
心心頂戴歡喜奉持
尒時釋伽牟尼佛說上蓮華臺藏世界盧
舍那佛心地法門品中十无盡藏戒法品竟
千百億釋伽亦如是說從摩醯首羅天王
宮至此道樹下十住處說法品為一切菩薩
不可說大眾受持讀誦解說其義亦如是
千百億世界蓮華臺藏世界微塵世界一
切佛心藏戒藏无量行願藏因果佛性常
住藏如如一切佛說无量一切法藏竟千百
億世界中一切眾生受持歡喜奉行若廣
開心地相相如佛華光王七行品中說

梵網經

BD04661 號 2　梵網經盧舍那佛說菩薩心地戒品第十卷下　（23–23）

BD04661 號背　衣疏（擬）

（7–1）

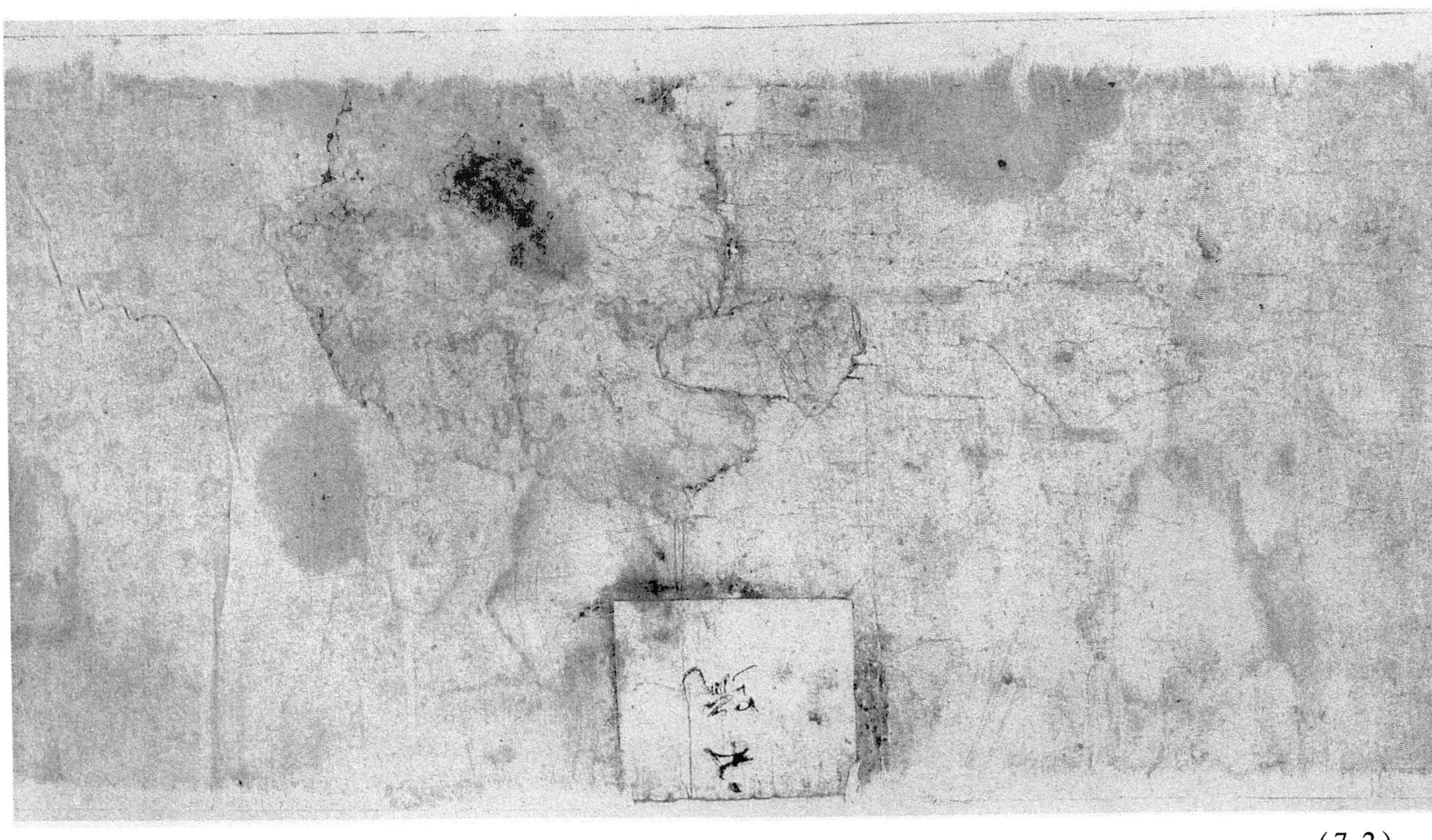

BD04661 號背　衣疏（擬）

（7–2）

BD04661 號背　衣疏（擬）　　（7-3）

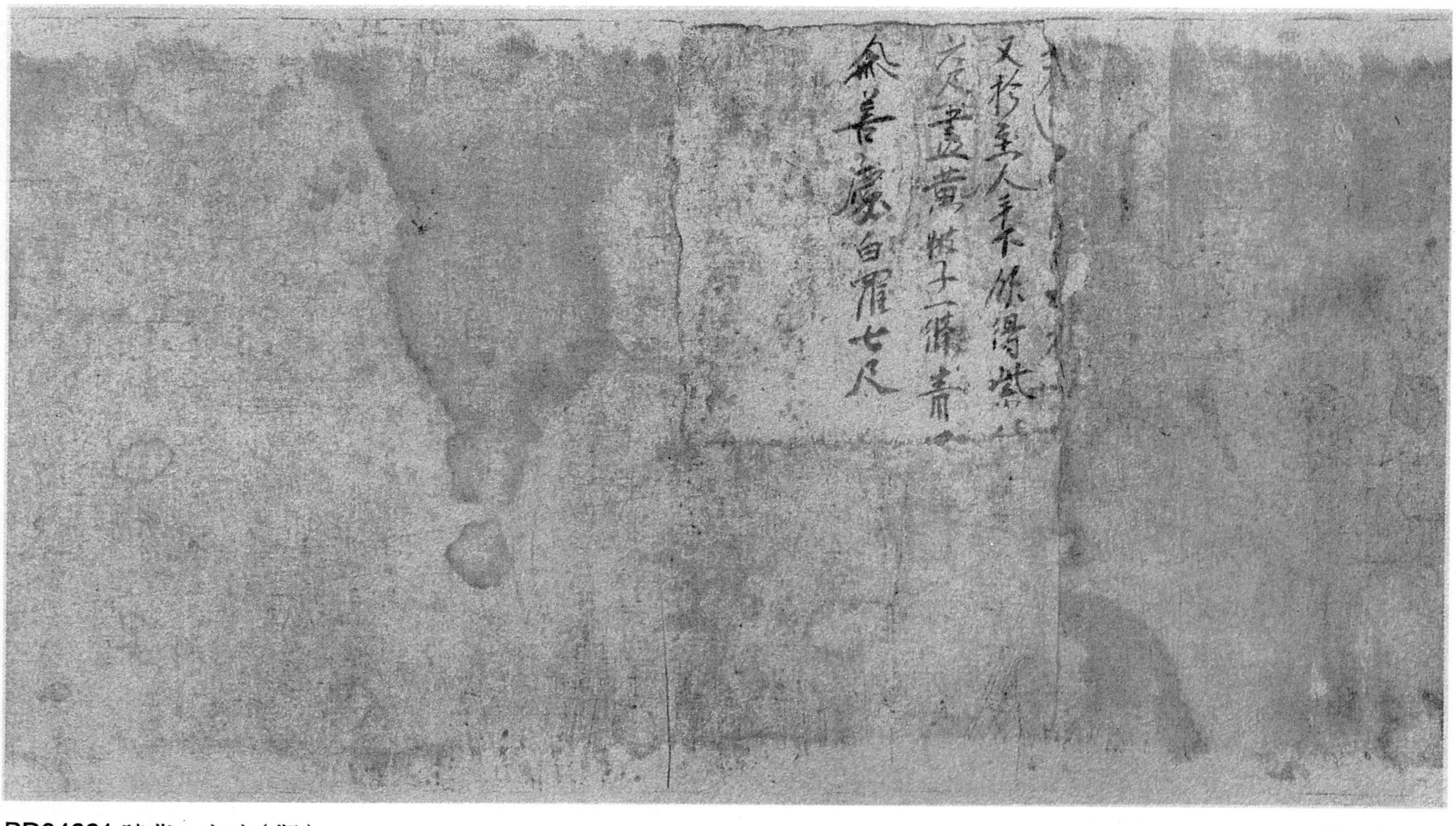

BD04661 號背　衣疏（擬）　　（7-4）

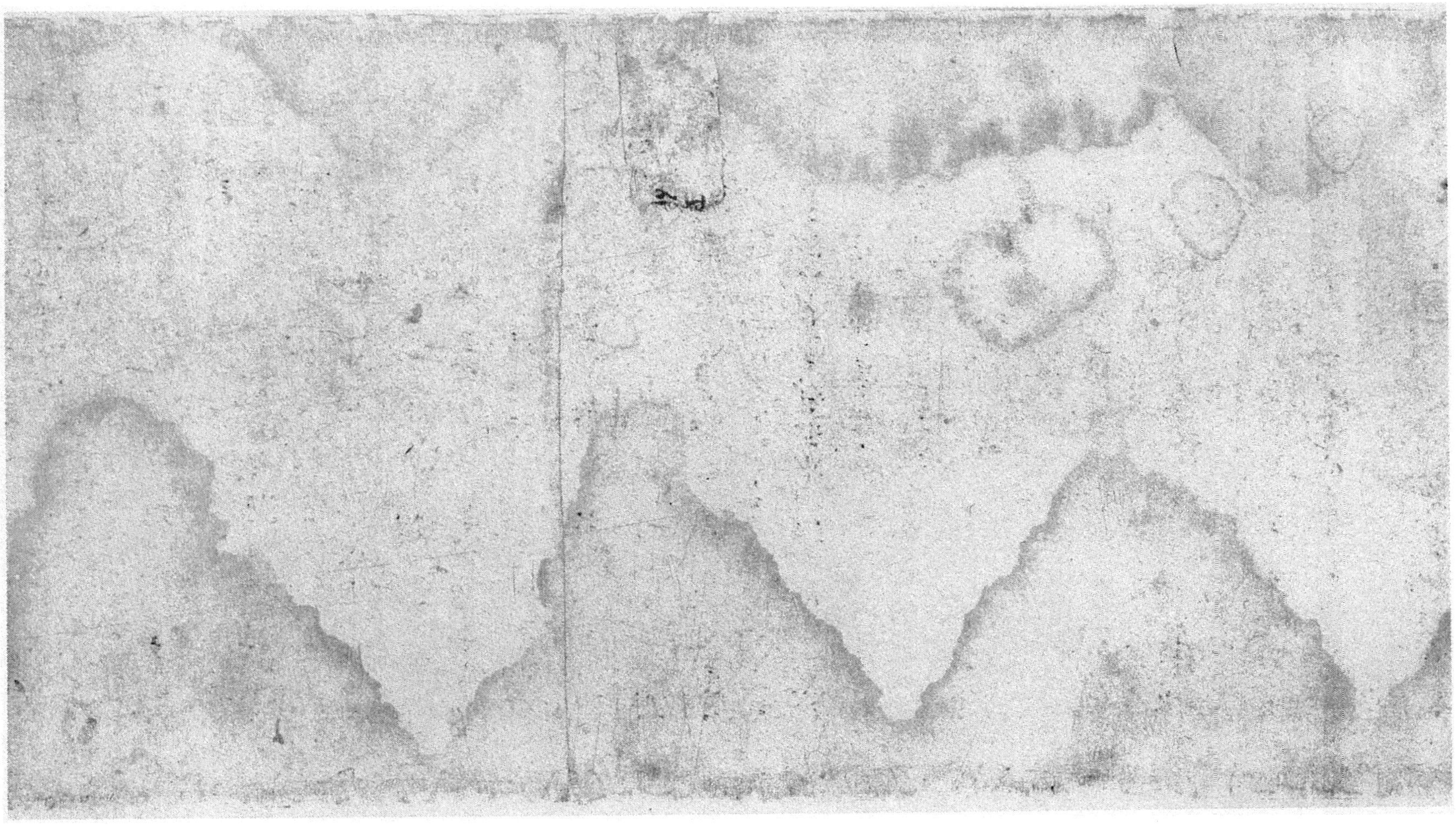

BD04661 號背　衣疏（擬）　　（7–5）

BD04661 號背　衣疏（擬）　　（7–6）

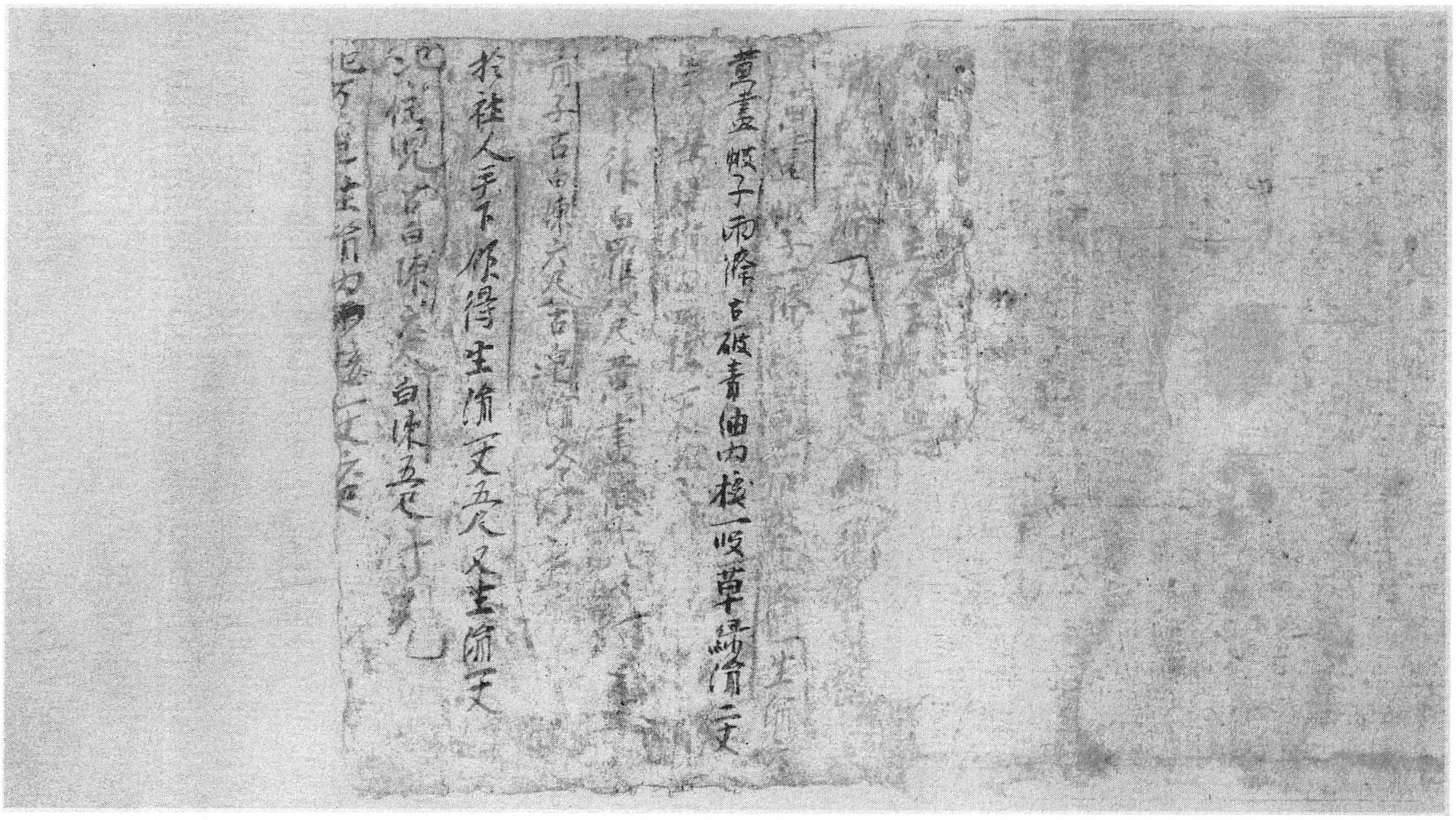

BD04661 號背　衣疏（擬）　（7–7）

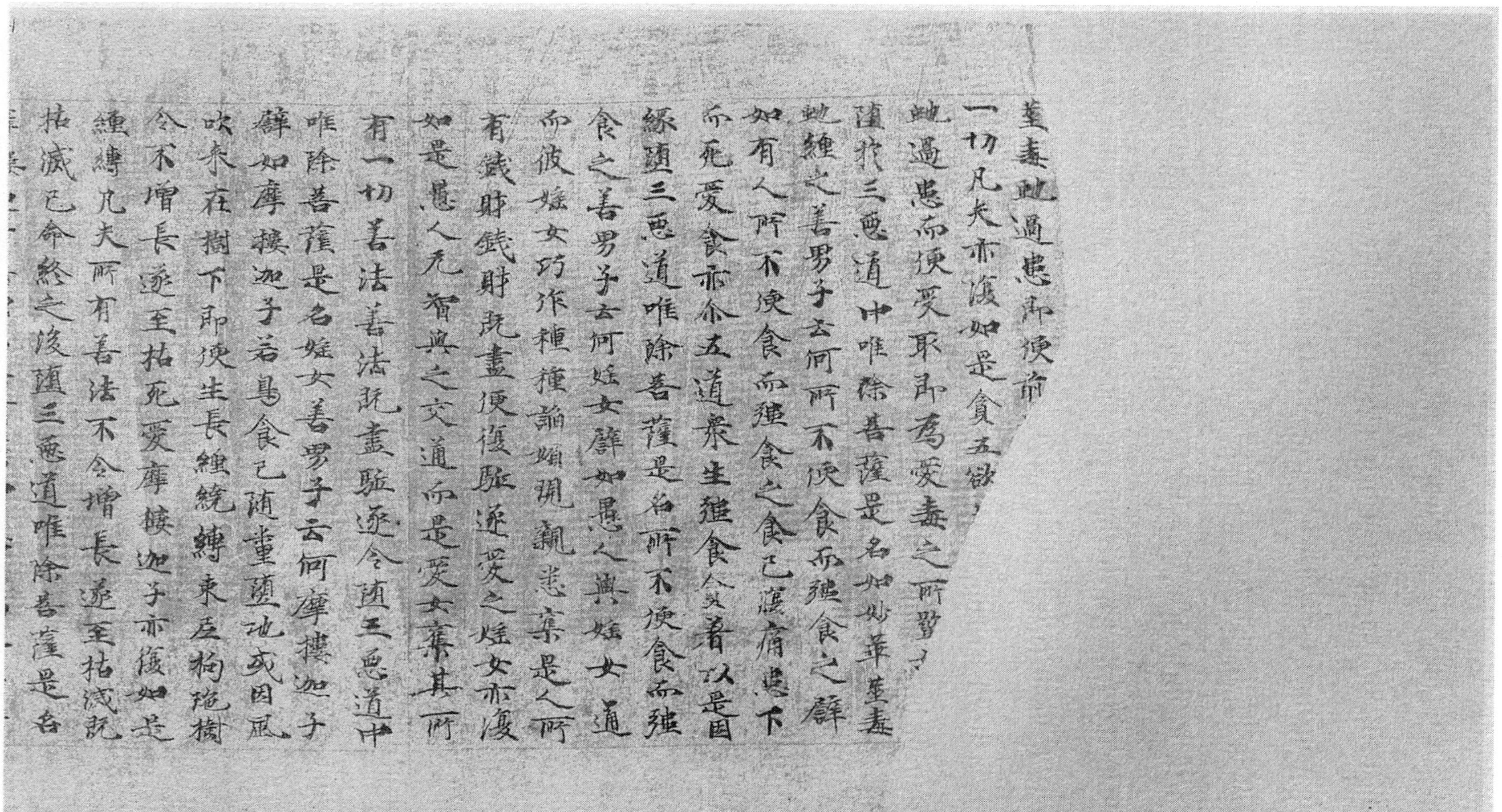
革毒蛇過患亦復爾
一切凡夫亦復如是貪五欲
蛇過患而便受取亦爲愛毒之所蜇
薩於三惡道中唯除菩薩是名如妙華革毒
蛇纏之善男子云何所不便食而強食之譬
如有人所不便食而強食之食已腹痛患下
而死愛食亦介五道衆生強食食已著以是因
緣墮三惡道唯除菩薩是名所不便食而強
食之善男子云何婬女譬如愚人與婬女通
而彼婬女巧作種種諂媚現親悉棄是人所
有錢財錢財既盡便復驅逐愛之婬女亦復
如是愚人无智與之交通而是愛女奪其所
有一切善法善法既盡驅逐令墮三惡道中
唯除菩薩是名婬女善男子云何摩樓迦子
譬如摩樓迦子若鳥食已隨糞墮地或因風
吹來在樹下即便生長纏繞縛束尼拘陀樹
令不增長遂至枯死愛摩樓迦子亦復如是
纏縛凡夫所有善法不令增長遂至枯滅既
枯滅已命終之後墮三惡道唯除菩薩是名

BD04662 號　大般涅槃經（北本）卷一三　（2–1）

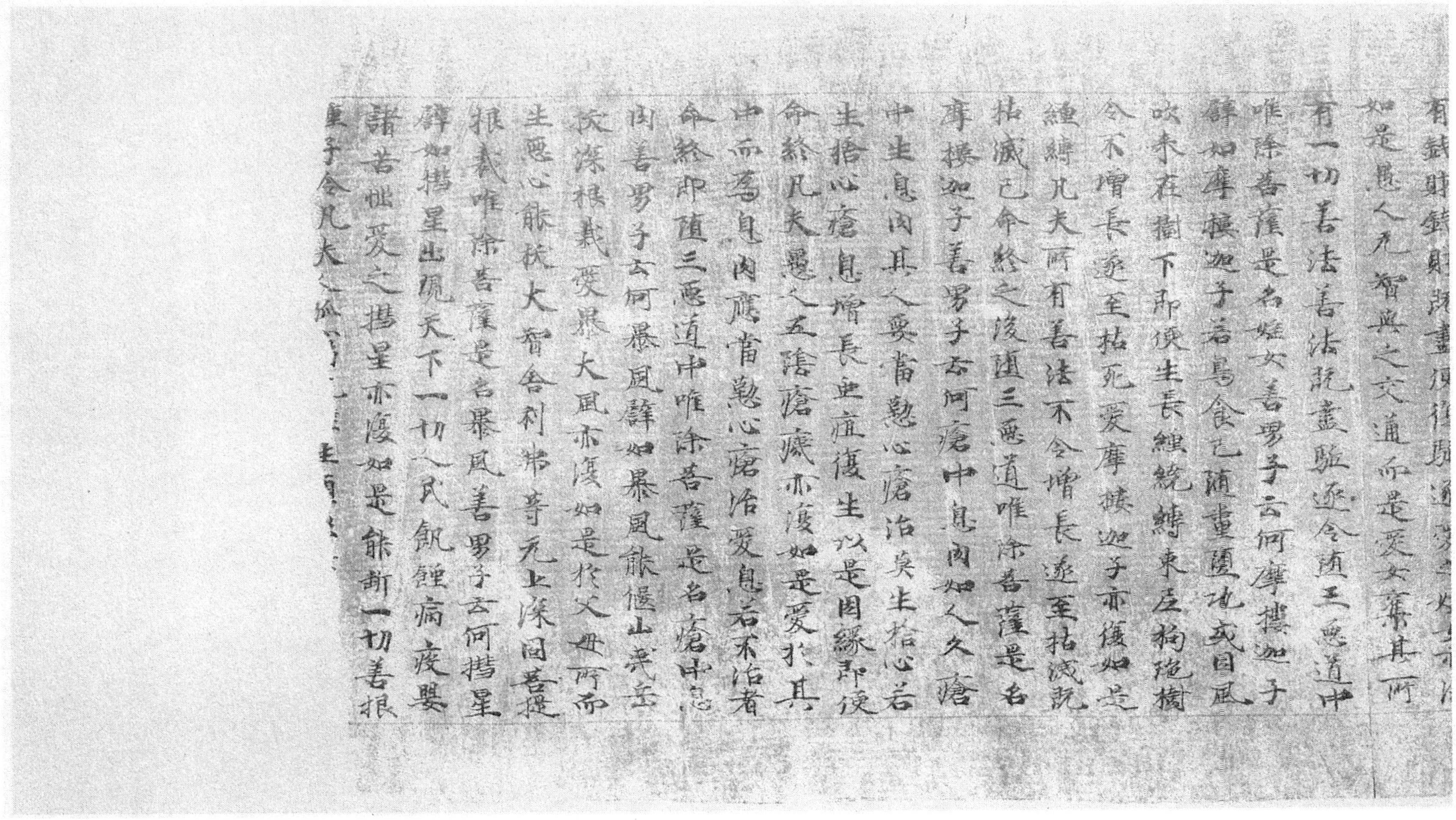

有鼓財錢財既盡便復駈遣……
如是愚人无智與之交通而是愛女奪其所
有一切善法善法既盡驅遣令隨三惡道中
唯除菩薩是名婬女善男子云何摩揀迦子
譬如摩揀迦子若鳥食已隨糞墮地或因風
吹來在樹下即便生長纏繞縛束尼拘陁樹
令不增長遂至枯死愛摩揀迦子亦復如是
纏縛凡夫所有善法不令增長遂至枯滅既
枯滅已命終之後墮三惡道唯除菩薩是名
摩揀迦子善男子云何瘡中息肉如人久瘡
中生息肉其人要當懃心療治莫生捨心若
生捨心瘡息增長虫疽復生以是因緣即便
命終凡夫愚人五陰瘡藏亦復如是愛於其
中而為息肉應當懃心療治愛息若不治者
命終即墮三惡道中唯除菩薩是名瘡中息
肉善男子云何暴風譬如暴風能偃山移岳
拔深根栽愛暴大風亦復如是於父母所而
生惡心能拔大智舍利弗等无上深固菩提
根栽唯除菩薩是名暴風善男子云何彗星
譬如彗星出現天下一切人民飢饉病疫嬰
諸苦惱愛之彗星亦復如是能斷一切善根
更子令凡夫之孤……

BD04662 號　大般涅槃經（北本）卷一三　　（2–2）

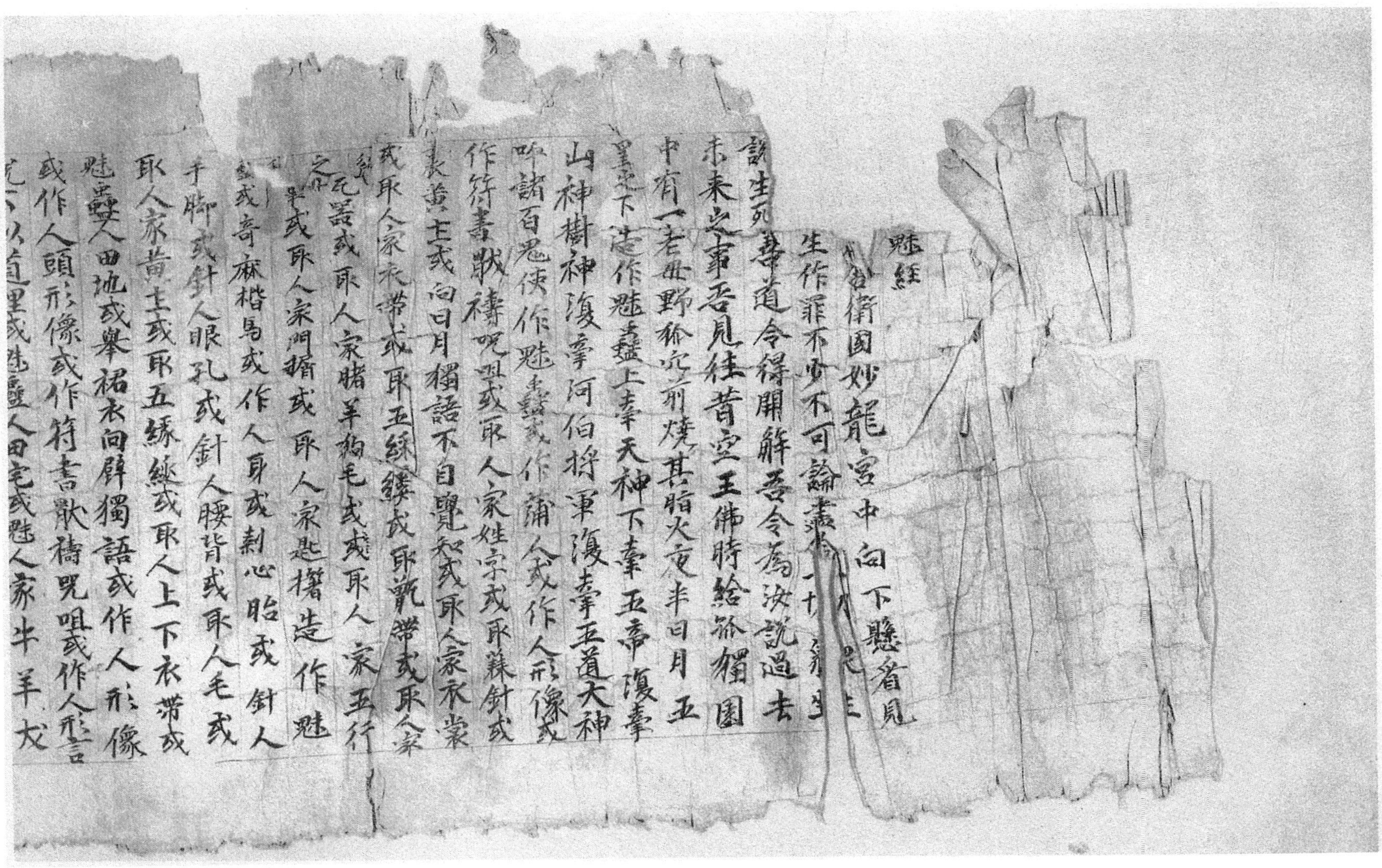

魅經
舍衛國妙龍宮中向下懸看見
生作罪不少不可論盡今一切衆生
諸生死善道令得開解吾今為汝說過去
未來之事吾見往昔空王佛時給孤獨園
中有一老母野狐穴前燒其脂火夜半日月五
星之下造作魅蠱上奉天神下奉五帝復奉
山神樹神復奉河伯將軍復奉五道大神
呼諸百鬼使作魅蠱或作蒲人或作人形像或
作符書厭禱呪詛或取人家姓字或取蘇針或
衣黄土或向日月獨語不自覺知或取人家衣裳
或取人家衣帶或取五綵縷或取靴帶或取人家
瓦器或取人家豬羊狗毛或取人家五行
之作草或取人家門楯或取人家匙櫡造作魅
蠱或奇麻楷為或作人身或刺心胎或針人
手脚或針人眼孔或針人腰背或取人毛或
取人家黄土或取五綵縷或取人上下衣帶或
魅蠱人田地或舉裾衣向壁獨語或作人形像
或作人頭形像或作符書厭禱呪咀或作人形言
咒以道里或魅蠱人田宅或魅人家牛羊犬

BD04663 號　咒魅經　　（6–1）

蠱或寄麻楷馬或作人身或刺心肸或針人
手脚或針人眼孔或針人腰背或取人毛或
取人家黄土或取五綵綫或取人上下衣帶或
魅蠱人田地或舉裙衣向辟獨語或作人形像
或作人頭形像或作符書歌禱呪咀或作人形言
說不以道理或魅蠱人田宅或魅人家牛羊犬
馬或作人言音或作馬形或作鬼神形或作牛
形造作魅人生死无道强煞良善若自作若教
他作千殃万罪造者自當三梼六枉還著本
主万罪千殃還自滅之急去三千六百一十里
不得停止
今請東方青帝神王来食魅人肝
今請西方白帝神王来食魅人腸
今請南方赤帝神王来食魅人頭
今請北方黑帝神王来食魅人眼
今請中央黄帝神王来食魅人手
尒時衆中有一菩薩名為大力自整衣服為
佛作礼白佛言世尊弟子不解罪福見世間
衆生多有五逆不信善道共相食肉常有惡
念不知生天當福受樂不知有地獄憂苦共相
煎煑魅蠱良善唯願世尊乃為弟子分別
解說令得道迹度脱一切
尒時佛告大力菩薩汝今未得開解我今
為汝分別解說使令樂聞度脱一切
尒時佛言吾遣四天大王等令下世間療治
百鬼不得停止急去千里可得免脱呪曰
魅公縣市都魅母縣市奴今知汝名字汝若
作魅蠱反受其殃汝教他作身自滅亡
今請四天神王来攝魅蠱名字

BD04663號　咒魅經　（6–2）

為汝分別解說使令樂聞度脱一切
尒時佛言吾遣四天大王等令下世間療治
百鬼不得停止急去千里可得免脱呪曰
魅公縣市都魅母縣市奴今知汝名字汝若
作魅蠱反受其殃汝教他作身自滅亡
今請四天神王来攝魅蠱名字
吾今呪魅鬼頭破作七分如阿梨樹枝婆羅
門来呪魅鬼頭破作七分如阿梨樹枝今當
知汝姓名知汝姓字急去他方不得停止
今當請南方佛陁来呪魅人頭破作七分如
阿梨樹枝
今當請菩薩来呪魅人頭破作七分如阿
梨樹枝
今當請千陽菩薩来呪魅人頭破作七分如
阿梨樹枝
今當請大智菩薩来呪魅人頭破作七分如阿
梨樹枝
今當請更明菩薩来呪魅人頭破作七分如
阿梨樹枝
今當請月光菩薩来呪魅人頭破作七分如阿
梨樹枝
今當請雷光菩薩来呪魅人頭破作七分如
阿梨樹枝
今當請火光菩薩来呪魅人頭破作七分如阿
梨樹枝
今當請花光菩薩来呪魅人頭頗作七分如阿
梨樹枝
今當請日明菩薩来呪魅人頭破作七分如阿
梨樹枝

BD04663號　咒魅經　（6–3）

今當請大光菩薩來呪魅人頭破作七分
梨樹枝
今當請花光菩薩來呪魅人頭破作七分如阿
梨樹枝
今當請月明菩薩來呪魅人頭破作七分如阿
梨樹枝
今當請文光菩薩呪魅人頭破作七分如阿
梨樹枝
今當請明星菩薩來呪魅人頭破作七分如阿
梨樹枝
今當請龍光菩薩來呪魅人頭破作七分如
阿梨樹枝
今當請勇力菩薩來呪魅人頭破作七分如阿
梨樹枝
今當請善明菩薩來呪魅人頭破作七分如阿
梨樹枝
今當請大明菩薩來呪魅人頭破作七分如阿
梨樹枝
今當請轉輪菩薩來呪魅人頭破作七分如阿
梨樹枝
今當請日中菩薩來呪魅人頭破作七分如
阿梨樹枝
今當請遠玄菩薩來呪魅人頭破作七分如
阿梨樹枝
今當請樹王菩薩來呪魅人頭破作七分如阿
梨樹枝
今當請龍天菩薩來呪魅人頭破作七分如阿
梨樹枝
今當請東方青帝神王來呪魅人不得停止

BD04663號　咒魅經　（6–4）

今當請遠玄菩薩來呪魅人頭破作七分如
阿梨樹枝
今當請樹王菩薩來呪魅人頭破作七分如阿
梨樹枝
今當請龍天菩薩來呪魅人頭破作七分如阿
梨樹枝
今當請東方青帝神王來呪魅人不得停止
今當請西方白帝神王來呪魅人不得停止
今當請南方赤帝神王來呪魅人不得停止
今當請北方黑帝神王呪魅人不得停止
今當請中央黃帝神王來呪魅人不得停止
今當請日月五星廿八宿來攝魅人不得停息
去千里
東方大獸來食魅人身
南方鵊鵒來食魅人眼睛
西方白象來食魅人頭
北方黑烏來啄魅人心
中央黃帝白龍來食魅人神
吾見魅人眼目角張或作倡狂不似人形或
在人門前或在人屋裏或在人碓磨上或
在田地閒跳踉不止或正月歲日或正月十
五日或時節日燒其脂大呪說不止吾知汝姓
知汝姓字不得停止急去他方若住
滅去頭破作七分如阿梨樹枝若生口赤舌
菩薩呪即消去不得停也
爾時世尊言我今告十方善吾語汝一切衆
生今為善男子善女人造呪魅經時有十方諸
佛并七佛十六王子諸天羅漢四天大王天龍
八部諸者大菩薩四道衆人一會須彌山頭龍抱

BD04663號　咒魅經　（6–5）

中央黃帝白龍未食魅人神
吾見魅人眼目角張或作佀狂不似人形或
在人門前或在人屋裏或在人碓磨上或
在田地間跳踉不止或正月歲日或正月十
五日或時節日燒其楷大呪說不止吾知汝姓
知汝姓字不得停止急去他方若復
來去頭破作七分如阿梨樹枝若出口赤舌
菩薩呪即消亡不得停也
命時世尊言我今告十方菩薩語汝一切衆
生令爲善男子善女人造呪魅經時有十方諸
佛并十七佛十六王子諸天羅漢四天大王天龍
八部諸者大菩薩四道衆人一會須彌山頭龍花
樹下評量衆生云何可度若比丘比丘尼優婆
塞優婆夷善男子善女人得福能燒香礼佛受
持此經供養不絕令人得福若有慕善之人能生善
心皆得天堂之樂若有人轉此經時鮮淨潔身
行燒香供養受持呪魅一誦七遍无不消
滅聞佛所說歡喜奉行
佛說呪魅經一卷

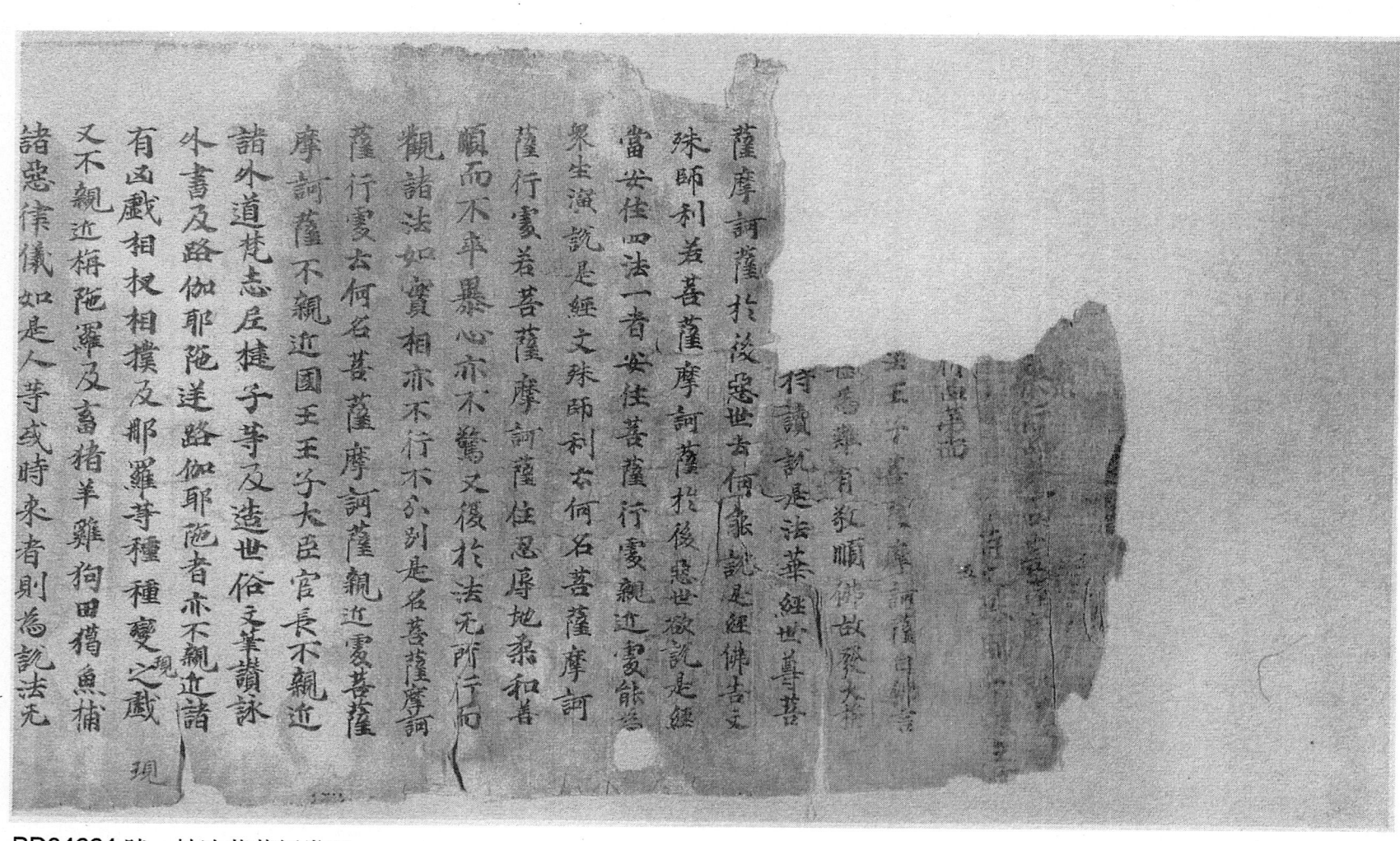

BD04663 號　咒魅經　（6–6）

法王子菩薩摩訶薩白佛言
甚爲難有敬順佛故發大誓
持讀說是法華經世尊菩
薩摩訶薩於後惡世云何能說是經佛告文
殊師利若菩薩摩訶薩於後惡世欲說是經
當安住四法一者安住菩薩行處親近處能爲
衆生演說是經文殊師利云何名菩薩摩訶
薩行處若菩薩摩訶薩住忍辱地柔和善
順而不卒暴心亦不驚又復於法无所行而
觀諸法如實相亦不行不分別是名菩薩摩訶
薩行處云何名菩薩摩訶薩親近處菩薩
摩訶薩不親近國王王子大臣官長不親近
諸外道梵志尼揵子等及造世俗文筆讚詠
外書及路伽耶陁逆路伽耶陁者亦不親近諸
有凶戲相扠相撲及那羅等種種變現之戲
又不親近旃陁羅及畜猪羊雞狗畋獵魚捕
諸惡律儀如是人等或時來者則爲說法无

BD04664 號　妙法蓮華經卷五　（9–1）

諸外道梵志尼揵子等及造世俗文筆讚詠
外書及路伽耶陁逆路伽耶陁者亦不親近諸
有凶戲相扠相撲及那羅等種種變現之戲
又不親近旃陁羅及畜猪羊雞狗田獵魚捕
諸惡律儀如是人等或時來者則為說法无
所悕望又不親近求聲聞比丘比丘尼優婆塞
優婆夷亦不問訊若於房中若經行處若
在講堂中不共住止或時來者隨宜說法无所
悕求文殊師利又菩薩摩訶薩不應於女人
身取能生欲想相而為說法亦不樂見若入他
家不與小女處女寡女等共語亦復不近五
種不男之人以為親厚不獨入他家若有
因緣須獨入時但一心念佛若為女人說法
不露齒咲不現胷臆乃至為法猶不親厚
況復餘事不樂畜年少弟子沙弥小兒亦不
樂與同師常好坐禪在於閑處脩攝其心文
殊師利是名初親近處復次菩薩摩訶薩觀
一切法空如實相不顛倒不動不退不轉如
虛空无所有性一切語言道斷不生不出不起
无名无相實无所有无量无邊无礙无障
但以因緣有從顛倒生故說常樂觀如是法
相是名菩薩摩訶薩第二親近處尒時世尊
欲重宣此義而說偈言
若有菩薩　於後惡世　无怖畏心　欲說是經
應入行處　及親近處　常離國王　及國王子

現　獨

BD04664號　妙法蓮華經卷五　（9–2）

但以因緣有從顛倒生故說常樂觀如是法
相是名菩薩摩訶薩第二親近處尒時世尊
欲重宣此義而說偈言
若有菩薩　於後惡世　无怖畏心　欲說是經
應入行處　及親近處　常離國王　及國王子
大臣官長　凶險戲者　及旃陁羅　外道梵志
亦不親近　增上慢人　貪著小乘　三藏學者
破戒比丘　名字羅漢　及比丘尼　好戲咲者
深著五欲　求現滅度　諸優婆夷　皆勿親近
若是人等　以好心來　到菩薩所　為聞佛道
菩薩則以　无所畏心　不懷悕望　而為說法
寡女處女　及諸不男　皆勿親近　以為親厚
亦莫親近　屠兒魁膾　田獵魚捕　為利煞害
販肉自活　衒賣女色　如是之人　皆勿親近
凶險相撲　種種嬉戲　諸婬女等　盡勿親近
莫獨屏處　為女說法　若說法時　无得戲咲
入里乞食　將一比丘　若无比丘　一心念佛
是則名為　行處近處　以此二處　能安樂說
又復不行　上中下法　有為无為　實不實法
亦不分別　是男是女　不得諸法　不知不見
是則名為　菩薩行處　一切諸法　空无所有
无有常住　亦无起滅　是名智者　所親近處
顛倒分別　諸法有无　是實非實　是生非生
在於閑處　脩攝其心　安住不動　如須弥山
觀一切法　皆无所有　猶如虛空　无有堅固

BD04664號　妙法蓮華經卷五　（9–3）

亦不分別 是男是女 不得諸法 不知不見
是則名為 菩薩行處 一切諸法 空无所有
无有常住 亦无起滅 是名智者 所親近處
顛倒分別 諸法有无 是實非實 是生非生
在於閑處 脩攝其心 安住不動 如須弥山
觀一切法 皆无所有 猶如虛空 无有堅固
不生不出 不動不退 常住一相 是名近處
若有比丘 於我滅後 入是行處 及親近處
說斯經時 无有怯弱 菩薩有時 入於靜室
以正憶念 隨義觀法 從禪定起 為諸國王
王子臣民 婆羅門等 開化演暢 說斯經典
其心安隱 无有怯弱 文殊師利 是名菩薩
安住初法 能於後世 說法華經
又文殊師利 如來滅後 於末法中欲說是經
應住安樂行 若口宣說若讀經時不樂說人
及經典過 亦不輕慢諸餘法師 不說他人好惡
長短 於聲聞人亦不稱名說其過惡 亦不稱
名讚歎其美 又亦不生怨嫌之心 善脩如是
安樂心故 諸有聽者不逆其意 有所難問
不以小乘法荅 但以大乘而為解說 令得一切
種智 尒時世尊欲重宣此義而說偈言
菩薩常樂 安隱說法 於清淨地 而施床座
以油塗身 澡浴塵穢 著新淨衣 內外俱淨
安處法座 隨問為說 若有比丘 及比丘尼
諸優婆塞 及優婆夷 國王王子 群臣士民

BD04664號　妙法蓮華經卷五　（9–4）

不以小乘法荅 但以大乘而為解說 令得一切
種智 尒時世尊欲重宣此義而說偈言
菩薩常樂 安隱說法 於清淨地 而施床座
以油塗身 澡浴塵穢 著新淨衣 內外俱淨
安處法座 隨問為說 若有比丘 及比丘尼
諸優婆塞 及優婆夷 國王王子 群臣士民
以微妙義 和顏為說 若有難問 隨義而荅
因緣譬喻 敷演分別 以是方便 皆使發心
漸漸增益 入於佛道 除嬾墮意 及懈怠想
離諸憂惱 慈心說法 晝夜常說 无上道教
以諸因緣 无量譬喻 開示眾生 咸令歡喜
衣服臥具 飲食醫藥 而於其中 无所悕望
但一心念 說法因緣 願成佛道 令眾亦尒
是則大利 安樂供養 我滅度後 若有比丘
能演說斯 妙法華經 心无嫉恚 諸惱障礙
亦无憂愁 及罵詈者 又无怖畏 加刀杖等
亦无擯出 安住忍故 智者如是 善脩其心
能住安樂 如我上說 其人功德 千万億劫
筭數譬喻 說不能盡
又文殊師利 菩薩摩訶薩 於後末世法欲滅
時 受持讀誦斯經典者 无懷嫉妒諂誑之心
亦勿輕罵學佛道者 求其長短 若比丘比丘
尼優婆塞優婆夷 求聲聞者 求辟支佛者 求
菩薩道者 无得惱之 令其疑悔 語其人言 汝
等去道甚遠 終不能得一切種智 所以者何

BD04664號　妙法蓮華經卷五　（9–5）

又文殊師利菩薩摩訶薩於後末世法欲滅
時受持讀誦斯經典者无懷嫉妬諂誑之心
亦勿輕罵學佛道者求其長短若比丘比丘
尼優婆塞優婆夷求聲聞者求辟支佛者求
菩薩道者无得惱之令其疑悔語其人言汝
等去道甚遠終不能得一切種智所以者何
汝是放逸之人於道懈怠故又亦不應戲論
諸法有所諍競當於一切衆生起大悲想於
諸如來起慈父想於諸菩薩起大師想於十方
諸大菩薩常應深心恭敬禮拜於一切衆生
平等說法以順法故不多不少乃至深愛法
者亦不為多說文殊師利是菩薩摩訶薩
於後末世法欲滅時有成就是第三安樂行
者說是法時无能惱亂得好同學共讀誦是
經亦得大衆而來聽受聽已能持持已能誦
誦已能說說已能書若使人書供養經卷恭
敬尊重讚歎尒時世尊欲重宣此義而說
偈言
若欲說是經　當捨嫉恚慢　諂誑邪偽心　常脩質直行
不輕蔑於人　亦不戲論法　不令他疑悔　云汝不得佛
是佛子說法　常柔和能忍　慈悲於一切　不生懈怠心
十方大菩薩　愍衆故行道　應生恭敬心　是則我大師
於諸佛世尊　生无上父想　破於憍慢心　說法无障礙
第三法如是　智者應守護　一心安樂得　无量衆所敬
又文殊師利菩薩摩訶薩於後末世法欲滅

BD04664號　妙法蓮華經卷五　（9–6）

是佛子說法　常柔和能忍　慈悲於一切　不生懈怠心
十方大菩薩　愍衆故行道　應生恭敬心　是則我大師
於諸佛世尊　生无上父想　破於憍慢心　說法无障礙
第三法如是　智者應守護　一心安樂得　无量衆所敬
又文殊師利菩薩摩訶薩於後末世法欲滅
時有持法華經者於在家出家人中生大慈
心於非菩薩人中生大悲心應作是念如是之
人則為大失如來方便隨宜說法不聞不知
不覺不問不信不解其人雖不問不信不解
是經我得阿耨多羅三藐三菩提時隨在
何地以神通力智慧力引之令得住是法中
文殊師利是菩薩摩訶薩於如來滅後有成
就此第四法者說是法時无有過失常為比丘
比丘尼優婆塞優婆夷國王王子大臣人民婆
羅門居士等供養恭敬尊重讚歎虛空
諸天為聽法故亦常隨侍若在聚落城邑空
閑林中有人來欲難問者諸天晝夜常為法
故而衛護之能令聽者皆得歡喜所以者何
此經是一切過去未來現在諸佛神力所護
故文殊師利是法華經於无量國中乃至名
字不可得聞何況得見受持讀誦文殊師利
譬如强力轉輪聖王欲以威勢降伏諸國而
諸小王不順其命時轉輪王起種種兵而往
討伐王見兵衆戰有功者即大歡喜隨功賞
賜或與田宅聚落城邑或與衣服嚴身之具

BD04664號　妙法蓮華經卷五　（9–7）

[illegible]
字不可得聞何況得見受持讀誦文殊師利
譬如强力轉輪聖王欲以威勢降伏諸國而
諸小王不順其命時轉輪王起種種兵而往
討伐王見兵衆戰有功者即大歡喜隨功賞
賜或與田宅聚落城邑或與衣服嚴身之具
或與種種珍寶金銀瑠璃車𤦲馬瑙珊瑚虎
珀象馬車乘奴婢人民唯髻中明珠不以與
之所以者何獨王頂上有此一珠若以與之王
諸眷屬必大驚怪文殊師利如來亦復如
是以禪定智慧力得法國土王於三界而諸
魔王不肯順伏如來賢聖諸將與之共戰其
有功者心亦歡喜於四衆中為說諸經令其
心悅賜以禪定解脫无漏根力諸法之財又復
賜與涅槃之城言得滅度引導其心令皆歡
喜而不為說是法華經文殊師利如轉輪
王見諸兵衆有大功者心甚歡喜以此難信
之珠久在髻中不妄與人而今與之如來亦
復如是於三界中為大法王以法教化一切
衆生見賢聖軍與五陰魔煩惱魔死魔共
戰有大功勲滅三毒出三界破魔網尒時如來
亦大歡喜此法華經能令衆生至一切智一
切世間多怨難信先所未說而今說之文殊
師利此法華經是諸如來第一之說於諸說
中最為甚深末後賜與如彼强力之王久護
明珠今乃與之文殊師利此法華經諸佛如

BD04664號　妙法蓮華經卷五　（9–8）

是以禪定智慧力得法國土王於三界而諸
魔王不肯順伏如來賢聖諸將與之共戰其
有功者心亦歡喜於四衆中為說諸經令其
心悅賜以禪定解脫无漏根力諸法之財又復
賜與涅槃之城言得滅度引導其心令皆歡
喜而不為說是法華經文殊師利如轉輪
王見諸兵衆有大功者心甚歡喜以此難信
之珠久在髻中不妄與人而今與之如來亦
復如是於三界中為大法王以法教化一切
衆生見賢聖軍與五陰魔煩惱魔死魔共
戰有大功勲滅三毒出三界破魔網尒時如來
亦大歡喜此法華經能令衆生至一切智一
切世間多怨難信先所未說而今說之文殊
師利此法華經是諸如來第一之說於諸說
中最為甚深末後賜與如彼强力之王久護
明珠今乃與之文殊師利此法華經諸佛如
來祕密之藏於諸經中最在其上長夜守護
不妄宣說始於今日乃與汝等而敷演之尒時

BD04664號　妙法蓮華經卷五　（9–9）

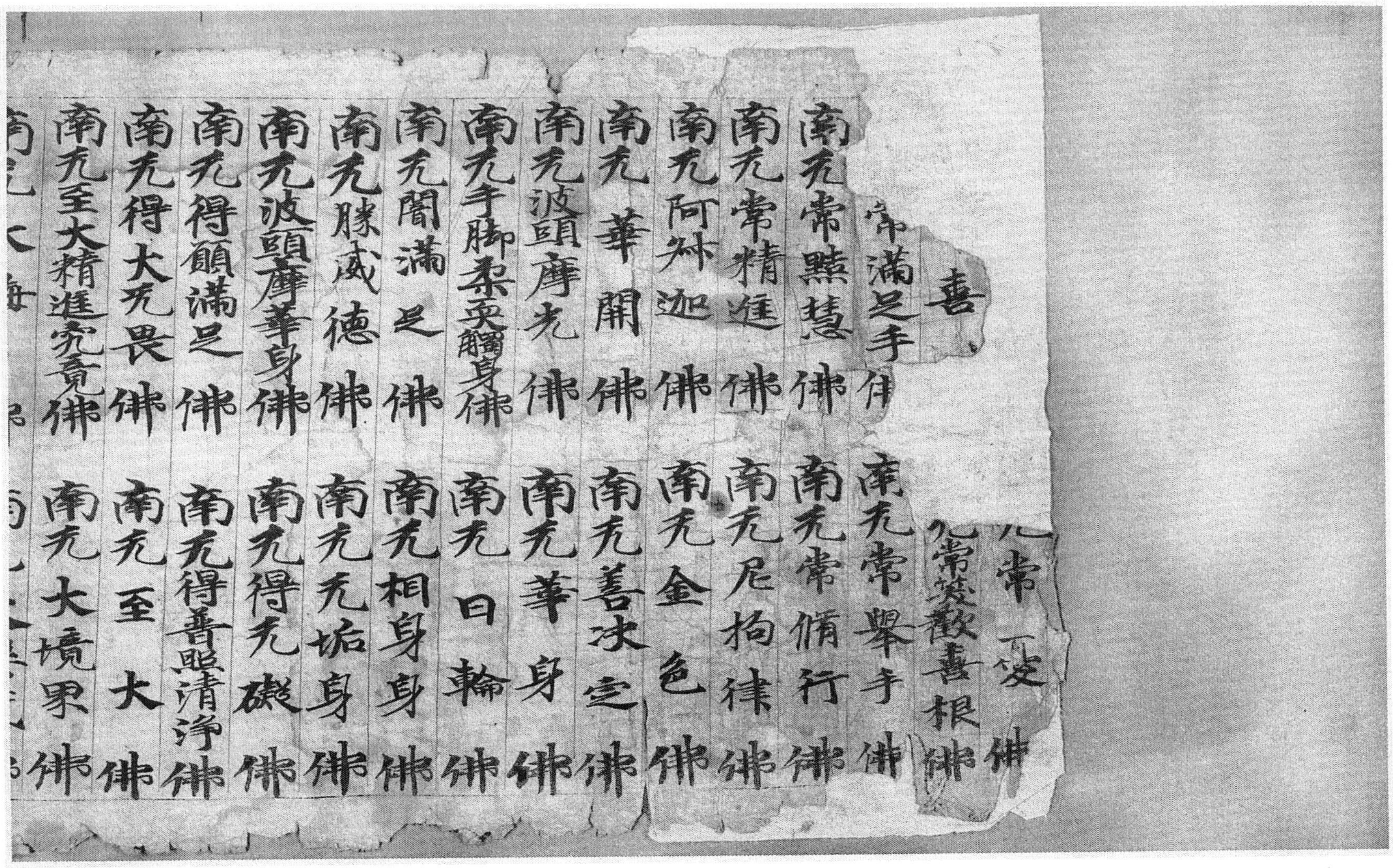

BD04665號　佛名經（十六卷本）卷二　（13–1）

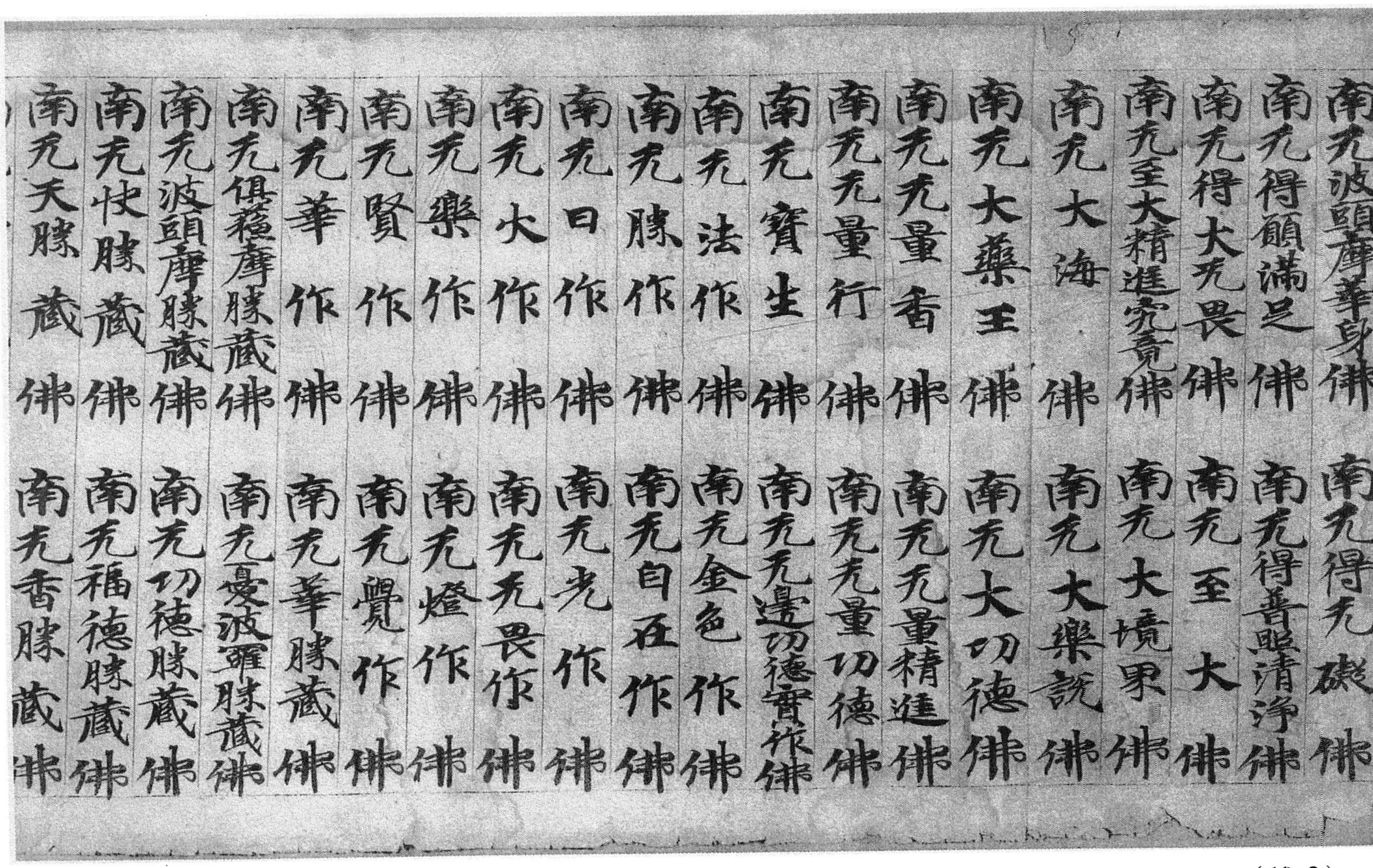

BD04665號　佛名經（十六卷本）卷二　（13–2）

南无華作佛　南无華勝藏佛
南无俱蘓摩勝藏佛　南无憂波羅勝藏佛
南无波頭摩勝藏佛　南无功德勝藏佛
南无快勝藏佛　南无福德勝藏佛
南无天勝藏佛　南无香勝藏佛
南无大雲藏佛　南无那羅延藏佛
南无如來藏佛　南无功德藏佛
南无根藏佛　南无如意藏佛
南无金剛藏佛　南无德藏佛
南无勢羅藏佛　南无山藏佛
南无波頭摩藏佛　南无俱蘓摩藏佛
從此以上一千佛十二部經一切賢聖
南无香藏佛　南无摩尼藏佛
南无賢藏佛　南无善藏佛
南无月无垢藏佛　南无日藏佛
南无照藏佛　南无光明幢佛
南无月幢佛　南无功德幢佛
南无雜華幢佛　南无華幢佛
南无寶幢佛　南无法幢佛
南无自在幢佛　南无寶幢佛

BD04665號　佛名經（十六卷本）卷二　（13–3）

南无月幢佛　南无功德幢佛
南无雜華幢佛　南无華幢佛
南无寶幢佛　南无法幢佛
南无自在幢佛　南无寶幢佛
南无无垢幢佛　南无大幢佛
南无月无垢幢佛　南无普照幢佛
南无弥留幢佛　南无讃妙幢佛
南无放光明幢佛　南无善清淨无垢照幢佛
南无善清淨光明幢佛　南无香光明佛
南无虚空光明佛　南无大光明光明佛
南无寶光明佛　南无火光明佛
南无日光明佛　南无月光明佛
南无日月光明佛　南无无垢光明佛
南无大輪光明佛　南无寶照佛
南无寶光明佛　南无勝威德香光明佛
南无種種多威德王勝光明佛
南无虚空清淨金色莊嚴威德光明佛
南无一切法幻奮迅威德光明佛
南无清淨光明佛　[illegible]佛
南无功德寶光明佛　[illegible]

BD04665號　佛名經（十六卷本）卷二　（13–4）

南无虛空清淨金色莊嚴威德光明佛
南无一切法幻奮迅威德光明佛
南无清淨光明佛 南无[illegible]佛
南无一切德寶光明佛 南无金光光明佛
南无高光明佛 南无放光光明佛
南无俱蘊摩光明佛 南无香光明佛
南无甘露光明佛 南无无量寶花光明佛
南无水月光明佛 南无寶月光明佛
南无弥留光明佛 南无聚集日輪佛
南无雲光明佛 南无勝頭耆婆伽華佛
南无无畏光明佛 南无法力光明佛
南无无垢光明佛 南无清淨光明佛
南无月光明佛 南无日光明佛
南无樹提光明佛 南无然大光明佛
南无焚燒光明佛 南无羅網光明佛
南无大光明佛 南无稱光明佛
南无善光明佛 南无无邊光明佛
南无色光明聲佛 南无虛空聲佛
南无妙鼓聲佛 南无師子聲佛
南无雲聲佛 南无天[illegible]佛

BD04665 號　佛名經（十六卷本）卷二　（13–5）

南无善光明佛 南无无邊光明佛
南无色光明聲佛 南无虛空聲佛
南无妙鼓聲佛 南无師子聲佛
南无雲聲佛 南无天聲佛
南无妙聲佛 南无梵聲佛
南无雲妙鼓聲佛 南无法鼓聲佛
南无法鼓出聲佛 南无聲滿法界聲佛
南无地吼聲佛 南无普遍聲佛
南无師子吼聲佛 南无无量吼聲佛
南无分別吼聲佛 南无驚怖一切魔輪聲佛
南无降伏一切聲聲佛 南无无障礙月慧佛
南无法无垢月佛 南无普照月佛
南无放光明月佛 南无盧舍那月佛
南无解脫月佛 南无稱月佛
南无功德月佛 南无寶月佛
從此以上一千一百佛十二部經一切賢聖
南无滿月佛 南无大月佛
南无月輪清淨佛 南无日月佛
南无月慧佛 南无无垢慧佛
南无湶慧佛 南无式慧佛

BD04665 號　佛名經（十六卷本）卷二　（13–6）

南无滿月佛　南无大月佛
南无月輪清淨佛　南无日月佛
南无月慧佛　南无无垢慧佛
南无深慧佛　南无式慧佛
南无難勝慧佛　南无阿僧祇劫脩習慧佛
南无无量樂功德莊嚴行慧佛
南无无量功德莊嚴佛　南无離劫佛
南无勝功德王莊嚴成德王劫佛
南无自在滅劫佛　南无弥留劫佛
南无金光明色光上佛　南无龍家上佛
南无愛上佛　南无度上佛
南无法上佛　南无金剛上佛
南无威德上佛　南无无垢上佛
南无龍冢上佛　南无寶上佛
南无勝寶上佛　南无涉梨羅上佛
南无天上佛　南无波頭摩上佛
南无香上佛　南无放香佛
南无樂香佛　南无香奮迅佛
南无香烏奮迅佛　南无香烏佛
南无大香烏佛　南无多羅跋香佛

BD04665 號　佛名經（十六卷本）卷二　（13–7）

南无香上佛　南无放香佛
南无樂香佛　南无香奮迅佛
南无香烏奮迅佛　南无香烏佛
南无大香烏佛　南无多羅跋香佛
南无香佛　南无无邊香佛
南无普遍香佛　南无薰香佛
南无多伽羅香佛　南无栴檀香佛
南无蔔陁羅香佛　南无波頭摩香佛
南无波頭摩手佛　南无波頭眼佛
南无波頭摩莊嚴佛　南无波頭摩起佛
南无波頭摩勝佛　南无月勝佛
南无身勝佛　南无驚怖勝佛
南无驍勝雲佛　南无功德成就雲佛
南无寶雲佛　南无功德雲佛
南无雲讃佛　南无普讃佛
南无聖讃佛　南无功德讃佛
南无普遍讃佛　南无精進讃佛
南无精進善佛　南无上善佛
南无寶善佛　南无師子善佛
南无龍善佛　南无寶善佛

BD04665 號　佛名經（十六卷本）卷二　（13–8）

南无精進喜佛　南无上喜佛
南无寶喜佛　南无師子喜佛
南无龍喜佛　南无寶喜佛
南无寶智佛　南无喜去佛
南无善知寂靜去佛　南无大勢佛
南无甘露勢佛　南无金剛勢佛
南无无垢處勢佛　南无不動處勢佛
南无三果處勢佛　南无三昧處勢佛
南无定處勢佛　南无不動處勢佛
南无高去佛　南无寂滅去佛
南无師子奮迅去佛　南无善步去佛
南无无盡慧佛　南无海慧佛
南无任慧佛　南无勝慧佛
南无滅諸惡慧佛　南无寂靜慧佛
南无脩行慧佛　南无堅慧佛
南无堅慧佛　南无善清淨慧佛
南无大慧佛　南无普慧佛
從此以上一千二百佛十二部經一切賢聖
南无无邊慧佛　南无威德慧佛

BD04665 號　佛名經（十六卷本）卷二　（13–9）

南无大慧佛　南无普慧佛
從此以上一千二百佛十二部經一切賢聖
南无无邊慧佛　南无威德慧佛
南无世慧佛　南无上慧佛
南无妙慧佛　南无忕慧佛
南无觀慧佛　南无稱意佛
南无廣慧佛　南无旃檀滿慧佛
南无覺慧佛　南无法慧佛
南无師子慧佛　南无帝慧佛
南无世慧佛　南无寶慧佛
南无金剛慧佛　南无清淨慧佛
南无勝慧佛　南无勝積佛
南无勇猛積佛　南无般若積佛
南无樂說積佛　南无香積佛
南无寶積佛　南无寶髻佛
南无功德髻佛　南无天髻佛
南无龍髻佛　南无大髻佛
南无弥留聚佛　南无大聚佛
南无火聚佛　南无寶聚佛
南无寶手佛　南无柔耎佛

BD04665 號　佛名經（十六卷本）卷二　（13–10）

南无龍踞佛　南无大踞佛
南无弥留聚佛　南无大聚佛
南无火聚佛　南无寶聚佛
南无寶手佛　南无柔耎佛
南无寶印佛　南无寶光明奮迅思惟佛
南无寶大圍繞佛　南无寶天佛
南无寶勝佛　南无寶高佛
南无寶堅佛　南无寶波頭摩佛
南无寶念佛　南无寶力佛
南无寶山佛　南无寶炎佛
南无寶火達遠佛　南无寶照佛
南无放照佛　南无迭共花佛
南无妙說佛　南无月說佛
南无金剛說佛　南无寶說佛
南无寶杖佛　南无无量寶杖佛
南无法杖佛　南无无邊杖佛
南无无垢杖佛　南无寶蓋佛
南无均寶蓋佛　南无摩尼蓋佛
南无金蓋佛　南无奮迅王佛
南无增上火成就王佛　南无增上勇猛佛

BD04665號　佛名經（十六卷本）卷二　（13–11）

南无无垢杖佛　南无寶蓋佛
南无均寶蓋佛　南无摩尼蓋佛
南无金蓋佛　南无奮迅王佛
南无增上火成就王佛　南无增上勇猛佛
南无勇施佛　南无智施佛
南无然燈佛　南无然燈火佛
南无清淨燈佛　南无功德然燈佛
南无福德然燈佛　南无寶然燈佛
南无火然燈佛　南无无邊然燈佛
南无寶火然燈佛　南无普然燈佛
南无月然燈佛　南无然燈佛
南无日月然燈佛　南无雲聲然燈佛
南无大海然燈佛　南无忍辱輪然燈佛
南无世然燈佛　南无光明遍十方然燈佛
南无照諸趣然燈佛　南无破諸闇然燈佛
南无一切世成就然燈佛　南无蘇摩見佛
南无不散佛　南无散華佛
南无不散花佛　南无放光明佛
南无千光明佛　南无六十光明佛
南无觀光明佛　南无无障礙光明佛

BD04665號　佛名經（十六卷本）卷二　（13–12）

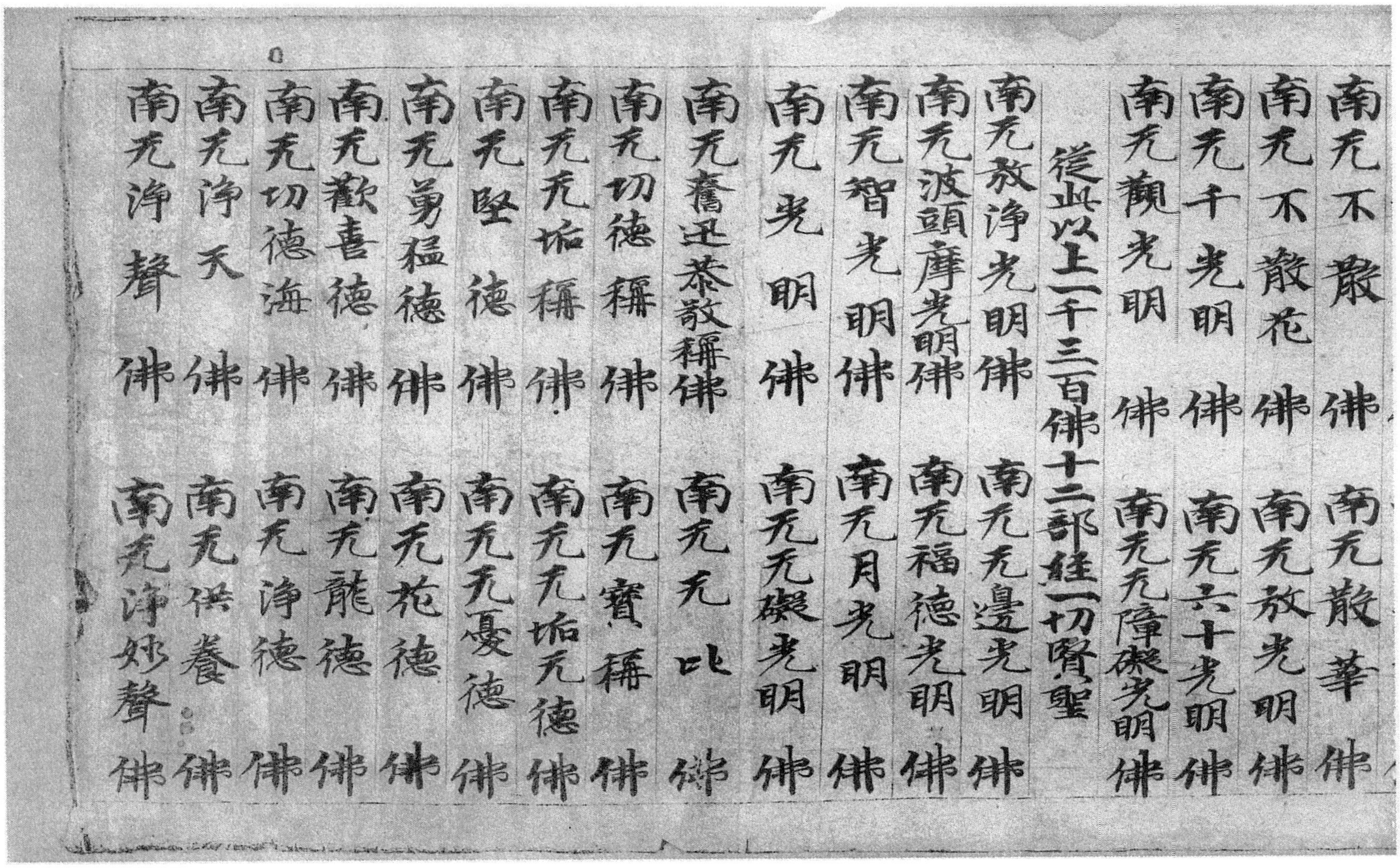

南无不散佛　南无散華佛
南无散花佛　南无放光明佛
南无千光明佛　南无六十光明佛
南无觀光明佛　南无无障礙光明佛
從此以上一千三百佛十二部經一切賢聖
南无放淨光明佛　南无无邊光明佛
南无波頭摩光明佛　南无福德光明佛
南无智光明佛　南无月光明佛
南无光明佛　南无无礙光明佛
南无奮迅荼敬稱佛　南无无比佛
南无切德稱佛　南无寶稱佛
南无无垢稱佛　南无无垢无德佛
南无堅德佛　南无无憂德佛
南无勇猛德佛　南无花德佛
南无歡喜德佛　南无龍德佛
南无切德海佛　南无淨德佛
南无淨天佛　南无供養佛
南无淨聲佛　南无淨妙聲佛

BD04665 號　佛名經（十六卷本）卷二　（13–13）

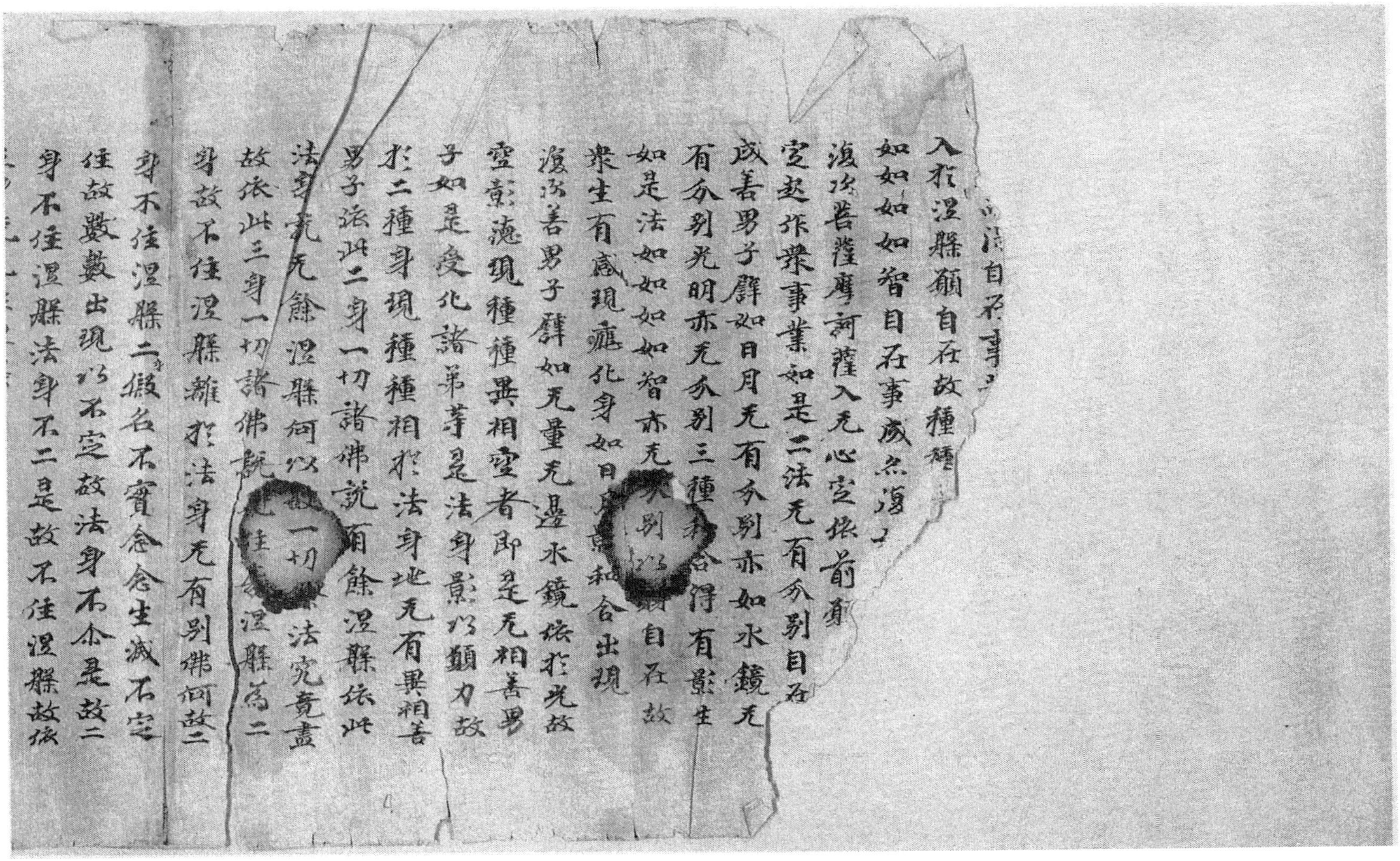

法自在事
入於涅槃顯自在故種種
如如如如智自在事成就復
復次菩薩摩訶薩入无心定依前願
定起作衆事業如是二法无有分別自在
成善男子譬如日月无有分別亦如水鏡无
有分別光明亦无分別三種和合得有影生
如是法如如如如智亦无分別以願自在故
衆生有感現應化身如日月影和合出現
復次善男子譬如无量无邊水鏡依於光故
空影得現種種異相空者即是无相善男
子如是受化諸弟子等是法身影以願力故
於二種身現種種相於法身地无有異相善
男子依此二身一切諸佛說有餘涅槃依此
法身說无餘涅槃何以故一切餘法究竟盡
故依此三身一切諸佛說无住涅槃為二
身故不住涅槃離於法身无有別佛何故二
身不住涅槃二身假名不實念念生滅不定
住故數數出現以不定故法身不尒是故二
身不住涅槃法身不二是故不住涅槃故依

BD04666 號　金光明最勝王經卷二　（17–1）

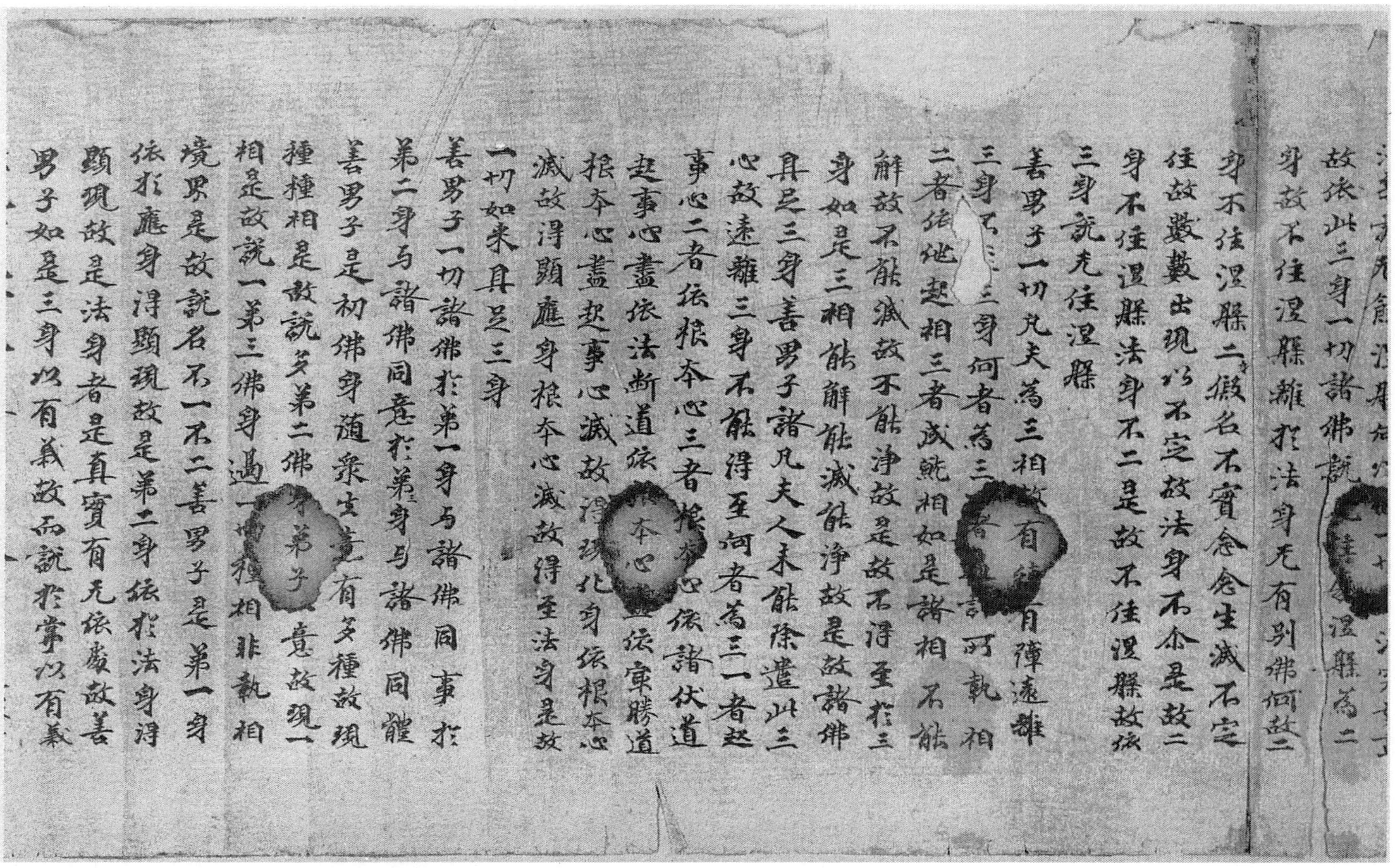
故依此三身一切諸佛說[illegible]涅槃為二
身故不住涅槃離於法身无有別佛何故二
身不住涅槃二假名不實念念生滅不定
住故數數出現以不定故法身不尒是故二
身不住涅槃法身不二是故不住涅槃故依
三身說无住涅槃
善男子一切凡夫為三相故有縛有障遠離
三身不至三身何者為三一者遍計所執相
二者依他起相三者成就相如是諸相不能
解故不能滅故不能淨故是故不得至於三
身如是三相能解能滅能淨故是故諸佛
具足三身善男子諸凡夫人未能除遣此三
心故遠離三身不能得至何者為三一者起
事心二者依根本心三者根本心依諸伏道
起事心盡依法斷道依本心滅依最勝道
根本心盡起事心滅故得顯化身依根本心
滅故得顯應身根本心滅故得至法身是故
一切如來具足三身
善男子一切諸佛於第一身與諸佛同事於
第二身與諸佛同意於第三身與諸佛同體
善男子是初佛身隨衆生意有多種故現
種種相是故說多第二佛身弟子一意故現一
相是故說一第三佛身過一切種相非執相
境界是故說名不一不二善男子是第一身
依於應身得顯現故是第二身依於法身得
顯現故是法身者是真實有无依處故善
男子如是三身以有義故而說於常以有義

BD04666 號　金光明最勝王經卷二　（17–2）

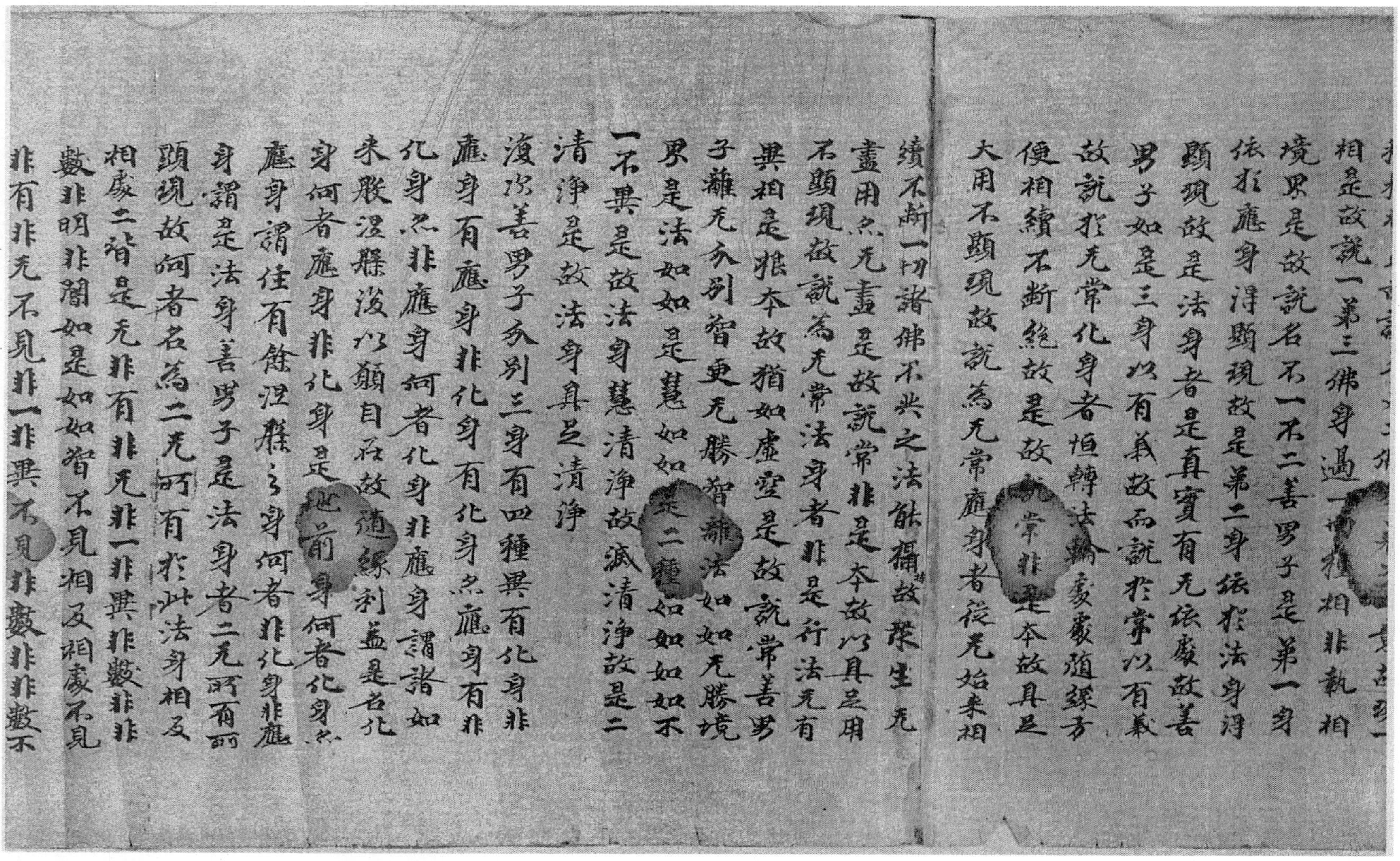
相是故說一第三佛身過一切種相非執相
境界是故說名不一不二善男子是第一身
依於應身得顯現故是第二身依於法身得
顯現故是法身者是真實有无依處故善
男子如是三身以有義故而說於常以有義
故說於无常化身者恒轉法輪處處隨緣方
便相續不斷絕故是故說常非是本故具足
大用不顯現故說為无常應身者從无始來相
續不斷一切諸佛不共之法能攝持故衆生无
盡用亦无盡是故說常非是本故以具足用
不顯現故說為无常法身者非是行法无有
異相是根本故猶如虛空是故說常善男
子離无分別智更无勝智離法如如无勝境
界是法如如是慧如如是二種如如如如不
一不異是故法身慧清淨故滅清淨故是二
清淨是故法身具足清淨
復次善男子分別三身有四種異有化身非
應身有應身非化身有化身亦應身有非
化身亦非應身何者化身非應身謂諸如
來般涅槃後以願自在故隨緣利益是名化
身何者應身非化身是地前身何者化身亦
應身謂住有餘涅槃之身何者非化身非應
身謂是法身善男子是法身者二无所有所
顯現故何者名為二无所有於此法身相及
相處二皆是无非有非无非一非異非數非非
數非明非闇如是如如智不見相及相處不見
非有非无不見非一非異不見非數非非數不

BD04666 號　金光明最勝王經卷二　（17–3）

身何者應身非化身是地前身何者化身亦
應身謂住有餘涅槃之身何者非化身非應
身謂是法身善男子是法身者二无所有所
顯現故何者名為二无所有於此法身相及
相處二皆是无非有非无非一非異非數非非
數非明非闇如是如如智不見相及相處不見
非有非无不見非一非異不見非數非非數不
見非明非闇是故當知境界清淨智慧清
淨不可分別无有中間為滅道本故於此法
身能顯如來種種事業
善男子是身因緣境界處所果依於本難
思議故若了此義是身即是大乘是如來性
是如來藏依於此身得發初心修行地心而得
顯現不退地心亦皆得現一生補處心金剛
之心如來之心而悉顯現无量无邊如來妙
法皆悉顯現依此法身不可思議摩訶三昧
而得顯現依此法身得現一切大智是故二身
依於三昧依於智慧而得顯現如此法身依
於自體說常說我依大三昧故說於樂依於
大智故說清淨是故如來常住自在安樂清
淨依大三昧一切禪定首楞嚴等一切念處
大法念等大慈大悲一切陀羅尼一切神通
一切自在一切法平等攝受如是佛法悉皆
出現依此大智十力四无所畏四无礙辯一百
八十不共之法一切希有不可思議法悉皆
顯現譬如依如意寶珠无量无邊種種珎寶
悉皆得現如是大依三昧寶依大智慧寶能

BD04666號　金光明最勝王經卷二　（17–4）

一切自在一切法平等攝受如是佛法悉皆
出現依此大智十力四无所畏四无礙辯一百
八十不共之法一切希有不可思議法悉皆
顯現譬如依如意寶珠无量无邊種種珎寶
悉皆得現如是大依三昧寶依大智慧寶能
出種種无量无邊諸佛妙法善男子如是法
身三昧智慧過一切相不著於相不可分別
非常非斷是名中道雖有分別體无分別雖
有三數而无三體不增不減猶如夢幻亦无
所執亦无能執法體如如是解脫處過死王
境越生死闇一切衆生不能修行所不能至
一切諸佛菩薩之所住處善男子譬如有人
願欲得金處處求覓遂得金礦既得礦已
即便碎之擇取精者爐中銷鍊得清淨金隨
意迴轉作諸鐶釧種種嚴具雖有諸用金性
不改
復次善男子若善男子善女人求勝解脫修
行世善得見如來及弟子衆得親近已白佛
言世尊何者為善何者不善何者正修得清
淨行諸佛如來及弟子衆見彼問時如是思
惟是善男子善女人欲求清淨欲聽正法即便
為說令其開悟彼既聞已正念憶持發心修行
得精進力除懶惰障滅一切罪於諸學處
離不尊重息掉悔心入於初地依初地心除
利有情障得入二地於此地中除不逼惱障
入於三地於此地中除心軟淨障入於四地
於此地中除善方便障入於五地於此地中
除見真俗障入於六地於此地中除見行相

BD04666號　金光明最勝王經卷二　（17–5）

雜不尊重息捭悔心入於初地依初地心除
利有情障得入二地於此地中除不逼惱障
入於三地於此地中除心軟淨障入於四地
於此地中除善方便障入於五地於此地中
除見真俗障入於六地於此地中除見行相
障入於七地於此地中除不見滅相障入於
八地於此地中除不見生相障入於九地於
此地中除六通障入於十地於此地中除所
知障除根本心入如來地如來地者由三淨
故名極清淨云何為三一者煩惱淨二者苦
淨三者相淨譬如真金鎔銷治鍊既燒打已
无復塵垢為顯金性本清淨故金體清淨
非謂无金譬如濁水澄渟清淨无復滓穢為
顯水性本清淨故非謂无水如是法身與煩惱
雜苦集除已无復餘習為顯佛性本清淨故
非謂无體譬如虛空烟雲塵霧之所障蔽若
除屏已是空界淨非謂无空如是法身一切
眾苦悉皆盡故說為清淨非謂无體譬如有
人於睡夢中見大河水漂泛其身運手動足
截流而渡得至彼岸由彼身心不懈退故從
夢覺已不見有水彼此岸別非謂无心生死
妄想既滅盡已是覺清淨非謂无覺如是法
界一切妄想不復生故說為清淨非是諸佛
無其實體
復次善男子是法身者惑障清淨能現應身
業障清淨能現化身智障清淨能現法身
譬如依空出電依電出光如是依法身故能現
應身依應身故能現化身由性淨故能現法身

BD04666號　金光明最勝王經卷二　（17-6）

界一切妄想不復生故說為清淨非是諸佛
無其實體
復次善男子是法身者惑障清淨能現應身
業障清淨能現化身智障清淨能現法身
譬如依空出電依電出光如是依法身故能現
應身依應身故能現化身由性淨故能現法身
智慧清淨能現應身三昧清淨能現化身此
三清淨是法如如不異如如一味如如解脫
如如究竟如如是故諸佛體无有異善男子
若有善男子善女人說於如來是我大師若
作如是決定信者此人即應深心解了如來
之身无有別異善男子以是義故於諸境界
不正思惟悉皆除斷即知彼法无有二相亦
無分別聖所修行如如於彼无有二相正修行
故如是如是一切諸障悉皆除滅如如一切障
滅如是如是法如如如如智得最清淨如如
法界正智清淨如是如是一切自在具足攝
受皆得成就一切諸障悉皆除滅一切諸
障得清淨故是名真如正智真實之相如
是見者是名聖見是則名為真實見佛何以
故如實得見法真如故是故諸佛悉能普見
一切如來何以故聲聞獨覺已出三界求真實
境不能知見如是聖人所不知見一切凡夫
皆生疑惑顛倒分別不能得度如兔浮海
必不能過所以者何力微劣故凡夫之人亦
復如是不能通達法如如故然諸如來无分
別心於一切法得大自在具足清淨深智慧
故是自境界不共他故是故諸佛如來於无

BD04666號　金光明最勝王經卷二　（17-7）

皆生疑惑顛倒分別不能得度如兔浮海
必不能過所以者何力微劣故凡夫之人亦
復如是不能通達法如如故然諸如來无分
別心於一切法得大自在具足清淨深智慧
故是自境界不共他故是故諸佛如來於无
量无邊阿僧祇劫不惜身命難行苦行方
得此身最上无比不可思議過言說境是妙
寂靜離諸怖畏
善男子如是知見法真如者無生老死壽
命無限無有睡眠亦無飢渴心常在定无
有散動若於如來起諍論心是則不能見
於如來諸佛所說皆能利益有聽聞者無
不解脫諸惡禽獸惡人惡鬼不相逢值由聞
法故果報无盡然諸如來无无記事一切境
界無欲之心生死涅槃无有異想如來所說
无不決定諸佛如來四威儀中无非智攝一
切諸法无有不為慈悲所攝无有不為利益
安樂諸眾生者善男子若有善男子善女人
於此金光明經聽聞信解不墮地獄餓鬼
傍生阿蘇羅道常處人天不生下賤恒得親
近諸佛如來聽受正法常生諸佛清淨國土
所以者何由得聞此甚深法故是善男子善
女人則為如來已知已記當得不退阿耨多
羅三藐三菩提若善男子善女人於此甚深
微妙之法一經耳者當知是人不謗如來不
毀正法不輕聖眾一切眾生未種善根令得
種故已種善根令增長成熟故一切世界所

BD04666號　金光明最勝王經卷二　（17-8）

女人則為如來已知已記當得不退阿耨多
羅三藐三菩提若善男子善女人於此甚深
微妙之法一經耳者當知是人不謗如來不
毀正法不輕聖眾一切眾生未種善根令得
種故已種善根令增長成熟故一切世界所
有眾生皆勸修行六波羅蜜多
爾時虛空藏菩薩梵釋四王諸天眾等即從
座起偏袒右肩合掌恭敬頂禮佛足白佛言
世尊若所在處講說如是金光明王微妙經
典於其國土有四種利益何者為四一者國
王軍眾強盛无諸怨敵離諸疫病壽命延
長吉祥安樂正法興顯二者中宮妃后王子
諸臣和悅无諍離於諂佞王所愛重三者沙
門婆羅門及諸國人修行正法无病安樂无
枉死者於諸福田悉皆修立四者於三時中四
大調適常為諸天增加守護慈悲平等无
傷害心令諸眾生歸敬三寶皆願修習菩提
之行是為四種利益之事世尊我等亦常為
弘經故隨逐如是持經之人所在住處為作
利益佛言善哉善哉善男子如是如是汝等
應當勤心流布此妙經王則令正法久住於世
金光明最勝王經夢見懺悔品第四
爾時妙幢菩薩親於佛前聞妙法已歡喜踊
躍一心思惟遂至本處於夜夢中見大金鼓
光明晃耀猶如日輪於此光中得見十方無
量諸佛於寶樹下坐瑠璃座无量百千大眾
圍繞而為說法見一婆羅門桴擊金鼓出大
音聲聲中演說微妙伽他明懺悔法妙幢聞

BD04666號　金光明最勝王經卷二　（17-9）

爾時妙幢菩薩親於佛前聞妙法已歡喜踊
躍一心思惟還至本處於夜夢中見大金鼓
光明晃耀猶如日輪於此光中得見十方無
量諸佛於寶樹下坐琉璃座無量百千大眾
圍遶而為說法見一婆羅門桴擊金鼓出大
音聲聲中演說微妙伽他明懺悔法妙幢聞
已皆悉憶持繫念而住至天曉已與無量百
千大眾圍遶持諸供具出王舍城詣鷲峯
山至世尊所礼佛足已布設香花右繞三匝
退坐一面合掌恭敬瞻仰尊顏白佛言世尊
我於夢中見婆羅門以手執桴擊妙金鼓出
大音聲聲中演說微妙伽他明懺悔法我皆
憶持唯願世尊降大慈悲聽我所說即於佛
前而說頌曰

我於昨夜中　夢見大金鼓　其形極姝妙　周遍有金光
猶如盛日輪　光明皆普曜　充滿十方界　咸見於諸佛
在於寶樹下　各處琉璃座　無量百千眾　恭敬而圍遶
有一婆羅門　以桴擊金鼓　於其鼓聲內　說此妙伽他

金光明鼓出妙聲　遍至三千大千界
能滅三塗極重罪　及以人中諸苦厄
由此金鼓聲威力　永滅一切煩惱障
斷除怖畏令安隱　譬如自在牟尼尊
佛於生死大海中　積行修成一切智
能令眾生覺品具　究竟咸歸功德海
由此金鼓出妙聲　普令聞者獲梵響
證得無上菩提果　常轉清淨妙法輪
住壽不可思議劫　隨機說法利群生
能斷煩惱眾苦流　貪瞋癡等皆除滅

BD04666號　金光明最勝王經卷二　（17–10）

能令眾生覺品具　究竟咸歸功德海
由此金鼓出妙聲　普令聞者獲梵響
證得無上菩提果　常轉清淨妙法輪
住壽不可思議劫　隨機說法利群生
能斷煩惱眾苦流　貪瞋癡等皆除滅
若有眾生處惡趣　大火猛焰周遍身
若得聞是妙鼓音　即能離苦歸依佛
皆得成就宿命智　能憶過去百千生
悉皆正念牟尼尊　得聞如來甚深教
由聞金鼓勝妙音　常得親近於諸佛
悉能捨離諸惡業　純修清淨諸善品
一切天人有情類　慇重至誠祈願者
得聞金鼓妙音聲　能令所求皆滿足
眾生墮在無間獄　猛火炎熾苦焚身
無有救護處輪迴　聞者能令苦除滅
人天餓鬼傍生中　所有現受諸苦難
得聞金鼓發妙響　皆蒙離苦得解脫

現在十方界　常住兩足尊　願以大悲心　哀愍憶念我
眾生無歸依　亦無有救護　為如是等類　能作大歸依
我先所作罪　極重諸惡業　今對十力前　至心皆懺悔
我不信諸佛　亦不敬尊親　不務修眾善　常造諸惡業
或自恃尊高　種姓及財位　盛年行放逸　常造諸惡業
心恒起邪念　口陳於惡言　不見於過罪　常造諸惡業
恒作愚夫行　無明闇覆心　隨順不善友　常造諸惡業
或因諸戲樂　或復懷憂惱　為貪瞋所纏　故我造諸惡
親近不善人　及由慳嫉意　貧窮行諂誑　故我造諸惡
雖不樂眾過　由有怖畏故　及不得自在　故我造諸惡

BD04666號　金光明最勝王經卷二　（17–11）

心恒起罪念　口陳於惡言　不見於過罪　常造諸惡業
恒作愚夫行　無明闇覆心　隨順不善友　常造諸惡業
或因諸戲樂　或復懷憂惱　為貪瞋所纏　故我造諸惡
親近不善人　及由慳嫉意　貧窮行謟曲　故我造諸惡
雖不樂眾過　由有怖畏故　及不得自在　故我造諸惡
或為躁動心　或因瞋恚恨　及以飢渴惱　故我造諸惡
由飲食衣服　及貪愛女人　煩惱火所燒　故我造諸惡
於佛法僧眾　不生恭敬心　作如是眾罪　我今悉懺悔
於獨覺菩薩　亦无恭敬心　作如是眾罪　我今悉懺悔
無知謗正法　不孝於父母　作如是眾罪　我今悉懺悔
由愚癡憍慢　及以貪瞋力　作如是眾罪　我今悉懺悔
我於十方界　供養无數佛　當願拔眾生　令離諸苦難
願一切有情　皆令住十地　福智圓滿已　成佛導群迷
我為諸眾生　苦行百千劫　以大智慧力　皆令出苦海
我為諸含識　演說甚深經　最勝金光明　能除諸惡業
若人百千劫　造諸極重罪　暫時能發露　眾惡盡消除
依此金光明　作如是懺悔　由斯能速盡　一切諸苦業
勝定百千種　不思議總持　根力覺道支　修習常无倦
我當至十地　具足珍寶處　圓滿佛功德　濟度生死流
我於諸佛海　甚深功德藏　妙智難思議　皆令得具足
唯願十方佛　觀察護念我　皆以大悲心　哀受我懺悔
我於多劫中　所造諸惡業　由斯生苦惱　哀愍願消除
我造諸惡業　常生憂怖心　於四威儀中　曾无歡樂想
諸佛具大悲　能除眾生怖　願受我懺悔　令得離憂苦
我有煩惱障　及以諸報業　願以大悲水　洗濯令清淨
我先作諸罪　及現造惡業　至心皆發露　咸願得蠲除
未來諸惡業　防護令不起　設令有違者　終不敢覆藏
身三語四種　意業復有三　繫縛諸有情　無始恒相續

BD04666號　金光明最勝王經卷二

（17–12）

諸佛具大悲　能除眾生怖　願受我懺悔　令得離憂苦
我有煩惱障　及以諸報業　願以大悲水　洗濯令清淨
我先作諸罪　及現造惡業　至心皆發露　咸願得蠲除
未來諸惡業　防護令不起　設令有違者　終不敢覆藏
身三語四種　意業復有三　繫縛諸有情　無始恒相續
由斯三種行　造作十惡業　如是眾多罪　我今皆懺悔
我造諸惡業　苦報當自受　今於諸佛前　至誠皆懺悔
於此贍部洲　及他方世界　所有諸善業　今我皆隨喜
願離十惡業　修行十善道　安住十地中　常見十方佛
我以身語意　所修福智業　願以此善根　速成无上慧
我今親對十力前　發露多眾苦難事
凡愚迷惑三有難　恒造極重惡業難
我所積集欲邪難　常起貪愛流轉難
於此世間耽著難　一切愚夫煩惱難
狂心散動顛倒難　及以親近惡友難
於生死中貪染難　瞋癡闇鈍造罪難
生八无暇惡處難　未曾積集功德難
我今皆於最勝前　懺悔无邊罪惡業
我今歸依諸善逝　我禮德海无上尊
如大金山照十方　唯願慈悲哀攝受
身色金光淨无垢　目如清淨紺瑠璃
吉祥威德名稱尊　大悲慧日除眾闇
佛日光明常普遍　善淨无垢離諸塵
牟尼月照極清涼　能除眾生煩惱熱
三十二相遍莊嚴　八十隨好皆圓滿
福德難思无與等　如日流光照世間
色如瑠璃淨无垢　猶如滿月處虛空
妙頗梨網映金軀　種種光明以嚴飾

BD04666號　金光明最勝王經卷二

（17–13）

如日光明常普遍　善淨无垢離諸塵
牟尼月照極清涼　能除衆生煩惱熱
三十二相遍莊嚴　八十隨好皆圓滿
福德難思无与等　如日流光照世間
色如瑠璃淨无垢　猶如滿月處虛空
妙頗梨網映金軀　種種光明以嚴飾
於生死苦暴流内　老病憂愁水所漂
如是苦海難堪忍　佛日舒光令永竭
我今稽首一切智　三千世界希有尊
光明晃曜紫金身　種種妙好皆嚴飾
如大海水量難知　大地微塵不可數
如妙高山叵稱量　亦如虛空无有際
諸佛功德亦如是　一切有情不能知
於无量劫諦思惟　無有能知德海岸
盡此大地諸山岳　析如微塵能算知
毛端渧海尚可量　佛之功德无能數
一切有情皆共讚　世尊名稱諸功德
清淨相好妙莊嚴　不可稱量知分齊
我之所有衆善業　願得速成无上尊
廣說正法利群生　悉令解脫於衆苦
降伏大力魔軍衆　當轉无上正法輪
久住劫數難思議　充足衆生甘露味
猶如過去諸最勝　六波羅蜜皆圓滿
滅諸貪欲及瞋癡　降伏煩惱除衆苦
願我常得宿命智　能憶過去百千生
亦常憶念牟尼尊　得聞諸佛甚深法
願我以斯諸善業　奉事无邊最勝尊

BD04666 號　金光明最勝王經卷二　（17–14）

滅諸貪欲及瞋癡　降伏煩惱除衆苦
願我常得宿命智　能憶過去百千生
亦常憶念牟尼尊　得聞諸佛甚深法
願我以斯諸善業　奉事无邊最勝尊
遠離一切不善因　恒得修行真妙法
一切世界諸衆生　悉皆離苦得安樂
所有諸根不具足　令彼身相皆圓滿
若有衆生遭病苦　身形羸瘦无所依
咸令病苦得消除　諸根色力皆充滿
若犯王法當刑戮　衆苦逼迫生憂惱
彼受如斯極苦時　无有歸依能救護
若受鞭杖枷鎖繫　種種苦具切其身
无量百千憂惱時　逼迫身心无暫樂
皆令得免於繫縛　及以鞭杖苦楚事
將臨刑者得命全　衆苦皆令永除盡
若有衆生飢渴逼　令得種種殊勝味
盲者得視聾者聞　跛者能行瘂能語
貧窮衆生獲寶藏　倉庫盈溢无所乏
皆令得受上妙樂　無一衆生受苦惱
一切人天皆樂見　容儀溫雅甚端嚴
悉皆現受无量樂　受用豐饒福德具
隨彼衆生念伎樂　衆妙音聲皆現前
念水即現清涼池　金色蓮花泛其上
隨彼衆生心所念　飲食衣服及床敷
金銀珎寶妙瑠璃　瓔珞莊嚴皆具足
勿令衆生聞惡響　亦復不見有相違
所受容貌悉端嚴　各各慈心相愛樂

BD04666 號　金光明最勝王經卷二　（17–15）

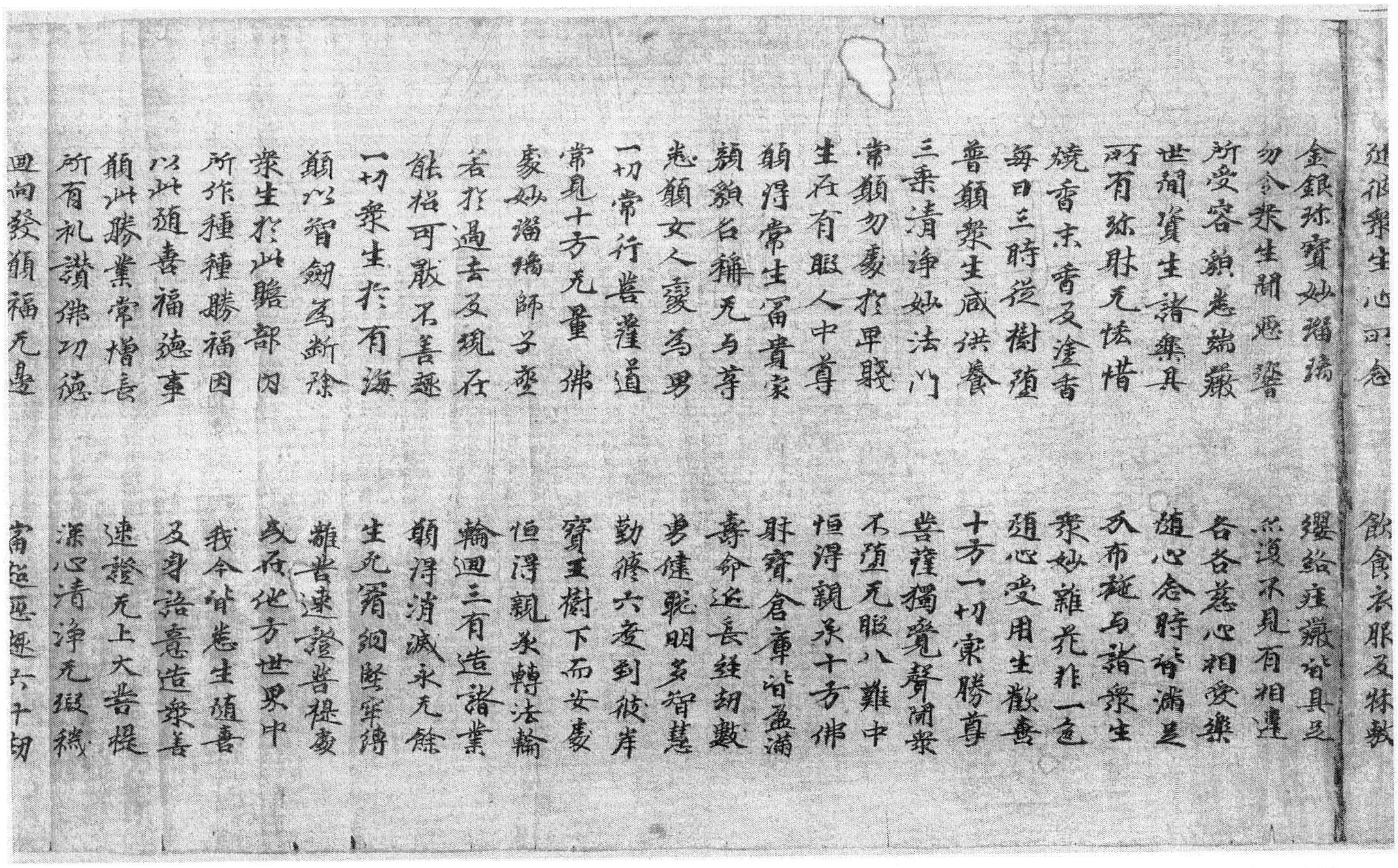

隨彼衆生心所念　飲食衣服及牀敷
金銀珍寶妙瑠璃　瓔珞莊嚴皆具足
勿令衆生聞惡響　亦復不見有相違
所受容顏悉端嚴　各各慈心相愛樂
世間資生諸樂具　隨心念時皆滿足
所有珍財无悋惜　分布施与諸衆生
燒香末香及塗香　衆妙雜花非一色
每日三時從樹墮　隨心受用生歡喜
普願衆生咸供養　十方一切最勝尊
三乘清淨妙法門　菩薩獨覺聲聞衆
常願勿處於卑賤　不墮无暇八難中
生在有暇人中尊　恒得親承十方佛
願得常生富貴家　財寶倉庫皆盈滿
顏貌名稱无与等　壽命延長經劫數
悉願女人變為男　勇健聰明多智慧
一切常行菩薩道　勤修六度到彼岸
常見十方无量佛　寶王樹下而安處
處妙瑠璃師子座　恒得親承轉法輪
若於過去及現在　輪迴三有造諸業
能招可厭不善趣　願得消滅永无餘
一切衆生於有海　生死羂網堅牢縛
願以智劒為斷除　離苦速證菩提處
衆生於此贍部內　或於他方世界中
所作種種勝福因　我今皆悉生隨喜
以此隨喜福德事　及身語意造衆善
願此勝業常增長　速證无上大菩提
所有礼讚佛功德　深心清淨无瑕穢
迴向發願福无邊　當超惡趣六十劫

BD04666號　金光明最勝王經卷二　（17–16）

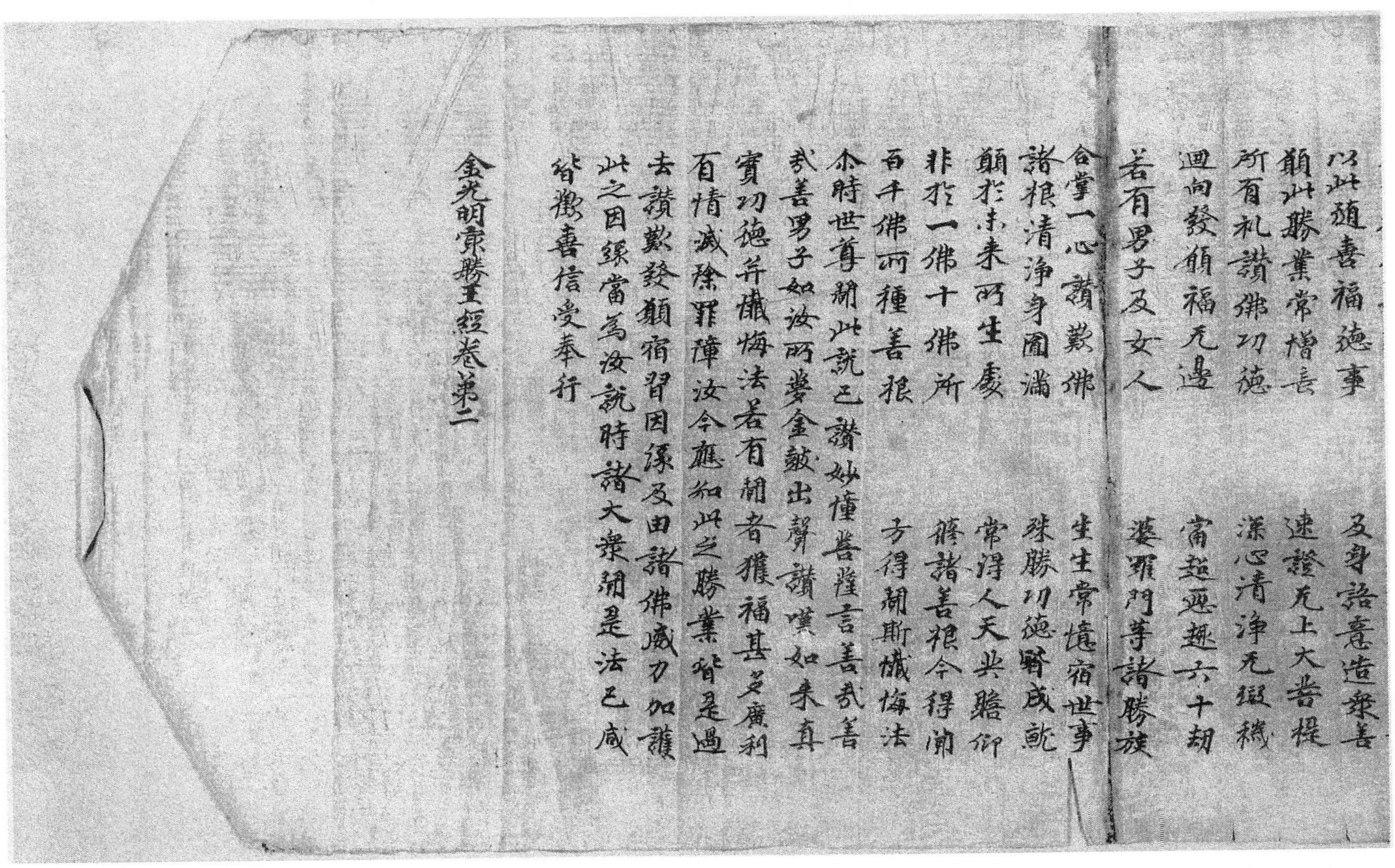

BD04666號　金光明最勝王經卷二　（17–17）

合掌
勝妙
[illegible]主觀察大衆
金光明妙法　最勝諸經王
我當為大衆　宣說如是經
東方阿閦尊　南方寶相佛　[illegible]王壽　北方天鼓音
我復演妙法　吉祥懺中勝　[illegible]切罪　淨除諸惡業
及消衆苦患　常與无量樂　一切智根本　諸功德莊嚴
衆生身不具　壽命將損減　諸惡相現前　天神皆捨離
親友懷瞋恨　眷屬悉分離　彼此共乖違　珍財皆散失
惡星為變怪　或被邪蠱侵　若復多憂愁　衆苦之所逼
睡眠見惡夢　因此生煩惱　是人當澡浴　應著鮮潔衣
於此妙經王　甚深佛所讚　專注心无亂　讀誦聽受持
由此經威力　能離諸災横　及餘衆苦難　无不皆除滅
護世四王衆　及大臣眷屬　无量諸藥叉　一心皆擁衛
大辯才天女　尼連河水神　訶利底母神　堅牢地神衆
梵王帝釋主　龍王緊那羅　及金翅鳥王　阿蘇羅天衆
如是天神等　并將其眷屬　皆來護是人　晝夜常不離
我當說是經　甚深佛行處　諸佛秘密教　千万劫難逢
若有聞是經　能為他演說　若心生隨喜　或設於供養
如是諸人等　當於无量劫　常為諸天人　龍神所恭敬
此福聚无量　數過於恒沙　讀誦是經者　當獲斯功德

BD04667 號　金光明最勝王經卷一　（13–1）

[illegible]
梵王帝釋主　龍王緊那羅　及金翅鳥王　阿蘇羅天衆
如是天神等　并將其眷屬　皆來護是人　晝夜常不離
我當說是經　甚深佛行處　諸佛秘密教　千万劫難逢
若有聞是經　能為他演說　若心生隨喜　或設於供養
如是諸人等　當於无量劫　常為諸天人　龍神所恭敬
此福聚无量　數過於恒沙　讀誦是經者　當獲斯功德
亦為十方尊　深行諸菩薩　擁護持經者　令離諸苦難
供養是經者　如是澡浴身　飲食及香花　恒起慈悲意
若欲聽是經　令心淨无垢　常生歡喜念　能長諸功德
若以尊重心　聽聞是經者　善生於人趣　遠離諸苦難
彼人善根熟　諸佛之所讚　方得聞是經　及以懺悔法
金光明最勝王經如來壽量品第二
尒時王舍大城有一菩薩摩訶薩名曰妙幢已
於過去无量俱胝那庾多百千佛所承事供
養殖諸善根是時妙幢菩薩獨於靜處作是
思惟以何因緣釋迦牟尼如來壽命短促唯
八十年復作是念如佛所說有二因緣得壽
命長云何為二一者不害生命二者施他飲
食然釋迦牟尼如來曾於无量百千万億
无數大劫不害生命行十善道常以飲食惠
施一切飢餓衆生乃至己身血肉骨髓亦持
施與令得飽滿況餘飲食時彼菩薩於世尊
所作是念時以佛威力其室忽然廣博嚴淨
帝青瑠璃種種衆寶雜綵間飾如佛淨土有
妙香氣過諸天香芬馥充滿於其四面各有
上妙師子之座四寶所成以天寶衣而敷其
上復於此座有妙蓮華種種珍寶以為嚴飾
量等如來自然顯現於蓮華上有四如來東

BD04667 號　金光明最勝王經卷一　（13–2）

所作是念時以佛威力其室忽然廣博嚴淨
帝青琉璃種種衆寶雜彩間飾如佛淨土有
妙香氣過諸天香芬馥充滿於其四面各有
上妙師子之座四寶所成以天寶衣而敷其
上復於此座有妙蓮華種種珎寶以為嚴飾
量等如來自然顯現於蓮華上有四如來東
方不動南方寶相西无量壽北天鼓音是四
如來各於其座跏趺而坐放大光明周遍照
耀王舍大城及此三千大千世界乃至十方
恒河沙等諸佛國土雨諸天華奏諸天樂尒
時於此贍部洲中及三千大千世界所有衆
生以佛威力受勝妙樂无有乏少若身不具
皆蒙具足盲者能視聾者得聞瘂者能言
愚者得智若心亂者得本心若衣无者得衣
服被惡賤者人所敬有垢穢者身清潔於此
世間所有利益未曾有事悉皆顯現
尒時妙幢菩薩見四如來及希有事歡喜踊
躍合掌一心瞻仰諸佛殊勝之相亦復思惟
釋迦牟尼如來无量功德唯於壽命生疑惑
心云何如來功德无量壽命短促唯八十年
尒時四佛告妙幢菩薩言善男子汝今不應
思忖如來壽命長短何以故善男子我等不
見諸天世間梵摩沙門婆羅門等人及非人
有能筭知佛之壽量知其齊限唯除无上正
遍知者時四如來欲說釋迦牟尼佛所有壽
量以佛威力欲色界天諸龍鬼神健闥婆阿
蘇羅揭路荼緊那羅莫呼洛伽及无量百千
億那庾多菩薩摩訶薩悉來集會入妙幢菩
薩淨妙室中尒時四佛於大衆中欲顯釋迦

BD04667 號　金光明最勝王經卷一　（13–3）

有能筭知佛之壽量知其齊限唯除无上正
遍知者時四如來欲說釋迦牟尼佛所有壽
量以佛威力欲色界天諸龍鬼神健闥婆阿
蘇羅揭路荼緊那羅莫呼洛伽及无量百千
億那庾多菩薩摩訶薩悉來集會入妙幢菩
薩淨妙室中尒時四佛於大衆中欲顯釋迦
牟尼如來所有壽量而說頌曰
一切諸海水　可知其渧數　无有能數知　釋迦之壽量
折諸妙高山　如芥可知數　无有能數知　釋迦之壽量
一切大地土　可知其塵數　无有能筭知　釋迦之壽量
假使量虛空　可得盡邊際　无有能度知　釋迦之壽量
若人住億劫　盡力常筭數　亦復不能知　世尊之壽量
不害衆生命　及施於飲食　由斯二種因　得壽命長遠
是故大覺尊　壽命難知數　如劫无邊際　壽量亦如是
妙幢汝當知　不應起疑惑　最勝壽无量　莫能知數者
尒時妙幢菩薩聞四如來說釋迦牟尼佛壽
量无限白言世尊云何如來示現如是短促
壽量時四世尊告妙幢菩薩言善男子彼釋
迦牟尼佛於五濁世出現之時人壽百年稟
性下劣善根微薄復无信解此諸衆生多有
我見人見衆生壽者養育邪見我我所見斷
常見等為欲利益此諸異生及衆外道如是
等類令生正解速得成就无上菩提是故釋
迦牟尼如來示現如是短促壽命善男子然
彼如來欲令衆生見涅槃已生難遭想憂苦
等想於佛世尊所說經教速當受持讀誦通
利為人解說不生謗毀是故如來現斯短壽
何以故彼諸衆生若見如來不般涅槃不生恭
敬難遭之想如來所說甚深經典亦不受持

BD04667 號　金光明最勝王經卷一　（13–4）

迦牟尼如來亦現如是施促壽命善男子然
彼如來欲令衆生見涅槃已生難遭想憂苦
等想於佛世尊所說經教速當受持讀誦通
利為人解說不生謗毀是故如來現斯短壽
何以故彼諸衆生若見如來不般涅槃不生恭
敬難遭之想如來所說甚深經典亦不受持
讀誦通利為人宣說所以者何以常見佛不
尊重故善男子譬如有人見其父母多有財
產珍寶豐盈便於財物不生希有難遭之
想所以者何於父財物生常想故善男子彼
諸衆生亦復如是若見如來不入涅槃不生
希有難遭之想所以者何由常見故善男子
譬如有人父母貧窮資財乏少然彼貧人或
詣王家或大臣舍見其倉庫種種珍財悉皆
盈滿生希有心難遭之想時彼貧人為欲求
財廣設方便策勤无怠所以者何為捨貧
窮受安樂故善男子彼諸衆生亦復如是若
見如來入於涅槃生難遭想乃至憂苦等想復
作是念於无量劫諸佛如來出現於世如烏
曇跋花時乃一現彼諸衆生發希有心起難
遭想若遇如來心生敬信聞說正法生實語
想所有經典悉皆受持不生毀謗善男子以
是因緣彼佛世尊不久住世速入涅槃善男
子是諸如來以如是等善巧方便成就衆生
尒時四佛說是語已忽然不現
尒時妙幢菩薩摩訶薩與无量百千菩薩及
无量億那庾多百千衆生俱共往詣鷲峯山
中釋迦牟尼如來正遍知所頂礼佛足在一面
立時妙幢菩薩以如上事具白世尊時四如

BD04667號　金光明最勝王經卷一　（13–5）

尒時四佛說是語已忽然不現
尒時妙幢菩薩摩訶薩與无量百千菩薩及
无量億那庾多百千衆生俱共往詣鷲峯山
中釋迦牟尼如來正遍知所頂礼佛足在一面
立時妙幢菩薩以如上事具白世尊時四如
來亦詣鷲峯至釋迦牟尼佛所各隨本方
就座而坐告侍者菩薩言善男子汝今可詣
釋迦牟尼佛所為我致問少病少惱起居輕
利安樂行不復作是言善哉釋迦牟尼
如來今可演說金光明經甚深法要為欲饒
益一切衆生除去飢饉令得安樂我當隨喜
時彼侍者各詣釋迦牟尼佛所頂礼雙足却
住一面俱白佛言彼天人師致問无量少病
少惱起居輕利安樂行不復作是言善哉善
哉釋迦牟尼如來今可演說金光明經甚深
法要為欲利益一切衆生除去飢饉令得安
樂尒時釋迦牟尼如來應正等覺告彼侍者
諸菩薩言善哉善哉彼四如來乃能為諸衆
生饒益安樂勸請於我宣揚正法尒時世尊而
說頌曰
我常在鷲山　宣說此經寶　成就衆生故　示現般涅槃
凡夫起邪見　不信我所說　為成就彼故　示現般涅槃
時大會中有婆羅門姓憍陳如名曰法師授
記與无量百千婆羅門衆供養佛已聞世尊
說入般涅槃涕淚交流前礼佛足白言世尊若
實如來於諸衆生有大慈悲憐愍利益令得
安樂猶如父母餘无等者能與世間作歸依
處如淨滿月以大智慧能為照明如日初出

BD04667號　金光明最勝王經卷一　（13–6）

時大會中有婆羅門姓憍陳如名曰法師授
記與无量百千婆羅門衆供養佛已聞世尊
説入般涅槃涕淚交流前礼佛足白言世尊若
實如来於諸衆生有大慈悲憐愍利益令得
安樂猶如父母餘无等者能與世間作歸依
處如淨滿月以大智慧能為照明如日初出
普觀衆生愛无偏黨如羅怙羅願世尊施
我一願尒時世尊默然而止佛威力故於此衆
中有梨車毗童子名一切衆生喜見語婆羅
門憍陳如言大婆羅門汝今從佛欲乞何
願我能與汝婆羅門言童子我欲供養无上
世尊今從如来求請舍利如芥子許何以故
我曾聞説若善男子善女人得佛舍利如芥
子許恭敬供養是人當生三十三天而為帝
釋是時童子語婆羅門曰若欲願生三十三
天受勝報者應當至心聽是金光明最勝
王經於諸經中最為殊勝難解難入聲聞
獨覺所不能知此經能生无量无邊福德果
報乃至成辯无上菩提我今為汝略説其事
婆羅門言善哉童子此金光明甚深最上難
解難入聲聞獨覺尚不能知何況我等邊鄙
之人智慧微淺而能解了是故我今求佛舍
利如芥子許持還本處置寶函中恭敬供
養命終之後得為帝釋常受安樂云何汝今
不能為我從明行足求斯一願作是語已尒時
童子即為婆羅門而説頌曰
恒河駃流水　可生白蓮花　黃鳥作白形　黑烏變為赤
假使贍部樹　可生多羅果　朅樹羅枝中　能生菴羅菓

BD04667號　金光明最勝王經卷一　（13–7）

利如芥子許持還本處置寶函中恭敬供
養命終之後得為帝釋常受安樂云何汝今
不能為我從明行足求斯一願作是語已尒時
童子即為婆羅門而説頌曰
恒河駃流水　可生白蓮花　黃鳥作白形　黑烏變為赤
假使贍部樹　可生多羅果　朅樹羅枝中　能生菴羅菓
斯等希有物　或容可轉變　世尊之舍利　畢竟不可得
假使用龜毛　織成上妙服　寒時可披着　方求佛舍利
假使蚊蚋足　可使成樓觀　堅固不搖動　方求佛舍利
假使水蛭蟲　口中生白齒　長大利如鋒　方求佛舍利
假使持兔角　用成於梯隥　可昇上天宮　方求佛舍利
鼠緣此梯上　除去阿蘇羅　能障空中月　方求佛舍利
若蠅飲酒醉　周行村邑中　廣造於舍宅　方求佛舍利
若使驢脣色　赤如頻婆果　善作於歌舞　方求佛舍利
烏与鵂鶹鳥　同共一處遊　彼此相順從　方求佛舍利
假使波羅葉　可成於傘蓋　能遮於大雨　方求佛舍利
假令大船舶　盛滿諸財寶　能令陸地行　方求佛舍利
假使鷦鷯鳥　以嘴銜香山　隨處任遊行　方求佛舍利
尒時法師授記婆羅門聞此頌已亦以伽他答
一切衆生喜見童子曰
善哉大童子　此衆中吉祥　善巧方便心　得佛无上記
如来大威德　能救護世間　仁可至心聽　我今次第説
諸佛境難思　世間无與等　法身性常住　修行无差別
諸佛體皆同　所説法亦尒　諸佛无作者　亦復本无生
世尊金剛體　權現於化身　是故佛舍利　无如芥子許
佛非血肉身　云何有舍利　方便留身骨　為益諸衆生
法身是正覺　法界即如来　此是佛真身　亦説如是法
尒時會中三万二千天子聞説如来壽命長

BD04667號　金光明最勝王經卷一　（13–8）

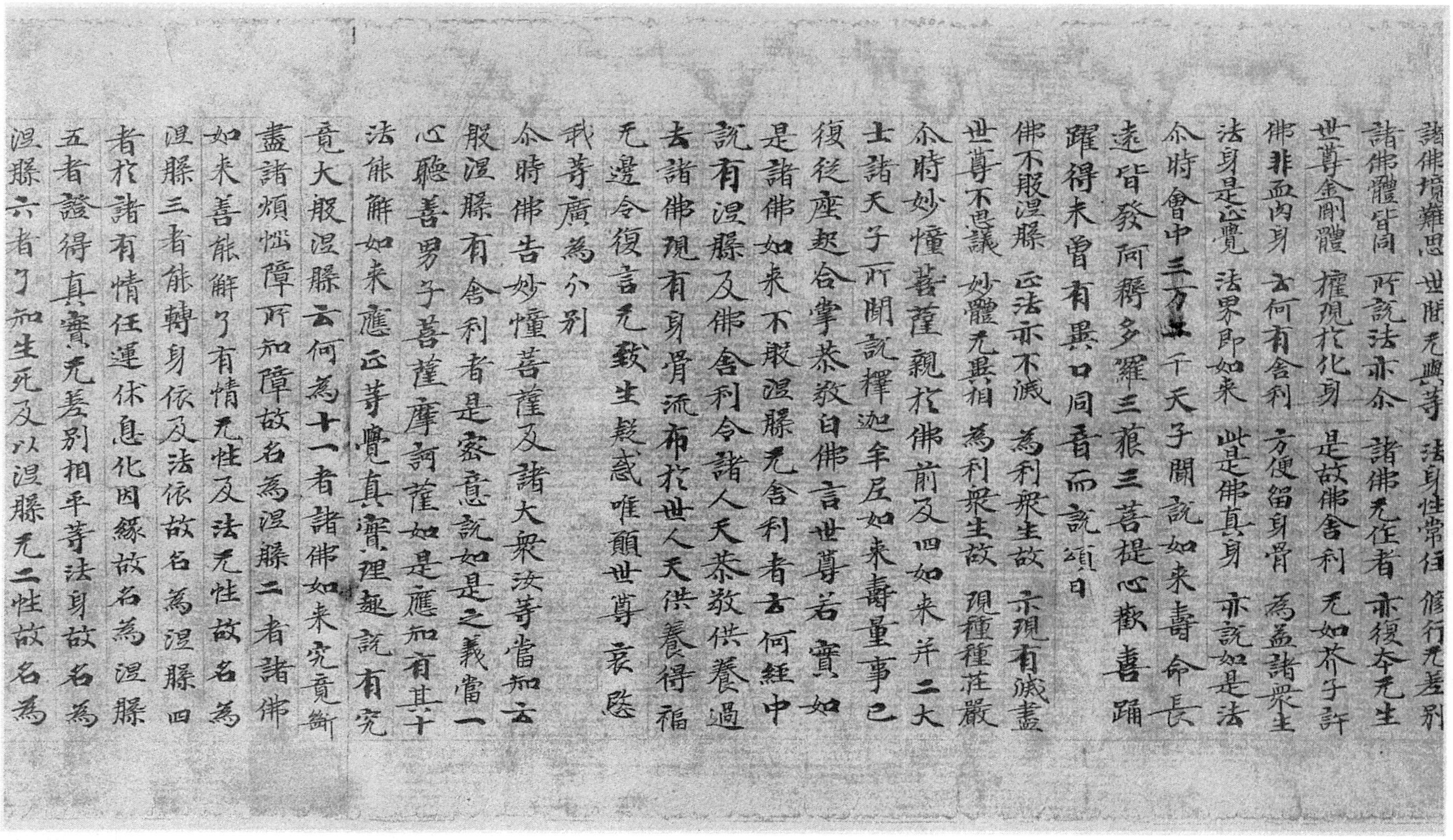

諸佛境難思　世間无與等　法身性常住　修行无差別
諸佛體皆同　所說法亦尒　諸佛无作者　亦復本无生
世尊金剛體　權現扵化身　是故佛舍利　无如芥子許
佛非血肉身　云何有舍利　方便留身骨　為益諸衆生
法身是正覺　法界即如來　此是佛真身　亦說如是法
尒時會中三万二千天子聞說如來壽命長
遠皆發阿耨多羅三藐三菩提心歡喜踊
躍得未曾有異口同音而說頌曰
佛不般涅槃　正法亦不滅　為利衆生故　示現有滅盡
世尊不思議　妙體无異相　為利衆生故　現種種莊嚴
尒時妙幢菩薩親扵佛前及四如來并二大
士諸天子所聞說釋迦牟尼如來壽量事已
復從座起合掌恭敬白佛言世尊若實如
是諸佛如來不般涅槃无舍利者云何經中
說有涅槃及佛舍利令諸人天恭敬供養過
去諸佛現有身骨流布扵世人天供養得福
无邊今復言无致生疑惑唯願世尊哀愍
我等廣為分別
尒時佛告妙幢菩薩及諸大衆汝等當知云
般涅槃有舍利者是密意說如是之義當一
心聽善男子菩薩摩訶薩如是應知有其十
法能解如來應正等覺真實理趣說有究
竟大般涅槃云何為十一者諸佛如來究竟斷
盡諸煩惱障所知障故名為涅槃二者諸佛
如來善能解了有情无性及法无性故名為
涅槃三者能轉身依及法依故名為涅槃四
者扵諸有情任運休息化因緣故名為涅槃
五者證得真實无差別相平等法身故名為
涅槃六者了知生死及以涅槃无二性故名為

BD04667號　金光明最勝王經卷一　（13–9）

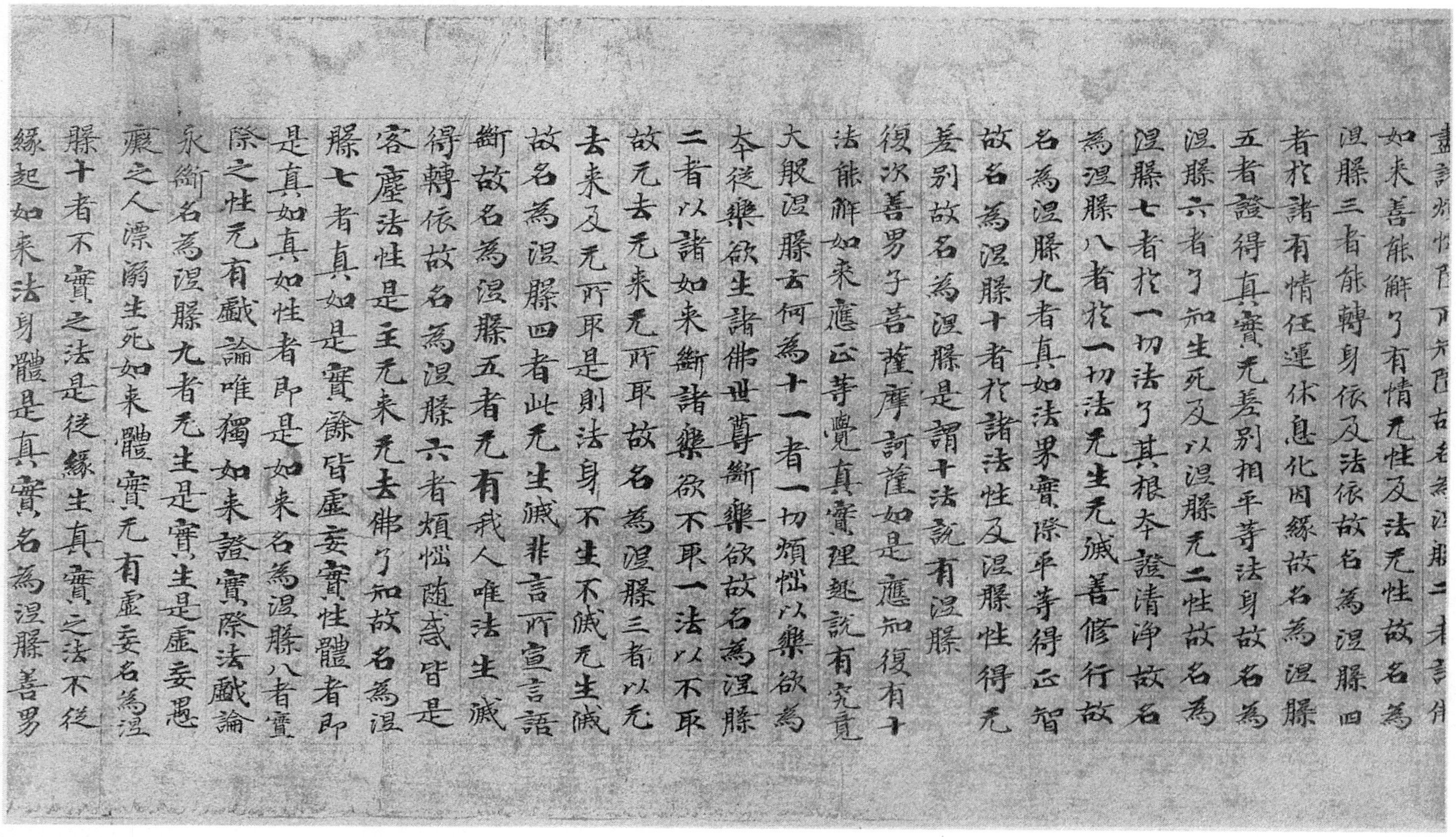

盡諸煩惱障所知障故名為涅槃二者諸佛
如來善能解了有情无性及法无性故名為
涅槃三者能轉身依及法依故名為涅槃四
者扵諸有情任運休息化因緣故名為涅槃
五者證得真實无差別相平等法身故名為
涅槃六者了知生死及以涅槃无二性故名為
涅槃七者扵一切法了其根本證清淨故名
為涅槃八者扵一切法无生无滅善修行故
名為涅槃九者真如法界實際平等得正智
故名為涅槃十者扵諸法性及涅槃性得无
差別故名為涅槃是謂十法說有涅槃
復次善男子菩薩摩訶薩如是應知復有十
法能解如來應正等覺真實理趣說有究竟
大般涅槃云何為十一者一切煩惱以樂欲為
本從樂欲生諸佛世尊斷樂欲故名為涅槃
二者以諸如來斷諸樂欲不取一法以不取
故无去无來无所取故名為涅槃三者以无
去來及无所取是則法身不生不滅无生滅
故名為涅槃四者此无生滅非言所宣言語
斷故名為涅槃五者无有我人唯法生滅
得轉依故名為涅槃六者煩惱隨惑皆是
客塵法性是主无來无去佛了知故名為涅
槃七者真如是實餘皆虛妄實性體者即
是真如真如性者即是如來名為涅槃八者實
際之性无有戲論唯獨如來證實際法戲論
永斷名為涅槃九者无生是實生是虛妄愚
癡之人漂溺生死如來體實无有虛妄名為涅
槃十者不實之法是從緣生真實之法不從
緣起如來法身體是真實名為涅槃善男

BD04667號　金光明最勝王經卷一　（13–10）

永斷名為涅槃九者无生是實生是虛妄愚
癡之人漂溺生死如来體實无有虛妄名為涅
槃十者不實之法是從緣生真實之法不從
緣起如来法身體是真實名為涅槃善男
子是謂十法說有涅槃
復次善男子菩薩摩訶薩如是應知復有十
法能解如来應正等覺真實理趣說有究
竟大般涅槃云何為十一者如来善知施及施
果无我我所此施及果不正分別永除滅故
名為涅槃二者如来善知戒及戒果无我我
所此戒及果不正分別永除滅故名為涅槃
三者如来善知忍及忍果无我我所此忍及
果不正分別永除滅故名為涅槃四者如来
善知勤及勤果无我我所此勤及果不正分別
永除滅故名為涅槃五者如来善知定及定
果无我我所此定及果不正分別永除滅故
名為涅槃六者如来善知慧及慧果无我
我所此慧及果不正分別永除滅故名為涅
槃七者諸佛如来善能了知一切有情非有
情一切諸法皆无性不正分別永除滅故名
為涅槃八者若自愛著便起追求由追求故
受衆苦惱諸佛如来除自愛故永絶追求无
追求故名為涅槃九者有為之法皆有數量
无為法者數量皆除佛離有為證无為法无
數量故名為涅槃十者如来了知有情及法
體性皆空離空非有空性即是真法身故
名為涅槃善男子是謂十法說有涅槃
復次善男子豈唯如来不般涅槃是為希

BD04667號　金光明最勝王經卷一　（13-11）

體性皆空離空非有空性即是真法身故
名為涅槃善男子是謂十法說有涅槃
復次善男子豈唯如来不般涅槃是為希
有復有十種希有之法是如来行云何為十
一者生死過失涅槃寂靜由於生死及以涅槃
證平等故不處流轉不住涅槃於諸有情不
生猒背是如来行二者佛於衆生不作是念
此諸愚夫行顛倒見為諸煩惱之所纏迫我
今開悟令其解脫然由往昔慈善根力於
彼有情隨其根性意樂勝解不起分別任運
濟度示教利喜盡未来際无有窮盡是如来
行三者佛无是念我今演說十二分教利益
有情然由往昔慈善根力於彼有情廣說乃
至盡未来際无有窮盡是如来行四者佛无是
念我今往彼城邑聚落王及大臣婆羅門刹
帝利薜舍戍達羅等舍從其乞食然由往昔
身語意行串習力故任運詣彼為利益事而
行乞食是如来行五者如来之
亦无便利羸瘦之想雖行乞
无分別然為任運利益有
行六者佛无是念此諸衆
機性而為說法然佛世
量善應機緣為彼說
是念此類有情不恭
言不能与彼共為言論
常於我所共相讚歎我
而如来起慈悲心平等
佛如来无有愛憎憍慢
而如来

BD04667號　金光明最勝王經卷一　（13-12）

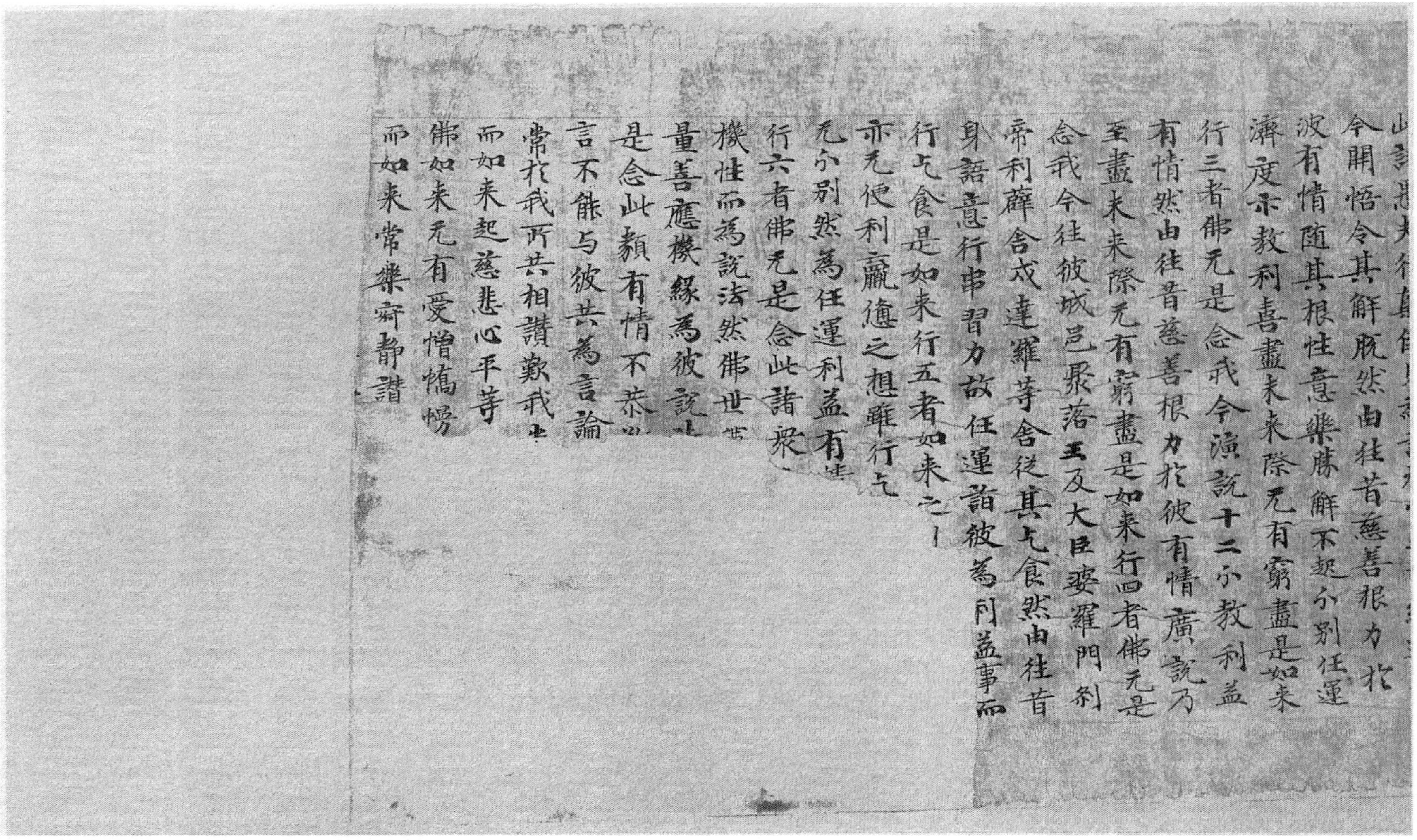
此[illegible]
令開悟令其解脫然由往昔慈善根力於
彼有情隨其根性意樂勝解不起分別任運
濟度示教利喜盡未來際无有窮盡是如來
行三者佛无是念我今演說十二分教利益
有情然由往昔慈善根力於彼有情廣說乃
至盡未來際无有窮盡是如來行四者佛无是
念我今往彼城邑聚落王及大臣婆羅門刹
帝利薜舍戍達羅等舍從其乞食然由往昔
身語意行串習力故任運詣彼為利益事而
行乞食是如來行五者如來之[illegible]
亦无便利羸瘦之想雖行乞[illegible]
无分別然為任運利益有[illegible]
行六者佛无是念此諸衆[illegible]
樣性而為說法然佛世[illegible]
量善應樣緣為彼說[illegible]
是念此類有情不恭[illegible]
言不能与彼共為言論
常於我所共相讚歎我[illegible]
而如來起慈悲心平等
佛如來无有愛憎憍慢
而如來常樂寂靜讚

BD04667 號　金光明最勝王經卷一　　（13–13）

BD04667 號背　社司轉貼　　（1–1）

BD04667 號背　雜寫　　　　（1–1）

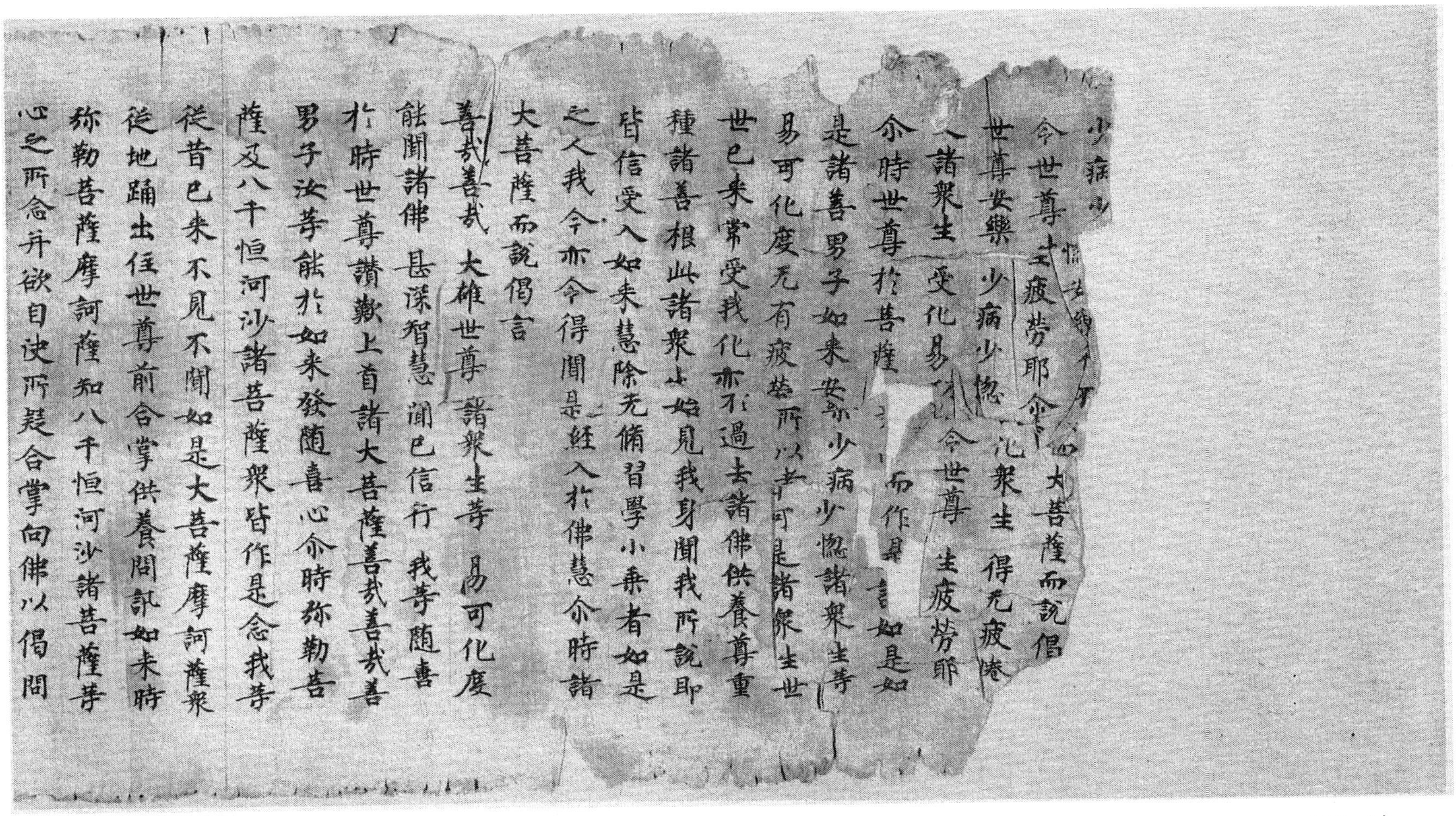

少病少[illegible]
令世尊生疲勞耶尒時四大菩薩而說偈
世尊安樂　少病少惱　教化衆生　得无疲惓
諸衆生　受化易[illegible]　令世尊　生疲勞耶
尒時世尊於菩薩[illegible]而作是言如是如
是諸善男子如來安樂少病少惱諸衆生等
易可化度无有疲勞所以者何是諸衆生世
世已來常受我化亦於過去諸佛供養尊重
種諸善根此諸衆生始見我身聞我所說即
皆信受入如來慧除先修習學小乘者如是
之人我今亦令得聞是經入於佛慧尒時諸
大菩薩而說偈言
善哉善哉　大雄世尊　諸衆生等　易可化度
能問諸佛　甚深智慧　聞已信行　我等隨喜
於時世尊讚歎上首諸大菩薩善哉善哉善
男子汝等能於如來發隨喜心尒時弥勒菩
薩及八千恒河沙諸菩薩衆皆作是念我等
從昔已來不見不聞如是大菩薩摩訶薩衆
從地踊出住世尊前合掌供養問訊如來時
弥勒菩薩摩訶薩知八千恒河沙諸菩薩等
心之所念并欲自決所疑合掌向佛以偈問

BD04668 號　妙法蓮華經卷五　　　　（19–1）

男子汝等能於如來發隨喜心尒時彌勒菩
薩及八千恒河沙諸菩薩衆皆作是念我等
從昔已來不見不聞如是大菩薩摩訶薩衆
從地踊出住世尊前合掌供養問訊如來時
彌勒菩薩摩訶薩知八千恒河沙諸菩薩等
心之所念并欲自決所疑合掌向佛以偈問
曰
无量千万億　大衆諸菩薩　昔所未曾見　願兩足尊說
是從何所來　以何因緣集　巨身大神通　智慧叵思議
其志念堅固　有大忍辱力　衆生所樂見　為從何所來
一一諸菩薩　所將諸眷屬　其數无有量　如恒河沙等
或有大菩薩　將六万恒沙　如是諸大衆　一心求佛道
是諸大師等　六万恒河沙　俱來供養佛　及護持此經
將五万恒沙　其數過於是　四万及三万　二万至一万
一千一百等　乃至一恒沙　半及三四分　億万分之一
千万那由他　万億諸弟子　乃至於半億　其數復過上
百万至一万　一千及一百　五十與一十　乃至三二一
單己无眷屬　樂於獨處者　俱來至佛所　其數轉過上
如是諸大衆　若人行籌數　過於恒沙劫　猶不能盡知
是諸大威德　精進菩薩衆　誰為其說法　教化而成就
從誰初發心　稱揚何佛法　受持行誰經　脩習何佛道
如是諸菩薩　神通大智力　四方地震裂　皆從中踊出
世尊我昔來　未曾見是事　願說其所從　國土之名号
我常遊諸國　未曾見是事　我於此衆中　乃不識一人
忽然從地出　願說其因緣　今此之大會　无量百千億
是諸菩薩等　皆欲知此事　是諸菩薩衆　本末之因緣
无量德世尊　唯願決衆疑

BD04668 號　妙法蓮華經卷五　（19–2）

如是諸菩薩　神通大智力　四方地震裂　皆從中踊出
世尊我昔來　未曾見是事　願說其所從　國土之名号
我常遊諸國　未曾見是事　我於此衆中　乃不識一人
忽然從地出　願說其因緣　今此之大會　无量百千億
是諸菩薩等　皆欲知此事　是諸菩薩衆　本末之因緣
无量德世尊　唯願決衆疑
尒時釋迦牟尼佛分身諸佛從无量千万億
他方國土來者在於八方諸寶樹下師子座
上結加趺坐其佛侍者各各見是菩薩大衆
於三千大千世界四方從地踊出住於虛空
各白其佛言世尊此諸无量无邊阿僧祇菩
薩大衆從何所來尒時諸佛各告侍者諸善
男子且待須臾有菩薩摩訶薩名彌勒釋迦
牟尼佛之所授記次後作佛已問斯事佛今
荅之汝等自當因是得聞尒時釋迦牟尼佛
告彌勒菩薩善哉善哉阿逸多乃能問佛如
是大事汝等當共一心被精進鎧發堅固意
如來今欲顯發宣示諸佛智慧諸佛自在神
通之力諸佛師子奮迅之力諸佛威猛大勢
之力尒時世尊欲重宣此義而說偈言
當精進一心　我欲說此事　勿得有疑悔　佛智叵思議
汝今出信力　住於忍善中　昔所未聞法　今皆當得聞
我今安慰汝　勿得懷疑懼　佛无不實語　智慧不可量
所得第一法　甚深叵分別　如是今當說　汝等一心聽
尒時世尊說此偈已告彌勒菩薩我今於此
大衆宣告汝等阿逸多是諸大菩薩摩訶薩
无量无數阿僧祇從地踊出汝等昔所未見

BD04668 號　妙法蓮華經卷五　（19–3）

汝等出信力 住於忍善中 昔所未聞法 今皆當得聞
我今安慰汝 勿得懷疑懼 佛无不實語 智慧不可量
所得第一法 甚深叵分別 如是今當說 汝等一心聽
尒時世尊說此偈已告弥勒菩薩我今於此
大衆宣告汝等阿逸多是諸大菩薩摩訶薩
无量无數阿僧祇從地踊出汝等昔所未見
者我於是娑婆世界得阿耨多羅三藐三菩
提已教化示導是諸菩薩調伏其心令發道
意此諸菩薩皆於是娑婆世界之下此界虛
空中住於諸經典讀誦通利思惟分別正憶
念阿逸多是諸善男子等不樂在衆多有所
說常樂靜處勤行精進未曾休息亦不依止
人天而住常樂深智无有障礙亦常樂於諸
佛之法一心精進求无上慧尒時世尊欲重
宣此義而說偈言
阿逸汝當知 是諸大菩薩 從无數劫來 脩習佛智慧
悉是我所化 令發大道心 此等是我子 依止是世界
常行頭陁事 志樂於靜處 捨大衆憒閙 不樂多所說
如是諸子等 學習我道法 晝夜常精進 為求佛道故
在娑婆世界 下方空中住 志念力堅固 常懃求智慧
說種種妙法 其心无所畏 我於伽耶城 菩提樹下坐
得成最正覺 轉无上法輪 尒乃教化之 令初發道心
今皆住不退 悉當得成佛 我今說實語 汝等一心信
我從久遠來 教化是等衆
尒時弥勒菩薩摩訶薩及无數諸菩薩等心
生疑惑恠未曾有而作是念云何世尊於少
時間教化如是无量无邊阿僧祇諸大菩薩

得成最正覺 轉无上法輪 尒乃教化之 令初發道心
今皆住不退 悉當得成佛 我今說實語 汝等一心信
我從久遠來 教化是等衆
尒時弥勒菩薩摩訶薩及无數諸菩薩等心
生疑惑恠未曾有而作是念云何世尊於少
時間教化如是无量无邊阿僧祇諸大菩薩
令住阿耨多羅三藐三菩提即白佛言世尊
如來為太子時出於釋宮去伽耶城不遠坐
於道場得成阿耨多羅三藐三菩提從是已
來始過四十餘年世尊云何於此少時大作
佛事以佛勢力以佛功德教化如是无量大
菩薩衆當成阿耨多羅三藐三菩提世尊此
大菩薩衆假使有人於千万億劫數不能盡
不得其邊斯等久遠已來於无量无邊諸佛
所殖諸善根成就菩薩道常脩梵行世尊如
此之事世所難信譬如有人色美髮黑年二
十五指百歲人言是我子其百歲人亦指年
少言是我父生育我等是事難信佛亦如是
得道已來其實未久而此大衆諸菩薩等已
於无量千万億劫為佛道故勤行精進善入
出住无量百千万億三昧得大神通久脩梵
行善能次第習諸善法巧於問荅人中之寶
一切世間甚為希有今日世尊方云得佛道
時初令發心教化示導令向阿耨多羅三藐
三菩提世尊得佛未久乃能作此大功德事
我等雖復信佛隨宜所說佛所出言未曾虛
妄佛所知者皆悉通達然諸新發意菩薩於
佛滅後若聞是語或不信受而起破法罪業

行善能次第習諸善法巧於問答人中之寶
一切世間甚為希有今日世尊方云得佛道
時初令發心教化示導令向阿耨多羅三藐
三菩提世尊得佛未久乃能作此大功德事
我等雖復信佛隨宜所說佛所出言未曾虛
妄佛所知者皆悉通達然諸新發意菩薩於
佛滅後若聞是語或不信受而起破法罪業
因緣唯然世尊願為解說除我等疑及未來
世諸善男子聞此事已亦不生疑尒時彌勒
菩薩欲重宣此義而說偈言
佛昔從釋種　出家近伽耶　坐於菩提樹　尒來尚未久
此諸佛子等　其數不可量　久已行佛道　住神通智力
善學菩薩道　不染世間法　如蓮華在水　從地而踊出
皆起恭敬心　住於世尊前　是事難思議　云何而可信
佛得道甚近　所成就甚多　願為除眾疑　如實分別說
譬如少壯人　年始二十五　示人百歲子　髮白而面皺
是等我所生　子亦說是父　父少而子老　舉世所不信
世尊亦如是　得道來甚近　是諸菩薩等　志固无怯弱
從无量劫來　而行菩薩道　巧於難問答　其心无所畏
忍辱心決定　端正有威德　十方佛所讚　善能分別說
不樂在人眾　常好在禪定　為求佛道故　於下空中住
我等從佛聞　於此事无疑　願佛為未來　演說令開解
若有於此經　生疑不信者　即當墮惡道　願今為解說
是无量菩薩　云何於少時　教化令發心　而住不退地
妙法蓮華經如來壽量品第十六
尒時佛告諸菩薩及一切大眾諸善男子汝
等當信解如來誠諦之語復告大眾汝等當

BD04668號　妙法蓮華經卷五　（19–6）

若有於此經　生疑不信者　即當墮惡道　願今為解說
是无量菩薩　云何於少時　教化令發心　而住不退地
妙法蓮華經如來壽量品第十六
尒時佛告諸菩薩及一切大眾諸善男子汝
等當信解如來誠諦之語復告大眾汝等當
信解如來誠諦之語又復告諸大眾汝等當
信解如來誠諦之語是時菩薩大眾彌勒為
首合掌白佛言世尊唯願說之我等當信受
佛語如是三白已復言唯願說之我等當信
受佛語尒時世尊知諸菩薩三請不止而告
之言汝等諦聽如來秘密神通之力一切世
間天人及阿脩羅皆謂今釋迦牟尼佛出釋
氏宮去伽耶城不遠坐於道場得阿耨多羅
三藐三菩提然善男子我實成佛已來无量
无邊百千万億那由他劫譬如五百千万億
那由他阿僧祇三千大千世界假使有人末
為微塵過於東方五百千万億那由他阿僧
祇國乃下一塵如是東行盡是微塵諸善男
子於意云何是諸世界可得思惟校計知其
數不彌勒菩薩等俱白佛言世尊是諸世界
无量无邊非算數所知亦非心力所及一切
聲聞辟支佛以无漏智不能思惟知其限數
我等住阿惟越致地於是事中亦所不達世
尊如是諸世界无量无邊尒時佛告大菩薩
眾諸善男子今當分明宣語汝等是諸世界
若著微塵及不著者盡以為塵一塵一劫我
成佛已來復過於此百千万億那由他阿僧

BD04668號　妙法蓮華經卷五　（19–7）

我等住阿惟越致地於是事中亦所不達世
尊如是諸世界无量无邊尒時佛告大菩薩
衆諸善男子今當分明宣語汝等是諸世界
若著微塵及不著者盡以為塵一塵一劫我
成佛已來復過於此百千万億那由他阿僧
祇劫自從是來我常在此娑婆世界說法教
化亦於餘處百千万億那由他阿僧祇國導
利衆生諸善男子於是中間我說然燈佛等
又復言其入於涅槃如是皆以方便分別諸
善男子若有衆生來至我所我以佛眼觀其
信等諸根利鈍隨所應度處處自說名字不
同年紀大小亦復現言當入涅槃又以種種
方便說微妙法能令衆生發歡喜心諸善男
子如來見諸衆生樂於小法德薄垢重者為
是人說我少出家得阿耨多羅三藐三菩提
然我實成佛已來久遠若斯但以方便教化
衆生令入佛道作如是說諸善男子如來所
演經典皆為度脫衆生或說己身或說他身
或示己身或示他身或示己事或示他事諸
所言說皆實不虛所以者何如來如實知見
三界之相无有生死若退若出亦无在世及
滅度者非實非虛非如非異不如三界見於
三界如斯之事如來明見无有錯謬以諸衆
生有種種性種種欲種種行種種憶想分別
故欲令生諸善根以若干因緣譬喻言辭種
種說法所作佛事未曾暫廢如是我成佛已
來甚大久遠壽命无量阿僧祇劫常住不滅

BD04668號　妙法蓮華經卷五　（19–8）

滅度者非實非虛非如非異不如三界見於
三界如斯之事如來明見无有錯謬以諸衆
生有種種性種種欲種種行種種憶想分別
故欲令生諸善根以若干因緣譬喻言辭種
種說法所作佛事未曾暫廢如是我成佛已
來甚大久遠壽命无量阿僧祇劫常住不滅
諸善男子我本行菩薩道所成壽命今猶未
盡復倍上數然今非實滅度而便唱言當取
滅度如來以是方便教化衆生所以者何若
佛久住於世薄德之人不種善根貧窮下賤
貪著五欲入於憶想妄見網中若見如來常
在不滅便起憍恣而懷猒怠不能生難遭之
想恭敬之心是故如來以方便說比丘當知
諸佛出世難可值遇所以者何諸薄德人過
无量百千万億劫或有見佛或不見者以此
事故我作是言諸比丘如來難可得見斯衆
生等聞如是語必當生於難遭之想心懷戀
慕渴仰於佛便種善根是故如來雖不實滅
而言滅度又善男子諸佛如來法皆如是為
度衆生皆實不虛譬如良醫智慧聰達明練
方藥善治衆病其人多諸子息若十二十乃
至百數以有事緣遠至餘國諸子於後飲他
毒藥藥發悶亂宛轉于地是時其父還來歸
家諸子飲毒或失本心或不失者遙見其父
皆大歡喜拜跪問訊善安隱歸我等愚癡誤
服毒藥願見救療更賜壽命父見子等苦惱
如是依諸經方求好藥草色香美味皆悉具

BD04668號　妙法蓮華經卷五　（19–9）

毒藥藥發悶亂宛轉于地是時其父還來歸
家諸子飲毒或失本心或不失者遥見其父
皆大歡喜拜跪問訊善安隱歸我等愚癡誤
服毒藥願見救療更賜壽命父見子等苦惱
如是依諸經方求好藥草色香美味皆悉具
足擣篩和合與子令服而作是言此大良藥
色香美味皆悉具足汝等可服速除苦惱无
復衆患其諸子中不失心者見此良藥色香
俱好即便服之病盡除愈餘失心者見其父
來雖亦歡喜問訊求索治病然與其藥而不
肯服所以者何毒氣深入失本心故於此好
色香藥而謂不美父作是念此子可愍為毒
所中心皆顛倒雖見我喜求索救療如是好
藥而不肯服我今當設方便令服此藥即作
是言汝等當知我今衰老死時已至是好良
藥今留在此汝可取服勿憂不差作是教已
復至他國遣使還告汝父已死是時諸子聞
父背喪心大憂惱而作是念若父在者慈愍
我等能見救護今者捨我遠喪他國自惟孤
露无復恃怙常懷悲感心遂醒悟乃知此藥
色味香美即取服之毒病皆愈其父聞子悉
已得差尋便來歸咸使見之諸善男子於意
云何頗有人能說此良醫虛妄罪不不也世
尊佛言我亦如是成佛已來无量无邊百千
万億那由他阿僧祇劫為衆生故以方便力
言當滅度亦无有能如法說我虛妄過者尒
時世尊欲重宣此義而說偈言

云何頗有人能說此良醫虛妄罪不不也世
尊佛言我亦如是成佛已來无量无邊百千
万億那由他阿僧祇劫為衆生故以方便力
言當滅度亦无有能如法說我虛妄過者尒
時世尊欲重宣此義而說偈言

自我得佛來　所經諸劫數　无量百千万　億載阿僧祇
常說法教化　无數億衆生　令入於佛道　尒來无量劫
為度衆生故　方便現涅槃　而實不滅度　常住此說法
我常住於此　以諸神通力　令顛倒衆生　雖近而不見
衆見我滅度　廣供養舍利　咸皆懷戀慕　而生渴仰心
衆生既信伏　質直意柔軟　一心欲見佛　不自惜身命
時我及衆僧　俱出靈鷲山　我時語衆生　常在此不滅
以方便力故　現有滅不滅　餘國有衆生　恭敬信樂者
我復於彼中　為說无上法　汝等不聞此　但謂我滅度
我見諸衆生　沒在於苦惱　故不為現身　令其生渴仰
因其心戀慕　乃出為說法　神通力如是　於阿僧祇劫
常在靈鷲山　及餘諸住處　衆生見劫盡　大火所燒時
我此土安隱　天人常充滿　園林諸堂閣　種種寶莊嚴
寶樹多華菓　衆生所遊樂　諸天擊天鼓　常作衆伎樂
雨曼陀羅華　散佛及大衆　我淨土不毀　而衆見燒盡
憂怖諸苦惱　如是悉充滿　是諸罪衆生　以惡業因緣
過阿僧祇劫　不聞三寶名　諸有修功德　柔和質直者
則皆見我身　在此而說法　或時為此衆　說佛壽无量
久乃見佛者　為說佛難值　我智力如是　慧光照无量
壽命无數劫　久修業所得　汝等有智者　勿於此生疑
當斷令永盡　佛語實不虛　如醫善方便　為治狂子故
實在而言死　无能說虛妄　我亦為世父　救諸苦患者
為凡夫顛倒　實在而言滅　以常見我故　而生憍恣心

久乃見佛者　為說佛難值　我智力如是　慧光照无量
壽命无數劫　久脩業所得　汝等有智者　勿於此生疑
當斷令永盡　佛語實不虛　如醫善方便　為治狂子故
實在而言死　无能說虛妄　我亦為世父　救諸苦患者
為凡夫顛倒　實在而言滅　以常見我故　而生憍恣心
放逸著五欲　墮於惡道中　我常知衆生　行道不行道
隨應所可度　為說種種法　每自作是意　以何令衆生
得入无上道　速成就佛身

妙法蓮華經分別功德品第十七

尒時大會聞佛說壽命劫數長遠如是无量
无邊阿僧祇衆生得大饒益於時世尊告彌
勒菩薩摩訶薩阿逸多我說是如來壽命長
遠時六百八十万億那由他恒河沙衆生得
无生法忍復千倍菩薩摩訶薩得聞持陁羅
尼門復有一世界微塵數菩薩摩訶薩得樂
說无礙辯才復有一世界微塵數菩薩摩訶
薩得百千万億无量旋陁羅尼復有三千大千
世界微塵數菩薩摩訶薩能轉不退法輪復
有二千中國土微塵數菩薩摩訶薩能轉清
淨法輪復有小千國土微塵數菩薩摩訶薩
八生當得阿耨多羅三藐三菩提復有四四
天下微塵數菩薩摩訶薩四生當得阿耨多
羅三藐三菩提復有三四天下微塵數菩薩
摩訶薩三生當得阿耨多羅三藐三菩提復
有二四天下微塵數菩薩摩訶薩二生當得
阿耨多羅三藐三菩提復有一四天下微塵
數菩薩摩訶薩一生當得阿耨多羅三藐三

BD04668號　妙法蓮華經卷五　(19–12)

天下微塵數菩薩摩訶薩四生當得阿耨多
羅三藐三菩提復有三四天下微塵數菩薩
摩訶薩三生當得阿耨多羅三藐三菩提復
有二四天下微塵數菩薩摩訶薩二生當得
阿耨多羅三藐三菩提復有一四天下微塵
數菩薩摩訶薩一生當得阿耨多羅三藐三
菩提復有八世界微塵數衆生皆發阿耨多
羅三藐三菩提心佛說是諸菩薩摩訶薩得
大法利時於虛空中雨曼陁羅華摩訶曼陁
羅華以散无量百千万億寶樹下師子座上
諸佛并散七寶塔中師子座上釋迦牟尼佛
及久滅度多寶如來亦散一切諸大菩薩及
四部衆又雨細末栴檀沈水香等於虛空中
天鼓自鳴妙聲深遠又雨千種天衣垂諸瓔
珞真珠瓔珞摩尼珠瓔珞如意珠瓔珞遍於
九方衆寶香爐燒无價香自然周至供養大
會一一佛上有諸菩薩執持幡蓋次第而上
至于梵天是諸菩薩以妙音聲歌无量頌讚
歎諸佛尒時彌勒菩薩從座而起偏袒右肩
合掌向佛而說偈言
佛說希有法　昔所未曾聞　世尊有大力　壽命不可量
无數諸佛子　聞世尊分別　說得法利者　歡喜充遍身
或住不退地　或得陁羅尼　或无礙樂說　万億旋總持
或有大千界　微塵數菩薩　各各皆能轉　不退之法輪
或有中千界　微塵數菩薩　各各皆能轉　清淨之法輪
復有小千界　微塵數菩薩　餘各八生在　當得成佛道
復有四三二　如是四天下　微塵諸菩薩　隨數生成佛
[illegible]

BD04668號　妙法蓮華經卷五　(19–13)

或有大千界 微塵數菩薩 各各皆能轉 不退之法輪
或有中千界 微塵數菩薩 各各皆能轉 清淨之法輪
復有小千界 微塵數菩薩 餘各八生在 當得成佛道
復有四三二 如是四天下 微塵諸菩薩 隨數生成佛
或一四天下 微塵數菩薩 餘有一生在 當成一切智
如是等眾生 聞佛壽長遠 得无量无漏 清淨之果報
復有八世界 微塵數眾生 聞佛說壽命 皆發无上心
世尊說无量 不可思議法 多有所饒益 如虛空无邊
雨天曼陁羅 摩訶曼陁羅 釋梵如恒沙 无數佛土來
雨栴檀沈水 繽紛而亂墜 如鳥飛空下 供散於諸佛
天鼓虛空中 自然出妙聲 天衣千万種 旋轉而來下
眾寶妙香爐 燒无價之香 自然悉周遍 供養諸世尊
其大菩薩眾 執七寶幡蓋 高妙万億種 次第至梵天
一一諸佛前 寶幢懸勝幡 亦以千万偈 歌詠諸如來
如是種種事 昔所未曾有 聞佛壽无量 一切皆歡喜
佛名聞十方 廣饒益眾生 一切具善根 以助无上心
尒時佛告彌勒菩薩摩訶薩阿逸多其有眾
生聞佛壽命長遠如是乃至能生一念信解
所得功德无有限量若有善男子善女人為
阿耨多羅三藐三菩提於八十万億那由他
劫行五波羅蜜檀波羅蜜尸羅波羅蜜羼提
波羅蜜毗梨耶波羅蜜禪波羅蜜除般若波
羅蜜以是功德比前功德百分千分百千万
億分不及其一乃至筭數譬喻所不能知若
善男子有如是功德於阿耨多羅三藐三菩
提退者无有是處尒時世尊欲重宣此義而
說偈言

BD04668號　妙法蓮華經卷五　（19–14）

波羅蜜毗梨耶波羅蜜禪波羅蜜除般若波
羅蜜以是功德比前功德百分千分百千万
億分不及其一乃至筭數譬喻所不能知若
善男子有如是功德於阿耨多羅三藐三菩
提退者无有是處尒時世尊欲重宣此義而
說偈言
若人求佛慧 於八十万億 那由他劫數 行五波羅蜜
於是諸劫中 布施供養佛 及緣覺弟子 并諸菩薩眾
珍異之飲食 上服與臥具 栴檀立精舍 以園林莊嚴
如是等布施 種種皆微妙 盡此諸劫數 以迴向佛道
若復持禁戒 清淨无缺漏 求於无上道 諸佛之所歎
若復行忍辱 住於調柔地 設眾惡來加 其心不傾動
諸有得法者 懷於增上慢 為此所輕惱 如是亦能忍
若復勤精進 志念常堅固 於无量億劫 一心不懈息
又於无數劫 住於空閑處 若坐若經行 除睡常攝心
以是因緣故 能生諸禪定 八十億万劫 安住心不亂
持此一心福 願求无上道 我得一切智 盡諸禪定際
是人於百千 万億劫數中 行此諸功德 如上之所說
有善男女等 聞我說壽命 乃至一念信 其福過於彼
若人悉无有 一切諸疑悔 深心須臾信 其福為如此
其有諸菩薩 无量劫行道 聞我說壽命 是則能信受
如是諸人等 頂受此經典 願我於未來 長壽度眾生
如今日世尊 諸釋中之王 道場師子吼 說法无所畏
我等未來世 一切所尊敬 坐於道場時 說壽亦如是
若有深心者 清淨而質直 多聞能總持 隨義解佛語
如是諸人等 於此无有疑
又阿逸多若有聞佛壽命長遠解其言趣是

BD04668號　妙法蓮華經卷五　（19–15）

如今日世尊　諸釋中之王　道場師子吼　說法无所畏
我等未來世　一切所尊敬　坐於道場時　說壽亦如是
若有深心者　清淨而質直　多聞能總持　隨義解佛語
如是諸人等　於此无有疑
又阿逸多若有聞佛壽命長遠解其言趣是
人所得功德无有限量能起如來无上之慧
何況廣聞是經若教人聞若自持若教人持
若自書若教人書若以華香瓔珞幢幡繒蓋
香油蘇燈供養經卷是人功德无量无邊能
生一切種智阿逸多若善男子善女人聞我
說壽命長遠深心信解則為見佛常在耆闍
崛山共大菩薩諸聲聞衆圍繞說法又見此
娑婆世界其地瑠璃坦然平正閻浮檀金以
界八道寶樹行列諸臺樓觀皆悉寶成其菩
薩衆咸處其中若有能如是觀者當知是為
深信解相又復如來滅後若聞是經而不毀
呰起隨喜心當知已為深信解相何況讀誦
受持之者斯人則為頂戴如來阿逸多是善
男子善女人不須為我復起塔寺及作僧坊
以四事供養衆僧所以者何是善男子善女
人受持讀誦是經典者為已起塔造立僧坊
供養衆僧則為以佛舍利起七寶塔高廣漸
小至于梵天懸諸幡蓋及衆寶鈴華香瓔珞
末香塗香燒香衆鼓伎樂簫笛箜篌種種儛
戲以妙音聲歌唄讚頌則為於无量千万億
劫作是供養已阿逸多若我滅後聞是經典
有能受持若自書若教人書則為起立僧坊

BD04668號　妙法蓮華經卷五　(19–16)

小至于梵天懸諸幡蓋及衆寶鈴華香瓔珞
末香塗香燒香衆鼓伎樂簫笛箜篌種種儛
戲以妙音聲歌唄讚頌則為於无量千万億
劫作是供養已阿逸多若我滅後聞是經典
有能受持若自書若教人書則為起立僧坊
以赤栴檀作諸殿堂三十有二高八多羅樹
高廣嚴好百千比丘於其中止園林流池經
行禪窟衣服飲食床褥湯藥一切樂具充滿
其中如是僧坊堂閣若干百千万億其數无
量以此現前供養於我及比丘僧是故我說
如來滅後若有受持讀誦為他人說若自書
若教人書供養經卷不須復起塔寺及造僧
坊供養衆僧況復有人能持是經兼行布施
持戒忍辱精進一心智慧其德最勝无量无
邊譬如虛空東西南北四維上下无量无邊
是人功德亦復如是无量无邊疾至一切種
智若人讀誦受持是經為他人說若自書若
教人書復能起塔及造僧坊供養讚歎聲聞
衆僧亦以百千万億讚歎之法讚歎菩薩功
德又為他人種種因緣隨義解說此法華經
復能清淨持戒與柔和者而共同止忍辱无
瞋志念堅固常貴坐禪得諸深定精進勇猛
攝諸善法利根智慧善答問難阿逸多若我
滅後諸善男子善女人受持讀誦是經典者
復有如是諸善功德當知是人已趣道場近
阿耨多羅三藐三菩提坐道樹下阿逸多是
善男子若坐若立若行處此中便應起塔一

BD04668號　妙法蓮華經卷五　(19–17)

瞋恚念堅固常貴坐禪得諸深定精進勇猛
攝諸善法利根智慧善荅問難阿逸多若我
滅後諸善男子善女人受持讀誦是經典者
復有如是諸善功德當知是人已趣道場近
阿耨多羅三藐三菩提坐道樹下阿逸多是
善男子若坐若立若行處此中便應起塔一
切天人皆應供養如佛之塔尒時世尊欲重
宣此義而說偈言
若我滅度後　能奉持此經　斯人福无量　如上之所說
是則為具足　一切諸供養　以舍利起塔　七寶而莊嚴
表剎甚高廣　漸小至梵天　寶鈴千万億　風動出妙音
又於无量劫　而供養此塔　華香諸瓔珞　天衣衆伎樂
燃香油蘇燈　周帀常照明　惡世法末時　能持是經者
則為已如上　具足諸供養　若能持此經　則如佛現在
以牛頭栴檀　起僧坊供養　堂有三十二　高八多羅樹
上饌妙衣服　床卧皆具足　百千衆住處　園林諸流池
經行及禪窟　種種皆嚴好　若有信解心　受持讀誦書
若復教人書　及供養經卷　散華香末香　以須曼瞻蔔
阿提目多伽　薰油常燃之　如是供養者　得无量功德
如虛空无邊　其福亦如是　況復持此經　兼布施持戒
忍辱樂禪定　不瞋不惡口　恭敬於塔廟　謙下諸比丘
遠離自高心　常思惟智慧　有問難不瞋　隨順為解說
若能行是行　功德不可量　若見此法師　成就如是德
應以天華散　天衣覆其身　頭面接足礼　生心如佛想
又應作是念　不久詣道樹　得无漏无為　廣利諸人天
其所住止處　經行若坐卧　乃至說一偈　是中應起塔
莊嚴令妙好　種種以供養　佛子住此地　則是佛受用

BD04668號　妙法蓮華經卷五　（19–18）

經行及禪窟　種種皆嚴好　若有信解心　受持讀誦書
若復教人書　及供養經卷　散華香末香　以須曼瞻蔔
阿提目多伽　薰油常燃之　如是供養者　得无量功德
如虛空无邊　其福亦如是　況復持此經　兼布施持戒
忍辱樂禪定　不瞋不惡口　恭敬於塔廟　謙下諸比丘
遠離自高心　常思惟智慧　有問難不瞋　隨順為解說
若能行是行　功德不可量　若見此法師　成就如是德
應以天華散　天衣覆其身　頭面接足礼　生心如佛想
又應作是念　不久詣道樹　得无漏无為　廣利諸人天
其所住止處　經行若坐卧　乃至說一偈　是中應起塔
莊嚴令妙好　種種以供養　佛子住此地　則是佛受用
常在於其中　經行及坐卧

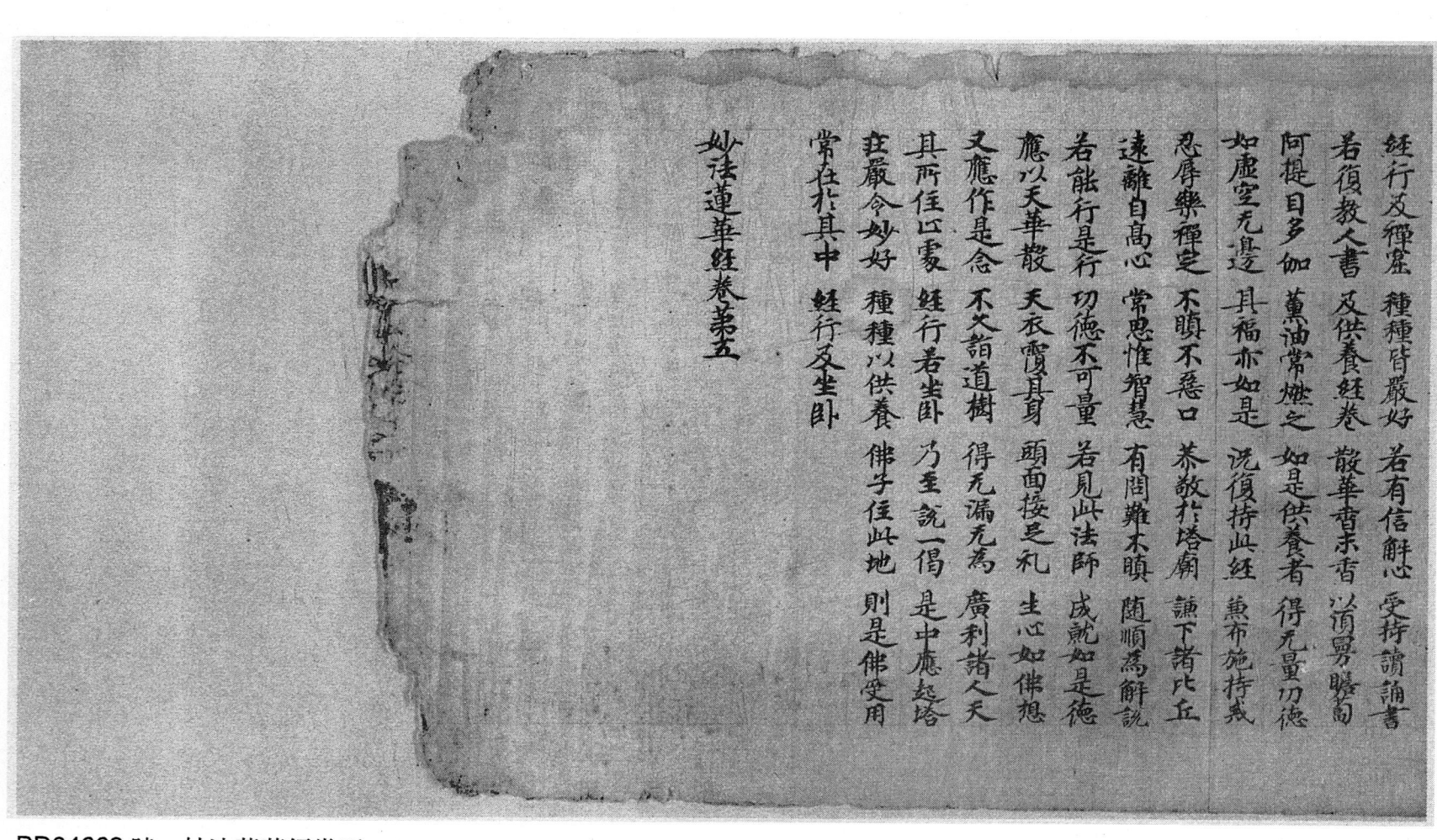

妙法蓮華經卷第五

BD04668號　妙法蓮華經卷五　（19–19）

時於此八法應思應學令速圓滿世尊云何
菩薩摩訶薩勤求多聞恒无猒足於所聞法
不著文字善現若菩薩摩訶薩發勤精進作
是念言若此佛土若十方界一切如來應正
等覺所說正法我當聽受持讀誦脩學究
竟令无所遺而於其中不著文字是爲菩薩
摩訶薩勤求多聞恒无猒足於所聞法不著
文字世尊云何菩薩摩訶薩以无染心常行
法施雖廣開化而不自高善現若菩薩摩訶
薩爲諸有情宣說正法尚不自爲持此善根
迴向菩提况求餘事雖多化導而不憍逸是
爲菩薩摩訶薩以无染心常行法施雖廣開
化而不自高世尊云何菩薩摩訶薩爲嚴淨
土種諸善根雖用迴向而不自舉善現若菩
薩摩訶薩勇猛精進脩諸善根爲欲莊嚴
諸佛淨國及爲清淨自他心土雖爲是事而不
自高是爲菩薩摩訶薩爲嚴淨土種諸善根
雖用迴向而不自舉世尊云何菩薩摩訶薩
爲化有情雖不猒倦无邊生死而不憍逸善
現若菩薩摩訶薩爲欲成熟一切有情種諸
[illegible]

BD04669號　大般若波羅蜜多經卷四九〇　（3–1）

薩摩訶薩勇猛精進脩諸善根爲欲莊嚴
諸佛淨國及爲清淨自他心土雖爲是事而不
自高是爲菩薩摩訶薩爲嚴淨土種諸善根
雖用迴向而不自舉世尊云何菩薩摩訶薩
爲化有情雖不猒倦无邊生死而不憍逸善
現若菩薩摩訶薩爲欲成熟一切有情種諸
善根嚴淨佛土乃至未滿一切智智未猒倦亦
不自高是爲菩薩摩訶薩爲化有情雖不猒
无邊生死而不憍逸世尊云何菩薩摩訶薩
雖住慙愧而无所執善現若菩薩摩訶薩專
求无上正等菩提於諸聲聞獨覺作意具慙
愧故終不暫起而於其中亦无所執不生猒
毀是爲菩薩摩訶薩雖住慙愧而无所執善
現當知諸菩薩摩訶薩住第三地時應常安
住如是五法精勤脩習令速圓滿世尊云何菩
薩摩訶薩住阿練若常不捨離善現若菩
薩摩訶薩爲求无上正等菩提超諸聲聞獨
覺等地故常不捨阿練若處是爲菩薩摩訶
薩住阿練若常不捨離世尊云何菩薩摩訶
薩常樂少欲善現若菩薩摩訶薩尚不自爲
求无上正等菩提况欲世間及三乘事是
爲菩薩摩訶薩常樂少欲世尊云何菩薩摩
訶薩常樂喜足善現若菩薩摩訶薩專求无
上正等菩提故於餘事不生執著是爲菩薩
摩訶薩常樂喜足世尊云何菩薩摩訶薩常
不捨離杜多功德善現若菩薩摩訶薩常於深

BD04669號　大般若波羅蜜多經卷四九〇　（3–2）

薩住阿練若常不捨離世尊云何菩薩摩訶
薩常樂少欲善現若菩薩摩訶薩尚不自為
布求无上正等菩提況欲世間及三乘事是
為菩薩摩訶薩常樂少欲世尊云何菩薩摩
訶薩常樂喜足善現若菩薩摩訶薩專求无
上正等菩提故於餘事不生執著是為菩薩
摩訶薩常樂喜足世尊云何菩薩摩訶薩常
不捨離杜多功德善現若菩薩摩訶薩常於深
佛法起諦察法忍是為菩薩摩訶薩常不
捨離杜多功德世尊云何菩薩摩訶薩於諸
學處常不棄捨善現若菩薩摩訶薩於所學
戒堅守不移而於其中能不取相是為菩薩
摩訶薩於諸學處常不棄捨世尊云何菩薩
摩訶薩於諸欲樂深生厭離善現若菩薩摩
訶薩於妙欲樂不起欲心是為菩薩摩訶薩
於諸欲樂深生厭離世尊云何菩薩摩訶薩
常樂發起涅槃俱心善現若菩薩摩訶薩達
一切法常无起作是為菩薩摩訶薩常樂發
起涅槃俱心世尊云何菩薩摩訶薩於一切
物常樂棄捨善現若菩薩摩訶薩於內外法
常不執取是為菩薩摩訶薩於一切物常樂
棄捨世尊云何菩薩摩訶薩於一切時心不
沉沒善現若菩薩摩訶薩於諸識住心常不
[illegible]薩於一切時心不沉沒

BD04669 號　大般若波羅蜜多經卷四九〇　（3–3）

兌

尼門清淨一切陁羅尼門清淨故佛十力清
淨何以故若一切智智清淨若一切陁羅尼
門清淨若佛十力清淨無二無二分無別無
斷故一切智智清淨故一切三摩地門清淨
一切三摩地門清淨故佛十力清淨何以故
若一切智智清淨若一切三摩地門清淨若
佛十力清淨無二無二分無別無斷故
善現一切智智清淨故預流果清淨預流果
清淨故佛十力清淨何以故若一切智智清
淨若預流果清淨若佛十力清淨無二無二分
無別無斷故一切智智清淨無二無二分
無別無斷故一切智智清淨故一來不還阿
羅漢果清淨一來不還阿羅漢果清淨故佛十
清淨何以故若一切智智清淨若一來不
還阿羅漢果清淨若佛十力清淨無二無二
分無別無斷故善現一切智智清淨故獨覺
菩提清淨獨覺菩提清淨故佛十力清淨何
以故若一切智智清淨若獨覺菩提清淨若
佛十力清淨無二無二分無別無斷故善現一

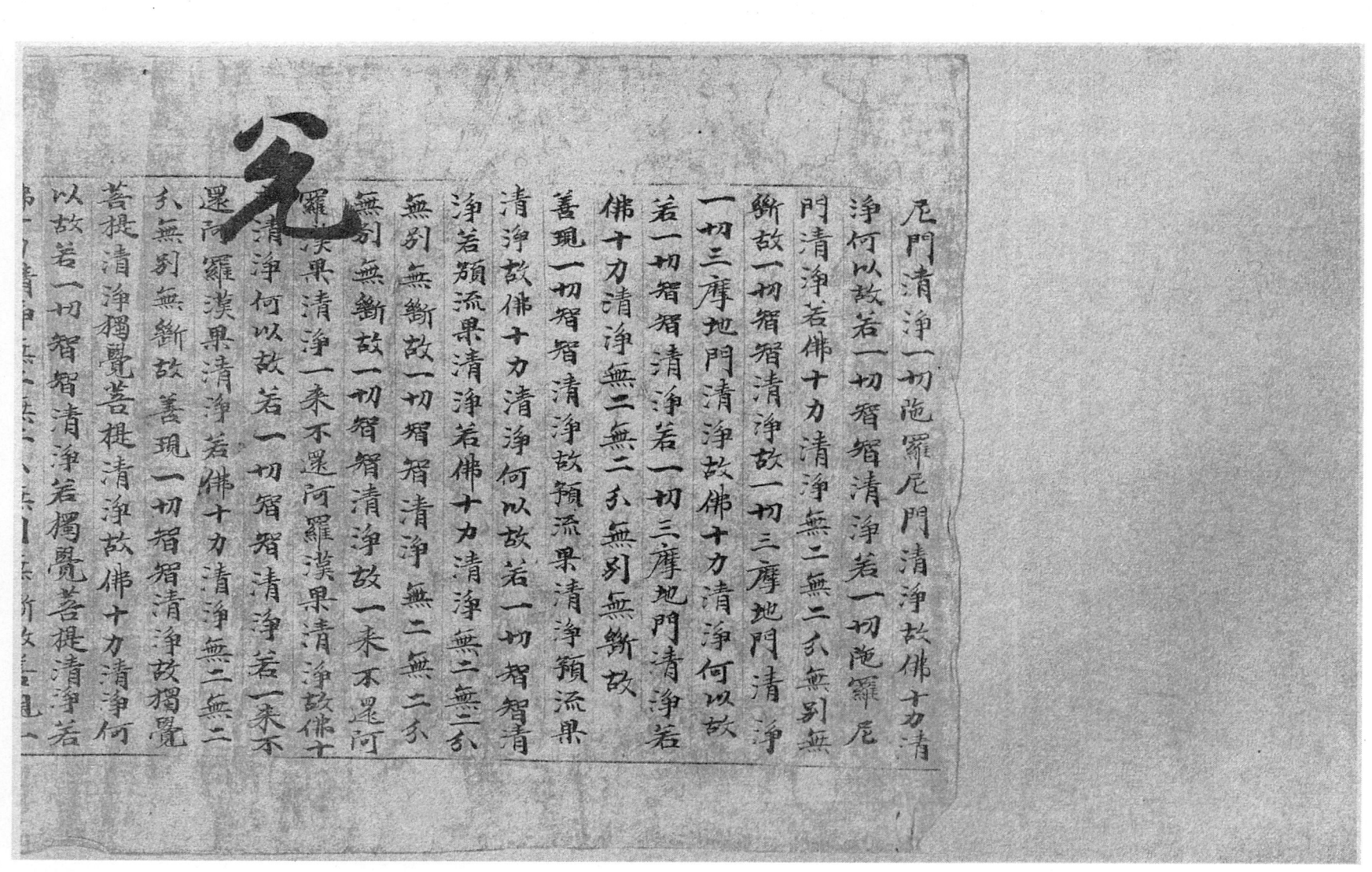

BD04670 號　大般若波羅蜜多經（兌廢稿）卷二七五　（2–1）

兌

善現一切智智清淨故預流果清淨預流果
清淨故佛十力清淨何以故若一切智智清
淨若預流果清淨若佛十力清淨無二無二分
無別無斷故一切智智清淨無二無二分
無別無斷故一切智智清淨故一來不還阿
羅漢果清淨一來不還阿羅漢果清淨故佛十
清淨何以故若一切智智清淨若一來不
還阿羅漢果清淨若佛十力清淨無二無二
分無別無斷故善現一切智智清淨故獨覺
菩提清淨獨覺菩提清淨故佛十力清淨何
以故若一切智智清淨若獨覺菩提清淨若
佛十力清淨無二無二分無別無斷故善現一
切智智清淨故一切菩薩摩訶薩行清淨一
切菩薩摩訶薩行清淨故佛十力清淨何以
故若一切智智清淨若一切菩薩摩訶薩行
清淨若佛十力清淨無二無二分無別無斷
故善現一切智智清淨故諸佛無上正等菩
提清淨諸佛無上正等菩提清淨故佛十力
清淨何以故若一切智智清淨若諸佛無上

BD04670 號　大般若波羅蜜多經（兌廢稿）卷二七五　（2–2）

知耳鼻舌身意界真如相是菩
一切法如實了知略廣之相善現
訶薩如實了知色界真如相
味觸法界真如相是菩薩
如實了知略廣之相善現若
實了知眼識界真如相
意識界真如相是菩薩摩訶
實了知略廣之相善現若菩
了知眼觸真如相如實
真如相是菩薩摩訶
略廣之相善現若菩薩摩訶薩如實了知眼
觸爲緣所生諸受真如相如實了知耳鼻舌
身意觸爲緣所生諸受真如相是菩薩摩訶
薩於一切法如實了知略廣之相善現若菩
薩摩訶薩如實了知地界真如相如實了知
水火風空識界真如相是菩薩摩訶薩於一
切法如實了知略廣之相善現若菩薩摩訶
薩如實了知無明真如相如實了知行識名
色六處觸受愛取有生老死愁歎苦憂惱真
如相是菩薩摩訶薩於一切法如實了知略
廣之相

BD04671 號　大般若波羅蜜多經卷三五七　（4–1）

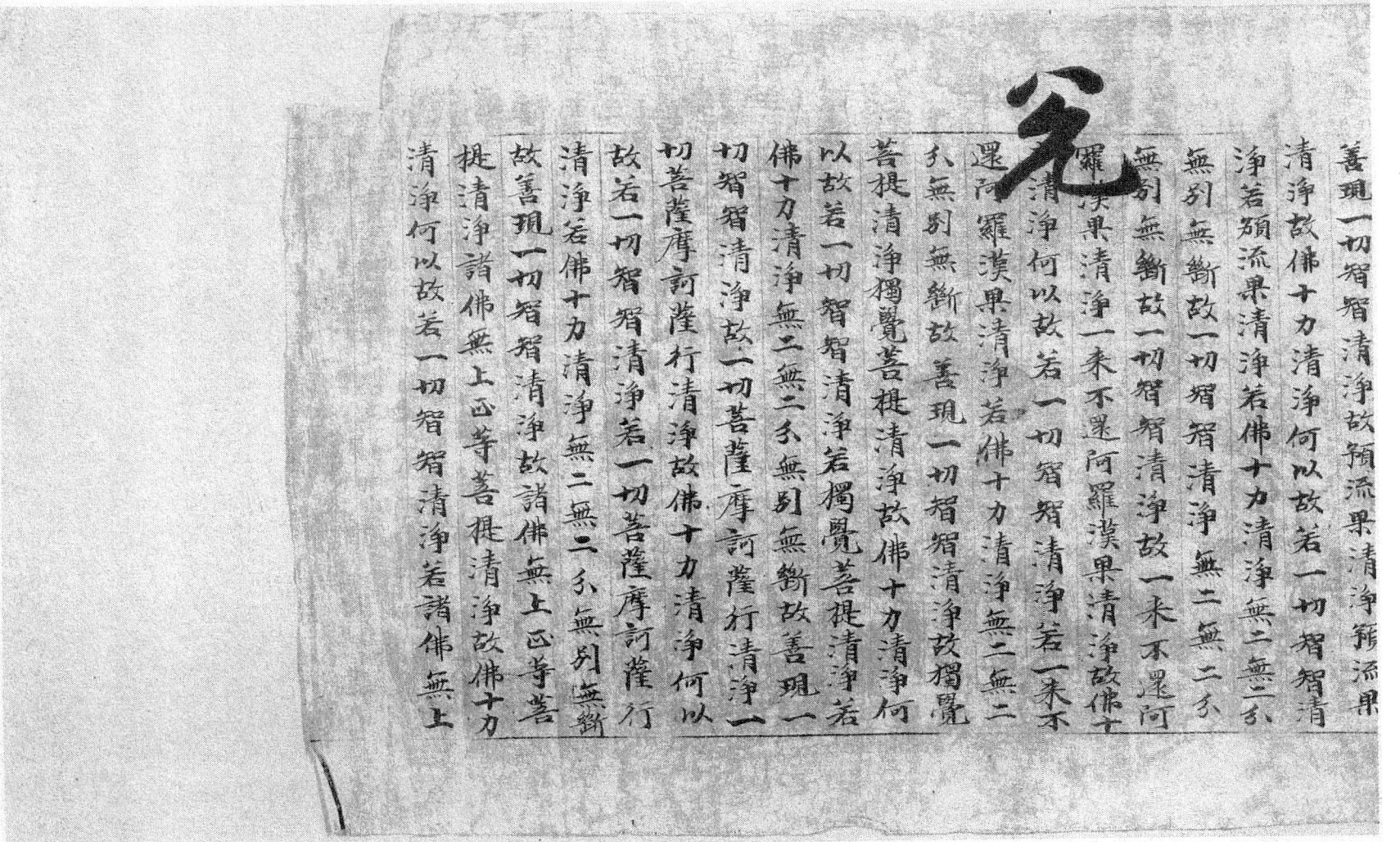

水火風空識界真如相是菩薩摩訶薩於一
切法如實了知略廣之相善現若菩薩摩訶
薩如實了知無明真如相如實了知行識名
色六處觸受愛取有生老死愁歎苦憂惱真
如相是菩薩摩訶薩於一切法如實了知略
廣之相
善現若菩薩摩訶薩如實了知布施波羅蜜
多真如相如實了知淨戒安忍精進靜慮般
若波羅蜜多真如相是菩薩摩訶薩於一切
法如實了知略廣之相善現若菩薩摩訶薩
如實了知內空真如相如實了知外空內外空
空空大空勝義空有為空無為空畢竟空
無際空散空無變異空本性空自相空共相
空一切法空不可得空無性空自性空無性
自性空真如相是菩薩摩訶薩於一切法如
實了知略廣之相善現若菩薩摩訶薩如實
了知真如真如相如實了知法界法性不虛妄
性不變異性平等性離生性法定法住實際
虛空界不思議界真如相是菩薩摩訶薩於
一切法如實了知略廣之相善現若菩薩摩
訶薩如實了知苦聖諦真如相如實了知
集滅道聖諦真如相是菩薩摩訶薩於一切
法如實了知略廣之相善現若菩薩摩訶薩
如實了知四靜慮真如相如實了知四無量
四無色定真如相是菩薩摩訶薩於一切法
如實了知略廣之相善現若菩薩摩訶薩如
實了知八解脫真如相如實了知八勝處九

BD04671 號　大般若波羅蜜多經卷三五七　（4–2）

法如實了知略廣之相善現若菩薩摩訶薩
如實了知四靜慮真如相如實了知四無量
四無色定真如相是菩薩摩訶薩於一切法
如實了知略廣之相善現若菩薩摩訶薩如
實了知八解脫真如相如實了知八勝處九
次第定十遍處真如相是菩薩摩訶薩於一
切法如實了知略廣之相善現若菩薩摩訶
薩如實了知四念住真如相如實了知四正
斷四神足五根五力七等覺支八聖道支真
如相是菩薩摩訶薩於一切法如實了知略
廣之相善現若菩薩摩訶薩如實了知空解
脫門真如相如實了知無相無願解脫門真
如相是菩薩摩訶薩於一切法如實了知略
廣之相
善現若菩薩摩訶薩如實了知五眼真如相
如實了知六神通真如相是菩薩摩訶薩於
一切法如實了知略廣之相善現若菩薩摩
訶薩如實了知佛十力真如相如實了知四
無所畏四無礙解大慈大悲大喜大捨十八
佛不共法真如相是菩薩摩訶薩於一切法
如實了知略廣之相善現若菩薩摩訶薩如
實了知無忘失法真如相如實了知恒住捨
性真如相是菩薩摩訶薩於一切法如實了
知略廣之相善現若菩薩摩訶薩如實了知
一切智真如相如實了知道相智一切相智
真如相是菩薩摩訶薩於一切法如實了知
略廣之相善現若菩薩摩訶薩如實了知一

BD04671 號　大般若波羅蜜多經卷三五七　（4–3）

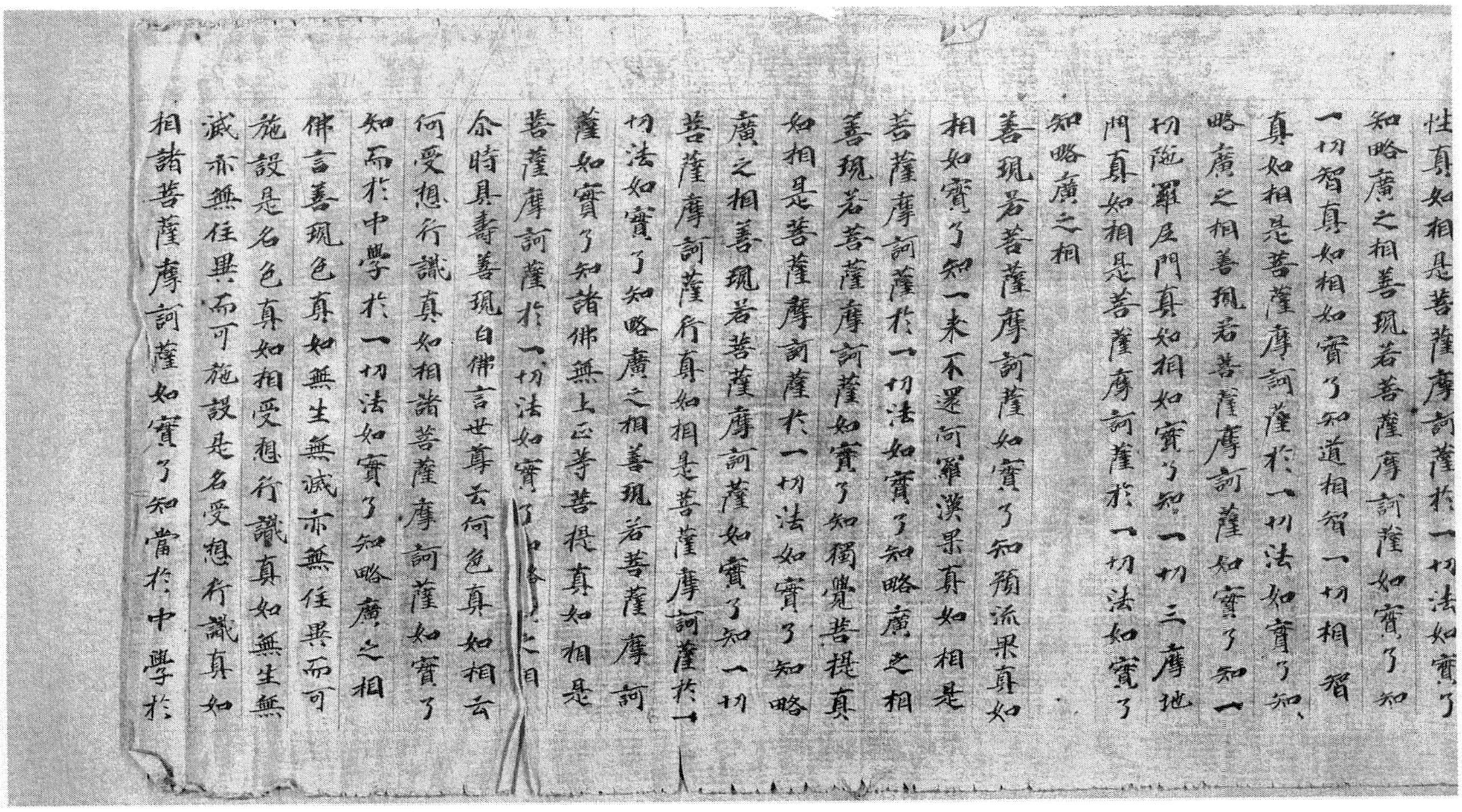

性真如相是菩薩摩訶薩於一切法如實了
知略廣之相善現若菩薩摩訶薩如實了知
一切智真如相如實了知道相智一切相智
真如相是菩薩摩訶薩於一切法如實了知
略廣之相善現若菩薩摩訶薩如實了知一
切陁羅尼門真如相如實了知一切三摩地
門真如相是菩薩摩訶薩於一切法如實了
知略廣之相
善現若菩薩摩訶薩如實了知預流果真如
相如實了知一來不還阿羅漢果真如相是
菩薩摩訶薩於一切法如實了知略廣之相
善現若菩薩摩訶薩如實了知獨覺菩提真
如相是菩薩摩訶薩於一切法如實了知略
廣之相善現若菩薩摩訶薩如實了知一切
菩薩摩訶薩行真如相是菩薩摩訶薩於一
切法如實了知略廣之相善現若菩薩摩訶
薩如實了知諸佛無上正等菩提真如相是
菩薩摩訶薩於一切法如實了知略廣之相
尒時具壽善現白佛言世尊云何色真如相云
何受想行識真如相諸菩薩摩訶薩如實了
知而於中學於一切法如實了知略廣之相
佛言善現色真如無生無滅亦無住異而可
施設是名色真如相受想行識真如無生無
滅亦無住異而可施設是名受想行識真如
相諸菩薩摩訶薩如實了知當於中學於

BD04671 號　大般若波羅蜜多經卷三五七　　（4–4）

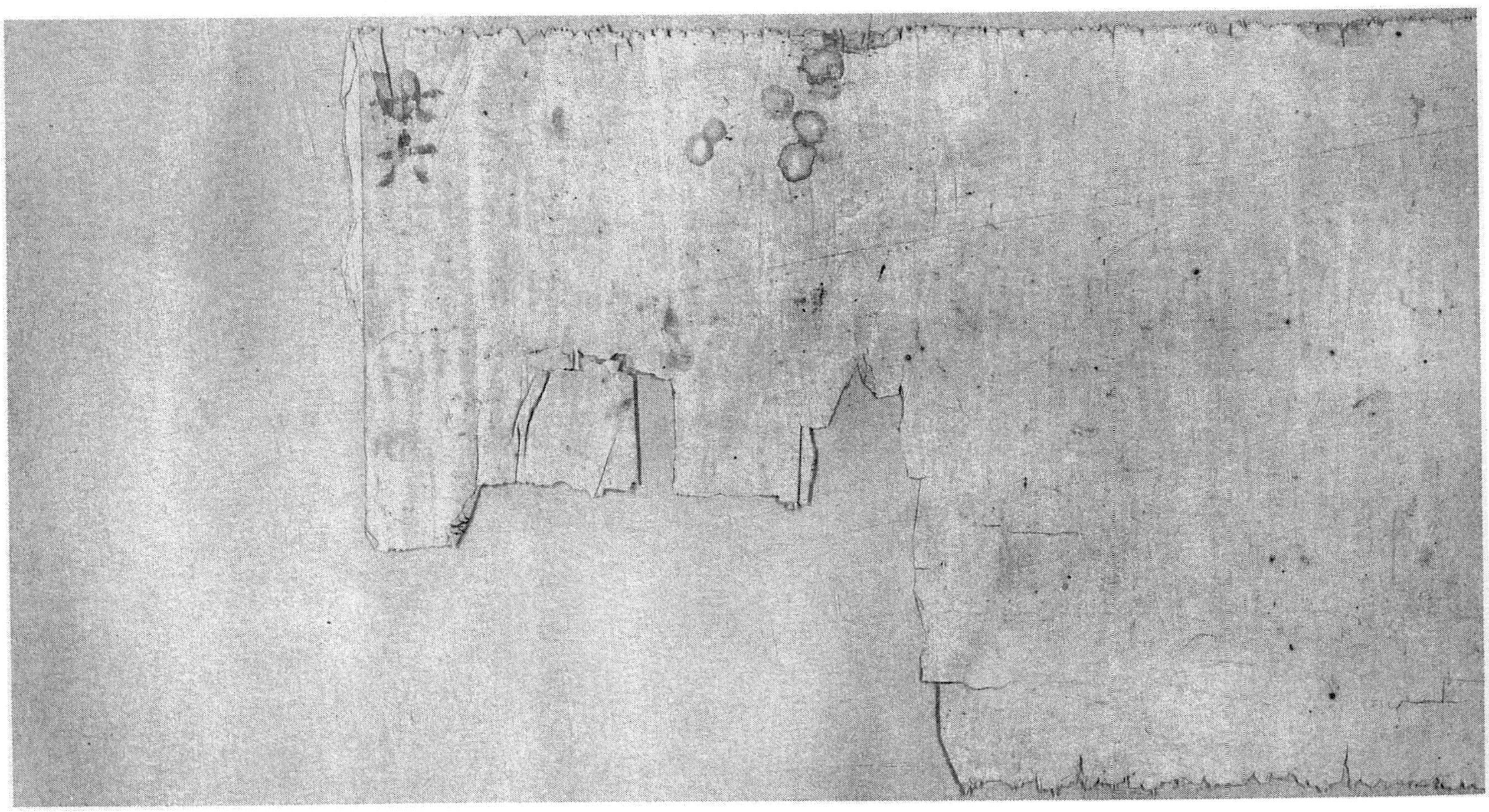

BD04671 號背　勘記　　（1–1）

[illegible]
我亦如是 [illegible]
亦如是 [illegible]
眾星月為明 眾聖佛為最
如來立禁戒 半月半月說
者出 不來諸比丘尼說[illegible]
和合僧集會未受具戒者出[illegible]
淨 有病遂說 無者言無 諸大姊僧[illegible]何所作為
諸大姊我今欲說波羅提木叉戒汝等諦聽善思念之
若自知有犯者即應自懺悔不犯者默然默然者知諸大
姊清淨若有他問者亦如是答如是諸比丘尼在於眾
中乃至三問憶念有罪不懺悔者得故妄語罪故妄語
者佛說障道法若彼比丘尼憶念有罪欲求清淨者
應懺悔懺悔得安樂諸大姊我已說戒經序今問諸
大姊是中清淨不 如是三說
諸大姊是中清淨默然故是事如是持
諸大姊是八波羅夷法半月半月說戒經中來
若比丘尼作婬欲事犯不淨行乃至共畜生是比
丘尼波羅夷不共住
若比丘尼若在村落若閑靜處不與物盜心取隨不
與取法若為王王大臣所捉若殺若縛若驅出國汝是
賊汝癡汝無所知是比丘尼波羅夷不共住
若比丘尼故自手斷人命持刀授與人歎譽死快勸
死咄人用此惡活為寧死不生作如是心思惟種種方便
[illegible]比丘尼波羅夷不共住

BD04672 號　四分比丘尼戒本　（30–1）

丘尼波羅夷不共住
若比丘尼若在村落若閑靜處不與物盜心取隨不
與取法若為王王大臣所捉若殺若縛若驅出國汝是
賊汝癡汝無所知是比丘尼波羅夷不共住
若比丘尼故自手斷人命持刀授與人歎譽死快勸
死咄人用此惡活為寧死不生作如是心思惟種種方便
歎譽死快勸死是比丘尼波羅夷不共住
若比丘尼實無所知自稱言我得上人法我已入聖智勝
法我知是我見是後於異時若問若不問欲自求
清淨故作是說諸大姊我實不知不見言知言見虛
誑妄語除增上慢是比丘尼波羅夷不共住
若比丘尼染污心與染污心男子從腋已下膝已上
身相觸若捺若摩若牽若推若上摩若下摩若
舉若下若捉若急捺是比丘尼波羅夷不共住
若比丘尼染污心知染污心男子受捉衣入屏處共
立共語共行或身相倚或共期是比丘尼波羅
夷不共住
若比丘尼知比丘尼犯波羅夷不自舉不白僧不語人彼
於異時彼比丘尼或休道若滅擯若眾僧遮若入外
道後作是言我先知有如是如是罪是比丘尼波羅
夷不共住
若比丘尼知比丘僧為作舉如法如律如佛所教不順
從不懺悔未與作共住而順從諸比丘尼語言大姊此
比丘尼為僧所舉如法如律如佛所教不順從不懺悔
未與作共住汝莫順從如是比丘尼諫彼比丘尼時是
事堅持不捨彼比丘尼應三諫捨此事故乃至三
諫捨者善不捨者是比丘尼波羅夷不共住
諸大姊我已說八波羅夷法若比丘尼犯一一波羅夷

BD04672 號　四分比丘尼戒本　（30–2）

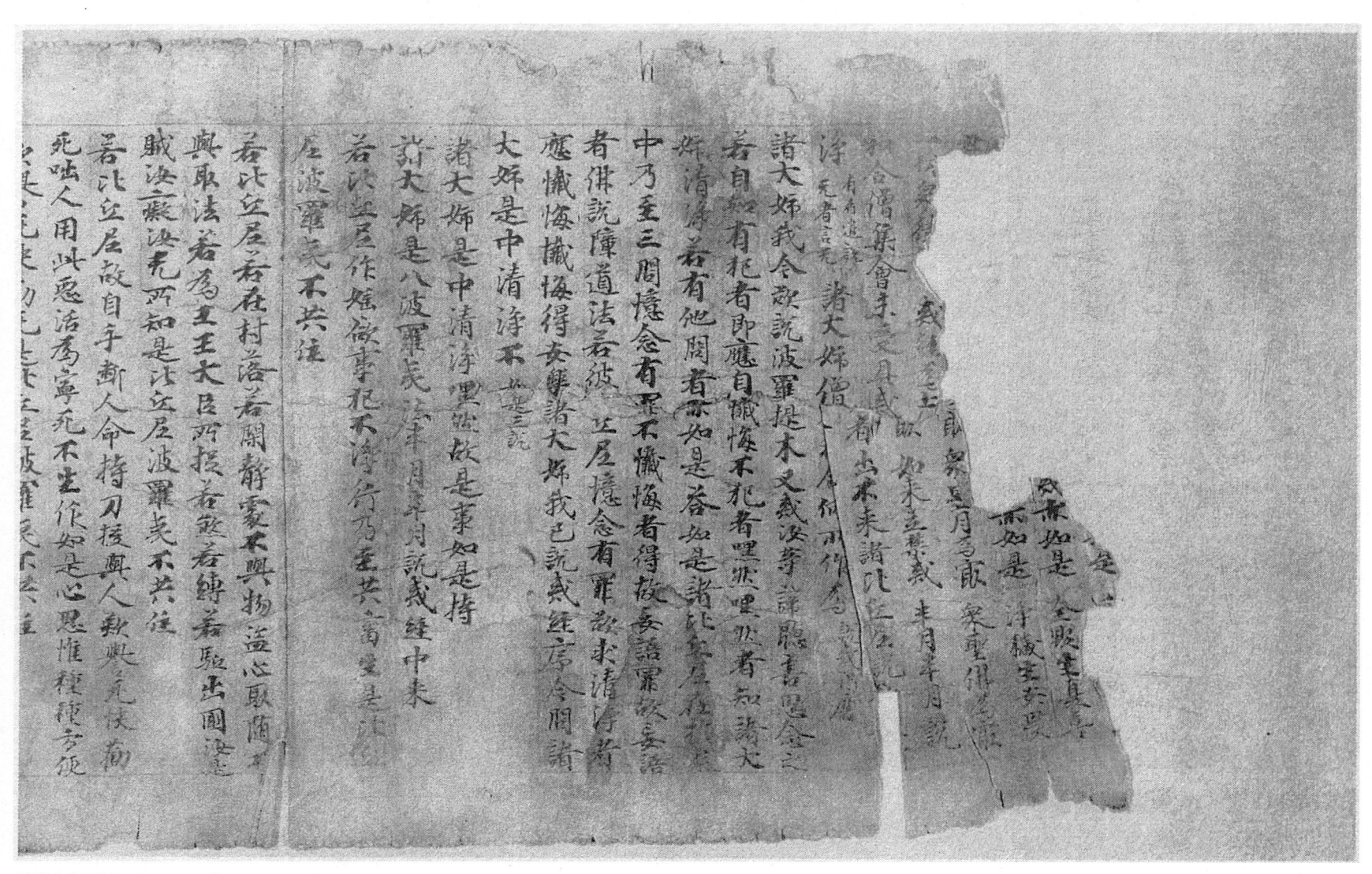

比丘尼為僧所舉如律如佛所教不順從不懺悔
未與作共住汝莫順從如是比丘尼諫彼比丘尼時堅
事堅持不捨彼比丘尼應三至三諫令捨此事故若三
諫捨者善不捨者是比丘尼波羅夷不共住
諸大姊我已說八波羅夷法若比丘尼犯一一波羅夷
法不得與諸比丘尼共住如前後亦如是是比丘尼
得波羅夷罪不應共住今問諸大姊是中清淨不
諸大姊是中清淨嘿然故是事如是持
諸大姊是十七僧伽婆尸沙法半月半月說戒經中來
若比丘尼媒嫁持男意語女持女意語男若為成婦
事若為私通事乃至須臾頃是比丘尼犯初法應
捨僧伽婆尸沙
若比丘尼瞋恚不喜以無根波羅夷法謗欲壞彼清
淨行後於異時若問若不問知是事無根說我
瞋恚故作如是說是比丘尼犯初法應捨僧伽婆
尸沙
若比丘尼瞋恚不喜於異分事中取片非波羅夷
比丘尼以無根波羅夷法謗欲壞彼人梵行後於異
時若問若不問知是異分事中取片彼比丘尼住瞋恚
法故作如是說是比丘尼犯初法應捨僧伽婆尸沙
若比丘尼詣官言人若居士居士兒若奴若客作人
若晝若夜若一念頃若彈指頃若須臾頃是比丘尼
犯初法應捨僧伽婆尸沙
若比丘尼先知是賊女罪應死多人所知不問王大臣
不問種姓便度出家受戒是比丘尼犯初法應捨僧伽婆
尸沙
若比丘尼知比丘尼為僧所舉如法如律如佛所教不順
從未懺悔僧未與作共住羯磨為愛故不問僧僧不

BD04672號　四分比丘尼戒本　（30–3）

不問種姓便度出家受戒是比丘尼犯初法應捨僧伽婆
尸沙
若比丘尼知比丘尼為僧所舉如法如律如佛所教不順
從未懺悔僧未與作共住羯磨為愛故不問僧僧不
約勅出界外作羯磨與解罪是比丘尼犯初法應
捨僧伽婆尸沙
若比丘尼獨渡水獨入村獨宿獨在後行是比丘
尼犯初法應捨僧伽婆尸沙
若比丘尼染汙心知染汙心男子從彼受可食者及
食并餘物是比丘尼犯初法應捨僧伽婆尸沙
若比丘尼教比丘尼作如是語大姊彼有染汙心無染
汙心能耶汝何自無染汙心於彼若得食以時清淨
受取是比丘尼犯初法應捨僧伽婆尸沙
若比丘尼欲壞和合僧方便受壞和合僧法堅持不捨
是比丘尼應諫彼比丘尼言大姊汝莫壞和合僧莫
方便壞和合僧莫受壞僧法堅持不捨大姊應與
僧和合與僧和合歡喜不諍同一師學如水乳合於佛
法中有增益安樂住是比丘尼諫彼比丘尼堅持不
捨是比丘尼應三諫捨此事故乃至三諫捨者善不
捨者是比丘尼犯三法應捨僧伽婆尸沙
若比丘尼有餘比丘尼伴黨若一若二若三乃至無數
彼比丘尼語是比丘尼言大姊汝莫諫此比丘尼此比丘尼
是法語比丘尼律語比丘尼此比丘尼所說我等喜樂
此比丘尼所說我等忍可是比丘尼語彼比丘尼言大姊莫
作是說言此比丘尼是法語比丘尼律語比丘尼此比丘尼
所說我等喜樂此比丘尼所說我等忍可然此比丘尼
非法語比丘尼非律語比丘尼大姊莫欲破壞和合僧
當樂欲和合僧大姊與僧和合歡喜不諍同一師學

BD04672號　四分比丘尼戒本　（30–4）

此比丘尼所說我等忍可是比丘尼語彼比丘尼言大姊莫
作是說言此比丘尼是法語比丘尼律語比丘尼此比丘尼
所說我等喜樂此比丘尼所說我等忍可然此比丘尼
非法語比丘尼非律語比丘尼大姊莫欲破壞和合僧
當樂欲和合僧大姊與僧和合歡喜不諍同一師學
如水乳合於佛法中有增益安住是比丘尼諫彼比丘
尼時堅持不捨是比丘尼應三諫捨此事故乃至三諫捨
者善不捨者是比丘尼犯三法應捨僧伽婆尸沙
若比丘尼依聚落若城邑住污他家行惡行污他家
亦見亦聞行惡行亦見亦聞是比丘尼諫彼比丘尼言
大姊汝污他家行惡行污他家亦見亦聞行惡行亦
見亦聞大姊汝污他家行惡行今可遠此聚落去不
須住此是比丘尼語彼比丘尼言大姊諸比丘尼有愛有
恚有怖有癡有如是同罪比丘尼有驅者有不驅者是
比丘尼語彼比丘尼言大姊莫作是語有愛有恚有怖
有癡有如是同罪比丘尼有驅者有不驅者何以故而諸
比丘尼不愛不恚不怖不癡有如是同罪比丘尼有驅者
有不驅者大姊污他家行惡行污他家亦見亦聞行惡
行亦見亦聞是比丘尼諫彼比丘尼時堅持不捨是比丘
尼應三諫捨此事故乃至三諫捨者善不捨者是比丘
尼犯三法應捨僧伽婆尸沙
若比丘尼惡性不受人語於戒法中諸比丘尼如法諫
已自身不受諫語言諸大姊汝莫向我說若好若惡
我亦不向汝說若好若惡諸大姊且止莫諫我是比丘
尼當諫彼比丘尼言大姊汝莫自身不受諫語大姊
自身當受諫語大姊如法諫諸比丘尼諸比丘尼亦
當如法諫大姊如是佛弟子眾得增益展轉相諫
展轉相教展轉懺悔是比丘尼如法諫時堅持不捨

我亦不向汝說若好若惡諸大姊且止莫諫我是比丘
尼當諫彼比丘尼言大姊汝莫自身不受諫語大姊
自身當受諫語大姊如法諫諸比丘尼諸比丘尼亦
當如法諫大姊如是佛弟子眾得增益展轉相諫
展轉相教展轉懺悔是比丘尼如法諫時堅持不捨
是比丘尼應三諫捨此事故乃至三諫捨者善不捨者
是比丘尼犯三法應捨僧伽婆尸沙
若比丘尼相親近住共作惡行惡聲流布展轉共相
覆罪是比丘尼當諫彼比丘尼言大姊汝等莫相親近共
作惡行惡聲流布共相覆罪汝等若不相親近於佛法
中得增益安樂住是比丘尼諫彼比丘尼時堅持不捨是比
丘尼應三諫捨此事故乃至三諫捨者善不捨者是比丘
尼犯三法應捨僧伽婆尸沙
若比丘尼僧為作呵諫時餘比丘尼教作如是言汝等
莫別住當共住我亦見餘比丘尼不別住共作惡行惡聲
流布共相覆罪僧以恚故教汝別住是比丘尼應諫彼比丘
尼言大姊汝莫教餘比丘尼言汝等莫別住我亦見餘比
丘尼共住作惡行惡聲流布共相覆罪僧以恚故教汝別
住今正有此二比丘尼共住作惡行惡聲流布共相覆罪
更無有餘若此比丘尼別住於佛法中有增益安樂住是
比丘尼諫彼比丘尼時堅持不捨是比丘尼應三諫令捨此
事故乃至三諫捨者善不捨者是比丘尼犯三法應捨僧伽
婆尸沙
若比丘尼趣以一小事瞋恚不喜便作是語我捨佛捨法捨
僧不獨有此沙門釋子亦更有餘沙門婆羅門脩梵行
者我等亦可於彼脩梵行是比丘尼當諫彼比丘尼言大
姊汝莫趣以一小事瞋恚不喜便作是語我捨佛捨法捨
僧不獨有此沙門釋子亦更有餘沙門婆羅門修梵行

婆尸沙
若比丘尼趣以一小事瞋恚不喜便作是語我捨佛捨法捨
僧不獨有此沙門釋子亦更有餘沙門婆羅門脩梵行
者我等亦可於彼脩梵行是比丘尼當諫彼比丘尼言大
姊汝莫趣以一小事瞋恚不喜便作是語我捨佛捨法捨
僧不獨有此沙門釋子亦更有餘沙門婆羅門脩梵行
者我等亦可於彼脩梵行是比丘尼諫彼比丘尼時堅持
不捨彼比丘尼應三諫捨此事故乃至三諫捨者善不捨
者是比丘尼犯三法應捨僧伽婆尸沙
若比丘尼喜鬪諍不善憶持諍事後瞋恚作是語僧有
愛有恚有怖有癡是比丘尼應諫彼比丘尼言妹汝莫喜
鬪諍不善憶持諍事後瞋恚作是語僧有愛有恚有
怖有癡而僧不愛不恚不怖不癡汝自有愛有恚有怖
有癡是比丘尼諫彼比丘尼時堅持不捨彼比丘尼應
三諫捨此事故乃至三諫捨者是比丘尼犯三法應捨
僧伽婆尸沙
諸大姊我已說十七僧伽婆尸沙法九初犯罪八乃至
三諫若比丘尼犯一一法應半月二部僧中行摩那埵
行摩那埵已餘有出罪應四十僧中出是比丘尼罪若
少一人不滿四十眾出是比丘尼罪不得除
諸大姊亦可呵此是時今問諸大姊是中清淨不 如是三說
諸大姊是中清淨嘿然故是事如是持
諸大姊是三十尼薩耆波逸提法半月半月說戒經中
來
若比丘尼衣已竟迦絺那衣已捨畜長衣經十日不淨
施得畜若過者尼薩耆波逸提
若比丘尼衣已竟迦絺那衣已捨五衣中若離一一衣
處宿經一夜除僧羯磨尼薩耆波逸提
若比丘尼衣已竟迦絺那衣已捨若得非時衣欲須

來
若比丘尼衣已竟迦絺那衣已捨畜長衣經十日不淨
施得畜若過者尼薩耆波逸提
若比丘尼衣已竟迦絺那衣已捨五衣中若離一一衣
處宿經一夜除僧羯磨尼薩耆波逸提
若比丘尼衣已竟迦絺那衣已捨若得非時衣欲須
便受受已疾成衣若足者善若不足者得畜遲一月
為滿足故若過畜者尼薩耆波逸提
若比丘尼從非親里居士居士婦乞衣除餘時尼薩耆
波逸提餘時者若奪衣失衣燒衣漂衣是名時
若比丘尼奪衣失衣燒衣漂衣是非親里居士居士婦
自恣請多與衣是比丘尼當知足受衣若過受者尼
薩耆波逸提
若比丘尼居士居士婦為比丘尼辦衣價具如是衣
價與某甲比丘尼是比丘尼先不受自恣請到居士家
作如是說善哉居士為我辦衣價與我為好故若得衣
者尼薩耆波逸提
若比丘尼二居士居士婦與比丘尼辦衣價持如是
衣價與某甲比丘尼是比丘尼先不受自恣請到二
居士家作如是言善哉居士辦如是衣價與我共作一衣
為好故若得衣者尼薩耆波逸提
若比丘尼若王若大臣若婆羅門若居士居士婦遣
使為比丘尼送衣價持如是衣價與某甲比丘尼彼使
至比丘尼所語言阿姨為汝送衣價受取是比丘尼語
彼使如是言我不應受此衣價我若須衣合時清淨
當受彼使語比丘尼言阿姨有執事人不須衣比丘尼
應言有若僧伽藍人若優婆塞此是比丘尼執事人
常為比丘尼執事彼使至執事人所與衣價已還到比
丘尼所如是言阿姨所示某甲執事人我已與衣價

彼使如是言我不應受此衣價我若須衣合時清淨
當受彼使語比丘尼言阿姨有執事人不須衣比丘尼
應言有若僧伽藍人若優婆塞此是比丘尼執事人
常為比丘尼執事彼使至執事人所與衣價已還到比
丘尼所如是言阿姨所示某甲執事人我已與衣價大
姊知時往彼當得衣比丘尼若須衣者當往執事人
所二返三反語言我須衣若二反三反為作憶念得衣者
善若不得衣四反五反六反在前嘿然住令彼憶念若
四反五反六反在前嘿然住得衣者善若不得衣過是
求得衣者尼薩耆波逸提若不得衣隨彼使所來處
若自往若遣使往語言汝先遣使持衣價與某甲比
丘尼是比丘尼竟不得衣汝還取莫使失此是時
若比丘尼自取金銀若錢若教人取若口可受者尼
薩耆波逸提
若比丘尼種種買賣寶物者尼薩耆波逸提
若比丘尼種種販賣者尼薩耆波逸提
若比丘尼鉢減五綴不漏更求新鉢為好故尼薩
耆波逸提是比丘尼當持此鉢於尼眾中捨從次
第貿至下坐以下鉢與此比丘尼言妹持此鉢乃
至破此是時
若比丘尼自求縷使非親里織師織作衣者尼薩耆波逸提
若比丘尼居士居士婦使織師為比丘尼織作衣彼比丘
尼先不受自恣請便往彼所語織師言此衣為我織
極好令廣長堅緻齊整好我當少多與汝價若比
丘尼與價乃至一食直得衣者尼薩耆波逸提
若比丘尼與比丘尼衣已後瞋恚若自奪若教人奪
取還我衣來不與汝是比丘尼應還衣彼取衣者尼
薩耆波逸提

BD04672號　四分比丘尼戒本　（30–9）

尼先不受自恣請便往彼所語織師言此衣為我織
極好令廣長堅緻齊整好我當少多與汝價若比
丘尼與價乃至一食直得衣者尼薩耆波逸提
若比丘尼與比丘尼衣已後瞋恚若自奪若教人奪
取還我衣來不與汝是比丘尼應還衣彼取衣者尼
薩耆波逸提
若比丘尼諸病畜藥蘇油生蘇蜜石蜜得食乃至
七日得服若過七日服者尼薩耆波逸提
若比丘尼十日未滿夏三月若有急施衣比丘尼知是
急施衣應受受已乃至衣時應畜若過畜者尼薩
耆波逸提
若比丘尼知物向僧自求入已者尼薩耆波逸提
若比丘尼欲索是更索彼者尼薩耆波逸提
若比丘尼知檀越所為僧施異迴作餘用者尼薩耆波
逸提
若比丘尼所為施物異自求為僧迴作餘用者尼薩耆波
逸提
若比丘尼檀越所施物異迴作餘用者尼薩耆波逸提
若比丘尼檀越所施物異自求為僧迴作餘用者尼薩耆
波逸提
若比丘尼畜長鉢者尼薩耆波逸提
若比丘尼多畜好色器者尼薩耆波逸提
若比丘尼許他比丘尼病衣後不與者尼薩耆波逸提
若比丘尼以非時衣受作時衣者尼薩耆波逸提
若比丘尼與比丘尼貿易衣後瞋恚還自奪取若使
人奪取妹還我衣來我不與汝汝衣屬汝我衣還我
者尼薩耆波逸提
若比丘尼乞重衣齊價直四張㲲過者尼薩耆波逸提

BD04672號　四分比丘尼戒本　（30–10）

若比丘尼以非時衣受作時衣者尼薩耆波逸提
若比丘尼與比丘尼貿易衣後瞋恚還自奪取若使
人奪取妹還我衣來我不與汝汝衣屬汝我衣還我
者尼薩耆波逸提
若比丘尼乞重衣齊價直四張氎過者尼薩耆波逸提
若比丘尼欲乞輕衣極至價直兩張半氎過者尼薩耆
波逸提
諸大姊我已說三十尼薩耆波逸提法今問諸大姊是
中清淨不 如是三說
諸大姊是中清淨默然故是事如是持
諸大姊是一百七十八波逸提法半月半月說戒經中來
若比丘尼故妄語者波逸提
若比丘尼毀呰語者波逸提
若比丘尼兩舌語者波逸提
若比丘尼與男子同室宿者波逸提
若比丘尼共未受大戒女人同一室宿若過三宿者波
逸提
若比丘尼與未受大戒人共誦法者波逸提
若比丘尼知他有麤惡罪向未受大戒人說除僧羯磨
波逸提
若比丘尼向未受大戒人說過人法言我知我見是實者波逸提
若比丘尼與男子說法過五六語除有知女人波逸提
若比丘尼自掘地若教人掘者波逸提 十
若比丘尼壞鬼神村者波逸提
若比丘尼妄作異語惱他者波逸提
若比丘尼嫌罵比丘尼者波逸提
若比丘尼取僧繩床若木床若臥具坐蓐露地自
敷若教人敷捨去不自舉不教人舉者波逸提
若比丘尼於僧房中取僧臥具自敷若教人敷在中若

若比丘尼妄作異語惱他者波逸提
若比丘尼嫌罵比丘尼者波逸提
若比丘尼取僧繩床若木床若臥具坐蓐露地自
敷若教人敷捨去不自舉不教人舉者波逸提
若比丘尼於僧房中取僧臥具自敷若教人敷在中若
坐若臥從彼處捨去不自舉不教人舉者波逸提
若比丘尼知比丘尼先住處後來於中間敷臥具止宿念
言彼若嫌窄者自當避我去作如是因緣非餘威儀者
波逸提
若比丘尼瞋他比丘尼不喜眾僧房中自牽出若教
他牽出者波逸提
若比丘尼在重閣上脫腳繩床若木床若坐若臥波
逸提
若比丘尼知水有虫自用澆泥澆草若教人澆者波逸提
若比丘尼作大房戶扉窗牖及餘莊飾具指授覆苫
齊二三節若過者波逸提 廿
若比丘尼施一食處無病比丘尼應一食若過受者波逸提
若比丘尼別眾食除餘時波逸提餘時者病時作衣
時施衣時道行時船上時大會時沙門施食時此是時
若比丘尼至檀越家慇懃請與餅麨飯比丘尼欲須者
二三鉢應受持至寺內應分與餘比丘尼食若比丘尼無
病過三鉢受持至寺內不分與餘比丘尼食者波逸提
若比丘尼非時噉食者波逸提
若比丘尼殘宿食噉者波逸提
若比丘尼不受食及藥著口中除水及楊枝波逸提
若比丘尼先受請已若前食後食行詣餘家不囑餘比
丘尼除餘時波逸提餘時者病時作衣時施衣時此是時
若比丘尼食家中有寶強安坐者波逸提
若比丘尼食家中有寶在屏處坐者波逸提 卅

若比丘尼殘宿食噉者波逸提
若比丘尼不受食及藥著口中除水及楊枝波逸提
若比丘尼先受請已若前食後食行詣餘家不囑餘比
丘尼除餘時波逸提餘時者病時作衣時施衣時此是時
若比丘尼食家中有寶強安坐者波逸提
若比丘尼食家中有寶在屏處坐者波逸提 卅
若比丘尼獨與男子露地一處共坐者波逸提
若比丘尼語餘比丘尼如是語大姊共汝至聚落當與汝食
彼比丘尼竟不教與是比丘尼食如是言大姊去我與汝一
處共坐共語不樂我獨坐獨語樂以是因緣非餘方便遣
去者波逸提
若比丘尼請比丘尼四月與藥无病比丘尼應受若過
除常請更請分請盡形請者波逸提
若比丘尼往觀軍除時因緣波逸提
若比丘尼有因緣至軍中若二宿三宿者波逸提
若比丘尼軍中住若二宿三宿或時觀軍陣鬪戰若觀
遊軍象馬勢力者波逸提
若比丘尼飲酒者波逸提
若比丘尼水中戲者波逸提
若比丘尼以指相擊攊者波逸提
若比丘尼不受諫語者波逸提
若比丘尼恐怖他比丘尼者波逸提 卌
若比丘尼半月洗浴无病比丘尼應受若過受除餘時
波逸提餘時者熱時病時作時大風時雨時遠行來
時此是時
若比丘尼无病自為炙身故露地然火若教人然除
餘時波逸提
若比丘尼藏他比丘尼若鉢若衣若坐具針筒若自
藏教人藏下至戲笑者波逸提
若比丘尼淨施比丘尼式叉摩那沙彌沙彌尼衣後

BD04672號　四分比丘尼戒本　（30–13）

若比丘尼无病自為炙身故露地然火若教人然除
餘時波逸提
若比丘尼藏他比丘尼若鉢若衣若坐具針筒若自
藏教人藏下至戲笑者波逸提
若比丘尼淨施比丘尼式叉摩那沙彌沙彌尼衣後
不問主取著者波逸提
若比丘尼得新衣當作三種染壞色青黑木蘭若比
丘尼得新衣不作三種染壞色青黑木蘭著新衣持
者波逸提
若比丘尼故斷畜生命者波逸提
若比丘尼故惱他比丘尼乃至少時不樂者波逸提
若比丘尼知比丘尼有麤惡罪覆藏者波逸提
若比丘尼知僧諍事如法懺悔已後更發舉者波逸提 五十
若比丘尼知是賊伴期共一道行乃至聚落者波逸提
若比丘尼作如是語我知佛所說法行婬欲非障道法彼
比丘尼諫此比丘尼言大姊莫作是語莫謗世尊謗世尊
者不善世尊不作是語世尊无數方便說行婬欲是障道
彼比丘尼諫此比丘尼時堅持不捨彼比丘尼應當三諫
令捨是事乃至三諫時捨者善不捨者波逸提
若比丘尼知如是語人未作法如是邪見而不捨若畜
同一羯磨同一止宿者波逸提
若比丘尼知沙彌尼作如是語我知佛所說法行婬欲法
障道法彼比丘尼諫此沙彌尼言汝莫作是語莫謗世
尊謗世尊者不善世尊不作是語沙彌世尊无數方便
說行婬欲是障道法犯婬者是障道法彼比丘尼諫此沙
彌尼時堅持不捨彼比丘尼應三諫捨此事故乃至三諫時
若捨者善不捨者彼比丘尼應語是沙彌尼言汝自今
已去非佛弟子不得隨餘比丘尼行如是餘沙彌尼得
與比丘尼二宿汝今无是事汝出去滅去不須此中住若比

BD04672號　四分比丘尼戒本　（30–14）

尊讃世尊若不善世尊不作是説……
説行婬欲是障道法犯婬者是障道法彼比丘尼諫此沙
弥尼時堅持不捨彼比丘尼應三諫捨此事故乃至三諫時
若捨者善不捨者彼比丘尼應語是沙弥尼言汝自今
已去非佛弟子不得隨餘比丘尼行如是餘沙弥尼得
與比丘尼二宿汝今无是事汝出去滅去不須住此中若比
丘尼知如是被擯沙弥尼若畜共同止宿者波逸提
若比丘尼如法諫時作如是語我今不學是戒乃至問有智
慧持律者當難問波逸提若爲求解應當難問
若比丘尼説戒時作如是語大姊何用説是雜碎戒爲説是
戒時令人惱愧懷疑輕呵戒故波逸提
若比丘尼説戒時作如是語大姊我今始知是比丘尼若二
若三説戒中坐何况多彼比丘尼无知无解若犯罪應如
法治更重增无知法大姊汝聽法時不一心攝耳聽法
无知故波逸提
若比丘尼共同羯磨已後作如是説諸比丘尼隨親厚
以衆僧物與者波逸提
若比丘尼僧斷事時不與欲而起去者波逸提
若比丘尼與欲竟後更呵者波逸提　卒
若比丘尼比丘尼共鬪諍後聽此語已向彼説者波逸提
若比丘尼瞋恚故不喜打彼比丘尼者波逸提
若比丘尼瞋恚故不喜以手博比丘尼者波逸提
若比丘尼瞋恚故不喜以无根僧伽婆尸沙法謗者波逸提
若比丘尼剎利水澆頭王種王未出未藏寶而入若過
宮門閫者波逸提
若比丘尼若寶及以寶莊嚴具自捉若教人捉除僧伽
藍中及寄宿處波逸提若僧伽藍中若寄宿處若
寶若以寶莊飾具自捉若教人捉若識者當取作如
是因緣非餘
若比丘尼非時入聚落不囑餘比丘尼者波逸提

若比丘尼剎利水澆頭王種王未出未藏寶而入若過
宮門閫者波逸提
若比丘尼若寶及以寶莊嚴具自捉若教人捉除僧伽
藍中及寄宿處波逸提若僧伽藍中若寄宿處若
寶若以寶莊飾具自捉若教人捉若識者當取作如
是因緣非餘
若比丘尼非時入聚落不囑餘比丘尼者波逸提
若比丘尼作繩牀若木牀足應高如來八指除入陛孔上
截竟過者波逸提
若比丘尼持兜羅綿貯繩牀木牀若卧具坐褥者波逸提
若比丘尼噉蒜者波逸提　七十
若比丘尼剃三處毛者波逸提
若比丘尼以水作淨應齊兩指各一節若過者波逸提
若比丘尼故以胡膠作男根者波逸提
若比丘尼共相拍者波逸提
若比丘尼比丘尼无病時供給水以扇扇者波逸提
若比丘尼乞生穀者波逸提
若比丘尼在生草上大小便者波逸提
若比丘尼夜便大小便器中晝不看擲外棄者波逸提
若比丘尼故往觀聽伎樂者波逸提
若比丘尼入村内與男子在屏處共立共語者波逸提　八十
若比丘尼與男子共入屏障處者波逸提
若比丘尼入村内巷陌中遣伴遠去在屏處與男
子共立耳語者波逸提
若比丘尼入白衣家内坐不語主人捨者波逸提
若比丘尼入白衣家内不語主人輙坐牀者波逸提
若比丘尼入白衣家内不語主人輙自敷坐宿者波逸提
若比丘尼與男子共入闇室中者波逸提
若比丘尼不審諦受師語便向人説言師教我偷衣
鉢坐具針筒者波逸提

若比丘尼入白衣家內坐不語主人捨者波逸提
若比丘尼入白衣家內不語主人輒坐牀者波逸提
若比丘尼入白衣家內不語主人輒自敷坐宿者波逸提
若比丘尼與男子共入闇室中者波逸提
若比丘尼不審諦受師語便向人說言師教我偷衣
鉢坐具針筒者波逸提
若比丘尼有小因緣事便呪咀墮三惡道不生佛法中
若汝有如是事亦墮三惡道不生佛法中者波逸提
若比丘尼共闘諍不善憶持諍事推胷啼哭者波逸提
若比丘尼無病二人共牀臥者波逸提 九十
若比丘尼共一蓐同一被臥除餘時波逸提
若比丘尼知先住後至知後至先住為惱故在前誦經
問義教授者波逸提
若比丘尼同活比丘尼病不瞻視者波逸提
若比丘尼安居初聽餘比丘尼在房中安牀後瞋恚駈
者波逸提
若比丘尼春夏冬一切時人間遊行除餘因緣波逸提
若比丘尼夏安居竟不去者波逸提
若比丘尼邊界有疑恐怖處人間遊行者波逸提
若比丘尼於界內有疑恐怖處在人間遊行者波逸提
若比丘尼親近居士居士兒共住作不隨順行餘比丘尼
諫此比丘尼言妹汝莫親近居士居士兒共住作不隨
順行大姊可別住若別住於佛法有增益安樂住彼
比丘尼諫此比丘尼時堅持不捨彼比丘尼應三諫捨此
事故乃至三諫時捨者善不捨者波逸提 一百
若比丘尼往觀王宮文飾畫堂園林浴池者波逸提
若比丘尼露身形在河水泉水中浴者波逸提
若比丘尼作浴衣應量作應量作者長佛六搩手廣
二搩手半若過者波逸提
若比丘尼縫僧伽梨過五日者波逸提

BD04672號　四分比丘尼戒本　（30–17）

事故乃至三諫時捨者善不捨者波逸提 一百
若比丘尼往觀王宮文飾畫堂園林浴池者波逸提
若比丘尼露身形在河水泉水中浴者波逸提
若比丘尼作浴衣應量作應量作者長佛六搩手廣
二搩手半若過者波逸提
若比丘尼縫僧伽梨過五日者波逸提
若比丘尼過五日不看僧伽梨者波逸提
若比丘尼與眾僧作留難者波逸提
若比丘尼不問主便著他衣者波逸提
若比丘尼持沙門衣施與外道白衣者波逸提
若比丘尼作如是意遮眾僧如法分衣遮令不分恐弟
子不得者波逸提
若比丘尼作如是意令眾僧今不得出迦絺那衣後當
出欲令五事久得放捨者波逸提
若比丘尼作如是意遮比丘尼不出迦絺那衣欲令久
得五事放捨者波逸提 一百十
若比丘尼餘比丘尼語言為我滅此諍事而不作方
便令滅者波逸提
若比丘尼自手持食與白衣外道食者波逸提
若比丘尼為白衣作使者波逸提
若比丘尼自手紡績者波逸提
若比丘尼入白衣舍內在小牀大牀上若坐若臥者波逸提
若比丘尼至白衣舍不語主人敷坐止宿明日不辭主人
而去者波逸提
若比丘尼自誦習世俗呪術者波逸提
若比丘尼教人誦習世俗呪術者波逸提
若比丘尼知女人姙身度與受具足戒者波逸提
若比丘尼知婦女乳兒與受具足戒者波逸提 一百二十
若比丘尼知年不滿二十與受具足戒者波逸提
若比丘尼年十八童女不與二歲學戒年滿二十

BD04672號　四分比丘尼戒本　（30–18）

若比丘尼自誦習世俗呪術者波逸提
若比丘尼教人誦習世俗呪術者波逸提
若比丘尼知女人姙身度與受具足戒者波逸提
若比丘尼知婦女乳兒與受具足戒者波逸提 一百廿
若比丘尼知年不滿二十與受具足戒者波逸提
若比丘尼年十八童女不與二歲學戒年滿二十
便與受具足戒者波逸提
若比丘尼年十八童女與二歲學戒不與六法滿二十
便與受具足戒者波逸提
若比丘尼年十八童女與二歲學戒與六法滿二十衆
僧不聽便與受具足戒者波逸提
若比丘尼度曾嫁婦女年十歲與二歲學戒年滿十
二聽與受具足戒減十二與受具足戒者波逸提
若比丘尼度小年曾嫁婦女與二歲學戒年滿十二
不白衆僧便與受具足戒者波逸提
若比丘尼知是婬女與受具足戒者波逸提
若比丘尼多度弟子不教二歲學戒不以二法攝者波
逸提
若比丘尼不二歲隨和尚尼者波逸提
若比丘尼僧不聽而授人具足戒者波逸提 一百卅
若比丘尼年未滿十二歲授人具足戒者波逸提
若比丘尼年滿十二歲衆僧不聽便授人具足戒者波逸提
若比丘尼僧不聽授人具足戒便言衆僧有愛有恚有
怖有癡欲聽者便聽不欲聽者便不聽如是語者波逸
提
若比丘尼父母夫主不聽與受具足戒者波逸提
若比丘尼知女人與童男子相敬愛愁憂瞋恚女人
度令出家受具足戒者波逸提
若比丘尼語式叉摩那言汝捨學是戒當與汝受具
足戒若不方便與受具足戒者波逸提

提
若比丘尼父母夫主不聽與受具足戒者波逸提
若比丘尼知女人與童男子相敬愛愁憂瞋恚女人
度令出家受具足戒者波逸提
若比丘尼語式叉摩那言汝捨學是戒當與汝受具
足戒若不方便與受具足戒者波逸提
若比丘尼語式叉摩那言持衣來與我當與汝受具
足戒而不方便與受具足戒者波逸提
若比丘尼不滿一歲授人具足戒者波逸提
若比丘尼與人授具足戒已經宿方往比丘僧中
與授具足戒者波逸提
若比丘尼不病不往受教授者波逸提 一百卌
若比丘尼半月應往比丘僧中求教授若不求者波逸提
若比丘尼僧夏安居竟應往比丘僧中說三事自恣見
聞疑若不往者波逸提
若比丘尼在無比丘處夏安居者波逸提
若比丘尼知有比丘僧伽藍不白而入者波逸提
若比丘尼罵比丘者波逸提
若比丘尼喜鬪諍不善憶持諍事後瞋恚不喜罵
比丘尼衆者波逸提
若比丘尼身生癰及種種創不白衆及餘人輒使
男子破若裹者波逸提
若比丘尼先受請若足食已後食飯麨乾飯魚
及肉者波逸提
若比丘尼於家生嫉妬心者波逸提
若比丘尼以香塗摩身者波逸提 一百五十
若比丘尼以胡麻滓塗摩身者波逸提
若比丘尼使比丘尼塗摩身者波逸提
若比丘尼使式叉摩那塗摩身者波逸提
若比丘尼使沙彌尼塗摩身者波逸提

若比丘尼於家生嫉妬心者波逸提 一百五十
若比丘尼以香塗摩身者波逸提
若比丘尼以胡麻滓塗摩身者波逸提
若比丘尼使比丘尼塗摩身者波逸提
若比丘尼使式叉摩那塗摩身者波逸提
若比丘尼使沙弥尼塗摩身者波逸提
若比丘尼使白衣婦女塗摩身者波逸提
若比丘尼着貯跨衣者波逸提
若比丘尼畜婦女莊嚴身具除時因緣波逸提
若比丘尼着革屣持蓋行除時因緣波逸提
若比丘尼无病乘乘行除時因緣波逸提
若比丘尼不著僧祇支入村者波逸提 一百六十
若比丘尼向暮至白衣家先不被喚者波逸提
若比丘尼向暮開僧伽藍門不囑授餘比丘尼而出
去者波逸提
若比丘尼日沒開僧伽藍門不囑而出者波逸提
若比丘尼不前安居不後安居者波逸提
若比丘尼知女人常漏大小便涕唾常出與受具足戒
者波逸提
若比丘尼知二形人與受具足戒者波逸提
若比丘尼知二道合者與受具足戒者波逸提
若比丘尼知有負債難者病難者與受具足戒者波逸提
若比丘尼學世俗伎術以自活命者波逸提
若比丘尼以世俗伎術教授白衣者波逸提 一百七十
若比丘尼被擯不去者波逸提
若比丘尼欲問比丘義先不求聽而問者波逸提
若比丘尼知先住後至後至先住欲惱彼故在前行
若立若坐若臥者波逸提
若比丘尼在有僧伽藍內起塔者波逸提
若比丘尼見新受戒比丘尼應起迎逆恭敬礼拜問訊請

BD04672號　四分比丘尼戒本　（30–21）

若比丘尼欲問比丘義先不求聽而問者波逸提
若比丘尼知先住後至後至先住欲惱彼故在前行
若立若坐若臥者波逸提
若比丘尼在有僧伽藍內起塔者波逸提
若比丘尼見新受戒比丘尼應起迎逆恭敬礼拜問訊請
與坐不者除時因緣波逸提
若比丘尼爲好故搖身趣行者波逸提
若比丘尼作婦女莊嚴香塗摩身者波逸提
若比丘尼使外道女香塗摩身者波逸提
諸大姊我已說一百七十八波逸提法今問諸大姊是中
清淨不 如是三說
諸大姊是中清淨嘿然故是事如是持
諸大姊是八波羅提提舍尼法半月半月說戒經中來
若比丘尼无病乞蘇而食者犯應懺悔可呵法應向餘
比丘尼說言大姊我犯可呵法所不應爲我今向大姊懺
悔是名悔過法
若比丘尼无病乞油而食者犯應懺悔可呵法應向
餘比丘尼說言大姊我犯可呵法所不應爲我今向
大姊懺悔是名悔過法
若比丘尼无病乞蜜而食者犯應懺悔可呵法應向
餘比丘尼說言大姊我犯可呵法所不應爲今我向大
姊懺悔是名悔過法
若比丘尼无病乞黑石蜜而食者犯應懺悔可呵法
應向餘比丘尼說言大姊我犯可呵法所不應爲我
今向大姊懺悔是名悔過法
若比丘尼无病乞乳而食者犯應懺悔可呵法應向餘
比丘尼說言大姊我犯可呵法所不應爲我今向大
姊懺悔是名悔過法
若比丘尼无病乞酪而食者犯應懺悔可呵法應向
餘比丘尼說言大姊我犯可呵法所不應爲我今向

BD04672號　四分比丘尼戒本　（30–22）

今向大姊懺悔是名悔過法
若比丘尼无病乞乳而食者犯應懺悔可呵法應向餘
比丘尼說言大姊我犯可呵法所不應為我今向大
姊懺悔是名悔過法
若比丘尼无病乞酪而食者犯應懺悔可呵法應向
餘比丘尼說言大姊我犯可呵法所不應為我今向
大姊懺悔是名悔過法
若比丘尼无病乞魚而食者犯應懺悔可呵法應向餘
比丘尼說言大姊我犯可呵法所不應為我今向大姊
懺悔是名悔過法
若比丘尼无病乞肉而食者犯應懺悔可呵法應向餘
比丘尼說言大姊我犯可呵法所不應為我今向大
姊懺悔是名悔過法
諸大姊我已說八波羅提提舍尼法今問諸大姊是中
清淨不 如是三說
諸大姊是中清淨嘿然故是事如是持
諸大姊是衆學戒法半月半月說戒經中來
當齊整著涅槃僧應當學
當齊整著三衣應當學
不得反抄衣入白衣舍應當學
不得反抄衣入白衣舍坐應當學
不得衣纏頸入白衣舍應當學
不得衣纏頸入白衣舍坐應當學
不得覆頭入白衣舍應當學
不得覆頭入白衣舍坐應當學
不得跳行入白衣舍應當學
不得跳行入白衣舍坐應當學
不得白衣舍內蹲坐應當學
不得叉腰行入白衣舍應當學
不得叉腰行入白衣舍坐應當學

BD04672號　四分比丘尼戒本　（30–23）

不得覆頭入白衣舍坐應當學
不得跳行入白衣舍應當學
不得跳行入白衣舍坐應當學
不得白衣舍內蹲坐應當學
不得叉腰行入白衣舍應當學
不得叉腰行入白衣舍坐應當學
不得搖身行入白衣舍應當學
不得搖身行入白衣舍坐應當學
不得掉臂行入白衣舍應當學
不得掉臂行入白衣舍坐應當學
好覆身入白衣舍應當學
好覆身入白衣舍坐應當學
不得左右顧視行入白衣舍應當學
不得左右顧視行入白衣舍坐應當學
靜嘿行入白衣舍應當學
靜嘿行入白衣舍坐應當學
不得戲笑行入白衣舍應當學
不得戲笑行入白衣舍坐應當學
用意受食應當學
平鉢受食應當學
羹飯等食應當學
以次第食應當學
不得挑鉢中而食應當學
若比丘尼无病不得為己索羹飯應當學
不得以飯覆羹更望得應當學
不得視比坐鉢中應當學
當繫鉢想食應當學
不得大摶飯食應當學
不得大張口待飯食應當學
不得含飯語應當學

BD04672號　四分比丘尼戒本　（30–24）

若比丘无病不得為己索羹飯應當學
不得以飯覆羹更望得應當學
不得視比坐鉢中應當學
當繫鉢想食應當學
不得大摶飯食應當學
不得大張口待飯食應當學
不得含飯語應當學
不得摶飯擲口中應當學
不得遺落飯食應當學
不得頰食應當學
不得嚼飯作聲應當學
不得大噏飯食應當學
不得舌舐食應當學
不得振手食應當學
不得手把散飯食應當學
不得污手捉食器應當學
不得洗鉢水棄白衣舍內應當學
不得生草菜上大小便涕唾除病應當學
不得淨水中大小便涕唾除病應當學
不得立大小便除病應當學
不得与反抄衣不恭敬人說法除病應當學
不得為衣纏頸者說法除病應當學
不得為覆頭者說法除病應當學
不得為裹頭者說法除病應當學
不得為叉腰者說法除病應當學
不得為著革屣者說法除病應當學
不得為著木屐者說法除病應當學
不得為騎乘者說法除病應當學
不得在佛塔中止宿除為守護故應當學
不得藏財物置佛塔中除為堅牢故應當學

BD04672 號　四分比丘尼戒本　（30–25）

不得為著革屣者說法除病應當學
不得為著木屐者說法除病應當學
不得為騎乘者說法除病應當學
不得在佛塔中止宿除為守護故應當學
不得藏財物置佛塔中除為堅牢故應當學
不得著革屣入佛塔中應當學
不得手捉革屣入佛塔中應當學
不得著革屣遶佛塔行應當學
不得著富羅入佛塔中應當學
不得手捉富羅入佛塔中應當學
不得佛塔下坐食留草及食污地應當學
不得擔死屍從塔下過應當學
不得塔下埋死屍應當學
不得向塔燒死屍應當學
不得向佛塔燒死屍應當學
不得向佛塔四邊燒死屍使臭氣來入應當學
不得持死人衣及牀從塔下過除浣染香熏應當學
不得佛塔下大小便應當學
不得佛塔大小便應當學
不得向佛塔四邊大小便使臭氣來入應當學
不得持佛像至大小便處應當學
不得在佛塔下嚼楊枝應當學
不得向佛塔嚼楊枝應當學
不得向佛塔四邊嚼楊枝應當學
不得在佛塔下涕唾應當學
不得向佛塔涕唾應當學
不得向佛塔四邊涕唾應當學
不得向塔舒脚坐應當學
不得安佛像下房己在上房住應當學

BD04672 號　四分比丘尼戒本　（30–26）

不得在佛塔下涕唾應當學
不得向佛塔涕唾應當學
不得向佛塔四邊涕唾應當學
不得向塔舒脚坐應當學
不得安佛像下房已在上房住應當學
人坐已立不得為說法除病應當學
人卧已坐不得為說法除病應當學
人在坐已在非坐不得為說法除病應當學
人在高坐已在下坐不得為說法除病應當學
人在前行已在後不得為說法除病應當學
人在高經行處已在下經行處不得為說法除病應當學
人在道已在非道不得為說法除病應當學
不得携手在道行應當學
不得上樹過人頭除時因緣應當學
不得絡囊盛鉢貫杖頭著肩上而行應當學
人持杖不恭敬不應為說法除病應當學
人持劍不應為說法除病應當學
人持鉾不應為說法除病應當學
人持刀不應為說法除病應當學
人持蓋不應為說法除病應當學
諸大姊我已說衆學戒法今問諸大姊是中清淨不 三說
諸大姊是中清淨嘿然故是事如是持
諸大姊是七滅諍法半月半月說戒經中來
若比丘尼有諍事起即應除滅
應與現前毗尼當與現前毗尼 應與憶念毗尼當與憶念毗尼
應與不癡毗尼當與不癡毗尼 應與自言治當與自言治
應與多人覓罪相當與多人覓罪相 應與覓罪相當與覓罪相
應與如草覆地當與如草覆地
諸大姊我已說七滅諍法今問諸大姊是中清淨不 三說

BD04672號　四分比丘尼戒本　(30–27)

應與現前毗尼當與現前毗尼 應與憶念毗尼當與憶念毗尼
應與不癡毗尼當與不癡毗尼 應與自言治當與自言治
應與多人覓罪相當與多人覓罪相 應與覓罪相當與覓罪相
應與如草覆地當與如草覆地
諸大姊我已說七滅諍法今問諸大姊是中清淨不 三說
諸大姊是中清淨嘿然故是事如是持
諸大姊我已說戒經序已說八波羅夷法已說十七僧
伽婆尸沙法已說三十尼薩耆波逸提法已說一百七十
八波逸提法已說八波羅提提舍尼法已說衆學戒法
已說七滅諍法此是佛所說半月半月說戒經中來若更
有餘佛法是中皆共和合應當學
忍辱第一道 佛說無為最 出家惱他人 不名為沙門
此是毗婆尸如來無所著等正覺說是戒經
譬如明眼人 能避嶮惡道 世有聰明人 能遠離諸惡
此是尸棄如來無所著等正覺說是戒經
不謗亦不嫉 當奉行於戒 飲食知止足 常樂在空閑
此是毗葉羅如來無所著等正覺說是戒經
譬如蜂採華 不壞色與香 但取其味去 比丘入聚然
不違戾他事 不觀作不作 但自觀身行 若正若不正
此是拘樓孫如來無所著等正覺說是戒經
心莫作放逸 聖法當勤學 如是無憂愁 心定入涅槃
此是拘那含牟尼如來無所著等正覺說是戒經
一切惡莫作 當奉於戒行 自淨其志意 是則諸佛教
此是迦葉如來無所著等正覺說是戒經
善護於口言 自淨其志意 身莫作諸惡 此三業道淨
能得如是行 是大仙人道
此是釋迦牟尼如來無所著等正覺於十二年中為無
事僧說是戒經從是已後廣分別說諸比丘尼自為
樂法樂沙門者有慚有愧樂學戒者當於中學

BD04672號　四分比丘尼戒本　(30–28)

善護於口言 自淨其志意 身莫作諸惡 此三業道淨
能得如是行 是大仙人道
此是釋迦牟尼如來无所著等正覺於十二年中為无
事僧說是戒經從是已後廣分別說諸比丘尼自為
樂法樂沙門者有慚有愧樂學戒者當於中學
明人能護戒 能得三種樂 名譽及利養 死得生天上
當觀如是處 有智勤護戒 戒淨有智慧 便得第一道
如過去諸佛 及以未來者 現在諸世尊 能勝一切憂
皆共尊敬戒 此是諸佛法 若有自為身 欲求於佛道
當尊重正法 此是諸佛教 七佛為世尊 滅除諸結使
說是七戒經 諸縛得解脫 已入於涅槃 諸戲永滅盡
尊行大仙說 聖賢稱譽戒 弟子之所行 入寂滅涅槃
世尊涅槃時 興起於大悲 集諸比丘眾 與如是說戒
莫謂我涅槃 淨行者无護 我今說戒經 亦善說毗尼
我雖般涅槃 當視如世尊 此經久住世 佛法得熾盛
以是熾盛故 得入於涅槃 若不持此戒 如所應布薩
喻如日沒時 世界皆闇冥 當護持是戒 如犛牛愛尾
和合一處坐 如佛之所說 我已說戒經 眾僧布薩竟
我今說戒經 所說諸功德 施一切眾生 皆共成佛道
四分戒本

BD04672號 四分比丘尼戒本 (30–29)

莫謂我涅槃 淨行者无護 我今說戒經 亦善說毗尼
我雖般涅槃 當視如世尊 此經久住世 佛法得熾盛
以是熾盛故 得入於涅槃 若不持此戒 如所應布薩
喻如日沒時 世界皆闇冥 當護持是戒 如犛牛愛尾
和合一處坐 如佛之所說 我已說戒經 眾僧布薩竟
我今說戒經 所說諸功德 施一切眾生 皆共成佛道
四分戒本

BD04672號 四分比丘尼戒本 (30–30)

南无寶精進日月摩尼莊嚴威德聲王佛
南无吼聲妙聲佛　南无善住持地佛
南无世間自在王佛　南无无障㝵藥王樹勝佛
南无彌留幢佛　南无大山佛
南无彌留光明佛　南无妙聲佛
南无日月住佛　南无稱光明佛
南无无量光佛　南无不可量幢佛
南无大光明佛　南无寶雜色佛
南无淨王佛　南无大炎聚佛
南无一切王聲佛　南无難勝佛
南无日生佛　南无羅網光明佛
南无照光明佛　南无師子佛
南无稱佛　南无稱光明佛
南无法佛　南无法住持佛
南无法幢佛　南无梵聲佛
南无星宿王佛　南无香勝佛
南无香光佛　南无大積佛
南无寶種種花敷身佛　南无莎羅自在王佛

BD04673號　佛名經（十六卷本）卷一四　（2–1）

南无淨王佛　南无大炎聚佛
南无一切王聲佛　南无難勝佛
南无日生佛　南无羅網光明佛
南无照光明佛　南无師子佛
南无稱佛　南无稱光明佛
南无法佛　南无法住持佛
南无法幢佛　南无梵聲佛
南无星宿王佛　南无香勝佛
南无香光佛　南无大積佛
南无寶種種花敷身佛　南无莎羅自在王佛
南无寶蓮花勝佛　南无見一切義佛
南无須彌劫佛　南无智燈佛
南无大光明照佛　南无難伏佛
南无照佛　南无勤雜色幢佛
南无威德自在王佛　南无覺王佛
南无寶藏佛　南无大海佛
南无十力增上自在佛　南无唯寶莊嚴佛
[illegible]莊嚴佛　南无无相聲佛
南无須彌山聚佛
[illegible]佛

BD04673號　佛名經（十六卷本）卷一四　（2–2）

音王佛壽四十万億
劫正法住世劫數如一閻浮提微塵像法住世
劫數如四天下微塵其佛饒益衆生已然
後滅度正法像法滅盡之後於此國土復有
佛出亦号威音王如來應供正遍知明行足
善逝世間解无上士調御丈夫天人師佛世
尊如是次第有二万億佛皆同一号㝡初威
音王如來既已滅度正法滅後於像法中增
上慢比丘有大勢力尒時有一菩薩比丘名
常不輕得大勢以何因緣名常不輕是比丘
凡有所見若比丘比丘尼優婆塞優婆夷皆
悉礼拜讃歎而作是言我深敬汝等不敢輕
慢所以者何汝等皆行菩薩道當得作佛而
是比丘不專讀誦經典但行礼拜乃至遠見
四衆亦復故往礼拜讃歎而作是言我不敢
輕於汝等汝等皆當作佛故四衆之中有生
瞋恚心不淨者悪口罵詈言是无智比丘從
何所來自言我不輕汝而與我等受記當得
作佛我等不用如是虚妄受記如此經歷多
年常被罵詈不生瞋恚常作是言汝當作佛
說是語時衆人或以杖木瓦石而打擲之避

BD04674號　妙法蓮華經卷六　（18–1）

輕於汝等汝等皆當作佛故四衆之中有生
瞋恚心不淨者悪口罵詈言是无智比丘從
何所來自言我不輕汝而與我等受記當得
作佛我等不用如是虚妄受記如此經歷多
年常被罵詈不生瞋恚常作是言汝當作佛
說是語時衆人或以杖木瓦石而打擲之避
走遠住猶高聲唱言我不敢輕於汝等汝等
皆當作佛以其常作是語故增上慢比丘比
丘尼優婆塞優婆夷号之爲常不輕是比丘
臨欲終時於虚空中具聞威音王佛先所說
法華經二十千万億偈悉能受持即得如上
眼根清淨耳鼻舌身意根清淨得是六根清
淨已更增壽命二百万億那由他歲廣爲人
說是法華經於時增上慢四衆比丘比丘尼
優婆塞優婆夷輕賤是人爲作不輕名者見
其得大神通力樂說辯力大善寂力聞其所
說皆信伏隨從是菩薩復化千万億衆令住
阿耨多羅三藐三菩提命終之後得值二千
億佛皆号日月燈明於其法中說是法華經
以是因緣復值二千億佛同号雲自在燈王
於此諸佛法中受持讀誦爲諸四衆說此經
典故得是常眼清淨耳鼻舌身意諸根清淨
於四衆中說法心无所畏得大勢是常不輕
菩薩摩訶薩供養如是若干諸佛恭敬尊重
讃歎種諸善根於後復值千万億佛亦於諸

BD04674號　妙法蓮華經卷六　（18–2）

於此諸佛法中受持讀誦爲諸四衆說此經
典故得是常眼清淨耳鼻舌身意諸根清淨
於四衆中說法心无所畏得大勢是常不輕
菩薩摩訶薩供養如是若干諸佛恭敬尊重
讚歎種諸善根於後復值千万億佛亦於諸
佛法中說是經典功德成就當得作佛得大
勢於意云何尒時常不輕菩薩豈異人乎則
我身是若我於宿世不受持讀誦此經爲他
人說者不能疾得阿耨多羅三藐三菩提我
於先佛所受持讀誦此經爲人說故疾得阿
耨多羅三藐三菩提得大勢彼時四衆比丘
比丘尼優婆塞優婆夷以瞋恚意輕賤我故
二百億劫常不值佛不聞法不見僧千劫於
阿鼻地獄受大苦惱畢是罪已復遇常不輕
菩薩教化阿耨多羅三藐三菩提得大勢於
汝意云何尒時四衆常輕是菩薩者豈異人
乎今此會中跋陁婆羅等五百菩薩師子月
等五百比丘尼思佛等五百優婆塞皆於阿
耨多羅三藐三菩提不退轉者是得大勢當
知是法華經大饒益諸菩薩摩訶薩能令至
於阿耨多羅三藐三菩提是故諸菩薩摩訶
薩於如來滅後常應受持讀誦解說書寫是
經尒時世尊欲重宣此義而說偈言
過去有佛 号威音王 神智无量 將導一切
天人龍神 所共供養 是佛滅後 法欲盡時

BD04674 號　妙法蓮華經卷六　（18–3）

於阿耨多羅三藐三菩提是故諸菩薩摩訶
薩於如來滅後常應受持讀誦解說書寫是
經尒時世尊欲重宣此義而說偈言
過去有佛 号威音王 神智无量 將導一切
天人龍神 所共供養 是佛滅後 法欲盡時
有一菩薩 名常不輕 時諸四衆 計著於法
不輕菩薩 往到其所 而語之言 我不輕汝
汝等行道 皆當作佛 諸人聞已 輕毀罵詈
不輕菩薩 能忍受之 其罪畢已 臨命終時
得聞此經 六根清淨 神通力故 增益壽命
復爲諸人 廣說是經 諸著法衆 皆蒙菩薩
教化成就 令住佛道 不輕命終 值无數佛
說是經故 得无量福 漸具功德 疾成佛道
彼時不輕 則我身是 時四部衆 著法之者
聞不輕言 汝當作佛 以是因緣 值无數佛
此會菩薩 五百之衆 并及四部 清信士女
今於我前 聽法者是 我於前世 勸是諸人
聽受斯經 第一之法 開示教人 令住涅槃
世世受持 如是經典 億億万劫 至不可議
時乃得聞 是法華經 億億万劫 至不可議
諸佛世尊 時說是經 是故行者 於佛滅後
聞如是經 勿生疑惑 應當一心 廣說此經
世世值佛 疾成佛道
妙法蓮華經如來神力品第二十一
尒時千世界微塵等菩薩摩訶薩從地踊出
者皆於佛前一心合掌瞻仰尊顏而白佛言

BD04674 號　妙法蓮華經卷六　（18–4）

聞如是經　勿生疑惑　應當一心　廣說此經
世世值佛　疾成佛道
妙法蓮華經如來神力品第二十一
尒時千世界微塵等菩薩摩訶薩從地踊出
者皆於佛前一心合掌瞻仰尊顏而白佛言
世尊我等於佛滅後世尊分身所在國土滅
度之處當廣說此經所以者何我等亦自欲
得是真淨大法受持讀誦解說書寫而供養
之尒時世尊於文殊師利等无量百千万億
舊住娑婆世界菩薩摩訶薩及諸比丘比丘
尼優婆塞優婆夷天龍夜叉乾闥婆阿脩羅
迦樓羅緊那羅摩睺羅伽人非人等一切眾
前現大神力出廣長舌上至梵世一切毛孔
放於无量无數色光皆悉遍照十方世界眾
寶樹下師子座上諸佛亦復如是出廣長舌
放无量光釋迦牟尼佛及寶樹下諸佛現神
力時滿百千歲然後還攝舌相一時謦欬俱
共彈指是二音聲遍至十方諸佛世界地皆
六種震動其中眾生天龍夜叉乾闥婆阿脩
羅迦樓羅緊那羅摩睺羅伽人非人等以佛
神力故皆見此娑婆世界无量无邊百千万
億眾寶樹下師子座上諸佛及見釋迦牟尼
佛共多寶如來在寶塔中坐師子座又見无
量无邊百千万億菩薩摩訶薩及諸四眾恭
敬圍繞釋迦牟尼佛既見是已皆大歡喜得

BD04674號　妙法蓮華經卷六　（18–5）

億眾寶樹下師子座上諸佛及見釋迦牟尼
佛共多寶如來在寶塔中坐師子座又見无
量无邊百千万億菩薩摩訶薩及諸四眾恭
敬圍繞釋迦牟尼佛既見是已皆大歡喜得
未曾有即時諸天於虛空中高聲唱言過此
无量无邊百千万億阿僧祇世界有國名娑
婆是中有佛名釋迦牟尼今為諸菩薩摩訶
薩說大乘經名妙法蓮華教菩薩法佛所護
念汝等當深心隨喜亦當礼拜供養釋迦牟
尼佛彼諸眾生聞虛空中聲已合掌向娑婆
世界作如是言南无釋迦牟尼佛南无釋迦
牟尼佛以種種華香瓔珞幡蓋及諸嚴身之
具珎寶妙物皆共遙散娑婆世界所散諸物
從十方來譬如雲集變成寶帳遍覆此間諸
佛之上于時十方世界通達无礙如一佛土
尒時佛告上行等菩薩大眾諸佛神力如是
无量无邊不可思議若我以是神力於无量
无邊百千万億阿僧祇劫為囑累故說此經
功德猶不能盡以要言之如來一切所有之
法如來一切自在神力如來一切秘要之藏如
來一切甚深之事皆於此經宣示顯說是故
汝等於如來滅後應當一心受持讀誦解
說書寫如說脩行所在國土若有受持讀誦
解說書寫如說脩行若經卷所住之處若於
園中若於林中若於樹下若於僧坊若白衣

BD04674號　妙法蓮華經卷六　（18–6）

汝等於如來滅後應當一心受持讀誦解
說書寫如說脩行所在國土若有受持讀誦
解說書寫如說脩行若經卷所住之處若於
園中若於林中若於樹下若於僧坊若白衣
舍若在殿堂若山谷曠野是中皆應起塔供
養所以者何當知是處即是道場諸佛於此
得阿耨多羅三藐三菩提諸佛於此轉于法
輪諸佛於此而般涅槃尒時世尊欲重宣此
義而說偈言
諸佛救世者 住於大神通 為悅衆生故 現无量神力
舌相至梵天 身放无數光 為求佛道者 現此希有事
諸佛謦欬聲 及彈指之聲 周聞十方國 地皆六種動
以佛滅度後 能持是經故 諸佛皆歡喜 現无量神力
囑累是經故 讚美受持者 於无量劫中 猶故不能盡
是人之功德 无邊无有窮 如十方虛空 不可得邊際
能持是經者 則為已見我 亦見多寶佛 及諸分身者
又見我今日 教化諸菩薩 能持是經者 令我及分身
滅度多寶佛 一切皆歡喜 十方現在佛 并過去未來
亦見亦供養 亦令得歡喜 諸佛坐道場 所得秘要法
能持是經者 不久亦當得 能持是經者 於諸法之義
名字及言辭 樂說无窮盡 如風於空中 一切无障礙
於如來滅度 知佛所說經 因緣及次第 隨義如實說
如日月光明 能除諸幽冥 斯人行世間 能滅衆生闇
教无量菩薩 畢竟住一乘 是故有智者 聞此功德利
於我滅度後 應受持斯經 是人於佛道 決定无有疑

BD04674 號　妙法蓮華經卷六　(18–7)

名字及言辭 樂說无窮盡 如風於空中 一切无障礙
於如來滅度 知佛所說經 因緣及次第 隨義如實說
如日月光明 能除諸幽冥 斯人行世間 能滅衆生闇
教无量菩薩 畢竟住一乘 是故有智者 聞此功德利
於我滅度後 應受持斯經 是人於佛道 決定无有疑

妙法蓮華經囑累品第二十二

尒時釋迦牟尼佛從法座起現大神力以右
手摩无量菩薩摩訶薩頂而作是言我於无
量百千万億阿僧祇劫脩習是難得阿耨多
羅三藐三菩提法今以付囑汝等汝等應當
一心流布此法廣令增益如是三摩諸菩薩
摩訶薩頂而作是言我於无量百千万億阿
僧祇劫脩習是難得阿耨多羅三藐三菩提
法今以付囑汝等汝等當受持讀誦廣宣此
法令一切衆生普得聞知所以者何如來有
大慈悲无諸慳悋亦无所畏能與衆生佛之
智慧如來智慧自然智慧如來是一切衆生
之大施主汝等亦應隨學如來之法勿生慳
悋於未來世若有善男子善女人信如來智
慧者當為演說此法華經使得聞知為令其
人得佛慧故若有衆生不信受者當於如來
餘深法中示教利喜汝等若能如是則為已
報諸佛之恩時諸菩薩摩訶薩聞佛作是說
已皆大歡喜遍滿其身益加恭敬曲躬低頭
合掌向佛俱發聲言如世尊勑當具奉行唯
然世尊願不有慮諸菩薩摩訶薩衆如是三

BD04674 號　妙法蓮華經卷六　(18–8)

餘深法中示教利喜汝等若能如是則為已
報諸佛之恩時諸菩薩摩訶薩聞佛作是說
已皆大歡喜遍滿其身益加恭敬曲躬低頭
合掌向佛俱發聲言如世尊勑當具奉行唯
然世尊願不有慮諸菩薩摩訶薩眾如是三
反俱發聲言如世尊勑當具奉行唯然世尊
願不有慮尒時釋迦牟尼佛令十方來諸分
身佛各還本土而作是言諸佛各隨所安多
寶佛塔還可如故說是語時十方无量分身
諸佛坐寶樹下師子座上者及多寶佛并上
行等无邊阿僧祇菩薩大眾舍利弗等聲聞
四眾及一切世間天人阿脩羅等聞佛所說
皆大歡喜

妙法蓮華經藥王菩薩本事品第二十三

尒時宿王華菩薩白佛言世尊藥王菩薩云
何遊於娑婆世界世尊是藥王菩薩有若干
百千万億那由他難行苦行善哉世尊願少
解說諸天龍神夜叉乾闥婆阿脩羅迦樓羅
緊那羅摩睺羅伽人非人等又他國土諸來
菩薩及此聲聞眾聞皆歡喜尒時佛告宿王
華菩薩乃往過去无量恒河沙劫有佛號日
月淨明德如來應供正遍知明行足善逝世
間解无上士調御丈夫天人師佛世尊其佛
有八十億大菩薩摩訶薩七十二恒河沙大
聲聞眾佛壽四万二千劫菩薩壽命亦等彼

華菩薩乃往過去无量恒河沙劫有佛號日
月淨明德如來應供正遍知明行足善逝世
間解无上士調御丈夫天人師佛世尊其佛
有八十億大菩薩摩訶薩七十二恒河沙大
聲聞眾佛壽四万二千劫菩薩壽命亦等彼
國无有女人地獄餓鬼畜生阿脩羅等及以
諸難地平如掌琉璃所成寶樹莊嚴寶帳
上垂寶華幡寶瓶香爐周遍國界七寶為臺
一樹一臺其樹去臺盡一箭道此諸寶樹皆
有菩薩聲聞而坐其下諸寶臺上各有百億
諸天作天伎樂歌歎於佛以為供養尒時彼
佛為一切眾生喜見菩薩及眾菩薩諸聲聞
眾說法華經是一切眾生喜見菩薩樂習苦
行於日月淨明德佛法中精進經行一心求
佛滿万二千歲已得現一切色身三昧得此
三昧已心大歡喜即作念言我得現一切色
身三昧皆是得聞法華經力我今當供養日
月淨明德佛及法華經即時入是三昧於虛
空中雨曼陀羅華摩訶曼陀羅華細末堅
黑栴檀滿虛空中如雲而下又雨海此岸栴檀
之香此香六銖價直娑婆世界以供養佛作
是供養已從三昧起而自念言我雖以神力
供養於佛不如以身供養即服諸香栴檀薰
陸兜樓婆畢力迦沉水膠香又飲瞻蔔諸華
香油滿千二百歲已香油塗身於日月淨明

之香此香六銖價直娑婆世界以供養佛作
是供養已從三昧起而自念言我雖以神力
供養於佛不如以身供養即服諸香栴檀薰
陸兜樓婆畢力迦沉水膠香又飲瞻蔔諸華
香油滿千二百歲已香油塗身於日月淨明
德佛前以天寶衣而自纏身灌諸香油以神
通力願而自然身光明遍照八十億恒河沙
世界其中諸佛同時讚言善哉善哉善男子
是真精進是名真法供養如來若以華香瓔
珞燒香末香塗香天繒幡蓋及海此岸栴檀
之香如是等種種諸物供養所不能及假使
國城妻子布施亦所不及善男子是名第一
之施於諸施中最尊最上以法供養諸如來
故作是語已而各嘿然其身火然千二百歲
過是已後其身乃盡一切眾生喜見菩薩作
如是法供養已命終之後復生日月淨明德
佛國中於淨德王家結加趺坐忽然化生即
為其父而說偈言
大王今當知　我經行彼處　即時得一切　現諸身三昧
懃行大精進　捨所愛之身
說是偈已而白父言日月淨明德佛今故現
在我先供養佛已得解一切眾生語言陁羅
尼復聞是法華經八百千万億那由他甄迦
羅頻婆羅阿閦婆等偈大王我今當還供養
此佛白已即坐七寶之臺上昇虛空高七多

BD04674號　妙法蓮華經卷六　（18–11）

在我先供養佛已得解一切眾生語言陁羅
尼復聞是法華經八百千万億那由他甄迦
羅頻婆羅阿閦婆等偈大王我今當還供養
此佛白已即坐七寶之臺上昇虛空高七多
羅樹往到佛所頭面礼足合十指爪以偈讚
佛
容顏甚奇妙　光明照十方　我適曾供養　今復還親近
尒時一切眾生喜見菩薩說是偈已而白佛
言世尊世尊猶故在世尒時日月淨明德佛
告一切眾生喜見菩薩善男子我涅槃時到
滅盡時至汝可安施床座我於今夜當般涅
槃又勑一切眾生喜見菩薩善男子我以佛
法囑累於汝及諸菩薩大弟子并阿耨多羅
三藐三菩提法亦以三千大千七寶世界諸
寶樹寶臺及給侍諸天悉付於汝我滅度後
所有舍利亦付囑汝當令流布廣設供養應
起若干千塔如是日月淨明德佛勑一切眾
生喜見菩薩已於夜後分入於涅槃尒時一
切眾生喜見菩薩見佛滅度悲感懊惱戀慕
於佛即以海此岸栴檀為積供養佛身而以
燒之火滅已後收取舍利作八万四千寶瓶
以起八万四千塔高三世界表剎莊嚴垂諸
幡蓋懸眾寶鈴尒時一切眾生喜見菩薩復
自念言我雖作是供養心猶未足我今當更
供養舍利便語諸菩薩大弟子及天龍夜叉

BD04674號　妙法蓮華經卷六　（18–12）

於佛前以海此岸栴檀爲積供養佛身而以
燒之火滅已後收取舍利作八万四千寶瓶
以起八万四千塔高三世界表刹莊嚴垂諸
幡蓋懸衆寶鈴尒時一切衆生憙見菩薩復
自念言我雖作是供養心猶未足我今當更
供養舍利便語諸菩薩大弟子及天龍夜叉
等一切大衆汝等當一心念我今供養日月
淨明德佛舍利作是語已即於八万四千塔
前然百福莊嚴臂七万二千歲而以供養令
无數求聲聞衆无量阿僧祇人發阿耨多羅
三藐三菩提心皆使得住現一切色身三昧
尒時諸菩薩天人阿脩羅等見其无臂憂惱
悲哀而作是言此一切衆生憙見菩薩是我
等師教化我者而今燒臂身不具足于時一
切衆生憙見菩薩於大衆中立此誓言我捨
兩臂必當得佛金色之身若實不虛令我兩
臂還復如故作是誓已自然還復由斯菩薩
福德智慧淳厚所致當尒之時三千大千世
界六種震動天雨寶華一切人天得未曾有
佛告宿王華菩薩於汝意云何一切衆生憙
見菩薩豈異人乎今藥王菩薩是也其所捨
身布施如是无量百千万億那由他數宿王
華若有發心欲得阿耨多羅三藐三菩提者
能然手指乃至足一指供養佛塔勝以國城
妻子及三千大千國土山林河池諸珎寶物
而供養者若復有人以七寶滿三千大千世

BD04674號　妙法蓮華經卷六　（18–13）

身布施如是无量百千万億那由他數宿王
華若有發心欲得阿耨多羅三藐三菩提者
能然手指乃至足一指供養佛塔勝以國城
妻子及三千大千國土山林河池諸珎寶物
而供養者若復有人以七寶滿三千大千世
界供養於佛及大菩薩辟支佛阿羅漢是人
所得功德不如受持此法華經乃至一四句
偈其福最多宿王華譬如一切川流江河諸
水之中海爲第一此法華經亦復如是於諸
如來所說經中最爲深大又如土山黑山小
鐵圍山大鐵圍山及十寶山衆山之中須弥
山爲第一此法華經亦復如是於諸經中最
爲其上又如衆星之中月天子最爲第一此
法華經亦復如是於千万億種諸經法中最
爲照明又如日天子能除諸闇此經亦復如
是能破一切不善之闇又如諸小王中轉輪
聖王最爲第一此經亦復如是於衆經中最
爲其尊又如帝釋於三十三天中王此經亦
復如是諸經中王又如大梵天王一切衆生
之父此經亦復如是一切賢聖學无學及發
菩薩心者之父又如一切凡夫人中須陁洹
斯陁含阿那含阿羅漢辟支佛爲第一此經
亦復如是一切如來所說若菩薩所說若聲
聞所說諸經法中最爲第一有能受持是經
典者亦復如是於一切衆生中亦爲第一

BD04674號　妙法蓮華經卷六　（18–14）

菩薩心者之父又如一切凡夫人中須陀洹
斯陀含阿那含阿羅漢辟支佛為第一此經
亦復如是一切如來所說若菩薩所說若聲
聞所說諸經法中最為第一有能受持是經
典者亦復如是於一切衆生中亦為第一一
切聲聞辟支佛中菩薩為第一此經亦復如
是於一切諸經法中最為第一如佛為諸法
王此經亦復如是諸經中王宿王華此經能
救一切衆生者此經能令一切衆生離諸苦
惱此經能大饒益一切衆生充滿其願如清
凉池能滿一切諸渴乏者如寒者得火如裸
者得衣如商人得主如子得母如渡得船如
病得醫如暗得燈如貧得寶如民得王如賈
客得海如炬除暗此法華經亦復如是能令
衆生離一切苦一切病痛能解一切生死之
縛若人得聞此法華經若自書若使人書所
得功德以佛智慧籌量多少不得其邊若書
是經卷華香瓔珞燒香末香塗香幡蓋衣服
種種之燈穌燈油燈諸香油燈瞻蔔油燈須
曼油燈波羅羅油燈婆利師迦油燈那婆摩
利油燈供養所得功德亦復无量宿王華若
有人聞是藥王菩薩本事品者亦得无量无
邊功德若有女人聞是藥王菩薩本事品能
受持者盡是女身後不復受若如來滅後後
五百歲中若有女人聞是經典如說脩行於

曼油燈波羅羅油燈婆利師迦油燈那婆摩
利油燈供養所得功德亦復无量宿王華若
有人聞是藥王菩薩本事品者亦得无量无
邊功德若有女人聞是藥王菩薩本事品能
受持者盡是女身後不復受若如來滅後後
五百歲中若有女人聞是經典如說脩行於
此命終即往安樂世界阿彌陀佛大菩薩衆
圍繞住處生蓮華中寶座之上不復為貪欲
所惱亦復不為瞋恚愚癡所惱亦復不為憍
慢嫉妬諸垢所惱得菩薩神通无生法忍得
是忍已眼根清淨以是清淨眼根見七百万
二千億那由他恒河沙等諸佛如來是時諸
佛遥共讚言善哉善哉善男子汝能於釋迦
牟尼佛法中受持讀誦思惟是經為他人說
所得福德无量无邊火不能燒水不能漂汝
之功德千佛共說不能令盡汝今已能破諸
魔賊壞生死軍諸餘怨敵皆悉摧滅善男子
百千諸佛以神通力共守護汝於一切世間
天人之中无如汝者唯除如來其諸聲聞辟
支佛乃至菩薩智慧禪定无有與汝等者宿
王華此菩薩成就如是功德智慧之力若有
人聞是藥王菩薩本事品能隨喜讚善者是
人現世口中常出青蓮華香身毛孔中常出
牛頭栴檀香所得功德如上所說是故宿王
華以此藥王菩薩本事品囑累於汝我滅度
後後五百歲中廣宣流布於閻浮提无令斷

人聞是藥王菩薩本事品能隨喜讚善者是
人現世口中常出青蓮華香身毛孔中常出
牛頭栴檀香所得功德如上所說是故宿王
華以此藥王菩薩本事品囑累於汝我滅度
後後五百歲中廣宣流布於閻浮提无令斷
絶惡魔魔民諸天龍夜叉鳩槃荼等得其便
也宿王華汝當以神通之力守護是經所以
者何此經則為閻浮提人病之良藥若人有
病得聞是經病即消滅不老不死宿王華汝
若見有受持是經者應以青蓮華盛滿末香
供散其上散已作是念言此人不久必當取
草坐於道場破諸魔軍當吹法螺擊大法鼓
度脫一切衆生老病死海是故求佛道者見
有受持是經典人應當如是生恭敬心說是
藥王菩薩本事品時八万四千菩薩得解一
切衆生語言陁羅尼多寶如來於寶塔中讚
宿王華菩薩言善哉善哉宿王華汝成就不
可思議功德乃能問釋迦牟尼佛如此之事
利益无量一切衆生

妙法蓮華經卷第六

BD04674號　妙法蓮華經卷六　（18–17）

也宿王華汝當以神通之力守護是經所以
者何此經則為閻浮提人病之良藥若人有
病得聞是經病即消滅不老不死宿王華汝
若見有受持是經者應以青蓮華盛滿末香
供散其上散已作是念言此人不久必當取
草坐於道場破諸魔軍當吹法螺擊大法鼓
度脫一切衆生老病死海是故求佛道者見
有受持是經典人應當如是生恭敬心說是
藥王菩薩本事品時八万四千菩薩得解一
切衆生語言陁羅尼多寶如來於寶塔中讚
宿王華菩薩言善哉善哉宿王華汝成就不
可思議功德乃能問釋迦牟尼佛如此之事
利益无量一切衆生

妙法蓮華經卷第六

BD04674號　妙法蓮華經卷六　（18–18）

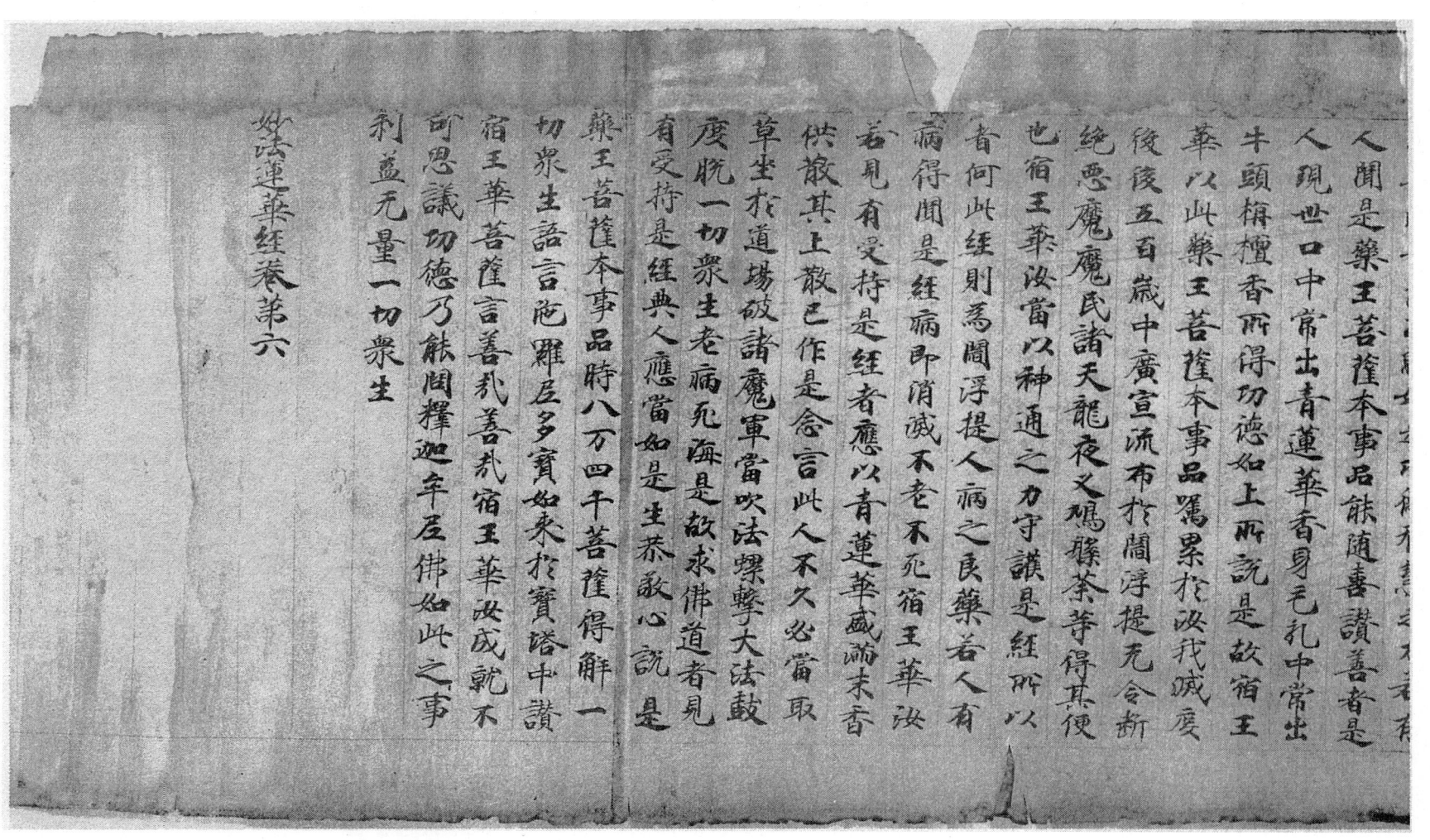

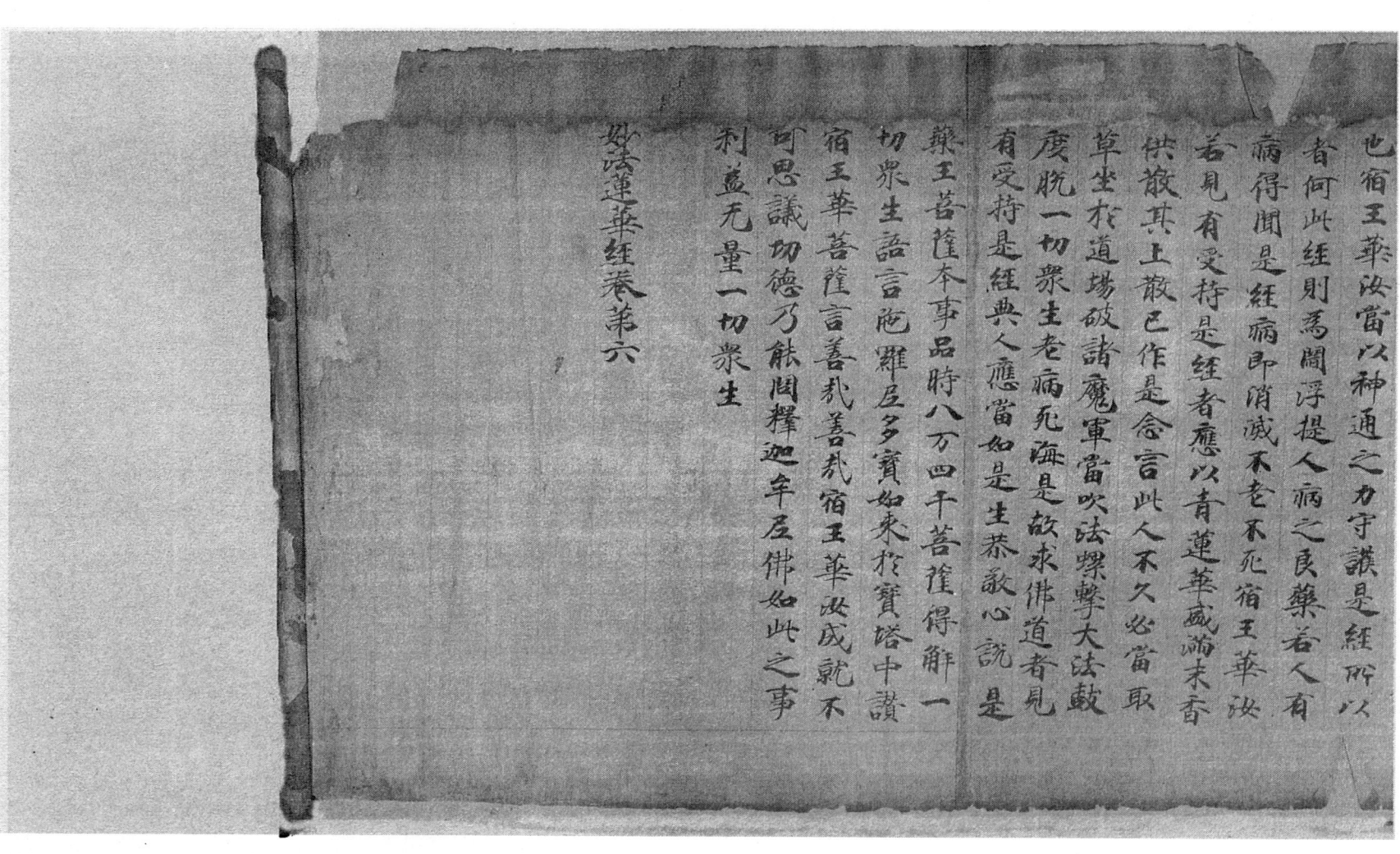

正定者真實是道非不正定而是道也若入
禪定乃能思惟五陰生滅非不入定能思惟
也或說一法若人修習能淨眾生滅除一切
憂悲苦惱逮得正法所謂念佛三昧或復說
言修無常想是名為道如告比丘有能多修
無常想者能得阿耨多羅三藐三菩提或說
空寂閑處靜坐思惟能得速成阿耨多
羅三藐三菩提或時說言為人演法是名為
道若聞法已疑網即斷疑網斷已則得阿耨
多羅三藐三菩提或時說言持戒是道如告
阿難若有精勤修持禁戒是人則度生死大
苦或時說言親近善友是名為道如告阿難
若有親近善知識者則具淨戒若有眾生
親近我則得發於阿耨多羅三藐三菩提心
或時說言修慈是道修學慈者斷諸煩惱得
不動處或時說言智慧是道如佛昔為波闍
波提比丘尼說姊妹如諸聲聞以智慧刀能
斷諸流諸漏煩惱或時如來說施是道如佛
往昔告波斯匿王大王當知我於往昔多行
惠施以是因緣今日得成阿耨多羅三藐三
菩提世尊若八聖道是道諦者如是等經豈
非虛妄若彼諸經非虛妄者彼中何緣不說
八道為道聖諦若彼不說如來往昔何故錯

BD04676 號　大般涅槃經（北本）卷一三　　（2–1）

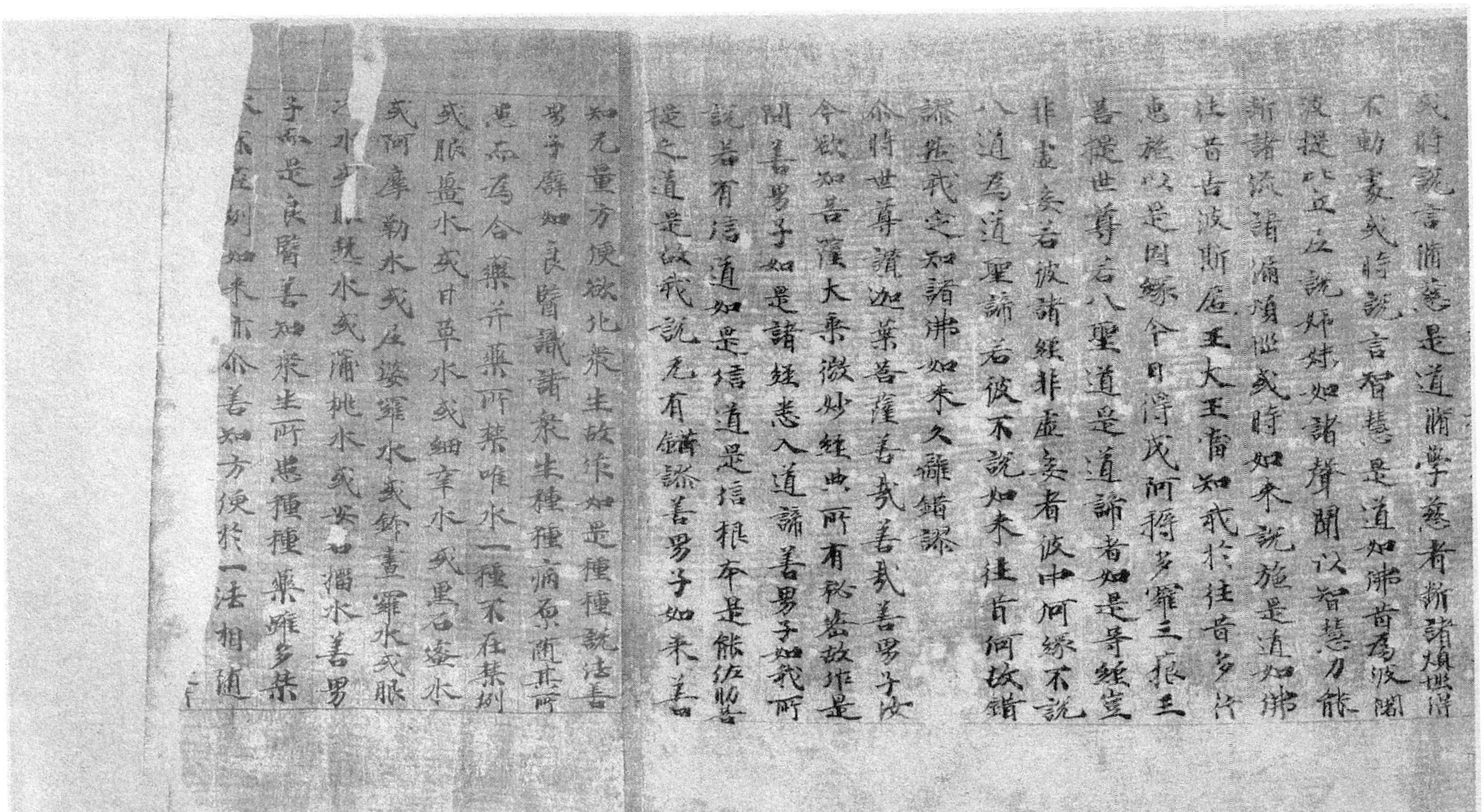

或時說言修慈是道修學慈者斷諸煩惱得
不動處或時說言智慧是道如佛昔為波闍
波提比丘尼說姊妹如諸聲聞以智慧刀能
斷諸流諸漏煩惱或時如來說施是道如佛
往昔告波斯匿王大王當知我於往昔多行
惠施以是因緣今日得成阿耨多羅三藐三
菩提世尊若八聖道是道諦者如是等經豈
非虛妄若彼諸經非虛妄者彼中何緣不說
八道為道聖諦若彼不說如來往昔何故錯
謬我定知諸佛如來久離錯謬
爾時世尊讚迦葉菩薩善哉善哉善男子汝
今欲知菩薩大乘微妙經典所有祕密故作是
問善男子如是諸經悉入道諦善男子如我所
說若有信道如是信道是信根本是能佐助菩
提之道是故我說無有錯謬善男子如來善
知無量方便欲化眾生故作如是種種說法善
男子譬如良醫識諸眾生種種病源隨其所
患而為合藥并藥所禁唯水一種不在禁例
或服薑水或甘草水或細辛水或黑石蜜水
或阿摩勒水或尼婆羅水或鉢晝羅水或服
冷水或服熱水或蒲桃水或安石榴水善男
子如是良醫善知眾生所患種種藥雖多禁
水不在例如來亦爾善知方便於一法相隨

BD04676 號　大般涅槃經（北本）卷一三　　（2–2）

受不取……
提於一切……
執不著亦不施設……
智世尊諸菩……
多亂諸法時於……
著亦不施設為
不取不執不著亦不施
諸菩薩摩訶薩脩行般
時於一切陁羅尼……
施設為一切陁……
受不取不執不
門
世尊諸菩薩摩訶……
不見色何以故以……
想行識何以故以受想行識性空無……
世尊諸菩薩摩訶薩脩行般若波
不見眼處何以故以眼處性空無生滅故
見耳鼻舌身意處何……故以耳鼻舌身意
處性空無生滅故世尊……薩摩訶薩脩行般
若波羅蜜多時不見色……何以故以色處性

BD04677 號　大般若波羅蜜多經卷七〇　（10–1）

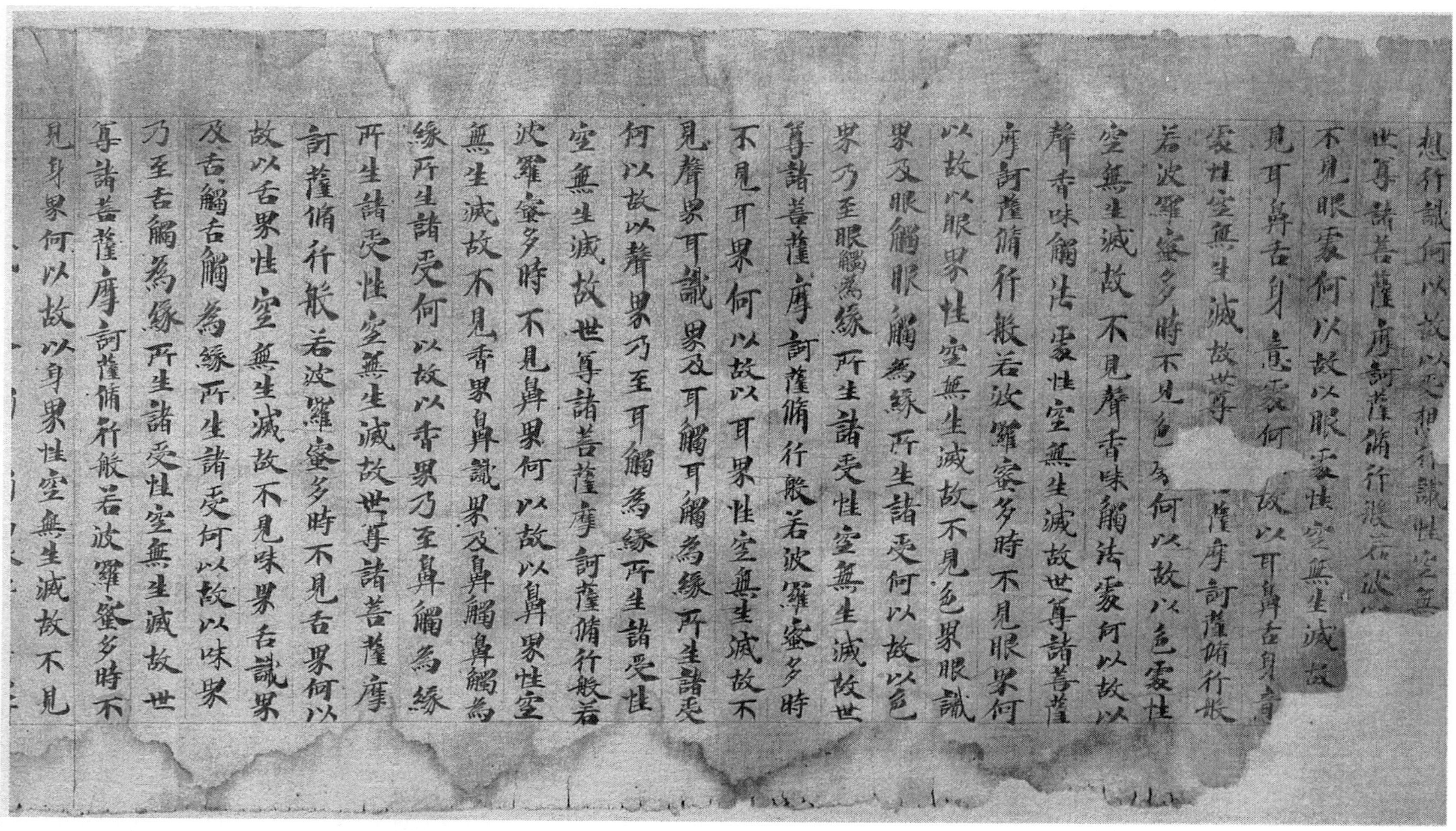

想行識何以故以受想行識性空無
世尊諸菩薩摩訶薩脩行般若波
不見眼處何以故以眼處性空無生滅故
見耳鼻舌身意處何……故以耳鼻舌身意
處性空無生滅故世尊……薩摩訶薩脩行般
若波羅蜜多時不見色……何以故以色處性
空無生滅故不見聲香味觸法處何以故以
聲香味觸法處性空無生滅故世尊諸菩薩
摩訶薩脩行般若波羅蜜多時不見眼界何
以故以眼界性空無生滅故不見色界眼識
界及眼觸眼觸為緣所生諸受何以故以色
界乃至眼觸為緣所生諸受性空無生滅故世
尊諸菩薩摩訶薩脩行般若波羅蜜多時
不見耳界何以故以耳界性空無生滅故不
見聲界耳識界及耳觸耳觸為緣所生諸受
何以故以聲界乃至耳觸為緣所生諸受性
空無生滅故世尊諸菩薩摩訶薩脩行般若
波羅蜜多時不見鼻界何以故以鼻界性空
無生滅故不見香界鼻識界及鼻觸鼻觸為
緣所生諸受何以故以香界乃至鼻觸為緣
所生諸受性空無生滅故世尊諸菩薩摩
訶薩脩行般若波羅蜜多時不見舌界何以
故以舌界性空無生滅故不見味界舌識界
及舌觸舌觸為緣所生諸受何以故以味界
乃至舌觸為緣所生諸受性空無生滅故世
尊諸菩薩摩訶薩脩行般若波羅蜜多時不
見身界何以故以身界性空無生滅故不見

BD04677 號　大般若波羅蜜多經卷七〇　（10–2）

及舌觸舌觸為緣所生諸受何以故以味界
乃至舌觸為緣所生諸受性空無生滅故世
尊諸菩薩摩訶薩脩行般若波羅蜜多時不
見身界何以故以身界性空無生滅故不見
觸界身識界及身觸身觸為緣所生諸受何
以故以觸界乃至身觸為緣所生諸受性空
無生滅故世尊諸菩薩摩訶薩脩行般若波
羅蜜多時不見意界何以故以意界性空無
生滅故不見法界意識界及意觸意觸為緣
所生諸受何以故以法界乃至意觸為緣所
生諸受性空無生滅故世尊諸菩薩摩訶薩
脩行般若波羅蜜多時不見地界何以故以地
界性空無生滅故不見水火風空識界何以
故以水火風空識界性空無生滅故世尊諸
菩薩摩訶薩脩行般若波羅蜜多時不見苦
聖諦何以故以苦聖諦性空無生滅故不見
集滅道聖諦何以故以集滅道聖諦性空無
生滅故世尊諸菩薩摩訶薩脩行般若波羅
蜜多時不見無明何以故以無明性空無生
滅故不見行識名色六處觸受愛取有生老
死愁歎苦憂惱何以故以行乃至老死愁歎
苦憂惱性空無生滅故世尊諸菩薩摩訶薩
脩行般若波羅蜜多時不見內空何以故以
內空性空無生滅故不見外空內外空空空
大空勝義空有為空無為空畢竟空無際空
散空無變異空本性空自相空共相空一切
法空不可得空無性空自性空無性自性空

BD04677 號　大般若波羅蜜多經卷七〇　（10–3）

脩行般若波羅蜜多時不見內空何以故以
內空性空無生滅故不見外空內外空空空
大空勝義空有為空無為空畢竟空無際空
散空無變異空本性空自相空共相空一切
法空不可得空無性空自性空無性自性空
何以故以外空乃至無性自性空無生
滅故
世尊諸菩薩摩訶薩脩行般若波羅蜜多時
不見布施波羅蜜多何以故以布施波羅蜜
多性空無生滅故不見淨戒安忍精進靜慮
般若波羅蜜多何以故以淨戒安忍精進靜
慮般若波羅蜜多性空無生滅故世尊諸菩
薩摩訶薩脩行般若波羅蜜多時不見四靜
慮何以故以四靜慮性空無生滅故不見四
無量四無色定何以故以四無量四無色定
性空無生滅故世尊諸菩薩摩訶薩脩行般
若波羅蜜多時不見八解脫何以故以八解
脫性空無生滅故不見八勝處九次第定十
遍處何以故以八勝處九次第定十遍處
性空無生滅故世尊諸菩薩摩訶薩脩行般
若波羅蜜多時不見四念住何以故以四念
住性空無生滅故不見四正斷四神足五根五
力七等覺支八聖道支何以故以四正斷乃
至八聖道支性空無生滅故世尊諸菩薩
摩訶薩脩行般若波羅蜜多時不見空解脫門
何以故以空解脫門性空無生滅故不見無

BD04677 號　大般若波羅蜜多經卷七〇　（10–4）

住性空無生滅故不見四正斷四神足五根五
力七等覺支八聖道支何以故以四正斷乃
至八聖道支性空無生滅故世尊諸菩薩
摩訶薩修行般若波羅蜜多時不見空解脫門
何以故以空解脫門性空無生滅故不見無
相無願解脫門何以故以無相無願解脫門
性空無生滅故世尊諸菩薩摩訶薩修行般
若波羅蜜多時不見五眼何以故以五眼性
空無生滅故不見六神通何以故以六神通
性空無生滅故世尊諸菩薩摩訶薩修行般
若波羅蜜多時不見佛十力何以故以佛十
力性空無生滅故不見四無所畏四無礙解
大慈大悲大喜大捨十八佛不共法何以故
以四無所畏乃至十八佛不共法性空無生
滅故世尊諸菩薩摩訶薩修行般若波羅
蜜多時不見真如何以故以真如性空無生滅
故不見法界法性不虛妄性不變異性平等
性離生性法定法住實際虛空界不思議界
何以故以法界乃至不思議界性空無生滅
故世尊諸菩薩摩訶薩修行般若波羅蜜多
時不見無上正等菩提何以故以無上正等菩
提性空無生滅故不見一切智道相智一切
相智何以故以一切智道相智一切相智性
空無生滅故世尊諸菩薩摩訶薩修行般
若波羅蜜多時不見無忘失法何以故以無忘
失法性空無生滅故不見恒住捨性何以故

BD04677 號　大般若波羅蜜多經卷七〇　（10–5）

提性空無生滅故不見一切智道相智一切
相智何以故以一切智道相智一切相智性
空無生滅故世尊諸菩薩摩訶薩修行般
若波羅蜜多時不見無忘失法何以故以無忘
失法性空無生滅故不見恒住捨性何以故
以恒住捨性性空無生滅故世尊諸菩薩摩
訶薩修行般若波羅蜜多時不見一切陀羅
尼門何以故以一切陀羅尼門性空無生滅
故不見一切三摩地門何以故以一切三摩
地門性空無生滅故
世尊色不生則非色受想行識不生則非受
想行識所以者何色與不生無二無二分故
想行識與不生無二無二分何以故以不生
法非一非二非多非異是故色不生則非色
受想行識不生則非受想行識世尊眼處不
生則非眼處耳鼻舌身意處不生則非耳鼻
舌身意處所以者何眼處與不生無二無二
分耳鼻舌身意處與不生無二無二分何以
故以不生法非一非二非多非異是故眼處
不生則非眼處耳鼻舌身意處不生則非耳
鼻舌身意處世尊色處不生則非色處聲香
味觸法處不生則非聲香味觸法處所以者
何色處與不生無二無二分聲香味觸法處
與不生無二無二分何以故以不生法非一
非二非多非異是故色處不生則非色處聲
香味觸法處不生則非聲香味觸法處世尊
眼界不生則非眼界色界眼識界及眼觸眼

BD04677 號　大般若波羅蜜多經卷七〇　（10–6）

何色處與不生無二無二分聲香味觸法處
與不生無二無二分何以故以不生法非一
非二非多非異是故色處不生則非色處聲
香味觸法處不生則非聲香味觸法處世尊
眼界不生則非眼界色界眼識界及眼觸眼
觸為緣所生諸受不生則非色界乃至眼
觸為緣所生諸受所以者何眼界與不生無
二無二分色界乃至眼觸為緣所生諸受與
不生無二無二分何以故以不生法非一非
二非多非異是故眼界不生則非眼界色界
乃至眼觸為緣所生諸受不生則非色界乃
至眼觸為緣所生諸受世尊耳界不生則非
耳界聲界耳識界及耳觸耳觸為緣所生諸
受不生則非聲界乃至耳觸為緣所生諸受
所以者何耳界與不生無二無二分聲界乃
至耳觸為緣所生諸受與不生無二無二分
何以故以不生法非一非二非多非異是故
耳界不生則非耳界聲界乃至耳觸為緣所
生諸受不生則非聲界乃至耳觸為緣所生
諸受世尊鼻界不生則非鼻界香界鼻識界
及鼻觸鼻觸為緣所生諸受不生則非香界
乃至鼻觸為緣所生諸受所以者何鼻界與
不生無二無二分香界乃至鼻觸為緣所生
諸受與不生無二無二分何以故以不生法
非一非二非多非異是故鼻界不生則非鼻
界香界乃至鼻觸為緣所生諸受不生則非
香界乃至鼻觸為緣所生諸受世尊舌界不

BD04677號　大般若波羅蜜多經卷七〇

（10–7）

乃至鼻觸為緣所生諸受所以者何鼻界與
不生無二無二分香界乃至鼻觸為緣所生
諸受與不生無二無二分何以故以不生法
非一非二非多非異是故鼻界不生則非鼻
界香界乃至鼻觸為緣所生諸受不生則非
香界乃至鼻觸為緣所生諸受世尊舌界不
生則非舌界味界舌識界及舌觸舌觸為緣
所生諸受不生則非味界乃至舌觸為緣所
生諸受所以者何舌界與不生無二無二分
味界乃至舌觸為緣所生諸受與不生無二無
二分何以故以不生法非一非二非多非異
是故舌界不生則非舌界味界乃至舌觸為
緣所生諸受不生則非味界乃至舌觸為緣
所生諸受世尊身界不生則非身界觸界身
識界及身觸身觸為緣所生諸受不生則非
觸界乃至身觸為緣所生諸受所以者何身
界與不生無二無二分觸界乃至身觸為緣
所生諸受與不生無二無二分何以故以不生
法非一非二非多非異是故身界不生則非
身界觸界乃至身觸為緣所生諸受不生則
非觸界乃至身觸為緣所生諸受世尊意界
不生則非意界法界意識界及意觸意觸
為緣所生諸受不生則非法界乃至意觸為
緣所生諸受所以者何意界與不生無二無二
分法界乃至意觸為緣所生諸受與不生無
二無二分何以故以不生法非一非二非多
非異是故意界不生則非意界法界乃至意
觸為緣所生諸受不生則非法界乃至意觸

BD04677號　大般若波羅蜜多經卷七〇

（10–8）

緣所生諸受所以者何意界與不生無二無二
分法界乃至意觸為緣所生諸受與不生無
二無二分何以故以不生法非一非二非多
非異是故意界不生則非意界法界乃至意
觸為緣所生諸受不生則非法界乃至意觸
為緣所生諸受世尊地界不生則非地界水火
風空識界不生則非水火風空識界所以者
何地界與不生無二無二分水火風空識界
與不生無二無二分何以故以不生法非一
非二非多非異是故地界不生則非地界水
水風空識界不生則非水火風空識界世尊
苦聖諦不生則非苦聖諦集滅道聖諦不生
則非集滅道聖諦所以者何苦聖諦與不生
無二無二分集滅道聖諦與不生無二無二
分何以故以不生法非一非二非多非異是故
苦聖諦不生則非苦聖諦集滅道聖諦不
生則非集滅道聖諦世尊無明不生則非無
明行識名色六處觸受愛取有生老死愁歎
苦憂惱不生則非行乃至老死愁歎苦憂惱
所以者何無明與不生無二無二分行乃至
老死愁歎苦憂惱與不生無二無二分何以
故以不生法非一非二非多非異是故無明不
生則非無明行乃至老死愁歎苦憂惱不生
則非行乃至老死愁歎苦憂惱世尊內空
不生則非內空外空內外空空空大空勝義
空有為空無為空畢竟空無際空散空無

BD04677號　大般若波羅蜜多經卷七〇　（10–9）

生則非無明行乃至老死愁歎苦憂惱不生
則非行乃至老死愁歎苦憂惱世尊內空
不生則非內空外空內外空空空大空勝義
空有為空無為空畢竟空無際空散空無
變異空本性空自相空共相空一切法空不可
得空無性空自性空無性自性空不生則非
外空乃至無性自性空所以者何內空與不
生無二無二分外空乃至無性自性空與不
生無二無二分何以故以不生法非一非二
非多非異是故內空不生則非內空外空乃
至無性自性空不生則非外空乃至無性自
性空

大般若波羅蜜多經卷第七十

BD04677號　大般若波羅蜜多經卷七〇　（10–10）

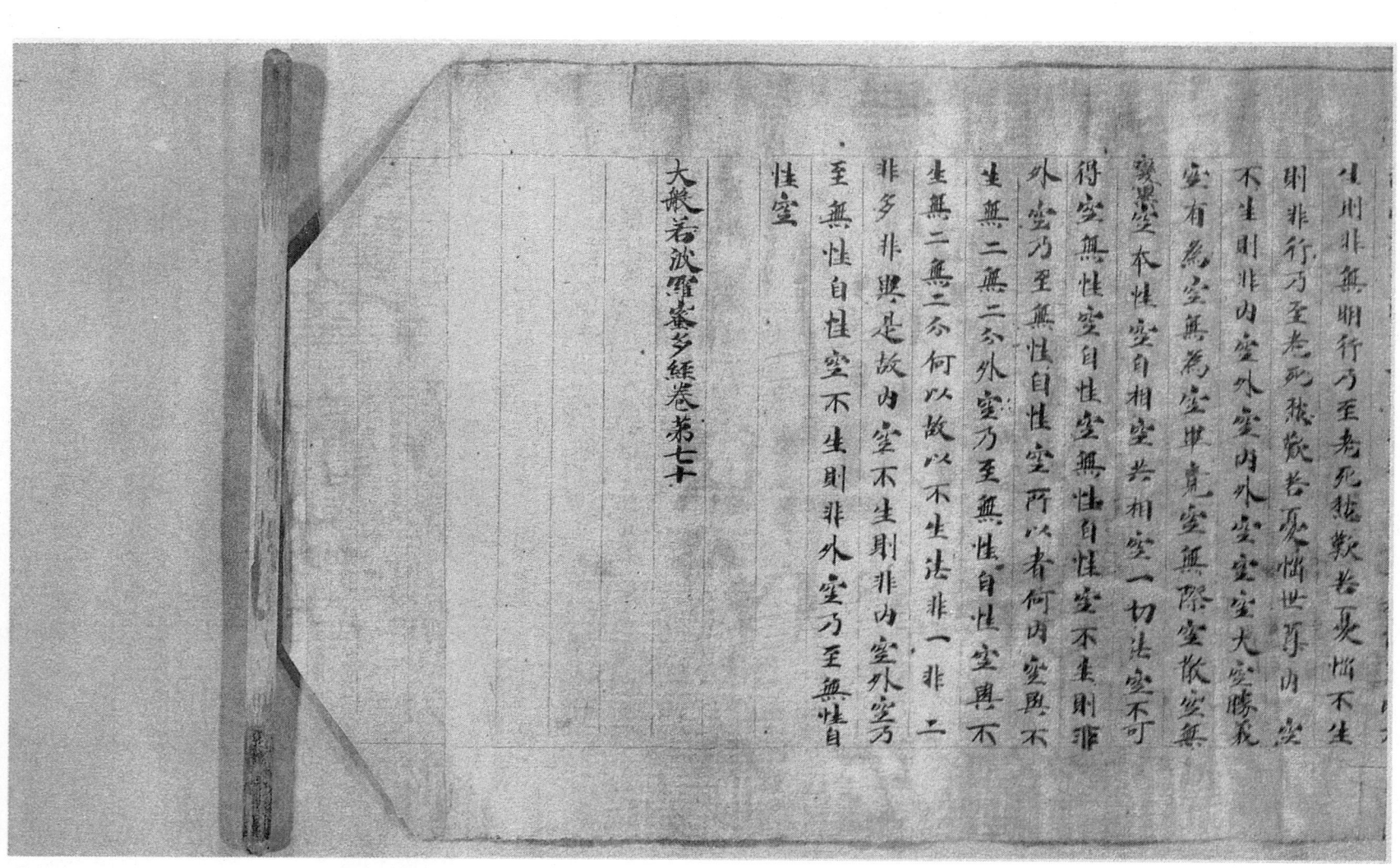

根令增長成熟故一切世界所有衆生皆歡
修行六波羅蜜多
尒時虛空藏菩薩梵釋四王諸天衆等即從
座起偏袒右肩合掌恭敬頂礼佛足白佛
言世尊若所在處講說如是金光明王微妙經
典於其國土有四種利益何者爲四一者國
王軍衆強盛无諸怨敵離於疾病壽命延
長吉祥安樂正法興顯二者中宮妃后王子諸
臣和悅无諍離於諂佞王所愛重三者沙門
婆羅門及諸國人修行正法无病安樂无枉
死者於諸福田悉皆修立四者於三時中四
大調適常爲諸天增加守護慈悲平等无傷
害心令諸衆生歸敬三寶皆願修習菩提之
行是爲四種利益之事世尊我等亦常爲知
經故隨逐如是持經之人所在住處爲作利
益佛言善哉善哉善男子如是如是汝等應
當勤心流布此妙經王則令正法久住於世
金光明最勝王經夢見懺悔品第四
尒時妙幢菩薩親於佛前聞妙法已歡喜踊
躍一心思惟還至本處於夜夢中見大金鼓
光明晃耀猶如日輪於此光中得見十方无
量諸佛於寶樹下坐琉璃座无量百千大衆

BD04678 號　金光明最勝王經卷二

（3–1）

益佛言善哉善哉善男子如是如是汝等應
當勤心流布此妙經王則令正法久住於世
金光明最勝王經夢見懺悔品第四
尒時妙幢菩薩親於佛前聞妙法已歡喜踊
躍一心思惟還至本處於夜夢中見大金鼓
光明晃耀猶如日輪於此光中得見十方无
量諸佛於寶樹下坐琉璃座无量百千大衆
圍遶而爲說法見一婆羅門桴擊金鼓出大
音聲聲中演說微妙伽他明懺悔法妙幢聞
已皆悉憶持繫念而住至天曉已與无量百
千大衆圍遶持諸供具出王舍城詣鷲峯山
至世尊所礼佛足已布設香花右遶三匝退
坐一面合掌恭敬瞻仰尊顏白佛言世尊我
於夢中見婆羅門以手執桴擊妙金鼓出大
音聲聲中演說微妙伽他明懺悔法我皆憶
持唯願世尊降大慈悲聽我所說即於佛前
而說頌曰
我於昨夜中　夢見大金鼓　其形極殊妙　周遍有金光
猶如盛日輪　光明皆普耀　充滿十方界　咸見於諸佛
在於寶樹下　各處琉璃座　无量百千衆　恭敬而圍遶
有一婆羅門　以杖擊金鼓　於其鼓聲內　說此妙伽他
金光明鼓出妙聲　遍至三千大千界
能滅三塗極重罪　及以人中諸苦厄
由此金鼓聲威力　永滅一切煩惱障
斷除怖畏令安樂　譬如自在牟尼尊
佛於生死大海中　積行修成一切智
能令衆生覺品具　究竟咸歸功德海

BD04678 號　金光明最勝王經卷二

（3–2）

我於昨夜中　夢見大金鼓　其形極殊妙　周遍有金光
猶如盛日輪　光明皆普耀　充滿十方界　咸見於諸佛
在於寶樹下　各處琉璃座　无量百千衆　恭敬而圍遶
有一婆羅門　以杖擊金鼓　於其鼓聲內　說此妙伽他
金光明鼓出妙聲　遍至三千大千界
能滅三塗極重罪　及以人中諸苦厄
由此金鼓聲威力　永滅一切煩惱障
斷除怖畏令安樂　譬如自在牟尼尊
佛於生死大海中　積行修成一切智
能令衆生覺品具　究竟咸歸功德海
由此金鼓出妙聲　普令聞者獲梵響
證得无上菩提果　常轉清淨妙法輪
住壽不可思議劫　隨機說法利群生
能斷煩惱衆苦流　貪瞋癡等皆除滅
若有衆生處惡趣　大火猛焰周遍身
若得聞是妙鼓音　即能離苦歸依佛
皆得成就宿命智　能憶過去百千生
悉皆正念牟尼尊　得聞如來甚深教
由聞金鼓勝妙音　常得親近於諸佛
悉能捨離諸惡業　純修清淨諸善品

BD04678 號　金光明最勝王經卷二　（3–3）

不可得法此
薩安住靜慮波羅蜜多脩行一切靜慮解脫
等持等至乃至圓滿所求无上正等菩提常
不捨離所脩靜慮波羅蜜多是菩薩摩訶
薩行道相智方便引發一切相智安住其中未
斷一切智氣相續能正自利亦正利他能與一
切世間天人阿素洛等作淨福田堪受世
間供養恭敬如是菩薩摩訶薩行深
般若波羅蜜多時由離諸相无漏心力能於
无相无作法中圓滿靜慮波羅蜜多亦能圓
滿諸餘功德
復次善現諸菩薩摩訶薩行深般若波羅蜜
多時能以離相无漏之心而脩般若是菩薩
摩訶薩不見少法實有成就謂不見色實有
成就不見受想行識實有成就不見色生不
見受想行識生不見色滅不見受想行識滅
不見色是增益門不見受想行識是增益門
不見色是損減門不見受想行識是損減門
不見色有積集不見受想行識有積集不見
色有離散不見受想行識有離散如是乃至
不見一切有漏法實有成就不見一切无漏
法實有成就不見一切有漏法生不見一切

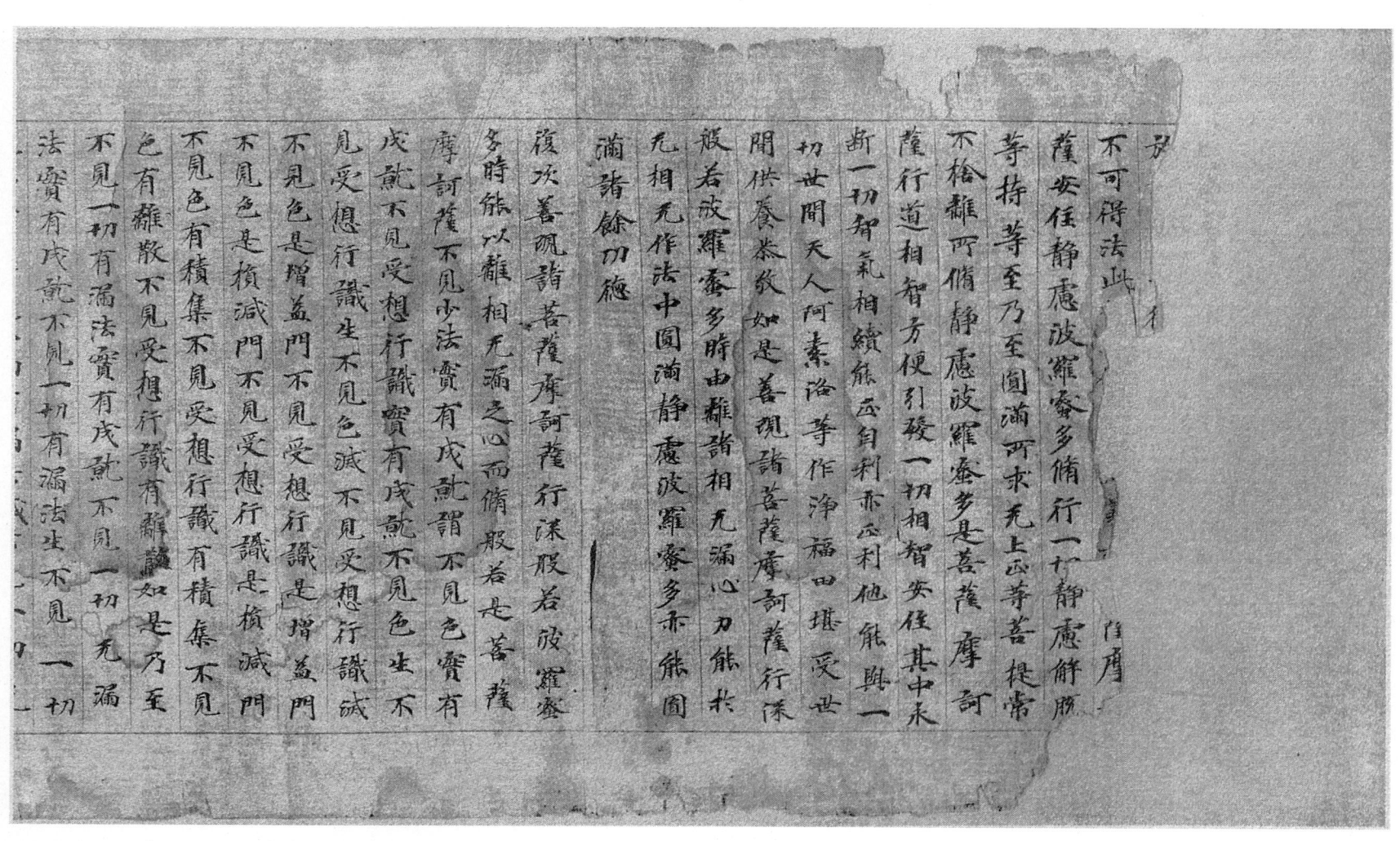

BD04679 號　大般若波羅蜜多經卷四六七　（13–1）

見受想行識生不見色滅不見受想行識滅
不見色是增益門不見受想行識是增益門
不見色是損減門不見受想行識是損減門
不見色有積集不見受想行識有積集不見
色有離散不見受想行識有離散如是乃至
不見一切有漏法實有成就不見一切無漏
法實有成就不見一切有漏法生不見一切
無漏法生不見一切有漏法滅不見一切無
漏法滅不見一切有漏法是增益門不見一
切無漏法是增益門不見一切有漏法是損
減門不見一切無漏法是損減門不見一切
有漏法有積集不見一切無漏法有積集不
見一切有漏法有離散不見一切無漏法有
離散如實觀色是虛妄不堅實無自在如實
觀受想行識是虛妄不堅實無自在如是乃
至如實觀一切有漏法是虛妄不堅實無自在
如實觀一切無漏法是虛妄不堅實無自在
是菩薩摩訶薩如是觀時不得色自性不得
受想行識自性如是乃至不得一切有漏法
自性不得一切無漏法自性是菩薩摩訶薩行
深般若波羅蜜多如是觀時於一切法深生
信解皆以無性而為自性於如是事生信解
已能行内空乃至能行無性自性空如是行
時於一切法無所執着謂不執着色不執着
受想行識不執着眼處乃至意處不執着色
處乃至法處不執着眼界乃至意界不執着
色界乃至法界不執着眼識界乃至意識界
不執着眼觸乃至意觸不執着眼觸為緣所生

BD04679號　大般若波羅蜜多經卷四六七　（13–2）

已能行内空乃至能行無性自性空如是行
時於一切法無所執着謂不執着色不執着
受想行識不執着眼處乃至意處不執着色
處乃至法處不執着眼界乃至意界不執着
色界乃至法界不執着眼識界乃至意識界
不執着眼觸乃至意觸不執着眼觸為緣所生
諸受乃至意觸為緣所生諸受不執着地界
乃至識界不執着因緣乃至增上緣不執着
無明乃至老死不執着布施波羅蜜多乃至
般若波羅蜜多不執着内空乃至無性自性
空不執着真如乃至不思議界不執着苦集
滅道聖諦不執着四念住乃至八聖道支不
執着四靜慮四無量四無色定不執着八解
脫乃至十遍處不執着空無相無願解脫門
不執着淨觀地乃至如來地不執着極喜地
乃至法雲地不執着一切陀羅尼三摩地
門不執着五眼六神通不執着如來十力乃
至十八佛不共法不執着三十二大士相八
十隨好不執着無忘失法恒住捨性不執着
一切智道相智一切相智不執着預流果乃
至獨覺菩提不執着一切菩薩摩訶薩行不
執着諸佛無上正等菩提是菩薩摩訶薩行
無所有甚深般若波羅蜜多時能圓滿菩薩
道謂能圓滿六波羅蜜多亦能圓滿内空乃
至無性自性空亦能圓滿真如乃至不思議
界亦能圓滿苦集滅道聖諦亦能圓滿四念
住乃至八聖道支亦能圓滿四靜慮四無量
四無色定亦能圓滿八解脫乃至十遍處亦

BD04679號　大般若波羅蜜多經卷四六七　（13–3）

无所有甚深般若波羅蜜多時能圓滿菩薩
道謂能圓滿六波羅蜜多亦能圓滿内空乃
至无性自性空亦能圓滿真如乃至不思議
界亦能圓滿苦集滅道聖諦亦能圓滿四念
住乃至八聖道支亦能圓滿四静慮四无量
四无色定亦能圓滿八解脱乃至十遍處亦
能圓滿空无相无願解脱門亦能圓滿諸菩
薩地能圓滿一切陁羅尼門三摩地門亦
能圓滿五眼六神通亦能圓滿如來十力乃
至十八佛不共法亦能圓滿无忘失法恒住
捨性亦能圓滿一切智道相智一切相智亦
能圓滿三十二大士相八十隨好是菩薩摩
訶薩圓滿如是菩薩道已復能圓滿離闇佛
道謂能圓滿六波羅蜜多及餘无量无邊佛
法是菩薩摩訶薩安住如是離闇佛道引發
殊勝異熟神通隨諸有情應以布施乃至般
若而攝受者即以布施乃至般若而攝受之
應以戒蘊定蘊慧蘊解脱蘊解脱智見蘊
而攝受者即以戒蘊乃至解脱智見蘊而攝受
之應令安住預流果或一來果或不還果或
阿羅漢果或獨覺菩提或復无上正等菩提
者即方便令安住預流果乃至无上正等菩提
是菩薩摩訶薩能作種種神通變現欲往
殑伽沙等世界隨意能往欲現所往諸世界
中種種珍寶隨意能現欲令所往諸世界中
有情受用種種珍寶隨其所樂皆令充足是
菩薩摩訶薩從一世界往一世界利益安樂
无量有情見諸世界種種妙好莊嚴之相能

BD04679 號　大般若波羅蜜多經卷四六七　（13–4）

殑伽沙等世界隨意能往欲現所往諸世界
中種種珍寶隨意能現欲令所往諸世界中
有情受用種種珍寶隨其所樂皆令充足是
菩薩摩訶薩從一世界往一世界利益安樂
无量有情見諸世界種種妙好莊嚴之相能
自攝受隨意所樂莊嚴佛土譬如他化自在
諸天諸有所須衆妙樂具隨心而現如是菩
薩隨意攝受種種莊嚴无量佛土此所攝受
諸佛土中微妙清淨離雜染法隨意所欲悉
皆能現是菩薩摩訶薩由異熟生布施波羅
蜜多乃至般若波羅蜜多由異熟生諸妙神
通由異熟生菩薩道故行道相智由道相智
得成熟故復能證得一切相智由得此智於
一切法无所攝受謂不攝受色亦不攝受受
想行識如是乃至亦不攝受若善法若非善
法若有記法若无記法若世間法若出世間
法若有漏法若无漏法若有為法若无為法
亦不攝受所證无上正等菩提亦不攝受一
切佛土所受用物其中有情於一切法亦无
攝受所以者何是菩薩摩訶薩先不攝受一
切法故於一切法无所得故為諸有情无倒
宣說一切法性无攝受故如是善現諸菩薩
摩訶薩行深般若波羅蜜多時由離諸相无
漏心力能於无相无作法中圓滿般若波羅
蜜多亦能圓滿諸餘功德
第二分无雜品第七十五
爾時具壽善現白佛言世尊云何於一切无

BD04679 號　大般若波羅蜜多經卷四六七　（13–5）

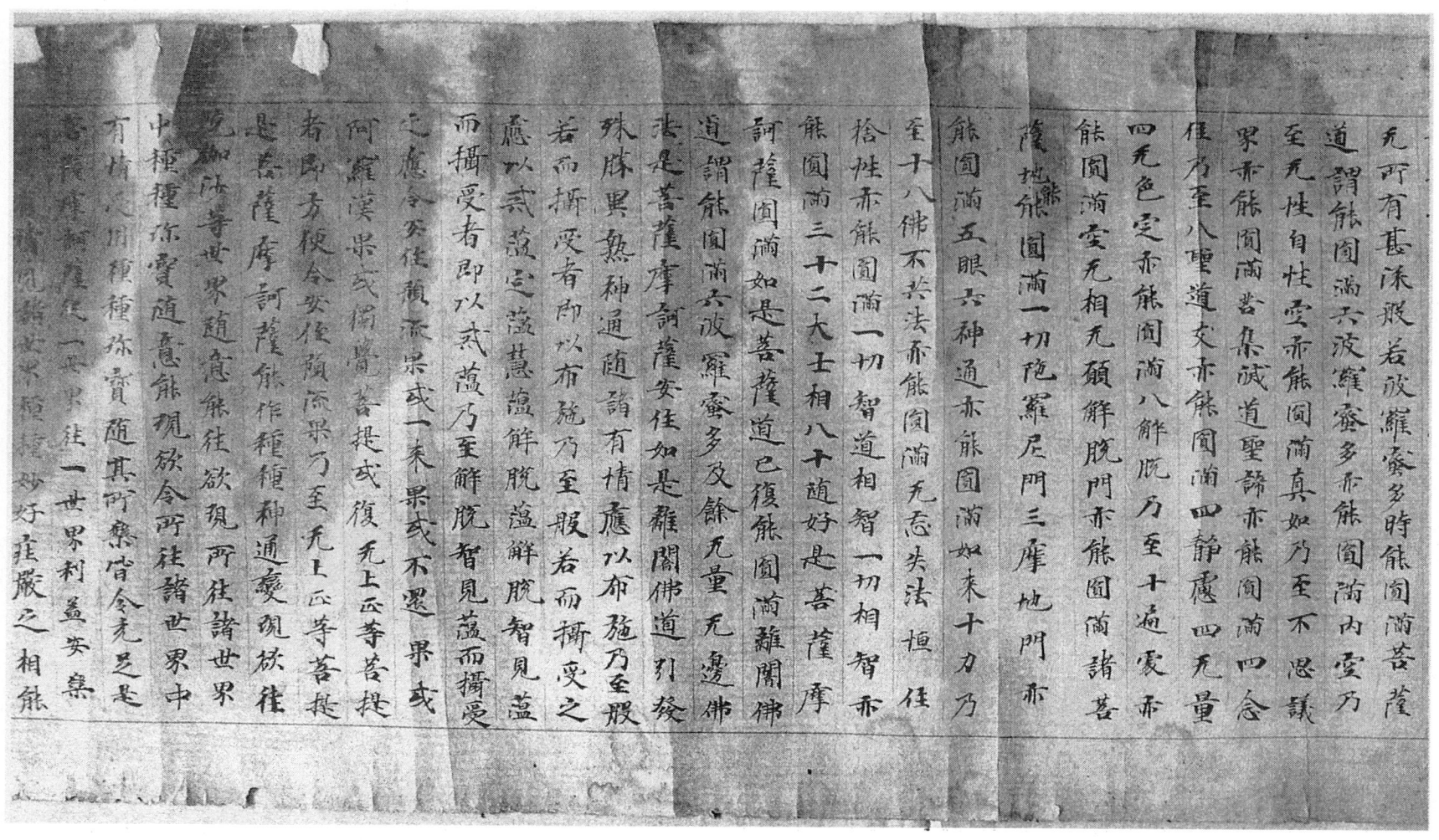

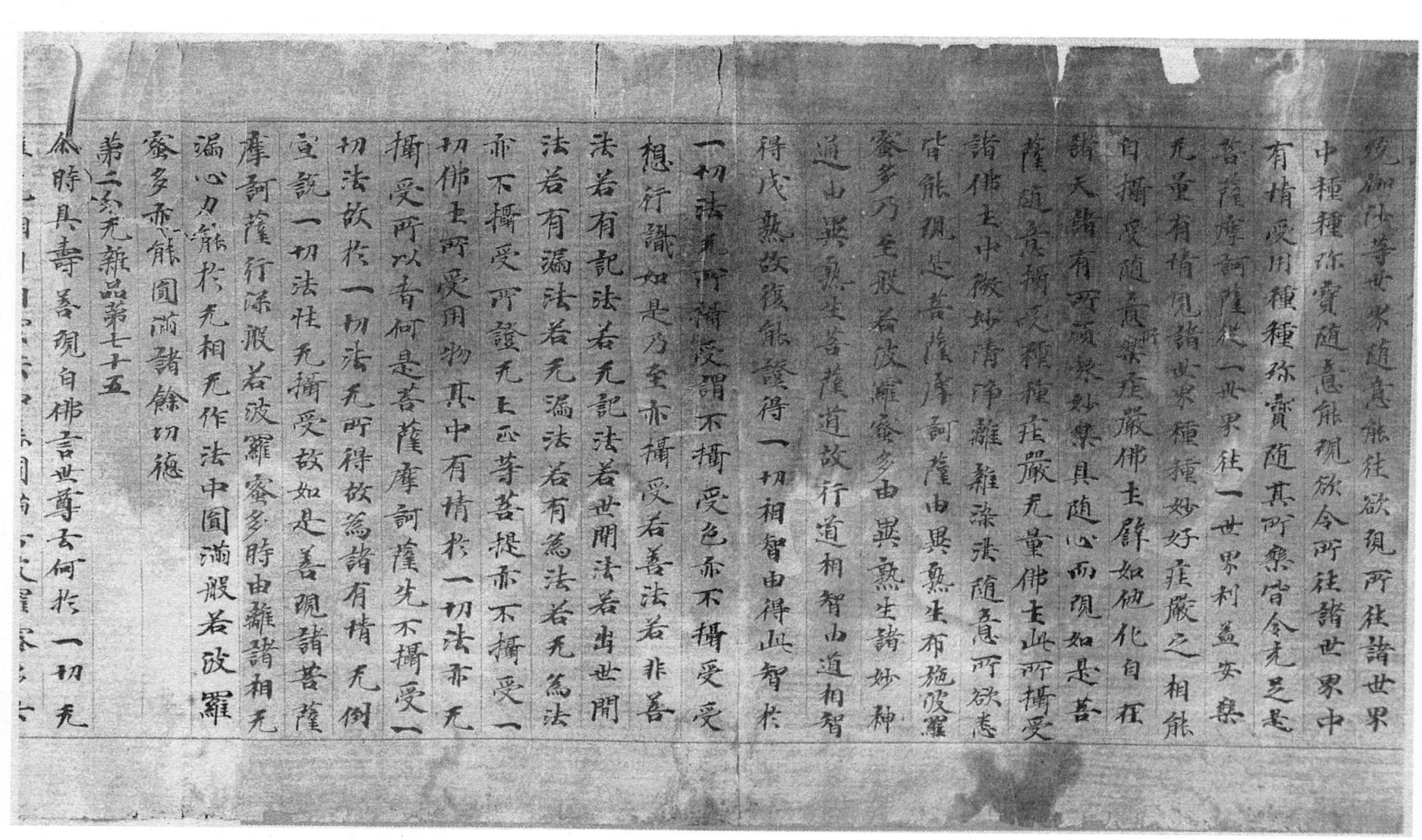

宣說一切法性无攝受故如是善現諸菩薩
摩訶薩行深般若波羅蜜多時由離諸相无
漏心力能於无相无作法中圓滿般若波羅
蜜多亦能圓滿諸餘功德

第二分无雜品第七十五

爾時具壽善現白佛言世尊云何於一切无
雜无相自相空法中能圓滿六波羅蜜多云
何於一切无差別法中而施設差別云何了
知如是諸法差別之相云何於般若波羅蜜
多中能攝受一切六波羅蜜多如是乃至攝
受一切世出世法云何於一切異相法中施
設一相所謂无相及於一相无相法中施設
一切差別法相佛告善現諸菩薩摩訶薩行
深般若波羅蜜多時安住如夢如響如像如
光影如陽焰如幻如化五取蘊中為諸有情
布施持戒安忍精進脩定學慧如實了知如
夢乃至如化五蘊皆同一相所謂无相所以
者何夢乃至化皆无自性若法无自性是法
則无相若法无相是法一相所謂无相由此
因緣當知一切施者受者施物施性施果施
緣皆同无相若如是知而行布施則能圓滿
所行布施波羅蜜多若能圓滿所行布施波
羅蜜多則不遠離淨戒安忍精進靜慮般若
波羅蜜多安住此六波羅蜜多則能圓滿四
靜慮四无量四无色定亦能圓滿四念住乃
至八聖道支亦能圓滿三解脫門亦能圓滿
內空乃至无性自性空亦能圓滿真如乃至
不思議界亦能圓滿苦集滅道聖諦亦能圓

BD04679號　大般若波羅蜜多經卷四六七　（13–6）

波羅蜜多安住此六波羅蜜多則能圓滿四
靜慮四无量四无色定亦能圓滿四念住乃
至八聖道支亦能圓滿三解脫門亦能圓滿
內空乃至无性自性空亦能圓滿真如乃至
不思議界亦能圓滿苦集滅道聖諦亦能圓
滿八解脫乃至十遍處亦能圓滿諸菩薩地
亦能圓滿五百陁羅尼門五百三摩地門亦
能圓滿五眼六神通亦能圓滿如來十力乃
至十八佛不共法亦能圓滿无忘失法恒住
捨性亦能圓滿一切智道相智一切相智是
菩薩摩訶薩安住如是諸異熟聖无漏法中
能往十方殑伽沙等諸佛世界以无量種上
妙供具恭敬供養尊重讚歎諸佛世尊作諸
有情利益安樂應以布施乃至般若波羅蜜
多而攝受者即以布施乃至般若波羅蜜多
而攝受之應以諸餘種種善法而攝受者即
以諸餘種種善法而攝受之是菩薩摩訶薩
成就一切殊勝善根於一切法皆得自在雖
受生死不為生死過失所染為欲利樂諸有
情故攝受人天富貴自在由此富貴自在威
力能作有情諸饒益事以四攝事而攝受之
是菩薩摩訶薩知一切法皆无相故雖知預
流果而不住預流果乃至雖知獨覺菩提而不
住獨覺菩提所以者何是菩薩摩訶薩如實
了知一切法已為欲證得一切智智不共一
切聲聞獨覺如是善現諸菩薩摩訶薩知一
切法皆无相故如實了知布施等六波羅蜜
多及餘无量无邊佛法皆同无相由此因緣

BD04679號　大般若波羅蜜多經卷四六七　（13–7）

力能作有情諸饒益事以四攝事而攝受之
是菩薩摩訶薩知一切法皆无相故雖知預
流果而不住預流果乃至雖知獨覺菩提而不
住獨覺菩提所以者何是菩薩摩訶薩如實
了知一切法已為欲證得一切智智不共一
切聲聞獨覺如是善現諸菩薩摩訶薩知一
切法皆无相故如實了知布施等六波羅蜜
多及餘无量无邊佛法皆同无相由此因緣
普能圓滿一切佛法便能證得一切智智
復次善現諸菩薩摩訶薩行深般若波羅蜜
多時安住如夢如響如像如光影如陽焰如
幻如化五取蘊中圓滿淨戒波羅蜜多是菩薩
摩訶薩如實了知如夢乃至如化五蘊便能
圓滿无相淨戒波羅蜜多如是淨戒无缺
无隙无瑕无穢无所取著應受供養智者所
讚妙善受持妙善究竟是聖无漏是出世間
道支所攝安住此戒能善受持受施設戒法
尒得戒律儀戒有表戒无表戒現行戒不現
行戒威儀戒非儀戒是菩薩摩訶薩雖具
成就如是諸戒而於諸法无所取著不作是
念我由此戒當生剎帝利大族或婆羅門大
族或長者大族或居士大族富貴自在不作
是念我由此戒當為小王或為大王或為輪
王或為輔佐富貴自在不作是念我由此戒
當生四大王衆天乃至他化自在天富貴自
在不作是念我由此戒當得預流果或一來
果或不還果或阿羅漢果或獨覺菩提或入

BD04679號　大般若波羅蜜多經卷四六七　（13-8）

在不作是念我由此戒當得預流果或一來
果或不還果或阿羅漢果或獨覺菩提或入
菩薩正性離生或得菩薩无生法忍或得无
上正等菩提所以者何如是諸法皆同一相
所謂无相无住无得无相之法不得无相有
相之法不得有相无相之法不得有相有相
之法不得无相由是因緣都无所得如是善
現諸菩薩摩訶薩行深般若波羅蜜多時速
能圓滿无相淨戒波羅蜜多既能圓滿无相
淨戒波羅蜜多速入菩薩正性離生既入菩
薩正性離生復得菩薩无生法忍既得菩薩
无生法忍脩行道相智趣一切相智得異熟
五神通復得五百陁羅尼門亦得五百三摩
地門安住此中複能證得四无导解從一佛
國至一佛國親近供養諸佛世尊成熟有情
嚴淨佛土是菩薩摩訶薩為化有情雖現流
轉諸趣生死而不為彼過失所染如幻化人
雖現行住坐臥等事而无真實往來等業雖
現種種饒益有情而於有情及彼施設都無
所得如有如來應正等覺名善寂靜證得无
上正等菩提轉妙法輪度无量衆令出生死
證得涅槃而无有情堪受次得无上正等菩
提記者時彼如來化作化佛令久住世自捨
壽行入无餘依般涅槃界彼佛化身住一劫
已授一菩薩无上正等菩提記已方入涅槃
彼佛化身雖作種種益有情事而无所得謂
不得色受想行識乃至不得一切有漏无漏

BD04679號　大般若波羅蜜多經卷四六七　（13-9）

諸得涅槃而无有[illegible]
提記者時彼如來化作化佛令久住世自捨
壽行入无餘依般涅槃眾彼佛化身住一劫
已授一菩薩无上正等菩提記已方入涅槃
彼佛化身雖作種種益有情事而无所得謂
不得色受想行識乃至不得一切有漏无漏
等法及諸有情是菩薩摩訶薩亦復如是雖
有所作而无所得如是善現諸菩薩摩訶薩
行深般若波羅蜜多時圓滿淨戒波羅蜜多
由此淨戒波羅蜜多得圓滿故便能攝受一
切佛法因斯證得一切智智
復次善現諸菩薩摩訶薩行深般若波羅蜜
多時安住如夢如響如像如光影如陽焰如
幻如化五取蘊中圓滿安忍波羅蜜多是菩
薩摩訶薩如實了知如夢乃至如化五蘊便
能圓滿无相安忍波羅蜜多善現云何菩薩
摩訶薩行深般若波羅蜜多時如實了知如
夢乃至如化五蘊便能圓滿无相安忍波羅
蜜多善現是菩薩摩訶薩如實了知是五取
蘊无實相故脩二種忍便能圓滿无相安忍
波羅蜜多云何為二謂安受忍及觀察忍安
受忍者謂諸菩薩從初發心乃至安坐妙菩
提座於其中間假使一切有情之類競來訶
毀以麁惡言罵詈陵辱復以凡石刀杖加害
是時菩薩為滿安忍波羅蜜多乃至不生一
念忿恨亦復不起加報之心但作是念彼諸
有情深可哀愍增上煩惱擾動其心不得自
在於我發起如是惡業我今不應瞋恨於彼

BD04679 號　大般若波羅蜜多經卷四六七　（13–10）

提座於其中間假使一切有情之類競來訶
毀以麁惡言罵詈陵辱復以凡石刀杖加害
是時菩薩為滿安忍波羅蜜多乃至不生一
念忿恨亦復不起加報之心但作是念彼諸
有情深可哀愍增上煩惱擾動其心不得自
在於我發起如是惡業我今不應瞋恨於彼
復作是念由我攝受怨家諸蘊令彼有情於
我發起如是惡業但應自責不應瞋彼菩薩
如是審觀察時於彼有情深生慈愍如是等
類名安受忍觀察忍者謂諸菩薩作是思惟
諸行如幻虛妄不實不得自在亦如虛空无
我有情命者生者養者士夫補特伽羅意生
儒童作者受者知者見者皆不可得唯是虛
妄分別所起一切皆是自心所變誰訶毀我
誰罵詈我誰陵辱我誰以種種瓦石刀杖加
害於我誰復受彼陵辱加害皆是自心虛妄
分別我今不應橫起執著如是諸法由自性
空勝義空故都无所有菩薩如是審觀察時
如實了知諸行空寂於一切法不生異想如
是等類名觀察忍是菩薩摩訶薩脩習如是
二種忍故便能圓滿无相安忍波羅蜜多由
能圓滿无相安忍波羅蜜多即便獲得无生
法忍具壽善現白言世尊云何名為无生法
忍此何所斷復是何智佛告善現由此勢力
乃至少分惡不善法亦不得生是故名為无
生法忍此令一切我及我所慢等煩惱畢竟
不生如實忍受諸行如夢乃至如化此忍名

BD04679 號　大般若波羅蜜多經卷四六七　（13–11）

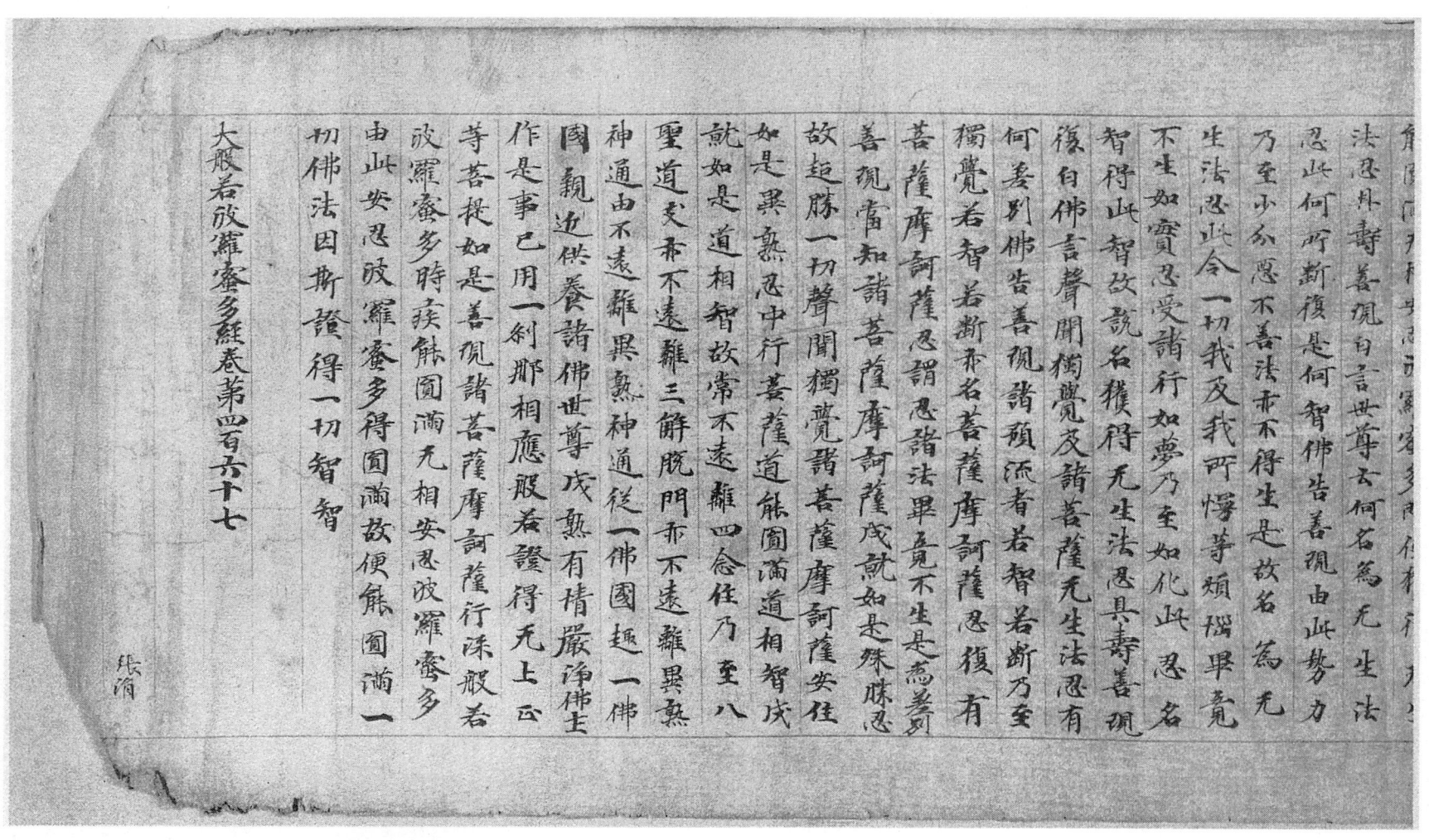

法忍具壽善現白言世尊云何名為无生法
忍此何所斷復是何智佛告善現由此勢力
乃至少分惡不善法亦不得生是故名為无
生法忍此令一切我及我所憍慢等類畢竟
不生如實忍受諸行如夢乃至如化此忍名
智得此智故說名獲得无生法忍具壽善現
復白佛言聲聞獨覺及諸菩薩无生法忍有
何差別佛告善現諸預流者若智若斷乃至
獨覺若智若斷亦名菩薩摩訶薩忍復有
菩薩摩訶薩忍謂忍諸法畢竟不生是為差別
善現當知諸菩薩摩訶薩成就如是殊勝忍
故超勝一切聲聞獨覺諸菩薩摩訶薩安住
如是異熟忍中行菩薩道能圓滿道相智成
就如是道相智故常不遠離四念住乃至八
聖道支亦不遠離三解脫門亦不遠離異熟
神通由不遠離異熟神通從一佛國趣一佛
國親近供養諸佛世尊成熟有情嚴淨佛土
作是事已用一剎那相應般若證得无上正
等菩提如是善現諸菩薩摩訶薩行深般若
波羅蜜多時疾能圓滿无相安忍波羅蜜多
由此安忍波羅蜜多得圓滿故便能圓滿一
切佛法因斯證得一切智智

大般若波羅蜜多經卷第四百六十七

張涓

BD04679號　大般若波羅蜜多經卷四六七　（13–12）

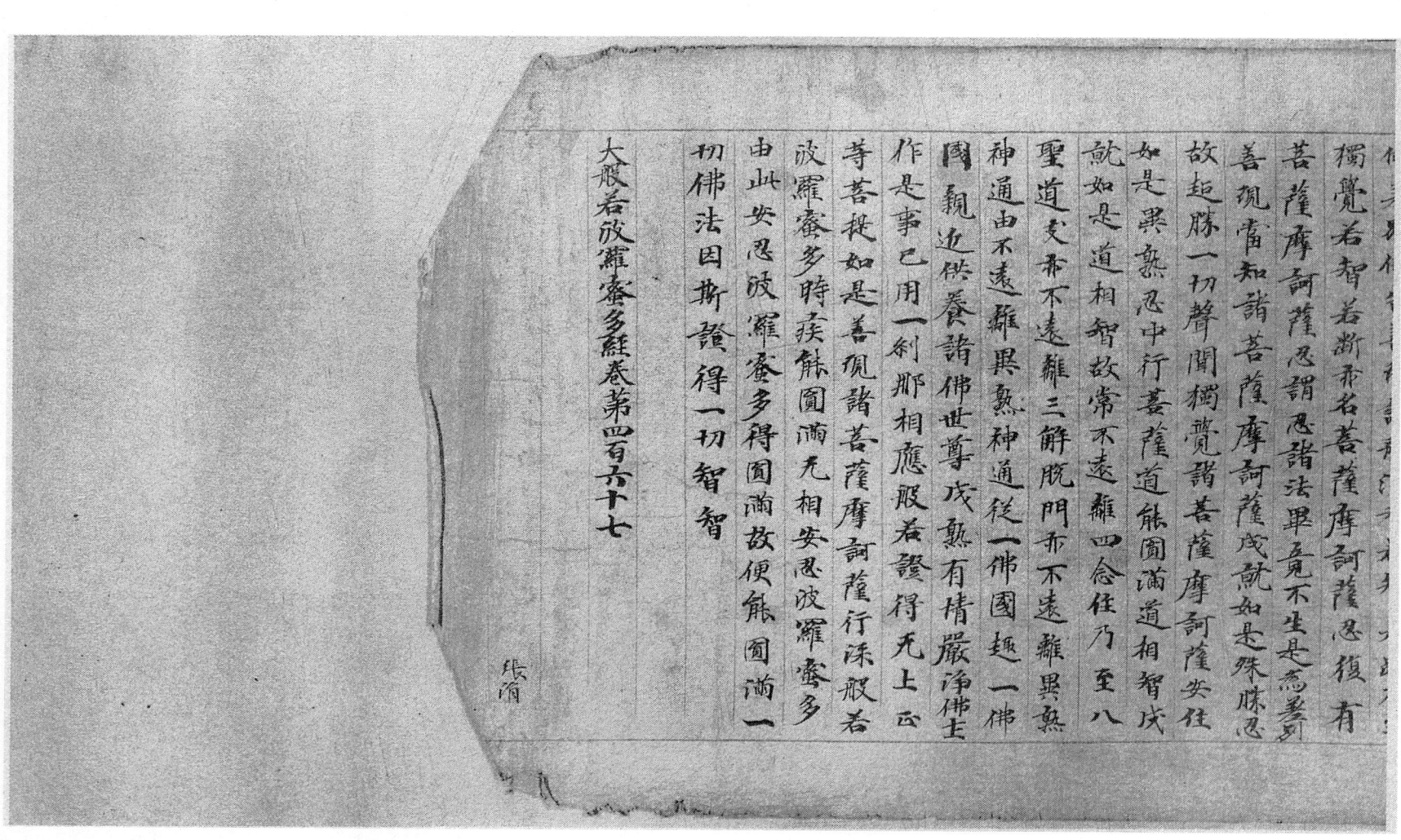

獨覺若智若斷亦名菩薩摩訶薩忍復有
菩薩摩訶薩忍謂忍諸法畢竟不生是為差別
善現當知諸菩薩摩訶薩成就如是殊勝忍
故超勝一切聲聞獨覺諸菩薩摩訶薩安住
如是異熟忍中行菩薩道能圓滿道相智成
就如是道相智故常不遠離四念住乃至八
聖道支亦不遠離三解脫門亦不遠離異熟
神通由不遠離異熟神通從一佛國趣一佛
國親近供養諸佛世尊成熟有情嚴淨佛土
作是事已用一剎那相應般若證得无上正
等菩提如是善現諸菩薩摩訶薩行深般若
波羅蜜多時疾能圓滿无相安忍波羅蜜多
由此安忍波羅蜜多得圓滿故便能圓滿一
切佛法因斯證得一切智智

大般若波羅蜜多經卷第四百六十七

張涓

BD04679號　大般若波羅蜜多經卷四六七　（13–13）

南无大乘
南无智光明佛
南无勝功德佛
南无大莊嚴佛
南无天光佛
從此以上一万五百佛
南无愛功德佛
南无信婆藪那羅佛
南无快光明佛
南无月愛佛
南无普觀佛
南无稱光勝佛
南无那伽天佛
南无功德智佛
南无愛世間佛
南无地光佛
南无華勝佛

南无佛
南无月面佛
南无功德聚佛
南无華勝佛
南无甘露光佛
南无住功德佛
南无求那婆眼佛

BD04680號　佛名經（十六卷本）卷一四　（18–1）

南无稱光勝佛
南无那伽天佛
南无功德智佛
南无愛世間佛
南无地光佛
南无華勝佛
南无法然燈佛
南无淨聲佛
南无解脫日佛
南无智光明佛
南无善智佛
南无師子陁那佛
南无妙天佛
南无天提吒佛
南无勝愛佛
南无華光佛
南无山香佛
南无勝慧佛
南无寶洲佛
南无最後見佛
南无妙莊嚴佛
南无清淨見佛
南无不謬步佛
南无樂解勝佛

南无月面佛
南无功德聚佛
南无華勝佛
南无甘露光佛
南无住功德佛
南无求那婆眼佛
南无普光佛
南无大莊嚴佛
南无堅精進佛
南无功德稱佛
南无不量莊嚴佛
南无功德蓋迋佛
南无觀行佛
南无電光明佛
南无山幢佛
南无勝意佛
南无福德蓋迋佛
南无信聖佛
南无妙威德佛
南无愛行佛
南无功德藏勝佛
南无威德力佛
南无聖明佛
南无大聲佛

BD04680號　佛名經（十六卷本）卷一四　（18–2）

南无軍儀見佛　南无愛行佛
南无妙莊嚴佛　南无功德藏勝佛
南无清淨見佛　南无威德力佛
南无不蹂步佛　南无聖明佛
南无樂解勝佛　南无大聲佛
南无勝主佛　南无成就光明佛
南无自業佛　南无照稱光照佛
南无光明行佛　南无愛自在佛
南无月賢佛　南无勝風佛
南无勝功德佛　南无撰擇攝取佛
南无相王佛　南无離熱佛
南无聖德佛　南无法高佛
南无甘露功德佛　南无號稱佛
南无甘露香佛　南无捨光明佛
南无吼聲佛　南无无畏日佛
南无得无畏佛　南无愛點慧佛
南无智慧不蹂佛　南无虛空光佛
南无增上天佛　南无信如意佛
南无天蓋佛　南无龍光佛
南无妙步佛　南无法成德佛
南无斷諸有佛　南无莊嚴面佛
南无妙色佛　南无普眼佛
南无功德光佛　南无勝月佛

BD04680號　佛名經（十六卷本）卷一四　（18–3）

南无妙步佛　南无法成德佛
南无斷諸有佛　南无莊嚴面佛
南无妙色佛　南无普眼佛
南无功德光佛　南无勝月佛
南无平等德佛　南无五何難兜佛
南无衆生自在劫佛　南无與无長觀佛
從此以上一万六百佛十二部經一切賢聖
南无攝取衆生意　南无降伏諸怨佛
南无攝取光明佛　南无勝山佛
南无一勝光明佛　南无那羅延步佛
南无師子步佛　南无愛成佛
南无清淨佛　南无信名稱佛
南无畢竟智佛　南无无離癡佛
南无功德聚佛　南无能思惟忍佛
南无法益佛　南无不動因佛
南无天華佛　南无天波頭摩佛
南无普成德佛　南无月光佛
南无大衆上首佛　南无思惟義佛
南无相王佛　南无華面佛
南无思惟名稱佛　南无樹幢佛
南无師子奮迅佛　南无信大衆佛
南无善香佛　南无智慧讚歎佛
南无功德諦佛　南无智光明佛

BD04680號　佛名經（十六卷本）卷一四　（18–4）

南无……佛　南无……佛
南无思惟名稱佛　南无樹幢佛
南无師子奮迅佛　南无信大衆佛
南无善香佛　南无智慧讚歎佛
南无功德器佛　南无智光明佛
南无智海佛　南无威德力佛
南无勝威德佛　南无佛歡喜佛
南无勝清淨佛　南无愛一切佛
南无遠離諸疑佛　南无善思惟勝義佛
南无大山佛　南无降伏聖佛
南无降伏黠慧佛　南无趣菩提佛
南无妙聲佛　南无大勢力佛
南无樂師子佛　南无普寶滿足佛
南无一切世間愛佛　南无金剛輪佛
南无過大佛　南无大將佛
南无衆生月佛　南无大莊嚴佛
南无日光明佛　南无勝嚴佛
南无斷諸有意着佛　南无寂靜行佛
南无攝愛稱佛　南无梵天供養佛
南无大吼佛　南无无量无邊願佛
南无世間光明佛　南无可見忍佛
南无大華佛　南无修行身佛
南无諸根清淨佛　南无……佛

BD04680 號　佛名經（十六卷本）卷一四　（18–5）

南无攝愛稱佛　南无梵天供養佛
南无大吼佛　南无无量无邊願佛
南无世間光明佛　南无可見忍佛
南无大華佛　南无修行身佛
南无諸根清淨佛　南无婆藪達多佛
南无不怯弱聲佛　南无普見佛
南无月賢佛　南无決定色佛
南无方便修佛　南无信勝功德佛
南无勝報佛　南无賢莊嚴佛
南无慚愧賢佛　南无勘受器聲佛
南无勝愛佛　南无普行佛
南无普智佛　南无大威力佛
南无月難兜佛　南无堅固行佛
南无天供養佛　南无敬普佛
南无勝妙稱佛　南无成就一切功德佛
南无監固莎梨羅佛　南无甘露光佛
南无大貴佛　南无勝聲佛
南无大力佛　南无大步佛
南无信甘露佛　南无道步佛
南无勝聲心佛　南无勝意佛

BD04680 號　佛名經（十六卷本）卷一四　（18–6）

南无監固莎梨羅佛　南无甘露光佛
南无大貴佛　南无勝聲佛
南无大力佛　南无大步
南无信甘露佛　南无道步佛
南无勝聲心佛　南无勝意佛
南无娑樓那步佛　南无大脩行佛
從此以上一万七百佛十二部經一切賢聖
南无威德光佛　南无无淨智佛
南无師子聲佛　南无善德佛
南无善住佛　南无日光佛
南无菩提上首佛　南无降伏怨佛
南无无垢濁義佛　南无勝去佛
南无妙光明佛　南无普光明佛
南无大莊嚴佛　南无功德山佛
南无聲丘月佛　南无愛眼佛
南无月名佛　南无菩提智佛
南无寶功德佛　南无天光明佛
南无勝仙佛　南无寶智佛智佛
南无甘露威德佛　南无能思惟佛
南无龍步佛　南无信智佛
南无寶愛佛　南无蓮華香佛
南无勝相佛　南无大威德佛
南无種種日佛　南无廣地佛

BD04680號　佛名經（十六卷本）卷一四　（18–7）

南无龍步佛　南无信智佛
南无寶愛佛　南无蓮華香佛
南无勝相佛　南无大威德佛
南无種種日佛　南无廣地佛
南无甘露眼佛　南无慚愧智佛
南无山自在精佛　南无怖勝佛
南无種種聞錯聲佛　南无信脩行佛
南无捨憂惱佛　南无諸世間智佛
南无威德力佛　南无信勝佛
南无勢力稱佛　南无放光明佛
南无過諸疑佛　南无毗羅耶王佛
南无新華佛　南无勝華佛
南无捨諍佛　南无大長佛
南无大稱佛　南无愛去佛
南无甘露步佛　南无日聚佛
南无月聲佛　南无見天佛
南无清淨光明佛　南无秋日佛
南无解華佛　南无妙聲佛
南无雨甘露佛　南无善天佛
南无勝聲佛　南无愛上首佛
南无愛甘露佛　南无甘露稱佛
南无法華佛　南无大莊嚴佛

BD04680號　佛名經（十六卷本）卷一四　（18–8）

南无雨甘露佛　南无善天佛
南无勝聲佛　南无愛上首佛
南无愛甘露佛　南无甘露稱佛
南无法華佛　南无大莊嚴佛
南无世間尊重佛　南无高意佛
南无高山佛　南无甘露威德光明佛
南无菩提威德佛　南无清淨心佛
南无能住因降伏怨佛
南无甘露星宿佛　南无火稱佛
南无安隱思惟佛　南无菩提華佛
南无菴摩羅供養佛
南无度世間佛　南无成佛
南无法星宿佛　南无大勝佛
南无隨意光明佛　南无大明佛
南无見愛佛　南无光明愛佛
南无希聲佛　南无功德德佛
南无香去佛　南无无障智佛
南无得威德佛　南无月藏佛
南无梵光明佛　南无樂光明佛
南无勝光明佛　南无鮮光明佛
從此以上一万八百佛十二部經一切賢聖
南无難異意佛　南无无過智佛
南无成就功德佛　南无嚴身佛
南无无長愛佛　南无劍光明佛

南无勝光明佛　南无鮮光明佛
從此以上一万八百佛十二部經一切賢聖
南无難異意佛　南无无過智佛
南无成就功德佛　南无嚴身佛
南无无長愛佛　南无劍光明佛
南无大聲佛　南无智知佛
南无大思惟佛　南无樂眼佛
南无无諸勢智佛　南无不怯弱智佛
南无普清淨佛　南无捨施威德佛
南无天成佛　南无无怯聲佛
南无華日佛　南无无善住心佛
南无難究清淨佛　南无俱蘇摩光佛
南无法弗沙佛　南无月希佛
南无鮮胜佛　南无不著行佛
南无大精進佛　南无人聲佛
南无普聲佛　南无菩提願佛
南无天色思惟佛　南无慧力佛
南无濡多盧遮那佛　南无梵供養佛
南无聖佛沙佛　南无虛空智佛
南无能降伏放逸佛　南无不可比慧佛
南无勝軍池羅佛　南无降阿梨佛
南无應愛佛　南无穀供養佛
南无平等心朋佛　南无信心不怯弱佛
南无精進清淨佛　南无聞智佛

南无能降伏放逸佛　南无不可思議佛
南无勝軍地羅佛　南无降阿梨佛
南无應愛佛　南无栽供養佛
南无平等心朋佛　南无信心不怯弱佛
南无精進清淨佛　南无聞智佛
南无无障导思惟佛　南无无畏光明佛
南无甘露贊佛　南无名吉佛
南无捨佛　南无讃根佛
南无禪解脫佛　南无大殊提佛
次礼十二部尊經大藏法輪
南无陰持入經　南无佛說護淨經
南无方便心論　南无諫心經
南无摩訶刹頭經　南无中陰經
南无所欲致患經　南无流離王經
南无孫陁耶致經　南无逝經
南无僧大經　南无大婦經
南无佛般泥洹後灌臘經　南无天皇梵摩經
南无貴日定行經　南无十二死經
南无和難經　南无施陁梨呪經
南无犯戒罪報輕重經　南无菩薩大業經
南无菩薩所生地經　南无分然洹國迦羅越經
次礼十方諸大菩薩
南无金色世界文殊師利菩薩

南无犯戒罪報輕重經　南无菩薩大業經
南无菩薩所生地經　南无分然洹國迦羅越經
次礼十方諸大菩薩
南无金色世界文殊師利菩薩
南无樂色世界覺首菩薩
南无華色世界財首菩薩
南无瞻蔔華色世界寶首菩薩
南无青蓮華色世界首菩薩
南无金色世界目首菩薩
南无寶色世界進首菩薩
南无金剛色世界法首菩薩
南无頗梨色世界智首菩薩
南无如實色世界賢首菩薩
南无无量慧世界功德林菩薩
南无幢慧世界慧林菩薩
南无地慧世界勝林菩薩
南无勝慧世界无畏林菩薩
南无燈慧世界慚愧林菩薩
南无金剛慧世界精進林菩薩
南无安樂慧世界力成就林菩薩
南无日慧世界堅固林菩薩
南无清淨慧世界如來林菩薩
南无林慧世界智林菩薩

南无安樂慧世界力成就林菩薩
南无日慧世界堅固林菩薩
南无清淨慧世界如来林菩薩
南无林慧世界智林菩薩
南无目阤羅世界法慧菩薩
南无目阤羅世界法慧菩薩
南无蓮華世界一切慧菩薩
南无衆寶世界勝慧菩薩
南无優鉢羅世界功德慧菩薩
從此以上一万九百佛十二部經一切賢聖
次礼聲聞緣覺一切賢聖
南无轉覺辟支佛　南无去垢辟支佛
南无轉覺辟支佛　南无去垢辟支佛
南无高去辟支佛　南无何恙多辟支佛
南无无漏辟支佛　南无憍慢辟支佛
南无盡憍慢辟支佛　南无親辟支佛
南无得脫辟支佛　南无无垢辟支佛
南无獨辟支佛　南无離畫辟支佛
南无能住憍慢辟支佛　南无退辟支佛
南无不退去辟支佛　南无尊辟支佛
南无善吉辟支佛　南无不可心辟支佛
南无善住辟支佛　南无无比辟支佛
礼三寶已復懺悔

BD04680號　佛名經（十六卷本）卷一四　（18–13）

南无不退去辟支佛　南无尊辟支佛
南无善吉辟支佛　南无不可心辟支佛
南无善住辟支佛　南无无比辟支佛
礼三寶已復懺悔
夫欲礼懺必須先敬三寶所以然者三寶即是
一切衆生良友福田若能歸向者則滅无量
罪長无量福能令行者離生死苦得解脫
樂是故弟子某甲等歸依十方盡虛空界一
切諸佛歸依十方盡虛空界一切尊法歸依
十方盡虛空界一切聖僧弟子今日所以懺
悔者正言无始以来在凡夫地不問貴賤罪
自无量或因三業而生罪或從六根而起過
或以内心自耶思惟或藉外境起於染著如
是乃至十惡增長八万四千諸塵勞門然其
罪相雖復无量大而為語不出有三何等為
三一者煩惱二者是業三者是果報此三
法能障聖道及以人天勝妙好事是故經中
目為三障所以諸佛菩薩教作方便懺悔除
滅此三滅者則六根十惡乃至八万四千諸
塵勞門皆悉清淨是故弟子今日運此增上
勝心懺悔三障欲滅此三罪者當用何等
心可令此罪滅先當興七種心以為方便然

BD04680號　佛名經（十六卷本）卷一四　（18–14）

滅此三滅者則六根十惡乃至八万四千諸
塵勞門皆悉清淨是故弟子今日運此增上
勝心懺悔三障欲滅此三罪者當用何等
心可令此罪滅先當興七種心以為方便然
後此罪乃可得滅何等為七一者慚愧二者
恐怖三者厭離四者發菩提心五者怨親
平等六者念報佛恩七者觀罪性空第一慚
愧者自惟我與釋迦如來同為凡夫而今
世尊成道以來已逕尒所塵沙劫數而我等
相與躭染六塵流浪生死永無出期此實天
下可慚可愧可羞可恥
第二恐怖者既是凡夫身口意業常與罪
相應以是因緣命終之後應墮地獄畜生餓鬼
受无量苦如此實為可驚可恐可怖可懼
第三厭離者相與當觀生死之中唯有无常
苦空无我不淨虛假如水上泡速起速滅往
來流轉猶若車輪生老病死八苦交煎无時
暫息眾生相与但觀自身從頭至足其中但
有卅六物髮毛爪齒眵淚涕唾生熟二藏大
腸小腸脾腎心肺肝膽腸胃肪膈腦膜筋
脈骨髓大小便利九孔常流是故經言此身苦
所集一切皆不淨何有智慧者而當樂此身生
死既有如此種種惡法甚可患厭

有卅六物髮毛爪齒眵淚涕唾生熟二藏大
腸小腸脾腎心肺肝膽腸胃肪膈腦膜筋
脈骨髓大小便利九孔常流是故經言此身苦
所集一切皆不淨何有智慧者而當樂此身生
死既有如此種種惡法甚可患厭
第四發菩提心者經言當樂佛身佛身者即
法身也從无量功德智慧生從六波羅蜜生從
慈悲喜捨生從卅七助菩提法生從如是等
種種功德智慧生如來身欲得此身者當發
菩提心求一切種智常樂我淨薩婆若果淨
佛國土成就眾生於身命財无所悋惜
第五怨親平等者於一切眾生起慈悲心
无彼我想何以故若見怨親即是分別以分別
故起諸相著相著因緣生諸煩惱煩惱因緣
造諸惡業惡業因緣故得苦果
第六念報佛恩者如來往昔无量劫中捨頭
目髓腦支節手足國城妻子象馬七珍為我
等故脩諸苦行此恩此德實難酬報是故經
言若以頂戴兩肩荷負於恒河劫亦不能報
我等欲報如來恩者當於世界勇猛精進
捍勞忍苦不惜身命建立三寶弘通大乘廣
化眾生同入正道
第七觀罪空者无有實相從因緣生顛倒而

言若以頂戴兩肩荷負於恒河劫亦不能報
我等欲報如來恩者當於世界勇猛精進
桿勞忍苦不惜身命建立三寶弘通大乘廣
化衆生同入正道
第七觀罪空者无有實相從因緣生顛倒而
有既從因緣而生則可從因緣而滅從因緣
而生者狎近惡友造作无端從因緣而滅者
即是今日洗心懺悔是故經言此罪相不在
內不在外不在中間故知此罪從本是空生
如是等七種心已緣想十方諸賢聖擎拳合
掌被陳至到慚愧改革舒歷心肝洗蕩腸胃
如此懺悔亦何罪而不滅亦何障而不消若
復正命悠悠緩縱情慮徒自勞形於事何益
且復人命无常喻如轉燭一息不還便同灰壤
三塗苦報即身應受不可以錢財寶貨囑託
求脫窈窈冥冥恩赦无期獨嬰此苦无代受
者莫言我今生中无有此罪所以不能墾到
懺悔經中道言凡夫之人舉足動步无非是
罪又復過去生中皆悉成就无量惡業追逐
行者如影隨形若不懺悔罪惡日深故苞藏
瑕疵佛教不許訟悔先罪淨名所尚故知長
淪苦海寔由隱覆是故弟子今日發露懺悔不

三塗苦報即身應受不可以錢財寶貨囑託
求脫窈窈冥冥恩赦无期獨嬰此苦无代受
者莫言我今生中无有此罪所以不能墾到
懺悔經中道言凡夫之人舉足動步无非是
罪又復過去生中皆悉成就无量惡業追逐
行者如影隨形若不懺悔罪惡日深故苞藏
瑕疵佛教不許訟悔先罪淨名所尚故知長
淪苦海寔由隱覆是故弟子今日發露懺悔不
敢覆藏所言三障者一曰煩惱二曰為業三
是果報此三種法更相由藉因煩惱故以起惡
業惡業因緣故得苦果是故弟子今日至心弟
一先應懺悔煩惱障又此煩惱諸佛菩薩入
理聖人種種呵責亦謂此煩惱以為怨家何
以故能斷衆生慧命根故亦名此煩惱以之為
賊能劫衆生諸善法故謂此煩惱以為瀑
河能漂衆生入於生死大苦海故亦目此煩惱
以為羈絆能繫衆生於生死獄不能得出

電天菩薩曰明无明為二无明實性即是明
明亦不可取離一切數於其中平等无二者
是為入不二法門
喜見菩薩曰色色空為二色則是空非色滅空
色性自空如是受想行識識空為二識即是
空非識滅空識性自空於其中而通達者
是為入不二法門
明相菩薩曰四種異空種異為二四種性即是
空種性如前際後際空故中際亦空若能如
是知諸種性者是為入不二法門
妙意菩薩曰眼色為二若知眼性於色不貪
不恚不痴是名寂滅如是耳聲鼻香舌味身
觸意法為二若知意性於法不貪不恚不痴
是名寂滅安住其中是為入不二法門
无盡意菩薩曰布施迴向一切智為二布施性
即是迴向一切智性如是持戒忍辱精進
禪定智慧迴向一切智為二智慧性即是迴向
一切智性於其中入一相者是為入不二法門
深慧菩薩曰是空是无相是无作為二空即
无相无相即无作若空无相无作則无心意

BD04681號　維摩詰所說經卷中　（2–1）

是知諸種性者是為入不二法門
妙意菩薩曰眼色為二若知眼性於色不貪
不恚不痴是名寂滅如是耳聲鼻香舌味身
觸意法為二若知意性於法不貪不恚不痴
是名寂滅安住其中是為入不二法門
无盡意菩薩曰布施迴向一切智為二布施性
即是迴向一切智性如是持戒忍辱精進
禪定智慧迴向一切智為二智慧性即是迴向
一切智性於其中入一相者是為入不二法門
深慧菩薩曰是空是无相是无作為二空即
无相无相即无作若空无相无作則无心意
識於一解脫門即是三解脫門者是為入不
二法門
寂根菩薩曰佛法眾為二佛即是法法即是
眾是三寶皆无為相與虛空等一切法亦尒
能隨此行者是為入不二法門
心无礙菩薩曰身身滅為二身即是身滅所
以者何見身實相者不起見身及以滅身身
與滅身无二无分別於其中不驚不懼者是
為入不二法門

BD04681號　維摩詰所說經卷中　（2–2）

生以一切衆生病
滅則我病滅所以
死有生死則有病
无復病譬如長者
亦病若子病愈父母亦愈
生愛之若子衆生病則菩
薩亦愈又言是疾何所
悲起文殊師利言居士此室
維摩詰言諸佛國土亦復皆
空荅曰以空空又問空何用
別空故空又問空可分別耶
又問空當於何求荅曰當於
又問六十二見當於何求荅曰當於　解
脫中求又問諸佛解脫當於何求荅曰當於
一切衆生心行中求又仁所問何无侍者一
切衆魔及諸外道皆吾侍也所以
者衆生死菩薩於生死而不
見菩薩於諸見而不動文殊
疾為何等相維摩詰言我无
問此病身合耶心合耶荅曰非

BD04682 號　維摩詰所說經卷中　（27–1）

一切衆生心行中求又仁所問何无侍者一
切衆魔及諸外道皆吾侍也所以
者衆生死菩薩於生死而不
見菩薩於諸見而不動文殊
疾為何等相維摩詰言我无
問此病身合耶心合耶荅曰非
故亦非心合心如幻故又問地大水
風大於此四大何大之病荅曰是病非地大
亦不離地大水大風大亦復如是而衆生病
從四大起以其有病是故我病尒時文殊師
利問維摩詰言菩薩云何慰喻有疾菩薩維
摩詰言說身无常不說猒離於身說身有苦
不說樂於涅槃說身无我而說教導衆生說
身空寂不說畢竟寂滅說悔先罪而不說入
於過去以己之疾愍於彼疾當識宿世无數
劫苦當念饒益一切衆生憶所脩福念於淨
命勿生憂惱常起精進當作醫王療治衆
病菩薩應如是慰喻有疾菩薩令其歡喜文殊
師利言居士有疾菩薩云何調伏其心維摩
詰言有疾菩薩應作是念今我此病從前
世妄想顛倒諸煩惱生无有實法誰受病者
所以者何四大合故假名為身四大无主身
亦无我又此病起皆由著我是故於我不應
生著既知病本即除我想及衆生想當起法
想應作是念但以衆法合成此身起唯法起
滅唯法滅又此法者各不相知起時不言我
起滅時不言我滅彼有病菩薩為滅法想當

BD04682 號　維摩詰所說經卷中　（27–2）

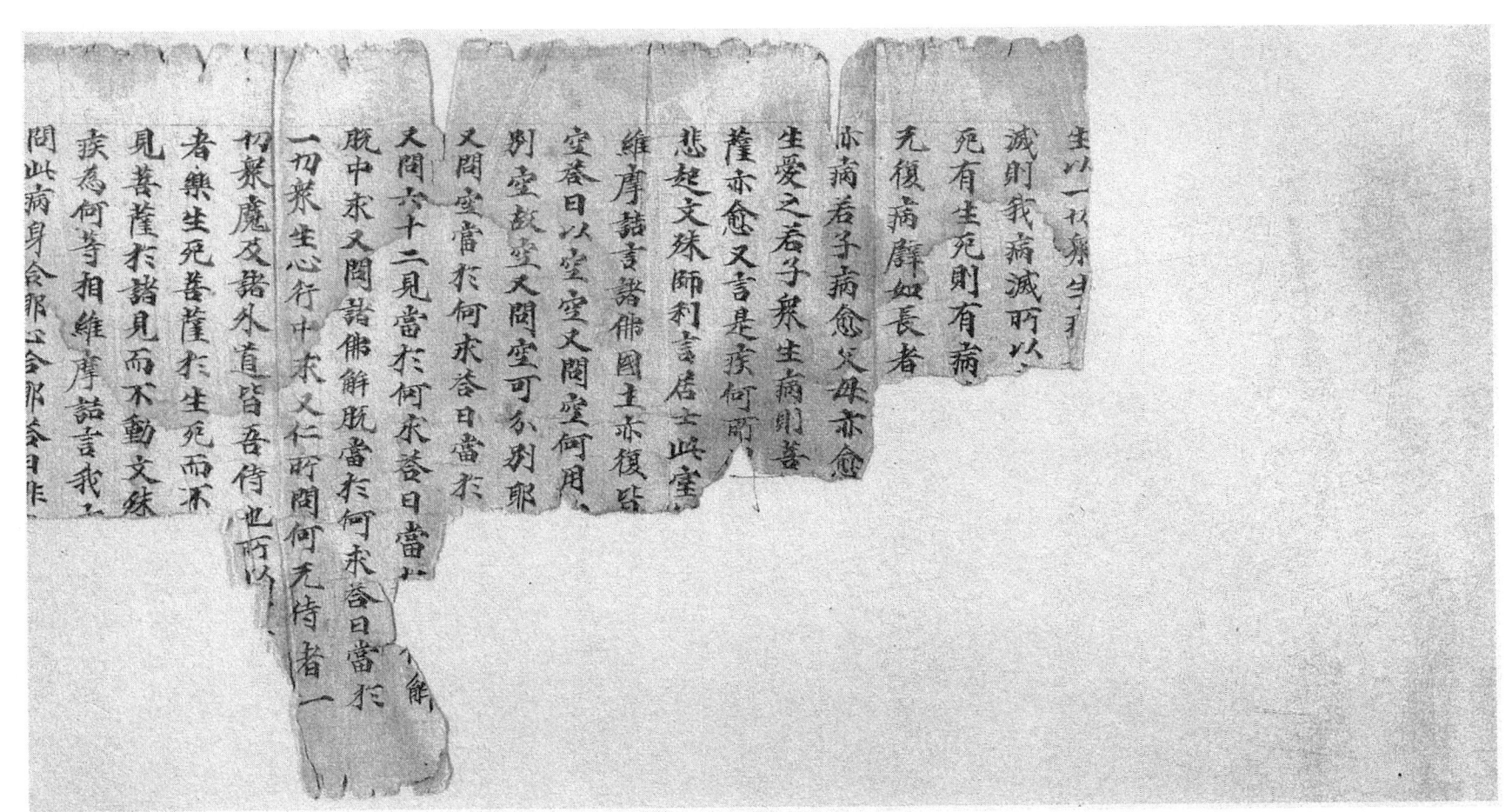

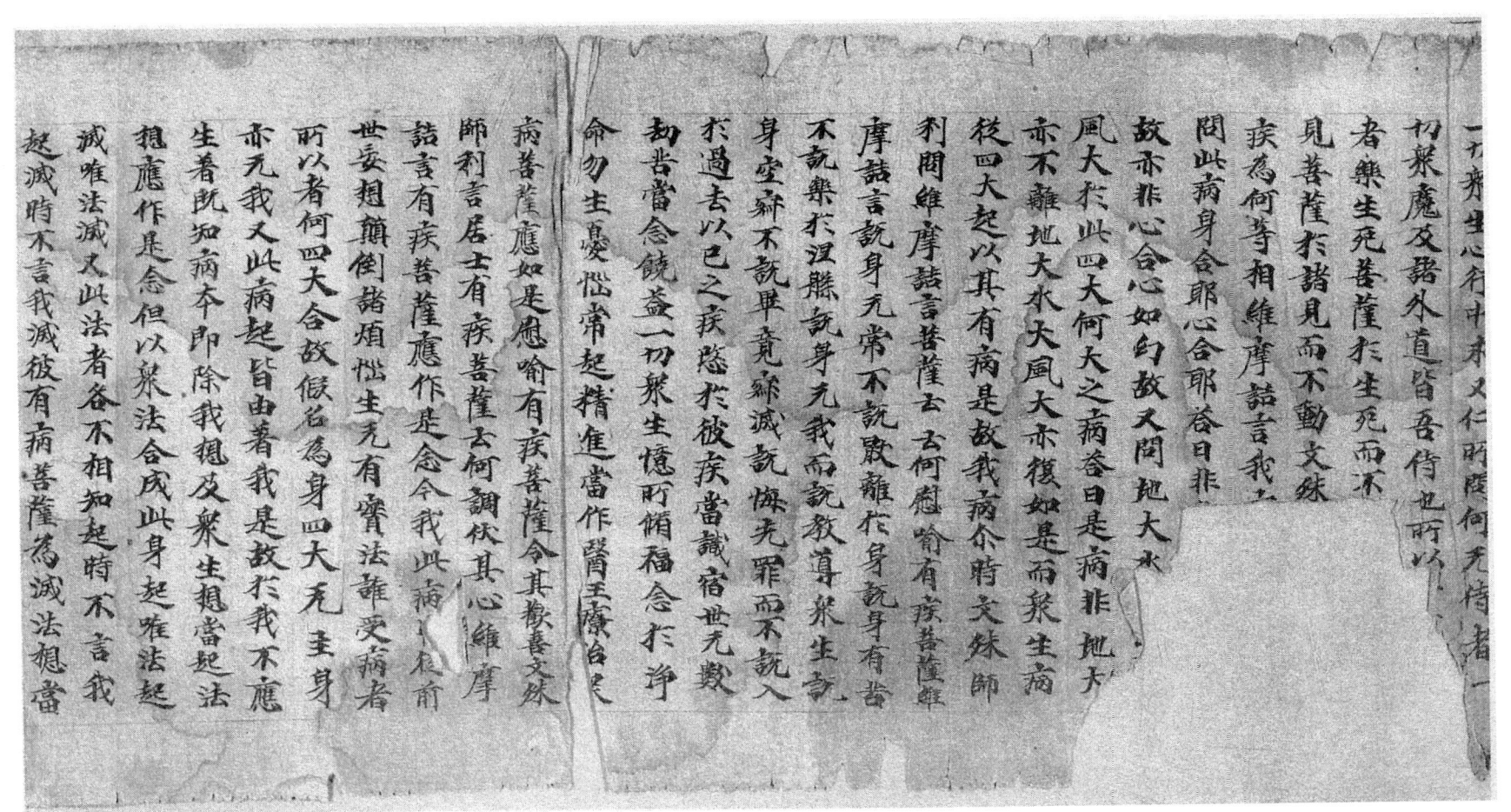

亦无我又此病起皆由著我是故於我不應
生著既知病本即除我想及衆生想當起法
想應作是念但以衆法合成此身起唯法起
滅唯法滅又此法者各不相知起時不言我
起滅時不言我滅彼有病菩薩為滅法想當
作是念此法想者亦是顛倒顛倒者即是大
患我應離之云何為離離我我所云何離我
我所謂離二法云何離二法謂不念內外諸
法行於平等云何平等謂我等涅槃等所以
者何我及涅槃此二皆空以何為空但以名
字故空如此二法无决定性得是平等无有
餘病唯有空病空病亦空是有疾菩薩以无
所受而受諸受未具佛法亦不滅受而取證
也設身有苦念惡趣衆生起大悲心我既調
伏亦當調伏一切衆生但除其病而不除法
為斷病本而教導之何謂病本謂有攀緣從
有攀緣則為病本何所攀緣謂之三界云何
斷攀緣以无所得若无所得則无攀緣何謂
无所得謂二見何謂二見謂內見外見是无所
得文殊師利是為有疾菩薩調伏其心為斷
老病死苦是菩薩菩提若不如是已所脩治
為无慧利譬如勝怨乃可為勇如是兼除
老病死者菩薩之謂也彼有疾菩薩應復作
是念如我此病非真非有衆生病亦非真非
有作是觀時於諸衆生若起愛見大悲即應
捨離所以者何菩薩斷除客塵煩惱而起大
悲愛見悲者則於生死有疲猒心若能離此

老病死者菩薩之謂也彼有疾菩薩應復作
是念如我此病非真非有衆生病亦非真非
有作是觀時於諸衆生若起愛見大悲即應
捨離所以者何菩薩斷除客塵煩惱而起大
悲愛見悲者則於生死有疲猒心若能離此
无有疲猒在在所生不為愛見之所覆也所
生无縛能為衆生說法解縛如佛所說若自
有縛能解彼縛无有是處若自无縛能解彼
縛斯有是處是故菩薩不應起縛何謂縛何
謂解貪著禪味是菩薩縛以方便生是菩薩
解又无方便慧縛有方便慧解无慧方便縛
有慧方便解何謂无方便慧縛謂菩薩以愛
見心莊嚴佛土成就衆生於空无相无作法
中而自調伏是名无方便慧縛何謂有方便
慧解謂不以愛見心莊嚴佛土成就衆生於
空无相无作法中以自調伏而不疲猒是名
有方便慧解何謂无慧方便縛謂菩薩住貪
欲瞋恚邪見等諸煩惱而殖衆得本是名无
慧方便縛何謂有慧方便解謂離諸貪欲瞋
恚邪見等諸煩惱而殖衆德本迴向阿耨多
羅三藐三菩提是名有慧方便解文殊師利
彼有疾菩薩應如是觀諸法又復觀身无常
苦空无我是名為慧雖身有疾常在生死饒
益一切而不猒惓是名方便又復觀身身不
離病病不離身是病是身非新非故是名為
慧設身有疾而不永滅是名為便文殊師利

羅三藐三菩提是名有慧方便解文殊師利
彼有疾菩薩應如是觀諸法又復觀身无常
苦空无我是名為慧雖身有疾常在生死饒
益一切而不厭惓是名方便又復觀身身不
離病病不離身是病是身非新非故是名為
慧設身有疾而不永滅是名為便文殊師利
有疾菩薩應如是調伏其心不住其中亦復
不住不調伏心所以者何若住不調伏心是愚
人法若住調伏心是聲聞法是故菩薩不當
住於調伏不調伏心離此二法是菩薩行在
於生死不為汙行住於涅槃不永滅度是
菩薩行非凡夫行非賢聖行是菩薩行非垢
行非淨行是菩薩行雖過魔行而現降伏衆
魔是菩薩行求一切智无非時求是菩薩行雖
觀諸法不生而不入正位是菩薩行雖觀十
二緣起而入諸邪見是菩薩行雖攝一切衆
生而不愛著是菩薩行雖樂遠離而不依身
心盡是菩薩行雖行三界而不壞法性是菩
薩行雖行於空而殖衆德本是菩薩行雖行
无相而度衆生是菩薩行雖行无作而現受
身是菩薩行雖行无起而起一切善法是菩薩
行雖行六波羅蜜而遍知衆生心心數法是
菩薩行雖行六通而不盡漏是菩薩行雖行
四无量心而不貪著生於梵世是菩薩行雖
行禪定解脫三昧而不隨禪生是菩薩行雖
行四念處而不永離身受心法是菩薩行雖

行雖行六波羅蜜而遍知衆生心心數法是
菩薩行雖行六通而不盡漏是菩薩行雖行
四无量心而不貪著生於梵世是菩薩行雖
行禪定解脫三昧而不隨禪生是菩薩行雖
行四念處而不永離身受心法是菩薩行雖
行四正勤而不捨身心精進是菩薩行雖行
四如意足而得自在神通是菩薩行雖行五
根而分別衆生諸根利鈍是菩薩行雖行五
力而樂求佛十力是菩薩行雖行七覺分而
分別佛之智慧是菩薩行雖行八正道而樂
行无量佛道是菩薩行雖行止觀助道之法
而不畢竟墮於寂滅是菩薩行雖行諸法不
生不滅而以相好莊嚴其身是菩薩行雖現
聲聞辟支佛威儀而不捨佛法是菩薩行雖
隨諸法究竟淨相而隨所應為現其身是菩
薩行雖觀諸佛國土永寂如空而現種種清
淨佛土是菩薩行雖得佛道轉于法輪入於
涅槃而不捨於菩薩之道是菩薩行說是語
時文殊師利所將大衆其中八千天子皆發
阿耨多羅三藐三菩提心

維摩詰不思議品第六

尒時舍利弗見此室中无有牀坐作是念斯
諸菩薩大衆弟子衆當於何坐長者維摩詰知
其意語舍利弗言云何仁者為法來耶求牀
坐耶舍利弗言我為法來非為牀坐維摩詰
言唯舍利弗夫求法者不貪軀命何況牀坐

維摩詰不思議品第六
尒時舍利弗見此室中无有牀坐作是念斯
諸菩薩大衆弟子衆當於何坐長者維摩詰知
其意語舍利弗言云何仁者為法來耶求牀
坐耶舍利弗言我為法來非為牀坐維摩詰
言唯舍利弗夫求法者不貪軀命何況牀坐
夫求法者非有色受想行識之求非有界入
之求非有欲色无色之求唯舍利弗夫求法
者不著佛求不著法求不著衆求夫求法者
无見苦求无斷集求无造盡證脩道之求
所以者何法无戲論若言我當見苦斷集證滅
脩道是則戲論非求法也唯舍利弗法名寂
滅若行生滅是求生滅非求法也法名无染
若染於法乃至涅槃是則染著非求法也法
无行處若行於法是則行處非求法也法无
取捨若取捨法是則取捨非求法也法无處
所若著處所是則著處非求法法名无相
若隨相識是則求相非求法也法不可住
若住於法是則住法非求法也法不可見聞覺
知若行見聞覺知是則見聞覺知非求法也
法名无為若行有為是求有為非求法也是
故舍利弗若求法者於一切法應无所求說
是法時五百天子於諸法中得法眼淨
尒時長者維摩詰問文殊師利仁者遊於无
量千萬億阿僧祇國何等佛土有好上妙功
德成就師子之座文殊師利言居士東方度
三十六恒河沙國有世界名須弥相其佛号

故舍利弗若求法者於一切法應无所求說
是法時五百天子於諸法中得法眼淨
尒時長者維摩詰問文殊師利仁者遊於无
量千萬億阿僧祇國何等佛土有好上妙功
德成就師子之座文殊師利言居士東方度
三十六恒河沙國有世界名須弥相其佛号
須弥燈王今現在彼佛身長八万四千由旬
其師子座高八万四千由旬嚴飾第一於是
長者維摩詰現神通力即時彼佛遣三万二
千師子之座高廣嚴淨來入維摩詰室諸菩
薩大弟子釋梵四天王等昔所未見其室廣
博悉皆苞容三万二千師子座无所妨礙於毗
耶離城及閻浮提四天下亦不迫迮悉見如故
尒時維摩詰語文殊師利就師子座與諸菩
薩上人俱坐當自立身如彼坐像其得神通
菩薩即自變形為四万二千由旬座師子座
諸新發意菩薩及大弟子皆不能昇尒時維
摩詰語舍利弗就師子坐舍利弗言居士此
座高廣吾不能昇維摩詰言唯舍利弗為須
弥燈王如來作礼乃可得坐於是新發意菩
薩及大弟子即為須弥燈王如來作礼便得
坐師子座舍利弗言居士未曾有也如是小
室乃容受此高廣之座於毗耶離城无所妨
礙又於閻浮提聚落城邑及四天下諸天龍
王鬼神宮殿亦不迫迮維摩詰言唯舍利弗
諸佛菩薩有解脫名不可思議若菩薩住是
解脫者以須弥之高廣內芥子中无所增減

室乃容受此高廣之座於毗耶離城无所妨
礙又於閻浮提聚落城邑及四天下諸天龍
王鬼神宮殿亦不迫迮維摩詰言唯舍利弗
諸佛菩薩有解脫名不可思議若菩薩住是
解脫者以須弥之高廣內芥子中无所增減
須弥山王本相如故而四天王忉利諸天不覺
不知己之所入唯應度者乃見須弥入芥子
中是名不可思議解脫法門又以四大海
水入一毛孔不嬈魚鼈黿鼉水性之屬而彼
大海本相如故諸龍鬼神阿修羅等不覺不
知己之所入於此衆生亦无所嬈又舍利弗
住不可思議解脫菩薩斷取三千大千世界
如陶家輪著右掌中擲過恒河沙世界之外
其中衆生不覺不知己之所往又復還置本
處都不使人有往來想而此世界本相如故
又舍利弗或有衆生樂久住世而可度者菩
薩即演七日以為一劫令彼衆生謂之一劫
或有衆生不樂久住而可度者菩薩即促一
劫以為七日令彼衆生謂之七日又舍利弗
住不可思議解脫菩薩以一切佛土嚴飾之
事集在一國示於衆生又菩薩以一佛土衆
生置之右掌飛到十方遍示一切而不動本
處又舍利弗十方衆生供養諸佛之具菩薩
於一毛孔皆令得見又十方國土所有日月
星宿於一毛孔普使見之又舍利弗十方世界
所有諸風菩薩悉能吸著口中而身无損外

BD04682 號　維摩詰所說經卷中　（27–9）

事集在一國示於衆生又菩薩以一佛土衆
生置之右掌飛到十方遍示一切而不動本
處又舍利弗十方衆生供養諸佛之具菩薩
於一毛孔皆令得見又十方國土所有日月
星宿於一毛孔普使見之又舍利弗十方世界
所有諸風菩薩悉能吸著口中而身无損外
諸樹木亦不摧折又十方世界劫盡燒時以
一切火內於腹中火事如故而不為害又於
下方過恒河沙等諸佛世界取一佛土舉著
上方過恒河沙无數世界如持針鋒舉一棗
葉而无所嬈又舍利弗住不可思議解脫菩
薩能以神通現作佛身或現辟支佛身或
現聲聞身或現帝釋身或現梵王身或現
世主身或現轉輪王身又十方世界所有衆聲
上中下音皆能變之令作佛聲演出无常苦
空无我之音及十方諸佛所說種種之法皆
於其中普令得聞舍利弗我今略說菩薩不
可思議解脫之力若廣說者窮劫不盡是時
大迦葉聞說菩薩不可思議解脫法門歎未
曾有謂舍利弗譬如有人於盲者前現衆色
像非彼所見一切聲聞聞是不可思議解脫法
門不能解了為若此也智者聞是其誰不發
阿耨多羅三藐三菩提心我等何為永絕其
根於此大乘猶如敗種一切聲聞聞是不可思
議解脫法門皆應號泣聲震三千大千世
界一切菩薩應大欣慶頂受此法若有菩薩

BD04682 號　維摩詰所說經卷中　（27–10）

像非彼所見一切聲聞是不可思議解脫法
門不能解了為若此也智者聞是其誰不發
阿耨多羅三藐三菩提心我等何為永絕其
根於此大乘猶如敗種一切聲聞聞是不可思
議解脫法門皆應號泣聲震三千大千世
界一切菩薩應大欣慶頂受此法若有菩薩
信解此不可思議解脫法門者一切魔眾无如
之何大迦葉說是語時三萬二千天子皆發阿
耨多羅三藐三菩提心尒時維摩詰語大
迦葉仁者十方无量阿僧祇世界中作魔王
者多是住不可思議解脫菩薩以方便力教
化眾生現作魔王又迦葉十方无量菩薩或
有人從乞手足耳鼻頭目髓腦血肉皮骨聚
落城邑妻子奴婢象馬車乘金銀琉璃車𤦲
馬瑙珊瑚虎珀真珠珂貝衣服飲食如此乞
者多是住不可思議解脫菩薩以方便力而
往試之令其堅固所以者何住不可思議解
脫菩薩有威德力故行逼迫示諸眾生如是
難事凡夫下劣无有力勢不能如是逼迫菩
薩譬如龍象蹴踏非驢所堪是名住不可思
議解脫菩薩智慧方便之門

維摩詰觀眾生品第七

尒時文殊師利問維摩詰言菩薩云何觀於
眾生維摩詰言譬如幻師見所幻人菩薩觀
眾生為若此如智者見水中月如鏡中見其
面像如熱時焰如呼聲響如空中雲如水聚

BD04682號　維摩詰所說經卷中　（27–11）

尒時文殊師利問維摩詰言菩薩云何觀於
眾生維摩詰言譬如幻師見所幻人菩薩觀
眾生為若此如智者見水中月如鏡中見其
面像如熱時焰如呼聲響如空中雲如水聚
沫如水上泡如芭蕉堅如電久住如第五大
如第六陰如第七情如十三入如十九界菩
薩觀眾生為若此如无色界色如燋穀牙如
須陀洹身見如阿那含入胎如阿羅漢三毒
如得忍菩薩貪恚毀禁如佛煩惱習如盲者
見色如入滅盡定出入息如空中鳥跡如石
女兒如化人煩惱如夢所見已寤如滅度者
受身如无烟之火菩薩觀眾生為若此也
文殊師利言若菩薩作是觀者云何行慈維
摩詰言菩薩作是觀已自念我當為眾生說
如斯法是則真實慈也行寂滅慈无所生故
行不熱慈无煩惱故行等之慈等三世故行
无諍慈无所起故行不二慈內外不合故行
不壞慈畢竟盡故行堅固慈心无毀故行清
淨慈諸法性淨故行无邊慈如虛空故行阿
羅漢慈破結賊故行菩薩慈安眾生故行如
來慈得如相故行佛之慈覺眾生故行自然
慈无因得故行菩提慈等一味故行无等慈
斷諸愛故行大悲慈導以大乘故行无猒
慈觀空无我故行法施慈无遺惜故行持戒慈化
毀禁故行忍辱慈護彼我故行精進慈荷負
眾生故行禪定慈不受味故行智慧慈无不

BD04682號　維摩詰所說經卷中　（27–12）

慈无因得故行菩提慈等一味故行无等慈
斷諸愛故行大悲慈導以大乘故行无厭
慈觀空无我故行法施慈无遺惜故行持戒慈化
毀禁故行忍辱慈護彼我故行精進慈荷負
衆生故行禪定慈不受味故行智慧慈无不
知時故行方便慈一切示現故行无隱慈直
心清淨故行深心慈无雜行故行无誑慈不
虛假故行安樂慈令得佛樂故菩薩之慈為
若此也
文殊師利又問何謂為悲答曰菩薩所作功德
皆與一切衆生共之何謂為喜答曰有所饒
益歡喜无悔何謂為捨答曰所作福祐无
所悕望文殊師利又問生死有畏菩薩當何
所依維摩詰言菩薩於生死畏中當依如來
功德之力文殊師利又問菩薩欲依如來功
德之力當依何住答曰菩薩欲依如來功德
力者當住度脫一切衆生又問欲度衆生當
何所除答曰欲度衆生除其煩惱又問欲除
煩惱當何所行答曰當行正念又問云何行
於正念答曰當行不生不滅又問何法不生
何法不滅答曰不善不生善法不滅又問善
不善孰為本答曰身為本又問身孰為本答
曰貪欲為本又問貪欲孰為本答曰虛妄分
別為本又問虛妄分別孰為本答曰顛倒想
為本又問顛倒想孰為本答曰无住為本又
問无住孰為本答曰无住則无本文殊師利
從无住本立一切法

BD04682號　維摩詰所説經卷中　（27–13）

不善孰為本答曰身為本又問身孰為本答
曰貪欲為本又問貪欲孰為本答曰虛妄分
別為本又問虛妄分別孰為本答曰顛倒想
為本又問顛倒想孰為本答曰无住為本又
問无住孰為本答曰无住則无本文殊師利
從无住本立一切法
時維摩詰室有一天女見諸大人聞所說法
便現其身即以天華散諸菩薩大弟子上華
至諸菩薩即皆墮落至大弟子便著不墮一
切弟子神力去華不能令去尒時天問舍利
弗何故去華答曰此華不如法是以去之天
曰勿謂此華為不如法所以者何是華无所
分別仁者自生分別想耳若於佛法出家有
所分別為不如法若无分別是則如法觀諸
菩薩華不著者以斷一切分別想故譬如人
畏時非人得其便如是弟子畏生死故色聲
香味觸得其便已離畏者一切五欲无能為
也結習未盡華著身耳結習盡者華不著
也舍利弗言天止此室其已久如答曰我止此室
如耆年解脫舍利弗言止此久也天曰耆年
解脫亦何如久舍利弗嘿然不答天曰如
何耆舊大智如嘿答曰解脫者无所言說
故吾於是不知所云天曰言說文字皆解脫想
所以者何解脫者不內不外不在兩間文字
亦不內不外不在兩間是故舍利弗无離文
字說解脫也所以者何一切諸法是解脫相
舍利弗言不復以離婬怒癡為解脫乎天

BD04682號　維摩詰所説經卷中　（27–14）

故吾於是不知所云天曰言說文字皆解脫相
所以者何解脫者不內不外不在兩間文字
亦不內不外不在兩間是故舍利弗无離文
字說解脫也所以者何一切諸法是解脫相
舍利弗言不復以離婬怒癡為解脫乎天曰
佛為增上慢人說離婬怒癡為解脫耳若无
增上慢者佛說婬怒癡性即是解脫舍利弗
言善哉善哉天女汝何所得以何為證辯乃
如是天曰我无得无證故辯如是所以者何
若有得有證者則於佛法為增上慢
舍利弗問天汝於三乘為何志求天曰以聲
聞法化衆生故我為聲聞以因緣法化衆生
故我為辟支佛以大悲化衆生故我為大乘
舍利弗如人入瞻蔔林唯嗅瞻蔔不嗅餘香
如是若入此室但聞佛功德之香不樂聲聞
辟支佛功德香也舍利弗其有釋梵四天王諸
天龍鬼神等入此室者聞斯上人講說正法
皆樂佛功德之香發心而出舍利弗吾止此
室十有二年初不聞說聲聞辟支佛法但聞
菩薩大慈大悲不可思議諸佛之法舍利弗
此室常現八未曾有難得之法何等為八此
室常以金色光照晝夜无異不以日月所照
為明是為一未曾有難得之法此室入者不
為諸垢之所惱也是為二未曾有難得之
法此室常有釋梵四天王他方菩薩來會不
絕是為三未曾有難得之法此室常說六波

BD04682號　維摩詰所說經卷中　（27–15）

室常以金色光照晝夜无異不以日月所照
為明是為一未曾有難得之法此室入者不
為諸垢之所惱也是為二未曾有難得之
法此室常有釋梵四天王他方菩薩來會不
絕是為三未曾有難得之法此室常說六波
羅蜜不退轉法是為四未曾有難得之法此
室常作天人第一之樂絃出无量法化之聲
是為五未曾有難得之法此室有四大藏衆
寶積滿周窮濟乏求得无盡是為六未曾
有難得之法此室釋迦牟尼佛阿彌陀佛阿
閦佛寶德寶炎寶月寶嚴難勝師子響一
切利成如是等十方无量諸佛是上人念時即皆
為來廣說諸佛秘要法藏說已還去是為七
未曾有難得之法此室一切諸天嚴飾宮殿
諸佛淨土皆於中現是為八未曾有難得之
法舍利弗此室常現八未曾有難得之法誰
有見斯不思議事而復樂於聲聞法乎
舍利弗言汝何以不轉女身天曰我從十二年
來求女人相了不可得當何所轉譬如幻師
化作幻女若有人問何以故不轉女身是人
為正問不舍利弗言不也幻无定相當何所
轉天曰一切諸法亦復如是无有定相云何
乃問不轉女身即時天女以神通力變舍利
弗令如天女天自化身如舍利弗而問言何
以不轉女身舍利弗以天女像而荅言我今
不知何轉而變為女身天曰舍利弗若能

BD04682號　維摩詰所說經卷中　（27–16）

轉天曰一切諸法亦復如是无有定相云何
乃問不轉女身即時天女以神通力變舍利
弗令如天女天自化身如舍利弗而問言何
以不轉女身舍利弗以天女像而答言我今
不知何轉而變為女身天曰舍利弗若能
轉此女身則一切女人亦當能轉如舍利弗非
女而現女身一切女人亦復如是雖現女身
而非女也是故佛說一切諸法非男非女即
時天女還攝神力舍利弗身還復如故天問
舍利弗女身色相今何所在舍利弗言女身
色相无在无不在天曰一切諸法亦復如是
无在无不在夫无在无不在者佛所說也舍
利弗問天曰汝於此沒當生何所天曰佛化所
生吾如彼生曰佛化所生非沒生也天曰衆
生猶然无沒生也舍利弗問天汝久如當得
阿耨多羅三藐三菩提天曰如舍利弗還為
凡夫我乃當成阿耨多羅三藐三菩提舍利
弗言我作凡夫无有是處天曰我得阿耨多
羅三藐三菩提亦无是處所以者何菩提无
住處是故无有得者舍利弗言今諸佛得
阿耨多羅三藐三菩提已得當得如恒河沙皆
謂何乎天曰皆以世俗文字數故說有三世
非謂菩提有去來今天曰舍利弗汝得阿羅
漢道耶曰无所得故而得天曰諸佛菩薩亦
復如是无所得故而得尒時維摩詰語舍利
弗是女曾已供養九十二億佛已能遊戲菩
薩神通所願具足得无生忍住不退轉以本

BD04682號　維摩詰所説經卷中　（27－17）

漢道耶曰无所得故而得天曰諸佛菩薩亦
復如是无所得故而得尒時維摩詰語舍利
弗是女曾已供養九十二億佛已能遊戲菩
薩神通所願具足得无生忍住不退轉以本
願故隨意能現教化衆生

維摩詰佛道品第八

尒時文殊師利問維摩詰言菩薩云何通達
佛道維摩詰言若菩薩行於非道是為通達
佛道又問云何菩薩行於非道答曰若菩薩
行五无間而无惱恚至于地獄无諸罪垢至
于畜生无有无明憍慢等過至于餓鬼而具
足功德行色无色界道不以為勝示行貪欲
離諸染著示行瞋恚於諸衆生无有恚閡亦
行愚癡而以智慧調伏其心示行慳貪而捨
內外所有不惜身命示行毀禁而安住淨戒
乃至小罪猶懷大懼示行瞋恚而常慈忍示
行懈怠而勤修功德示行亂意而常念定示
行愚癡而通達世間出世間慧示行諂偽而
善方便隨諸經義示行憍慢而於衆生猶如
橋梁示行諸煩惱而心常清淨示入於魔而
順佛智慧不隨他教示入聲聞而為衆生說
未聞法示入辟支佛而成就大悲教化衆生
示入貧窮而有寶手功德无盡示入形殘而
具諸相好以自莊嚴示入下賤而生佛種性
中具諸功德示入羸劣醜陋而得那羅延身
一切衆生之所樂見示入老病而永斷病根
超越死畏示有資生而恒觀无常實无所貪

BD04682號　維摩詰所説經卷中　（27－18）

未聞法示入辟支佛而成就大悲教化衆生
示入貧窮而有寶手功德无盡示入刑殘而
具諸相好以自莊嚴示入下賤而生佛種姓
中具諸功德示入羸劣醜陋而得那羅延身
一切衆生之所樂見示入老病而永斷病根
超越死畏示有資生而恒觀无常實无所貪
示有妻妾婇女而常遠離五欲淤泥現於
訥鈍而成就辯才捻持无失示入邪濟而以正
濟度諸衆生現遍入諸道而斷其因緣現於
涅槃而不斷生死文殊師利菩薩能如是行
於非道是為通達佛道
於是維摩詰問文殊師利何等為如來種文
殊師利言有身為種无明有愛為種貪恚癡
為種四顛倒為種五蓋為種六入為種七識
處為種八邪法為種九惱處為種十不善道
為種以要言之六十二見及一切煩惱皆是
佛種曰何謂也荅曰若見无為入正位者不
能復發阿耨多羅三藐三菩提心譬如高原
陸地不生蓮華卑濕汙泥乃生此華如是見
无為法入正位者終不復能生於佛法煩惱
泥中乃有衆生起佛法耳又如殖種於空終
不得生糞壤之地乃能滋茂如是入无為正
位者不生佛法起於我見如須弥山猶能發
于阿耨多羅三藐三菩提心生佛法矣是故當
知一切煩惱為如來種譬如不下巨海則不能
得无價寶珠如是不入煩惱大海則不能得
一切智寶

BD04682 號　維摩詰所說經卷中　（27–19）

不得生糞壤之地乃能滋茂如是入无為正
位者不生佛法起於我見如須弥山猶能發
于阿耨多羅三藐三菩提心生佛法矣是故當
知一切煩惱為如來種譬如不下巨海則不能
得无價寶珠如是不入煩惱大海則不能得
一切智寶
尒時大迦葉歎言善哉善哉文殊師利快說
此語誠如所言塵勞之疇為如來種我等今
者不復堪任發阿耨多羅三藐三菩提心乃
至五无間罪猶能發意生於佛法而今我等
永不能發譬如根敗之士其於五欲不能復
利如是聲聞諸結斷者於佛法中无所復益
永不志願是故文殊師利凡夫於佛法有反
復而聲聞无也所以者何凡夫聞佛法能起
无上道心不斷三寶正使聲聞終身聞佛
法力无所畏等永不能發无上道意尒時會中
有菩薩名普現色身問維摩詰言居士父母
妻子親戚眷屬吏民知識悉為是誰奴婢僮
僕象馬車乘皆何所在於是維摩詰以偈荅曰
智度菩薩母　方便以為父　一切衆導師　无不由是生
法喜以為妻　慈悲心為女　善心誠實男　畢竟空寂舍
弟子衆塵勞　隨意之所轉　道品善知識　由是成正覺
諸度法等侶　四攝為伎女　歌詠誦法言　以此為音樂
揔持之園苑　无漏法林樹　覺意淨妙華　解脫智慧果
八解之浴池　定水湛然滿　布以七淨華　浴此无垢人
像馬五通馳　大乘以為車　調御以一心　遊於八正路
相具以嚴容　衆好飾其姿　慚愧之上服　深心為華鬘

BD04682 號　維摩詰所說經卷中　（27–20）

弟子衆塵勞 隨意之所轉 道品善知識 由是成正覺
諸度法等侶 四攝為伎女 歌詠誦法言 以此為音樂
揔持之園苑 无漏法林樹 覺意淨妙華 解脫智慧果
八解之浴池 定水湛然滿 布以七淨華 浴此无垢人
像馬五通馳 大乘以為車 調御以一心 遊於八正路
相具以嚴容 衆好飾其姿 慚愧之上服 深心為華鬘
富有七財寶 教授以滋息 如所說修行 迴向為大利
四禪為牀座 從於淨命生 多聞增智慧 以為自覺音
甘露法之食 解脫味為漿 淨心以澡浴 戒品為塗香
摧滅煩惱賊 勇健无能踰 降伏四種魔 勝幡建道場
雖知无起滅 示彼故有生 悉現諸國土 如日无不見
供養於十方 无量億如來 諸佛及己身 无有分別想
雖知諸佛國 及與衆生空 而常脩淨土 教化於群生
諸有衆生類 形聲及威儀 无畏力菩薩 一時能盡現
覺知衆魔事 而示隨其行 以善方便智 隨意皆能現
或示老病死 成就諸群生 了知如幻化 通達无有閡
或現劫燒盡 天地皆洞然 衆人有常想 照令知无常
无數億衆生 俱來請菩薩 一時到其舍 化令向佛道
經書禁呪術 工巧諸伎藝 盡現行此事 饒益諸群生
世間衆道法 悉於中出家 因以解人惑 而不墮邪見
或作日月天 梵王世界主 或時作地水 或現作風火
劫中有疾疫 現作諸藥草 若有服之者 除病消衆毒
劫中有飢饉 現身作飲食 先救彼飢渴 却以法語人
劫中有刀兵 為之起慈悲 化彼諸衆生 令住无諍地
若有大戰陣 立之以等力 菩薩現威勢 降伏使和安
一切國土中 諸有地獄者 輙往到於彼 勉濟其苦惱
一切國土中 畜生相食噉 皆現生於彼 為之作利益

劫中有飢饉 現身作飲食 先救彼飢渴 却以法語人
劫中有刀兵 為之起慈悲 化彼諸衆生 令住无諍地
若有大戰陣 立之以等力 菩薩現威勢 降伏使和安
一切國土中 諸有地獄者 輙往到於彼 勉濟其苦惱
一切國土中 畜生相食噉 皆現生於彼 為之作利益
示受於五欲 亦復現行禪 令魔心憒亂 不能得其便
火中生蓮華 是可為希有 在欲而行禪 希有亦如是
或現作婬女 引諸好色者 先以欲鉤牽 後令入佛智
或為邑中主 或作商人道 國師及大臣 以祐利衆生
諸有貧窮者 現作无盡藏 因以勸導之 令發菩提心
我心憍慢者 為現大力士 消伏諸貢高 令住佛上道
其有恐懼衆 居前而慰安 先施以无畏 後令發道心
或現離婬欲 為五通仙人 開導諸群生 令住戒忍慈
見須供事者 為現作僮僕 既悅可其意 乃發以道心
隨彼之所須 得入於佛道 以善方便力 皆能給足之
如是道无量 所行无有崖 智慧无邊際 度脫无數衆
假令一切佛 於无量億劫 讚歎其功德 猶上不能盡
誰聞如是語 不發菩提心 除彼不肖人 癡冥无智者

維摩詰入不二法門品第九

尒時維摩詰謂衆菩薩言 諸仁者云何菩薩入
不二法門 各隨所樂說之 會中有一菩薩名
法自在 說言 諸仁者 生滅為二 法本不生 今
則无滅 得此无生法忍 是為入不二法門
德首菩薩曰 我我所為二 因有我故便有我所
若无有我 則无我所 是為入不二法門
不眴菩薩曰 受不受為二 若法不受 則不可

則无滅得此无生法忍是為入不二法門
德首菩薩曰我我所為二因有我故便有我所
若无有我則无我所是為入不二法門
不眴菩薩曰受不受為二若法不受則不可
得以不可得故无取无捨无作无行是為入不
二法門
德頂菩薩曰垢淨為二見垢實性則无淨相
順於滅相是為入不二法門
善宿菩薩曰是動是念為二不動則无念无
念即无分別通達此者是為入不二法門
善眼菩薩曰一相无相為二若知一相即是
无相亦不取无相入於平等是為入不二法門
妙臂菩薩曰菩薩心聲聞心為二觀心相空如
幻化者无菩薩心无聲聞心是為入不二法門
弗沙菩薩曰善不善為二若不起善不善入
无相際而通達者是為入不二法門
師子菩薩曰罪福為二若達罪性則與福无
異以金剛慧決了此相无縛无解者是為入
不二法門
師子意菩薩曰有漏无漏為二若得諸法等
則不起漏不漏想不著於想亦不住无相是
為入不二法門
淨解菩薩曰有為无為為二若離一切數則
心如虛空以清淨慧无所閡者是為入不二
法門
那羅延菩薩曰世間出世間為二世間性空

BD04682號　維摩詰所說經卷中　（27–23）

為入不二法門
淨解菩薩曰有為无為為二若離一切數則
心如虛空以清淨慧无所閡者是為入不二
法門
那羅延菩薩曰世間出世間為二世間性空
即是出世間於其中不入不出不溢不散是
為入不二法門
善意菩薩曰生死涅槃為二若見生死性則
无生死无縛无解不然不滅如是解者是為
入不二法門
現見菩薩曰盡不盡為二法若究竟盡若不
盡皆是无盡相无盡相即是空空則无有
盡不盡相是是入者是為入不二法門
普守菩薩曰我无我為二我尚不可得非我
何可得見我實性者不復起二是為入不二
法門
電天菩薩曰明无明為二无明實性即是明
明亦不可取離一切數於其中平等无二者
是為入不二法門
喜見菩薩曰色色空為二色即是空非色滅
空色性自空如是受想行識識空為二識即
是空非識滅空識性自空於其中而通達者
是為入不二法門
明相菩薩曰四種異空種異為二四種性即是
空種性如前際後際空故中際亦空若能
如是知諸種性者是為入不二法門

BD04682號　維摩詰所說經卷中　（27–24）

[illegible]
是為入不二法門
明相菩薩曰四種異空種異為二四種性即是
空種性如前際後際空故中際亦空若能
如是知諸種性者是為入不二法門
妙意菩薩曰眼色為二若知眼性於色不貪
不恚不癡是名寂滅如是耳聲鼻香舌味身
觸意法為二若知意性於法不貪不恚不癡
是名寂滅安住其中是為入不二法門
无盡意菩薩曰布施迴向一切智為二布施
性即是迴向一切智性如是持戒忍辱精進
禪定智慧迴向一切智為二智慧性即是迴
向一切智性於其中入一相者是為入不二
法門
深慧菩薩曰是空是无相是无作為二空即
无相无相即无作若空无相无作則无心意
識於一解脫門即現三解脫門者是為入不
二法門
寂根菩薩曰佛法衆為二佛即是法法即是
衆是三寶皆无為相與虛空等一切法亦尒
能隨此行者是為入不二法門
心无閡菩薩曰身身滅為二身即是身滅所
以者何見身實相者不起見身及以滅身身
與滅身无二无分別於其中不驚不懼者是
為入不二法門
上善菩薩曰身口意善為二是三業皆无作
相身无作相即口无作相口无作相即意无

BD04682號　維摩詰所說經卷中

（27–25）

心无閡菩薩曰身身滅為二身即是身滅所
以者何見身實相者不起見身及以滅身身
與滅身无二无分別於其中不驚不懼者是
為入不二法門
上善菩薩曰身口意善為二是三業皆无作
相身无作相即口无作相口无作相即意无
作相是三業无作相即一切法无作相能如
是隨无作慧者是為入不二法門
福田菩薩曰福行罪行不動行為二三行實
性即是空空則无福行无罪行无不動行於
此三行而不起者是為入不二法門
華嚴菩薩曰從我起二為二見我實相者不
起二法若不住二法則无有識无所識者是為
入不二法門
德藏菩薩曰有所得相為二若无所得則无
取捨无取捨者是為入不二法門
月上菩薩曰闇與明為二无闇无明則无有二
所以者何如入滅受想定无闇无明一切法相
亦復如是於其中平等入者是為入不二法門
寶印手菩薩曰樂涅槃不樂世間為二若不
樂涅槃不厭世間則无有二所以者何若有縛
則有解若本无縛其誰求解无縛无解則
无樂厭是為入不二法門
珠頂王菩薩曰正道邪道為二住正道者則不
分別是邪是正離此二者是為入不二法門
樂實菩薩曰實不實為二實見者尚不見實
[illegible]

BD04682號　維摩詰所說經卷中

（27–26）

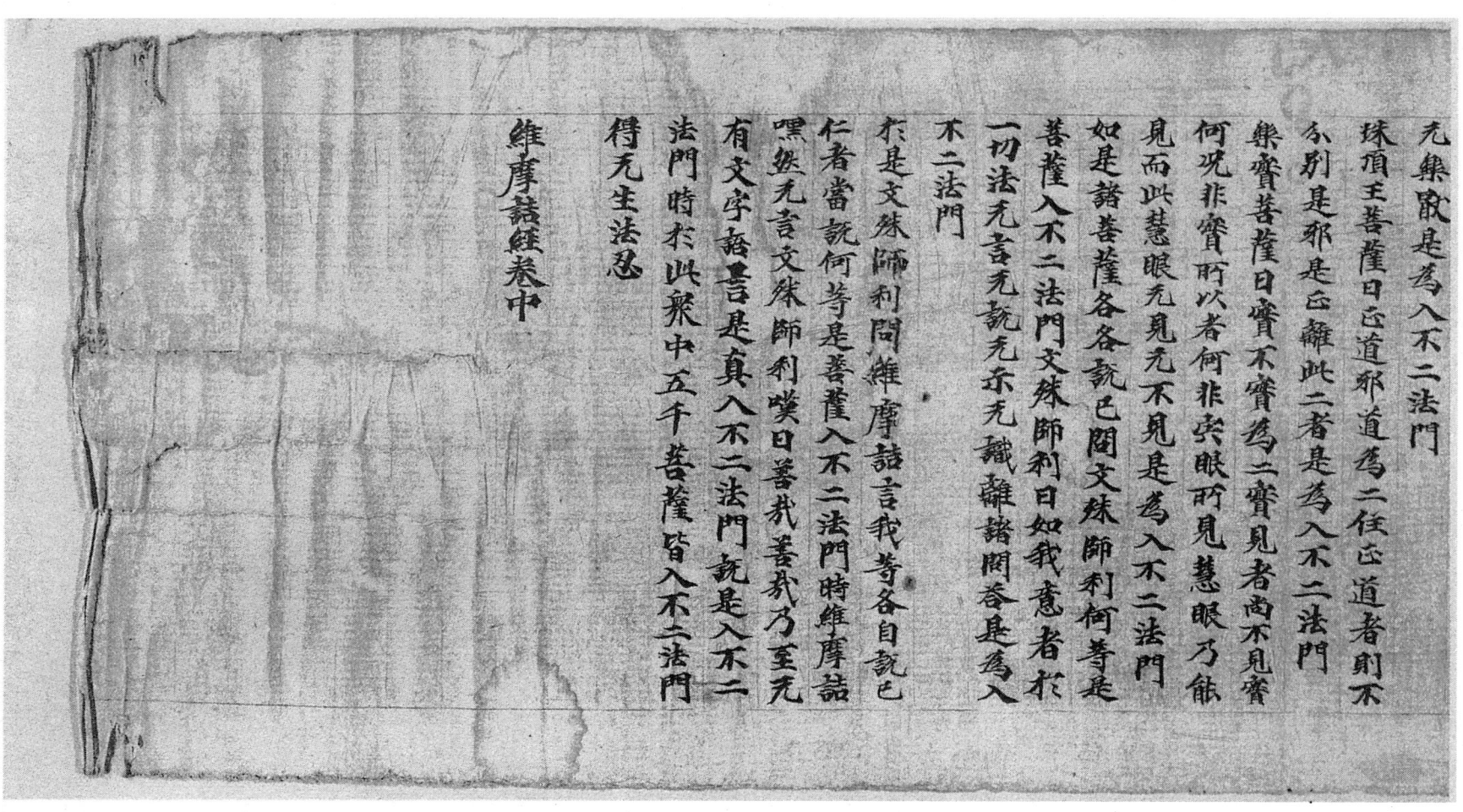

无集散是為入不二法門
珠頂王菩薩曰正道邪道為二住正道者則不
分別是邪是正離此二者是為入不二法門
樂實菩薩曰實不實為二實見者尚不見實
何况非實所以者何非肉眼所見慧眼乃能
見而此慧眼无見无不見是為入不二法門
如是諸菩薩各各說已問文殊師利何等是
菩薩入不二法門文殊師利曰如我意者於
一切法无言无說无示无識離諸問荅是為入
不二法門
於是文殊師利問維摩詰言我等各自說已
仁者當說何等是菩薩入不二法門時維摩詰
嘿然无言文殊師利歎曰善哉善哉乃至无
有文字語言是真入不二法門說是入不二
法門時於此衆中五千菩薩皆入不二法門
得无生法忍

維摩詰經卷中

BD04682號　維摩詰所說經卷中　（27–27）

生故譬如有人欲於空地
從意若於虛空終不能成菩薩
生故願取佛國願取佛國者非於空也
寶積當知直心是菩薩淨土菩薩成佛時不
諂衆生來生其國深心是菩薩淨土菩薩成
佛時具足功德衆生來生其國大乘心是菩
薩淨土菩薩成佛時大乘衆生來生其國布
施是菩薩淨土菩薩成佛時一切能捨衆生
來生其國持戒是菩薩淨土菩薩成佛時行
十善道滿願衆生來生其國忍辱是菩薩淨
土菩薩成佛時卅二相莊嚴其身柔和衆生
來生其國精進是菩薩淨土菩薩成佛時勤
脩一切功德衆生來生其國禪定是菩薩淨
菩薩成佛時攝心不亂衆生來生其國智慧
是菩薩淨土菩薩成佛時正定衆生來生其
國四无量心是菩薩淨土菩薩成佛時成就

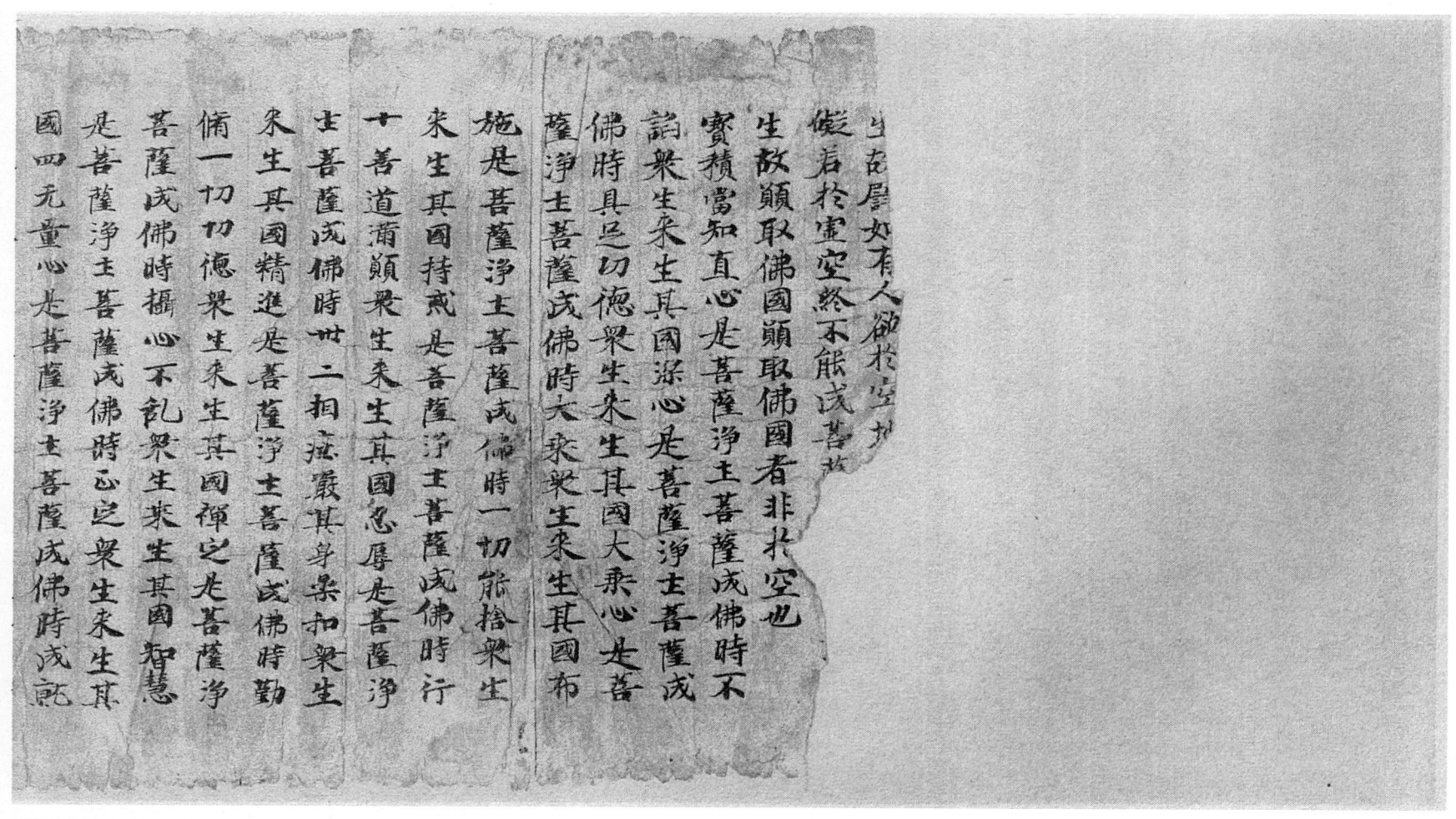

BD04683號　維摩詰所說經卷上　（24–1）

脩一切功德衆生來生其國禪定是菩薩淨
菩薩成佛時攝心不亂衆生來生其國智慧
是菩薩淨土菩薩成佛時正定衆生來生其
國四无量心是菩薩淨土菩薩成佛時成就
慈悲喜捨衆生來生其國四攝法是菩薩淨
土菩薩成佛時解脫所攝衆生來生其國方便
是菩薩淨土菩薩成佛時於一切法方便无
㝵衆生來生其國卅七道品是菩薩淨土菩
薩成佛時念處正勤神足根力覺道衆生來
生其國迴向心是菩薩淨土菩薩成佛時得
一切具足功德國土說除八難是菩薩淨土
菩薩成佛時國土无有三惡八難自守戒行
不譏彼闕是菩薩淨土菩薩成佛時國土无
有犯禁之名十善是菩薩淨土菩薩成佛時
命不中夭大富梵行所言誠諦常以濡語眷
屬不離善和諍訟言必饒益不嫉不恚正見
衆生來生其國如是寶積菩薩隨其直心則
能發行隨其發行則得深心隨其深心則意
調伏隨意調伏則如說行隨如說行則能迴
向隨其迴向則有方便隨其方便則成就衆
生隨成就衆生則佛土淨隨佛土淨則說法
淨隨說法淨則智慧淨隨智慧淨則其心淨
隨其心淨則一切功德淨是故寶積若菩薩
欲得淨土當淨其心隨其心淨則佛土
尒時舍利弗承佛威神作是念若菩薩心淨

BD04683 號　維摩詰所說經卷上　（24–2）

生隨成就衆生則佛土淨隨佛土淨則說法
淨隨說法淨則智慧淨隨智慧淨則其心淨
隨其心淨則一切功德淨是故寶積若菩薩
欲得淨土當淨其心隨其心淨則佛土
尒時舍利弗承佛威神作是念若菩薩心淨
則佛土淨者我世尊本為菩薩時意豈不淨
而是佛土不淨若此佛知其念即告之言於
意云何日月豈不淨耶而盲者不見對曰不
也世尊是盲者過非日月咎舍利弗衆生罪
故不見如來佛國嚴淨非如來咎舍利弗我
此土淨而汝不見尒時螺髻梵王語舍利弗
勿作是意謂此佛土以為不淨所以者何我
見釋迦牟尼佛土清淨譬如自在天宮舍利
弗言我見此土丘陵坑坎荊棘沙礫土石諸
山穢惡充滿螺髻梵言仁者心有高下不依
佛慧故見此土為不淨耳舍利弗菩薩於一
切衆生悉皆平等深心清淨依佛知慧則能
見此佛土清淨於是佛以足指案地即時三
千大千世界若干百千珎寶嚴飾譬如寶莊
嚴佛无量功德寶莊嚴土一切大衆嘆未曾
有而皆自見坐寶蓮華佛告舍利弗汝且觀
是佛土嚴淨舍利弗言唯然世尊本所不見
本所不聞今佛國土嚴淨悉現佛語舍利弗
我佛國土常淨若此為欲度斯下劣人故示
是衆惡不淨土耳譬如諸天共寶器食隨其

BD04683 號　維摩詰所說經卷上　（24–3）

有而皆自見坐寶蓮華佛告舍利弗汝且觀
是佛土嚴淨舍利弗言唯然世尊本所不見
本所不聞今佛國土嚴淨悉現佛語舍利弗
我佛國土常淨若此為欲度斯下劣人故示
是衆惡不淨土耳譬如諸天共寶器食隨其
福德飯色有異如是舍利弗若人心淨便見
此土功德莊嚴當佛現此國土嚴淨之時寶
積所將五百長者子皆得无生法忍八万四
千人發阿耨多羅三藐三菩提心佛攝神足
於是世界還復如故求聲聞乘三万二千天
及人知有為法皆悉无常遠塵離垢得法眼
淨八千比丘不受諸法漏盡意解

方便品第二

爾時毗耶離大城中有長者名維摩詰已曾
供養无量諸佛深殖善本得无生忍辯才无
㝵遊戲神通逮諸總持獲无所畏降魔勞怨
入諸法門善於智度通達方便大願成就明
了衆生心之所趣又能分別諸根利鈍久於
佛道心已純熟決定大乘諸有所作能善思
量住佛威儀心大如海諸佛咨嗟弟子釋梵
世主所敬欲度人故以善方便居毗耶離資
財无量攝諸貧民奉戒清淨攝諸毀禁以忍
調行攝諸恚怒以大精進攝諸懈怠一心禪
定攝諸亂意以決定慧攝諸无智雖為白衣
奉持沙門清淨律行雖處居家不著三界示
有妻子常脩梵行現有眷屬常樂遠離雖服

財无量攝諸貧民奉戒清淨攝諸毀禁以忍
調行攝諸恚怒以大精進攝諸懈怠一心禪
定攝諸亂意以決定慧攝諸无智雖為白衣
奉持沙門清淨律行雖處居家不著三界示
有妻子常脩梵行現有眷屬常樂遠離雖服
寶飾而以相好嚴身雖復飲食而以禪悅為
味若至博弈戲處輒以度人受諸異道不毀
正信雖明世典常樂佛法一切見敬為供養
中最執持正法攝諸長幼一切治生諧偶雖
獲俗利不以喜悅遊諸四衢饒益衆生入治
政法救護一切入講論處導以大乘入諸學
堂誘開童蒙入諸婬舍示欲之過入諸酒肆
能立其志若在長者長者中尊為說勝法若
在居士居士中尊斷其貪著若在剎利剎利中尊
教以忍辱若在婆羅門婆羅門中尊除其我
慢若在大臣大臣中尊教以正法若在王子
王子中尊示以忠孝若在內官內官中尊化
正宮女若在庶民庶民中尊令興福力若在
梵天梵天中尊誨以勝慧若在帝釋帝釋中
尊示現无常若在護世護世中尊護諸衆生
長者維摩詰以如是等无量方便饒益衆生其
以方便現身有疾以其疾故國王大臣長者
居士婆羅門等及諸王子并餘官屬无數千
人皆往問疾其往者維摩詰因以身疾廣為
說法諸仁者是身无常无強无力无堅速朽

以方便現身有疾以其疾故國王大臣長者
居士婆羅門等及諸王子并餘官屬无數千
人皆往問疾其往者維摩詰因以身疾廣為
說法諸仁者是身无常无強无力无堅速朽
之法不可信也為苦為惱衆病所集諸仁者
如此身明智者所不怙是身如聚沫不可撮
摩是身如泡不得久立是身如炎從渴愛生
是身如芭蕉中无有堅是身如幻從顛倒起
是身如夢為虛妄見是身如影從業緣現是
身如嚮屬諸因緣是身如浮雲須臾變滅是
身如電念念不住是身无主為如地是身无
我為如火是身无壽為如風是身无人為如
水是身不實四大為家是身為空離我我所
是身无知如草木瓦礫是身无作風力所轉
是身不淨穢惡充滿是身為虛偽雖假以澡
浴衣食必歸磨滅是身為災百一病惱是身
如丘井為老所逼是身无定為要當死是身
如毒蛇如怨賊如空聚陰界諸入所共合成
諸仁者此可患厭當樂佛身所以者何佛身
者即法身也從无量功德智慧生從戒定慧
解脫解脫知見生從慈悲喜捨生從布施持
戒忍辱柔和勤行精進禪定解脫三昧多聞
智慧諸波羅蜜生從方便生從六通生從三
明生從卅七道品生止觀生從十力四无所
畏十八不共法生從斷一切不善法集一切
善法生從真實法生從不放逸生從如是无

BD04683號　維摩詰所說經卷上　（24-6）

戒忍辱柔和勤行精進禪定解脫三昧多聞
智慧諸波羅蜜生從方便生從六通生從三
明生從卅七道品生止觀生從十力四无所
畏十八不共法生從斷一切不善法集一切
善法生從真實法生從不放逸生從如是无
量清淨法生如來身諸人者欲得佛身斷一
切衆生病者當發阿耨多羅三藐三菩提心
如是長者維摩詰為問疾者如應說法令无
數千人皆發阿耨多羅三藐三菩提心

弟子品第三

尒時長者維摩詰自念寢疾于牀世尊大慈
寧不垂愍佛知其意即告舍利弗汝行詣維
摩詰問疾舍利弗白佛言世尊我不堪任詣
彼問疾所以者何憶念我昔曾於林中宴坐
樹下時維摩詰來謂我言唯舍利弗不必是
坐為宴坐也夫宴坐者不於三界而現身意
是為宴坐不起滅定而現諸威儀是為宴坐
不捨道法而現凡夫事是為宴坐心不住內
亦不在外是為宴坐於諸見不動而脩行
卅七品是為宴坐不斷煩惱而入涅槃是為
宴坐若能如是坐者佛所印可時我世尊聞
是語默然而心不能加報故我不任詣彼問
疾
佛告大目揵連汝行詣維摩詰問疾目連白
佛言世尊我不堪任詣彼問疾所以者何憶

BD04683號　維摩詰所說經卷上　（24-7）

宴坐若能如是坐者佛所可時我世尊聞
是語默然而心不能加報故我不任詣彼問
疾
佛告大目揵連汝行詣維摩詰問疾目連白
佛言世尊我不堪任詣彼問疾所以者何憶
念我昔入毗耶離大城於里巷中為諸居士
說法時維摩詰來謂我言唯大目連為白衣
居士說法不當如仁者所說夫說法者當如
法說法无眾生離眾生垢故法无有我離我
垢故法无壽命離生死故法无有人前後際
斷故法常寂然滅諸相故法離於相无所緣
故法无名字言語斷故法无有說離覺觀故
法无形相如虛空故法无戲論畢竟空故法无
我所離我所故法无分別離諸識故法无有
比无相待故法不屬因不在緣故法同法性
入諸法故法隨於如无所隨故法住實際諸
邊不動故法无動搖不依六塵故法无去來
常不住故法順空隨无相應无作法離好醜
法无增損法无生滅法无所歸法過眼耳鼻
舌身心法无高下法常住不動法離一切觀
行唯大目連法相如是豈可說乎夫說法者
无說无示其聽法者无聞无得譬如幻士為
幻人說法當建是意而為說法當了眾生根
有利鈍善於知見无所罣㝵以大悲心讚于
大乘念報佛恩不斷三寶然後說法維摩詰
說是法時八百居士發阿耨多羅三藐三菩

BD04683號　維摩詰所說經卷上　（24–8）

无說无示其聽法者无聞无得譬如幻士為
幻人說法當建是意而為說法當了眾生根
有利鈍善於知見无所罣㝵以大悲心讚于
大乘念報佛恩不斷三寶然後說法維摩詰
說是法時八百居士發阿耨多羅三藐三菩
提心我无此辯是故不任詣彼問疾
佛告大迦葉汝行詣維摩詰問疾迦葉白佛
言世尊我不堪任詣彼問疾所以者何憶念
我昔於貧里而行乞時維摩詰來謂我言唯
大迦葉有慈悲心而不能普捨豪富從貧乞
住平等法應次行乞食為不食故應行乞食
為壞和合相故應取揣食為不受故應受彼
食以空聚想入於聚落所見色與盲等所聞
聲與響等所嗅香與風等所食味不分別受
諸觸如智證知諸法如幻相无自性无他性
本自不然今則无滅迦葉若能不捨八耶入
八解脫以耶相入正法以一食施一切供養
諸佛及眾賢聖然後可食如是食者非有煩
惱非離煩惱非入定意非起定意非住世間
非住涅槃其有施者无大福无小福不為益
不為損是為正入佛道不依聲聞迦葉若如
是食為不空食人之施也時我世尊聞說是
語得未曾有即於一切菩薩深起敬心復作
是念斯有家名辯才智慧乃能如是其誰不
發阿耨多羅三藐三菩提心我從是來不復

BD04683號　維摩詰所說經卷上　（24–9）

不爲損是爲正入佛道不依聲聞迦葉若如
是食爲不空食人之施也時我世尊聞說是
語得未曾有即於一切菩薩深起敬心復作
是念斯有家名辯才智慧乃能如是其誰不
發阿耨多羅三藐三菩提心我從是來不復
勸人以聲聞辟支佛行是故不任詣彼問疾
佛告須菩提汝行詣維摩詰問疾須菩提白
佛言世尊我不堪任詣彼問疾所以者何憶
念我昔入其舍從乞食時維摩詰取我鉢盛
滿飯謂我言唯須菩提若能於食等者諸法
亦等諸法等者於食亦等如是行乞乃可取
食若須菩提不斷淫怒癡亦不與俱不壞於
身而隨一相不滅癡愛起於明脫以五逆相
而得解脫亦不解不縛不見四諦非不見諦
非得果非凡夫非離凡夫法非聖人非不聖
人雖成就一切法而離諸法相乃可取食若
須菩提不見佛不聞法彼外道六師富蘭那
迦葉末伽梨拘賒梨子刪闍夜毗羅胝子阿
耆多翅舍欽婆羅迦羅鳩馱迦旃延尼揵陁
若提子等是汝之師因其出家彼師所墮汝
亦隨墮乃可取食若須菩提入諸耶見不到
彼岸住於八難不得无難同於煩惱離清淨
法汝得无諍三昧一切衆生亦得是定其施
汝者不名福田供養汝者墮三惡道爲與衆
魔共一手作諸勞侶汝與衆魔及諸塵勞等
无有異於一切衆生而有怨心謗諸佛毁於

亦隨墮乃可取食若須菩提入諸耶見不到
彼岸住於八難不得无難同於煩惱離清淨
法汝得无諍三昧一切衆生亦得是定其施
汝者不名福田供養汝者墮三惡道爲與衆
魔共一手作諸勞侶汝與衆魔及諸塵勞等
无有異於一切衆生而有怨心謗諸佛毁於
法不入衆數終不得滅度汝若如是乃可取
食時我世尊聞此茫然不識是何言不知以
何答便置鉢欲出其舍維摩詰言唯須菩提
取鉢勿懼於意云何如來所作化人若以是
事詰寧有懼不我言不也維摩詰言一切諸
法如幻化相汝今不應有所懼也所以者何
一切言說不離是相至於智者不著文字故
无所懼何以故文字性離无有文字是則解
脫解脫相者則諸法也維摩詰說是法時二
百天子得法眼淨故我不任詣彼問疾
佛告富樓那彌多羅尼子汝行詣維摩詰問
疾富樓那白佛言世尊我不堪任詣彼問疾
所以者何憶念我昔於大林中在一樹下爲
諸新學比丘說法時維摩詰來謂我言唯富
樓那先當入定觀此人心然後說法无以穢
食置於寶器當知是比丘心之所念无以瑠
璃同彼水精汝不能知衆生根源无得發起
以小乘法彼自无瘡勿傷之也欲行大道莫
示小徑无以大海内於牛跡无以日光等彼

樓那先當入定觀此人心然後說法无以穢
食置於寶器當知是比丘心之所念无以瑠
璃同彼水精汝不能知衆生根源无得發起
以小乘法彼自无瘡勿傷之也欲行大道莫
示小徑无以大海内於牛跡无以日光等彼
螢火富樓那此比丘久發大乘心中忘此意
如何以小乘法而教導之我觀小乘智慧微
淺猶如盲人不能分別一切衆生根之利鈍
時維摩詰即入三昧令此比丘自識宿命曾
於五百佛所殖衆德本迴向阿耨多羅三藐
三菩提即時豁然還得本心於是諸比丘稽
首言維摩詰足時維摩詰因爲說法於阿耨
多羅三藐三菩提不復退轉我念聲聞不觀
人根不應說法是故不任詣彼問疾
佛告摩訶迦旃延汝行詣維摩詰問疾迦栴
延白佛言世尊我不堪任詣彼問疾所以者
何憶念昔者佛爲諸比丘略說法要我即於
後敷演其義謂无常義苦義空義无我義寂
滅義時維摩詰來謂我言唯迦旃延无以生
滅心行說實相法迦旃延諸法畢竟不生不
滅是无常義五受陰洞達空无所起是苦義
諸法究竟无所有是空義於我无我而不二
是无我義法本不然今則无滅是寂滅義說
是法時彼諸比丘心得解脱故我不任詣彼
問疾
佛告阿那律汝行詣維摩詰問疾阿那律白

諸法究竟无所有是空義於我无我而不二
是无我義法本不然今則无滅是寂滅義說
是法時彼諸比丘心得解脱故我不任詣彼
問疾
佛告阿那律汝行詣維摩詰問疾阿那律白
佛言世尊我不堪任詣彼問疾所以者何憶
念我昔於一處經行時有梵王名曰嚴淨與
万梵俱放淨光明來詣我所稽首作礼問我
言幾何阿那律天眼所見我即答言仁者吾
見此釋迦牟尼佛土三千大千世界如觀掌
中阿摩勒菓時維摩詰來謂我言唯阿那律
天眼爲作相耶无作相耶假使作相則與外
道五通等若无作相即是无爲不應有見世
尊我時黙然彼諸梵聞其言得未曾有即爲
作礼而問言世孰有真天眼者維摩詰言有
佛世尊得真天眼常在三昧悉見諸佛國不
以二相於是嚴淨梵王及其眷屬五百梵天
皆發阿耨多羅三藐三菩提心礼維摩詰足
已忽然不現故我不任詣彼問疾
佛告優波離汝行詣維摩詰問疾優波離白
佛言世尊我不堪任詣彼問疾所以者何憶
念昔者有二比丘犯律行以爲耻不敢問佛
來問我言唯優波離我等犯律誠以爲耻不
敢問佛願解疑悔得免斯咎我即爲其如法
解說時維摩詰來謂我言唯優波離无重增

佛言世尊我不堪任詣彼問疾所以者何憶
念昔者有二比丘犯律行以爲耻不敢問佛
來問我言唯優波離我等犯律誠以爲耻不
敢問佛願解疑悔得免斯咎我即爲其如法
解說時維摩詰來謂我言唯優波離无重增
此二比丘罪當直除滅勿擾其心所以者何
彼罪性不在內不在外不在中間如佛所說
心垢故衆生垢心淨故衆生淨心亦不在內
不在外不在中間如其心然罪垢亦然諸法
亦然不出於如如優波離以心相得解脫時
寧有垢不我言不也維摩詰言一切衆生心
相无垢亦復如是唯優波離妄想是垢无妄
想是淨顛倒是垢无顛倒是淨取我是垢不
取我淨優波離一切法生滅不住如幻如電
諸法不相待乃至一念不住諸法皆妄見如
夢如炎如水中月如鏡中像以妄想生其知
此者是名奉律其知此者是名善解於是二
比丘言上知我是優波離所不及持律之上
而不能說我答言自捨如來未有聲聞及菩
薩能制其樂說之辯其智慧明達爲若此也
時二比丘疑悔即除發阿耨多羅三藐三菩
提心作是願言令一切衆生皆得是辯故我
不任詣彼問疾
佛告羅睺羅汝行詣維摩詰問疾羅睺羅白
佛言世尊我不堪任詣彼問疾所以者何憶

BD04683號　維摩詰所說經卷上

(24–14)

提心作是願言令一切衆生皆得是辯故我
不任詣彼問疾
佛告羅睺羅汝行詣維摩詰問疾羅睺羅白
佛言世尊我不堪任詣彼問疾所以者何憶
念昔時毗耶離諸長者子來詣我所稽首作
礼問我言唯羅睺羅汝佛之子捨轉輪王位
出家爲道其出家者有何等利我即如法爲
說出家功德之利時維摩詰來謂我言唯羅
睺羅不應爲說出家功德之利所以者何无
利无功德是爲出家有爲法者可說有利有
功德夫出家者爲无爲法无爲法中无利无
功德羅睺羅夫出家者无彼无此亦无中間
離六十二見處於涅槃智者所受聖所行處
降伏衆魔度五道淨五眼得五力立五根不
惱於彼離衆雜惡摧諸外道超越假名出淤
泥无繫著无我所无所受无擾亂內懷喜護
彼意隨禪定離衆過若能如是是真出家於
是維摩詰語諸長者子汝等於正法中宜共
出家所以者何佛世難值諸長者子言居士
我聞佛言父母不聽不得出家維摩詰言然
汝等便發阿耨多羅三藐三菩提心是即出
家是即具足尒時三十二長者子皆發阿耨
多羅三藐三菩提心故我不任詣彼問疾
佛告阿難汝行詣維摩詰問疾阿難白佛言
世尊我不堪任詣彼問疾所以者何憶念昔

BD04683號　維摩詰所說經卷上

(24–15)

家是即具足尒時三十二長者子皆發阿耨
多羅三藐三菩提心故我不任詣彼問疾
佛告阿難汝行詣維摩詰問疾阿難白佛言
世尊我不堪任詣彼問疾所以者何憶念昔
時世尊身小有疾當用牛乳我即持鉢詣大
婆羅門家門下立時維摩詰來謂我言唯阿
難何為晨朝持鉢住此我言居士世尊身小
有疾當用牛乳故來至此維摩詰言止止阿
難莫作是語如來身者金剛之體諸惡已斷
衆善普會當有何疾當有何惱嘿住阿難勿
謗如來莫使異人聞此麁言无令大威德諸
天及他方淨土諸來菩薩得聞斯語阿難轉
輪聖王以少福故尚得无病豈況如來无量
福會普勝者哉行矣阿難勿使我等受斯恥
也外道梵志若聞此語當作是念何名為師
自疾不能救而能救諸疾人可密速去勿使
人聞當知阿難諸如來身即是法身非思欲
身佛為世尊過於三界佛身无漏諸漏已盡
佛身无為不墮諸數如此之身當有何病時
我世尊實懷慚愧得无近佛而謬聽耶即聞
空中聲曰阿難如居士言但為佛出五濁惡
世現行斯法度脫衆生行矣阿難取乳勿慚
世尊維摩詰智慧辯才為若此也是故不任
詣彼問疾如是五百大弟子各各向佛說其
本緣稱述維摩詰所言皆曰不任詣彼問疾

BD04683號　維摩詰所說經卷上　（24–16）

空中聲曰阿難如居士言但為佛出五濁惡
世現行斯法度脫衆生行矣阿難取乳勿慚
世尊維摩詰智慧辯才為若此也是故不任
詣彼問疾如是五百大弟子各各向佛說其
本緣稱述維摩詰所言皆曰不任詣彼問疾
菩薩行品第四
於是佛告彌勒菩薩汝行詣維摩詰問疾彌
勒白佛言世尊我不堪任詣彼問疾所以者
何憶念我昔為兜率天王及其眷屬說不退
轉地之行時維摩詰來謂我言彌勒世尊授
仁者記一生當得阿耨多羅三藐三菩提為
用何生得受記乎過去耶未來耶現在耶若
過去生過去生已滅若未來生未來生未至
若現在生現在生无住如佛所說比丘汝今
即時亦生亦老亦滅若以无生得受記者无
生即是正位於正位中亦无受記亦无得阿
耨多羅三藐三菩提云何彌勒受一生記乎
為從如生得受記耶為從如滅得受記耶若
以如生得受記者如无有生若以如滅得受
記者如无有滅一切衆生皆如也一切法亦
如也衆聖賢亦如也至於彌勒亦如也若彌
勒得受記者一切衆生亦應受記所以者何
夫如者不二不異若彌勒得阿耨多羅三藐
三菩提者一切衆生皆亦應得所以者何一
切衆生即菩提相若彌勒滅度者一切衆生

BD04683號　維摩詰所說經卷上　（24–17）

勒得受記者一切衆生亦應受記所以者何
夫如者不二不異若弥勒得阿耨多羅三藐
三菩提者一切衆生皆亦應得所以者何一
切衆生即菩提相若弥勒滅度者一切衆生
亦當滅度所以者何諸佛知一切衆生畢竟
寂滅即涅槃相不復更滅是故弥勒无以此
法誘諸天子實无發阿耨多羅三藐三菩提
心者亦无退者弥勒當令此諸天子捨於分
別菩提之見所以者何菩提者不可以身得
不可以心得寂滅是菩提滅諸相故不觀是
菩提離諸緣故不行是菩提无憶念故斷是
菩提捨諸見故離是菩提離諸妄想故鄣是
菩提鄣諸願故不入是菩提无貪著故順是
菩提順於如故住是菩提住法性故至是菩
提至實際故不二是菩提離意法故等是菩
提等虛空故无爲是菩提无生住滅故智是
菩提了衆生心行故不會是菩提諸入不會
故不合是菩提離煩惱習故无處是菩提形
色故假名是菩提名字空故如化是菩提无
取捨故无亂是菩提常自靜故善寂是菩提
性清淨故无取是菩提離攀緣故无異是菩
提諸法等故无比是菩提无可喻故微妙是
菩提諸法難知故世尊維摩詰說是法時二
百天子得无生法忍故我不任詣彼問疾
佛告光嚴童子汝行詣維摩詰問疾光嚴白

BD04683號　維摩詰所說經卷上　（24–18）

性清淨故无取是菩提離攀緣故无異是菩
提諸法等故无比是菩提无可喻故微妙是
菩提諸法難知故世尊維摩詰說是法時二
百天子得无生法忍故我不任詣彼問疾
佛告光嚴童子汝行詣維摩詰問疾光嚴白
佛言世尊我不堪任詣彼問疾所以者何憶
念我昔出毗耶離大城時維摩詰方入城我
即爲作礼而問言居士從何所來荅我言吾
從道場來我問道場者何所是荅曰直心是道
場无虛假故發行是道場能辦事故深心是
道場增益功德故菩提心是道場无錯謬故
布施是道場不望報故持戒是道場得願具
足故忍辱是道場於諸衆生心无閡故精進
是道場不懈怠故禪定是道場心調柔故智
慧是道場現見諸法故慈是道場等衆生故
悲是道場忍疲苦故喜是道場悅樂法故捨
是道場憎愛斷故神通是道場成就六通故
解脫是道場能背捨故方便是道場教化衆
生故四攝是道場攝衆生故多聞是道場
如聞行故伏心是道場正觀諸法故卅七品
是道場捨有爲法故諦是道場不誑世間故
緣起是道場无明乃至老死皆无盡故諸煩
惱是道場知如實故衆生是道場知无我故
一切法是道場知諸法空故降魔是道場不
傾動故三界是道場无所趣故師子吼是道

BD04683號　維摩詰所說經卷上　（24–19）

是道[illegible]
緣起是道場无明乃至老死皆无盡故諸煩
惱是道場知如實故衆生是道場知无我故
一切法是道場知諸法空故降魔是道場不
傾動故三界是道場无所趣故師子吼是道
場无所畏故力无畏不共法是道場无諸過
故三明是道場无餘閡故一念知一切法是
道場成就一切知故如是善男子菩薩若應
諸波羅蜜教化衆生諸有所作舉足下足當
知皆從道場來住於佛法矣說是法時五百
天人皆發阿耨多羅三藐三菩提心故我不
任詣彼問疾
佛告持世菩薩汝行詣維摩詰問疾持世白
佛言世尊我不堪任詣彼問疾所以者何憶
念我昔住於靜室時魔波旬從万二千天女
狀如帝釋鼓樂絃歌來詣我所與其眷屬稽
首我足合掌恭敬於一面立我意謂是帝釋
而語之言善來憍尸迦雖福應有不當自恣
當觀五欲无常以求善本於身命財而脩堅
法即語我言正士受是万二千天女可備掃
灑我言憍尸迦无以此非法之物要我沙門
釋子此非我宜言未訖時維摩詰來謂我言
非帝釋也是爲魔來嬈固汝耳即語魔言是
諸女等可以與我如我應受魔即驚懼念維
摩詰將无惱我欲隱形去而不能隱盡其神
力亦不得去即聞空中聲曰波旬以女與之

BD04683號　維摩詰所說經卷上　（24–20）

釋子此非我宜言未訖時維摩詰來謂我言
非帝釋也是爲魔來嬈固汝耳即語魔言是
諸女等可以與我如我應受魔即驚懼念維
摩詰將无惱我欲隱形去而不能隱盡其神
力亦不得去即聞空中聲曰波旬以女與之
乃可得去魔以畏故俛仰而與尒時維摩詰
語諸女言魔以汝等與我今汝皆當發阿耨
多羅三藐三菩提心即隨所應而爲說法令
發道意復言汝等已發道意有法樂可以自
娛不應復樂五欲樂也天女即問何謂法樂
荅言樂常信佛樂欲聽法樂供養衆樂離五
欲樂觀五陰如怨賊樂觀四大如毒蛇樂觀
內入如空聚樂隨護道意樂饒益衆生樂敬
養師樂廣行施樂堅持戒樂忍辱柔和樂勤
集善根樂禪定不亂樂離垢明慧樂廣菩提
心樂降伏衆魔樂斷諸煩惱樂淨佛國土樂
成就相好故脩習諸功德樂嚴道場樂聞深
法不畏樂三脫門不樂非時樂近同學樂於
非同學中心无恚㝵樂將護惡知識樂近善
知識樂心喜清淨樂脩无量道品之法是爲
菩薩法樂於是波旬告諸女言我欲與汝俱
還天宮諸女言以我等與此居士有法樂我
等甚樂不復樂五欲樂也魔言居士可捨此
女一切所有施於彼者是爲菩薩維摩詰言
我已捨矣汝便將去令一切衆生得法願具
足於是諸女問維摩詰我等云何止於魔宮

BD04683號　維摩詰所說經卷上　（24–21）

菩薩法樂於是波旬告諸女言我欲與汝俱
還天宮諸女言以我等與此居士有法樂我
等甚樂不復樂五欲樂也魔言居士可捨此
女一切所有施於彼者是爲菩薩維摩詰言
我已捨矣汝便將去令一切衆生得法願具
足於是諸女問維摩詰我等云何止於魔宮
維摩詰言諸姊有法門名无盡燈汝等當學
无盡燈者譬如一燈然百千燈冥者皆明明
終不盡如是諸姊夫一菩薩開道百千衆生
令發阿耨多羅三藐三菩提心於其道意亦
不滅盡隨所說法而自增益一切善法是名
无盡燈也汝等雖住魔宮以是无盡燈令无
數天子天女發阿耨多羅三藐三菩提心者
爲報佛恩亦大饒益一切衆生尒時天女頭
面礼維摩詰足隨魔還宮忽然不見世尊維
摩詰有如是等自在神力智慧辯才故我不
任詣彼問疾
佛告長者子善得汝行詣維摩詰問疾善得
白佛言世尊我不堪任詣彼問疾所以者何
憶念我昔自於父舍設大施會供養一切沙
門婆羅門及諸外道貧窮下賤孤獨乞人期
滿七日時維摩詰來入會中謂我言長者子
夫大施會不當如汝所設當爲法施之會何
用是財施會爲我言居士何謂法施之會法
施會者无前无後一時供養一切衆生是名
法施之會何謂也謂以菩提起於慈心以救

BD04683號　維摩詰所說經卷上　（24–22）

門婆羅門及諸外道貧窮下賤孤獨乞人期
滿七日時維摩詰來入會中謂我言長者子
夫大施會不當如汝所設當爲法施之會何
用是財施會爲我言居士何謂法施之會法
施會者无前无後一時供養一切衆生是名
法施之會何謂也謂以菩提起於慈心以救
衆生起大悲心以持正法起於喜心以攝智
慧行行於捨心以攝慳貪起檀波羅蜜以化
犯戒起尸羅波羅蜜以无我法起羼提波羅
蜜以離身心相起毗梨耶波羅蜜以菩提相
起禪波羅蜜以一切智起般若波羅蜜教化
衆生而起於空不捨有爲法而起无相示現
受生而起无作護持正法起方便力以度衆
生起四攝法以敬事一切起除慢法於身命
財起三堅法於六念中起思念法於六和敬
起質直心正行善法起於淨命心淨歡喜起
近賢聖不憎惡人起調伏心以出家法起於
深心以如說行起於多聞以无諍法起空閑
處趣向佛慧起於宴坐解衆生縛起脩行地
以具相好及淨佛土起福德業知一切衆生
心念如應說法起於智業知一切法不取不
捨入一相門起於慧業斷一切煩惱一切鄣
閡一切不善法起一切善業以得一切智慧
一切善法起於一切助佛道法如是善男子
是爲法施之會若菩薩住是法施會者爲大

BD04683號　維摩詰所說經卷上　（24–23）

處趣向佛慧起於宴坐解衆生縛起脩行地
以具相好及淨佛土起福德業知一切衆生
心念如應說法起於智業知一切法不取不
捨入一相門起於慧業斷一切煩惱一切鄣
閡一切不善法起一切善業以得一切智慧
一切善法起於一切助佛道法如是善男子
是爲法施之會若菩薩住是法施會者爲大
施主亦爲一切世間福田世尊維摩詰說是
法時婆羅門中二百人皆發阿耨多羅三藐
三菩提心我時心得清淨歎未曾有稽首禮
維摩詰足即解瓔珞價直百千以上之不肯
取我言居士願必納受隨意所與維摩詰乃
受瓔珞分作二分持一分施此會中一最下
乞人持一分奉彼難勝如來一切衆會皆見
光明國土難勝如來又見珠瓔在彼佛上變
成四柱寶臺四面嚴飾不相鄣蔽時維摩詰
現神變已作是言若施主等心施一最下乞
人猶如如來福田之相无所分別等于大悲
不求果報是則名曰具足法施城中一最下
乞人見是神力聞其所說即發阿耨多羅三
藐三菩提心故我不任詣彼問疾如是諸菩
薩各各向佛說其本緣述維摩所言皆
曰不任詣彼問疾
維摩詰經卷上

BD04683 號　維摩詰所說經卷上　（24–24）

波羅蜜多不應
摩訶薩思惟色
染著欲界色無色
界若染著欲界色無
不能具足脩諸菩
薩摩訶薩行證得無上
等菩提若菩薩摩
訶薩不思惟色界不思惟聲香味觸法界則
不染著欲界色無色界若不染著欲界色無
色界則能具足脩諸菩薩摩訶薩行證得無
上正等菩提是故善現若菩薩摩訶薩欲脩
菩薩摩訶薩行欲證無上正等菩提當勤脩
學甚深般若波羅蜜多不應思惟染著諸法
善現若菩薩摩訶薩思惟眼識界思惟耳鼻
舌身意識界則染欲界色無色界若染著
欲界色無色界不能具足脩諸菩薩摩訶薩
行證得無上正等菩提若菩薩摩訶薩不思
惟眼識界不思惟耳鼻舌身意識界則不染
著欲界色無色界若不染著欲界色無色界
則能具足脩諸菩薩摩訶薩行證得無上正

BD04684 號　大般若波羅蜜多經卷三五三　（3–1）

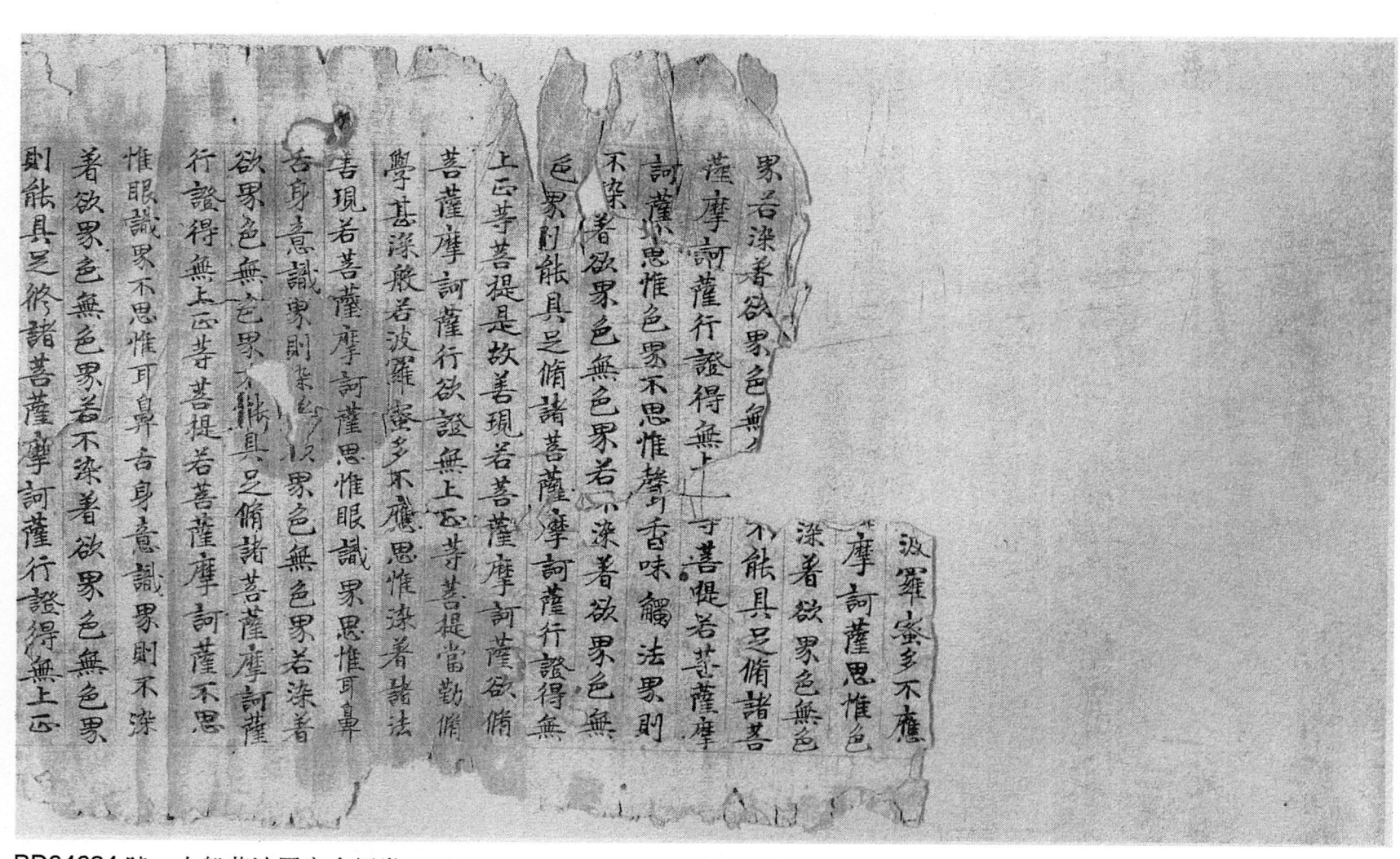

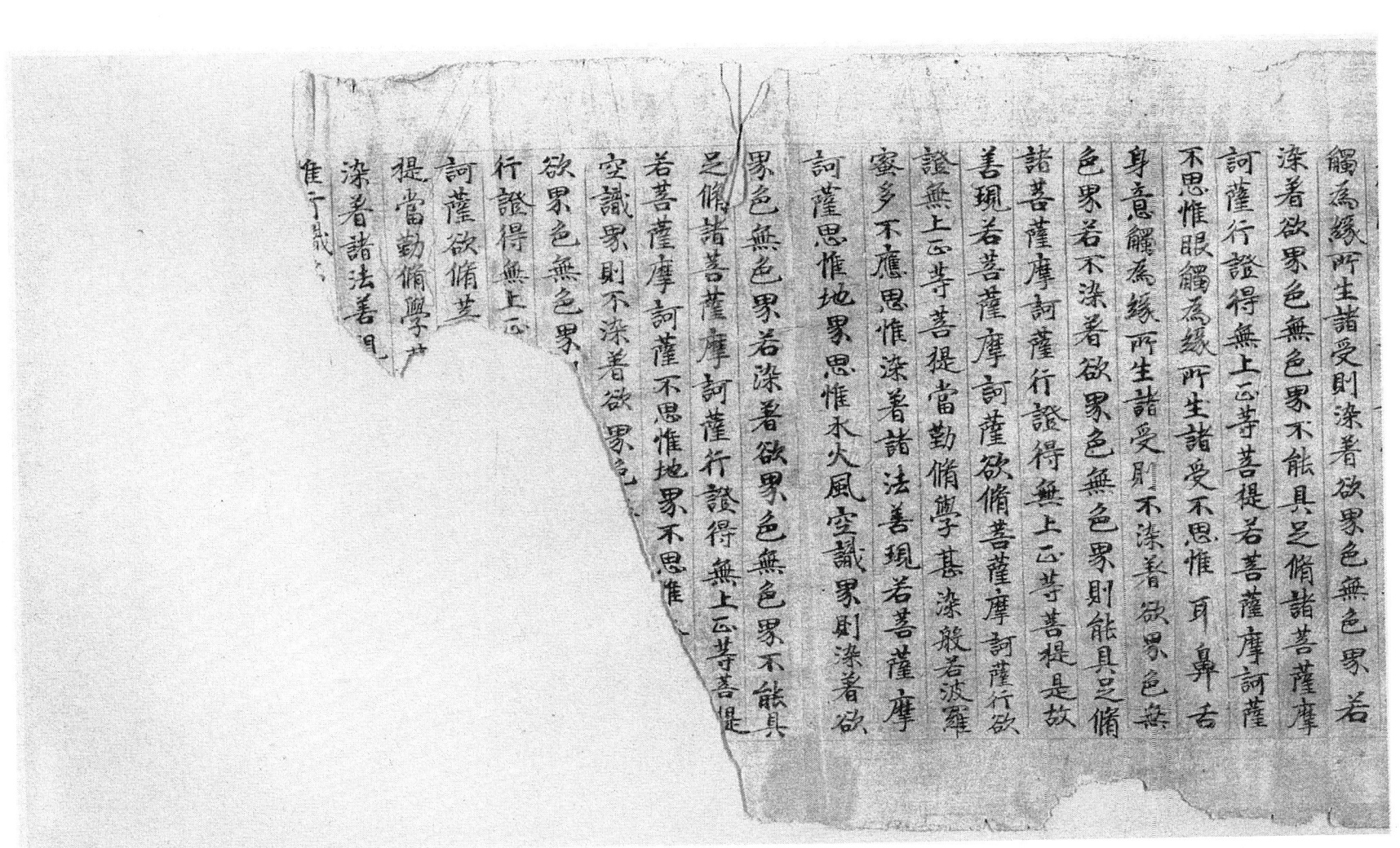

舌現若菩薩摩訶薩思惟眼識界思惟耳鼻
舌身意識界則染[illegible]欲界色無色界若染著
欲界色無色界[illegible]能具足脩諸菩薩摩訶薩
行證得無上正等菩提若菩薩摩訶薩不思
惟眼識界不思惟耳鼻舌身意識界則不染
著欲界色無色界若不染著欲界色無色界
則能具足脩諸菩薩摩訶薩行證得無上正
等菩提是故善現若菩薩摩訶薩欲脩菩薩
摩訶薩行欲證無上正等菩提當勤脩學甚
深般若波羅蜜多不應思惟染著諸法善現
若菩薩摩訶薩思惟眼觸思惟耳鼻舌身意
觸則染著欲界色無色界若染著欲界色無
色界不能具足脩諸菩薩摩訶薩行證得無
上正等菩提若菩薩摩訶薩不思惟眼觸不
思惟耳鼻舌身意觸則不染著欲界色無色
界若不染著欲界色無色界則能具足脩諸
菩薩摩訶薩行證得無上正等菩提是故善
現若菩薩摩訶薩欲脩菩薩摩訶薩行欲
證無上正等菩提當勤脩學甚深般若波羅蜜
多不應思惟染著諸法善現若菩薩摩訶薩
思惟眼觸為緣所生諸受思惟耳鼻舌身意
觸為緣所生諸受則染著欲界色無色界若
染著欲界色無色界不能具足脩諸菩薩摩
訶薩行證得無上正等菩提若菩薩摩訶薩
不思惟眼觸為緣所生諸受不思惟耳鼻舌
身意觸為緣所生諸受則不染著欲界色無
色界若不染著欲界色無色界則能具足脩

BD04684 號　大般若波羅蜜多經卷三五三　（3–2）

觸為緣所生諸受則染著欲界色無色界若
染著欲界色無色界不能具足脩諸菩薩摩
訶薩行證得無上正等菩提若菩薩摩訶薩
不思惟眼觸為緣所生諸受不思惟耳鼻舌
身意觸為緣所生諸受則不染著欲界色無
色界若不染著欲界色無色界則能具足脩
諸菩薩摩訶薩行證得無上正等菩提是故
善現若菩薩摩訶薩欲脩菩薩摩訶薩行欲
證無上正等菩提當勤脩學甚深般若波羅
蜜多不應思惟染著諸法善現若菩薩摩
訶薩思惟地界思惟水火風空識界則染著欲
界色無色界若染著欲界色無色界不能具
足脩諸菩薩摩訶薩行證得無上正等菩提
若菩薩摩訶薩不思惟地界不思惟…
空識界則不染著欲界色…
欲界色無色界…
行證得無上正…
訶薩欲脩菩…
提當勤脩學甚…
染著諸法善…
惟…

BD04684 號　大般若波羅蜜多經卷三五三　（3–3）

通達衆生意行言詞陁羅尼无盡无滅日圓
无垢相光陁羅尼无盡无滅滿月相光陁羅
尼无盡无滅能伏諸惑演功德流陁羅尼无
盡无滅破金剛山陁羅尼无盡无滅說不可
說義因緣藏陁羅尼无盡无滅通達實語法
則音聲陁羅尼无盡无滅虛空无垢心行印
陁羅尼无盡无滅无邊佛身皆能顯現陁羅
尼无盡无滅
善男子如是等无盡无滅諸陁羅尼門得成
就故是菩薩摩訶薩能於十方一切佛土化
作佛身演說无上種種正法於法真如不動
不住不來不去善能成熟一切衆生善根亦
不見一衆生可成熟者雖說種種諸法於言
詞中不動不住不去不來能於生滅證无生
滅以何因緣說諸行法无有去來由一切法
體无異故說是法時三万億菩薩摩訶薩得
无生法忍无量諸菩薩不退菩提心无量无
邊苾芻苾芻尼得法眼淨无量衆生發菩薩
心尒時世尊而說頌曰
勝法能逆生死流　甚深微妙難得見

BD04685號　金光明最勝王經卷四　（3–1）

詞中不動不住不去不來能於生滅證无生
滅以何因緣說諸行法无有去來由一切法
體无異故說是法時三万億菩薩摩訶薩得
无生法忍无量諸菩薩不退菩提心无量无
邊苾芻苾芻尼得法眼淨无量衆生發菩薩
心尒時世尊而說頌曰
勝法能逆生死流　甚深微妙難得見
有情盲冥貪欲覆　由不見故受衆苦
尒時大衆俱從座起頂礼佛足而白佛言世
尊若所在處講宣讀誦此金光明最勝王經
我等大衆皆悉往彼為作聽衆是說法師令
得利益安樂无障身意泰然我等皆當盡心
供養亦令聽衆安隱快樂所住國土无諸怨
賊恐怖厄難飢饉之苦人民熾盛此說法處
道場之地一切諸天人非人等一切衆生不
應履踐及以汙穢何以故說法之處即是制
底當以香花繒綵幡蓋而為供養我等常為
守護令離衰損佛告大衆善男子汝等應當
精勤脩習此妙經典是則正法久住於世

金光明經卷第四

扠 姜里 從末

BD04685號　金光明最勝王經卷四　（3–2）

得利益安樂无障身意泰然我等皆當盡心
供養亦令聽衆安隱快樂所住國土无諸怨
賊恐怖厄難飢饉之苦人民熾盛此說法處
道場之地一切諸天人非人等一切衆生不
應履踐及以汙穢何以故說法之處即是制
底當以香花繒綵幡蓋而為供養我等常為
守護令離衰損佛告大衆善男子汝等應當
精勤修習此妙經典是則正法久住於世

金光明經卷第四

拱 姜里 從本

BD04685 號　金光明最勝王經卷四　（3–3）

等障為具諸善法故唯有如如如如智是名
法身前二種身是假名有此第三身是真
實有為前二身而作根本何以故離法如如
離无分別智一切諸佛无有別法一切諸佛智
慧具足一切煩惱究竟滅盡得清淨佛地是
故法如如如如智攝一切佛法
復次善男子一切諸佛利益自他至於究竟
自利益者是法如如利益他者是如如智能
於自他利益之事而得自在成就種種无邊
用故是故分別一切佛法有无量无邊種種
差別善男子譬如依止妄想思惟說種種煩
惱說種種業因種種果報如是依法如如依如
如智說種種佛法說種種獨覺法說種種聲
聞法依法如如依如如智一切佛法自在成就
是為第一不可思議譬如畫空作莊嚴具
是難思議如是依法如如依如如智成就佛
法亦難思議善男子云何法如如如如智二
无分別而得自在事業成就善男子譬如如
來入於涅槃願自在故種種事業皆得成
就法如如如如智自在事成亦復如是
復次菩薩摩訶薩入无心定依前願力從禪

BD04686 號　金光明最勝王經卷二　（17–1）

法亦難思議善男子云何法如如如如智二
无分別而得自在事業成就善男子譬如如
来入於涅槃願自在故種種事業皆得成
就法如如如如智自在事成亦復如是
復次菩薩摩訶薩入无心定依前願力從禪
定起作衆事業如是二法无有分別自在事
成善男子譬如日月无有分別亦如水鏡无
有分別光明亦无分別三種和合得有影生
如是法如如如如智亦无分別以願自在故衆
生有感現應化身如日月影和合出現
復次善男子譬如无量无邊水鏡依於光故
空影得現種種異相空者即是无相善
男子如是受化諸弟子等是法身影以願力故
於二種身現種種相於法身地无有異相善
男子依此二身一切諸佛說有餘涅槃依此法
身說无餘涅槃何以故一切餘法究竟盡故
依此三身一切諸佛說无住處涅槃為二身
故不住涅槃離於法身无有別佛何故二身
不住涅槃二身假名不實念念生滅不定住
故數數出現以不定故法身不尒是故二身
不住涅槃法身不二是故不住涅槃故依三
身說无住涅槃
善男子一切凡夫為三相故有縛有障遠離
三身不至三身何者為三一者遍計所執相
二者依他起相三者成就相如是諸相不能
解故不能滅故不能淨故是故不得至於三
身如是三相能解能滅能淨故是故諸佛

BD04686號　金光明最勝王經卷二　（17–2）

身說无住
善男子一切凡夫為三相故有縛有障遠離
三身不至三身何者為三一者遍計所執相
二者依他起相三者成就相如是諸相不能
解故不能滅故不能淨故是故不得至於三
身如是三相能解能滅能淨故是故諸佛
具足三身善男子諸凡夫人未能除遣此三
心故遠離三身不能得至何者為三一者起事
心二者依根本心三者根本心依諸伏道起事
心盡依法斷道依根本心盡依最勝道根本
心盡起事心滅故得現化身依根本心滅故得
顯應身根本心滅故得至法身是故一切如来
具足三身
善男子一切諸佛於第一身与諸佛同事於
第二身與諸佛同意於第三身與諸同
體善男子是初佛身隨衆生意有多種
故現種種相是故說多第二佛身弟子一意
故現一相是故說一第三佛身過一切種相
執相境界是故說名不一不二善男子是第一
身依於應身得顯現故是第二身依於法身
得顯現故是法身者是真實有无依處故
善男子如是三身以有義故而說於常以有義
故說於无常化身者恒轉法輪處處隨緣方
便相續不斷絕故是故說常非是本故具足
大用不顯現故說為无常應身者從无始来
相續不斷一切諸佛不共之法能攝持故衆生
无盡用亦无盡是故說常非是本故以具足

BD04686號　金光明最勝王經卷二　（17–3）

便相續不斷絶故是故說常非是本故具足
大用不顯現故說爲无常應身者從无始来
相續不斷一切諸佛不共之法能攝持故衆生
无盡用亦无盡是故說常非是本故以具足
用不顯現故說爲无常法身者非是行法无
有異相是相本故猶如虚空是故說常善男
子離无分別智更无勝智離法如如无勝境
界是法如如是慧如如是二種如如如如不一
不異是故法身慧清淨故滅清淨故是二清
淨是故法身具足清淨
復次善男子分別三身有四種異有化身非
應身有應身非化身有化身亦應身有非化
身亦非應身何者化身非應身謂諸如来
般涅槃後以願自在故隨緣利益是名化身
何者應身非化身是地前身何者化身亦應
身謂住有餘涅槃之身何者非化身非應身
謂是法身善男子是法身者二无所有所顯現
故何者名爲二无所有於此法身相及相處二
皆是无非有非无非一非異非數非非數非明
非闇如是如如智不見相及相處不見非有非
无不見非一非異不見非數非非數不見非明
非闇是故當知境界清淨智慧清淨不可分
別无有中間爲滅道本故於此法身能顯
如来種種事業善男子是身因緣境界處
所果依於本難思議故若了此義是身即
是大乘是如来性是如来藏依於此身得發
初心修行地心而得顯現不退地心亦皆得現一

BD04686 號　金光明最勝王經卷二　（17–4）

別无有中……
如来種種事業善男子是身因緣境界處
所果依於本難思議故若了此義是身即
是大乘是如来性是如来藏依於此身得發
初心修行地心而得顯現不退地心亦皆得現一
生補處心金剛之心如来之心而悉顯現无量
无邊如来妙法皆悉顯現依此法身不可思
議摩訶三昧而得顯現依此法身得現一
切大智是故二身依於三昧依於智慧而得
顯現如此法身依於自體說常說我依大三
昧故說於樂依於大智故說清淨是故如
来常住自在安樂清淨依大三昧一切禪定
首楞嚴等一切念處大法念等大慈大悲
一切陁羅尼一切神通一切自在一切法平等攝
受如是佛法悉皆出現依此大智十力四无
所畏四无礙辯一百八十不共之法一切希有
不可思議法悉皆顯現譬如依如意寶珠无
量无邊種種稀寶悉皆得現如是依大三昧
寶依大智慧寶能出種種无量无邊諸佛
妙法善男子如是法身三昧智慧過一切
相不著於相不可分別非常非斷是名中道
雖有分別體无分別雖有三數而无三體不
增不減猶如夢幻亦无所執亦无能執法體
如如是解脫處過死王境越生死闇一切衆生
不能修行所不能至一切諸佛菩薩之所住處
善男子譬如有人願欲得金處處尋求遂
得金礦既得礦已即便碎之擇取精者爐中
銷鍊得清淨金隨意迴轉作諸鐶釧種種

BD04686 號　金光明最勝王經卷二　（17–5）

增不滅猶如夢幻亦无所執亦无能執法體
如如是解脫處過死王境越生死闇一切衆生
不能修行所不能至一切諸佛菩薩之所住處
善男子譬如有人願欲得金處處尋求遂
得金礦既得礦已即便碎之擇取精者爐中
銷鍊得清淨金隨意迴轉作諸鐶釧種種
嚴具雖有諸用金性不改
復次善男子若善男子善女人求勝解脫
修行世善得見如來及弟子衆得親近已白
佛言世尊何者為善何者不善何者正修得
清淨行諸佛如來及弟子衆見彼問時如是
思惟是善男子善女人欲求清淨欲聽正法
即便為說令其開悟彼既聞已正念憶持發
心修行得精進力除嬾墮障滅一切罪於諸學
處離不尊重息悼悔心入於初地依初地
心除利有情障得入二地於此地中除不逼惱
障入於三地於此地中除心軟淨障入於四地
於此地中除善方便障入於五地於此地中
除見真俗障入於六地於此地中除見行相
障入於七地於此地中除不見滅相障入於
八地於此地中除不見生相障入於九地於
此地中除六通障入於十地於此地中除所
知障除根本心入如來地如來地者由三淨
故名極清淨云何為三一者煩惱淨二者苦
淨三者相淨譬如真金鎔銷冶鍊既燒打
已无復塵垢為顯金性本清淨故金體清
淨非謂无金譬如濁水澄渟清淨无復滓

BD04686號　金光明最勝王經卷二　（17–6）

知障除根本心入如來地如來地者由三淨
故名極清淨云何為三一者煩惱淨二者苦
淨三者相淨譬如真金鎔銷冶鍊既燒打
已无復塵垢為顯金性本清淨故金體清
淨非謂无金譬如濁水澄渟清淨无復滓
穢為顯水性本清淨故非謂无水如是法身
與煩惱雜苦集除已无復餘習為顯佛性
本清淨故非謂无體譬如虛空烟雲塵霧
之所障蔽既除屏已是空界淨非謂无空如是
法身一切衆苦悉皆盡故說為清淨非謂无
體譬如有人於睡夢中見大河水漂浸其身
運手動足截流而度得至彼岸由彼身心不懈
退故從夢覺已不見有水彼此岸別非謂无心
生死妄想既滅盡已是覺清淨非謂无覺如
是法界一切妄想不復生故說為清淨非是
諸佛无其實體
復次善男子是法身者惑障清淨能現應
身業障清淨能現化身智障清淨能現法
身譬如依空出電依電出光如是依法身故
能現應身依應身故能現化身由性淨故能
現法身智慧清淨能現應身三昧清淨能
現化身此三清淨是法如如不異如如一味如如
解脫如如究竟如如是故諸佛體无有異善男
子若有善男子善女人說於如來是我大師若
作如是決定信者此人即應深心解了如來
之身无有別異善男子以是義故於諸境界
不正思惟悉皆除斷即知彼法无有二相亦

BD04686號　金光明最勝王經卷二　（17–7）

現化身此三淨法是如如不異如如一味如如
觧脫如如究竟如如是故諸佛體无有異善男
子若有善男子善女人說於如來是我大師若
作如是決定信者此人即應深心解了如來
之身无有別異善男子以是義故於諸境界
不正思惟悉皆除斷即知彼法无有二相亦
無分別聖所修行如如於彼无有二相正脩
行故如是如是一切諸障悉皆除滅如如一
切障滅如是如是法如如如如智得最清淨
如如法界正智清淨如是如是一切自在具
足攝受皆得成就一切諸障悉皆除滅一切
諸障得清淨故是名真如正智真實之相
如是見者是名聖見是則名為真實見佛
何以故如實得見法真如故是故諸佛悉能
普見一切如來何以故聲聞獨覺已出三界求
真實境不能知見如是聖人所不知見一切
凡夫皆生疑惑顛倒分別不能得度如兎浮
海必不能過所以者何力微劣故凡夫之人亦
復如是不能通達法如如故然諸如來无分
別心於一切得大自在具足清淨深智慧
故是自境界不共他故是故諸佛如來於无
量无邊阿僧祇劫不惜身命難行苦行方
得此身最上无比不可思議過言說境是
妙寂靜離諸怖畏
善男子如是知見法真如者无生老死壽命
无限无有睡眠亦无飢渴心常在定无有散
動若於如來起諍論心是則不能見於如來

得此身最上无比不可思議過言說境是
妙寂靜離諸怖畏
善男子如是知見法真如者无生老死壽命
无限无有睡眠亦无飢渴心常在定无有散
動若於如來起諍論心是則不能見於如來
諸佛所說皆能利益有聽聞者无不解脫
諸惡禽獸惡人惡鬼不相逢值由聞法故果
報无盡然諸如來无无記事一切境界无
欲知心生死涅槃无有異想如來所說无不決定
諸佛如來四威儀中无非智攝一切諸法无
有不為慈悲所攝无有不為利益安樂諸
眾生者善男子若有善男子善女人於此金
光明經聽聞信解不墮地獄餓鬼傍生阿蘇
羅道常處人天不生下賤恒得親近諸佛如來
聽受正法常生諸佛清淨國土所以者何由
得聞此甚深法故是善男子善女人則為如
來已知已記當得不退阿耨多羅三藐三菩
提若善男子善女人於此甚深微妙之法一
經耳者當知是人不謗如來不毀正法不輕聖
眾一切眾生未種善根令得種故已種善
根令增長成熟故一切世界所有眾生皆勸
修行六波羅蜜多
尒時虛空藏菩薩梵釋四王諸天眾等即
從座起偏袒右肩合掌恭敬頂禮佛足白佛
言世尊若所在處講說如是金光明王微妙經
典於其國土有四種利益何者為四一者國王
軍眾強盛无諸怨敵離於疾病壽命延長

從座起偏袒右肩合掌恭敬頂礼佛足白佛
言世尊若所在處講說如是金光明王微妙經
典於其國土有四種利益何者為四一者國王
軍衆强盛无諸怨敵離於疾病壽命延長
吉祥安樂正法興顯二者中宮妃后王子諸
臣和悅无諍離於諂佞王所愛重三者沙門
婆羅門及諸國人修行正法无病安樂无枉死
者於諸福田悉皆修立四者於三時中四大
調適常為諸天增加守護慈悲平等无傷
害心令諸衆生歸敬三寶皆願修習菩提
之行是為四種利益之事世尊我等亦常為
弘經故隨逐如是持經之人所在住處為作利
益佛言善哉善哉善男子如是如是汝等
應當勤心流布此妙經王則令正法久住於世

金光明最勝王經夢見懺悔品第四

尒時妙幢菩薩親於佛前聞妙法已歡喜
踊躍一心思惟還至本處於夜夢中見大
金鼓光明晃耀猶如日輪於此光中得見十
方无量諸佛於寶樹下坐瑠璃座无量百千
大衆圍繞而為說法見一婆羅門桴擊金
鼓出大音聲聲中演說微妙伽他明懺悔法
妙幢聞已皆悉憶持繫念而住至天曉已與
无量百千大衆圍繞持諸供具出王舍城詣鷲
峯山至世尊所礼佛足已布設香花右繞三匝
退坐一面合掌恭敬瞻仰尊顏白佛言世尊
我於夢中見婆羅門以手執桴擊妙金鼓
出大音聲聲中演說妙伽他明懺悔法

BD04686號　金光明最勝王經卷二　（17–10）

妙幢聞已皆悉憶持繫念而住至天曉已與
无量百千大衆圍繞持諸供具出王舍城詣鷲
峯山至世尊所礼佛足已布設香花右繞三匝
退坐一面合掌恭敬瞻仰尊顏白佛言世尊
我於夢中見婆羅門以手執桴擊妙金鼓
出大音聲聲中演說妙伽他明懺悔法
我皆憶持唯願世尊降大慈悲聽我所說
即於佛前而說頌曰

我於昨夜中　夢見大金鼓　其形極姝妙　周遍有金光
猶如盛日輪　光明皆普耀　充滿十方界　咸見於諸佛
在於寶樹下　各處瑠璃座　无量百千衆　恭敬而圍繞
有一婆羅門　以杖擊金鼓　於其鼓聲內　說此妙伽他
金光明鼓出妙聲　遍至三千大千界
能滅三塗極重罪　及以人中諸苦厄
由此金鼓聲威力　永滅一切煩惱障
斷除怖畏令安隱　譬如自在牟尼尊
佛於生死大海中　精行修行一切智
能令衆生覺品具　究竟咸歸功德海
由此金鼓出妙聲　普令聞者獲梵響
證得无上菩提果　常轉清淨妙法輪
住壽不可思議劫　隨機說法利群生
能斷煩惱衆苦流　貪瞋癡等皆除滅
若有衆生處惡趣　大火猛焰周遍身
若得聞是妙鼓音　即能離苦歸依佛
皆得成就宿命智　能憶過去百千生
悉皆正念牟尼尊　得聞如來甚深教
由聞金鼓勝妙音　常得親近於諸佛

BD04686號　金光明最勝王經卷二　（17–11）

能斷煩惱眾苦流　貪瞋癡等皆除滅
若有眾生處惡趣　大火猛焰周遍身
若得聞是妙鼓音　即能離苦歸依佛
皆得成就宿命智　能憶過去百千生
悉皆正念牟尼尊　得聞如來甚深教
由聞金鼓勝妙音　常得親近於諸佛
悉能捨離諸惡業　純修清淨諸善品
一切天人有情類　慇重至誠祈願者
得聞金鼓妙音聲　能令所求皆滿足
眾生墮在无間獄　猛火炎熾苦焚身
无有救護處輪迴　聞者能令苦除滅
人天餓鬼傍生中　所有現受諸苦難
得聞金鼓發妙響　皆蒙離苦得解脫
現在十方界　常住兩足尊　願以大悲心　哀愍憶念我
眾生无歸依　亦无有救護　為如是等類　能作大歸依
我先所作罪　極重諸惡業　今對十力前　至心皆懺悔
我不信諸佛　亦不敬尊親　不務修眾善　常造諸惡業
或自恃尊高　種姓及財位　盛年行放逸　常造諸惡業
心恒起邪念　口陳於惡言　不見於過罪　常造諸惡業
恒作愚夫行　无明闇覆心　隨順不善友　常造諸惡業
或因諸戲樂　或復懷憂惱　為貪瞋所纏　故我造諸惡
親近不善人　及由慳嫉意　貧窮行諂誑　故我造諸惡
雖不樂眾過　由有怖畏故　及不得自在　故我造諸惡
或為躁動心　或因瞋恚恨　及以飢渴惱　故我造諸惡
由飲食衣服　及貪愛女人　煩惱火所燒　故我造諸惡
於佛法僧眾　不生恭敬心　作如是眾罪　我今悉懺悔
於獨覺菩薩　亦无恭敬心　作如是眾罪　我今悉懺悔

BD04686 號　金光明最勝王經卷二　（17–12）

雖不樂眾過　由有怖畏故　及不得自在　故我造諸惡
或為躁動心　或因瞋恚恨　及以飢渴惱　故我造諸惡
由飲食衣服　及貪愛女人　煩惱火所燒　故我造諸惡
於佛法僧眾　不生恭敬心　作如是眾罪　我今悉懺悔
於獨覺菩薩　亦无恭敬心　作如是眾罪　我今悉懺悔
无知謗正法　不孝於父母　作如是眾罪　我今悉懺悔
由愚癡憍慢　及以貪瞋力　作如是眾罪　我今悉懺悔
我於十方界　供養无數佛　當願拔眾生　令離諸苦難
願一切有情　皆令住十地　福智圓滿已　成佛導群迷
我為諸眾生　苦行百千劫　以大智慧力　皆令出苦海
我為諸含識　演說甚深經　最勝金光明　能除諸惡業
若人百千劫　造諸極重罪　暫時能發露　眾惡盡消除
依此金光明　作如是懺悔　由斯能速盡　一切諸苦業
勝定百千種　不思議總持　根力覺道支　修習常无倦
我當至十地　具足珍寶處　圓滿佛功德　濟度生死流
我於諸佛海　甚深功德藏　妙智難思議　皆令得具足
唯願十方佛　觀察護念我　皆以大悲心　哀受我懺悔
我於多劫中　所造諸惡業　由斯生苦惱　哀愍願消除
我造諸惡業　常生憂怖心　於四威儀中　曾无歡喜想
諸佛具大悲　能除眾生怖　願受我悔懺　令得離憂苦
我有煩惱障　及以諸報業　願以大悲水　洗濯令清淨
我先作諸罪　及現造惡業　至心皆發露　咸願得蠲除
未來諸惡業　防護令不起　設令有違者　終不敢覆藏
身三語四種　意業復有三　繫縛諸有情　无始恒相續
由斯三種行　造作十惡業　如是眾多罪　我今皆懺悔
我造諸惡業　苦報當自受　今於諸佛前　至誠皆懺悔
於此贍部洲　及他方世界　所有諸善業　今我皆隨喜

BD04686 號　金光明最勝王經卷二　（17–13）

我先作諸罪　及現造惡業　至心皆發露　咸願得蠲除
未來諸惡業　防護令不起　設令有違者　終不敢覆藏
身三語四種　意業復有三　繫縛諸有情　无始恒相續
由斯三種行　造作十惡業　如是眾多罪　我今皆懺悔
我造諸惡業　苦報當自受　今於諸佛前　至誠皆懺悔
於此贍部洲　及他方世界　所有諸善業　今我皆隨喜
願離十惡業　修行十善道　安住十地中　常見十方佛
我以身語意　所修福智業　願以此善根　速成无上慧
我今親對十力前　發露眾多苦難事
凡愚迷惑三有難　恒造極重惡業難
我所積集欲邪難　常起貪愛流轉難
於此世間耽著難　一切愚夫煩惱難
狂心散動顛倒難　及以親近惡友難
於生死中貪染難　瞋癡闇鈍造罪難
生八无暇惡處難　未曾積集功德難
我今皆於最勝前　懺悔无邊罪惡業
我今歸依諸善逝　我禮德海无上尊
如大金山照十方　唯願慈悲哀攝受
身色金光淨无垢　目如清淨紺瑠璃
吉祥威德名稱尊　大悲慧日除眾闇
佛日光明常普遍　善淨无垢離諸塵
牟尼月照極清涼　能除眾生煩惱熱
三十二相遍莊嚴　八十隨好皆圓滿
福德難思无與等　如日流光照世間
色如瑠璃淨无垢　猶如滿月處虛空
妙頗梨網映金軀　種種光明以嚴飾
於生死苦暴流內　老病憂愁水所漂

三十二相遍莊嚴　八十隨好皆圓滿
福德難思无與等　如日流光照世間
色如瑠璃淨无垢　猶如滿月處虛空
妙頗梨網映金軀　種種光明以嚴飾
於生死苦暴流內　老病憂愁水所漂
如是苦海難堪忍　佛日舒光令永竭
我今稽首一切智　三千世界希有尊
光明晃耀紫金身　種種妙好皆嚴飾
如大海水量難知　大地微塵不可數
如妙高山叵稱量　亦如虛空无有際
諸佛功德亦如是　一切有情不能知
於无量劫諦思惟　无有能知德海岸
盡此大地諸山岳　析如微塵能筭知
毛端渧海尚可量　佛之功德无能數
一切有情皆共讚　世尊名稱諸功德
清淨相好妙莊嚴　不可稱量知分齊
我之所有眾善業　願得速成无上尊
廣說正法利群生　悉令解脫於眾苦
降伏大力魔軍眾　當轉无上正法輪
久住劫數難思議　充足眾生甘露味
猶如過去諸最勝　六波羅蜜皆圓滿
滅諸貪欲及瞋癡　降伏煩惱除眾苦
願我常得宿命智　能憶過去百千生
亦常憶念牟尼尊　得聞諸佛甚深法
願我以斯諸善業　奉事无邊最勝尊
遠離一切不善因　恒得修行真妙法
一切世界諸眾生　悉皆離苦得安樂

亦常憶念牟尼尊　得聞諸佛甚深法
願我以斯諸善業　奉事无邊最勝尊
遠離一切不善因　恒得修行真妙法
一切世界諸衆生　悉皆離苦得安樂
所有諸根不具足　令彼身相皆圓滿
若有衆生遭病苦　身形羸瘦无可依
咸令病苦得消除　諸根色力皆充滿
若犯王法當刑戮　衆苦逼迫生憂惱
彼受如斯極苦時　无有歸依能救護
若受鞭杖枷鎖繫　種種苦具切其身
无量百千憂惱時　逼迫身心无蹔樂
皆令得免於繫縛　及以鞭杖苦楚事
將臨刑者得命全　衆苦皆令永除盡
若有衆生飢渴逼　令得種種殊勝味
盲者得視聾者聞　跛者能行瘂能語
貧窮衆生獲寶藏　倉庫盈溢无所乏
皆令得受上妙樂　无一衆生受苦惱
一切人天皆樂見　容儀溫雅甚端嚴
悉皆現受无量樂　受用豐饒福德具
隨彼衆生念彼樂　衆妙音聲皆現前
念水即現清涼池　金色蓮花泛其上
隨彼衆生心所念　飲食衣服及牀敷
金銀珎寶妙瑠璃　瓔珞莊嚴皆具足
勿令衆生聞惡響　亦復不見有相違
所受容貌悉端嚴　各各慈心相愛樂
世間資生諸樂具　隨心念時皆滿足
所得珎財无悋惜　分布施與諸衆生

BD04686號　金光明最勝王經卷二　（17–16）

悉皆現受无量樂　受用豐饒福德具
隨彼衆生念彼樂　衆妙音聲皆現前
念水即現清涼池　金色蓮花泛其上
隨彼衆生心所念　飲食衣服及牀敷
金銀珎寶妙瑠璃　瓔珞莊嚴皆具足
勿令衆生聞惡響　亦復不見有相違
所受容貌悉端嚴　各各慈心相愛樂
世間資生諸樂具　隨心念時皆滿足
所得珎財无悋惜　分布施與諸衆生
燒香末香及塗香　衆妙雜花非一色
每日三時從樹墮　隨心受用生歡喜
普願衆生咸供養　十方一切最勝尊
三乘清淨妙法門　菩薩獨覺聲聞衆
常願勿處於卑賤　不墮无暇八難中
生在有暇人中尊　恒得親承十方佛
願得常生富貴家　財寶倉庫皆盈滿
顏貌名稱无與等　壽命延長經劫數
悉願女人變為男　勇健聰明多智慧
一切常行菩薩道　勤修六度到彼岸
常見十方无量佛　寶王樹下而安處
處妙瑠璃師子座　恒得親承轉法輪
若於過去及現在　輪迴三有造諸業

BD04686號　金光明最勝王經卷二　（17–17）

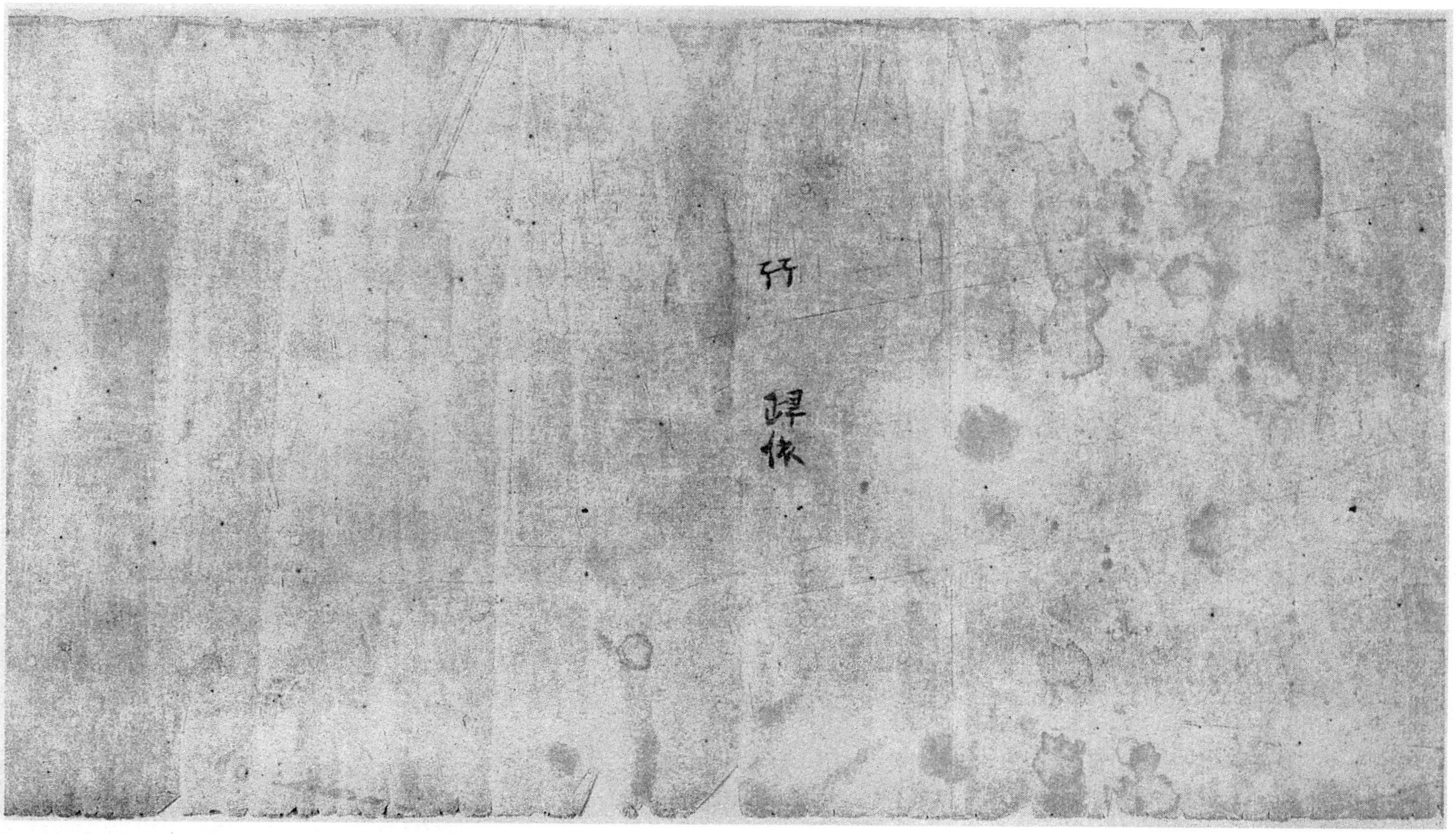
行
歸依

BD04686號背　雜寫　　（1–1）

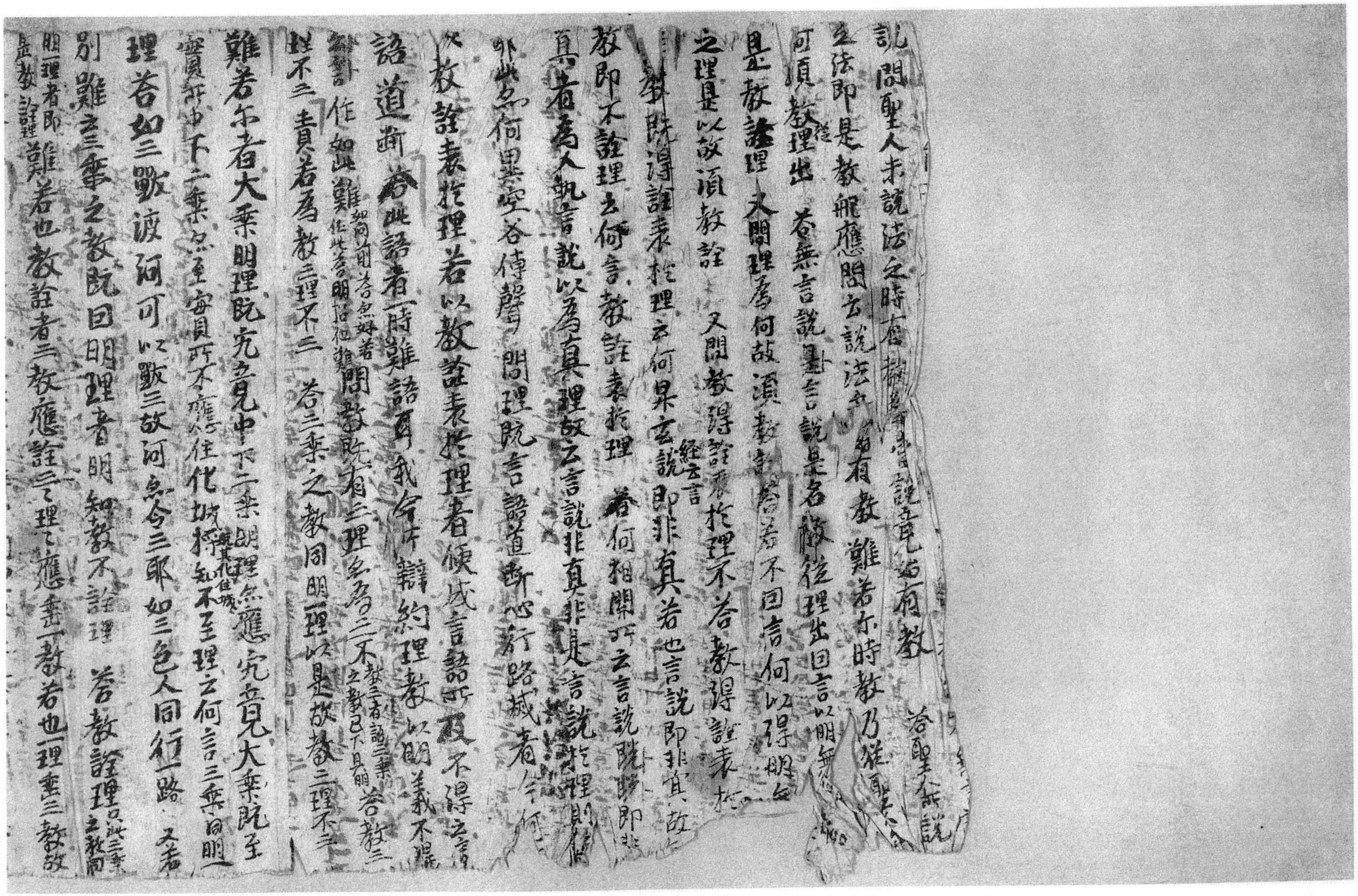

BD04687 號　王玄覽道德經義論難（擬）

（11–1）

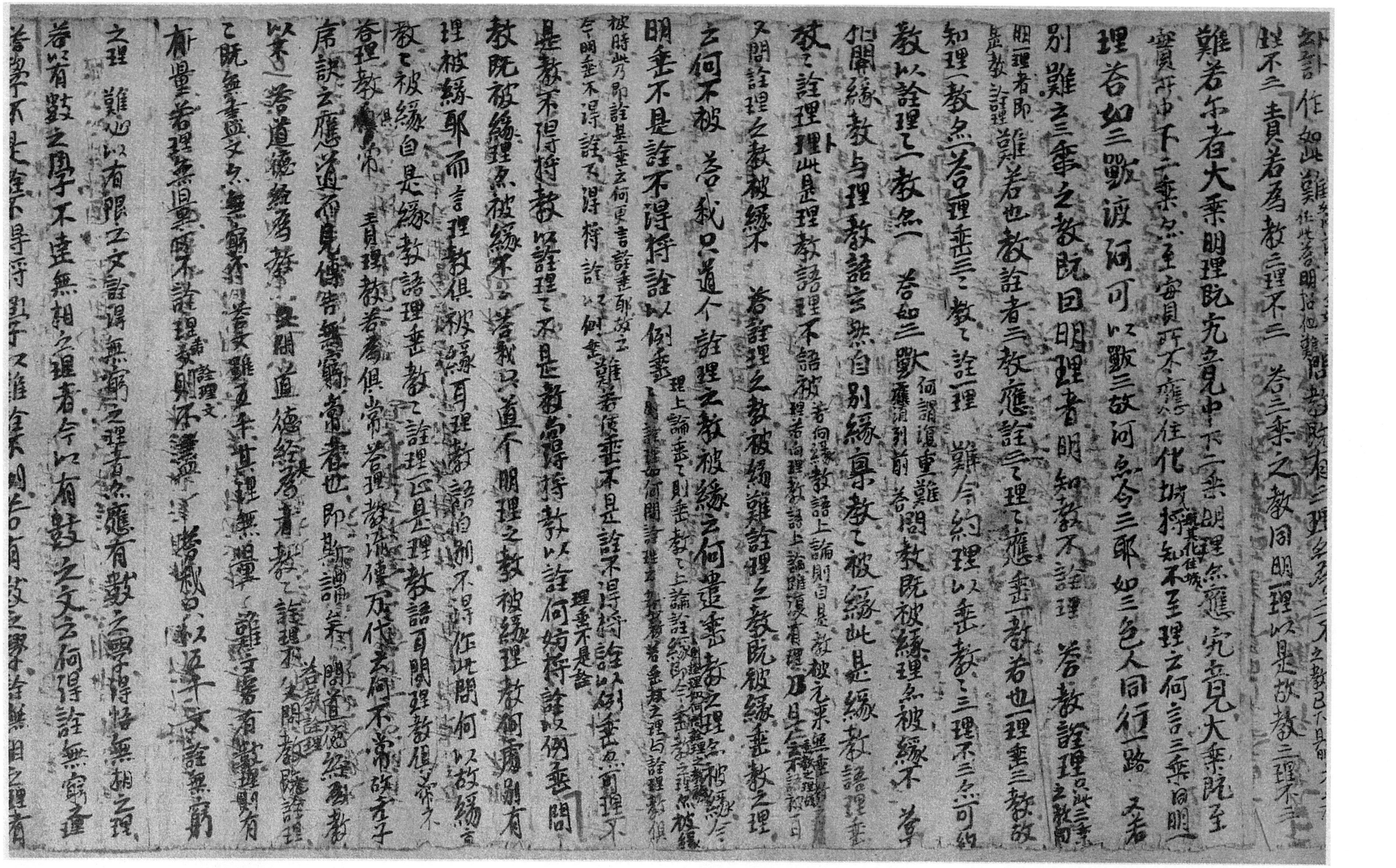

BD04687 號　王玄覽道德經義論難（擬）　　（11–2）

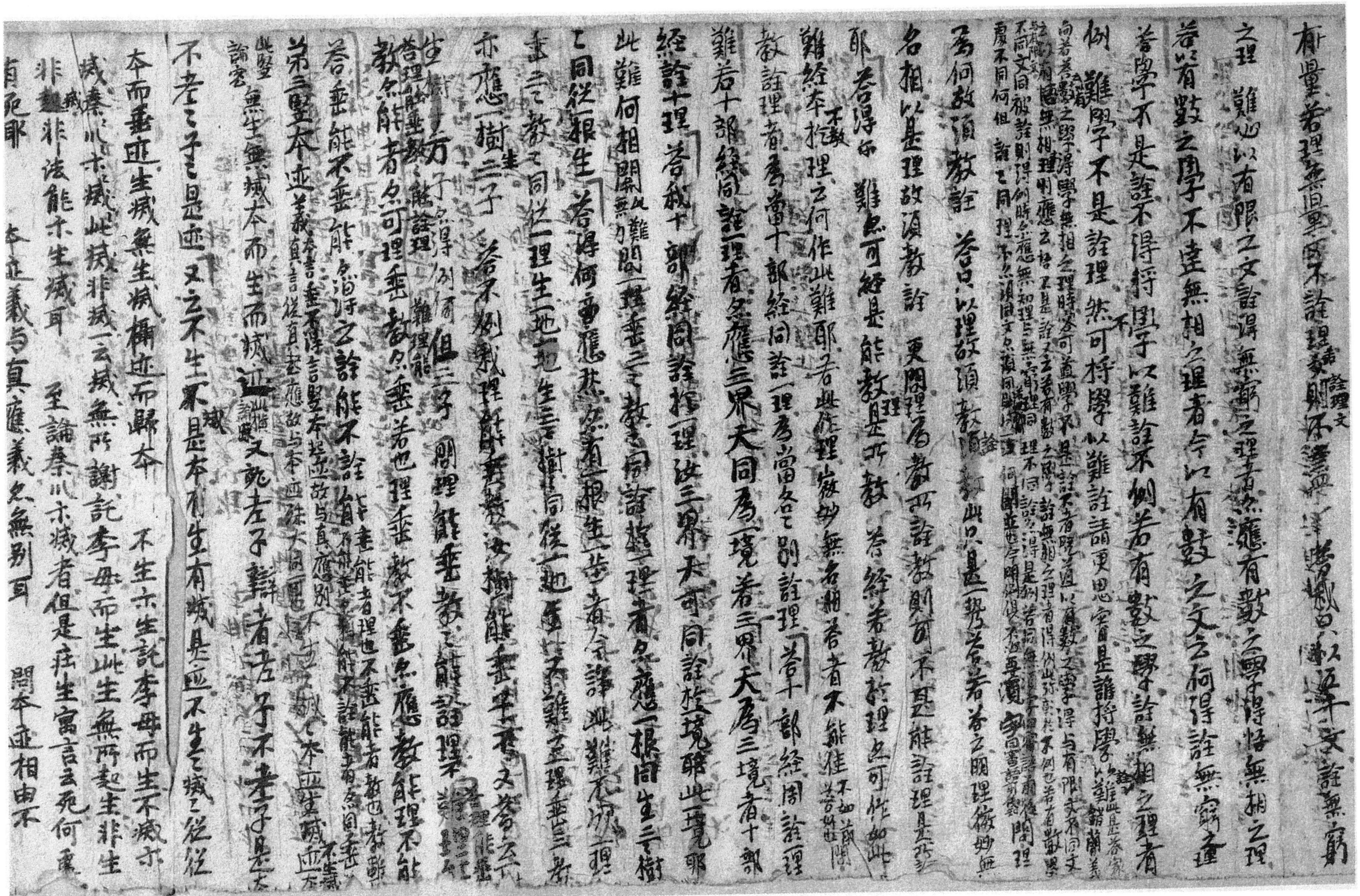

BD04687號　王玄覽道德經義論難（擬）

（11–3）

不老之子之是迹 又云不生不滅是本有生有滅是迹不生之滅之從從
本而垂迹生滅無生滅攝迹而歸本 不生亦生託李母而生不滅亦
滅秦川亦滅此滅非滅一云滅無所謝託李母而生此生無所起生非生
非滅非法能亦生滅耳 至論秦川亦滅者但是莊生寓言云死何處
有死耶 本迹義與真應義名無別耳 問本迹相由不
答本迹相由 難本迹相由本迹俱應可見 答謂有形有有
滅無形無生滅迹見本不見 難既迹見本不見應迹由本不由
答見不見相由 難若見不見相由是異能名由不由別之見是
同耶 答本迹不同見所以有見有不見本迹既同何得有由有
不由 難本迹非見非不見尚得有見有不見本迹非由不非由何
妨有由有不由若使迹非由非不由今得兩俱由名應本迹非見非不見今
得兩俱見 又難若使本迹相由不得見者名應天地相由不得
俱見若也天見地名見良為是相由迹見本不見名應非相由
問從本垂迹有本在不 答從本垂迹有本在不是何物語 宜寬作聲
又問若爾從本垂迹應無本在 答從本垂迹應無本在是何 若問攝
物語 更問若爾喚作何物 答喚作從本垂迹
迹歸本名同前答不異 此是問門答 難今明門既可問門名可問開門之方具列於後 問本身之是應身
之不身是法身者名可不生之是應生之不生是法生不得受此難語雖
類意別今明法無有生名無有滅今言法生法滅云何 得耶若就
滅邊作語名爾 問假迹是有不 答假迹既應是有 又問
假迹應是無 答假迹既應是無 南向撥却有無 難假迹
不是有又復不是無名應真本非有又復不非無若使真本非有
名非無之有俱稱非名可假迹是有亦是無之有俱稱是 答假迹既應
是有之則非有假迹既應是無可則非無為人執此假迹定是無所能
應是無 問迹有生滅而迹非是有名可衆生有道之性之應非
有 答不相關迹有生滅而迹非是有衆生有道性衆生非是有
此是難云何乃言道性應非有耶 第四竪真應義 不生之滅之
真應生滅不生滅應真 此竪 答生滅是應 無生無滅真而生而滅應 此橫 問喚何
者為真何者為應 更問為當一對辯真應為當二對辯真應
答非一對辯真應 難若非一對辯真應者應是對辯真應
答真應當非一對辯云何二對辯 難家立問答云非一對辯真應即言作應是二對辯真應令且約物情而言可不妙於二耶此是

真應生滅不生滅應真，此堅無生無滅真而生而滅應跡　此稱問嘆何
者爲真何者爲應　答生滅不應　更問爲當一體辯真應爲當二體辯真應
答非一體辯真應　難若非一體辯真應者應是二體辯真應
答真應當非一體辯云何二體辯　難家乍聞答云非一體辯真應即言作應是二體辯
當不得以一體辯云何得二體辯是八像之大意也如問云　真應今且約物情而言二可不妙非二耶此真應
道是無不答云道樂是無即難云道應是有之例　難若使喚作真應不得以三辯名
可喚作水火不得以冷熱論　答不例我從真處起應故可從水致火耶
又云与冷熱非爲並真應水火義不同向若　答云真應不得以本迹辯容
可道之應水火不得以冷熱論今論此難何但真應水火相乘之乃一二冷
熱不例　難水火非冷熱不得冷熱論真應非一三何妨三辯
答容可水火冷熱論不得真應三辯　難有真復有應不得一
二辯之應無應復無真應得三辯若使無真應之時三之無之應有
真應之日三之應有　問聖人無生死亦生死名爲應生死之可凡夫　凡夫所以有生死者皆從無生死來此則与聖人何異耶人生死既名爲應生死凡夫生死之應
從無生死而起有生死之得是應生死
生死耶　答凡夫不能無生死云何能應生死耶　難聖人無生死應生
死之可聖人無解脫應解脫　答聖人無解脫亦解脫猶如罪人被枷得免
枷竟名作解脫如聖人本来無有係罪若爲有解脫乍聞聖人無
解脫欲似不好子細尋思實無解脫如老子云吾於聖已脫矣
又答此語不類今明解脫即是無之生之死之即是解脫何處離無生死外
別有解脫耶　殺　難聖人生生有身既名爲應生死之可凡生死死有身
之名爲應生死死即有身之可凡夫不名應生死死應無身果
若凡身聖之身凡聖無不身是則聖應凡之應凡聖無不應
更難聖人解脫其實無解脫之可凡夫生即是解脫何處離生死外別
有解脫耶　問從真起應之得從應起真不　答不得　難之可由
真故應不得由應故真　答相由語通起語是別不得持通以例別真
應　難由語通得論通起語別真應那論別若使真應得論通
又復得論別之可真應得相由又復得相起　若其真應但論通容可真應但相由今者之論別何妨道相從通者所謂由語通別者所謂起語
別也　問應身真之身不　答應身真之身　難應身真之身
可應生真之生　答應生真不生　難若應生真不生者之可應
身真不身　答生身不生身　生身者應身也不生同應生而同有應有身也　問應身有真身之
有不　答有真身有應身　難真應俱有身真應俱有生死

又復得論別，名可真應得相由，又復得相起[illegible]別何妨道相從通者所謂由語通別者所謂起語

別也 問應身真，名身不？ 答應身真，名身 難應身真，名身，名

可應生真，名生 答應生真，不生 難若應生真，不生者，名可應

身真不身 答生身不生身 生身者應身也，不生同應生而同有應有身也 問應身有真身，名

有不 答有真身有應身 難真應俱有身，真應俱有生死

答生死身，不生死身 義如前也 問應身有生死，有形返聞，即是未知真

身定在何處 答真身在無生無死處 難既無生無死，應當

無處 答無生無死，若為無處 難真身無生無死處，不得從無

為處，乃可應身有生有死，遂無處，不得從有為有處，若使有生有

死不得無處，而還有處，乃可無生無死，不得有處，而還無處

更難：從真身起應身，乃可從真生死起應生死 答不得云從真

生死起應生死，俱得云無生死真身起有生死應身 難既從無生死真

身起有生死應身者，乃可從無生死名相起有生死名相 答從

無名相之真身起有名相之應身，此答已者，隨他云從無名相起有

名相即難云：若從無名相起有名相者，乃可從無身起有身，向者

何故云從真起應身 答我向云從無名相之真身起有名相之應

身，誰道從無名相起有名相 問為是真身說經，為是應身說經

答應說，真不說 答只以真故不說，應

故說 難應說，真不說，乃可應身真不身 責若為應說真不說 答應是說身

真是不說身，卿應非身 難真應俱有身，真應俱應說

答以箇前聞竟 問從真起應，有在不 真 答從真起應，有真在

不是何物語 作覓 又問從真起應，應無真在 答從真起應，應無

真在是何物語 又問既不言有，復不言無，是何物作 答從真起應

是何物稱應歸真，名錄 問此經既是應身說，未知真身亦說不

答真身不說 難若也應說真不說，應此應非真應 答應

是真應 難應是真應，名應應說真名說 答應說真不說

耶並若使應是真應，應說真不說，乃可柱是木柱，柱柱木不柱，若使柱是木

柱，是木柱柱柱柱木，名柱，名可應是真應之說真，名說 答木柱可

是真應耶不例 又又質問若箇是木柱而言柱之木，名柱耶 答箇是木柱之

答我舉柱之木柱擬例汝，應說真說，汝約木柱之上假使不知柱之木柱

我向真應之上，名復不知應說真說 問聖人為凡身，及為聖身，皆

是從真起應 答身是從真起應 難若[illegible]可上[illegible]凡身時應

BD04687號　王玄覽道德經義論難（擬）

即並若使應是真應應說真不說名可柱是木柱柱柱木不柱若使柱是木
柱□木柱柱木名柱名可應是真應々說真名說　答木柱可
是真應耶不例　又文質問若箇是木柱而言柱々木名柱耶　若箇是柱々
答我舉柱々木柱擬例汝應說真說汝約木柱之上假使不知柱々木柱
我向真應之上名復不知應說真說　問聖人爲凡身及爲聖身皆
是從真起應　答皆是從真起應　難若爲在河上爲凡身時聽
可從真以起應當舟々昇空爲聖人之時此只是將河上之凡身昇空
空以爲聖身何爲從真起應耶　答云要從真以起應者今從凡
今□凡以起聖凡應即是真　答從無凡聖之真身起有凡聖之應
身此即是從真起應竟今明凡之与聖皆是應身　問聖人應身
既度衆生真身亦度衆生不　答應身度真身不度　責若爲
故應身度真身不度　答言身無形相應身有形相教化衆生以是
應身度真身不度　難應度真不度亦可應解脫真不解脫
答真應解脫　難真應俱解脫真應俱度物　答聽聞真應
俱解脫即遣真應俱度物　難真無形無解脫應有形有解脫
答有形解脫無形解脫　難有形有身聽可得解脫無形無身是難
解脫　答是無形無身者解脫　難無形無身若爲解脫計論
前問真身應身竟今乃云真無身早是失宗竟尋思細覓看
不能具更斟酌好體尔　答云無形無身爲不語其解脫　好斟已下是平章語也
是言無々爲向天形之上不合更論其解脫也　問真應爲當是一爲是二
云真應不一亦不二　此是兩種答勢任彼人取次難　責真應若爲不一若爲不二　此戴前答爲責　若先作
之即云真應□故不二　此是答語者欲預先報此義故云就　更責真應若爲不二　不二者問就也不一者異名也　答真
以真應故不一真應故不二　難若真應不一真應不二者名可不真復不
應今既有真復有應名應是一復是二云何言不一不二是人法道德同此難　我今所以云不二者只約此真應而
假令是人法道復同論之也　答我只道真應不一不二道誰不二
論若難此真應之外更欲道誰不三耶　問真應異不　答真應不一　此名異通答也　難真應既不一應是
異　答尚非是一云何是異　此之義勢以釋如前　問真身應名身不　答真身
應名身　難真身應名身者名可應有生滅真名生滅
答應生滅真不生滅　難應身真不身　答生滅身不生滅身　此答暗也
又時答云真身應名身身語通生滅語別不得將別以例通云云　問應身
有礙真身名有礙不　答應身有體真身無體　難若應有體真

BD04687號　王玄覽道德經義論難（擬）

異　答尚非是一云何是異（此之身異以釋如前）問真身應名身不　答真身

應名身　難真身應名身者名可應有生滅真名生滅

答應生滅真不生滅　難應身真不身　答生滅身不生滅身（此答勝也）

又時答云真身應名身身語通生滅語别不得將别以例通（云云）問應身

有難真身名有難不答應身有體真身無體　難若應有體真

無體者名可應有名真無名若真應俱有名名真應俱有體

答真是無體名應是有體名　難名者本以召形定體真既無體

何得有名　答真是不召體名　難真即有名而無體名可應則有

體而有名　答真是無體名應是有體名兆應云應有體而無名

難以聖名真是無體名應是有體名名應以名聖體應是體若使俱

有名體而無名體名應俱有體名今别答前難云應有體真無

體者名可應有名真無名　答如此應有名真無名　難既喚

作真真无名喚作應應无名　答應身有體故有名真身無形故無

名　難喚作真云何言無名　答只道我真無名我若不云真

無名道誰無名耶如常道不可道既喚作常道云何不可道若不

道常道不可道道誰不可道例此答好人心跡俱言喚作真即合有名

既喚作身云何言無形耶身之與形眼目之異名耳亦只是道箇真

身無形耳（此新好也）　第五竪境智義

所言境智者有所因起因緣教語起（境智之義解釋多途）　明教被緣緣

稟於教發生於智緣即受智名（緣者今時立宗因緣教起　緣者生也教者經教也衆生稟受經教而得悟解故得受智也）境能發智智能照境

智名教即轉為境稱（今約緣教而起境智緣既受智名教即理當境稱也）　境智名起緣教語謝（謝猶除滅也如因柱起屋屋名既生柱名即滅也）　問境

（物也知我也不回物境則無由發得智若不回智則無由得物境也）

能發生智智名能發生境不　答不得　責何故不得　答境但能

發生智智不能發生境　更問境能發生智發生何物智為發生實智

為發生權智　答境能發生智者論何物權實智耶名得云因經發生

二智照有名為權智照空名為實智不得言轉為權實境耶（疑有此二種答勢）

問既言境智語起緣教語謝時境智語從何處起緣教語從何處謝（只見境智語起緣教語謝也）

答境智語從緣教謝處起緣教語從境智起處謝（只道境智語起如語起緣緣教語謝可也）

問緣既稟教得悟轉受智名時未審教復若為因緣斷受

境稱（衆生因受教而悟了得此智名未審此教復作若為因緣而得受其境稱）　答緣稟教發生智緣即受智智

名名亦生境名即謝以是故教受境稱（尋境智語[illegible]因緣教起境智名緣教即謝但使許緣者智教名銜）

問既言境智語起緣教語時智語從何處起
語起緣教 答境智語從緣教謝處起緣教語從境智起處謝（只道境智語起 如語起）
語謝也 緣緣教 問緣既稟教得悟轉受智名時未審教復若為回緣謝受
謝可也 境稱（衆生回愛經教而悟了得此智名未審此教復作若為回緣而得受其境稱） 答緣稟教發生智緣即受智之
者之亦生境名即謝以是故教受境稱（尋境智語[redacted]智名緣教即謝但使許緣者智教名何）回緣教起境
境耶（既不） 問若箇是智 答只照境者可不是智耶 又問若箇是境
答只發智者可非境耶能照是智所照是境能發是境所發是智（此是答家）
解境也 照智發也 如論時（如尋常論 論之時也） 智照境之發智 師云只如是涅回涅果智
照發境照境發（涅明為回又得為果 例智得為照又得為發） 若為智照智發聖人以智照察前機可
不是智照耶（此智照也） 聖人以智發悟衆生智只箇可不是智發耶（此智發也） 題境
照境發令人莫不云行者修學而得解悟緣轉為智經為境之能發
悟行者而得解[redacted]了是故境受發稱（此境發也） 界玄經云若有人誹謗此經
者是人誹謗十方天尊光明之教只箇光明之教可不是境照耶行者
皆以經為鏡鑒照身心彼家名云涅槃是境故境名得受能照之名（此境照也）
此是師意 問此語者智照智發乃聖人以智照緣以智發緣是境智
義不 答名得（不須）境只在智得受照發之名智名亦（境名只在能照發者） 若從衆
作境智義從緣教語起今既不亦境智從何而出耶朗言者云智
照境照智發境發 問權實二智照何物境 責智照所由畢竟不可得此乃不照而名照
境名亦何世 [redacted] 答所謂照空為實智
耶 [redacted]照有為權智并往而論只實智可不照有權智可不照空
問既得云可照空有權實二名因何而得（答實智照空名照有者只於實智之空有已備竟於則為無用不）
當今者權實二名從何而得 答一往而論因照空名為實因照有名為權并往而論所
得照者名無所因名得云箇是實智照有照空箇是權智照有照空至論
無有二法只智照空智照有智照天智照地智者名不論二智本來不是二
名不是二智者名不是權智名不是實智照空故喚作實智之照有
故喚作權智 又問既不喚作權智實智喚作何物智 答喚作一切
智作此道名得雖然一切法者名不離空有（此作道已下是平章） 責若箇是一切智
答一切智 答家音喚只一切智是一切智 更問若个是 [redacted]
[redacted]智
答云照了一切法者可不是耶（出論不是智義） 更問既不喚作權智實智喚作
何物智 答喚作照境智 又問照何物境 答只照个所照之
境 又問所照之境是何物境 答此境是知境 [redacted]

BD04687號　王玄覽道德經義論難（擬）　（11–9）

智。作此道名得。雖然一切法者名不離空有 此作道也下是平章 責若箇是一切智

答一切智 答家音喚是一切智 更問若个是

答云照了一切法者可不是耶 出論不是智義 更問既不喚作權智實智喚作

何物智 答喚作照境智 又問照何物境 答只照个所照之

境 又問所照之境是何物境 答此境是知境

此語就緣上起與前語異疑非伏人之口不伏人之心也 第六豎因果義

因成果果酬因 問因成果有因在不 答因成果能忽有因在能

忽無因在 問因成果因應是果 答因成果誰道因應是果

難木成柱木應非是柱 答木成柱能應木應非是柱 難若也如此木應

是柱 答木成柱能忽木應是柱 難木成柱木應非是柱

答曰木有枝柱名應有枝 此一種答勢若木成柱即合木成柱者名應木有枝

應非是 難木有枝柱無枝將知果即無因以柱無枝故 前答云能忽無因在

柱耶 為道柱無枝故 師云只將箇有枝木作箇無枝柱 師云弟其語

難木有枝柱無枝兩箇自別木作者為成柱 答只將箇有枝木

成箇無枝柱 又問因有種種因果名有種種果不布施因應成布施

果持戒者不必能布施 布施得富貴持戒之人不必能布施未審得富貴不 答同只是一箇因因成一箇果

如屋梁椽柱同是屋因還成得屋果 難學問因得聰明果布施因

得富貴果果有不同何因道因成一果如涅因果者只道涅是瓶因瓶是涅

以涅成瓶瓶成有涅在不 答無涅在 難以涅成瓶瓶無涅在名可

以金成釧釧成無金在 答如此 責若為如此 答以涅成瓶瓶

成無有涅以金成釧釧成無有金 更問喚作何物 答喚作

無涅瓶無金釧簡此語者名有意若以涅成瓶是以柔成堅若以金

成釧是以堅成堅此不類 因柔不同以金難涅故稍不類 更問若尒以金成釧釧應不是因果

答因果語是柔堅語是別 問涅中無瓶而生瓶涅中無牛得生牛不

答涅是瓶因非牛因只作此答好若云涅有成瓶性無成牛性名得不及

前此是桓因中無果生果義 難涅是瓶因生瓶不生牛名可木是

椽因成椽不成柱若使不是椽因成椽名成柱名應涅是瓶因生瓶復

生牛果若生瓶不生牛無有得生牛是則成椽不成柱無有得成柱

若瓶無識而牛有識識不同椽柱俱無識 難瓶無識而牛有識生

答況是無因非牛因只作此答大者云況者……
前此是根因中無果生果義　難況是無因生無不生牛名可木是
椽因成椽不成柱若使不是椽因成椽名成柱名應況是無因生無復
生牛果若生無不生牛無有得生牛是則成椽不成柱無有得成柱
若無無識而牛有識識不同椽柱俱無識　難無無識而牛有識生
無不生牛名可牛有名而無無名喚牛不喚無若牛無俱有名喚牛
名喚無名可牛無俱有識生無名生牛　答若根因中有果生果者
問因中有果竟何須因生果　答因中有果生果誰道因中有果音生
果　難若尔因中無果　答因中有果生果誰道因中無果生果
問是何物　答因有中果生果是何物　難今共汝論義乃爲
學人語何無恥遂至於此　問況中當有無喚作無有名可況中當有
無之當破應喚作無無　師答況是因無是果故云況中當有無喚作無
作箇道得汝來難我今辯況爲因無爲果靴應作箇義
喚作無有汝言況中當有無之當破應無無之則爲因破則爲果我回者
難向者不道無無則不得道無名向者不道無有名答向者道無得道無有
有容可問無有向者不道無無靴忽問無無　難彼我與物對既道無有
而得論無有名可有無以物對彼家既道無無名得論無無若使有
無以物對彼既道無有我不得道無有名可有無以物對我既論無無
汝不得論無有　又問因能生果之能酬因　酬猶報也　如以金作釧之成釧此是
酬因也爲當因中有果生果無果生果　答宜兩向撥語始正所謂
兩向撥者因生果因中有果生果是何物語因生果因中無果生果是何物
語　又問果時有因在不名宜兩向撥之若云本是因柱是果柱是因
屋是果若如此者是果生果今明名得有此義涅槃經云因之名因之果
之名果之者佛性爲因菩提爲因涅槃爲果佛性爲涅槃作因故曰因之
涅槃爲菩提作果故曰果之耳　難柱復爲屋作因木復爲柱作因則無窮
答無窮有窮義如木因窮於種子果窮在屋是故木不隨無窮
義有時道果得爲果作因有時復道果不得爲果作因不得有得
不義得有不得義　不得而論果得爲果作因者如柱是木果有是木因是果　不得爲果作因者如柱若望木而論即是木之果既能
爲屋作因明知非果不有屋……果名是也又……

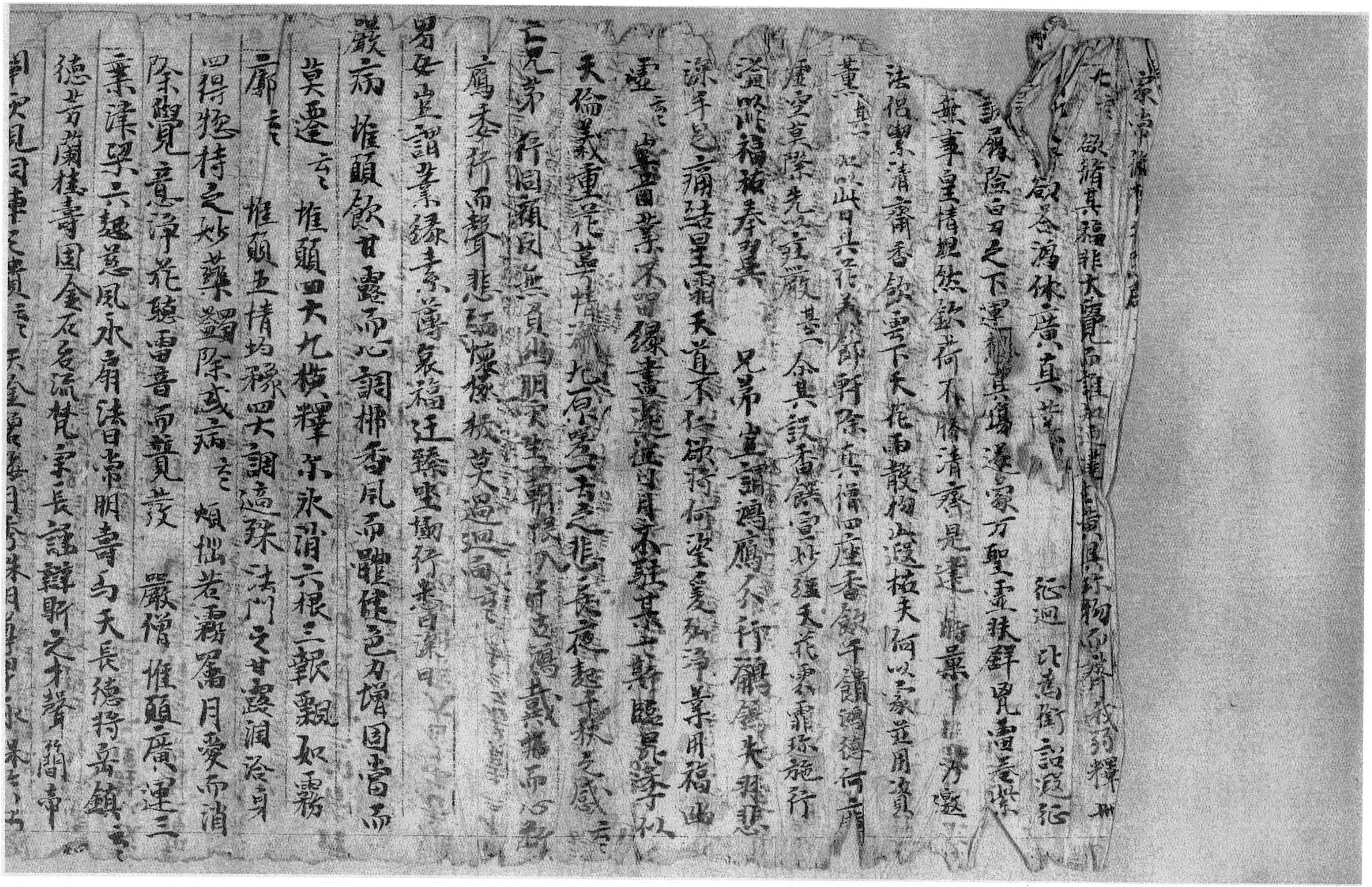

BD04687號背　齋儀（擬）

（4–1）

莫遷云云 惟願四大九横釋示氷消六根三報飄如霧
廓云云 惟願五情均祿四大調適珠法門之甘露潤洽身
田得惣持之妙藥蠲除式痾云云 煩惱若霧屠月愛而消
除覺意淨花聽雷音而覺悟 嚴僧 惟願廣運三
業津梁六趣慈風永扇法日常明壽与天長德將岳鎮云云
德芳蘭桂壽同金石名流梵宇長謚辯斯之才聲飛閻帝
開更見同車之貴云云 天金瑤若海月秀珠明尊甲永保於松
筠壽含常如水乳 嚴官 風鏡轉清氷臺湛照福壽
遐遠歡娛日新入輔鹽衡出為良守云云 惟願早登雲閣高
步銅龍弟玉山河家榮國寵金章紫綬一日九遷云云
嚴橦越 惟願保山岳之留得仙靈之壽劫石長盡芥城亦空而此業
不遷 莊耕之常樂云云 十躔霧廓千鄣雲消道心將天鏡齊
明福壽与金剛等固瑕寶盈於舍宅祿位昇於自斯云云
万靈衛千聖雲扶群横都派衆善普會開長者之庫藏
有願必從得輪王之寳珠所求如意 嚴云 風生珠樹葉聽若空
永激金池散同常樂云云 七重寶樹莫幽魂之有託千葉花池
灌金軀而無垢云云 願此福乘梅風泝雨飛紫運一闕百法長謀万云
花而遊於淨國云云 惟願後妙識於雄雲目右海騰神照於般若多
其劫熟云其堅云云 持此鴻休用光冥運騰福羽而上涉天界生蓮
開高界解脫之津永謝輪迴之苦然後愿諸仏國梅梵而遊
淨天入聖賢池沐法流而滌清惠云云 惟願蓮花世界數神法桂
之宮琉璃國土證道菩提之樹清劫濁劫業願永通濟生靈洪
悲不絕云云 而異東方處空以標功德之廣大而遊法界以眾普
賢之願功盡未際恒為眷屬同緣永斷別離長作菩提眷屬云云
恒沙表露因慈風而散彩一切善根憑法雨而增秀舍牛車以
長往馭龍象而速登

（4–2）

BD04687號背　齋儀（擬）

淨天入聖賢池沐法流而澡清慮云云　惟願蓮花世界敷神法桂
之宫琉璃国土證道菩提之樹清劫濁劫業願永通濟生靈洪
悲不絕云云　而異東方虛空以標功德之廣大南遊法界以取菩
賢之願力盡未際恒爲眷屬　因緣永断別離長作菩提眷屬云云
恒沙菩薩因惠風而散彩一切善根憑法雨而增秀　舍牛車以
長往馭龍珠而速證　虛空有盡此願無窮云云
迴施　上願乾坤交泰日月貞明　威業光輝百王芳名譪於世　然後
風䫻法福雲而遐及有心齊登妙果云云　亦願花福並𣪍鴻因不絕
盡虛空界而到見一家永劫而董無猜高般若一勞成登一乘果
伏願如來五眼同共證明諸佛千身常隨擁護　國界同於花藏
女滿月　惟寔是被女娥標象遠承皇月之暉離光司方宙列乾
坤之次作嬪君子詩令好配德良儔　礼成子教方悖薑鳥裕
禖聆覬虺夢貽祥聖景冥津遂果成願　因得娠厄之際神龜
自佑三百告期五宗相賀貝爰於此日奉供聖靈願孩子明惠日崇
衮言歲益清襟䖏培陵桑寔之知結風韻高音掩郭謝庭之
良　女生日　惟貞閑麗淑令淑端莊秀桂雲崖披蓮月浦　故於
誕生之日請僧福基供列齋而會芳香散空而結霧以此功德
莊嚴夫人貴體　惟願睇百春於晨蠹擁千福於朝雲壽逾孝
於此何色㒵鮮於桃李　惟以光儀獨擅雅志孤標　已上誕　女上
神慮泉流瑩珠凡影禪池白清饗葉戒珠時皎
所圓道德播於孝門英聲振於係從

自

隨有

有在

右安幢竪傘自是常規建福錄

吠無氣恒有　右安

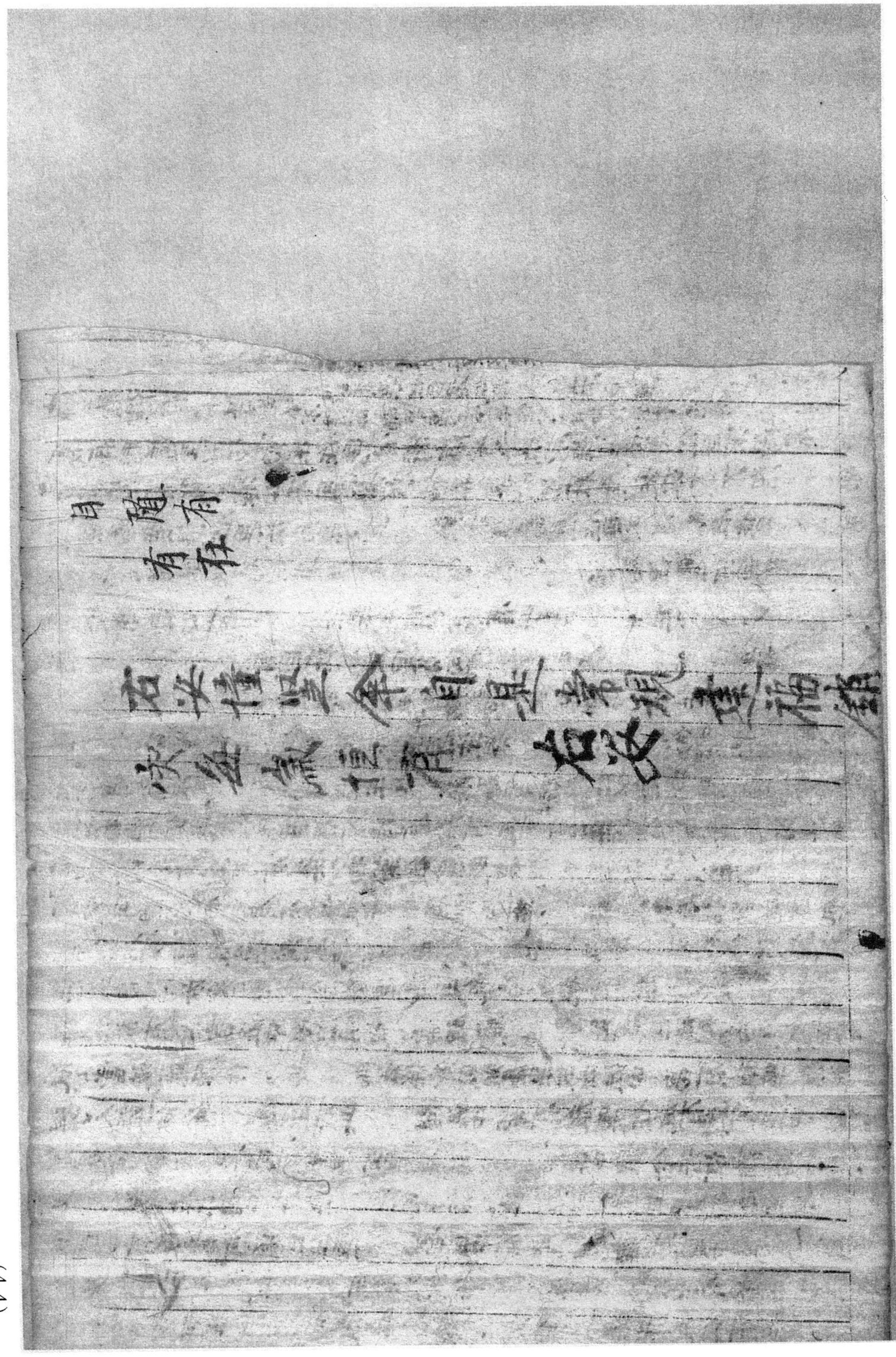

妙法蓮華經妙音菩薩品第二十四　七
尒時釋迦牟尼佛放大人相肉髻光明及放眉
間白毫相光遍照東方百八万億那由他恒
河沙等諸佛世界過是數已有世界名淨光
莊嚴其國有佛号淨華宿王智如来應
供正遍知明行足善逝世間解无上士調御
丈夫天人佛師世尊為无量无邊菩薩大衆恭
敬圍繞而為說法釋迦牟尼佛白毫光明
遍照其國尒時一切淨光莊嚴國中有一菩
薩名曰妙音久已植衆德本供養親近无量
百千万億諸佛而悉成就甚深智慧得妙幢
相三昧法華三昧淨德三昧宿王戲三昧无緣
三昧智印三昧解一切衆生語言三昧集一切
功德三昧清淨三昧神通遊戲三昧慧炬三
昧莊嚴王三昧淨光明三昧淨藏三昧不共

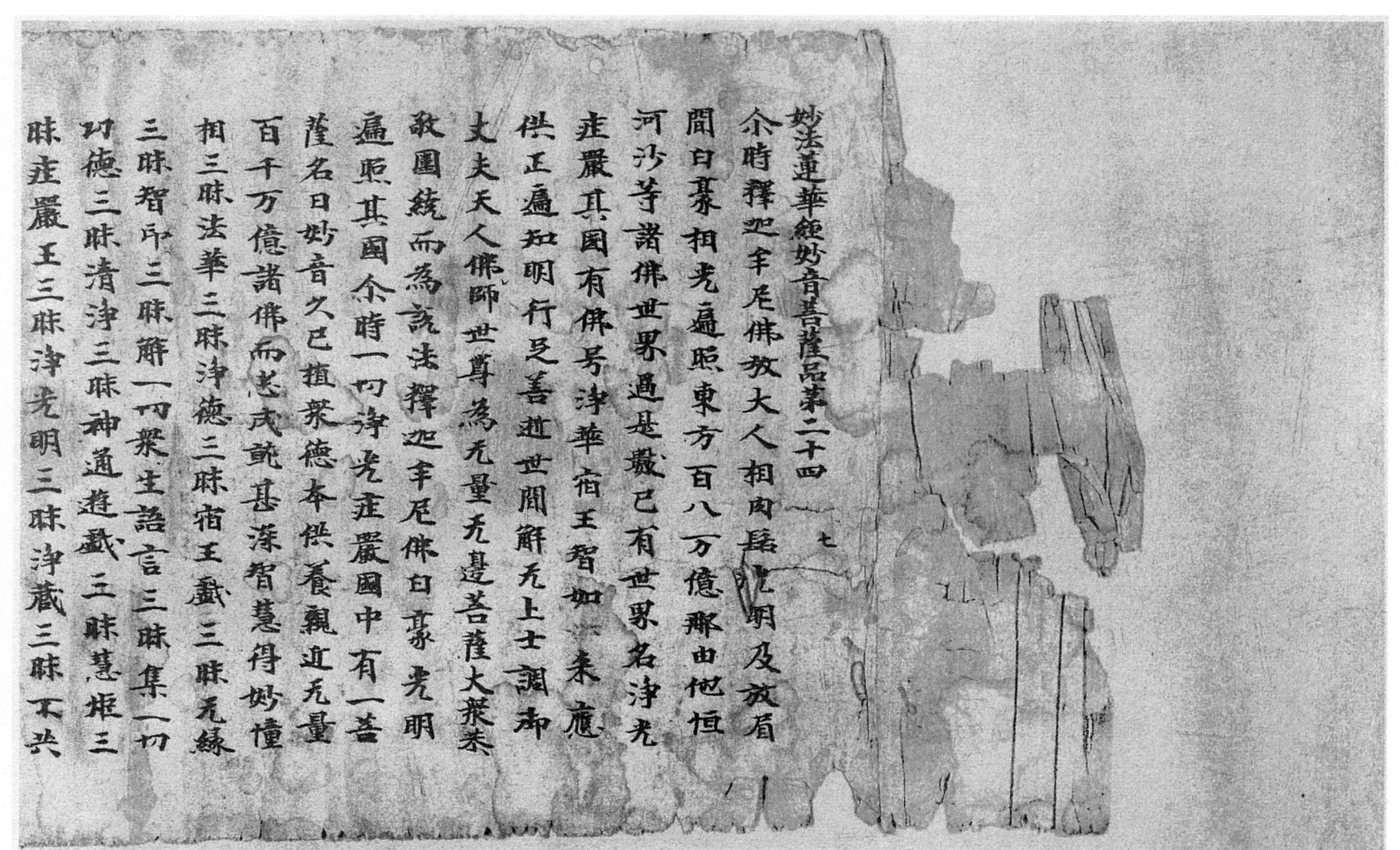

BD04688 號　妙法蓮華經卷七　（6–1）

百千万億諸佛而悉成就甚深智慧得妙幢
相三昧法華三昧淨德三昧宿王戲三昧无緣
三昧智印三昧解一切衆生語言三昧集一切
功德三昧清淨三昧神通遊戲三昧慧炬三
昧莊嚴王三昧淨光明三昧淨藏三昧不共
三昧日旋三昧得如是百千万億恒河沙等
諸大三昧釋迦牟尼佛光照其身即白淨
華宿王智佛言世尊我當往詣娑婆世界
礼拜親近供養釋迦牟尼佛及見文殊師利
法王子菩薩藥王菩薩勇施菩薩宿王華菩
薩上行意菩薩莊嚴王菩薩藥上菩薩尒
時淨華宿王智佛告妙音菩薩汝莫輕彼國
生下劣想善男子彼娑婆世界高下不平土石
諸山穢惡充滿佛身卑小諸菩薩衆其形亦小
汝身四万二千由旬我身六百八十万由旬汝身
第一端正百千万福光明殊妙是故汝往莫輕
彼國若佛菩薩及國土生下劣想妙音菩
薩白其佛言世尊我今詣娑婆世界皆是
如来之力如来神通遊戲如来功德智慧莊
嚴於是妙音菩薩不起于座身不動搖而入三
昧以三昧力於耆闍崛山去法座不遠化作八
万四千衆寶蓮華閻浮檀金為莖白銀為
葉金剛為鬚甄叔迦寶以為其臺尒時文
殊師利法王子見是蓮華而白佛言世尊是
何因緣先現此瑞有若干千万蓮華閻浮檀

BD04688 號　妙法蓮華經卷七　（6–2）

眛以三眛力於耆闍崛山去法座不遠化作八
万四千衆寶蓮華閻浮檀金為莖白銀為
葉金剛為鬚甄叔迦寶以為其臺尒時文
殊師利法王子見是蓮華而白佛言世尊是
何因緣先現此瑞有若干千万蓮華閻浮檀
金為莖白銀為葉金剛為鬚甄叔迦寶以
為其臺尒時釋迦牟尼佛告文殊師利是妙
音菩薩摩訶薩欲從淨華宿王智佛國與八
万四千菩薩圍繞而来至此娑婆世界供養
親近礼拜於我亦欲供養聽法華經文殊師
利白佛言世尊是菩薩種何善本脩何功德
而能有是大神通力行何三眛願為我等說是
三眛名字我等亦欲勤脩行之行此三眛乃能
見是菩薩色相大小威儀進止唯願世尊以神
通力彼菩薩来令我得見尒時釋迦牟尼佛
告文殊師利此久滅度多寶如来當為汝等
而現其相時多寶佛告彼菩薩善男子来文
殊師利法王子欲見汝身于時妙音菩薩於
彼国沒與八万四千菩薩俱共發来所經諸
國六種震動皆悉雨於七寶蓮華百千天
樂不鼓自鳴是菩薩目如廣大青蓮華葉
正使和合百千万月其面貌端正復過於此身
真金色无量百千功德莊嚴威德熾盛光明
照曜諸相具足如那羅延堅固之身入七寶
臺上昇虛空去地七多羅樹諸菩薩衆恭

BD04688號　妙法蓮華經卷七　（6–3）

樂不鼓自鳴是菩薩目如廣大青蓮華葉
正使和合百千万月其面貌端正復過於此身
真金色无量百千功德莊嚴威德熾盛光明
照曜諸相具足如那羅延堅固之身入七寶
臺上昇虛空去地七多羅樹諸菩薩衆恭
敬圍繞而来詣此娑婆世界耆闍崛山中到
已下七寶臺以價直百千瓔珞持至釋迦牟
尼佛所頭面礼足奉上瓔珞而白佛言世尊
淨華宿王智佛問訊世尊少病少惱起居
輕利安樂行不四大調和不世事可忍不
衆生易度不无多貪欲瞋恚愚癡嫉妬慳慢
不无不孝父母不敬沙門邪見不善心不攝
五情不世尊衆生能降伏諸魔怨不久滅度
多寶如来在七寶塔中来聽法不又問訊多
寶如来安隱少惱堪忍久住不世尊我今欲
見多寶佛身唯願世尊示我令見尒時釋迦
牟尼佛語多寶佛是妙音菩薩欲得相見時
多寶佛告妙音言善哉善哉汝能為供養釋迦
牟尼佛及聽法華經并見文殊師利等故来至
此尒時華德菩薩白佛言世尊是妙音菩薩
種何善根脩何功德有是神力佛告華德
菩薩過去有佛名雲雷音王多陁阿伽度阿
羅呵三藐三佛陁國名現一切世間劫名憙見
妙音菩薩於万二千歲以十万種伎樂供養
雲雷音王佛并奉上八万四千七寶鉢以是

BD04688號　妙法蓮華經卷七　（6–4）

種何善根修何功德有是神力佛告華德
菩薩過去有佛名雲雷音王多陁阿伽度阿
羅呵三藐三佛陁國名現一切世間劫名憙見
妙音菩薩於万二千歲以十万種伎樂供養
雲雷音王佛并奉上八万四千七寶鉢以是
因緣果報今生淨華宿王智佛國有是神力
華德於汝意云何尒時雲雷音王佛所妙音
菩薩伎樂供養奉上寶器者豈異人乎今此
妙音菩薩摩訶薩是華德是妙音菩薩已曾
供養親近无量諸佛久植德本又值恒河等百
千万億那由他佛華德汝但見妙音菩薩其
身在此而是菩薩現種種身處處為諸眾
生說是經典或現梵王身或現帝釋身或現
自在天身或現大自在天身或現天大將軍身
或現毗沙門天王身或現轉輪聖王身或現
諸小王身或現長者身或現居士身或現宰
官身或現婆羅門身或現比丘比丘尼優
婆塞優婆夷身或現長者居士婦女身或
現宰官婦女身或現婆羅門婦女身或現童
男童女身或現天龍夜叉乹闥婆阿脩羅迦
樓羅緊那羅摩睺羅伽人非人等身而說是
經諸有地獄餓鬼畜生及眾難處皆能救濟
乃至於王後宮變為女身而說是經華德是
妙音菩薩能救護娑婆世界諸眾生者是妙
音菩薩如是種種變化現身在娑婆國土為

BD04688號　妙法蓮華經卷七　　（6–5）

經諸有地獄餓鬼畜生及眾難處皆能救濟
乃至於王後宮變為女身而說是經華德是
妙音菩薩能救護娑婆世界諸眾生者是妙
音菩薩如是種種變化現身在娑婆國土為
諸眾生說是經典於神通變化智慧无所
損減是菩薩以若干智慧明照娑婆世界令
一切眾生各得所知於十方恒河沙世界中亦復
如是若應以聲聞形得度者現聲聞形而為
說法應以辟支佛形得度者現辟支佛形而
為說法應以菩薩形得度者現菩薩形而為
說法應以佛形得度者即現佛形而為說法
如是種種隨所應度而為現形乃至應以滅
度而得度者示現滅度華德妙音菩薩摩
訶薩成就大神通智慧之力其事如是尒時
華德菩薩白佛言世尊是妙音菩薩深種善
根世尊是菩薩住何三昧而能如是在所變現
度脫眾生佛告華德菩薩善男子其三昧名
現一切色身妙音菩薩住是三昧中能如是饒
益无量眾生說是妙音菩薩品時與妙音菩

BD04688號　妙法蓮華經卷七　　（6–6）

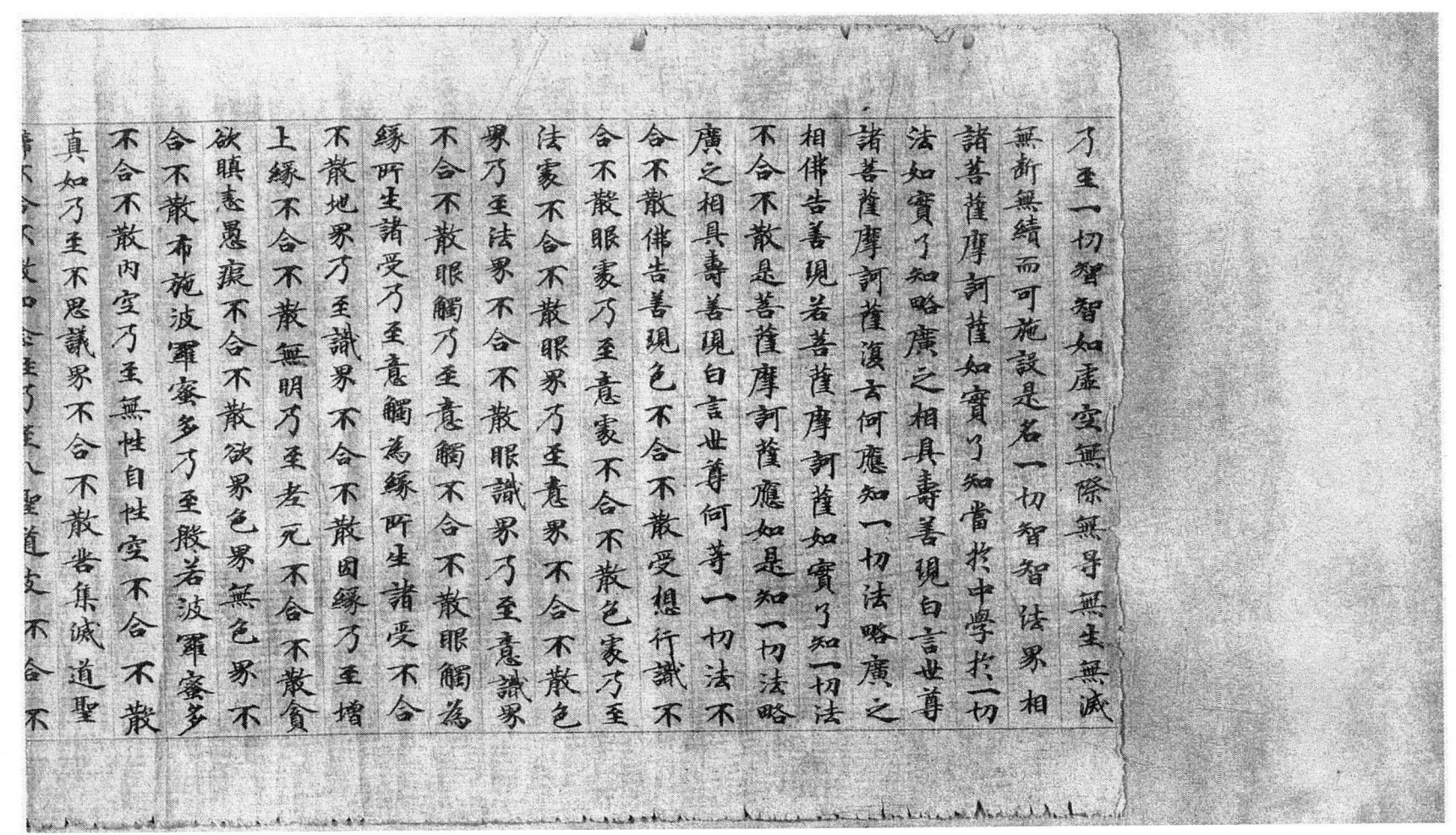

乃至一切智智如虛空無際無分無生無滅
無斷無續而可施設是名一切智智法界相
諸菩薩摩訶薩如實了知當於中學於一切
法如實了知略廣之相具壽善現白言世尊
諸菩薩摩訶薩復云何應知一切法略廣之
相佛告善現若菩薩摩訶薩如實了知一切法
不合不散是菩薩摩訶薩應如是知一切法略
廣之相具壽善現白言世尊何等一切法不
合不散佛告善現色不合不散受想行識不
合不散眼處乃至意處不合不散色處乃至
法處不合不散眼界乃至意界不合不散色
界乃至法界不合不散眼識界乃至意識界
不合不散眼觸乃至意觸不合不散眼觸為
緣所生諸受乃至意觸為緣所生諸受不合
不散地界乃至識界不合不散因緣乃至增
上緣不合不散無明乃至老死不合不散貪
欲瞋恚愚癡不合不散欲界色界無色界不
合不散布施波羅蜜多乃至般若波羅蜜多
不合不散內空乃至無性自性空不合不散
真如乃至不思議界不合不散苦集滅道聖
諦不合不散四念住乃至八聖道支不合不

BD04689號　大般若波羅蜜多經卷四六一　（2–1）

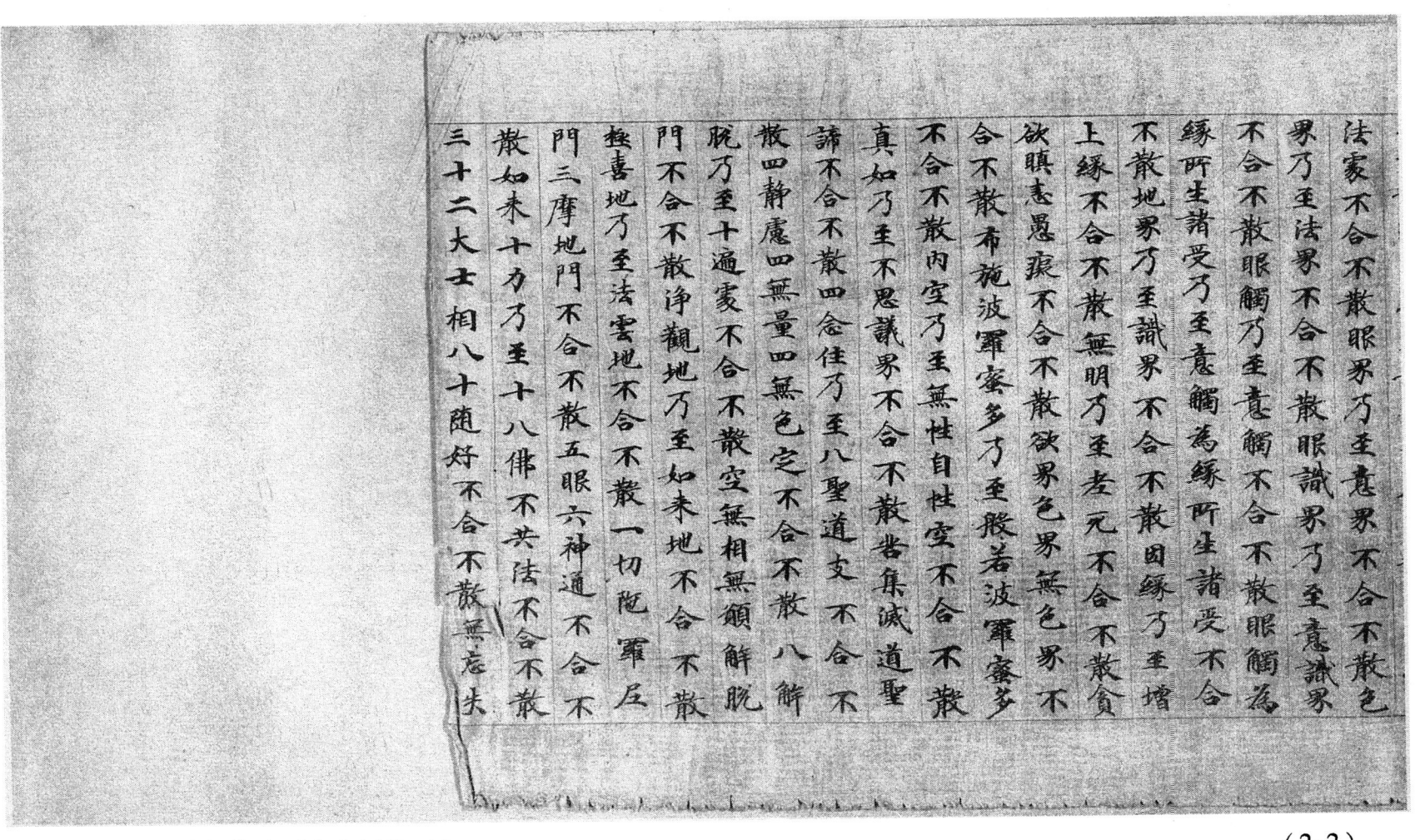

法處不合不散眼界乃至意界不合不散色
界乃至法界不合不散眼識界乃至意識界
不合不散眼觸乃至意觸不合不散眼觸為
緣所生諸受乃至意觸為緣所生諸受不合
不散地界乃至識界不合不散因緣乃至增
上緣不合不散無明乃至老死不合不散貪
欲瞋恚愚癡不合不散欲界色界無色界不
合不散布施波羅蜜多乃至般若波羅蜜多
不合不散內空乃至無性自性空不合不散
真如乃至不思議界不合不散苦集滅道聖
諦不合不散四念住乃至八聖道支不合不
散四靜慮四無量四無色定不合不散八解
脫乃至十遍處不合不散空無相無願解脫
門不合不散淨觀地乃至如來地不合不散
極喜地乃至法雲地不合不散一切陀羅尼
門三摩地門不合不散五眼六神通不合不
散如來十力乃至十八佛不共法不合不散
三十二大士相八十隨好不合不散無忘失

BD04689號　大般若波羅蜜多經卷四六一　（2–2）

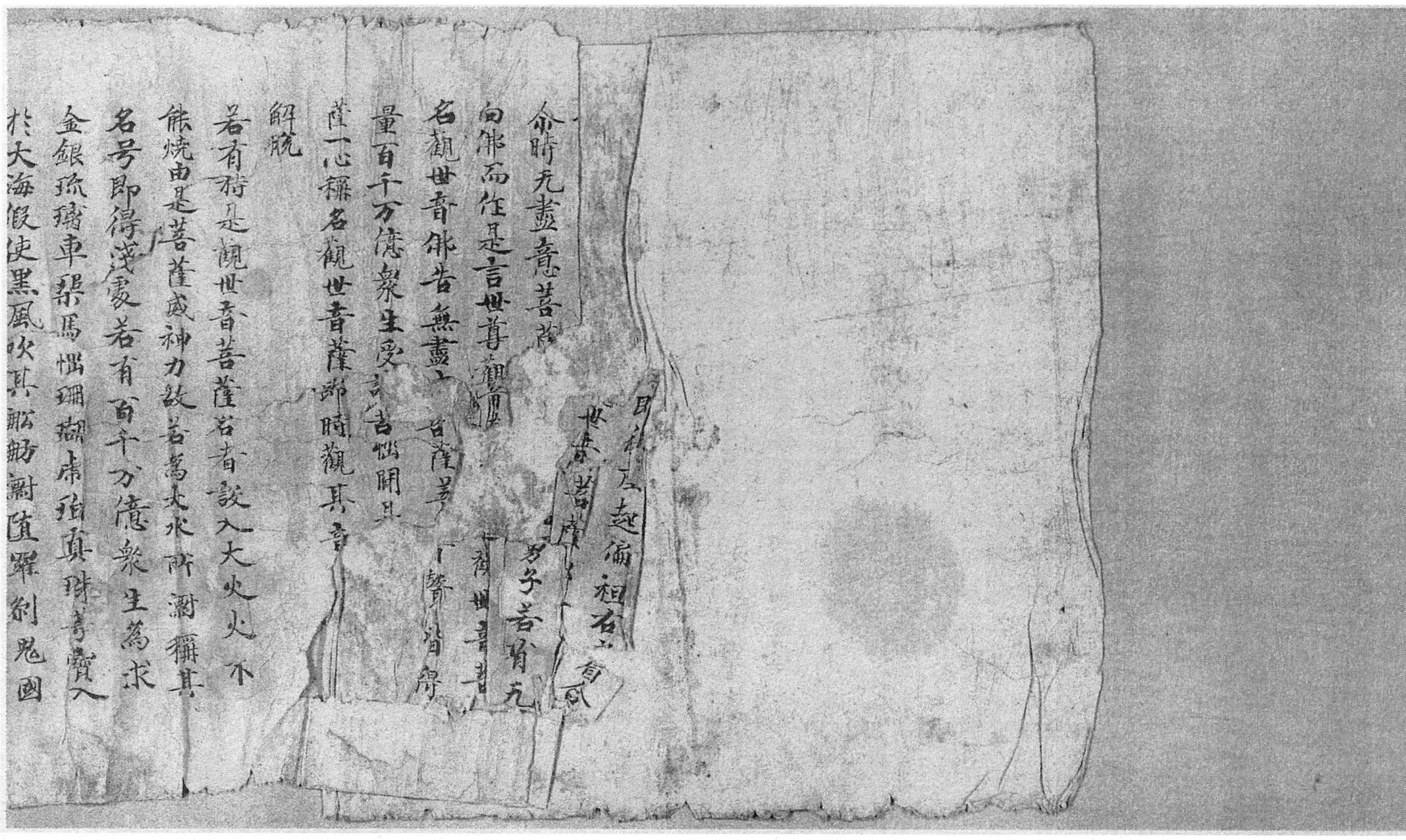
爾時无盡意菩薩即從座起偏袒右肩合掌
向佛而作是言世尊觀世音菩薩以何因緣
名觀世音佛告无盡意菩薩善男子若有无
量百千万億衆生受諸苦惱聞是觀世音菩
薩一心稱名觀世音菩薩即時觀其音聲皆得
解脫
若有持是觀世音菩薩名者設入大火火不
能燒由是菩薩威神力故若為大水所漂稱其
名号即得淺處若有百千万億衆生為求
金銀琉璃車𤦲馬瑙珊瑚虎珀真珠等寶入
於大海假使黑風吹其舡舫飄墮羅剎鬼國

BD04690號　妙法蓮華經卷七　（3–1）

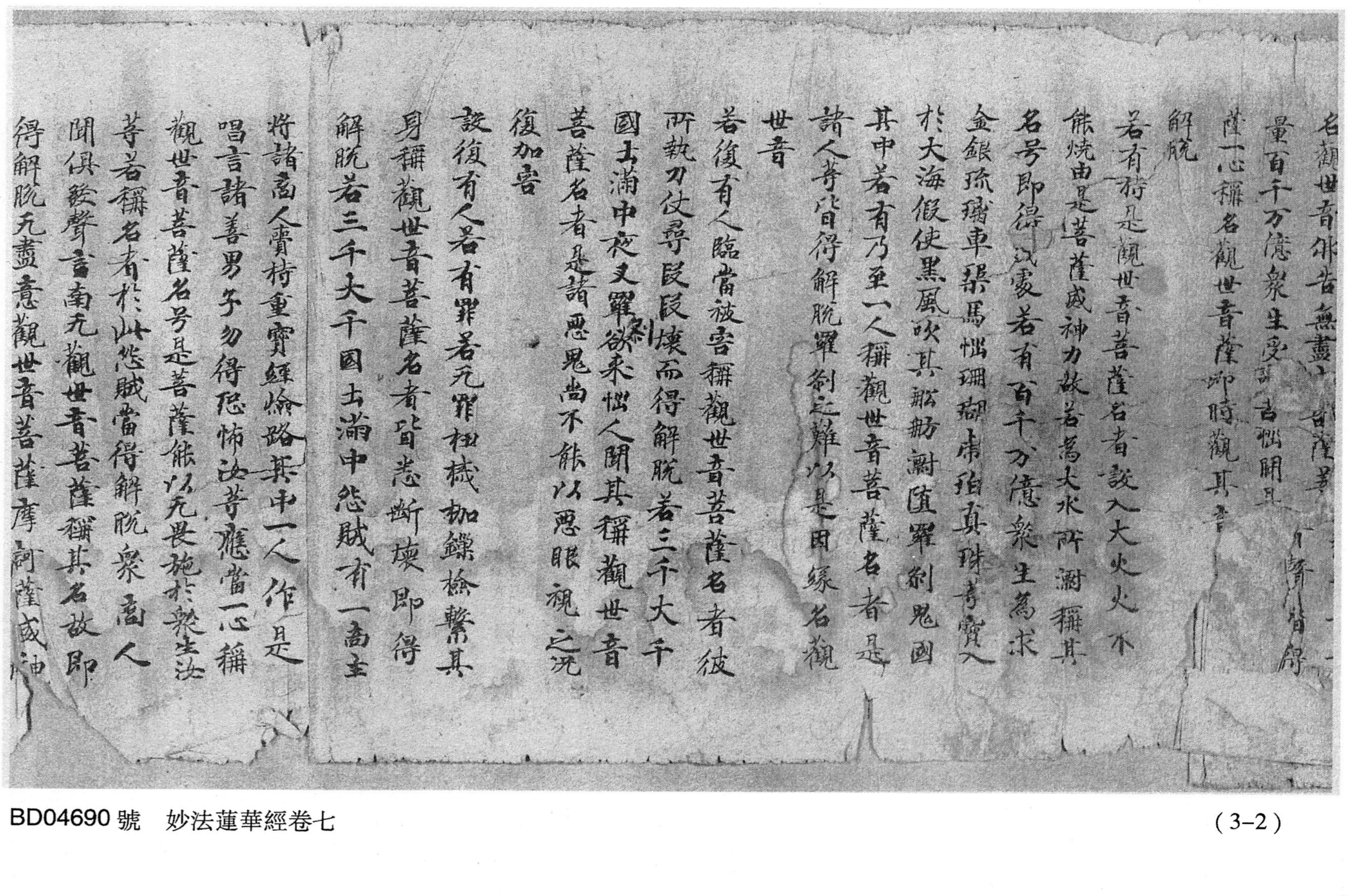
名觀世音佛告無盡意菩薩善男子若有无
量百千万億衆生受諸苦惱聞是觀世音菩
薩一心稱名觀世音菩薩即時觀其音聲皆得
解脫
若有持是觀世音菩薩名者設入大火火不
能燒由是菩薩威神力故若為大水所漂稱其
名号即得淺處若有百千万億衆生為求
金銀琉璃車𤦲馬瑙珊瑚虎珀真珠等寶入
於大海假使黑風吹其舡舫飄墮羅剎鬼國
其中若有乃至一人稱觀世音菩薩名者是
諸人等皆得解脫羅剎之難以是因緣名觀
世音
若復有人臨當被害稱觀世音菩薩名者彼
所執刀杖尋段段壞而得解脫若三千大千
國土滿中夜叉羅剎欲來惱人聞其稱觀世音
菩薩名者是諸惡鬼尚不能以惡眼視之況
復加害
設復有人若有罪若无罪杻械枷鎖檢繫其
身稱觀世音菩薩名者皆悉斷壞即得
解脫若三千大千國土滿中怨賊有一商主
將諸商人賫持重寶經過嶮路其中一人作是
唱言諸善男子勿得恐怖汝等應當一心稱
觀世音菩薩名号是菩薩能以无畏施於衆生汝
等若稱名者於此怨賊當得解脫衆商人
聞俱發聲言南无觀世音菩薩稱其名故即
得解脫无盡意觀世音菩薩摩訶薩威神

BD04690號　妙法蓮華經卷七　（3–2）

將諸商人齎持重寶經過險路其中一人作是
唱言諸善男子勿得恐怖汝等應當一心稱
觀世音菩薩名号是菩薩能以无畏施於衆生汝
等若稱名者於此怨賊當得解脫衆商人
聞俱發聲言南无觀世音菩薩稱其名故即
得解脫无盡意觀世音菩薩摩訶薩威神
之力巍巍如是
若有衆生多於婬欲常念恭敬觀世音菩薩
便得離欲若多瞋恚常念恭敬觀世音菩薩
便得離瞋若多愚癡常念恭敬觀世音菩薩
便得離癡无盡意觀世音菩薩有如是等大
威神力多所饒益是故衆生常應心念
若有女人設欲求男礼拜供養觀世音菩薩便
生福德智慧之男設欲求女便生端政有相
之女宿殖德本衆人愛敬无盡意觀世音
菩薩有如是力若有衆生恭敬礼拜觀世音
菩薩福不唐捐是故衆生皆應受持觀世音菩
薩名号无盡意若有人受持六十二億恒河沙
菩薩名字復盡形供養飲食衣服臥具醫
藥於意云何是善男子善女人功德多不无
盡意言甚多世尊佛言若復有人受持觀世
音菩薩名号乃至一時礼拜供養是二人福正
等无異於百千万億劫不可窮盡无盡意受
持觀世音菩薩名号得如是无量无邊福德
之利

BD04690 號　妙法蓮華經卷七　（3–3）

南无三億弗沙佛　南无一切同名弗沙佛
南无六十億大莊嚴佛　南无一切同名大莊嚴佛
南无八十億寶體法決定佛
南无一切同名寶體法決定佛　南无一切同名沙羅自在王佛
南无六十億沙羅自在王佛　南无一切同名寶體決定佛
南无十八億寶體決定佛　南无一切同名日月燈明佛
南无十八億日月燈明佛　南无一切同名決定光明佛
南无百億決定光明佛　南无一切同名日月燈明佛
南无二十億日月燈明佛　南无一切同名妙聲王佛
南无二十億妙聲王佛　南无一切同名雲自在王佛
南无二十百億雲自在王佛　南无一切同名釋迦牟尼佛
南无三十億釋迦牟尼佛　南无一切同名怖畏聲王佛
南无三十億千怖畏聲王佛　南无一切同名妙聲佛
南无四十億那羅延妙聲佛　南无一切同名樂莊嚴佛
南无億千樂莊嚴佛　南无一切同名覺光華佛
南无億那由他百千覺光華佛

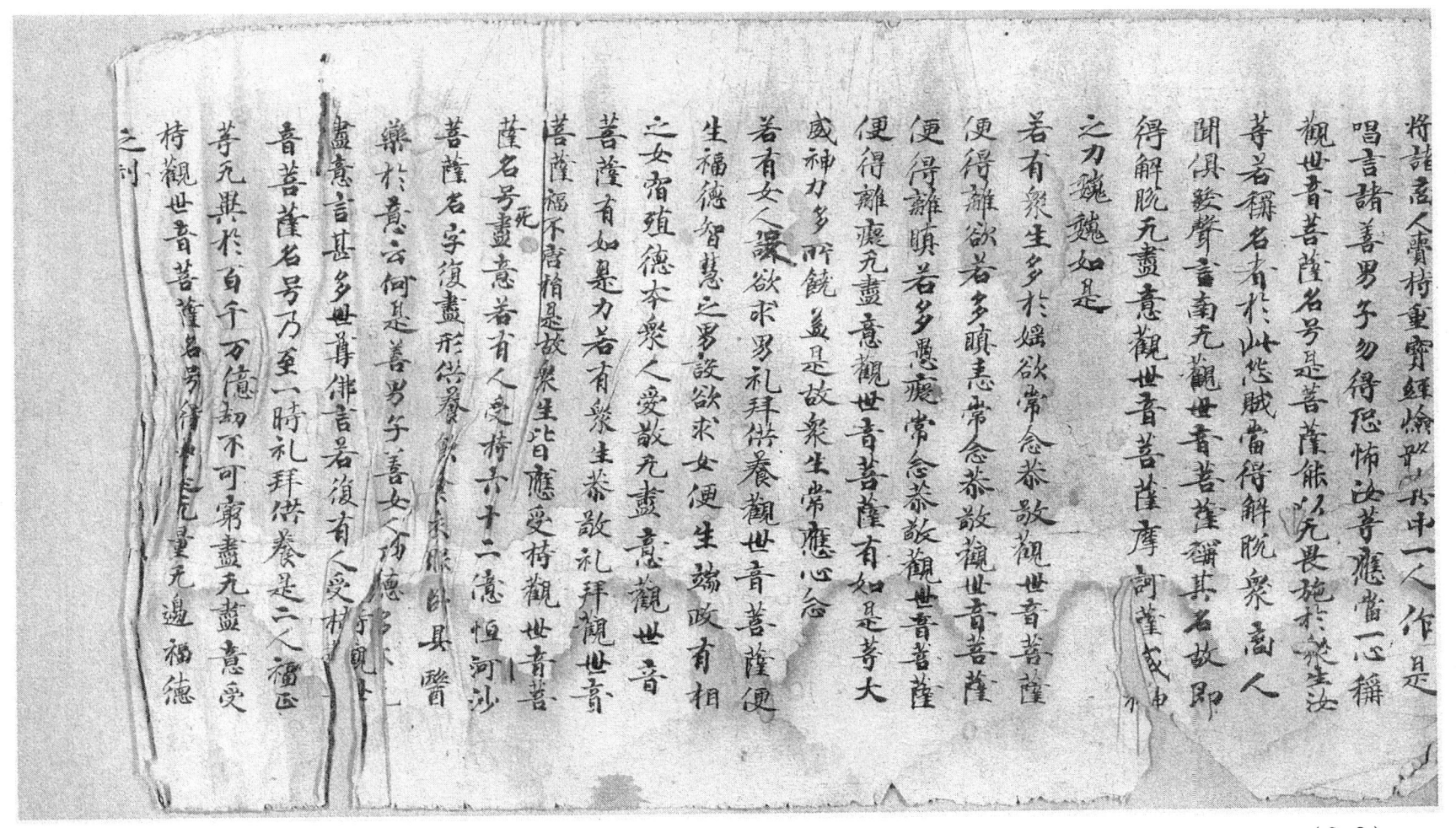

BD04691 號　佛名經（十六卷本）卷一　（7–1）

南无三千億[illegible]佛　南无一切同名釋迦牟尼佛
南无三十億千怖畏聲佛　南无一切同名怖畏聲王佛
南无四十億那由他妙聲佛　南无一切同名妙聲佛
南无億千樂莊嚴佛　南无一切同名樂莊嚴佛
南无億那由他百千覺華佛　南无一切同名覺華佛
南无六十頻婆羅遠離諸怖畏佛
南无一切同名遠離諸怖畏佛
南无須弥微塵一切功德山王勝名佛
南无一切同名一切功德山王勝名佛
南无十佛國土不可說億那由他微塵數普賢佛
南无一切同名普賢佛　南无過去未來現在諸佛
南无攝種遠離諸煩惱藏佛
南无一切德奮迅佛　南无勝奮迅佛
南无脩寂淨佛　南无上寂淨佛
南无住虛空佛　南无降伏諸魔怨佛
南无百寶佛　南无難勝光佛
南无自在作佛　南无日作佛
南无无垢光佛　南无自在觀佛
南无金光明師子奮迅佛　南无无垢威德佛
南无金光明普照佛　南无觀自在佛
南无金光明師子奮迅佛　南无无量光佛
南无釋迦牟尼佛　南无靜去佛
從此以上三百佛
南无脩寂靜佛　南无上寂靜佛
南无普現見佛　南无金剛功德佛
南无不動佛　南无普賢佛

BD04691 號　佛名經（十六卷本）卷一　（7–2）

南无釋迦牟尼佛　南无靜去佛
從此以上三百佛
南无脩寂靜佛　南无上寂靜佛
南无普現見佛　南无金剛功德佛
南无不動佛　南无普賢佛
南无普照佛　南无寶法決定佛
南无无畏王佛　南无无垢光佛
南无樂說莊嚴思惟佛　南无无垢月幢稱佛
南无拘蘓摩莊嚴光明作佛
南无出火佛　南无寶上佛
南无无畏觀佛　南无師子奮迅力佛
南无遠離怖畏毛豎稱佛　南无金剛牟尼佛
南无飲甘露佛　南无金剛光明佛
南无善見佛　南无尸棄佛
南无毗舍浮佛　南无拘留孫佛
南无難勝佛　南无阿閦佛
南无盧舍佛　南无阿弥陁佛
南无尼弥佛　南无寶光炎佛
南无弥留佛　南无自在佛
南无善見佛
南无寶精進月光莊嚴威德聲自在王佛
南无遠離一切諸畏煩惱上功德佛
南无初發心念斷疑發解斷煩惱佛
南无斷諸煩惱闇三昧上王佛
南无降伏破散金剛堅固佛

BD04691 號　佛名經（十六卷本）卷一　（7–3）

南无遠離一切諸畏煩惱上功德佛
南无初發心念斷疑發解斷煩惱佛
南无斷諸煩惱闇三昧上王佛
南无降伏破散金剛堅固佛
南无寶炎佛　南无大炎積佛
南无掬幢佛　南无手上王佛
南无寶上佛　南无善住智慧王无畏佛
南无大光慧滅昏闇佛　南无烏增上佛
南无截金剛佛　南无天王佛
南无一切義上王佛　南无三昧踰佛
南无念念王佛　南无光明觀佛
南无一切所依王佛　南无善護幢王佛
南无發趣速自在王佛　南无寶炎王佛
南无積大炎佛　南无掬幢香佛
南无手上王佛　南无寶上佛
南无善住惠王无畏佛　南无炎智音佛
南无寶藏佛　南无放炎佛
南无迦葉佛　南无多羅住佛
南无智來佛　南无能聖佛
南无過一切憂惱王佛　南无一切功德莊嚴佛
南无成就一切義佛　南无无畏王佛
南无一切衆生道師佛
次礼十二部尊經大藏法輪
凡閻浮界内一切經合有八万四千卷
南无山海慧經　南无日曜經
南无月曜經　南无日淨經

BD04691 號　佛名經（十六卷本）卷一　（7–4）

南无成就一切義佛　南无无畏王佛
南无一切衆生道師佛
次礼十二部尊經大藏法輪
凡閻浮界内一切經合有八万四千卷
南无山海慧經　南无日曜經
南无月曜經　南无日淨經
南无池踰經　南无月淨經
南无華鮮經　南无斧柯經
南无法華經　南无摩訶般若波羅蜜經
南无摩訶衍經　南无毗婆沙經
南无增一阿含經　南无華嚴經
南无大般涅槃經　南无大品經
南无阿毗曇經　南无大集經
南无誠實論經　南无雜阿毗曇經
南无長阿含經　南无諸佛下生經
南无舍利弗阿毗曇經　南无出曜經
南无四分經　南无妙讚經
南无光讚經　南无雜阿含經
從此以上四百佛十二部經
次礼十方諸大菩薩
南无文殊師利菩薩　南无无垢稱菩薩
南无地藏菩薩　南无虛空藏菩薩
南无觀世音菩薩　南无大勢至菩薩
南无香象菩薩　南无大香象菩薩
南无藥王菩薩　南无藥上菩薩
南无跋陀婆羅菩薩　南无寶賢菩薩

BD04691 號　佛名經（十六卷本）卷一　（7–5）

次礼十方諸大菩薩
南无文殊師利菩薩　南无无垢稱菩薩
南无地藏菩薩　南无虛空藏菩薩
南无觀世音菩薩　南无大勢至菩薩
南无香象菩薩　南无大香象菩薩
南无藥王菩薩　南无藥上菩薩
南无陁羅尼菩薩　南无普賢菩薩
南无金剛藏菩薩　南无解脫月菩薩
南无彌勒菩薩　南无奮迅菩薩
南无无所發菩薩　南无陁羅尼自在王菩薩
南无无盡意菩薩　南无堅意菩薩
歸命如是等无量无邊菩薩
南无東方九十億百千万同名梵勝菩薩
南无南方九十億百千万同名不醉隨菩薩
南无西方九十億百千万同名大功德菩薩
南无北方九十億百千万同名大藥王菩薩
南无歸命如是等十方世界无量无邊菩薩
南无文殊師利菩薩摩訶薩
南无觀世音菩薩　南无大勢至菩薩
南无普賢菩薩　南无龍勝菩薩
南无龍德菩薩
次礼聲聞緣覺一切賢聖
南无阿利多辟支佛　南无婆利多辟支佛
南无多伽樓辟支佛　南无稱辟支佛
南无見辟支佛　南无愛見辟支佛

南无觀世音菩薩　南无大勢至菩薩
南无普賢菩薩　南无龍勝菩薩
南无龍德菩薩
次礼聲聞緣覺一切賢聖
南无阿利多辟支佛　南无婆利多辟支佛
南无多伽樓辟支佛　南无稱辟支佛
南无見辟支佛　南无愛見辟支佛
南无乾陁羅辟支佛　南无无妻辟支佛
南无剎沙婆辟支佛
歸命如是等无量无邊辟支佛
夫欲礼懺必須先敬三寶所以然者三寶即是
一切衆生良友福田若能歸向者則滅无量罪
長无量福能令行者離生死苦得解脫樂是
故弟子某甲等歸依十方盡虛空界一切諸佛
歸依十方盡虛空界一切尊法歸依十方盡虛
空界一切菩薩聖僧弟子今日所以懺悔者正
言无始以來在凡夫地莫問貴賤罪自无量
或因三業而生罪或從六根而起過或以內心
自邪思惟或藉外境起於染著如是乃至十
惡增長八万四千諸塵勞門然其罪相雖復

令衆生咸得[illegible]信之法故現
斯瑞諸善[illegible]子如過去无量无邊不可思議
阿僧祇劫尒時有佛号日月燈明如来應供
正遍知明行足善逝世間解无上士調御丈
夫天人師佛世尊演說正法初善中善後善
其義深遠其語巧妙純一无雜具足清白梵
行之相為求聲聞者說應四諦法度生老病
死究竟涅槃為求辟支佛者說應十二因緣
法為諸菩薩說應六波羅蜜令得阿耨多羅
三藐三菩提成一切種智次復有佛亦名日
月燈明次復有佛亦名日月燈明如是二万
佛皆同一字号日月燈明又同一姓姓頗羅
墮弥勒當知初佛後佛皆同一字名日月
燈明十号具足所可說法初中後善其最後
佛未出家時有八王子一名有意二名善意
三名无量意四名寶意五名增意六名除疑
意七名響意八名法意是八王子威德自在各
領四天下是諸王子聞父出家得阿耨多羅
三藐三菩提悉捨王位亦隨出家發大乘意
常脩梵行皆為法師已於千万佛所植諸善
本是時日月燈明佛說大乘經名无量義教
菩薩法佛所護念說是經已即於大衆中結

BD04692號　妙法蓮華經卷一　（18–1）

意七名響意八名法意是八王子威德自在各
領四天下是諸王子聞父出家得阿耨多羅
三藐三菩提悉捨王位亦隨出家發大乘意
常脩梵行皆為法師已於千万佛所植諸善
本是時日月燈明佛說大乘經名无量義教
菩薩法佛所護念說是經已即於大衆中結
跏趺坐入於无量義處三昧身心不動是時
天雨曼陁羅華摩訶曼陁羅華曼殊沙華摩
訶曼殊沙華而散佛上及諸大衆普佛世界
六種震動尒時會中比丘比丘尼優婆塞優
婆夷天龍夜叉乾闥婆阿脩羅迦樓羅緊那
羅摩睺羅伽人非人及諸小王轉輪聖王等
是諸大衆得未曾有歡喜合掌一心觀佛尒
時如来放眉間白毫相光照東方万八千佛土
靡不周遍如今所見是諸佛土弥勒當知尒
時會中有二十億菩薩樂欲聽法是諸菩薩
見此光明普照佛土得未曾有欲知此光所
為因緣時有菩薩名曰妙光有八百弟子是
時日月燈明佛從三昧起因妙光菩薩說大
乘經名妙法蓮華教菩薩法佛所護念六十
小劫不起于座時會聽者亦坐一處六十小
劫身心不動聽佛所說謂如食頃是時衆中
无有一人若身若心而生懈惓日月燈明佛
於六十小劫說是經已即於梵魔沙門婆羅
門及天人阿脩羅衆中而宣此言如来於今
日中夜當入无餘涅槃時有菩薩名曰德藏
日月燈明佛即授其記告諸比丘是德藏菩

BD04692號　妙法蓮華經卷一　（18–2）

劫身心不動聽佛所說謂如食頃是時衆中
无有一人若身若心而生懈惓日月燈明佛
於六十小劫說是經已即於梵魔沙門婆羅
門及天人阿脩羅衆中而宣此言如來於今
日中夜當入无餘涅槃時有菩薩名曰德藏
日月燈明佛即授其記告諸比丘是德藏菩
薩次當作佛号曰淨身多陁阿伽度阿羅訶
三藐三佛陁佛授記已便於中夜入无餘涅
槃佛滅度後妙光菩薩持妙法蓮華經滿八
十小劫為人演說日月燈明佛八子皆師妙
光妙光教化令其堅固阿耨多羅三藐三菩
提是諸王子供養无量百千万億佛已皆成
佛道其最後成佛者名曰然燈八百弟子中
有一人号曰求名貪著利養雖復讀誦衆經
而不通利多所忘失故号求名是人亦以種
諸善根因緣故得值无量百千万億諸佛供
養恭敬尊重讚歎彌勒當知尒時妙光菩薩
豈異人乎我身是也求名菩薩汝身是也今
見此瑞與本无異是故惟忖今日如來當說
乘經名妙法蓮華教菩薩法佛所護念尒時
文殊師利於大衆中欲重宣此義而說偈言
我念過去世　无量无數劫　有佛人中尊　号日月燈明
世尊演說法　度无量衆生　无數億菩薩　令入佛智慧
佛未出家時　所生八王子　見大聖出家　亦隨脩梵行
時佛說大乘　經名无量義　於諸大衆中　而為廣分別
佛說此經已　即於法座上　跏趺坐三昧　名无量義處
天雨曼陁華　天鼓自然鳴　諸天龍鬼神　供養人中尊

BD04692號　妙法蓮華經卷一　（18–3）

世尊演說法　度无量衆生　无數億菩薩　令入佛智慧
佛未出家時　所生八王子　見大聖出家　亦隨脩梵行
時佛說大乘　經名无量義　於諸大衆中　而為廣分別
佛說此經已　即於法座上　跏趺坐三昧　名无量義處
天雨曼陁華　天鼓自然鳴　諸天龍鬼神　供養人中尊
一切諸佛土　即時大震動　佛放眉間光　現諸希有事
此光照東方　万八千佛土　示一切衆生　生死業報處
有見諸佛土　以衆寶莊嚴　琉璃頗梨色　斯由佛光照
及見諸天人　龍神夜叉衆　乹闥緊那羅　各供養其佛
又見諸如來　自然成佛道　身色如金山　端嚴甚微妙
如淨瑠璃中　内現真金像　世尊在大衆　敷演深法義
一一諸佛土　聲聞衆无數　因佛光所照　悉見彼大衆
或有諸比丘　在於山林中　精進持淨戒　猶如護明珠
又見諸菩薩　行施忍辱等　其數如恒沙　斯由佛光照
又見諸菩薩　深入諸禪定　身心寂不動　以求无上道
又見諸菩薩　知法寂滅相　各於其國土　說法求佛道
尒時四部衆　見日月燈佛　現大神通力　其心皆歡喜
各各自相問　是事何因緣　天人所奉尊　適從三昧起
讚妙光菩薩　汝為世間眼　一切所歸信　能奉持法藏
如我所說法　唯汝能證知　世尊既讚歎　令妙光歡喜
說是法華經　滿六十小劫　不起於此座　所說上妙法
是妙光法師　悉皆能受持　佛說是法華　令衆歡喜已
尋即於是日　告於天人衆　諸法實相義　已為汝等說
我今於中夜　當入於涅槃　汝一心精進　當離於放逸
諸佛甚難值　億劫時一遇　世尊諸子等　聞佛入涅槃
各各懷悲惱　佛滅一何速　聖主法之王　安慰无量衆
我若滅度時　汝等勿憂怖　是德藏菩薩　於无漏實相

BD04692號　妙法蓮華經卷一　（18–4）

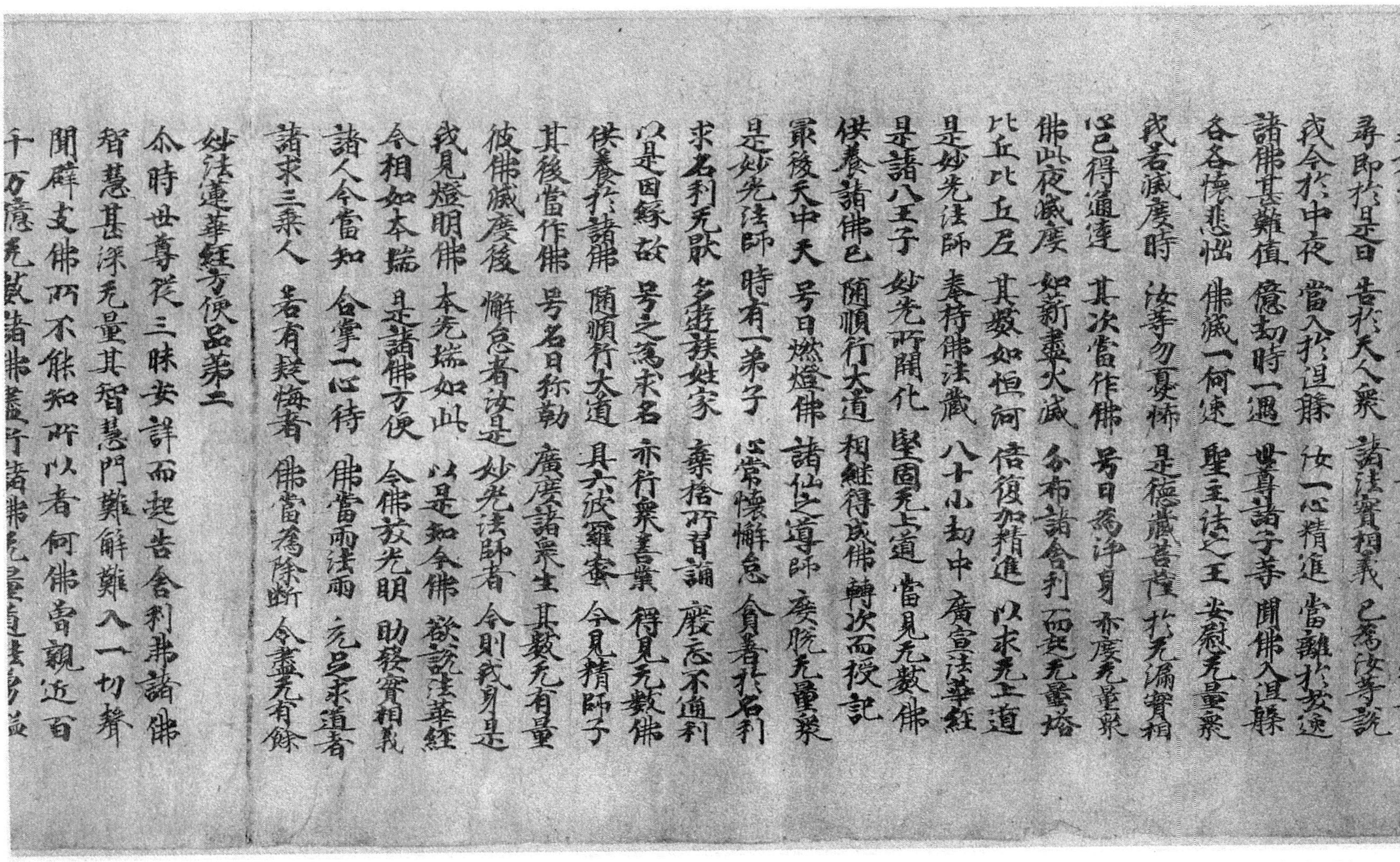

壽即於是日　告於天人衆　諸法實相義　已為汝等說
我今於中夜　當入於涅槃　汝一心精進　當離於放逸
諸佛甚難值　億劫時一遇　世尊諸子等　聞佛入涅槃
各各懷悲惱　佛滅一何速　聖主法之王　安慰无量衆
我若滅度時　汝等勿憂怖　是德藏菩薩　於无漏實相
心已得通達　其次當作佛　号曰為淨身　亦度无量衆
佛此夜滅度　如薪盡火滅　分布諸舍利　而起无量塔
比丘比丘尼　其數如恒沙　倍復加精進　以求无上道
是妙光法師　奉持佛法藏　八十小劫中　廣宣法華經
是諸八王子　妙光所開化　堅固无上道　當見无數佛
供養諸佛已　隨順行大道　相繼得成佛　轉次而授記
最後天中天　号曰燃燈佛　諸仙之導師　度脫无量衆
是妙光法師　時有一弟子　心常懷懈怠　貪著於名利
求名利无猒　多遊族姓家　棄捨所習誦　廢忘不通利
以是因緣故　号之為求名　亦行衆善業　得見无數佛
供養於諸佛　隨順行大道　具六波羅蜜　今見釋師子
其後當作佛　号名曰彌勒　廣度諸衆生　其數无有量
彼佛滅度後　懈怠者汝是　妙光法師者　今則我身是
我見燈明佛　本光瑞如此　以是知今佛　欲說法華經
今相如本瑞　是諸佛方便　今佛放光明　助發實相義
諸人今當知　合掌一心待　佛當雨法雨　充足求道者
諸求三乘人　若有疑悔者　佛當為除斷　令盡无有餘

妙法蓮華經方便品第二

尒時世尊從三昧安詳而起告舍利弗諸佛
智慧甚深无量其智慧門難解難入一切聲
聞辟支佛所不能知所以者何佛曾親近百
千万億无數諸佛盡行諸佛无量道法勇猛

BD04692 號　妙法蓮華經卷一　（18–5）

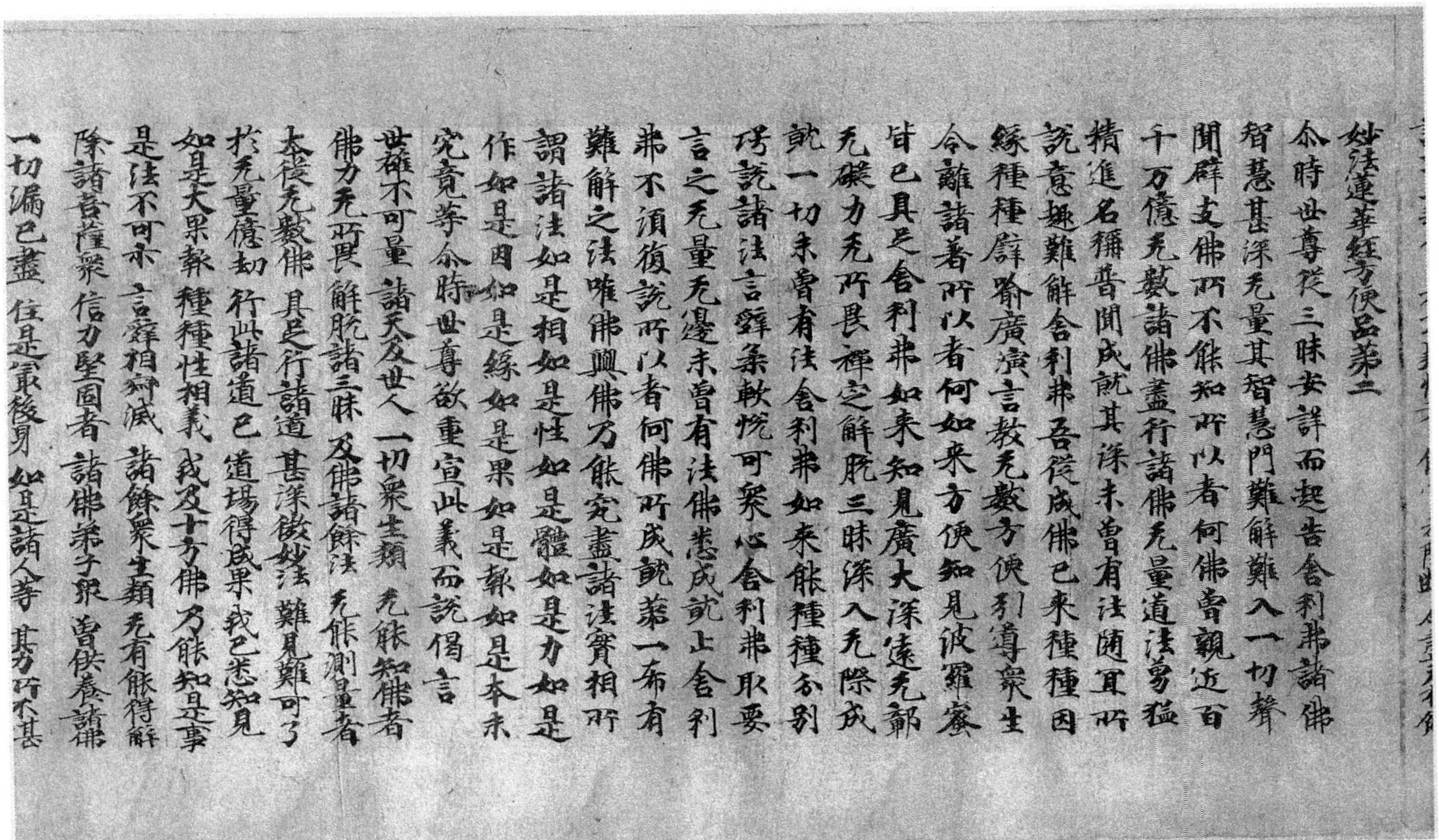

妙法蓮華經方便品第二

尒時世尊從三昧安詳而起告舍利弗諸佛
智慧甚深无量其智慧門難解難入一切聲
聞辟支佛所不能知所以者何佛曾親近百
千万億无數諸佛盡行諸佛无量道法勇猛
精進名稱普聞成就甚深未曾有法隨冝所
說意趣難解舍利弗吾從成佛已來種種因
緣種種譬喻廣演言教无數方便引導衆生
令離諸著所以者何如來方便知見波羅蜜
皆已具足舍利弗如來知見廣大深遠无量
无礙力无所畏禪定解脫三昧深入无際成
就一切未曾有法舍利弗如來能種種分別
巧說諸法言辭柔軟悅可衆心舍利弗取要
言之无量无邊未曾有法佛悉成就止舍利
弗不須復說所以者何佛所成就第一希有
難解之法唯佛與佛乃能究盡諸法實相所
謂諸法如是相如是性如是體如是力如是
作如是因如是緣如是果如是報如是本末
究竟等尒時世尊欲重宣此義而說偈言
世雄不可量　諸天及世人　一切衆生類　无能知佛者
佛力无所畏　解脫諸三昧　及佛諸餘法　无能測量者
本從无數佛　具足行諸道　甚深微妙法　難見難可了
於无量億劫　行此諸道已　道場得成果　我已悉知見
如是大果報　種種性相義　我及十方佛　乃能知是事
是法不可示　言辭相寂滅　諸餘衆生類　无有能得解
除諸菩薩衆　信力堅固者　諸佛弟子衆　曾供養諸佛
一切漏已盡　住是最後身　如是諸人等　其力所不堪

BD04692 號　妙法蓮華經卷一　（18–6）

本從无數佛　具足行諸道　甚深微妙法　難見難可了
於无量億劫　行此諸道已　道場得成果　我已悉知見
如是大果報　種種性相義　我及十方佛　乃能知是事
是法不可示　言辭相寂滅　諸餘衆生類　无有能得解
除諸菩薩衆　信力堅固者　諸佛弟子衆　曾供養諸佛
一切漏已盡　住是最後身　如是諸人等　其力所不堪
假使滿世間　皆如舍利弗　盡思共度量　不能測佛智
正使滿十方　皆如舍利弗　及餘諸弟子　亦滿十方刹
盡思共度量　亦復不能知　辟支佛利智　无漏最後身
亦滿十方界　其數如竹林　斯等共一心　於億无量劫
欲思佛實智　莫能知少分　新發意菩薩　供養无數佛
了達諸義趣　又能善說法　如稻麻竹葦　充滿十方刹
一心以妙智　於恒河沙劫　咸皆共思量　不能知佛智
不退諸菩薩　其數如恒沙　一心共思求　亦復不能知
又告舍利弗　无漏不思議　甚深微妙法　我今已具得
唯我知是相　十方佛亦然　舍利弗當知　諸佛語无異
於佛所說法　當生大信力　世尊法久後　要當說真實
告諸聲聞衆　及求緣覺乘　我令脫苦縛　逮得涅槃者
佛以方便力　示以三乘教　衆生處處著　引之令得出
尒時大衆中有諸聲聞漏盡阿羅漢阿若憍
陳如等千二百人及發聲聞辟支佛心比丘
比丘尼優婆塞優婆夷各作是念今者世尊
何故慇懃稱歎方便而作是言佛所得法甚
深難解有所言說意趣難知一切聲聞辟支
佛所不能及佛說一解脫義我等亦得此法
到於涅槃而今不知是義所趣尒時舍利弗
知四衆心疑自亦未了而白佛言世尊何因
何緣慇懃稱歎諸佛第一方便甚深微妙難

BD04692號　妙法蓮華經卷一　（18–7）

何故慇懃稱歎方便而作是言佛所得法甚
深難解有所言說意趣難知一切聲聞辟支
佛所不能及佛說一解脫義我等亦得此法
到於涅槃而今不知是義所趣尒時舍利弗
知四衆心疑自亦未了而白佛言世尊何因
何緣慇懃稱歎諸佛第一方便甚深微妙難
解之法我自昔來未曾從佛聞如是說今者
四衆咸皆有疑唯願世尊敷演斯事世尊何
故慇懃稱歎甚深微妙難解之法尒時舍利
弗欲重宣此義而說偈言
慧日大聖尊　久乃說是法　自說得如是　力无畏三昧
禪定解脫等　不可思議法　道場所得法　无能發問者
我意難可測　亦无能問者　无問而自說　稱歎所行道
智慧甚微妙　諸佛之所得　无漏諸羅漢　及求涅槃者
今皆墮疑網　佛何故說是　其求緣覺者　比丘比丘尼
諸天龍鬼神　及乾闥婆等　相視懷猶豫　瞻仰兩足尊
是事為云何　願佛為解說　於諸聲聞衆　佛說我第一
我今自於智　疑惑不能了　為是究竟法　為是所行道
佛口所生子　合掌瞻仰待　願出微妙音　時為如實說
諸天龍神等　其數如恒沙　求佛諸菩薩　大數有八万
又諸万億國　轉輪聖王至　合掌以敬心　欲聞具足道
尒時佛告舍利弗止止不須復說若說是事
一切世間諸天及人皆當驚疑舍利弗重白
佛言世尊唯願說之唯願說之所以者何是
會无數百千万億阿僧祇衆生曾見諸佛諸
根猛利智慧明了聞佛所說則能敬信尒時
舍利弗欲重宣此義而說偈言

BD04692號　妙法蓮華經卷一　（18–8）

一切世間諸天及人皆當驚疑舍利弗重白
佛言世尊唯願說之唯願說之所以者何是
會无數百千万億阿僧祇衆生曾見諸佛諸
根猛利智慧明了聞佛所說則能敬信尒時
舍利弗欲重宣此義而說偈言
法王无上尊　唯說願勿慮　是會无量衆　有能敬信者
佛復止舍利弗若說是事一切世間天人阿
脩羅皆當驚疑增上慢比丘將墜於大坑尒
時世尊重說偈言
止止不須說　我法妙難思　諸增上慢者　聞必不敬信
尒時舍利弗重白佛言世尊唯願說之唯願
說之今此會中如我等比百千万億世世已
來曾從佛受化如此人等必能敬信長夜安隱
多所饒益尒時舍利弗欲重宣此義而說偈言
无上兩足尊　願說第一法　我為佛長子　唯垂分別說
是會无量衆　能敬信此法　佛已曾世世　教化如是等
皆一心合掌　欲聽受佛語　我等千二百　及餘求佛者
願為此衆故　唯垂分別說　是等聞此法　則生大歡喜
尒時世尊告舍利弗汝已慇懃三請豈得不
說汝今諦聽善思念之吾當為汝分別解說
說此語時會中有比丘比丘尼優婆塞優婆
夷五千人等即從座起礼佛而退所以者何
此輩罪根深重及增上慢未得謂得未證謂
證有如此失是以不住世尊嘿然而不制止
尒時佛告舍利弗我今此衆无復枝葉純有
貞實舍利弗如是增上慢人退亦佳矣汝今
善聽當為汝說舍利弗言唯然世尊願樂欲

BD04692號　妙法蓮華經卷一　（18–9）

此輩罪根深重及增上慢未得謂得未證謂
證有如此失是以不住世尊嘿然而不制止
尒時佛告舍利弗我今此衆无復枝葉純有
貞實舍利弗如是增上慢人退亦佳矣汝今
善聽當為汝說舍利弗言唯然世尊願樂欲
聞佛告舍利弗如是妙法諸佛如來時乃說
之如優曇鉢華時一現耳舍利弗汝等當信
佛之所說言不虛妄舍利弗諸佛隨宜說法
意趣難解所以者何我以无數方便種種因緣
辟喻言辭演說諸法是法非思量分別之所
能解唯有諸佛乃能知之所以者何諸佛世
尊唯以一大事因緣故出現於世舍利弗云
何名諸佛世尊唯以一大事因緣故出現於
世諸佛世尊欲令衆生開佛知見使得清
淨故出現於世欲示衆生佛之知見故出現於
世欲令衆生悟佛知見故出現於世欲令衆
生入佛知見道故出現於世舍利弗是為諸
佛以一大事因緣故出現於世佛告舍利弗
諸佛如來但教化菩薩諸有所作常為一事
唯以佛之知見示悟衆生舍利弗如來但以
一佛乘故為衆生說法无有餘乘若二若三
舍利弗一切十方諸佛法亦如是舍利弗過
去諸佛以无量无數方便種種因緣辟喻言
辭而為衆生演說諸法是法皆為一佛乘故
是諸衆生從諸佛聞法究竟皆得一切種智
舍利弗未來諸佛當出於世亦以无量无數

BD04692號　妙法蓮華經卷一　（18–10）

舍利弗一切十方諸佛法亦如是舍利弗過
去諸佛以无量无數方便種種因緣譬喻言
辭而為衆生演說諸法是法皆為一佛乘故
是諸衆生從諸佛聞法究竟皆得一切種智
舍利弗未來諸佛當出於世亦以无量无數
方便種種因緣譬喻言辭而為衆生演說諸
法是法皆為一佛乘故是諸衆生從佛聞法
究竟皆得一切種智舍利弗現在十方无量
百千万億佛土中諸佛世尊多所饒益安樂
衆生是諸佛亦以无量无數方便種種因緣
譬喻言辭而為衆生演說諸法是法皆為一
佛乘故是諸衆生從佛聞法究竟皆得一切
種智舍利弗是諸佛但教化菩薩欲以佛之
知見示衆生故欲以佛之知見悟衆生故欲
令衆生入佛知見故舍利弗我今亦復如是
知諸衆生有種種欲深心所著隨其本性以
種種因緣譬喻言辭方便力故而為說法舍
利弗如此皆為得一佛乘一切種智故舍利
弗十方世界中尚无二乘何況有三舍利弗
諸佛出於五濁惡世所謂劫濁煩惱濁衆生
濁見濁命濁如是舍利弗劫濁亂時衆生垢
重慳貪嫉妬成就諸不善根故諸佛以方便
力於一佛乘分別說三舍利弗若我弟子
自謂阿羅漢辟支佛者不聞不知諸佛如來
但教化菩薩事此非佛弟子非阿羅漢非辟
支佛又舍利弗是諸比丘比丘尼自謂已得
阿羅漢是最後身究竟涅槃便不復志求阿

BD04692 號　妙法蓮華經卷一　（18–11）

力於一佛乘分別說三舍利弗若我弟子
自謂阿羅漢辟支佛者不聞不知諸佛如來
但教化菩薩事此非佛弟子非阿羅漢非辟
支佛又舍利弗是諸比丘比丘尼自謂已得
阿羅漢是最後身究竟涅槃便不復志求阿
耨多羅三藐三菩提當知此輩皆是增上慢
人所以者何若有比丘實得阿羅漢若不信
此法无有是處除佛滅度後現前无佛所以
者何佛滅度後如是等經受持讀誦解其義
者是人難得若遇餘佛於此法中便得決了
舍利弗汝等當一心信解受持佛語諸佛如
來言无虛妄无有餘乘唯一佛乘尒時世尊
欲重宣此義而說偈言
比丘比丘尼　有懷增上慢　優婆塞我慢　優婆夷不信
如是四衆等　其數有五千　不自見其過　於戒有缺漏
護惜其瑕疵　是小智已出　衆中之糟糠　佛威德故去
斯人尠福德　不堪受是法　此衆无枝葉　唯有諸貞實
舍利弗善聽　諸佛所得法　无量方便力　而為衆生說
衆生心所念　種種所行道　若干諸欲性　先世善惡業
佛悉知是已　以諸緣譬喻　言辭方便力　令一切歡喜
或說脩多羅　伽陀及本事　本生未曾有　亦說於因緣
譬喻并祇夜　優波提舍經　鈍根樂小法　貪著於生死
於諸无量佛　不行深妙道　衆苦所惱亂　為是說涅槃
我設是方便　令得入佛慧　未曾說汝等　當得成佛道
所以未說者　說時未至故　今正是其時　決定說大乘
我此九部法　隨順衆生說　入大乘為本　以故說是經
有佛子心淨　柔軟亦利根　无量諸佛所　而行深妙道

BD04692 號　妙法蓮華經卷一　（18–12）

或說修多羅　伽陀及本事　本生未曾有　亦說於因緣
譬喻并祇夜　優波提舍經　鈍根樂小法　貪著於生死
於諸无量佛　不行深妙道　衆苦所惱亂　為是說涅槃
我設是方便　令得入佛慧　未曾說汝等　當得成佛道
所以未曾說　說時未至故　今正是其時　決定說大乘
我此九部法　隨順衆生說　入大乘為本　以故說是經
有佛子心淨　柔軟亦利根　无量諸佛所　而行深妙道
為此諸佛子　說是大乘經　我記如是人　來世成佛道
以深心念佛　脩持淨戒故　此等聞得佛　大喜充遍身
佛知彼心行　故為說大乘　聲聞若菩薩　聞我所說法
乃至於一偈　皆成佛无疑　十方佛土中　唯有一乘法
无二亦无三　除佛方便說　但以假名字　引導於衆生
說佛智慧故　諸佛出於世　唯此一事實　餘二則非真
終不以小乘　濟度於衆生　佛自住大乘　如其所得法
定慧力莊嚴　以此度衆生　自證无上道　大乘平等法
若以小乘化　乃至於一人　我則墮慳貪　此事為不可
若人信歸佛　如來不欺誑　亦无貪嫉意　斷諸法中惡
故佛於十方　而獨无所畏　我以相嚴身　光明照世間
无量衆所尊　為說實相印　舍利弗當知　我本立誓願
欲令一切衆　如我等无異　如我昔所願　今者已滿足
化一切衆生　皆令入佛道　若我遇衆生　盡教以佛道
无智者錯亂　迷惑不受教　我知此衆生　未曾脩善本
堅著於五欲　癡愛故生惱　以諸欲因緣　墜墮三惡道
輪迴六趣中　備受諸苦毒　受胎之微形　世世常增長
薄德少福人　衆苦所逼迫　入邪見稠林　若有若无等
依止此諸見　具足六十二　深著虛妄法　堅受不可捨
我慢自矜高　諂曲心不實　於千万億劫　不聞佛名字

BD04692號　妙法蓮華經卷一　（18–13）

堅著於五欲　癡愛故生惱　以諸欲因緣　墜墮三惡道
輪迴六趣中　備受諸苦毒　受胎之微形　世世常增長
薄德少福人　衆苦所逼迫　入邪見稠林　若有若无等
依止此諸見　具足六十二　深著虛妄法　堅受不可捨
我慢自矜高　諂曲心不實　於千万億劫　不聞佛名字
亦不聞正法　如是人難度　是故舍利弗　我為設方便
說諸盡苦道　示之以涅槃　我雖說涅槃　是亦非真滅
諸法從本來　常自寂滅相　佛子行道已　來世得作佛
我有方便力　開示三乘法　一切諸世尊　皆說一乘道
今此諸大衆　皆應除疑惑　諸佛語无異　唯一无二乘
過去无數劫　无量滅度佛　百千万億種　其數不可量
如是諸世尊　種種緣譬喻　无數方便力　演說諸法相
是諸世尊等　皆說一乘法　化无量衆生　令入於佛道
又諸大聖主　知一切世間　天人群生類　深心之所欲
更以異方便　助顯第一義　若有衆生類　值諸過去佛
若聞法布施　或持戒忍辱　精進禪智等　種種脩福德
如是諸人等　皆已成佛道　諸佛滅度已　若人善軟心
如是諸衆生　皆已成佛道　諸佛滅度已　供養舍利者
起万億種塔　金銀及頗梨　車渠與馬瑙　玫瑰瑠璃珠
清淨廣嚴飾　莊校於諸塔　或有起石廟　栴檀及沉水
木櫁并餘材　甎瓦泥土等　若於曠野中　積土成佛廟
乃至童子戲　聚沙為佛塔　如是諸人等　皆已成佛道
若人為佛故　建立諸形像　刻雕成衆相　皆已成佛道
或以七寶成　鍮石赤白銅　白鑞及鉛錫　鐵木及與泥
或以膠漆布　嚴飾作佛像　如是諸人等　皆已成佛道
綵畫作佛像　百福莊嚴相　自作若使人　皆已成佛道
乃至童子戲　若草木及筆　或以指爪甲　而畫作佛像
如是諸人等　漸漸積功德　具足大悲心　皆已成佛道

BD04692號　妙法蓮華經卷一　（18–14）

[illegible]
或以七寶成　鍮石赤白銅　白鑞及鉛錫　鐵木及與泥
或以膠漆布　嚴飾作佛像　如是諸人等　皆已成佛道
彩畫作佛像　百福莊嚴相　自作若使人　皆已成佛道
乃至童子戲　若草木及筆　或以指爪甲　而畫作佛像
如是諸人等　漸漸積功德　具足大悲心　皆已成佛道
但化諸菩薩　度脫无量衆　若人於塔廟　寶像及畫像
以華香幡蓋　敬心而供養　若使人作樂　擊鼓吹角貝
簫笛琴箜篌　琵琶鐃銅鈸　如是衆妙音　盡持以供養
或以歡喜心　歌唄頌佛德　乃至一小音　皆已成佛道
若人散亂心　乃至以一華　供養於畫像　漸見无數佛
或有人禮拜　或復但合掌　乃至舉一手　或復小低頭
以此供養像　漸見无量佛　自成无上道　廣度无數衆
入无餘涅槃　如薪盡火滅　若人散亂心　入於塔廟中
一稱南无佛　皆已成佛道　於諸過去佛　在世或滅後
若有聞是法　皆已成佛道　未來諸世尊　其數无有量
是諸如來等　亦方便說法　一切諸如來　以无量方便
度脫諸衆生　入佛无漏智　若有聞法者　无一不成佛
諸佛本誓願　我所行佛道　普欲令衆生　亦同得此道
未來世諸佛　雖說百千億　无數諸法門　其實為一乘
諸佛兩足尊　知法常无性　佛種從緣起　是故說一乘
是法住法位　世間相常住　於道場知已　導師方便說
天人所供養　現在十方佛　其數如恒沙　出現於世間
安隱衆生故　亦說如是法　知第一寂滅　以方便力故
雖示種種道　其實為佛乘　知衆生諸行　深心之所念
過去所習業　欲性精進力　及諸根利鈍　以種種因緣
譬喻亦言辭　隨應方便說　今我亦如是　安隱衆生故
以種種法門　宣示於佛道　我以智慧力　知衆生性欲

BD04692號　妙法蓮華經卷一　（18–15）

安隱衆生故　亦說如是法　知第一寂滅　以方便力故
雖示種種道　其實為佛乘　知衆生諸行　深心之所念
過去所習業　欲性精進力　及諸根利鈍　以種種因緣
譬喻亦言辭　隨應方便說　今我亦如是　安隱衆生故
以種種法門　宣示於佛道　我以智慧力　知衆生性欲
方便說諸法　皆令得歡喜　舍利弗當知　我以佛眼觀
見六道衆生　貧窮无福慧　入生死險道　相續苦不斷
深著於五欲　如犛牛愛尾　以貪愛自蔽　盲瞑无所見
不求大勢佛　及與斷苦法　深入諸邪見　以苦欲捨苦
為是衆生故　而起大悲心　我始坐道場　觀樹亦經行
於三七日中　思惟如是事　我所得智慧　微妙最第一
衆生諸根鈍　著樂癡所盲　如斯之等類　云何而可度
尒時諸梵王　及諸天帝釋　護世四天王　及大自在天
并餘諸天衆　眷屬百千万　恭敬合掌禮　請我轉法輪
我即自思惟　若但讚佛乘　衆生沒在苦　不能信是法
破法不信故　墜於三惡道　我寧不說法　疾入於涅槃
尋念過去佛　不行方便力　我今所得道　亦應說三乘
作是思惟時　十方佛皆現　梵音慰喻我　善哉釋迦文
第一之導師　得是无上法　隨諸一切佛　而用方便力
我等亦皆得　最妙第一法　為諸衆生類　分別說三乘
少智樂小法　不自信作佛　是故以方便　分別說諸果
雖復說三乘　但為教菩薩　舍利弗當知　我聞聖師子
深淨微妙音　一稱南无佛　復作如是念　我出濁惡世
如諸佛所說　我亦隨順行　思惟是事已　即趣波羅奈
諸法寂滅相　不可以言宣　以方便力故　為五比丘說
是名轉法輪　便有涅槃音　及以阿羅漢　法僧差別名
從久遠劫來　讚示涅槃法　生死苦永盡　我常如是說
舍利弗當知　[illegible]

BD04692號　妙法蓮華經卷一　（18–16）

如諸佛所說　我亦隨順行　思惟是事已　即趣波羅柰
諸法寂滅相　不可以言宣　以方便力故　為五比丘說
是名轉法輪　便有涅槃音　及以阿羅漢　法僧差別名
從久遠劫來　讚示涅槃法　生死苦永盡　我常如是說
舍利弗當知　我見佛子等　志求佛道者　无量千万億
咸以恭敬心　皆來至佛所　曾從諸佛聞　方便所說法
我即作是念　所以出於世　為說佛慧故　今正是其時
舍利弗當知　鈍根小智人　著相憍慢者　不能信是法
今我喜无畏　於諸菩薩中　正直捨方便　但說无上道
菩薩聞是法　疑網皆已除　千二百羅漢　悉亦當作佛
如三世諸佛　說法之儀式　我今亦如是　說无分別法
諸佛興出世　懸遠值遇難　正使出于世　說是法復難
无量无數劫　聞是法亦難　能聽是法者　斯人亦復難
譬如優曇華　一切皆愛樂　天人所希有　時時乃一出
聞法歡喜讚　乃至發一言　則為已供養　一切三世佛
是人甚希有　過於優曇華　汝等勿有疑　我為諸法王
普告諸大衆　但以一乘道　教化諸菩薩　无聲聞弟子
汝等舍利弗　聲聞及菩薩　當知是妙法　諸佛之祕要
以五濁惡世　但樂著諸欲　如是等衆生　終不求佛道
當來世惡人　聞佛說一乘　迷惑不信受　破法墮惡道
有慚愧清淨　志求佛道者　當為如是等　廣讚一乘道
舍利弗當知　諸佛法如是　以万億方便　隨宜而說法
其不習學者　不能曉了此　汝等既已知　諸佛世之師
隨宜方便事　无復諸疑惑　心生大歡喜　自知當作佛

妙法蓮華經卷第一

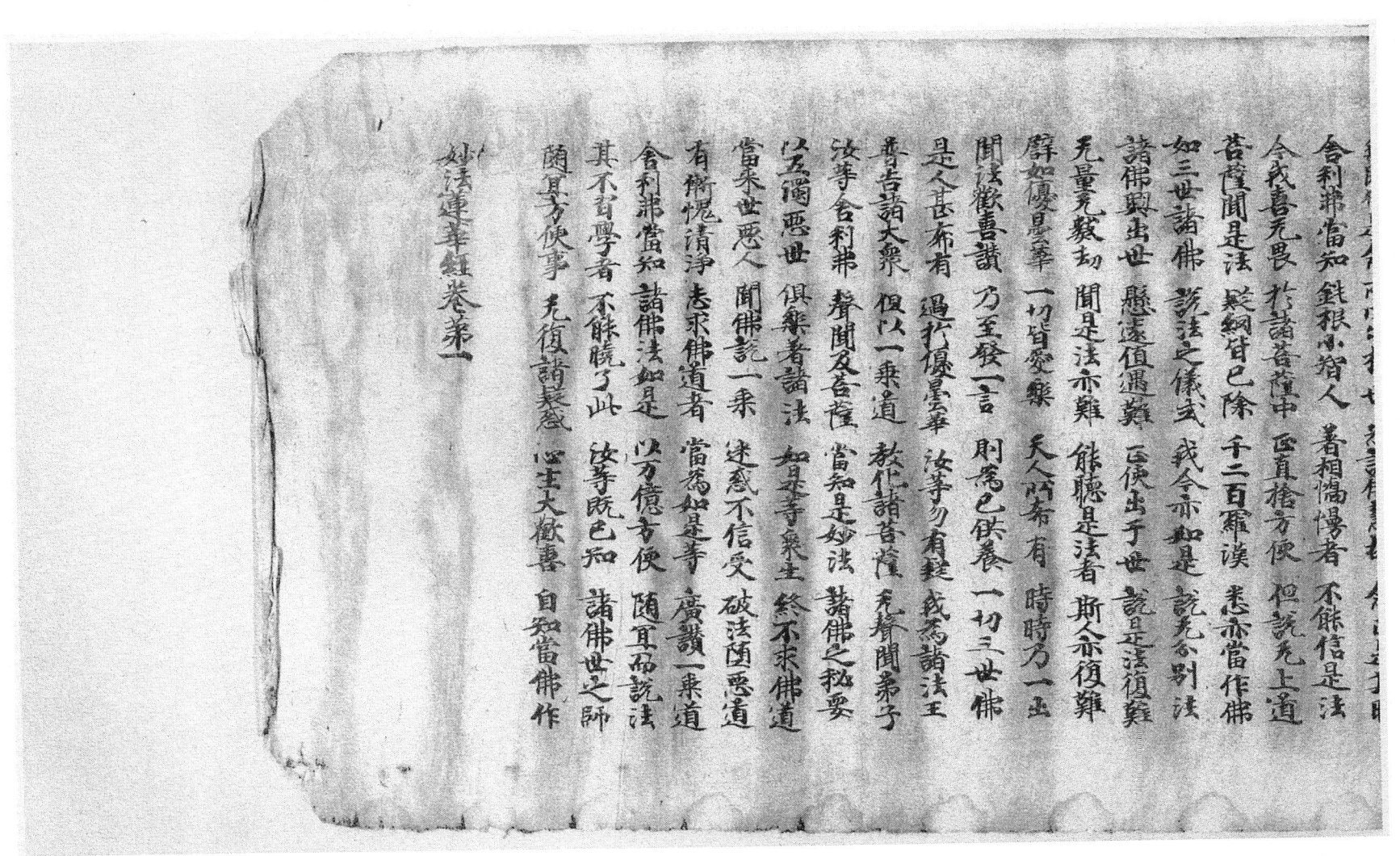

BD04692 號　妙法蓮華經卷一　(18–17)

舍利弗當知　鈍根小智人　著相憍慢者　不能信是法
今我喜无畏　於諸菩薩中　正直捨方便　但說无上道
菩薩聞是法　疑網皆已除　千二百羅漢　悉亦當作佛
如三世諸佛　說法之儀式　我今亦如是　說无分別法
諸佛興出世　懸遠值遇難　正使出于世　說是法復難
无量无數劫　聞是法亦難　能聽是法者　斯人亦復難
譬如優曇華　一切皆愛樂　天人所希有　時時乃一出
聞法歡喜讚　乃至發一言　則為已供養　一切三世佛
是人甚希有　過於優曇華　汝等勿有疑　我為諸法王
普告諸大衆　但以一乘道　教化諸菩薩　无聲聞弟子
汝等舍利弗　聲聞及菩薩　當知是妙法　諸佛之祕要
以五濁惡世　但樂著諸欲　如是等衆生　終不求佛道
當來世惡人　聞佛說一乘　迷惑不信受　破法墮惡道
有慚愧清淨　志求佛道者　當為如是等　廣讚一乘道
舍利弗當知　諸佛法如是　以万億方便　隨宜而說法
其不習學者　不能曉了此　汝等既已知　諸佛世之師
隨宜方便事　无復諸疑惑　心生大歡喜　自知當作佛

妙法蓮華經卷第一

BD04692 號　妙法蓮華經卷一　(18–18)

得道已來其實未久而此大衆諸菩薩等已
於無量千万億劫為佛道故勤行精進善入
出住無量百千万億三昧得大神通久脩梵
行善能次第習諸善法巧於問答人中之寶
一切世間甚為希有今日世尊方云得佛道
時初令發心教化示導令向阿耨多羅三藐
三菩提世尊得佛未久乃能作此大功德事
我等雖復信佛隨宜所說佛所出言未曾虛
妄佛所知者皆悉通達然諸新發意菩薩於
佛滅後若聞是語或不信受而起破法罪業
因緣唯然世尊願為解說除我等疑及未來
世諸善男子聞此事已亦不生疑尒時弥勒
菩薩欲重宣此義而說偈言
佛昔從釋種 出家近伽耶 坐於菩提樹 尒來尚未久
此諸佛子等 其數不可量 久已行佛道 住於神通力
善學菩薩道 不染世間法 如蓮華在水 從地而踊出
皆起恭敬心 住於世尊前 是事難思議 云何而可信
佛得道甚近 所成就甚多 願為除衆疑 如實分別說
譬如少壯人 年始二十五 示人百歲子 髮白而面皺

BD04693號　妙法蓮華經卷五　（2–1）

三菩提世尊得佛未久乃能作此大功德事
我等雖復信佛隨宜所說佛所出言未曾虛
妄佛所知者皆悉通達然諸新發意菩薩於
佛滅後若聞是語或不信受而起破法罪業
因緣唯然世尊願為解說除我等疑及未來
世諸善男子聞此事已亦不生疑尒時弥勒
菩薩欲重宣此義而說偈言
佛昔從釋種 出家近伽耶 坐於菩提樹 尒來尚未久
此諸佛子等 其數不可量 久已行佛道 住於神通力
善學菩薩道 不染世間法 如蓮華在水 從地而踊出
皆起恭敬心 住於世尊前 是事難思議 云何而可信
佛得道甚近 所成就甚多 願為除衆疑 如實分別說
譬如少壯人 年始二十五 示人百歲子 髮白而面皺
是等我所生 子亦說是父 父少而子老 舉世所不信
世尊亦如是 得道來甚近 是諸菩薩等 志固無怯弱
從無量劫來 而行菩薩道 巧於難問答 其心無所畏
忍辱心決定 端正有威德 十方佛所讚 善能分別說
不樂在人衆 常好在禪定 為求佛道故 於下空中住
我等從佛聞 於此事無疑 願佛為未來 演說令開解
即當墮惡道 願今為解說

BD04693號　妙法蓮華經卷五　（2–2）

各白其佛言世尊此諸无量无邊阿僧祇菩
薩大衆從何所來尒時諸佛各告侍者諸善
男子且待須臾有菩薩摩訶薩名弥勒釋迦
牟尼佛之所授記次後作佛已問斯事佛今
荅之汝等自當因是得聞尒時釋迦牟尼佛
告弥勒菩薩善哉善哉阿逸多乃能問佛如
是大事汝等當共一心被精進鎧發堅固意
如來今欲顯發宣示諸佛智慧諸佛自在神
通之力諸佛師子奮迅之力諸佛威猛大勢
之力尒時世尊欲重宣此義而說偈言
當精進一心　我欲說此事　勿得有疑悔　佛智叵思議
汝今出信力　住於忍善中　昔所未聞法　今皆當得聞
我今安慰汝　勿得懷疑懼　佛无不實語　智慧不可量
所得第一法　甚深叵分別　如是今當說　汝等一心聽
尒時世尊說此偈已告弥勒菩薩我今於此
大衆宣告汝等阿逸多是諸大菩薩摩訶薩
无量无數阿僧祇從地踊出汝等昔所未見
者我於是娑婆世界得阿耨多羅三藐三菩
提已教化示導是諸菩薩調伏其心令發道
意此諸菩薩皆於是娑婆世界之下此界虛
空中住於諸經典讀誦通利思惟分別正憶

BD04694號　妙法蓮華經卷五　（5-1）

尒時世尊說此偈已告弥勒菩薩我今於此
大衆宣告汝等阿逸多是諸大菩薩摩訶薩
无量无數阿僧祇從地踊出汝等昔所未見
者我於是娑婆世界得阿耨多羅三藐三菩
提已教化示導是諸菩薩調伏其心令發道
意此諸菩薩皆於是娑婆世界之下此界虛
空中住於諸經典讀誦通利思惟分別正憶
念阿逸多是諸善男子等不樂在衆多有所
說常樂靜處勤行精進未曾休息亦不依止
人天而住常樂深智无有障礙亦常樂於諸
佛之法一心精進求无上慧尒時世尊欲重
宣此義而說偈言
阿逸汝當知　是諸大菩薩　從无數劫來　脩習佛智慧
悉是我所化　令發大道心　此等是我子　依止是世界
常行頭陀事　志樂於靜處　捨大衆憒鬧　不樂多所說
如是諸子等　學習我道法　晝夜常精進　為求佛道故
在娑婆世界　下方空中住　志念力堅固　常勤求智慧
說種種妙法　其心无所畏　我於伽耶城　菩提樹下坐
得成最正覺　轉无上法輪　尒乃教化之　令初發道心
今皆住不退　悉當得成佛　我今說實語　汝等一心信
我從久遠來　教化是等衆
尒時弥勒菩薩摩訶薩及无數諸菩薩等心
生疑惑怪未曾有而作是念云何世尊於少
時間教化如是无量无邊阿僧祇諸大菩薩
令住阿耨多羅三藐三菩提即白佛言世尊
如來為太子時出於釋宮去伽耶城不遠坐
於道場得成阿耨多羅三藐三菩提從是已

BD04694號　妙法蓮華經卷五　（5-2）

我從久遠來 教化是等衆
尒時弥勒菩薩摩訶薩及无數諸菩薩等心
生疑惑恠未曾有而作是念云何世尊於少
時間教化如是无量无邊阿僧祇諸大菩薩
令住阿耨多羅三藐三菩提即白佛言世尊
如来為太子時出於釋宮去伽耶城不遠坐
於道場得成阿耨多羅三藐三菩提從是已
来始過四十餘年世尊云何於此少時大作
佛事以佛勢力以佛功德教化如是无量大
菩薩衆當成阿耨多羅三藐三菩提世尊此
大菩薩衆假使有人於千万億劫數不能盡
不得其邊斯等久遠已来於无量无邊諸佛
所植諸善根成就菩薩道常脩梵行世尊如
此之事世所難信譬如有人色美髮黑年二
十五指百歲人言是我子其百歲人亦指年
少言是我父生育我等是事難信佛亦如是
得道已来其實未久而此大衆諸菩薩等已
於无量千万億劫為佛道故勤行精進善入
出住无量百千万億三昧得大神通久脩梵
行善能次第習諸善法巧於問荅人中之寶
一切世間甚為希有今日世尊方云得佛道
時初令發心教化示導令向阿耨多羅三藐
三菩提世尊得佛未久乃能作此大功德事
我等雖復信佛隨宜所說佛所出言未曾虛
妄佛所知者皆悉通達然諸新發意菩薩於
佛滅後若聞是語或不信受而起破法罪業
因緣唯然世尊願為解說除我等疑及未来

BD04694號　妙法蓮華經卷五　（5–3）

時初令發心教化示導令向阿耨多羅三藐
三菩提世尊得佛未久乃能作此大功德事
我等雖復信佛隨宜所說佛所出言未曾虛
妄佛所知者皆悉通達然諸新發意菩薩於
佛滅後若聞是語或不信受而起破法罪業
因緣唯然世尊願為解說除我等疑及未来
世諸善男子聞此事已亦不生疑尒時弥勒
菩薩欲重宣此義而說偈言
佛昔從釋種　出家近伽耶　坐於菩提樹　尒来尚未久
此諸佛子等　其數不可量　久已行佛道　住神通智力
善學菩薩道　不染世間法　如蓮華在水　從地而踊出
皆起恭敬心　住於世尊前　是事難思議　云何而可信
佛得道甚近　所成就甚多　願為除衆疑　如實分別說
譬如少壯人　年始二十五　示人百歲子　髮白而面皺
是等我所生　子亦說是父　父少而子老　舉世所不信
世尊亦如是　得道来甚近　是諸菩薩等　志固无怯弱
從无量劫来　而行菩薩道　巧於難問荅　其心无所畏
忍辱心決定　端政有威德　十方佛所讚　善能分別說
不樂在人衆　常好在禪定　為求佛道故　於下空中住
我等從佛聞　於此事无疑　願佛為未来　演說令開解
若有於此經　生疑不信者　即當墮惡道　願今為解說
是无量菩薩　云何於少時　教化令發心　而住不退地
妙法蓮華經如来壽量品第十六
尒時佛告諸菩薩及一切大衆諸善男子汝
等當信解如来誠諦之語復告大衆汝等當
信解如来誠諦之語又復告諸大衆汝等當

BD04694號　妙法蓮華經卷五　（5–4）

此諸佛子等　其數不可量　久已行佛道　住於神通力
善學菩薩道　不染世間法　如蓮華在水　從地而踊出
皆起恭敬心　住於世尊前　是事難思議　云何而可信
佛得道甚近　所成就甚多　願為除衆疑　如實分別說
譬如少壯人　年始二十五　示人百歲子　髮白而面皺
是等我所生　子亦說是父　父少而子老　舉世所不信
世尊亦如是　得道來甚近　是諸菩薩等　志固无怯弱
從无量劫來　而行菩薩道　巧於難問荅　其心无所畏
忍辱心決定　端政有威德　十方佛所讚　善能分別說
不樂在人衆　常好在禪定　為求佛道故　於下空中住
我等從佛聞　於此事无疑　願佛為未來　演說令開解
若有於此經　生疑不信者　即當墮惡道　願今為解說
是无量菩薩　云何於少時　教化令發心　而住不退地

妙法蓮華經如來壽量品第十六

尒時佛告諸菩薩及一切大衆諸善男子汝
等當信解如來誠諦之語復告大衆汝等當
信解如來誠諦之語又復告諸大衆汝等當
信解如來誠諦之語是時菩薩大衆弥勒為
首合掌白佛言世尊唯願說之我等當信受

BD04694 號　妙法蓮華經卷五　（5–5）

說脩行功德甚多尒時藥王菩薩白佛言世
尊我今當與說法者陁羅尼呪以守護之即說
呪曰
安尒一　曼尒二　摩祢三　摩摩祢四　旨隸五　遮梨苐六
賒咩羊鳴音七　賒履冈雅反　多瑋八　羶輸千反帝九　目帝十　目多
履十一　娑履十二　阿瑋娑履十三　桑履十四　娑履十五　叉裔十六
阿叉裔十七　阿耆膩十八　羶帝十九　賒履二十　陁羅尼二十一　阿盧
伽婆娑蘇奈反　簸蔗毗叉膩二十二　祢毗剃二十三　阿便哆都餓反
邏祢履剃二十四　阿亶哆波隸輸地途賣反二十五　漚究隸二十六
牟究隸二十七　阿羅隸二十八　波羅隸二十九　首迦差初几反三十
阿三磨三履三十一　佛䭾毗吉利袠帝三十二　達磨波
利差猜離反帝三十三　僧伽涅瞿沙祢三十四　婆舍婆舍
輸地三十五　曼哆邏三十六　曼哆邏叉夜多三十七　郵樓哆
三十八　郵樓哆憍舍略三十九　惡叉邏四十　惡叉冶多冶四十一　阿婆盧
四十二　阿摩若荏蔗反　那多夜四十三
世尊是陁羅尼神呪六十二億恒河沙等諸
佛所說若有侵毀此法師者則為侵毀是諸
佛已時釋迦牟尼佛讚藥王菩薩言善哉

BD04695 號　妙法蓮華經卷七　（15–1）

輸地五 曼哆邏六 曼哆邏叉夜多七 郵樓哆
三十八郵樓哆憍舍略三十九惡叉冶多冶四十一阿婆盧
四十二阿摩若文在蔗那多夜四十三
世尊是陀羅尼神呪六十二億恒河沙等諸
佛所說若有侵毀此法師者則為侵毀是諸
佛已時釋迦牟尼佛讃藥王菩薩言善哉
善哉藥王汝愍念擁護此法師故說是陀羅
尼於諸衆生多所饒益尒時勇施菩薩白佛
言世尊我亦為擁護讀誦受持法華經者說
陀羅尼若此法師得是陀羅尼若夜叉若
羅刹若富單那若吉蔗若鳩槃荼若餓鬼
等伺求其短无能得便即於佛前而說呪曰
痤文誓螺隸一 摩訶痤隸二 郁枳三 目枳四 阿隸五 阿羅
婆第六 涅隸第七 涅隸多婆第八 伊緻文猪履柅九
韋緻柅十 旨緻柅十一 涅隸墀柅十二 涅犁墀婆帝十三
世尊是陀羅尼神呪恒河沙等諸佛所說亦皆
随喜若有侵毀此法師者則為侵毀是諸佛
已尒時毗沙門天王護世者白佛言世尊我亦
為愍念衆生擁護此法師故說是陀羅尼即說
呪曰
阿梨一 那梨二 㝹那梨三 阿那盧四 那履五 拘那履六
世尊以是神呪擁護法師我亦自當擁護持
是呪者令百由旬内无諸衰患尒時持國天
王在此會中與千万億那由他乹闥婆衆恭
敬圍繞前詣佛所合掌白佛言世尊我亦以
陀羅尼神呪擁護持法華經者即說呪曰

BD04695 號　妙法蓮華經卷七　（15–2）

阿梨一 那梨二 㝹那梨三 阿那盧四 那履五 拘那履六
世尊以是神呪擁護法師我亦自當擁護持
是呪者令百由旬内无諸衰患尒時持國天
王在此會中與千万億那由他乹闥婆衆恭
敬圍繞前詣佛所合掌白佛言世尊我亦以
陀羅尼神呪擁護持法華經者即說呪曰
阿伽祢一 伽祢二 瞿利三 乹陀利四 旃陀利五 摩蹬
耆六 常求利七 浮樓莎柅八 頞底九
世尊是陀羅尼神呪四十二億諸佛所說若有
侵毀此法師者則為侵毀是諸佛已尒時有
羅刹女等一名藍婆二名毗藍婆三名曲齒
四名華齒五名黒齒六名多髪七名无猒足八
名持瓔珞九名睪帝十名奪一切衆生精
氣是十羅刹女與鬼子母并其子及眷屬
俱詣佛所同聲白佛言世尊我等亦欲擁
護讀誦受持法華經者除其衰患若有伺
求法師短者令不得便即於佛前而說呪曰
伊提履一 伊提泯二 伊提履三 阿提履四 伊提履五
泥履六 泥履七 泥履九 泥履十 樓醯十一 樓醯十二 樓
醯十三 樓醯十四 多醯十五 多醯十六 多醯十七 兜醯十八
㝹醯十九
寧上我頭上莫惱於法師若夜叉若羅刹若
餓鬼若富單那若吉蔗若毗陀羅若揵䭾若
烏摩勒伽若阿跋摩羅若夜叉吉蔗若人
吉蔗若熱病若一日若二日若三日若四日若

BD04695 號　妙法蓮華經卷七　（15–3）

寍醯九十
寧上我頭上莫惱於法師若夜叉若羅刹若
餓鬼若富單那若吉蔗若毗陁羅若揵馱若
烏摩勒伽若阿跋摩羅若夜叉吉蔗若人
吉蔗若熱病若一日若二日若三日若四日若
至七日若常熱病若男形若女形若童男
形若童女形乃至夢中亦復莫惱即於佛前
而說偈言
若不順我呪　惱亂說法者　頭破作七分　如阿梨樹枝
如煞父母罪　亦如壓油殃　斗秤欺誑人　調達破僧罪
犯此法師者　當獲如是殃
諸羅刹女說此偈已白佛言世尊我等亦當
身自擁護受持讀誦修行是經者令得安
隱離諸衰患消衆毒藥佛告諸羅刹女善哉
善哉汝等但能擁護受持法華名者福不可
量何況擁護具足受持供養經卷華香瓔珞
末香塗香燒香幡蓋伎樂然種種燈酥燈油
燈諸香油燈蘇摩那華油燈瞻蔔華油燈婆
師迦華油燈優鉢羅華油燈如是等百千種供
養者睪帝汝等及諸眷屬應當擁護如是法
師說是陁羅尼品時六万八千人得无生法忍
妙法蓮華經妙莊嚴王本事品第二十七
尒時佛告諸大衆乃往古世過无量无邊不可
思議阿僧祇劫有佛名雲雷音宿王華智多
陁阿伽度阿羅呵三藐三佛陁國名光明莊

BD04695號　妙法蓮華經卷七

（15–4）

師說是陁羅尼品時六万八千人得无生法忍
妙法蓮華經妙莊嚴王本事品第二十七
尒時佛告諸大衆乃往古世過无量无邊不可
思議阿僧祇劫有佛名雲雷音宿王華智多
陁阿伽度阿羅呵三藐三佛陁國名光明莊
嚴劫名憙見彼佛法中有王名妙莊嚴其王
夫人名曰淨德有二子一名淨藏二名淨眼是
二子有大神力福德智慧久脩菩薩所行之道
所謂檀波羅蜜尸波羅蜜羼提波羅蜜毗
梨耶波羅蜜禪波羅蜜般若波羅蜜方便
波羅蜜慈悲喜捨乃至三十七助道法皆
悉明了通達又得菩薩淨三昧日星宿三
昧淨光三昧淨色三昧淨照明三昧長莊嚴
三昧大威德藏三昧於此三昧亦悉通達尒時
彼佛欲引導妙莊嚴王及愍念衆生故說是法
華經時淨藏淨眼二子到其母所合十指爪掌白言
願母往詣雲雷音宿王華智佛所我等
亦當侍從親近供養禮拜所以者何此佛於
一切天人衆中說法華經宜應聽受母告子言
汝父信受外道深著婆羅門法汝等應往白
父與共俱去淨藏淨眼合十指爪掌白母我等
是法王子而生此邪見家母告子言汝等
當憂念汝父為現神變若得見者心必
清淨或聽我等往至佛所於是二子念其
父故踊在虛空高七多羅樹現種種神變於

BD04695號　妙法蓮華經卷七

（15–5）

是法王子而生此邪見家母告子言汝等
當憂念汝父為現神變若得見者心必
清淨或聽我等往至佛所於是二子念其
父故踊在虛空高七多羅樹現種種神變於
虛空中住坐臥身上出水身下出火身下出
水身上出火或現大身滿虛空中而復現小
小復現大於虛空中滅忽然在地入地如水履
水如地如是等種種神變令其父王心淨信解
時父見子神力如是心大歡喜得未曾有合掌
向佛言汝等師為是誰誰之弟子二子白言
大王彼雲雷音宿王華智佛今在七寶菩提
樹下法座上坐於一切世間天人眾中廣說
法華經是我等師我是弟子父語子言
我今亦欲見汝等師可共俱往於是二子從空
中下到其母所合掌白母父王今已信解堪
任發阿耨多羅三藐三菩提心我等為父
已作佛事願母見聽於彼佛所出家修道尒
時二子欲重宣其意以偈白母
願母放我等　出家作沙門　諸佛甚難值　我等隨佛學
如優曇波羅　值佛復難是　脫諸難亦難　願聽我出家
母即告言聽汝出家所以者何佛難值故於是
二子白父母言善哉父母願時往詣雲雷音宿
王華智佛所親近供養所以者何佛難得值
如優曇波羅華又如一眼之龜值浮木孔而
我等宿福深厚生值佛法是故父母當聽我

母即告言聽汝出家所以者何佛難值故於是
二子白父母言善哉父母願時往詣雲雷音宿
王華智佛所親近供養所以者何佛難得值
如優曇波羅華又如一眼之龜值浮木孔而
我等宿福深厚生值佛法是故父母當聽我
等令得出家所以者何諸佛難值時亦難遇
彼時妙莊嚴王後宮八万四千人皆悉堪任
受持是法華經淨眼菩薩於法華三昧久
已通達淨藏菩薩已於无量百千万億劫
通達離諸惡趣三昧欲令一切眾生離諸惡
趣故其王夫人得諸佛習三昧能知諸佛秘
密之藏二子如是以方便力善化其父令心信
解好樂佛法於是妙莊嚴王與羣臣眷屬俱
淨德夫人與後宮采女眷屬俱其王二子與
四万二千人俱一時共詣佛所到已頭面礼足
繞佛三帀却住一面尒時彼佛為王說法示
教利喜王大歡悅尒時妙莊嚴王及其夫
人解頸真珠瓔珞價直百千以散佛上於虛
空中化成四柱寶臺臺中有大寶床敷百千
万天衣其上有佛結跏趺坐放大光明尒時
妙莊嚴王作是念佛身希有端嚴殊特成就第
一微妙之色時雲雷音宿王華智佛告四眾
言汝等見是妙莊嚴王於我前合掌立不此
王於我法中作比丘精勤修習助佛道法當得
作佛号娑羅樹王國名大光劫名大高王其
娑羅樹王佛有无量菩薩眾及无量聲聞其

一微妙之色時雲雷音宿王華智佛告四衆
言汝等見是妙莊嚴王於我前合掌立不此
王於我法中作比丘精勤脩習助佛道法當得
作佛号娑羅樹王國名大光劫名大高王其
娑羅樹王佛有无量菩薩及无量聲聞其
國平正功德如是其王即時以國付弟與夫人
二子并諸眷屬於佛法中出家脩道王出
家已於八万四千歲常勤精進脩行妙法華
經過是已後得一切淨功德莊嚴三昧即升
虛空高七多羅樹而白佛言世尊此我二子
已作佛事以神通變化轉我邪心令得安住
於佛法中得見世尊此二子者是我善知
識為欲發起宿世善根饒益我故來生我家
尒時雲雷音宿王華智佛告妙莊嚴王言如
是如是如汝所言若善男子善女人種善根
故世世得善知識其善知識能作佛事示教
利喜令入阿耨多羅三藐三菩提大王當知
善知識者是大因緣所謂化導令得見佛發
阿耨多羅三藐三菩提心大王汝見此二子不
此二子已曾供養六十五百千万億那由他恒河
沙諸佛親近恭敬於諸佛所受持法華經愍
念邪見衆生令住正見妙莊嚴王即從虛空
中下而白佛言世尊如來甚希有以功德
智慧故頂上肉髻光明顯照其眼長廣而紺
青色眉間毫相白如珂月齒白齊密常

BD04695號　妙法蓮華經卷七　（15–8）

此二子已曾供養六十五百千万億那由他恒河
沙諸佛親近恭敬於諸佛所受持法華經愍
念邪見衆生令住正見妙莊嚴王即從虛空
中下而白佛言世尊如來甚希有以功德
智慧故頂上肉髻光明顯照其眼長廣而紺
青色眉間毫相白如珂月齒白齊密常
有光明脣色赤好如頻婆果尒時妙莊嚴
王讚歎佛如是等无量百千万億功德已
於如來前一心合掌復白佛言世尊未曾
有也如來之法具足成就不可思議微妙功德
教戒所行安隱快善我從今日不復自隨心行
不生邪見憍慢瞋恚諸惡之心說是語已礼
佛而出佛告大衆於意云何妙莊嚴王豈異
人乎今華德菩薩是其淨德夫人今佛前光
照莊嚴相菩薩是哀愍妙莊嚴王及諸眷
屬故於彼中生其二子者今藥王菩薩藥上
菩薩是是藥王藥上菩薩成就如此諸大功
德已於无量百千万億諸佛所植衆德本成
就不可思議諸善功德若有人識是二菩薩名
字者一切世間諸天人民亦應礼拜佛說是妙
莊嚴王本事品時八万四千人遠塵離垢於
諸法中得法眼淨

妙法蓮華經普賢菩薩勸發品第二十八

尒時普賢菩薩以自在神通威德名聞與大
菩薩无量无邊不可稱數從東方來所經諸

BD04695號　妙法蓮華經卷七　（15–9）

字者一切世間諸天人民亦應礼拜佛說是妙
莊嚴王本事品時八万四千人遠塵離垢於
諸法中得法眼淨
妙法蓮華經普賢菩薩勸發品第二十八
尒時普賢菩薩以自在神通威德名聞與大
菩薩无量无邊不可稱數從東方來所經諸
國普皆震動雨寶蓮華作无量百千万億種
種伎樂又與无數諸天龍夜叉乹闥婆阿脩
羅迦樓羅緊那羅摩睺羅伽人非人等大衆
圍繞各現威德神通之力到娑婆世界耆闍
崛山中頭面礼釋迦牟尼佛右繞七帀白佛言
世尊我於寶威德上王佛國遥聞此娑婆世
界說法華經與无量无邊百千万億諸菩薩
衆共來聽受唯願世尊當為說之若善男
子善女人於如來滅後云何能得是法華經
佛告普賢菩薩若善男子善女人成就四法
於如來滅後當得是法華經一者為諸佛護
念二者殖衆德本三者入正定聚四者發救
一切衆生之心善男子善女人如是成就四
法於如來滅後必得是經尒時普賢菩薩白
佛言世尊於後五百歲濁惡世中其有受持
是經典者我當守護除其衰患令得安隱使
无伺求得其便者若魔若魔子若魔女若魔
民若為魔所著者若夜叉若羅剎若鳩槃荼
若毗舍闍若吉蔗若富單那若韋陁羅等諸

BD04695號　妙法蓮華經卷七　（15–10）

佛言世尊於後五百歲濁惡世中其有受持
是經典者我當守護除其衰患令得安隱使
无伺求得其便者若魔若魔子若魔女若魔
民若為魔所著者若夜叉若羅剎若鳩槃荼
若毗舍闍若吉蔗若富單那若韋陁羅等諸
惱人者皆不得便是人若行若立讀誦此經
我尒時乘六牙白象王與大菩薩衆俱詣其
所而自現身供養守護安慰其心亦為供養
法華經故是人若坐思惟此經尒時我復乘
白象王現其人前其人若於法華經有所忘失
一句一偈我當教之與共讀誦還令通利尒時
受持讀誦法華經者得見我身甚大歡喜
轉復精進以見我故即得三昧及陁羅尼名
為旋陁羅尼百千万億旋陁羅尼法音方便
陁羅尼得如是等陁羅尼世尊若後世後五
百歲濁惡世中比丘比丘尼優婆塞優婆夷
求索者受持者讀誦者書寫者欲脩習是
法華經於三七日中應一心精進滿三七日已
我當乘六牙白象與无量菩薩而自圍繞以
一切衆生所憙見身現其人前而為說法示教
利喜亦復與其陁羅尼呪得是陁羅尼故无
有非人能破壞者亦不為女人之所惑亂我身
亦自常護持是人唯願世尊聽我說此陁羅
尼即於佛前而說呪曰
阿檀地途賣反一檀陁婆地二檀陁婆帝三檀陁鳩

BD04695號　妙法蓮華經卷七　（15–11）

利喜亦復與其陀羅尼呪得是陀羅尼故无
有非人能破壞者亦不為女人之所惑乱我身
亦自常護持是人唯願世尊聽我說此陀羅
尼即於佛前而說呪曰
阿檀地途賣反一檀陀婆地二檀陀婆帝三檀陀鳩
舍隸四檀陀脩陀隸五脩陀隸六脩陀羅婆
底七佛䭾波羶祢八薩婆陀羅尼阿婆多尼九
薩婆婆沙阿婆多尼十脩阿婆多尼十一僧伽婆
履叉尼十二僧伽涅伽陀尼十三阿僧祇十四僧伽波伽地十五
帝隸阿惰僧伽兜略盧遮反阿羅帝波羅帝十六
薩婆僧伽三摩地伽蘭地十七薩婆達磨脩波
利剎帝十八薩婆薩埵樓馱憍舍略阿㝹伽地
十九辛阿毗吉利地帝二十
世尊若有菩薩得聞是陀羅尼者當知普
賢神通之力若法華經行閻浮提有受者應
作此念皆是普賢威神之力若有受持讀誦
正憶念解其義趣如說修行當知是人行普賢
行於无量无邊諸佛所深種善根為諸如來手
摩其頭若但書寫是人命終當生忉利天上
是時八万四千天女作衆伎樂而來迎之其人即著
七寶冠於婇女中娛樂快樂何況受持讀誦正
憶念解其義趣如說修行若有人受持讀誦解
其義趣是人命終為千佛授手令不恐怖不
墮惡趣即往兜率天上弥勒菩薩所弥勒菩
薩有三十二相大菩薩衆共圍繞有百千万億

BD04695號　妙法蓮華經卷七

（15–12）

是時八万四千天女作衆伎樂而來迎之其人即著
七寶冠於婇女中娛樂快樂何況受持讀誦正
憶念解其義趣如說修行若有人受持讀誦解
其義趣是人命終為千佛授手令不恐怖不
墮惡趣即往兜率天上弥勒菩薩所弥勒菩
薩有三十二相大菩薩衆共圍繞有百千万億
天女眷屬而於中生有如是等功德利益是故
智者應當一心自書若使人書受持讀誦正憶
念如說修行世尊我今以神通力守護是經於如
來滅後閻浮提內廣令流布使不斷絕尒時
釋迦牟尼佛讚言善哉善哉普賢汝能護助
是經令多所衆生安樂利益汝已成就不可思
議功德深大慈悲從久遠來發阿耨多羅三
藐三菩提意而能作是神通之願守護是經我
當以神通力守護能受持普賢菩薩名者普
賢若有受持讀誦正憶念脩習書寫是法華經
者當知是人則見釋迦牟尼佛如從佛口聞此經
典當知是人供養釋迦牟尼佛當知是人佛讚善
哉當知是人為釋迦牟尼佛手摩其頭當知是
人為釋迦牟尼佛衣之所覆如是之人不復貪
著世樂不好外道經書手筆亦復不喜親近
其人及諸惡者若屠兒若畜猪羊雞狗若獵
師若衒賣女色是人心意質直有正憶念有
福德力是人不為三毒所惱亦不為嫉妬我慢
邪慢增上慢所惱是人少欲知足能脩普賢之

BD04695號　妙法蓮華經卷七

（15–13）

其人及諸惡者若屠兒若畜猪羊雞狗若獵
師若衒賣女色是人心意質直有正憶念有
福德力是人不為三毒所惱亦不為嫉妬我慢
邪慢增上慢所惱是人少欲知足能脩普賢之
行普賢若如來滅後後五百歲若有人見受
持讀誦法華經者應作是念此人不久當
詣道場破諸魔衆得阿耨多羅三藐三菩
提轉法輪擊法鼓吹法螺雨法雨當坐天人大衆
中師子法座上普賢若於後世受持讀誦是經
典者是人不復貪著衣服臥具飲食資生之
物所願不虛亦於現世得其福報若有人輕毀
之言汝狂人耳空作是行終无所獲如是罪報
當世世无眼若有供養讚歎之者當於今世
得現果報若復見受持是經者出其過惡若
不虛若不實此人現世得白癩病若有輕笑之者
當世世牙齒踈缺醜脣平鼻手脚繚戾眼目角
睞身體臭穢惡瘡膿血水腹短氣諸惡重病
是故普賢若見受持是經典者當起遠迎當
如敬佛說是普賢勸發品時恒河沙等无
量无邊菩薩得百千億旋陀羅尼三千大千
世界微塵等諸菩薩具普賢道佛說是經時
普賢等諸菩薩舍利弗等諸聲聞及諸天龍
人非人等一切大衆皆大歡喜受持佛語作禮
而去

BD04695號　妙法蓮華經卷七　（15-14）

是故普賢若見受持是經典者當起遠迎當
如敬佛說是普賢勸發品時恒河沙等无
量无邊菩薩得百千億旋陀羅尼三千大千
世界微塵等諸菩薩具普賢道佛說是經時
普賢等諸菩薩舍利弗等諸聲聞及諸天龍
人非人等一切大衆皆大歡喜受持佛語作禮
而去

妙法蓮華經卷第七

BD04695號　妙法蓮華經卷七　（15-15）

所希求文殊師利又菩薩摩訶薩不應於女
人身取能生欲想相而為說法亦不樂見若
入他家不與小女處女寡女等共語亦復不
近五種不男之人以為親厚不獨入他家若
有因緣須獨入時但一心念佛若為女人說
法不露齒笑不現胷臆乃至為法猶不親厚
況復餘事不樂畜年少弟子沙弥小兒亦不
樂與同師常好坐禪在於閑處脩攝其心文
殊師利是名初親近處復次菩薩摩訶薩觀
一切法空如實相不顛倒不動不退不轉如
虛空無所有性一切語言道斷不生不出不
起無名無相實無所有無量無邊無礙無鄣
但以因緣有從顛倒生故說常樂觀如是法
相是名菩薩摩訶薩第二親近處尒時世尊
欲重宣此義而說偈言
若有菩薩　於後惡世　無怖畏心　欲說是經
應入行處　及親近處　常離國王　及國王子
大臣官長　兇險戲者　及旃陀羅　外道梵志

BD04696號　妙法蓮華經卷五　（16–1）

但以因緣有從顛倒生故說常樂觀如是法
相是名菩薩摩訶薩第二親近處尒時世尊
欲重宣此義而說偈言
若有菩薩　於後惡世　無怖畏心　欲說是經
應入行處　及親近處　常離國王　及國王子
大臣官長　兇險戲者　及旃陀羅　外道梵志
亦不親近　增上慢人　貪著小乘　三藏學者
破戒比丘　名字羅漢　及比丘尼　好戲笑者
深著五欲　求現滅度　諸優婆夷　皆勿親近
若是人等　以好心來　到菩薩所　為聞佛道
菩薩則以　無所畏心　不懷希望　而為說法
寡女處女　及諸不男　皆勿親近　以為親厚
亦莫親近　屠兒魁膾　畋獵漁捕　為利殺害
販肉自活　衒賣女色　如是之人　皆勿親近
兇險相撲　種種嬉戲　諸婬女等　盡勿親近
莫獨屏處　為女說法　若說法時　無得戲笑
入里乞食　將一比丘　若無比丘　一心念佛
是則名為　行處近處　以此二處　能安樂說
又復不行　上中下法　有為無為　實不實法
亦不分別　是男是女　不得諸法　不知不見
是則名為　菩薩行處　一切諸法　空無所有
無有常住　亦無起滅　是名智者　所親近處
顛倒分別　諸法有無　是實非實　是生非生
在於閑處　脩攝其心　安住不動　如須弥山
觀一切法　皆無所有　猶如虛空　無有堅固
不生不出　不動不退　常住一相　是名近處

BD04696號　妙法蓮華經卷五　（16–2）

是則名為 菩薩行處 一切諸法 空無所有
無有常住 亦無起滅 是名知者 所親近處
顛倒分別 諸法有無 是實非實 是生非生
在於閑處 脩攝其心 安住不動 如須弥山
觀一切法 皆無所有 猶如虛空 無如堅固
不生不出 不動不退 常住一相 是名近處
若有比丘 於我滅後 入是行處 及親近處
說斯經時 無有怯弱 菩薩有時 入於靜室
以正憶念 隨義觀法 從禪定起 為諸國王
王子臣民 婆羅門等 開化演暢 說斯經典
其心安隱 無有怯弱 文殊師利 是名菩薩
安住初法 能於後世 說法華經
又文殊師利如來滅後於末法中欲說是經
應住安樂行若口宣說若讀經時不樂說人
及經典過亦不輕慢諸餘法師不說他人好
惡長短於聲聞人亦不稱名說其過惡亦不
稱名讚歎其美又亦不生怨嫌之心善脩如
是安樂心故諸有聽者不逆其意有所難問
不以小乘法荅但以大乘而為觧說令得一
切種智尒時世尊欲重宣此義而說偈言
菩薩常樂 安隱說法 於清淨地 而施牀座
以油塗身 澡浴塵穢 着新淨衣 內外俱淨
安處法座 隨問為說 若有比丘 及比丘尼
諸優婆塞 及優婆夷 國王王子 羣臣士民
以微妙義 和顏為說 若有難問 隨義而荅

BD04696號　妙法蓮華經卷五　（16–3）

安處法座 隨問為說 若有比丘 及比丘尼
諸優婆塞 及優婆夷 國王王子 羣臣士民
以微妙義 和顏為說 若有難問 隨義而荅
因緣譬喻 敷演分別 以是方便 皆使發心
漸漸增益 入於佛道 除嬾惰意 及懈怠想
離諸憂惱 慈心說法 晝夜常說 無上道教
以諸因緣 無量譬喻 開示衆生 咸令歡喜
衣服卧具 飲食醫藥 而於其中 無所希望
但一心念 說法因緣 願成佛道 令衆亦尒
是則大利 安樂供養 我滅度後 若有比丘
能演說斯 妙法華經 心無嫉恚 諸惱鄣礙
亦無憂愁 及罵詈者 又無怖畏 加刀杖等
亦無擯出 安住忍故 智者如是 善脩其心
能住安樂 如我上說 其人功德 千万億劫
筭數譬喻 說不能盡
又文殊師利菩薩摩訶薩於後末世法欲滅
時受持讀誦斯經典者無懷嫉妬諂誑之心
亦勿輕罵學佛道者求其長短若比丘比丘
尼優婆塞優婆夷求聲聞者求辟支佛者求
菩薩道者無得惱之令其疑悔語其人言汝
等去道甚遠終不能得一切種智所以者何
汝是放逸之人於道懈怠故又亦不應戲論
諸法有所諍競當於一切衆生起大悲想於
諸如來起慈父想於諸菩薩起大師想於十
方諸大菩薩常應深心恭敬礼拜於一切衆

BD04696號　妙法蓮華經卷五　（16–4）

等去道甚遠終不能得一切種智所以者何
汝是放逸之人於道懈怠故又亦不應戲論
諸法有所爭競當於一切衆生起大悲想於
諸如来起慈父想於諸菩薩起大師想於十
方諸大菩薩常應深心恭敬礼拜於一切衆
生平等說法以順法故不多不少乃至深愛
法者亦不為多說文殊師利是菩薩摩訶薩
於後末世法欲滅時有成就是第三安樂行
者說是法時無能惱亂得好同學共讀誦是
經亦得大衆而来聽受聽已能持持已能誦
誦已能說說已能書若使人書供養經卷恭
敬尊重讃歎尒時世尊欲重宣此義而說偈
言
若欲說是經　當捨嫉恚慢　諂誑邪偽心　常脩質直行
不輕蔑於人　亦不戲論法　不令他疑悔　云汝不得佛
是佛子說法　常柔和能忍　慈悲於一切　不生懈怠心
十方大菩薩　愍衆故行道　應生恭敬心　是則我大師
於諸佛世尊　生無上父想　破於憍慢心　說法無鄣礙
第三法如是　智者應守護　一心安樂行　無量衆所敬
又文殊師利菩薩摩訶薩於後末世法欲滅
時有持是法華經者於在家出家人中生大
慈心於非菩薩人中生大悲心應作是念如
是之人則為大失如来方便隨冝說法不聞
不知不覺不問不信不解其人雖不問不信
不解是經我得阿耨多羅三藐三菩提時隨

BD04696號　妙法蓮華經卷五　（16–5）

慈心於非菩薩人中生大悲心應作是念如
是之人則為大失如来方便隨冝說法不聞
不知不覺不問不信不解其人雖不問不信
不解是經我得阿耨多羅三藐三菩提時隨
在何地以神通力智慧力引之令得住是法
中文殊師利是菩薩摩訶薩於如来滅後有
成就此第四法者說是法時無有過失常為
比丘比丘尼優婆塞優婆夷國王王子大臣
人民婆羅門居士等供養恭敬尊重讃歎虚
空諸天為聽法故亦常隨侍若在聚落城邑
空閑林中有人来欲難問者諸天晝夜常為
法故而衛護之能令聽者皆得歡喜所以者
何此經是一切過去未来現在諸佛神力所
護故文殊師利是法華經於無量國中乃至
名字不可得聞何況得見受持讀誦文殊師
利譬如強力轉輪聖王欲以威勢降伏諸國
而諸小王不順其命時轉輪王起種種兵而
往討伐王見兵衆戰有功者即大歡喜隨功
賞賜或與田宅聚落城邑或與衣服嚴身之
具或與種種珎寶金銀瑠璃車𤦲馬瑙珊瑚
虎魄象馬車乘奴婢人民唯髻中明珠不以
與之所以者何獨王頂上有此一珠若以與
之王諸眷屬必大驚怪文殊師利如来亦復
如是以禪定智慧力得法國土王於三界而
諸魔王不肯順伏如来賢聖諸將與之共戰
其有功者心亦歡喜於四衆中為說諸經令

BD04696號　妙法蓮華經卷五　（16–6）

與之所以者何獨王頂上有此一珠若以與
之王諸眷屬必大驚怪文殊師利如来亦復
如是以禪定智慧力得法國土王於三界而
諸魔王不肯順伏如来賢聖諸將與之共戰
其有功者心亦歡喜於四衆中為說諸經令
其心悅賜以禪定解脫無漏根力諸法之財
又復賜與涅槃之城言得滅度引導其心令
皆歡喜而不為說是法華經文殊師利如轉
輪王見諸兵衆有大功者心甚歡喜以此難
信之珠久在髻中不妄與人而今與之如来
亦復如是於三界中為大法王以法教化一
切衆生見賢聖軍與五陰魔煩惱魔死魔共
戰有大功勳滅三毒出三界破魔網尒時如
来亦大歡喜此法華經能令衆生至一切智
一切世間多怨難信先所未說而今說之文
殊師利此法華經是諸如来第一之說於諸
說中最為甚深末後賜與如彼強力之王久
護明珠今乃與之文殊師利此法華經諸佛
如来秘密之藏於諸經中最在其上長夜守
護不妄宣說始於今日乃與汝等而敷演之
尒時世尊欲重宣此義而說偈言
常行忍辱 哀愍一切 乃能演說 佛所讚經
後末世時 持此經者 於家出家 及非菩薩
應生慈悲 斯等不聞 不信是經 非為大失
我得佛道 以諸方便 為說此法 令住其中
辟如強力 轉輪之王 兵戰有功 賞賜諸物

BD04696號 妙法蓮華經卷五 （16–7）

尒時世尊欲重宣此義而說偈言
常行忍辱 哀愍一切 乃能演說 佛所讚經
後末世時 持此經者 於家出家 及非菩薩
應生慈悲 斯等不聞 不信是經 非為大失
我得佛道 以諸方便 為說此法 令住其中
辟如強力 轉輪之王 兵戰有功 賞賜諸物
象馬車乘 嚴身之具 及諸田宅 聚落城邑
或與衣服 種種珍寶 奴婢財物 歡喜賜與
如有勇健 能為難事 王解髻中 明珠賜之
如来亦尒 為諸法王 忍辱大力 智慧寶藏
以大慈悲 如法化世 見一切人 受諸苦惱
欲求解脫 與諸魔戰 為是衆生 說種種法
以大方便 說此諸經 既知衆生 得其力已
末後乃為 說是法華 如王解髻 明珠與之
此經為尊 衆經中上 我常守護 不妄開示
今正是時 為汝等說 我滅度後 求佛道者
欲得安隱 演說斯經 應當親近 如是四法
讀是經者 常無憂惱 又無病痛 顏色鮮白
不生貧窮 卑賤醜陋 衆生樂見 如慕賢聖
天諸童子 以為給使 刀杖不加 毒不能害
若人惡罵 口則閉塞 遊行無畏 如師子王
智慧光明 如日之照 若於夢中 但見妙事
見諸如来 坐師子座 諸比丘衆 圍繞說法
又見龍神 阿脩羅等 數如恒沙 恭敬合掌
自見其身 而為說法 又見諸佛 身相金色

BD04696號 妙法蓮華經卷五 （16–8）

智慧光明 如日之照 若於夢中 但見妙事
見諸如來 坐師子座 諸比丘衆 圍繞說法
又見龍神 阿脩羅等 數如恒沙 恭敬合掌
自見其身 而為說法 又見諸佛 身相金色
放無量光 照於一切 以梵音聲 演說諸法
佛為四衆 說無上法 見身處中 合掌讚佛
聞法歡喜 而為供養 得陁羅尼 證不退智
佛知其心 深入佛道 即為授記 成最正覺
汝善男子 當於來世 得無量智 佛之大道
國土嚴淨 廣大無比 亦有四衆 合掌聽法
又見自身 在山林中 脩習善法 證諸實相
深入禪定 見十方佛
諸佛身金色 百福相莊嚴 聞法為人說 常有是好夢
又夢作國王 捨宮殿眷屬 及上妙五欲 行詣於道場
在菩提樹下 而處師子座 求道過七日 得諸佛之智
成無上道已 起而轉法輪 為四衆說法 經千万億劫
說無漏妙法 度無量衆生 後當入涅槃 如煙盡燈滅
若後惡世中 說是第一法 是人得大利 如上諸功德

妙法蓮華經從地踊出品第十五

尒時他方國土諸來菩薩摩訶薩過八恒河
沙數於大衆中起合掌作礼而白佛言世尊
若聽我等於佛滅後在此娑婆世界勤加精
進護持讀誦書寫供養是經典者當於此土
而廣說之尒時佛告諸菩薩摩訶薩衆止善
男子不須汝等護持此經所以者何我娑婆

BD04696號 妙法蓮華經卷五 (16–9)

沙數於大衆中起合掌作礼而白佛言世尊
若聽我等於佛滅後在此娑婆世界勤加精
進護持讀誦書寫供養是經典者當於此土
而廣說之尒時佛告諸菩薩摩訶薩衆止善
男子不須汝等護持此經所以者何我娑婆
世界自有六万恒河沙等菩薩摩訶薩一
菩薩各有六万恒河沙眷屬是諸人等能於
我滅後護持讀誦廣說此經佛說是時娑婆
世界三千大千國土地皆震裂而於其中有
無量千万億菩薩摩訶薩同時踊出是諸菩
薩身皆金色三十二相無量光明先盡在此
娑婆世界之下此界虛空中住是諸菩薩聞
釋迦牟尼佛所說音聲從下發來一一菩薩
皆是大衆唱導之首各將六万恒河沙眷屬
況將五万四万三万二万一万恒河沙等眷
屬者況復乃至一恒河沙半恒河沙四分之
一乃至千万億那由他分之一況復千万億
那由他眷屬況復億万眷屬況復千万百万
乃至一万況復一千一百乃至一十況復將
五四三二一弟子者況復單己樂遠離行如
是等比無量無邊筭數譬喻所不能知是諸
菩薩從地出已各詣虛空七寶妙塔多寶如
來釋迦牟尼佛所到已向二世尊頭面礼足
及至諸寶樹下師子座上佛所亦皆作礼右
遶三帀合掌恭敬以諸菩薩種種讚法而以

BD04696號 妙法蓮華經卷五 (16–10)

是等比無量無邊筭數譬喻所不能知是諸
菩薩從地出已各詣虛空七寶妙塔多寶如
来釋迦牟尼佛所到已向二世尊頭面礼足
及至諸寶樹下師子座上佛所亦皆作礼右
遶三帀合掌恭敬以諸菩薩種種讚法而以
讚歎住在一面欣樂瞻仰於二世尊是諸菩
薩摩訶薩從初踊出以諸菩薩種種讚法而
讚於佛如是時間經五十小劫是時釋迦牟
尼佛黙然而坐及諸四衆亦皆黙然五十小
劫佛神力故令諸大衆謂如半日尒時四衆
亦以佛神力故見諸菩薩遍滿無量百千万
億國土虛空是菩薩衆中有四導師一名上
行二名無邊行三名淨行四名安立行是四
菩薩於其衆中最為上首唱導之師在大衆
前各共合掌觀釋迦牟尼佛而問訊言世尊
少病少惱安樂行不所應度者受教易不不
令世尊生疲勞邪尒時四大菩薩而說偈言
世尊安樂　少病少惱　教化衆生　得無疲惓
又諸衆生　受化易不　不令世尊　生疲勞邪
尒時世尊於菩薩大衆中而作是言如是如
是諸善男子如来安樂少病少惱諸衆生等
易可化度無有勞疲所以者何是諸衆生世
世已来常受我化亦於過去諸佛供養尊重
種諸善根此諸衆生始見我身聞我所說即
皆信受入如来慧除先脩習學小乗者如是
之人我今亦令得聞是經入於佛慧尒時諸

BD04696 號　妙法蓮華經卷五　（16–11）

[illegible]
易可化度無有勞疲所以者何是諸衆生世
世已来常受我化亦於過去諸佛供養尊重
種諸善根此諸衆生始見我身聞我所說即
皆信受入如来慧除先脩習學小乗者如是
之人我今亦令得聞是經入於佛慧尒時諸
大菩薩而說偈言
善哉善哉　大雄世尊　諸衆生等　易可化度
能問諸佛　甚深智慧　聞已信行　我等隨喜
於時世尊讚歎上首諸大菩薩善哉善哉善
男子汝等能於如来發隨喜心尒時弥勒菩
薩及八千恒河沙諸菩薩衆皆作是念我等
從昔已来不見不聞如是大菩薩摩訶薩衆
從地踊出住世尊前合掌供養問訊如来時
弥勒菩薩摩訶薩知八千恒河沙諸菩薩等
心之所念并欲自決所疑合掌向佛以偈問
曰
無量千万億　大衆諸菩薩　昔所未曾見　願兩足尊說
是從何所来　以何因緣集　巨身大神通　智慧不思議
其志念堅固　有大忍辱力　衆生所樂見　為從何所来
一一諸菩薩　所將諸眷屬　其數無有量　如恒河沙等
或有大菩薩　將六万恒沙　如是諸大衆　一心求佛道
是諸大師等　六万恒河沙　俱来供養佛　及護持是經
將五万恒沙　其數過於是　四万及三万　二万至一万
一千一百等　乃至一恒沙　半及三四分　億万分之一
千万那由他　万億諸弟子　乃至於半億　其數復過上

BD04696 號　妙法蓮華經卷五　（16–12）

或有大菩薩 將六万恒沙 如是諸大衆 一心求佛道
是諸大師等 六万恒河沙 俱来供養佛 及護持是經
將五万恒沙 其數過於是 四万及三万 二万至一万
一千一百等 乃至一恒沙 半及三四分 億万分之一
千万那由他 万億諸弟子 乃至於半億 其數復過上
百万至一万 一千及一百 五十與一十 乃至三二一
單己無眷屬 樂於獨處者 俱来至佛所 其數轉過上
如是諸大衆 若人行籌數 過於恒沙劫 猶不能盡知
是諸大威德 精進菩薩衆 誰為其說法 教化而成就
從誰初發心 稱揚何佛法 受持行誰經 脩習何佛道
如是諸菩薩 神通大智力 四方地震裂 皆從中踊出
世尊我昔来 未曾見是事 願說其所從 國土之名号
我常遊諸國 未曾見是事 我於此衆中 乃不識一人
忽然從地出 願說其因緣 今此之大會 無量百千億
是諸菩薩等 皆欲知此事 是諸菩薩衆 本末之因緣
無量德世尊 唯願決衆疑
尒時釋迦牟尼分身諸佛從無量千万億他
方國土來者在於八方諸寶樹下師子座上
結跏趺坐其佛侍者各各見是菩薩大衆於
三千大千世界四方從地踊出住於虛空各
白其佛言世尊此諸無量無邊阿僧祇菩薩
大衆從何所來尒時諸佛各告侍者諸善男
子且待須臾有菩薩摩訶薩名曰弥勒釋迦
牟尼佛之所授記次後作佛已問斯事佛今
荅之汝等自當因是得聞尒時釋迦牟尼佛

白其佛言世尊此諸無量無邊阿僧祇菩薩
大衆從何所來尒時諸佛各告侍者諸善男
子且待須臾有菩薩摩訶薩名曰弥勒釋迦
牟尼佛之所授記次後作佛已問斯事佛今
荅之汝等自當因是得聞尒時釋迦牟尼佛
告弥勒菩薩善哉善哉阿逸多乃能問佛如
是大事汝等當共一心披精進鎧發堅固意
如來今欲顯發宣示諸佛智慧諸佛自在神
通之力諸佛師子奮迅之力諸佛威猛大勢
之力尒時世尊欲重宣此義而說偈言
當精進一心 我欲說此事 勿得有疑悔 佛智不思議
汝今出信力 住於忍善中 昔所未聞法 今皆當得聞
我今安慰汝 勿得懷疑懼 佛無不實語 智慧不可量
所得第一法 甚深不分別 如是今當說 汝等一心聽
尒時世尊說此偈已告弥勒菩薩我今於此
大衆宣告汝等阿逸多是諸大菩薩摩訶薩
無量無數阿僧祇從地踊出汝等昔所未見
者我於是娑婆世界得阿耨多羅三藐三菩
提已教化示導是諸菩薩調伏其心令發道
意此諸菩薩皆於是娑婆世界之下此界虛
空中住於諸經典讀誦通利思惟分別正憶
念阿逸多是諸善男子等不樂在衆多有所
說常樂靜處勤行精進未曾休息亦不依止
人天而住常樂深智無有鄣礙亦常樂於諸
佛之法一心精進求無上慧尒時世尊欲重

念阿逸多是諸善男子等不樂在衆多有所
說常樂靜處勤行精進未曾休息亦不依止
人天而住常樂深智無有鄣礙亦常樂於諸
佛之法一心精進求無上慧尒時世尊欲重
宣此義而說偈言
阿逸汝當知　是諸大菩薩　從無數劫來　脩習佛智慧
悉是我所化　令發大道心　此等是我子　依止是世界
常行頭陁事　志樂於靜處　捨大衆憒閙　不樂多所說
如是諸子等　學習我道法　晝夜常精進　爲求佛道故
在娑婆世界　下方空中住　志念力堅固　常勤求智慧
說種種妙法　其心無所畏　我於伽耶城　菩提樹下坐
得成最正覺　轉無上法輪　尒乃教化之　令初發道心
今皆住不退　悉當得成佛　我今說實語　汝等一心信
我從久遠來　教化是等衆
尒時弥勒菩薩摩訶薩及無數諸菩薩等心
生疑惑怪未曾有而作是念云何世尊於少
時間教化如是無量無邊阿僧祇諸大菩薩
令住阿耨多羅三藐三菩提即白佛言世尊
如來爲太子時出於釋宮去伽耶城不遠坐
於道場得成阿耨多羅三藐三菩提從是已
來始過四十餘年世尊云何於此少時大作
佛事以佛勢力以佛功德教化如是無量大
菩薩衆當成阿耨多羅三藐三菩提世尊此
大菩薩衆假使有人於千万億劫數不能盡
不得其邊斯等久遠已來於無量無邊諸佛

BD04696號　妙法蓮華經卷五　（16–15）

我從久遠來　教化是等衆
尒時弥勒菩薩摩訶薩及無數諸菩薩等心
生疑惑怪未曾有而作是念云何世尊於少
時間教化如是無量無邊阿僧祇諸大菩薩
令住阿耨多羅三藐三菩提即白佛言世尊
如來爲太子時出於釋宮去伽耶城不遠坐
於道場得成阿耨多羅三藐三菩提從是已
來始過四十餘年世尊云何於此少時大作
佛事以佛勢力以佛功德教化如是無量大
菩薩衆當成阿耨多羅三藐三菩提世尊此
大菩薩衆假使有人於千万億劫數不能盡
不得其邊斯等久遠已來於無量無邊諸佛
所種諸善根成就菩薩道常脩梵行世尊如
此之事世所難信譬如有人色美髮黑年二
十五指百歲人言是我子其百歲人亦指年
少言是我父生育我等是事難信佛亦如是

BD04696號　妙法蓮華經卷五　（16–16）

……斷相十二入……
无明相若无明斷相乃至憂悲愁惱
愁惱斷相若欲相若欲斷相若瞋相若……
相若癡相若癡斷相若苦相若苦斷相若集相
若集斷相若盡相若盡斷相若道相若道
斷相乃至一切種智相斷一切煩惱習相佛
言不也須菩提菩薩摩訶薩行般若波羅蜜
時无有法相非法相即是菩薩順忍若无有
法相无有非法相即是脩道亦是道果須菩
提菩薩摩訶薩有法是菩薩道无法是菩
薩果以是因緣故當知一切法无所有性須菩
提白佛言世尊若一切法无所有性佛云何知
一切法无所有性故得成佛於一切法得自
在力佛告須菩提如是如是一切法无所有
性我本行菩薩道脩六波羅蜜離諸欲離
惡不善法有覺有觀離生喜樂入初禪乃至
入第四禪於是諸禪及枝不取相不念有是
禪不受禪味不得是禪无染清淨行四禪我
於是諸禪不受果報依四禪住起五神通身
通天耳知他人心宿命通天眼證於諸神通
不取相不念有是神通不受神通味不得
是神通我於是五神通不分別行須菩提我
尒時用一念相應慧得阿耨多羅三藐三菩提

BD04697號　摩訶般若波羅蜜經卷二三　（15–1）

於是諸禪不受果報依四禪住起五神通身
通天耳知他人心宿命通天眼證於諸神通
不取相不念有是神通不受神通味不得
是神通我於是五神通不分別行須菩提我
尒時用一念相應慧得阿耨多羅三藐三菩提
所謂是苦聖諦是集是盡是道聖諦成就十
力四无所畏四无㝵智十八不共法大慈大悲
得作佛分別三聚衆生正定耶定不定須菩
提白佛言云何世尊於諸法无所有性中起
四禪六神通亦无衆生而分別作三聚佛告
須菩提若諸欲惡不善法若當有性若自性
若他性我本為菩薩行時不能觀諸欲惡
不善法无所有性入初禪以諸欲惡不善法
无有性若自性若他性皆是无所有性故我
本行菩薩道時離諸欲惡不善法入初禪乃
至入第四禪須菩提若諸神通有性若自性
若他性我不能知是神通无所有性得阿耨
多羅三藐三菩提須菩提以神通无有性若
自性若他性但无所有性以是故諸佛於神
通知无所有性得阿耨多羅三藐三菩提須
菩提言世尊若菩薩摩訶薩知諸法无所有
性因四禪五神通得阿耨多羅三藐三菩提世
尊新學菩薩摩訶薩云何於諸法无所有性
中次第行次第學次第道以是次第行次第
學次第道得阿耨多羅三藐三菩提佛告須
菩提菩薩摩訶薩若初從諸佛聞若從多供

BD04697號　摩訶般若波羅蜜經卷二三　（15–2）

性[illegible]三藐三菩提世
尊新學菩薩摩訶薩云何於諸法无所有性
中次第行次第學次第道以是次第行次第
學次第道得阿耨多羅三藐三菩提佛告須
菩提菩薩摩訶薩若初從諸佛聞若從多供
養諸佛菩薩聞若諸阿羅漢若諸阿那含若
諸斯陁含若諸須陁洹所聞得无所有故是
佛得无所有故是阿羅漢阿那含斯陁含須陁
洹一切賢聖皆以得无所有故有名一切有
為作法无所有性乃至无有如豪末許所
有是菩薩摩訶薩聞是已作是念若一切法
无有性得无所有故是佛乃至得无所有故
是須陁洹我若當得阿耨多羅三藐三菩提
若不得一切法常无有性我何以不發心得
阿耨多羅三藐三菩提得阿耨多羅三藐三
菩提已一切衆生行於有想當令住无所有
中須菩提菩薩摩訶薩如是思惟已發阿耨
多羅三藐三菩提心為度一切衆生故菩薩
摩訶薩所行次第行次第學次第道者如
過去諸菩薩摩訶薩所行道得阿耨多羅三
藐三菩提是新發意菩薩應學六波羅蜜所
謂檀波羅蜜尸羅波羅蜜羼提波羅蜜毗梨
耶波羅蜜禪波羅蜜般若波羅蜜是菩薩摩
訶薩若行檀波羅蜜時自行布施亦教人布
施讚嘆布施功德歡喜讚嘆行布施者以是
布施因緣故得大財富是菩薩遠離慳心布
施衆生飲食衣服香華瓔珞房舍卧具燈燭

BD04697號　摩訶般若波羅蜜經卷二三　（15–3）

耶波羅蜜禪波羅蜜般若波羅蜜是菩薩摩
訶薩若行檀波羅蜜時自行布施亦教人布
施讚嘆布施功德歡喜讚嘆行布施者以是
布施因緣故得大財富是菩薩遠離慳心布
施衆生飲食衣服香華瓔珞房舍卧具燈燭
種種資生所須盡給與之菩薩摩訶薩行是
布施及持戒生天人中得大尊貴以是持戒
布施故得禪定衆以是布施持戒禪定故得
智慧衆解脫衆解脫知見衆是菩薩因是布
施持戒禪定衆智慧衆解脫衆解脫知見衆故
過聲聞辟支佛地入菩薩位入菩薩位已得淨
佛國土成就衆生得一切種智得一切種智
已轉法輪轉法輪已以三乘法度脫衆生生
死如是須菩提菩薩摩訶薩以是布施次
第行次第學次第道是事皆不可得何以故
自性无所有故復次須菩提菩薩摩訶薩從
初發意自行持戒教人持戒讚嘆持戒功德
歡喜讚嘆行持戒者持戒因緣故生天人中
得大尊貴見貧窮者施以財物不持戒者
教令持戒亂意者教令禪定愚癡者教
令智慧无解脫者教令解脫无解脫知見
者教令解脫知見以是持戒禪定智慧解
脫解脫知見故過阿羅漢辟支佛地入菩薩
位入菩薩位已得淨佛國土淨佛國土已成就
衆生成就衆生已得一切種智得一切種智
已轉法輪轉法輪已以三乘法度脫衆生如
是須菩提是菩薩以是持戒次第行次第學

BD04697號　摩訶般若波羅蜜經卷二三　（15–4）

者教令[illegible]
脫解脫知見故過阿羅漢辟支佛地入菩薩
位入菩薩位已得淨佛國土淨佛國土已成就
衆生成就衆生已得一切種智得一切種智
已轉法輪轉法輪已以三乘法度脫衆生如
是須菩提菩薩以是持戒次第行次第學
次第道是事皆不可得何以故一切法自性
无所有故復次須菩提菩薩摩訶薩從初已
來自行羼提波羅蜜教人行羼提讚嘆羼
提功德歡喜讚嘆行羼提者行羼提波羅蜜
時布施衆生各令滿足教令持戒教令禪定
乃至解脫知見以是布施持戒禪定智慧因緣
故過阿羅漢辟支佛地入菩薩位中入菩薩位
中已得淨佛國土淨佛國土已成就衆生成
就衆生已得一切種智得一切種智已轉法
輪轉法輪已以三乘法度脫衆生如是須菩
提菩薩以羼提波羅蜜次第行次第學次
第道是事皆不可得何以故一切法自性无所
有故復次須菩提菩薩摩訶薩從初以來自
行毗梨耶波羅蜜教人行毗梨耶讚嘆行毗
梨耶功德歡喜讚嘆行毗梨耶者乃至是事
不可得自性无所有故復次須菩提菩薩摩
訶薩從初已來自入禪入无量心入无色定亦
教人入禪入无量心入无色定讚嘆入禪入
无量心入无色定功德歡喜讚嘆行禪无量
心无色定者是菩薩住諸禪定无量心布施
衆生各令滿足教令持戒教令禪定智慧

教人入禪入无量心入无色定讚嘆入禪入
无量心入无色定功德歡喜讚嘆行禪无量
心无色定者是菩薩住諸禪定无量心布施
衆生各令滿足教令持戒教令禪定智慧
以是布施禪定智慧解脫解脫知見因緣故
過阿羅漢辟支佛地入菩薩位入菩薩位已
淨佛國土淨佛國土已成就衆生成就衆生
已得一切種智得一切種智已轉法輪轉法
輪已以三乘法度脫一切衆生乃至是事不可
得自性无所有故復次須菩提菩薩摩訶薩
從初已來行般若波羅蜜布施衆生各令滿
足教令持戒禪定智慧解脫解脫知見是
菩薩行般若波羅蜜時自行六波羅蜜亦教
他人令行六波羅蜜讚嘆六波羅蜜功德歡
喜讚嘆行六波羅蜜者是菩薩以是檀波羅
蜜尸羅波羅蜜羼提波羅蜜毗梨耶波羅蜜
禪波羅蜜般若波羅蜜因緣及方便力過聲聞
辟支佛地入菩薩位乃至是事不可得自性
无所有故須菩提是名初發意菩薩摩訶薩
次第行次第學次第道復次須菩提菩薩摩
訶薩次第行次第學次第道菩薩摩訶薩從初
已來以一切種智相應心信解諸法无所有性
脩六念所謂念佛念法念僧念戒念捨念天
須菩提云何菩薩摩訶薩脩念佛菩薩摩訶
薩念佛不以色念不以受想行識念何以故是
色自性无受想行識自性无若法自性无是
為无所有何以故无憶故是為念佛復次

脩六念所謂念佛念法念僧念戒念捨念天
須菩提云何菩薩摩訶薩脩念佛菩薩摩訶
薩念佛不以色念不以受想行識念何以故是
色自性无受想行識自性无若法自性无是
爲无所有何以故无憶故是爲念佛復次
須菩　菩薩摩訶薩念佛不以三十二相念
亦不念金色身不念丈光不念八十隨形好
何以故是佛身自性无故若法无性是爲无
所有何以故无憶故是爲念佛復次須菩
提不應以戒衆念佛不應以定衆智慧衆解
脫衆解脫知見衆念佛何以故是衆无有自
性若法无自性是爲非法无所念是爲念佛
復次須菩提不應以十力念佛不應以四无
所畏四无㝵智十八不共法念佛不應以大
慈大悲念佛何以故是諸法自性无若法自
性无是爲非法无所念是爲念佛復次須菩
提不應以十二因緣法念佛何以故是因緣
法自性无若法自性无是爲非法无所念是
爲念佛如是須菩提菩薩摩訶薩行般若波
羅蜜時應念佛是爲菩薩初發意次第行次
第學次第道是菩薩摩訶薩次第行次第學
次第道中住能具足四念處四正懃四如意足
五根五力七覺分八聖道分脩行空三昧
无相无作无願三昧乃至一切種智諸法
性无所有故是菩薩知諸法性无所有是
中无有性无无性須菩提云何菩薩摩訶薩
應脩念法須菩提菩薩摩訶薩行般若波羅

BD04697號　摩訶般若波羅蜜經卷二三　（15-7）

次第道中住能具足四念處四正懃四如意足
五根五力七覺分八聖道分脩行空三昧
无相无作无願三昧乃至一切種智諸法
性无所有故是菩薩知諸法性无所有是
中无有性无无性須菩提云何菩薩摩訶薩
應脩念法須菩提菩薩摩訶薩行般若波羅
蜜時不念善法不念不善法不念无記法不
念世間法不念出世間法不念淨法不念不
淨法不念聖法不念凡夫法不念有漏法不
念无漏法不念欲界繫法色界繫法无色界
繫法不念有爲法无爲法何以故是諸法自
性无若法自性无是爲非法无所念是爲念
法念法中學无所有性故乃至當得一切種
智是菩薩得阿耨多羅三藐三菩提時得諸
法无所有性是无所有性中非有相非无相
如是須菩提菩薩摩訶薩應脩念法於是
法中乃至无少許念何況念法須菩提菩薩
摩訶薩云何應脩念僧須菩提菩薩摩訶薩
念僧无爲法故分別有佛弟子衆是中乃至
无少許念何況念僧如是菩薩摩訶薩應
念僧須菩提菩薩摩訶薩云何應脩念戒須菩
提菩薩摩訶薩從初發意已來應念聖戒无
缺戒无隙戒无瑕戒无濁戒无著戒自在戒
智者所讚戒具足戒隨定戒應念是戒无所
有性乃至无少許念何況念戒須菩提菩薩
摩訶薩從初發意已來應念捨若自念捨若
念他捨若捨財若捨法若捨煩惱觀是捨不

BD04697號　摩訶般若波羅蜜經卷二三　（15-8）

缺戒无隙戒无瑕戒无濁戒无著戒自在戒
智者所讚戒具足戒隨定戒應念是戒无所
有性乃至无少許念何況念戒須菩提菩薩
摩訶薩從初發意已来應念捨若自念捨若
念他捨若捨財若捨法若捨煩惱覲是捨不
可得故乃至无少許念何況念捨如是須菩
提菩薩摩訶薩應念捨須菩提云何菩薩摩
訶薩應念天須菩提菩薩作是念四天王諸
天所有信戒施聞慧此間命終生彼天處我
亦有是信戒施聞慧乃至他化自在天所有
信戒施聞慧此間命終生彼天處我亦有是
信戒施聞慧如是須菩提菩薩摩訶薩應念
是天无所有性中尚无少許念何況多須菩
提菩薩摩訶薩行是六念是名次第行次第
學次第道尒時須菩提白佛言世尊若一切
法无所有性所謂念色乃至識眼乃至意色
乃至法是无所有性眼界乃至意識界是无
所有性檀波羅蜜乃至般若波羅蜜内空乃
至无法有法空四念處乃至八聖道亦佛十
力乃至一切種智是无所有性世尊若一切
法无所有性者是則无道无智无果佛告須
菩提汝見是色性實有不乃至一切種智實
有不須菩提言不見也世尊佛告須菩提汝
若不見諸法實有云何作是問須菩提言世
尊我於是法不敢有疑但爲當来世諸比丘
求聲聞辟支佛道菩薩道者是人當如是
言若一切法无所有性誰垢誰淨誰縛誰解

BD04697號　摩訶般若波羅蜜經卷二三　（15–9）

菩提汝見是色性實有不乃至一切種智實
有不須菩提言不見也世尊佛告須菩提汝
若不見諸法實有云何作是問須菩提言世
尊我於是法不敢有疑但爲當来世諸比丘
求聲聞辟支佛道菩薩道者是人當如是
言若一切法无所有性誰垢誰淨誰縛誰解
是不知不解故而破於戒破正見破威儀破
淨命是人破此事故當墮三惡道世尊我畏
當来世有如是事以是故問佛世尊我於是
法中信不疑不悔

摩訶般若波羅蜜經无漏行六度品第七十五

須菩提白佛言世尊若一切法性无所有菩
薩見何等利益故爲衆生發阿耨多羅三藐
三菩提佛告須菩提以一切法性无所有故
菩薩爲衆生求阿耨多羅三藐三菩提何以
故須菩提諸有得有著者難可解脱須菩提
諸得相者无有道无有果无阿耨多羅三藐
三菩提須菩提白佛言世尊无得相者有道
有果有阿耨多羅三藐三菩提不須菩提无
所得即是道即是果即是阿耨多羅三藐三菩
提法性不壞故若无所得法欲得道欲得果
欲得阿耨多羅三藐三菩提爲欲壞法性須
菩提白佛言世尊若无所得法即是道即是
果即是阿耨多羅三藐三菩提云何有菩薩
初地乃至十地云何有无生法忍云何有
報得神通云何有報得布施持戒忍辱精進

BD04697號　摩訶般若波羅蜜經卷二三　（15–10）

菩提白佛言世尊若无所得法即是道即是
果即是阿耨多羅三藐三菩提云何有菩薩
初地乃至十地云何有无生法忍云何有
報得神通云何有報得布施持戒忍辱精進
禪定智慧住是果報法中能成就衆生能淨
佛國土及供養諸佛衣服飲食香華瓔珞房
舍卧具燈燭種種資生所須之具乃至得阿耨
多羅三藐三菩提不斷是福德乃至般涅槃
後舍利及弟子得供養亦乃滅盡佛告須
菩提以諸法无所得相故得菩薩初地乃至
十地有報得五神通布施持戒忍辱精進禪
定智慧成就衆生淨佛國土亦以善根因緣
故能利益衆生乃至般涅槃後舍利及弟子
得供養須菩提白佛言世尊若諸法无所得
相布施持戒忍辱精進禪定智慧諸神通有
何差別佛告須菩提无所得法布施持戒忍
辱精進禪定智慧神通无有差別以衆生著
布施乃至神通故亦別說世尊云何无所得法
布施乃至神通无差別須菩提菩薩摩訶薩
行般若波羅蜜時不得布施施者受者皆不
可得而行布施不得戒而持戒不得忍而行
忍不得精進而行精進不得禪定而行禪定
不得智慧而行智慧不得神通而行神通不
得四念處而行四念處乃至不得八聖道分而
行八聖道分不得空三昧无相无作三昧而
行空无相无作三昧不得衆生而成就衆生
不得佛國土而淨佛國土不得諸佛法而得

BD04697號　摩訶般若波羅蜜經卷二三　（15–11）

忍不得精進而行精進不得禪定而行禪定
不得智慧而行智慧不得神通而行神通不
得四念處而行四念處乃至不得八聖道分而
行八聖道分不得空三昧无相无作三昧而
行空无相无作三昧不得衆生而成就衆生
不得佛國土而淨佛國土不得諸佛法而得
阿耨多羅三藐三菩提須菩提菩薩摩訶
薩應如是行无所得般若波羅蜜菩薩摩訶
薩行是无所得般若波羅蜜時魔若魔天不
能破壞須菩提白佛言世尊云何菩薩摩訶
薩行般若波羅蜜時一念中具足行六波羅
蜜四禪四无量心四无色定四念處四正懃
四如意足五根五力七覺分八聖道分三解
脫門佛十力四无所畏四无㝵智十八不共法
大慈大悲卅二相八十隨形好佛告須菩提
菩薩摩訶薩所有布施不遠離般若波羅
蜜所脩持戒忍辱精進禪定不遠離般若波羅
蜜四禪四无量心四无色定脩四念處乃至八
十隨形好不遠離般若波羅蜜須菩提白
佛言世尊云何菩薩摩訶薩不遠離般若
波羅蜜故一念中具足行六波羅蜜乃至八
十隨形好佛言菩薩行般若波羅蜜時所有
布施不遠離般若波羅蜜不二相持戒時亦
不二相脩忍辱懃精進入禪定亦不二相乃至
八十隨形好亦不二相須菩提白佛言世尊
云何菩薩摩訶薩布施時不二相乃至脩、
八十隨形好不二相須菩提菩薩摩訶薩行

BD04697號　摩訶般若波羅蜜經卷二三　（15–12）

布施不遠離般若波羅蜜不二相持戒時亦
不二相脩忍辱懃精進入禪定亦不二相乃至
八十隨形好〻不二相須菩提白佛言世尊
云何菩薩摩訶薩布施時不二相乃至脩
八十隨形好不二相須菩提菩薩摩訶薩行
般若波羅蜜時欲具足檀波羅蜜檀波羅蜜
中攝諸波羅蜜及四念處乃至八十隨形好
世尊云何菩薩布施時攝諸无漏法佛告須
菩提若菩薩摩訶薩行般若波羅蜜住无
漏心布施於无漏心中不見相所謂誰施誰受
所施何物以是无相心无漏心斷受斷慳貪
心而行布施是時不見布施乃至不見阿耨
多羅三藐三菩提法是菩薩无相心无漏心
持戒不見是戒乃至不見一切佛法无相心
无漏心忍辱不見是忍乃至不見一切佛法
无相心无漏心精進不見是精進乃至不見
一切佛法以无相心无漏心入禪定不見是
禪定乃至不見一切佛法以无相心无漏心
脩智慧不見是智慧乃至不見一切佛法
以无相心无漏心脩四念處不見是四念處
乃至八十隨形好世尊若諸法无相无作云
何具足檀波羅蜜尸羅波羅蜜羼提波羅
蜜毗梨耶波羅蜜禪波羅蜜般若波羅蜜云何
具足四念處四正懃四如意足五根五力七
覺分八聖道分云何具足空三昧无相无作
三昧佛十力四无所畏四无㝵智十八不共

何具足檀波羅蜜尸羅波羅蜜羼提波羅
蜜毗梨耶波羅蜜禪波羅蜜般若波羅蜜云何
具足四念處四正懃四如意足五根五力七
覺分八聖道分云何具足空三昧无相无作
三昧佛十力四无所畏四无㝵智十八不共
法大慈大悲云何具足卅二相八十隨形好
佛告須菩提菩薩摩訶薩行般若波羅蜜
以无相心无漏心布施須食與食乃至種種
所須盡給與之若內若外若支解其身若國
城妻子布施衆生若有人來語菩薩言何用
是布施爲是无所益行般若波羅蜜菩薩作
是念是人雖來訶我布施我終不悔我當懃行
布施不應不與施已與一切衆生共之迴向阿
耨多羅三藐三菩提〻不見是相誰施誰受
所施何物迴向者誰何等是迴向法何等是
迴向處所謂阿耨多羅三藐三菩提是相皆
不可見何以故一切法以內空故空外空故空
內外空故空空空有爲空无爲空畢竟空无
始空散空性空一切法空自相空故空如是
觀作是念迴向者誰迴向何處用何法迴向
是名正迴向尒時菩薩能成就衆生淨佛國
土能具足檀波羅蜜尸波羅蜜羼提波羅蜜
毗梨耶波羅蜜禪波羅蜜般若波羅蜜乃至卅
七助道法空无相无作三昧乃至十八不共法是
菩薩如是具足檀波羅蜜而不受世間果報
辟如他化自在諸天隨意所須即皆得之菩
薩亦如是心生所願隨意即得是菩薩摩訶

[illegible]

土能具足檀波羅蜜尸波羅蜜羼提波羅蜜
毗梨耶波羅蜜禪波羅蜜般若波羅蜜乃至卅
七助道法空无相无作三昧乃至十八不共法是
菩薩如是具足檀波羅蜜而不受世間果報
辟如他化自在諸天隨意所須即皆得之菩
薩亦如是心生所願隨意即得是菩薩摩訶
薩以是布施果報故能供養諸佛亦能滿足
一切衆生天及人阿脩羅是菩薩以檀波羅
蜜攝取衆生用方便力以三乘法度脫衆生
如是須菩提菩薩摩訶薩於无相无得无作
諸法中具足檀波羅蜜須菩提菩薩摩訶薩
云何於无相无得无作法中具足尸羅波羅蜜
須菩提是菩薩摩訶薩行尸羅波羅蜜時持
種種戒所謂八聖道戒自然戒報得戒受得
戒心生戒如是等不缺不破不雜不濁不着
自在戒智所讚戒用是戒无所取若色若受
想行識若卅二相八十隨形好若刹利大姓
若婆羅門大姓居士大家若四天王天卅三
天夜摩天兜率陁天化樂天他化自在天梵
衆天光音天遍淨天廣果天无想天无廣天

BD04697號　摩訶般若波羅蜜經卷二三　（15–15）

著 録 凡 例

本目録採用條目式著録法。諸條目意義如下：

1.1 著録編號。用漢語拼音首字“BD”表示，意為“北京圖書館藏敦煌遺書”，簡稱“北敦號”。文獻寫在背面者，標註為“背”。一件遺書上抄有多個文獻者，用數字1、2、3等標示小號。一號中包括幾件遺書，且遺書形態各自獨立者，用字母A、B、C等區别。

1.2 著録分類號。本條記目録暫不分類，該項空缺。

1.3 著録文獻的名稱、卷本、卷次。

1.4 著録千字文編號。

1.5 著録縮微膠卷號。

2.1 著録遺書的總體數據。包括長度、寬度、紙數、正面抄寫總行數與每行字數、背面抄寫總行數與每行字數。如該遺書首尾有殘破，則對殘破部分單獨度量，用加號加在總長度上。凡屬這種情況，長度用括弧標註。

2.2 著録每紙數據。包括每紙長度及抄寫行數或界欄數。

2.3 著録遺書的外觀。包括：（1）裝幀形式。（2）首尾存況。（3）護首、軸、軸頭、天竿、縹帶，經名是書寫還是貼簽，有無經名號，扉頁、扉畫。（4）卷面殘破情況及其位置。（5）尾部情況。（6）有無附加物（蟲繭、油污、線繩及其他）。（7）有無裱補及其年代。（8）界欄。（9）修整。（10）其他需要交待的問題。

2.4 著録一件遺書抄寫多個文獻的情況。

3.1 著録文獻首部文字與對照本核對的結果。

3.2 著録文獻尾部文字與對照本核對的結果。

3.3 著録録文。

3.4 著録對文獻的説明。

4.1 著録文獻首題。

4.2 著録文獻尾題。

5 著録本文獻與對照本的不同之處。

6.1 著録本遺書首部可與另一遺書綴接的編號。

6.2 著録本遺書尾部可與另一遺書綴接的編號。

7.1 著録題記、題名、勘記等。

7.2 著録印章。

7.3 著録雜寫。

7.4 著録護首及扉頁的內容。

8 著録年代。

9.1 著録字體。如有武周新字、合體字、避諱字等，予以説明。

9.2 著録卷面二次加工的情況。包括句讀、點標、科分、間隔號、行間加行、行間加字、硃筆、墨塗、倒乙、刪除、兑廢等。

10 著録敦煌遺書發現後，近現代人所加內容，裝裱、題記、印章等。

11 備註。著録揭裱互見、圖版本出處及其他需要説明的問題。

上述諸條，有則著録，無則空缺。

為避文繁，上述著録中出現的各種參考、對照文獻，暫且不列版本説明。全目結束時，將統一編制本條記目録出現的各種參考書目。

本條記目録為農曆年份標註其公曆紀年時，未進行歲頭年末之換算，請讀者使用時注意自行换算。

條　記　目　錄

BD04601—BD04697

1.1　BD04601 號
1.3　大般若波羅蜜多經卷三五七
1.4　劍 001
1.5　084:2979
2.1　139.3×24.9 厘米；3 紙；84 行，行 17 字。
2.2　01：46.3，28；　02：46.4，28；　03：46.6，28。
2.3　卷軸裝。首尾均脱。首紙下有破裂，地腳殘破。有烏絲欄。
3.1　首殘→大正 220，6/837C28；
3.2　尾殘→6/838C24。
6.1　首→BD04672 號
6.2　尾→BD04572 號。
8　8～9 世紀。吐蕃統治時期寫本。
9.1　楷書。
11　圖版：《敦煌寶藏》，76/12A～13B。

1.1　BD04602 號
1.3　大般若波羅蜜多經卷一〇一
1.4　劍 002
1.5　84:2269
2.1　(37.8+150.1)×25.9 厘米；4 紙；110 行，行 17 字。
2.2　01：37.8+7，26；　02：47.5，28；　03：47.8，28；
04：47.8，28。
2.3　卷軸裝。首全尾脱。第 1 紙有殘洞，卷面多有破裂及殘缺，第 2、3 紙接縫處下開裂。背有古代裱補。有烏絲欄。
3.1　首 22 行下殘→大正 220，5/559A2～25；
3.2　尾殘→5/560A26。
4.1　大般若波羅蜜多經卷第□…□，/初分攝受品第廿九之三，□…□/（首）。
6.2　尾→BD04638 號。
7.1　第 1 紙背面有勘記“一百一”。
8　8～9 世紀。吐蕃統治時期寫本。
9.1　楷書。
11　圖版：《敦煌寶藏》，72/497A～499A。

1.1　BD04603 號
1.3　四分僧戒本
1.4　劍 003
1.5　156:6862
2.1　356×26.7 厘米；9 紙；211 行，行 17 字。
2.2　01：40.5，25；　02：41.0，24；　03：40.5，24；
04：40.5，24；　05：40.5，24；　06：41.0，24；
07：41.0，24；　08：41.0，24；　09：30.0，18。
2.3　卷軸裝。首脱尾殘。卷首有破裂，第 2、3 紙接縫下方開裂。尾紙天頭破損。折疊欄。
3.1　首殘→大正 1430，22/1025B17；
3.2　尾殘→22/1028A27。
8　9～10 世紀。歸義軍時期寫本。
9.1　楷書。
9.2　有行間校加字。有倒乙符號。
11　圖版：《敦煌寶藏》，102/308A～312B。

1.1　BD04604 號
1.3　大般涅槃經（北本）卷一三
1.4　劍 004
1.5　117:6570
2.1　139.5×27 厘米；3 紙；84 行，行 17 字。
2.2　01：46.5，28；　02：46.5，28；　03：46.5，28。
2.3　卷軸裝。首尾均脱。經黄打紙。有烏絲欄。
3.1　首殘→大正 374，12/443B26；
3.2　尾殘→12/444B24。
8　7～8 世紀。唐寫本。
9　楷書。11　圖版：《敦煌寶藏》，100/373A～374B。

1.1　BD04605 號
1.3　妙法蓮華經卷五
1.4　劍 005

1.5　105:5608
2.1　410.8×25 厘米；9 紙；232 行，行 17 字。
2.2　01：51.7，28；　02：51.8，28；　03：45.3，28；
　04：45.6，28；　05：45.6，28；　06：45.6，28；
　07：50.6，28；　08：51.0，28；　09：23.6，08。
2.3　卷軸裝。首脱尾全。經黄打紙，砑光上蠟。首紙有殘洞。背有古代裱補。有燕尾。有烏絲欄。
3.1　首殘→大正 262，9/42C8；
3.2　尾全→9/46B14。
4.2　妙法蓮華經卷第五（尾）。
8　7～8 世紀。唐寫本。
9.1　楷書。
11　圖版：《敦煌寶藏》，93/356B～362B。

1.1　BD04606 號
1.3　大般若波羅蜜多經卷二四四
1.4　劍 006
1.5　84:2640
2.1　(19.7+823.1)×26 厘米；18 紙；496 行，行 17 字。
2.2　01：19.7+25.5，26；　02：47.1，28；　03：47.0，28；
　04：47.1，28；　05：47.0，28；　06：47.0，28；
　07：47.0，28；　08：47.1，28；　09：47.0，28；
　10：47.0，28；　11：47.0，28；　12：47.0，28；
　13：46.9，28；　14：46.8，28；　15：47.0，28；
　16：46.6，28；　17：47.0，28；　18：46.0，22。
2.3　卷軸裝。首尾均全。卷首右下殘缺。第 2 紙有殘洞，下邊有殘缺。第 17 紙地腳殘破。尾有原軸，兩端塗棕色漆。有烏絲欄。
3.1　首 11 行下殘→大正 220，6/230A6～18；
3.2　尾全→6/235C9。
4.1　大般若波羅蜜□…□，/初分難信解品第□…□/（首）；
4.2　大般若波羅蜜多經卷第二百卌四（尾）。
8　8～9 世紀。吐蕃統治時期寫本。
9.1　楷書。
9.2　有刮改。
11　圖版：《敦煌寶藏》，74/314A～325A。

1.1　BD04607 號
1.3　金光明最勝王經卷二
1.4　劍 007
1.5　83:1565
2.1　(92.4+1)×24.8 厘米；3 紙；57 行，行 20 字（偈頌）。
2.2　01：19.5，11；　02：45.5，28；　03：27.4+1，18。
2.3　卷軸裝。首斷尾殘。通卷殘破嚴重，碎爲 3 塊，已綴接。卷面油污變硬。背有古代裱補，裱補紙上殘存字痕。有烏絲欄。已修整。
3.1　首殘→大正 665，16/412A24；
3.2　尾行上殘→16/413A7。
8　8～9 世紀。吐蕃統治時期寫本。
9.1　楷書。
11　圖版：《敦煌寶藏》，68/399A～400A。

1.1　BD04608 號
1.3　大般若波羅蜜多經卷二一八
1.4　劍 008
1.5　84:2559
2.1　(6.5+47.5)×24.3 厘米；2 紙；32 行，行 17 字。
2.2　01：06.5，04；　02：47.5，28。
2.3　卷軸裝。首殘尾脱。第 2 紙有破裂及下邊殘缺。有烏絲欄。已修整。
3.1　首 4 行上下殘→大正 220，6/93B26～C1；
3.2　尾殘→6/93C29。
7.3　背有雜寫“當（?）至彼多”。
8　8～9 世紀。吐蕃統治時期寫本。
9.1　楷書。
11　圖版：《敦煌寶藏》，74/73B～74A。

1.1　BD04609 號
1.3　金剛般若波羅蜜經
1.4　劍 009
1.5　94:3794
2.1　(5.5+454.9)×26 厘米；11 紙；258 行，行 17 字。
2.2　01：5.5+7.7，7；　02：47.0，27；　03：46.5，27；
　04：46.5，27；　05：46.0，27；　06：45.0，26；
　07：49.5，28；　08：49.7，28；　09：50.0，28；
　10：49.5，28；　11：17.5，05。
2.3　卷軸裝。首殘尾全。卷前部及下邊殘破嚴重。卷面多水漬。背有古代裱補。有烏絲欄。
3.1　首 3 行下殘→大正 235，8/749B10～14；
3.2　尾全→8/752C3。
4.2　金剛般若波羅蜜經（尾）。
5　與《大正藏》本對照，本卷經文無冥司偈，參見《大正藏》，8/751C16～19。
7.3　背有雜寫“千”字，上有墨跡。
8　9～10 世紀。歸義軍時期寫本。
9.1　楷書。
11　圖版：《敦煌寶藏》，80/372B～379A。

1.1　BD04610 號
1.3　妙法蓮華經卷六
1.4　劍 010
1.5　105:5858
2.1　157.8×25.5 厘米；4 紙；93 行，行 17 字。
2.2　01：45.0，28；　02：45.0，28；　03：45.3，28；

04：22.5，09。
2.3　卷軸裝。首脫尾全。經黄紙。首紙上邊有破裂。第1、2紙接縫處上部開裂，第3、4紙接縫處脱開。有燕尾。有烏絲欄。
3.1　首殘→大正262，9/53C27；
3.2　尾全→9/55A9。
4.2　妙法蓮華經卷第六（尾）。
7.1　第1紙背有勘記："第六未（末）"。
8　7～8世紀。唐寫本。
9.1　楷書。
11　圖版：《敦煌寶藏》，95/390B～393A。

1.1　BD04611號
1.3　大智度論卷七〇
1.4　劍011
1.5　218:7298
2.1　(9+818)×26厘米；18紙；475行，行17字。
2.2　01：01.0，01；　2：8+41，30；　03：50.0，29；
04：50.0，29；　05：50.5，29；　06：49.5，29；
07：49.5，30；　08：49.5，31；　09：49.5，30；
10：49.5，30；　11：49.5，30；　12：49.5，30；
13：51.0，28；　14：51.0，28；　15：51.0，29；
16：50.5，29；　17：50.5，29；　18：26.0，04。
2.3　卷軸裝。首殘尾全。卷首上部殘破嚴重。卷上邊變色殘裂。第14紙下方破裂。尾有原軸，兩端塗黑漆，頂端點硃漆。背有古代裱補。有烏絲欄。
3.1　首6行上中殘→大正1509，25/546C10～15；
3.2　尾全→25/552C15。
4.2　大智論卷第七十，釋第卌七品下訖第卌八品（尾）。
5　與《大正藏》對照，分品不同。
8　6～7世紀。隋寫本。
9.1　楷書。
11　圖版：《敦煌寶藏》，105/366A～378A。

1.1　BD04612號
1.3　大乘密嚴經（地婆訶羅本）卷中
1.4　劍012
1.5　040:0382
2.1　(1+50.6+0.7)×26.5厘米；2紙；36行，行17字。
2.2　01：1+30.6，20；　02：20+0.7，16。
2.3　卷軸裝。首尾均殘。有烏絲欄。
3.1　首行中殘→大正681，16/732A27～28；
3.2　尾殘→16/732C11。
6.1　首→BD04751號。
6.2　尾→BD04506號。
8　8～9世紀。吐蕃統治時期寫本。
9.1　楷書。
11　圖版：《敦煌寶藏》，58/469B～470A。

1.1　BD04613號
1.3　佛名經（十六卷本）卷一三
1.4　劍013
1.5　063:0770
2.1　270×28.5厘米；6紙；162行，行字不等。
2.2　01：40.5，24；　02：46.5，28；　03：46.5，28；
04：46.5，28；　05：46.5，28；　06：43.5，26。
2.3　卷軸裝。首尾均殘。有烏絲欄。
3.1　首殘→《七寺古逸經典研究叢書》，3/662頁第320行；
3.2　尾殘→《七寺古逸經典研究叢書》，3/674頁第475行。
8　8～9世紀。吐蕃統治時期寫本。
9.1　楷書。
11　圖版：《敦煌寶藏》，62/215A～218A。

1.1　BD04614號1
1.3　梵網經菩薩戒序
1.4　劍014
1.5　143:6690
2.1　93.5×25.8厘米；2紙；91行，行17字。
2.2　01：47.0，26；　02：46.5，27。
2.3　卷軸裝。首全尾脱。卷面有水漬。有烏絲欄。
2.4　本遺書包括2個文獻：（一）《梵網經菩薩戒序》，53行，今編為BD04614號1。（二）《梵網經盧舍那佛說菩薩心地戒品第十》卷下，38行，今編為BD04614號2。
3.1　首全→大正1484，24/1003A19；
3.2　尾殘→24/1003B2。
4.1　菩薩戒序（首）。
5　與《大正藏》對照，缺序文前4行。
8　7～8世紀。唐寫本。
9.1　楷書。
11　圖版：《敦煌寶藏》，101/215B～216B。

1.1　BD04614號2
1.3　梵網經盧舍那佛說菩薩心地戒品第十卷下
1.4　劍014
1.5　143:6690
2.4　本遺書由2個文獻組成，本號為第2個，38行。餘參見BD04614號1之第2項、第11項。
3.1　首全→大正1484，24/1003C29；
3.2　尾殘→24/1004B17。
4.1　梵網經盧舍那佛說菩薩心地戒品（首）。
5　與《大正藏》本對照，本件卷首缺文相當於24/1003B10～C28。
8　7～8世紀。唐寫本。
9.1　楷書。

1.1　BD04615號

1.3　維摩詰所說經卷中
1.4　劍 015
1.5　070:1178
2.1　(66+2)×26 厘米；2 紙；40 行，行 17 字。
2.2　01：21.0，12；　02：45+2，28。
2.3　卷軸裝。首尾均殘。有烏絲欄。
3.1　首殘→大正 475，14/548B24；
3.2　尾行下殘→14/549A9。
8　8～9 世紀。吐蕃統治時期寫本。
9.1　楷書。
11　圖版：《敦煌寶藏》，65/611A～612A。

1.1　BD04616 號
1.3　金剛般若波羅蜜經
1.4　劍 016
1.5　094:3698
2.1　(8.8+505)×26.5 厘米；11 紙；287 行，行 17 字。
2.2　01：8.8+39.7，28；　02：48.7，28；　03：48.9，28；
04：49.0，28；　05：49.2，28；　06：49.0，28；
07：49.0，28；　08：49.0，28；　09：49.0，28；
10：40.5，22；　11：33.0，13。
2.3　卷軸裝。首脱尾全。卷首右下有残缺，接縫處多有開裂，自第 10 紙後紙张不同。背有古代裱補，有烏絲欄。
3.1　首 5 行下殘→大正 235，8/749A17～23；
3.2　尾全→8/752C3。
4.2　金剛般若波羅蜜經（尾）。
5　與《大正藏》本對照，本卷經文無冥司偈，參見《大正藏》，8/751C16～19。
7.3　卷背紙張邊緣有殘字痕。
8　7～8 世紀。唐寫本。
9.1　楷書。本件前 9 紙字體多有不同，疑非一人所抄。
11　圖版：《敦煌寶藏》，79/573A～579B。

1.1　BD04617 號
1.3　維摩詰所說經卷下
1.4　劍 017
1.5　70:1286
2.1　200×25 厘米；4 紙；112 行，行 17 字。
2.2　01：50.0，28；　02：50.0，28；　03：50.0，28；
04：50.0，28。
2.3　卷軸裝。首尾均脫。經黃紙。卷上部黴爛，下部有水漬。接縫處上部多有開裂。有烏絲欄。
3.1　首殘→大正 475，14/555C11；
3.2　尾殘→14/557A13。
8　7～8 世紀。唐寫本。
9.1　楷書。
9.2　有硃筆校改、斷句。
11　圖版：《敦煌寶藏》，66/420A～422B。

1.1　BD04618 號
1.3　佛名經（十六卷本）卷一四
1.4　劍 018
1.5　063:0791
2.1　(1.2+229.4)×27.3 厘米；6 紙；113 行，行 17 字。
2.2　01：1.2+37.5，21；　02：40.0，20；　03：40.0，19；
04：39.8，18；　05：39.6，20；　06：32.5，15。
2.3　卷軸裝。首尾均殘。有烏絲欄。
3.1　首 1 行上下殘→《七寺古逸經典研究叢書》，3/第 712 頁第 348 行；
3.2　尾殘→《七寺古逸經典研究叢書》，3/第 719 頁第 441 行。
5　與《七寺古逸經典研究叢書》本對照，發願文後多出“罪業應報教化地獄經”19 行。
8　7～8 世紀。唐寫本。
9.1　楷書。
9.2　有行間校加字。
11　圖版：《敦煌寶藏》，62/322B～325A。

1.1　BD04619 號
1.3　維摩詰所說經卷上
1.4　劍 019
1.5　070:0963
2.1　(2+93.5)×25 厘米；2 紙；56 行，行 17 字。
2.2　01：2+46，28；　02：47.5，28。
2.3　卷軸裝。首殘尾脫。第 1 紙上下邊有破裂殘損。有烏絲欄。
3.1　首行中下殘→大正 475，14/539B5～6；
3.2　尾殘→14/540A7。
8　8 世紀。唐寫本。
9.1　楷書。
11　圖版：《敦煌寶藏》，64/176B～177B。

1.1　BD04620 號
1.3　大般涅槃經（北本）卷二七
1.4　劍 020
1.5　117:6585
2.1　46.5×27 厘米；1 紙；28 行，行 17 字。
2.3　卷軸裝。首尾均脫。有烏絲欄。
3.1　首殘→大正 374，12/524B5；
3.2　尾殘→12/524C6。
8　7～8 世紀。唐寫本。
9.1　楷書。
11　圖版：《敦煌寶藏》，100/415A～B。

1.1　BD04621 號
1.3　無量壽宗要經

1.4　劍 021
1.5　275:8025
2.1　（2 +175）×31.5 厘米；4 紙；112 行，行 30 餘字。
2.2　01：2 +35.5，24；　02：46.5，30；　03：46.5，30；
04：46.5，28。
2.3　卷軸裝。首殘尾全。第 1、2 紙接縫處上部開裂。有烏絲欄。
3.1　首行中上殘→大正 936，19/82A13。；
3.2　尾全→19/84C29。
4.2　佛說無量壽宗要經（尾）。
7.1　第 4 紙末有硃筆題名“張涓子”。
7.3　第 1 紙背面有雜寫 7 處，爲歸義軍時期所寫。依次錄文如下：
“報副使王永興監使董祐德”（倒寫）；
“報副使王永興監使翟再順都衙董祐德等/右奉處分今月廿日”；
“壬辰年二月五日”（倒寫）；
“聖皇太子帖”（倒寫）；
“孟仲季拾貳月景娟正月太族伏以三陽啓運四序/周天和風已布於清春”；
“壬辰年二月四日太”；
“報副使王永興/等右奉處分/”（倒寫）。
8　8 ~9 世紀。吐蕃統治時期寫本。
9.1　行楷。
11　圖版：《敦煌寶藏》，108/546B ~549A。

1.1　BD04622 號
1.3　維摩詰所說經卷上
1.4　劍 022
1.5　070:0995
2.1　（88 +4）×25 厘米；2 紙；54 行，行 17 字。
2.2　01：48.0，28；　02：40 +4，26。
2.3　卷軸裝。首脫尾殘。通卷殘破嚴重。有烏絲欄。
3.1　首殘→大正 475，14/542A14；
3.2　尾 2 行下殘→14/542C12 ~13。
8　7 ~8 世紀。唐寫本。
9.1　楷書。
11　圖版：《敦煌寶藏》，64/316B ~317B。

1.1　BD04623 號
1.3　妙法蓮華經卷四
1.4　劍 023
1.5　105:5352
2.1　（1.8 +107.7 +2.3）×26 厘米；3 紙；66 行，行 17 字。
2.2　01：1.8 +35.3，22；　02：47.4，28；　03：25 +2.3，16。
2.3　卷軸裝。首尾均殘。打紙。第 3 紙有下開裂。第 1、3 紙有古代裱補。有烏絲欄。
3.1　首行下殘→大正 262，9/30C26 ~27；
3.2　尾行上殘→9/31C22 ~23。
8　7 ~8 世紀。唐寫本。
9.1　楷書。
11　圖版：《敦煌寶藏》，91/117A ~118B。

1.1　BD04624 號
1.3　大般若波羅蜜多經卷四九〇
1.4　劍 024
1.5　084:3223
2.1　90.8 ×25.5 厘米；2 紙；56 行，行 17 字。
2.2　01：44.7，28；　02：46.1，28。
2.3　卷軸裝。首尾均殘。首紙地腳有破裂。有烏絲欄。
3.1　首殘→大正 220，7/492A15；
3.2　尾殘→7/492C13。
6.1　首→BD04448 號。
6.2　尾→BD04669 號。
8　8 ~9 世紀。吐蕃統治時期寫本。
9.1　楷書。
11　圖版：《敦煌寶藏》，76/663B ~664B。

1.1　BD04625 號
1.3　佛名經（十六卷本）卷一三
1.4　劍 025
1.5　063:0773
2.1　（1.5 +233.5）×28.5 厘米；6 紙；137 行，行 16 字。
2.2　01：1.5 +2，2；　02：46.5，28；　03：46.5，28；
04：46.5，28；　05：46.5，28；　06：45.5，23。
2.3　卷軸裝。首殘尾全。有烏絲欄。
3.1　首 1 行中下殘→《七寺古逸經典研究叢書》，3/第 674 頁第 476 行；
3.2　尾全→《七寺古逸經典研究叢書》，3/第 684 頁第 608 行。
4.2　佛名經卷第十三（尾）。
8　8 ~9 世紀。吐蕃統治時期寫本。
9.1　楷書。
11　圖版：《敦煌寶藏》，62/225B ~228A。

1.1　BD04626 號
1.3　大般若波羅蜜多經卷五五五
1.4　劍 026
1.5　084:3343
2.1　134 ×26.2 厘米；4 紙；75 行，行 17 字。
2.2　01：20.2，13；　02：43.8，28；　03：43.7，28；
04：26.3，06。
2.3　卷軸裝。首殘尾全。第 3 紙上有 1 處破裂。有烏絲欄。
3.1　首殘→大正 220，7/864B10；
3.2　尾全→7/865A27。

4.2　大般若波羅蜜多經卷第五百五十五（尾）。
5　首→BD04579 號。
8　8～9 世紀。吐蕃統治時期寫本。
9.1　楷書。硬筆書寫。
11　圖版：《敦煌寶藏》，77/312A～313B。

1.1　BD04627 號
1.3　灌頂章句拔除過罪生死得度經
1.4　劍 027
1.5　250:7499
2.1　240.2×26.6 厘米；5 紙；130 行，行 17 字。
2.2　01：40.5，22；　02：49.8，27；　03：50.0，27；
04：50.0，27；　05：49.9，27。
2.3　卷軸裝。首殘尾脫。卷面有水漬變色。有烏絲欄。
3.1　首殘→大正 1331，21/533B8；
3.2　尾殘→21/535A4。
8　8 世紀。唐寫本。
9.1　楷書。
11　圖版：《敦煌寶藏》，106/494A～497A。

1.1　BD04628 號
1.3　金光明最勝王經卷五
1.4　劍 028
1.5　083:1755
2.1　(6+131)×25.5 厘米；4 紙；81 行，行 17 字。
2.2　01：6+15，13；　02：43.0，28；　03：43.0，28；
04：30.0，12。
2.3　卷軸裝。首殘尾全。通卷油污變色、碎裂嚴重，第 1、3 紙處斷爲兩截。尾有原軸，兩端鑲蓮蓬形軸頭，螺鈿嵌花，上軸頭已脫落。背有古代裱補，紙上有文字，朝裏粘貼，難以辨認。有烏絲欄。
3.1　首 4 行下殘→大正 665，16/426B16～20；
3.2　尾全→16/427B13。
4.2　金光明最勝王經卷第五（尾）。
5　尾附音義。
8　8～9 世紀。吐蕃統治時期寫本。
9.1　楷書。
11　圖版：《敦煌寶藏》，69/606A～607B。

1.1　BD04629 號
1.3　大般若波羅蜜多經卷五五五
1.4　劍 029
1.5　084:3338
2.1　(1.7+87.7)×26.2 厘米；3 紙；57 行，行 17 字。
2.2　01：01.7，01；　02：43.7，28；　03：44.0，28。
2.3　卷軸裝。首尾均殘。有烏絲欄。
3.1　首行下殘→大正 220，7/860C5～6；
3.2　尾行上殘→7/861B3～4。
6.1　首→BD04497 號。
6.2　尾→BD04443 號。
8　8～9 世紀。吐蕃統治時期寫本。
9.1　楷書。硬筆書寫。
11　圖版：《敦煌寶藏》，77/304A～305A。

1.1　BD04630 號
1.3　妙法蓮華經卷四
1.4　劍 030
1.5　105:5289
2.1　(4.5+284.5+1.5)×25.5 厘米；6 紙；164 行，行 17 字。
2.2　01：4.5+37，24；　02：49.5，28；　03：50.0，28；
04：50.0，28；　05：50.0，28；　06：48+1.5，28。
2.3　卷軸裝。首尾均殘。第 1、6 紙有殘洞，第 2 紙上開裂。有烏絲欄。
3.1　首 3 行上下殘→大正 262，9/27B19～22；
3.2　尾行上殘→9/30A5～6。
8　9～10 世紀。歸義軍時期寫本。
9.1　楷書。硬筆書寫。
11　圖版：《敦煌寶藏》，90/482A～486A。

1.1　BD04631 號
1.3　妙法蓮華經卷二
1.4　劍 031
1.5　105:4710
2.1　(1+1050.3)×27 厘米；22 紙；587 行，行 17 字。
2.2　01：1+36.6，22；　02：49.6，28；　03：49.6，28；
04：49.5，28；　05：49.5，28；　06：49.5，28；
07：49.5，28；　08：49.6，28；　09：49.5，28；
10：49.4，28；　11：49.6，28；　12：49.5，28；
13：49.7，28；　14：49.7，28；　15：49.6，28；
16：49.5，28；　17：49.6，28；　18：49.6，28；
19：49.6，28；　20：49.6，28；　21：49.5，28；
22：22.5，05。
2.3　卷軸裝。首殘尾全。卷首殘破嚴重，有殘缺；卷尾有水漬、黴斑；卷尾有殘損，上下邊有蟲繭及蟲蛀殘洞。有烏絲欄。
3.1　首行殘→大正 262，9/10C4～5；
3.2　尾全→9/19A12。
4.2　妙法蓮華經卷第二（尾）。
8　9～10 世紀。歸義軍時期寫本。
9.1　楷書。
9.2　有刮改。有硃、墨筆行間校加字。
11　圖版：《敦煌寶藏》，85/407A～421A。

1.1　BD04632 號
1.3　金剛般若波羅蜜經

1.4　劍 032
1.5　094:3963
2.1　97×25.7 厘米；2 紙；60 行，行 17 字。
2.2　01：52.5，33；　02：44.5，27。
2.3　卷軸裝。首尾均殘。有烏絲欄。
3.1　首殘→大正 235，8/749C29；
3.2　尾殘→8/750C6。
8　7～8 世紀。唐寫本。
9.1　楷書。
11　圖版：《敦煌寶藏》，81/346A～347A。

1.1　BD04633 號
1.3　金光明最勝王經卷五
1.4　劍 033
1.5　083:1757
2.1　(4.7+40.8+5.9)×25.2 厘米；2 紙；32 行，行 17 字。
2.2　01：4.7+16.8，13；　02：24+5.9，19。
2.3　卷軸裝。首尾均殘。通卷油污。有烏絲欄。已修整。
3.1　首 3 行下殘→大正 665，16/426A14～18；
3.2　尾 4 行上殘→16/426B16～20。
8　8～9 世紀。吐蕃統治時期寫本。
9.1　楷書。
11　圖版：《敦煌寶藏》，69/610。
12　從該件上揭下殘片 2 塊，現編爲 BD16075 號。

1.1　BD04634 號
1.3　金光明最勝王經卷二
1.4　劍 034
1.5　083:1547
2.1　(2+128.3)×26 厘米；4 紙；79 行，行 17 字。
2.2　01：02.0，01；　02：42.8，26；　03：43.0，26；
04：42.5，26。
2.3　卷軸裝。首尾均殘。有烏絲欄。
3.1　首行下殘→大正 665，16/410A2；
3.2　尾殘→16/410C26～27。
8　8～9 世紀。吐蕃統治時期寫本。
9.1　楷書。
11　圖版：《敦煌寶藏》，68/367B～369A。

1.1　BD04635 號
1.3　無量壽宗要經
1.4　劍 035
1.5　275:7822
2.1　169.5×31 厘米；5 紙；123 行，行 30 餘字。
2.2　01：06.5，04；　02：44.0，32；　03：44.0，32；
04：45.0，33；　05：30.0，22。
2.3　卷軸裝。首尾均全。卷首略殘。上邊殘破，卷面有黴斑、破裂、殘缺及殘洞。有烏絲欄。
3.1　首全→大正 936，19/82A3；
3.2　尾全→19/84C29。
4.1　大乘無量壽經（首）；
4.2　佛說無量壽宗要經（尾）。
7.1　卷尾背有勘記“普”，為敦煌寺院普光寺簡稱。
8　8～9 世紀。吐蕃統治時期寫本。
9.1　楷書。
9.2　有刮改。
11　圖版：《敦煌寶藏》，108/42A～44A。

1.1　BD04636 號
1.3　式叉摩那六法文並沙彌十戒及八敬等法
1.4　劍 036
1.5　198:7156
2.1　(1.5+42.5)×29.4 厘米；2 紙；33 行，行 25 字。
2.2　01：01.5，01；　02：42.5，32。
2.3　卷軸裝。首殘尾脫。卷面污穢變色，上下殘破嚴重。
3.4　說明：
本文獻首 1 行中下殘，尾殘。所抄內容為式叉摩那六法、十八法，沙彌十戒、比丘尼八敬法。應是敦煌當地僧團抄輯諸律而成，類似文獻形態歧雜。未為歷代大藏經所收。
8　9～10 世紀。歸義軍時期寫本。
9.1　楷書。
11　圖版：《敦煌寶藏》，104/345B。

1.1　BD04637 號
1.3　佛名經（十六卷本）卷一三
1.4　劍 037
1.5　063:0766
2.1　(11+129.7+2)×28.3 厘米；4 紙；共 87 行，行 16 餘字。
2.2　01：11+33，27；　02：45.5，28；　03：46.2，28；
04：5+2，04。
2.3　卷軸裝。首尾均殘。首紙上下部破損殘缺，中部有殘洞；第 2 紙上部殘損；卷上邊油污變色；有 1 小塊殘片，字、紙與此卷不同。有烏絲欄。已修整。
3.1　首 7 行上下殘→《七寺古逸經典研究叢書》，3/第 656 頁第 240 行；
3.2　尾 1 行中下殘→《七寺古逸經典研究叢書》，3/第 662 頁第 320 行。
8　9～10 世紀。歸義軍時期寫本。
9.1　楷書。
11　圖版：《敦煌寶藏》，62/195B～197A。
12　從該號背揭下裱補殘片 3 塊，今編爲 BD16031（2 塊）、BD16032（1 塊）。

1.1　BD04638 號

1.3 大般若波羅蜜多經卷一〇一
1.4 劍 038
1.5 084:2270
2.1 (93.5+3.4)×26.1 厘米；2 紙；56 行，行 17 字。
2.2 1：49.5，28； 2：44+3.4，28。
2.3 卷軸裝。首脱尾殘。有烏絲欄。
3.1 首殘→大正 220，5/560A26；
3.2 尾 2 行上殘→5/560C23～25。
6.1 首→BD04602 號。
8 8～9 世紀。吐蕃統治時期寫本。
9.1 楷書。
11 圖版：《敦煌寶藏》，72/499B～500B。

1.1 BD04639 號
1.3 金剛般若波羅蜜經
1.4 劍 039
1.5 094:4059
2.1 (5+293.2)×26 厘米；7 紙；182 行，行 17 字。
2.2 01：5+37.5，26； 02：42.5，26； 03：42.5，26；
04：42.5，26； 05：42.5，26； 06：42.7，26；
07：43.0，26。
2.3 卷軸裝。首尾均脱。通卷下部殘缺嚴重，有等距離殘洞；第 6、7 紙間接縫處脱開。有烏絲欄。
3.1 首 3 行下殘→大正 235，8/750A13～16；
3.2 尾殘→8/752B5。
5 與《大正藏》本對照，本卷經文無冥司偈，參見《大正藏》，8/751C16～19。
8 7～8 世紀。唐寫本。
9.1 楷書。
11 圖版：《敦煌寶藏》，81/643B～647A。

1.1 BD04640 號
1.3 金光明最勝王經卷二
1.4 劍 040
1.5 083:1554
2.1 (61.5+2)×25 厘米；3 紙；正面 40 行，行 17 字；背面 3 行，行字不等。
2.2 01：12.5，08； 02：44.0，28； 03：5+2，04。
2.3 卷軸裝。首尾均斷。全卷碎裂嚴重。背有古代裱補，其中 1 塊爲殘存文書，另 1 塊文字向内粘貼，難以辨認。有烏絲欄。
2.4 本遺書包括 2 個文獻：（一）《金光明最勝王經》卷二，40 行，抄寫在正面，今編為 BD04640 號。（二）《社司轉帖》，3 行，抄寫在背面裱補紙上，今編為 BD04640 號背。
3.1 首殘→大正 665，16/411A29；
3.2 尾殘→16/411C26。
8 8～9 世紀。吐蕃統治時期寫本。
9.1 楷書。
11 圖版：《敦煌寶藏》，68/377B～378B。

1.1 BD04640 號背
1.3 社司轉帖
1.4 劍 040
1.5 083:1554
2.4 本遺書由 2 個文獻組成，本號為第 2 個，抄寫在背面裱補紙上，3 行。餘參見 BD04640 號之第 2 項、第 11 項。
3.3 錄文：
□…□，遞相分付。□…□/
如滯帖者，准條科罰。帖周卻却付本司□…□/
罰。庚申年正月四日錄□…□/
（錄文完）
8 9～10 世紀。歸義軍時期寫本。
9.1 楷書。

1.1 BD04641 號
1.3 維摩詰所說經卷上
1.4 劍 041
1.5 070:1026
2.1 129×25.5 厘米；3 紙；74 行，行 17 字。
2.2 01：32.0，18； 02：48.5，28； 03：48.5，28。
2.3 卷軸裝。首殘尾脱。卷面有水漬。背有古代裱補。有烏絲欄。
3.1 首殘→大正 475，14/540C20；
3.2 尾殘→14/541C12。
6.1 首→BD04758 號。
6.2 尾→BD04557 號。
8 8～9 世紀。吐蕃統治時期寫本。
9.1 楷書。
9.2 有刮改。
11 圖版：《敦煌寶藏》，64/413A～414B。

1.1 BD04642 號
1.3 無量壽宗要經
1.4 劍 042
1.5 275:8026
2.1 (15+171)×28 厘米；4 紙；110 行，行 17 字。
2.2 01：15+31.5，28； 02：46.5，28； 03：46.5，28；
04：46.5，26。
2.3 卷軸裝。首殘尾全。卷首右上殘缺，接縫處多有開裂，尾紙有殘洞。有烏絲欄。
3.1 首 9 行中上殘→大正 936，19/83C5；
3.2 尾全→19/84C29。
4.2 佛說無量壽宗要經（尾）。
7.1 尾紙有題記“第一校光際、第二校法鸞、第三校建，張英環寫”。

8　8～9世紀。吐蕃統治時期寫本。
9.1　楷書。
11　圖版：《敦煌寶藏》，108/549B～551B。

1.1　BD04643號
1.3　大般涅槃經（北本）卷一三
1.4　劍043
1.5　115∶6370
2.1　(2.5+44)×25.4厘米；2紙；28行，行17字。
2.2　01：2.5+34，22；　　02：10.0，06。
2.3　卷軸裝。首尾均殘。卷面油污變硬。有烏絲欄。
3.1　首殘→大正374，12/443A18；
3.2　尾殘→12/443B17。
6.1　首→BD04563號。
6.2　尾→BD04527號。
8　8～9世紀。吐蕃統治時期寫本。
9.1　楷書。
11　圖版：《敦煌寶藏》，98/422A～B。

1.1　BD04644號
1.3　佛名經（十六卷本）卷一四
1.4　劍044
1.5　063∶0788
2.1　(68+1.5)×32厘米；2紙；41行，行字不等。
2.2　01：24.5，14；　　02：43.5+1.5，27。
2.3　卷軸裝。首尾均殘。卷面有水漬，接縫上方開裂。有烏絲欄。
3.1　首殘→《七寺古逸經典研究叢書》，3/第699頁第173行；
3.2　尾1行上下殘→《七寺古逸經典研究叢書》，3/第702頁第215行。
6.2　尾→BD04463號。
8　9～10世紀。歸義軍時期寫本。
9.1　楷書。
11　圖版：《敦煌寶藏》，62/308A～308B。

1.1　BD04645號
1.3　金剛般若波羅蜜經
1.4　劍045
1.5　094∶3814
2.1　48×26厘米；1紙；28行，行17字。
2.3　卷軸裝。首尾均脱。經黄打紙。有横裂。有烏絲欄。
3.1　首殘→大正235，8/749B19；
3.2　尾殘→8/749C18。
8　7～8世紀。唐寫本。
9.1　楷書。
11　圖版：《敦煌寶藏》，80/433A～B。

1.1　BD04646號
1.3　維摩詰所説經卷中
1.4　劍046
1.5　070∶1148
2.1　86.5×26厘米；2紙；52行，行17字。
2.2　01：47.0，28；　　02：39.5，24。
2.3　卷軸裝。首脱尾殘。有烏絲欄。
3.1　首殘→大正475，14/546C2；
3.2　尾殘→14/547A28。
8　8～9世紀。吐蕃統治時期寫本。
9.1　楷書。
11　圖版：《敦煌寶藏》，65/479A～480A。

1.1　BD04647號
1.3　維摩詰所説經卷上
1.4　劍047
1.5　070∶1027
2.1　(2.5+96+6.5)×25厘米；4紙；60行，行17字。
2.2　01：02.5，01；　　02：48.0，28；　　03：48.0，28；
04：06.5，03。
2.3　卷軸裝。首尾均殘。經黄打紙。通卷水漬，卷尾殘破嚴重，第2、3紙有横破裂。有烏絲欄。
3.1　首殘→大正475，14/541B10；
3.2　尾3行上下殘→14/542A13～17。
6.1　首→BD04501號。
8　7～8世紀。唐寫本。
9.1　楷書。
11　圖版：《敦煌寶藏》，64/415A～416A。

1.1　BD04648號
1.3　維摩詰所説經卷中
1.4　劍048
1.5　070∶1187
2.1　74×26.5厘米；2紙；44行，行17字。
2.2　01：47.5，28；　　02：26.5，16。
2.3　卷軸裝。首脱尾殘。有烏絲欄。
3.1　首殘→大正475，14/548A7；
3.2　尾殘→14/548B24。
6.1　首→BD04589號。
8　8～9世紀。吐蕃統治時期寫本。
9.1　楷書。
11　圖版：《敦煌寶藏》，65/622B～623B。

1.1　BD04649號
1.3　大般涅槃經（北本）卷四〇
1.4　劍049
1.5　115∶6536

2.1 （15+435.5）×26 厘米；10 紙；264 行，行 17 字。
2.2 01：15+18，20； 02：46.5，28； 03：46.5，28；
04：46.5，28； 05：46.5，28； 06：46.5，28；
07：46.5，28； 08：46.5，28； 09：46.5，28；
10：45.5，20。
2.3 卷軸裝。首殘尾全。經黄打紙，砑光上蠟。首紙下部殘破，第 9 紙地腳破裂。卷面有蟲繭。有燕尾。有烏絲欄。
3.1 首 9 行下殘→大正 374，12/600C20～29；
3.2 尾全→12/603C25。
4.2 大般涅槃經卷第四十（尾）。
8 7～8 世紀。唐寫本。
9.1 楷書。
11 圖版：《敦煌寶藏》，100/201A～207A。

1.1 BD04650 號
1.3 佛名經（十六卷本）卷一四
1.4 劍 050
1.5 061:0539
2.1 （5+48.5）×32 厘米；2 紙；31 行，行 21 字。
2.2 01：5+17.5，13； 02：31.0，18。
2.3 卷軸裝。首殘尾斷。卷面有油污及水漬。有烏絲欄。
3.1 首 3 行中下殘→《七寺古逸經典研究叢書》，3/第 711 頁第 330～334 行；
3.2 尾殘→《七寺古逸經典研究叢書》，3/第 714 頁第 376 行。
8 9～10 世紀。歸義軍時期寫本。
9.1 楷書。
11 圖版：《敦煌寶藏》，59/651A～651B。

1.1 BD04651 號
1.3 四分比丘尼戒本
1.4 劍 051
1.5 157：6894
2.1 （5.5+204.5）×26 厘米；4 紙；125 行，行 19 字。
2.2 01：05.5，04； 02：78.0，46； 03：78.0，46；
04：48.5，29。
2.3 卷軸裝。首尾均殘。卷面有水漬，有等距離殘洞。烏絲欄。
3.1 首 4 行上下殘→大正 1431，22/1032B13～18；
3.2 尾殘→22/1034A18。
8 9～10 世紀。歸義軍時期寫本。
9.1 楷書。
11 圖版：《敦煌寶藏》，102/396B～399A。

1.1 BD04652 號
1.3 維摩詰所説經卷中
1.4 劍 052
1.5 070:1207
2.1 （2+67）×26 厘米；2 紙；41 行，行 17 字。
2.2 01：2+37，23； 02：30.0，18。
2.3 卷軸裝。首尾均殘。有烏絲欄。
3.1 首行中殘→大正 475，14/550B29；
3.2 尾殘→14/551A15。
6.1 首→BD04524 號。
6.2 尾→BD04681 號。
8 8～9 世紀。吐蕃統治時期寫本。
9.1 楷書。
11 圖版：《敦煌寶藏》，66/1A～1B。

1.1 BD04653 號
1.3 大般若波羅蜜多經卷五四一
1.4 劍 053
1.5 084:3314
2.1 （30.7+171.1+4）×25.8 厘米；6 紙；120 行，行 17 字。
2.2 01：10.4，06； 02：20.3+27，28； 03：48.3，28；
04：48.0，28； 05：47.8，28； 06：04.0，02。
2.3 卷軸裝。首尾均殘。通卷油污多黴斑。第 1 紙前端及第 2 紙下有 1 塊殘片脱落，已綴接。有烏絲欄。已修整。
3.1 首 18 行下殘→大正 220，7/780A11～29；
3.2 尾 2 行下殘→7/781B13～14。
8 8～9 世紀。吐蕃統治時期寫本。
9.1 楷書。
11 圖版：《敦煌寶藏》，77/213B～216A。

1.1 BD04654 號
1.3 金剛般若波羅蜜經
1.4 劍 054
1.5 094:3830
2.1 （10.5+318.6+2.3）×25 厘米；8 紙；202 行，行 17 字。
2.2 01：10.5，06； 02：45.5，28； 03：46.0，28；
04：45.7，28； 05：46.0，28； 06：46.0，28；
07：45.9，28； 08：43.5+2.3，28。
2.3 卷軸裝。首殘尾脱。經黄打紙。卷首殘破嚴重。有烏絲欄。
3.1 首 6 行上殘→大正 235，8/749B15～20；
3.2 尾 1 行下殘→8/752A3。
5 與《大正藏》本對照，本卷經文無冥司偈，參見《大正藏》，8/751C16～19。
8 7～8 世紀。唐寫本。
9.1 楷書。
11 圖版：《敦煌寶藏》，80/493B～498A。

1.1 BD04655 號
1.3 妙法蓮華經卷七
1.4 劍 055
1.5 105:6152
2.1 105.5×26 厘米；3 紙；55 行，行 17 字。

2.2　01：49.0，27；　02：48.5，27；　03：08.0，01。
2.3　卷軸裝。首殘尾全。第 2 紙中間有 1 處殘洞，卷尾中間有横破裂。有燕尾。有烏絲欄。
3.1　首殘→大正 262，9/61B24；
3.2　尾全→9/62B1。
4.2　妙法蓮華經卷第七（尾）。
8　9～10 世紀。歸義軍時期寫本。
9.1　楷書。
11　圖版：《敦煌寶藏》，97/137A～138A。

1.1　BD04656 號
1.3　維摩詰所說經卷中
1.4　劍 056
1.5　070:1209
2.1　(2+60.5)×26.5 厘米；2 紙；36 行，行 17 字。
2.2　01：2+14，09；　02：46.5，27。
2.3　卷軸裝。首殘尾全。卷尾有蟲繭。有烏絲欄。
3.1　首行中殘→大正 475，14/551B18；
3.2　尾全→14/551C27。
4.2　維摩詰經卷中（尾）。
6.1　首→BD04681 號。
8　8～9 世紀。吐蕃統治時期寫本。
9.1　楷書。
11　圖版：《敦煌寶藏》，66/3。

1.1　BD04657 號
1.3　大般若波羅蜜多經卷五五一
1.4　劍 057
1.5　084:3330
2.1　(10.9+91.4)×25.9 厘米；3 紙；54 行，行 17 字。
2.2　01：10.9，護首；　02：44.6，26；　03：46.8，28。
2.3　卷軸裝。首全尾脱。有護首，已殘缺。通卷横殘，尾紙下有 1 處殘缺。背有古代裱補。有烏絲欄。已修整。
3.1　首全→大正 220，7/835C21；
3.2　尾殘→7/836B20。
4.1　大般若波羅蜜多經卷第五百五十一，/第四分覺魔事品第廿一之二，三藏法師玄奘奉詔譯/（首）。
8　8～9 世紀。吐蕃統治時期寫本。
9.1　楷書。
11　圖版：《敦煌寶藏》，77/277A～278A。

1.1　BD04658 號
1.3　妙法蓮華經卷六
1.4　劍 058
1.5　105:5847
2.1　273.8×26 厘米；7 紙；167 行，行 17 字。
2.2　01：09.0，05；　02：45.7，28；　03：45.7，28；
04：45.8，28；　05：45.8，28；　06：45.8，28；
07：36.0，22。
2.3　卷軸裝。首尾均殘。經黄打紙。有烏絲欄。
3.1　首殘→大正 262，9/53A4；
3.2　尾殘→9/55A8。
8　7～8 世紀。唐寫本。
9.1　楷書。
9.2　有行間校加字。有刮改。
11　圖版：《敦煌寶藏》，95/361B～365A。

1.1　BD04659 號
1.3　無量壽宗要經
1.4　劍 059
1.5　275:7823
2.1　210.5×31.5 厘米；5 紙；137 行，行 30 餘字。
2.2　01：42.5，27；　02：42.5，28；　03：42.0，28；
04：42.0，28；　05：41.5，26。
2.3　卷軸裝。首尾均全。有烏絲欄。
3.1　首全→大正 936，19/82A3；
3.2　尾全→19/84C29。
4.1　大乘無量壽經（首）；
4.2　佛說無量壽宗要經（尾）。
7.1　尾紙末有題記“張曜曜寫畢”。
8　8～9 世紀。吐蕃統治時期寫本。
9.1　楷書。
11　圖版：《敦煌寶藏》，108/44B～47A。

1.1　BD04660 號
1.3　金剛般若波羅蜜經
1.4　劍 060
1.5　094:4299
2.1　(89+2.7)×25.5 厘米；2 紙；51 行，行 17 字。
2.2　01：52.0，29；　02：37+2.7，22。
2.3　卷軸裝。首尾均殘。卷面有水漬。有烏絲欄。
3.1　首殘→大正 235，8/751B20；
3.2　尾殘→8/752A23～A24。
5　與《大正藏》本對照，本卷經文無冥司偈，參見《大正藏》，8/751C16～19。
8　9～10 世紀。歸義軍時期寫本。
9.1　楷書。
11　圖版：《敦煌寶藏》，82/610B～611B。

1.1　BD04661 號 1
1.3　梵網經菩薩戒序
1.4　劍 061
1.5　143:6686
2.1　(4.5+815.8)×24.5 厘米；20 紙；正面 506 行，行 17 字；

背面8行，行字不等。

2.2 01：4.5+8.5，8； 02：21.8，14； 03：41.5，28；
04：42.2，28； 05：42.7，28； 06：43.0，28；
07：41.3，28； 08：43.0，28； 09：45.0，27；
10：45.0，28； 11：45.0，28； 12：45.0，27；
13：45.0，27； 14：45.0，27； 15：45.0，28；
16：45.0，28； 17：45.0，27； 18：45.0，28；
19：44.8，28； 20：37.0，13。

2.3 卷軸裝。首殘尾全。通卷破爛嚴重。背有古代裱補，裱補紙上殘存賑曆。有烏絲欄。已修整。

2.4 本遺書包括3個文獻：(一)《梵網經菩薩戒序》，7行，抄寫在正面，今編為BD04661號1。(二)《梵網經盧舍那佛說菩薩心地戒品第十》卷下，499行，抄寫在正面，今編為BD04661號2。(三)《衣疏》(擬)，8行，抄寫在背面4塊裱補紙上，今編為BD04661號背。

3.1 首3行上下殘→大正1484，24/1003A24~27；

3.2 尾全→24/1003B2。

8 9~10世紀。歸義軍時期寫本。

9.1 楷書。

11 圖版：《敦煌寶藏》，101/178B~191A。

1.1 BD04661號2

1.3 梵網經盧舍那佛說菩薩心地戒品第十卷下

1.4 劍061

1.5 143:6686

2.4 本遺書由3個文獻組成，本號為第2個，抄寫在正面，499行。餘參見BD04661號1之第2項、第11項。

3.1 首全→大正1484，24/1003B6；

3.2 尾全→24/1009C18。

4.1 梵網經盧舍那佛說菩薩心地戒品（首）。

4.2 梵網經（尾）。

5 與《大正藏》本對照，本件缺尾偈，相當於24/1009C19~1010A21。

8 9~10世紀。歸義軍時期寫本。

9.1 楷書。

9.2 有行間校加字。

1.1 BD04661號背

1.3 衣疏（擬）

1.4 劍061

1.5 143:6686

2.4 本遺書由3個文獻組成，本號為第3個，8行，抄寫在背面4塊裱補紙上。餘參見BD04661號1之第2項、第11項。

3.3 錄文：

(一)，2行

□…□紗帔子一條/

□…□繡帔子一條/

(二)、1行

□…□衣（?）疏/

(三) 1行

□…□紗緋油內接□…□

(四) 4行

又於主人手下領得紫□…□/

六尺黃盡（錦）帔子一條，青□…□/

令狐善慶白羅七尺。/

3.4 說明：

四塊裱補紙不能綴接。其中一紙有“衣（?）疏”兩字，或為題名。

8 9~10世紀。歸義軍時期寫本。

9.1 行楷。

9.2 有倒乙符號。

1.1 BD04662號

1.3 大般涅槃經（北本）卷一三

1.4 劍062

1.5 115:6363

2.1 (5.1+44.2+1.5)×25.4厘米；2紙；32行，行17字。

2.2 01：5.1+13.3，12； 02：30.9+1.5，20。

2.3 卷軸裝。首尾均殘。通卷油污變色。有烏絲欄。已修整。

3.1 首3行下殘→大正374，12/440C4~7；

3.2 尾行上下殘→12/441A7。

6.2 尾→BD04391號。

8 8~9世紀。吐蕃統治時期寫本。

9.1 楷書。

11 圖版：《敦煌寶藏》，98/411A~B。

1.1 BD04663號

1.3 咒魅經

1.4 劍063

1.5 290:8265

2.1 (16+181.7+2)×26.8厘米；6紙；118行，行字不等。

2.2 01：08.0，護首； 02：8+35.2，27； 03：44.2，28；
04：44.1，28； 05：44.1，28； 06：14.1+2，07。

2.3 卷軸裝。首尾均全。有護首，已殘破。卷首殘破嚴重，卷面污穢；第2紙多有破裂，上下邊殘破。有烏絲欄。

3.1 首4行上殘→大正2882，85/1383B9~12。

3.2 尾全→85/1384B26。

4.1 □…□魅經（首）；

4.2 佛說咒魅經一卷（尾）。

5 與《大正藏》本對照，文字多有不同，或為異本。

8 9~10世紀。歸義軍時期寫本。

9.1 楷書。

9.2 有行間校加字。

11 圖版：《敦煌寶藏》，109/448A~450B。

1.1 BD04664 號
1.3 妙法蓮華經卷五
1.4 劍 064
1.5 105:5518
2.1 (12 +272.8) ×25.3 厘米；7 紙；157 行，行 17 字。
2.2 01：05.0，護首； 02：7 +40.5，27； 03：50.0，28；
04：50.1，28； 05：50.0，28； 06：50.0，28；
07：32.2，18。
2.3 卷軸裝。首全尾殘。經黄打紙。有護首，已殘缺。第 1 紙有殘洞及破裂，第 4 紙上開裂。背有古代裱補。有烏絲欄。
3.1 首 4 行上殘→大正 262，9/37A9 ~12。
3.2 尾殘→9/39A20。
4.1 □…□行品第十四，五（首）。
7.3 護首正面有雜寫“樂樂行品第十四，菩薩摩訶薩，/爾時文珠師利法王子/”等字。
8 7 ~8 世紀。唐寫本。
9.1 楷書。
9.2 有行間校加字。下邊有校改字。
11 圖版：《敦煌寶藏》，92/611A ~615A。

1.1 BD04665 號
1.3 佛名經（十六卷本）卷二
1.4 劍 065
1.5 063:0607
2.1 (6.5 +450) ×31.6 厘米；11 紙；205 行，行字不等。
2.2 01：6.5 +28.5，16； 02：44.5，20； 03：44.5，20；
04：44.5，20； 05：44.5，20； 06：44.5，20；
07：44.5，20； 08：44.5，20； 09：44.5，20；
10：44.5，20； 11：21.0，09。
2.3 卷軸裝。首殘尾斷。卷首上下部殘破，第 4 紙下方破裂。背有近代裱補。有烏絲欄。
3.1 首 3 行上中殘→《七寺古逸經典研究叢書》，3/64 頁第 3 ~5 行；
3.2 尾殘→《七寺古逸經典研究叢書》，3/80 頁第 214 行。
5 與七寺本對照，佛名略有不同，標明整百數佛位置不同。
8 8 ~9 世紀。吐蕃統治時期寫本。
9.1 楷書。
11 圖版：《敦煌寶藏》，60/306A ~311A。

1.1 BD04666 號
1.3 金光明最勝王經卷二
1.4 劍 066
1.5 083:1512
2.1 (7.5 +601.9) ×28.5 厘米；14 紙；369 行，行 17 字。
2.2 01：7.5 +19.5，17； 02：45.8，28； 03：45.5，28；
04：45.8，29； 05：45.8，28； 06：46.0，29；
07：45.5，28； 08：45.5，28； 09：45.5，28；
10：45.5，29； 11：45.5，28； 12：45.5，28；
13：46.0，28； 14：34.5，13。
2.3 卷軸裝。首殘尾全。第 1、2 紙有破損，卷面有等距離水漬。有烏絲欄。
3.1 首 5 行下殘→大正 665，16/408C17 ~22；
3.2 尾全→16/413C6。
4.2 金光明最勝王經卷第二（尾）。
8 8 世紀。唐寫本。
9.1 楷書。
11 圖版：《敦煌寶藏》，68/222A ~229B。

1.1 BD04667 號
1.3 金光明最勝王經卷一
1.4 劍 067
1.5 083:1458
2.1 (11 +401.5 +18.5) ×25.5 厘米；10 紙；正面 276 行，行 17 字；背面 2 行，行字不等。
2.2 01：11 +32.8； 28 02：43.4，28； 03：44.0，28；
04：43.8，28； 05：44.0，28； 06：43.8，28；
07：44.0，28； 08：44.0，28； 09：44.0，28；
10：17.7 +18.5，24。
2.3 卷軸裝。首尾均殘。通卷多碎裂。背有古代裱補。有烏絲欄。已修整。
2.4 本遺書包括 2 個文獻：（一）《金光明最勝王經》卷一，276 行，抄寫在正面，今編為 BD04667 號。（二）《社司轉帖》，2 行，抄寫在背面裱補紙上，今編為 BD04667 號背。
3.1 首 7 行上下殘→大正 665，16/404A4 ~15；
3.2 尾 12 行下殘→16/407C20 ~408A4。
8 7 ~8 世紀。唐寫本。
9.1 楷書。
11 圖版：《敦煌寶藏》，67/668B ~674A。

1.1 BD04667 號背
1.3 社司轉貼
1.4 劍 067
1.5 083:1458
2.4 本遺書由 2 個文獻組成，本號為第 2 個，抄寫在背面裱補紙上，2 行。餘參見 BD4667 號之第 2 項、第 11 項。
3.3 錄文：
社司轉［帖］/
右緣□…□/
（錄文完）
7.3 有雜寫“天福四”。
8 9 ~10 世紀。歸義軍時期寫本。
9.1 楷書。

1.1 BD04668 號

1.3　妙法蓮華經卷五
1.4　劍068
1.5　105:5567
2.1　(3+658)×24.9厘米；15紙；390行，行17字。
2.2　01：3+24.8，17；　02：46.0，28；　03：46.7，28；
04：46.8，28；　05：46.7，28；　06：46.7，28；
07：46.7，28；　08：46.7，28；　09：46.7，28；
10：46.7，28；　11：46.7，28；　12：46.7，28；
13：46.7，28；　14：46.7，28；　15：26.7，09。
2.3　卷軸裝。首殘尾全。經黄打紙。卷首殘破嚴重，接縫有開裂，卷面有水漬。尾有蟲繭。有烏絲欄。
3.1　首2行下殘→大正262，9/40A27～29；
3.2　尾全→9/46B14。
4.2　妙法蓮華經卷第五（尾）。
8　7～8世紀。唐寫本。
9.1　楷書。
11　圖版：《敦煌寳藏》，93/101B～111A。

1.1　BD04669號
1.3　大般若波羅蜜多經卷四九〇
1.4　劍069
1.5　084:3224
2.1　(92.5+1.7)×25.4厘米；3紙；57行，行17字。
2.2　01：46.6，28；　02：45.9，28；　03：01.7，01。
2.3　卷軸裝。首脱尾殘。有烏絲欄。
3.1　首殘→大正220，7/492C13；
3.2　尾行上殘→7/493B11～12。
6.1　首→BD04624號
6.2　尾→BD04533號。
8　8～9世紀。吐蕃統治時期寫本。
9.1　楷書。
11　圖版：《敦煌寳藏》，77/1A～2A。

1.1　BD04670號
1.3　大般若波羅蜜多經（兑廢稿）卷二七五
1.4　劍070
1.5　084:2746
2.1　(44+3.8)×27.5厘米；1紙；26行，行17字。
2.3　卷軸裝。首尾均脱。有烏絲欄。尾有餘空。
3.1　首殘→大正220，6/392C29；
3.2　尾殘→6/393A25。
8　8～9世紀。吐蕃統治時期寫本。
9.1　楷書。
9.2　上邊有1“兑”字。
11　圖版：《敦煌寳藏》，64/616B～617A。

1.1　BD04671號
1.3　大般若波羅蜜多經卷三五七
1.4　劍071
1.5　084:2978
2.1　(17.5+122.4)×24.8厘米；3紙；84行，行17字。
2.2　01：17.5+29.7，28；　02：46.5，28；　03：46.2，28。
2.3　卷軸裝。首殘尾脱。卷首右下殘缺，接縫處多有開裂，第2、3紙地腳殘破。背有鳥糞。有烏絲欄。
3.1　首10行下殘→大正220，6/837A1～11；
3.2　尾殘→6/837C28。
6.2　尾→BD04601號。
7.1　第1紙背端有勘記“卅六”。
8　8～9世紀。吐蕃統治時期寫本。
9.1　楷書。
11　圖版：《敦煌寳藏》，76/10A～11B。

1.1　BD04672號
1.3　四分比丘尼戒本
1.4　劍072
1.5　157:6920
2.1　(6+1055)×27.7厘米；26紙；675行，行21字。
2.2　01：6+21，17；　02：43.0，27；　03：43.0，27；
04：43.0，27；　05：42.5，27；　06：43.0，27；
07：43.0，27；　08：43.0，27；　09：43.0，27；
10：41.0，27；　11：41.0，27；　12：40.0，26；
13：41.0，27；　14：41.0，27；　15：41.0，27；
16：41.0，27；　17：41.0，27；　18：41.0，27；
19：40.5，27；　20：40.5，27；　21：40.5，27；
22：40.5，27；　22：40.5，27；　23：40.5，27；
24：40.5，27；　25：40.5，27；　26：39.0，10。
2.3　卷軸裝。首殘尾全。卷面多水漬，首尾2紙中部有横向破裂，接縫處有開裂。尾有蟲繭。有烏絲欄。
3.1　首4行上中殘→大正1431，22/1031A22～27；
3.2　尾全→22/1041A18。
4.2　四分戒本（尾）。
8　8～9世紀。吐蕃統治時期寫本。
9.1　楷書。
11　圖版：《敦煌寳藏》，102/539B～552B。

1.1　BD04673號
1.3　佛名經（十六卷本）卷一四
1.4　劍073
1.5　063:0797
2.1　(45+4)×32厘米；1紙；27行，行13字。
2.3　卷軸裝。首尾均殘。有烏絲欄。
3.1　首殘→《七寺古逸經典研究叢書》，3/725頁第513行；
3.2　尾2行上中殘→《七寺古逸經典研究叢書》，3/727頁第539行～541行。

8　9～10世紀。歸義軍時期寫本。
9.1　楷書。
11　圖版：《敦煌寶藏》，62/343。

1.1　BD04674號
1.3　妙法蓮華經卷六
1.4　劍074
1.5　105:5798
2.1　（1.4+598.7）×25厘米；15紙；340行，行17字。
2.2　01：1.4+38.6，23；　02：42.2，24；　03：42.2，24；
04：42.2，24；　05：42.2，24；　06：42.2，24；
07：42.2，24；　08：41.0，23；　09：42.2，24；
10：42.5，24；　11：41.8，24；　12：42.2，24；
13：42.2，24；　14：42.0，24；　15：13.0，06。
2.3　卷軸裝。首殘尾全。經黄打紙，砑光上蠟。卷上邊有水漬，卷下邊有火灼殘損，接縫處多有開裂。尾有原軸，軸頭被燒殘。有烏絲欄。
3.1　首行殘→大正262，9/50C7～8；
3.2　尾全→9/55A9。
4.2　妙法蓮華經卷第六（尾）。
8　7～8世紀。唐寫本。
9.1　楷書。
11　圖版：《敦煌寶藏》，95/174B～182B。

1.1　BD04675號
1.3　金光明最勝王經（原缺）
1.4　劍075
3.4　說明：
查原京師圖書館《敦煌石室經卷總目》第五冊，卷首目錄稱："劍字一百卷，缺七十五卷。江翰親注未見。"卷中著錄該卷長2尺9寸，起字為"為復"，止字為"義字"。下注"《金光明》"。旁注："唐武后長安三年，尾有梵字。"天頭鉛筆注"原缺"，並有鉛筆畫三角形。地腳墨筆註"未見"，並用墨筆畫三角形。
陳垣《敦煌劫餘錄》説明"劍75號原缺"，未作其他著錄。
從上述資料看，本遺書可能是武則天長安三年（703）寫經。具體情況待考。

1.1　BD04676號
1.3　大般涅槃經（北本）卷一三
1.4　劍076
1.5　115:6366
2.1　（1.7+60+2.4）×25.2厘米；3紙；38行，行17字。
2.2　01：1.7+1.9，2；　02：46.8，28；　03：11.3+2.4，8。
2.3　卷軸裝。首尾均殘。通卷油污變色。有烏絲欄。已修整。
3.1　首行上下殘→大正374，12/441B14；
3.2　尾行上殘→12/441C22～23。
6.1　首→BD04391號。
6.2　尾→BD04333號。
8　8～9世紀。吐蕃統治時期寫本。
9.1　楷書。
11　圖版：《敦煌寶藏》，98/415B～416A。

1.1　BD04677號
1.3　大般若波羅蜜多經卷七〇
1.4　劍077
1.5　084:2204
2.1　（28.7+321.6）×26.1厘米；8紙；203行，行17字。
2.2　01：20.0，12；　02：8.7+39，28；　03：47.7，28；
04：47.8，28；　05：47.8，28；　06：47.8，28；
07：47.5，28；　08：44.0，23。
2.3　卷軸裝。首殘尾全。卷首殘破嚴重，右下殘缺；卷面有破裂。尾有原軸，兩端塗硃漆，軸頭已壞。有烏絲欄。已修整。
3.1　首17行下殘→大正220，5/397B2～19；
3.2　尾全→5/399C4。
4.2　大般若波羅蜜多經卷第七十（尾）。
8　8～9世紀。吐蕃統治時期寫本。
9.1　楷書。
9.2　有刮改。
11　圖版：《敦煌寶藏》，72/248B～253A。

1.1　BD04678號
1.3　金光明最勝王經卷二
1.4　劍078
1.5　083:1530
2.1　86.5×25.5厘米；2紙；52行，行17字。
2.2　01：44.0，26；　02：42.5，26。
2.3　卷軸裝。首尾均殘。有烏絲欄。
3.1　首殘→大正665，16/410C27；
3.2　尾殘→16/411B27。
8　8世紀。唐寫本。
9.1　楷書。
11　圖版：《敦煌寶藏》，68/339A～340A。

1.1　BD04679號
1.3　大般若波羅蜜多經卷四六七
1.4　劍079
1.5　084:3181
2.1　（4.6+426.8）×25.9厘米；10紙；260行，行17字。
2.2　01：4.6+15，11；　02：45.7，28；　03：45.8，28；
04：45.8，28；　05：45.9，28；　06：45.6，28；
07：45.8，28；　08：45.9，28；　09：45.8，28；
10：45.5，25。

2.3　卷軸裝。首殘尾全。卷面多油污，有殘洞及多處破損。有燕尾。有烏絲欄。
3.1　首2行下殘→大正220，7/362C27～29；
3.2　尾全→7/365C24。
4.2　大般若波羅蜜多經卷第四百六十七（尾）。
7.1　卷尾有題記“張涓”。
8　8～9世紀。吐蕃統治時期寫本。
9.1　楷書。
9.2　有行間校加字。
11　圖版：《敦煌寶藏》，76/565A～570B。

1.1　BD04680號
1.3　佛名經（十六卷本）卷一四
1.4　劍080
1.5　063:0776
2.1　(19+595)×27.3厘米；16紙；317行，行17字。
2.2　01：19+15，19；　02：39.7，21；　03：39.7，21；
04：39.8，20；　05：39.8，18；　06：40.0，20；
07：40.0，20；　08：40.0，22；　09：39.0，21；
10：40.5，21；　11：40.5，22；　12：40.5，20；
13：38.5，19；　14：39.5，21；　15：38.5，19；
16：24.0，13。
2.3　卷軸裝。首殘尾斷。首紙上下殘破，第6紙下部殘缺，第7紙天頭殘損，第8紙地腳殘損，第9、10紙接縫上部開裂，第12紙下部破損。尾有鳥糞。有烏絲欄。已修整。
3.1　首11行中下殘→《七寺古逸經典研究叢書》，3/687頁第15～25行；
3.2　尾殘→《七寺古逸經典研究叢書》，3/711頁第334行。
8　7～8世紀。唐寫本。
9.1　楷書。
11　圖版：《敦煌寶藏》，62/230B～238B。

1.1　BD04681號
1.3　維摩詰所說經卷中
1.4　劍081
1.5　070:1208
2.1　49.5×26厘米；2紙；29行，行17字。
2.2　01：17.5，10；　02：32.0，19。
2.3　卷軸裝。首尾均殘。有烏絲欄。
3.1　首殘→大正475，14/551A16；
3.2　尾殘→14/551B17。
6.1　首→BD04652號。
6.2　尾→BD04656號。
8　8～9世紀。吐蕃統治時期寫本。
9.1　楷書。
11　圖版：《敦煌寶藏》，66/2。

1.1　BD04682號
1.3　維摩詰所說經卷中
1.4　劍082
1.5　070:1082
2.1　(35+936.5)×24.3厘米；22紙；562行，行17字。
2.2　01：06.5，04；　02：28.5+17.5，27；　03：45.5，27；
04：45.5，27；　05：46.0，27；　06：46.0，27；
07：46.0，27；　08：46.0，27；　09：46.0，27；
10：46.0，27；　11：46.0，27；　12：46.0，27；
13：46.0，27；　14：46.0，27；　15：46.0，27；
16：46.0，27；　17：46.0，27；　18：46.0，27；
19：46.0，27；　20：46.0，27；　21：46.0，27；
22：46.0，18。
2.3　卷軸裝。首殘尾全。卷首下邊殘缺。接縫處有開裂。卷面有水漬。尾有蟲繭。背有古代裱補。有烏絲欄。
3.1　首13行下殘→大正475，14/544B21～C5；
3.2　尾全→14/551C27。
4.2　維摩詰經卷中（尾）。
8　9～10世紀。歸義軍時期寫本。
9.1　楷書。
9.2　有刮改。
11　圖版：《敦煌寶藏》，65/166B～180A。

1.1　BD04683號
1.3　維摩詰所說經卷上
1.4　劍083
1.5　070:0887
2.1　(4.5+842+5)×25厘米；18紙；483行，行17字。
2.2　01：4.5+7，07；　02：49.0，28；　03：49.0，28；
04：49.5，28；　05：50.0，28；　06：49.5，28；
07：49.5，28；　08：49.5，28；　09：49.5，28；
10：49.5，28；　11：49.5，28；　12：50.0，28；
13：49.5，28；　14：49.5，28；　15：50.0，28；
16：49.5，28；　17：49.5，28；　18：42.5+5，28。
2.3　卷軸裝。首尾均殘。經黄打紙。接縫處多有開裂，上下邊有破裂，卷尾殘破。背有古代裱補。有烏絲欄。已修整。
3.1　首3行下殘→大正475，14/538A26～29；
3.2　尾3行中下殘→14/544A16～19。
4.2　維摩詰經卷［上］（尾）。
8　7～8世紀。唐寫本。
9.1　楷書。
9.2　有行間校加字。
11　圖版：《敦煌寶藏》，63/494A～506A。
從背面揭下古代裱補紙一塊，今編為BD16462號。

1.1　BD04684號
1.3　大般若波羅蜜多經卷三五三

1.4　劍 084
1.5　084:2960
2.1　(10 +77.5) ×26.2 厘米；3 紙；52 行，行 17 字。
2.2　01：10 +16.7，15；　02：46.5，28；　03：14.3 +1.8，09。
2.3　卷軸裝。首尾均殘。卷首殘破嚴重，第 2 紙斷開為兩截。卷面有鳥糞。卷尾殘破。有烏絲欄。
3.1　首 5 行上中殘→大正 220，6/814C16 ~20；
3.2　尾 8 行下殘→6/815B2 ~8。
8　8 ~9 世紀。吐蕃統治時期寫本。
9.1　楷書。
11　圖版：《敦煌寶藏》，75/631A ~632A。

1.1　BD04685 號
1.3　金光明最勝王經卷四
1.4　劍 085
1.5　083:1707
2.1　(2.3 +73.5) ×25.7 厘米；2 紙；34 行，行 17 字。
2.2　01：2.3 +43.3，27；　02：30.2，07。
2.3　卷軸裝。首殘尾全。有燕尾。有烏絲欄。
3.1　首行中殘→大正 665，16/422A15 ~16；
3.2　尾全→16/422B21。
4.2　金光明經卷第四（尾）。
5　尾附音義。
8　8 世紀。唐寫本。
9.1　楷書。
11　圖版：《敦煌寶藏》，69/333。

1.1　BD04686 號
1.3　金光明最勝王經卷二
1.4　劍 086
1.5　083:1504
2.1　605.1 ×25.5 厘米；14 紙；362 行，行 17 字。
2.2　01：07.2，04；　02：46.6，28；　03：46.8，28；
04：46.8，28；　05：46.8，28；　06：46.8，28；
07：47.0，28；　08：46.8，28；　09：47.0，28；
10：46.8，28；　11：46.8，28；　12：46.7，28；
13：46.5，28；　14：36.5，22。
2.3　卷軸裝。首尾均殘。卷首殘破嚴重，卷面有黴斑，卷尾有殘洞。有烏絲欄。
3.1　首殘→大正 665，16/408B27；
3.2　尾殘→16/413B12。
7.3　背有雜寫 3 字。
8　8 ~9 世紀。吐蕃統治時期寫本。
9.1　楷書。
9.2　有行間校加字。有刮改。
11　圖版：《敦煌寶藏》，68/161B ~169A。

1.1　BD04687 號
1.3　王玄覽道德經義論難（擬）
1.4　劍 087
1.5　461:8721
2.1　(391.5 +2) ×27.5 厘米；11 紙；正面 268 行，行 20 餘字；背面 57 行，行 20 餘字。
2.2　01：22.0，13；　02：37.0，22；　03：37.0，23；
04：37.0，27；　05：37.0，26；　06：37.0，26；
07：37.0，26；　08：37.0，26；　09：37.0，26；
10：37.0，25；　11：36.5 +2，27。
2.3　卷軸裝。首尾均殘。第 1 紙上下邊殘損，中間有殘洞及破裂；第 2、3 紙接縫處中部開裂。正面為折疊欄，背面有烏絲欄。
2.4　本遺書包括 2 個文獻：（一）《王玄覽道德經義論難》（擬），268 行，抄寫在正面，今編為 BD04687 號。（二）《齋儀》（擬），57 行，抄寫在背面，今編為 BD04687 號背。
3.4　說明：
本遺書首殘，尾行中下殘。乃道教文獻。論文單行大字，注文雙行小字。未為《正統道藏》所收。參見王卡《敦煌道教文獻研究》，第 179 ~180 頁。
8　7 ~8 世紀。唐寫本。
9.1　行楷。木筆書。
9.2　有硃筆斷句、塗抹、科分。有墨筆行間校加字。有重文符號。
11　圖版：《敦煌寶藏》，111/292A ~299B。

1.1　BD04687 號背
1.3　齋儀（擬）
1.4　劍 087
1.5　461:8721
2.4　本遺書由 2 個文獻組成，本號為第 2 個，抄寫在背面，57 行。餘參見 BD04687 號之第 2 項、第 11 項。
3.4　說明：
本文獻為敦煌地區流傳的各種齋儀號頭。
7.3　有雜寫“右安幢豎傘，自是常規；建福銷/災，每歲恒有”2 行。另有雜寫，不錄文。與《齋儀》文字方向相反。
8　8 ~9 世紀。吐蕃統治時期寫本。
9.1　行楷。

1.1　BD04688 號
1.3　妙法蓮華經卷七
1.4　劍 088
1.5　105:5899
2.1　(11 +199) ×27 厘米；5 紙；110 行，行 17 字。
2.2　01：11.0，護首；　02：49.0，27；　03：50.0，28；
04：50.0，28；　05：50.0，27。
2.3　卷軸裝。首全尾脫。有護首，已殘破。第 2 紙中間有橫向破裂。

3.1　首全→大正 262，9/55A12；
3.2　尾殘→9/56B17。
4.1　妙法蓮華經妙音菩薩品第二十四，七（首）。
8　9～10 世紀。歸義軍時期寫本。
9.1　楷書。
11　圖版：《敦煌寶藏》，95/663A～665B。

1.1　BD04689 號
1.3　大般若波羅蜜多經卷四六一
1.4　劍 089
1.5　084:3164
2.1　47.7×25.9 厘米；1 紙；28 行，行 17 字。
2.3　卷軸裝。首尾均脱。卷尾有破損。有烏絲欄。
3.1　首殘→大正 220，7/329B27；
3.2　尾殘→7/329C26。
8　8 世紀。唐寫本。
9.1　楷書。
11　圖版：《敦煌寶藏》，76/536B～。

1.1　BD04690 號
1.3　妙法蓮華經卷七
1.4　劍 090
1.5　105:5970
2.1　(8.5+73)×26 厘米；2 紙；47 行，行 17 字。
2.2　01：8.5+30，22；　02：43.0，25。
2.3　卷軸裝。首尾均殘。第 2 紙下邊有破裂。背有古代裱補。
3.1　首 5 行中下殘→大正 262，9/56C3～8；
3.2　尾殘→9/57A19。
8　8 世紀。唐寫本。
9.1　楷書。
9.2　有行間校加字。有校改。
11　圖版：《敦煌寶藏》，96/237B～238B。

1.1　BD04691 號
1.3　佛名經（十六卷本）卷一
1.4　劍 091
1.5　061:0531
2.1　(229+1.5)×25.8 厘米；5 紙；130 行，行 18 字。
2.2　01：46.5，26；　02：46.5，26；　03：46.0，26；
04：46.0，26；　05：44+1.5，26。
2.3　卷軸裝。首斷尾殘。尾紙下部有破裂。有烏絲欄。
3.1　首殘→《七寺古逸經典研究叢書》，3/18 頁第 156 行；
3.2　尾 1 行下殘→《七寺古逸經典研究叢書》，3/28 頁第 286 行。
5　與七寺本對照，佛名略有不同，整百數佛位置不同。
8　9～10 世紀。歸義軍時期寫本。
9.1　楷書。
11　圖版：《敦煌寶藏》，59/608B～611B。

1.1　BD04692 號
1.3　妙法蓮華經卷一
1.4　劍 092
1.5　105:4568
2.1　(2.8+618.8)×27.1 厘米；14 紙；368 行，行 17～18 字。
2.2　01：2.8+33，22；　02：45.2，27；　03：44.9，27；
04：45.0，27；　05：45.1，27；　06：44.9，27；
07：45.0，27；　08：45.7，27；　09：45.3，27；
10：45.2，27；　11：44.9，27；　12：45.3，27；
13：45.1，27；　14：44.2，22。
2.3　卷軸裝。首殘尾全。卷面多黴斑及水漬，第 10、11 紙接縫處上部開裂。有燕尾。有烏絲欄。
3.1　首 2 行中下殘→大正 262，9/3C16～18；
3.2　尾全→9/10B21。
4.2　妙法蓮華經卷第一（尾）。
8　7～8 世紀。唐寫本。
9.1　楷書。
11　圖版：《敦煌寶藏》，84/516A～525A。

1.1　BD04693 號
1.3　妙法蓮華經卷五
1.4　劍 093
1.5　105:5588
2.1　(45+2.5)×25.9 厘米；1 紙；26 行，行 17 字。
2.3　卷軸裝。首脱尾殘。經黄打紙。卷面有水漬。有烏絲欄。
3.1　首殘→大正 262，9/41C15；
3.2　尾行上殘→9/42A25～26。
8　7～8 世紀。唐寫本。
9.1　楷書。
11　圖版：《敦煌寶藏》，93/202A～B。

1.1　BD04694 號
1.3　妙法蓮華經卷五
1.4　劍 094
1.5　105:5576
2.1　(137.9+1.7)×25.5 厘米；3 紙；83 行，行 17 字。
2.2　01：46.7，28；　02：46.0，28；　03：45.2+1.7，27。
2.3　卷軸裝。首脱尾殘。經黄打紙。有烏絲欄。
3.1　首殘→大正 262，9/41A8；
3.2　尾行上殘→9/42B5～6。
8　7～8 世紀。唐寫本。
9.1　楷書。
11　圖版：《敦煌寶藏》，93/177A～179A。

1.1　BD04695 號

1.3　妙法蓮華經卷七
1.4　劍 095
1.5　105:6067
2.1　514.5×27 厘米；11 紙；277 行，行 17 字。
2.2　01：50.0，28；　02：50.0，28；　03：50.0，28；
04：50.0，28；　05：50.0，28；　06：50.0，28；
07：50.0，28；　08：50.0，28；　09：50.0，28；
10：46.5，25；　11：18.0，拖尾。
2.3　卷軸裝。首脫尾全。卷面有水漬，第 11 紙下邊有破裂。有燕尾。有烏絲欄。
3.1　首殘→大正 262，9/58B16；
3.2　尾全→9/62B1。
4.2　妙法蓮華經卷第七（尾）。
8　7～8 世紀。唐寫本。
9.1　楷書。
9.2　有刮改。
11　圖版：《敦煌寶藏》，96/481B～487B。

1.1　BD04696 號
1.3　妙法蓮華經卷五
1.4　劍 096
1.5　105:5489
2.1　(537.2+1.8)×25.1 厘米；11 紙；308 行，行 17 字。
2.2　01：48.7，28；　02：48.8，28；　03：48.7，28；
04：48.8，28；　05：49.0，28；　06：49.2，28；
07：49.2，28；　08：49.3，28；　09：49.3，28；
10：49.2，28；　11：47+1.8，28。
2.3　卷軸裝。首尾均脫。經黄打紙，研光上蠟。卷面有油污。接縫處有開裂。有烏絲欄。
3.1　首殘→大正 262，9/37B2；
3.2　尾行上殘→9/41C15。
8　7～8 世紀。唐寫本。
9.1　楷書。
11　圖版：《敦煌寶藏》，92/515A～523A。

1.1　BD04697 號
1.3　摩訶般若波羅蜜經卷二三
1.4　劍 097
1.5　088:3456
2.1　(3.9+537.9)×26 厘米；12 紙；318 行，行 17 字。
2.2　01：3.9+13.7，10；　02：47.6，28；　03：47.7，28；
04：47.7，28；　05：47.6，28；　06：47.7，28；
07：47.6，28；　08：47.6，28；　09：47.8，28；
10：47.6，28；　11：47.7，28；　12：47.6，28。
2.3　卷軸裝。首殘尾脫。經黄打紙。卷面有水漬、黴斑，前 3 紙有破裂殘損。有烏絲欄。
3.1　首 2 行上下殘→大正 223，8/383C29～384A1；
3.2　尾殘→8/387C17。
6.2　尾→BD04475 號。
8　7～8 世紀。唐寫本。
9.1　楷書。
11　圖版：《敦煌寶藏》，78/67A～74A。

新舊編號對照表

一、千字文號與北敦號、縮微膠卷號對照表

千字文號	北敦號	縮微膠卷號
劍 001	BD04601 號	084：2979
劍 002	BD04602 號	084：2269
劍 003	BD04603 號	156：6862
劍 004	BD04604 號	117：6570
劍 005	BD04605 號	105：5608
劍 006	BD04606 號	084：2640
劍 007	BD04607 號	083：1565
劍 008	BD04608 號	084：2559
劍 009	BD04609 號	094：3794
劍 010	BD04610 號	105：5858
劍 011	BD04611 號	218：7298
劍 012	BD04612 號	040：0382
劍 013	BD04613 號	063：0770
劍 014	BD04614 號 1	143：6690
劍 014	BD04614 號 2	143：6690
劍 015	BD04615 號	070：1178
劍 016	BD04616 號	094：3698
劍 017	BD04617 號	070：1286
劍 018	BD04618 號	063：0791
劍 019	BD04619 號	070：0963
劍 020	BD04620 號	117：6585
劍 021	BD04621 號	275：8025
劍 022	BD04622 號	070：0995
劍 023	BD04623 號	105：5352
劍 024	BD04624 號	084：3223
劍 025	BD04625 號	063：0773
劍 026	BD04626 號	084：3343
劍 027	BD04627 號	250：7499
劍 028	BD04628 號	083：1755
劍 029	BD04629 號	084：3338
劍 030	BD04630 號	105：5289
劍 031	BD04631 號	105：4710
劍 032	BD04632 號	094：3963
劍 033	BD04633 號	083：1757
劍 034	BD04634 號	083：1547
劍 035	BD04635 號	275：7822
劍 036	BD04636 號	198：7156
劍 037	BD04637 號	063：0766
劍 038	BD04638 號	084：2270
劍 039	BD04639 號	094：4059
劍 040	BD04640 號	083：1554
劍 040	BD04640 號背	083：1554
劍 041	BD04641 號	070：1026
劍 042	BD04642 號	275：8026
劍 043	BD04643 號	115：6370
劍 044	BD04644 號	063：0788
劍 045	BD04645 號	094：3814
劍 046	BD04646 號	070：1148
劍 047	BD04647 號	070：1027
劍 048	BD04648 號	070：1187
劍 049	BD04649 號	115：6536
劍 050	BD04650 號	061：0539
劍 051	BD04651 號	157：6894
劍 052	BD04652 號	070：1207
劍 053	BD04653 號	084：3314
劍 054	BD04654 號	094：3830
劍 055	BD04655 號	105：6152
劍 056	BD04656 號	070：1209
劍 057	BD04657 號	084：3330
劍 058	BD04658 號	105：5847
劍 059	BD04659 號	275：7823
劍 060	BD04660 號	094：4299
劍 061	BD04661 號 1	143：6686
劍 061	BD04661 號 2	143：6686
劍 061	BD04661 號背	143：6686
劍 062	BD04662 號	115：6363
劍 063	BD04663 號	290：8265
劍 064	BD04664 號	105：5518

劍 065	BD04665 號	063：0607
劍 066	BD04666 號	083：1512
劍 067	BD04667 號	083：1458
劍 067	BD04667 號背	083：1458
劍 068	BD04668 號	105：5567
劍 069	BD04669 號	084：3224
劍 070	BD04670 號	084：2746
劍 071	BD04671 號	084：2978
劍 072	BD04672 號	157：6920
劍 073	BD04673 號	063：0797
劍 074	BD04674 號	105：5798
劍 075	BD04675 號	
劍 076	BD04676 號	115：6366
劍 077	BD04677 號	084：2204
劍 078	BD04678 號	083：1530
劍 079	BD04679 號	084：3181
劍 080	BD04680 號	063：0776
劍 081	BD04681 號	070：1208
劍 082	BD04682 號	070：1082
劍 083	BD04683 號	070：0887
劍 084	BD04684 號	084：2960
劍 085	BD04685 號	083：1707
劍 086	BD04686 號	083：1504
劍 087	BD04687 號	461：8721
劍 087	BD04687 號背	461：8721
劍 088	BD04688 號	105：5899
劍 089	BD04689 號	084：3164
劍 090	BD04690 號	105：5970
劍 091	BD04691 號	061：0531
劍 092	BD04692 號	105：4568
劍 093	BD04693 號	105：5588
劍 094	BD04694 號	105：5576
劍 095	BD04695 號	105：6067
劍 096	BD04696 號	105：5489
劍 097	BD04697 號	088：3456

二、縮微膠卷號與北敦號、千字文號對照表

縮微膠卷號	北敦號	千字文號
	BD04675 號	劍 075
040：0382	BD04612 號	劍 012
061：0531	BD04691 號	劍 091
061：0539	BD04650 號	劍 050
063：0607	BD04665 號	劍 065
063：0766	BD04637 號	劍 037
063：0770	BD04613 號	劍 013
063：0773	BD04625 號	劍 025
063：0776	BD04680 號	劍 080
063：0788	BD04644 號	劍 044
063：0791	BD04618 號	劍 018
063：0797	BD04673 號	劍 073
070：0887	BD04683 號	劍 083
070：0963	BD04619 號	劍 019
070：0995	BD04622 號	劍 022
070：1026	BD04641 號	劍 041
070：1027	BD04647 號	劍 047
070：1082	BD04682 號	劍 082
070：1148	BD04646 號	劍 046
070：1178	BD04615 號	劍 015
070：1187	BD04648 號	劍 048
070：1207	BD04652 號	劍 052
070：1208	BD04681 號	劍 081
070：1209	BD04656 號	劍 056
070：1286	BD04617 號	劍 017
083：1458	BD04667 號	劍 067
083：1458	BD04667 號背	劍 067
083：1504	BD04686 號	劍 086
083：1512	BD04666 號	劍 066
083：1530	BD04678 號	劍 078
083：1547	BD04634 號	劍 034
083：1554	BD04640 號	劍 040
083：1554	BD04640 號背	劍 040
083：1565	BD04607 號	劍 007
083：1707	BD04685 號	劍 085
083：1755	BD04628 號	劍 028
083：1757	BD04633 號	劍 033
084：2204	BD04677 號	劍 077
084：2269	BD04602 號	劍 002
084：2270	BD04638 號	劍 038
084：2559	BD04608 號	劍 008
084：2640	BD04606 號	劍 006
084：2746	BD04670 號	劍 070
084：2960	BD04684 號	劍 084
084：2978	BD04671 號	劍 071
084：2979	BD04601 號	劍 001

084：3164	BD04689 號	劍 089
084：3181	BD04679 號	劍 079
084：3223	BD04624 號	劍 024
084：3224	BD04669 號	劍 069
084：3314	BD04653 號	劍 053
084：3330	BD04657 號	劍 057
084：3338	BD04629 號	劍 029
084：3343	BD04626 號	劍 026
088：3456	BD04697 號	劍 097
094：3698	BD04616 號	劍 016
094：3794	BD04609 號	劍 009
094：3814	BD04645 號	劍 045
094：3830	BD04654 號	劍 054
094：3963	BD04632 號	劍 032
094：4059	BD04639 號	劍 039
094：4299	BD04660 號	劍 060
105：4568	BD04692 號	劍 092
105：4710	BD04631 號	劍 031
105：5289	BD04630 號	劍 030
105：5352	BD04623 號	劍 023
105：5489	BD04696 號	劍 096
105：5518	BD04664 號	劍 064
105：5567	BD04668 號	劍 068
105：5576	BD04694 號	劍 094
105：5588	BD04693 號	劍 093
105：5608	BD04605 號	劍 005
105：5798	BD04674 號	劍 074
105：5847	BD04658 號	劍 058
105：5858	BD04610 號	劍 010
105：5899	BD04688 號	劍 088
105：5970	BD04690 號	劍 090
105：6067	BD04695 號	劍 095
105：6152	BD04655 號	劍 055
115：6363	BD04662 號	劍 062
115：6366	BD04676 號	劍 076
115：6370	BD04643 號	劍 043
115：6536	BD04649 號	劍 049
117：6570	BD04604 號	劍 004
117：6585	BD04620 號	劍 020
143：6686	BD04661 號 1	劍 061
143：6686	BD04661 號 2	劍 061
143：6686	BD04661 號背	劍 061
143：6690	BD04614 號 1	劍 014
143：6690	BD04614 號 2	劍 014
156：6862	BD04603 號	劍 003
157：6894	BD04651 號	劍 051
157：6920	BD04672 號	劍 072
198：7156	BD04636 號	劍 036
218：7298	BD04611 號	劍 011
250：7499	BD04627 號	劍 027
275：7822	BD04635 號	劍 035
275：7823	BD04659 號	劍 059
275：8025	BD04621 號	劍 021
275：8026	BD04642 號	劍 042
290：8265	BD04663 號	劍 063
461：8721	BD04687 號	劍 087
461：8721	BD04687 號背	劍 087